성령론적
조직신학

성령론적 조직신학

지은이	전성용
발행인	홍성철
초판 1쇄	2008년 9월 5일
초판 3쇄	2012년 9월 5일
발행처	도서출판 세 복
주소	서울특별시 종로구 신문로2가 1-50
	전화: 070-2066-5562
	홈페이지: http://www.saebok.net
	E-Mail: werchelper@hanmail.net
등록번호	제1-1800호 (1994년 10월 29일)
총판처	미스바출판유통
	전화: (031)992-8691, 팩스: (031)955-4433
ISBN	978-89-86424-98-0 03230
값	25,000원
ⓒ	도서출판 세 복

성령론적 조직신학

전 성 용 지음

A Pneumatological Systematic Theology

도서출판 세 복

A Pneumatological
Systematic Theology

by

Sung Yong Jun

2012 © Saebok Publishing House

Seoul, Korea

머리말

필자는 1987년에 〈기독교 신학개론〉을 출간하였다. 월간 〈기독교교육〉에 연재되었던 원고를 묶은 것이었다. 이 책은 그 동안 조직신학 강의의 교재로 사용되었으나 미흡한 점이 많았다. 그래서 진작 조직신학을 집필하려고 했으나 여러 가지 사정으로 늦어져 오늘에 이르게 되었다. 〈성령론적 조직신학〉은 그 동안의 저술들을 통해서 발전된 사고를 함축하고 있다. 아직도 대단히 부족하여 계속 보완되어야 할 것이다. 이 책을 통해서 강조하고자 하는 입장과 방향을 다음과 같이 제시하고자 한다.

첫째로, 필자는 이 책에서 성서적인 신학을 지향하며, 성서 안에 계시된 하나님의 진리를 추구하는 것을 목표로 삼고자 한다. 성서적인 신학이란 성서를 진리의 표준으로 삼았던 종교개혁자들의 정신을 따르는 것이며, 성서를 성령에 의해 영감된 하나님의 말씀으로 믿는 복음주의적 태도를 가리킨다.

성서의 중심사상은 하나님 중심주의라고 할 수 있다. 이것은 인간중심주의인 자유주의를 배격하는 것이다. 자유주의신학은 인간의 이성(理性)을 진리의 근거와 판단 기준으로 삼는 합리주의요, 이성 우월주의이다. 그런 교만한 이성으로는 하나님 앞에 나아갈 수 없다. 물론 복음주의도 인간의 이성을 배제하거나 무시하지 않는다. 신학은 신앙의 이해이며, 이해는 이성의 운동이다. 그러나 신앙의 이해는 순수이성(칸트의 reinen Vernunft)의 독단적인 이해가 아니라 신앙에 의해 붙잡힌 신앙이성(안셀름의 *Fides Quaerens Intellectum*)의 겸손한 이해이며, 계시의 빛에 의해 조명된 거룩한 이성의 이해이다. 하나님 앞에서 죄인임을 깨닫고 예수 그리스도의 대속의 은혜를 받은 신앙인의 이성만이 하나님의 영의 말씀을 들을 수 있다. 필자는 이 목표를 위해서 칼 바르트(K. Barth)의 전범(典範)을 따르고자 한다. 그의 신학은 성서를 통해서 자신을 계시하시는 하나님의 말씀을 듣고자 하는 하나님 중심주의이다.

둘째로, 체험적이고 실천적인 복음주의신학을 지향하고자 한다. 존 웨슬리(John Wesley)는 추상적인 이론이 아니라 중생과 성화의 체험의 바탕 위에 감리교 부흥운동을 일으켰으며, 구체적으로 사랑과 봉사를 실천하였다. 서방의 기독교가 희랍철학과 주지주의철학의 영향에 의해 올바른 지식으로서의 신학(Orthodoxy)을 강조함으로써 신학은 삶과 유리된 지식으로 변질되었으며, 그 결과 교회의 쇠퇴와 무기력이 초래되었다. 복음은 우리와 우리 이웃의 삶을 변화시키고 충만하게 하는 운동력이 있다. 복음주의는 하나님과의 만남에서 뿜어져 나오는 능력을 실천하는 생명운동(Orthopraxis)이다. 이러한 내적인 생명을 증거하는 생동적인 신학이 우리가 지향하는 복음주의신학이다. 필자는 이 책에서 전통적인 주장을 반복하는 고리타분한 지식이 아니라 체험을 통하여 몸으로 깨달은 진리를 증거함으로 살아 있는 복음의 능력을 제시하고자 한다.

셋째로, 필자는 20세기에 일어난 오순절운동을 담아내는 성령신학의 정립(定立)을 지향하고자 한다. 20세기 기독교의 두드러진 특징 가운데 하나는 오순절운동이다. 하비 콕스(H. Cox)에 의하면 오순절운동은 역사상 가장 강력한 기독교운동이요 최초의 전 세계적인 기독교운동이라고 할 수 있는데, 이러한 성령운동을 신학적으로 해석하고 체계화하는 작업이 현대신학의 과제가 되었다. 지나간 2000년간 서방의 신학은 성령을 등한시하였고 성령에 무지하였다. 그리하여 성령이 성자에게 종속되는 기독론적 신학을 극복하지 못했다. 성령이 삼위일체의 제 3위로서의 정당한 지위를 확보하는 온전한 삼위일체론적 신학이 수립되어야 한다.

필자는 성령의 주권과 지위를 확립하는 성령신학을 수립하기 위하여 12세기의 요아킴 피오레(Joachim of Fiore)의 성령의 제 3시대론과 19세기 스위스의 역사학자 야코프 부르크하르트(J. Burckhardt)의 역사이해, 동양철학의 태극이론 등을 참고하여, 성령이 교회시대의 중심적인 계시와 구원의 시행자(agent)임을 밝히고자 한다. 그리하여 성령이 예수 그리스도에게 종속된 에너지나 힘이 아니라 성부와 성자와 대등한 제 3의 인격임을 밝혀내어 삼위일체론적 신학 내지 "기독론적–성령론적 신학"의 수립을 위한 새로운 패러다임을 제시하고자 한다. 이것은 단지 삼위일체론에 국한된 문제가 아니라 조직신학 전체의 체계를 결정짓는 사고의 틀이 되어야 한다. 그리하여야 진정한 성령론적 조직신학이 될 수 있을 것이다. 이 책은 성령신학을 위한 하나의 작은 디딤돌을 제공하는 데 불과할 것이며, 앞으로 후학들에 의해서 성령신학이 체계적으로 발전되어 가기를 기원한다.

이 책을 통해서 하나님께 영광이 되고 독자들에게 도움이 된다면 한없는 보람과 기쁨이 될 것이다. 이 책의 집필을 위해서 연구비를 지급한 서울신학 대학교에 감사드린다. 이 책을 출판해 주신 도서출판 세복의 홍성철 박사님 께 감사드린다. 마지막으로 나의 가족(정재희, 희성, 현성)에게 마음을 다해 감사하며 이 책을 바친다.

2008. 8
서울신학대학교 연구실에서
전 성 용

차례

1
서론

Ⅰ. 신학이란 무엇인가?

1. 머리말

신학이란 무엇인가? 신학이란 무엇을 어떻게 다루는 학문이며 다른 학문들과는 어떤 관계를 맺고 있는가? 그리고 신학의 목적은 무엇인가? 이러한 질문들은 신학의 가장 기초적이고 근본적인 질문들이다. 신학이 무엇인가에 대한 이해는 결국 신학의 전체 내용을 결정하는 시금석이 될 것이다. 그러므로 이 책의 출발점에서 우리가 앞으로 나아가고자 하는 방향과 노선에 대해서 논하는 것은 대단히 중요한 일이다.

똑같은 지점에서 출발하는 두 사람의 지향하는 방향이 다를 경우 처음에는 약간의 차이가 나는 것 같지만, 시간이 지날수록 두 사람의 거리는 점점 더 멀어지게 될 것이다. 세상에는 많은 종류의 신학이 있다. 서로 다른 신학들이 가진 작은 차이는 별로 대수롭지 않은 것처럼 보이지만, 그러나 시간이 지나면서 돌이키기 어려운 거리로 벌어질 수 있다. 기독교 역사상 수많은 이단들이 등장하였으며, 지금도 사이비 집단들이 많은 사람들을 미혹하여 나락의 길로 이끌어가고 있으나, 그들은 처음부터 스스로를 이단이라고 밝히지 않는다. 오류는 두꺼운 책과 어려운 이론과 복잡한 체계 속에 깊이 숨어 있기 때문에 분별력을 훈련하지 않은 독자들은 겉보기에 아무런 문제가 없어 보이는 이단이나 사이비 신학에 빠져들게 된다. 이 점을 명심해서 건전한 신학을 선택하는 일에 신중해야 할 것이다. 따라서 독자들은 비판적인 안목을 가지고 책을 읽어야 할 것이다.[1]

이 책은 신학의 여러 분야들 가운데서 조직신학의 문제들을 다루는 것을 과제로 하고 있다. 그러므로 엄밀히 말해서, 이 절의 제목은 "조직신학이란 무엇인가?"가 되어야 한다. 신학의 대표적인 분야는 성서신학, 교회사, 조직신학, 실천신학 등이 있다. 이것을 나무에 비유하자면, 성서신학은 뿌리에 해당되고, 교회사와 조직신학은 줄기에 해당되며, 실천신학은 꽃에 해당된다고 할 수 있을 것이다. 이것을 건축물에 비유하면, 성서신학은 건물의 기초에 해당되고, 교회사와 조직신학은 골조에 해당되며, 실천신학은 마무리 공사라고 할 수 있을 것이다. 교회사는 기독교의 발전 과정을 역사적 사건들을 중심으로 연구하는 데 반하여, 조직신학은 현대적인 신학적 사고에 초점을 맞추어 연구하는 특징을 가진다.

조직신학이란 성서에 기초하여 기독교 신앙의 내용을 조직적으로 체계화하는 것이라고 할 수 있다. 그리하여 우리의 신앙을 보다 더 잘 이해할 수 있도록 해명하는 것이라고 할 수 있다. 그러므로 성서와 교회사에 대한 이해는 조직신학의 기초 작업으로 매우 중요하다. 그리고 조직신학적인 사고를 위해서는 철학적인 훈련이 필요하다. 철학은 사물을 논리적이고 체계적으로

---

1) 예수님은 비판을 받지 않으려면 비판하지 말라고 말씀하였다 (마 7:1; 눅 6:37). 예수님이 말한 비판은 도덕적인 비난, 법률적인 판단(judge, condemn, measure)을 뜻한다. 예수님이 비판을 금하신 것은 자신의 내면은 보지 아니하고 남의 잘못을 들추어내는 도덕적 오류를 지적한 것이다. 여기서 예수님은 학문적인 비판(criticism)을 금하신 것이 아니다. 학문적인 비판은 잘못된 것을 바로잡고 새로운 진리를 추구해 가는 과정에서 필요한 창조적인 작업이다. 우리는 학문적 비판과 도덕적 비난을 구별해야 한다.

사고하는 방식을 발전시켜 왔기 때문이다. 철학은 신학을 위한 유용한 도구로 그 가치가 심대하다. 따라서 철학을 백안시하지 아니하고 창조적으로 활용하는 지혜를 발휘하는 것은 건전하고 우수한 조직신학의 정립을 위해서 대단히 중요한 일이다.[2]

2. 신학의 정의

신학의 어원적인 의미는 하나님을 생각하는 것이다(theos+logos).[3] 신학이란 하나님의 자기 계시에 대한 인간이성의 반성이라고 할 수 있다. 신학은 하나님에 대한 인간의 사고이다. 학문으로서의 신학은 인간의 이성의 사고 작업으로서 인간의 일이다. 따라서 신학은 논리적 일관성과 설득력을 가져

---

2) 철학이란 인간의 이성적인 사고 작업으로서, 서양의 경우 역사적으로 철학이 인간의 이성적인 작업을 대표하였으나, 앞으로도 철학이 계속해서 이 지위를 유지할 것인지는 의문이다. 20세기 이후 인간이성의 작업의 보편적인 표현은 과학이나 역사학, 사회학 등으로 다양화되고 있기 때문에, 좁은 의미에서의 철학이 인간의 이성적인 사고 작업을 대표하는 학문이라고 규정하기 어렵게 되었다. 신학의 카운터 파트는 다양화될 수 있으며, 신학의 도구로서의 "철학"은 그 외연을 확장해 가야 할 것이다. 즉 신학이 대화해야 할 학문의 영역이 다양해졌다는 뜻이다. 예컨대, 해방신학에서는 사회학, 경제학이 이 역할을 수행하였다.

3) 신학의 어원으로서 희랍어 theologia는 이교적인 유래를 가지고 있다. 희랍 사람들은 이 단어를 문자적 의미로 사용하였다. 신학자(theologoi)란 신들과 그들의 영웅적인 행동의 역사를 기록하는 사람을 가리켰다. 페레키데스(Pherecydes)는 최초의 신학자라고 불리며, 그의 일이 신학이라고 명명된 사람으로 짐작된다. Theologia라는 개념을 처음으로 사용한 사람은 플라톤이었으며, 아리스토텔레스는 신학이라는 개념을 그의 최고철학 혹은 제일철학에 적용하였다. 호머(Homer), 헤시오도스(Hesiodos) 및 오르페우스(Orpheus) 역시 신학자로 알려졌다. 오늘날 여성신학자들은 여신을 의미하는 희랍어 thea에서 유래한 '여성신학'(thealogy)이라는 용어가 대신 사용되어야 한다고 주장한다; 김균진, 〈기독교 조직신학〉 I (연세대학교 출판부, 1984), 10; 알리스터 맥그래스, 〈역사속의 신학〉 (대한기독교서회, 1998), 193.

야 한다. 즉 엄밀한 방법론과 체계화된 조직적 구성이 갖추어져야 한다.

그러나 신학이 하나님에 대한 인간의 사고임에도 불구하고 신학은 인간으로부터 시작하지 않고 하나님으로부터 시작된다.[4] 신학에서의 주도권(initiative)과 우선권(primacy)은 하나님에게 있다. 칼 바르트는 성서는 인간의 신학이 아니라 하나님의 인간학이라고 말했다. "우리가 성서에서 발견하는 것은...하나님에 관한 인간의 올바른 생각이 아니라 인간에 관한 하나님의 올바른 생각이다."[5] 성서는 하나님을 찾아가는 인간의 노력이 아니라 인간을 찾아오는 하나님의 오심의 역사를 기록한 것이다. 성서에서 하나님을 만난 사람들은 하나님을 만나기 위해 수도, 참선, 고행, 학문적 연마 등 인간적인 노력을 한 결과로 하나님을 만난 것이 아니다. 아브라함(사 51:2—보라 아브라함이 혈혈단신으로 있을 때에 내가 부르고 그에게 복을 주어 창성케 하였느니라), 모세, 이사야, 베드로, 사도 바울 등은 하나님이 그들에게 찾아오심으로 하나님을 만나고 하나님의 사람이 되었다. 그러므로 하나님의 사람들이 하나님을 만나는 것은 인간의 노력의 결과물이 아니라 하나님이 일방적으로 인간을 찾아오심으로 이루어진 것이다. 그리고 인간을 찾아오신 하나님을 만난 후 비로소 인간은 그를 만나주신 하나님이 누구인지 물어볼 수 있게 되었다. 즉 하나님의 답변을 들은 자만이 하나님에게 질문할 수 있다.[6] 하나님의

---

4) 데카르트로부터 시작되는 근세철학은 "나는 생각한다. 고로 나는 존재한다"(cogito ergo sum)는 자명율(self-evidence)에 기초한다. 인간 밖에 있는 객관적인 하나님이 아니라 인간의 주관적인 사고가 중심이 되었다. 근세 이후 자기인식에서 출발하는 근세철학의 영향이 기독교신학의 숙명이 되었으며, 합리주의의 극단적인 형태가 19세기의 자유주의신학으로 나타났다. 김광식, 〈조직신학〉 I (대한기독교서회, 1988), 14f. cf. 20세기의 칼 바르트는 자유주의신학의 인간중심주의로부터 하나님중심주의로 전환하였다.

5) K. Barth, *The Word of God and the Word of Man* (NY: Harper Torch Books, 1959), 43.

6) Daniel L. Migliore, *Faith Seeking Understanding: An Introduction to Christian Theology* (Grand Rapids: Eerdmans, 1991); 다니엘 미글리오리, 〈복음주의신학입문〉 (나단, 1994), 24f.; K. Barth, *Karl Barth's Table Talk*, Godsey (ed.) (Edinburgh:

답변에 부딪친 사람만이 하나님에게 질문할 수 있다. 따라서 인간의 신학은 하나님의 계시보다 앞설 수 없다.

호렙 산 불타는 가시떨기 앞에서 모세는 하나님을 만났으며, 그에게 말씀 하시는 하나님께 모세는 당신의 이름이 무엇이냐고 물었다 (출 3:13). 그러므로 우리가 신학을 하는 그 자체는 하나님의 부르심에 대한 순종과 응답이어야 한다. 신학은 인간의 자의적인 하나님 추구의 과정이 아니다. 신학은 인간의 학문적 작업이지만 하나님이 시작하신 하나님의 일이요, 하나님의 일에 대해 인간이 겸손히 응답함으로 참여하는, 하나님과 인간의 공동의 일이요 쌍방적 인(bilateral) 일, 또는 상호협동(reciprocal)의 일이다. 이것은 위로부터 아래로 그리고 다시 아래로부터 위로(from above to below and again from below to above)의 운동이다.[7] 이것은 복음적인 신인협동설(evangelical synergism)이라 고 할 수 있다. 그러면 신학에 대한 대표적인 정의들을 고찰해 보자.

첫째로, 우리는 고전적인 신학의 정의를 중세기의 성 안셀름(St. Anselm) 에게서 발견할 수 있다. 안셀름에 의하면 신학은 이해를 추구하는 신앙이다 (*Fides Quaerens Intellectum*; *Faith Seeking Understanding*)이다.[8] 이것을 공식 화 하면 "신학 = 신앙 + 이해"이다. 신학은 우리의 신앙의 내용을 이해하고자 하는 신앙인의 이성적인 작업이다. 안셀름에 의하면 신앙은 이해를 추구한 다. 믿기만 하고 알려고 하지 않는 것은 게으름이다.

안셀름의 이해에 따르면, 신앙은 신학의 전제이다. 신학은 신앙 이후의

Oliver and Boyd, 1963), 29.
7) H. Ott, 〈신학해제〉 (한국신학연구소, 1974), 71 cf.
8) Anselm의 존재론적 신존재 증명을 다룬 책 *Proslogion*의 부제가 *Fides Quaerens Intellectum*이며, 이것은 칼 바르트의 안셀름 연구서의 제목이 되었고, 최근에는 다니엘 미글리오리의 조직신학의 제목으로 사용되었다. K. Barth, *Fides Quaerens Intellectum* (München: Christian Kaiser Verlag, 1931): ET Anselm: *Fides Quaerens Intellectum* (London: SCM, 1960); Daniel L. Migliore, *Faith Seeking Understanding: An Introduction to Christian Theology*; 다니엘 미글리오리, 〈복음주의신학입문〉.

작업이다. 신학은 하나님의 존재를 신앙에 의해 전제하고 그 다음에 하나님을 알아가는 인식의 과정이다. 여기에서 신앙과 신학의 순서는 논리적인 순서이지 반드시 시간적인 전후관계는 아니다. 하나님의 계시의 현실성(reality)이 인간의 인식 가능성(possibility)에 앞선다. 신앙 안에서 하나님의 존재(ontic)가 인간의 인식(noetic)에 앞선다. 하나님의 존재는 인식의 대상이기 이전에 신앙의 대상이다. 안셀름의 말을 빌리면, "나는 믿기 위하여 이해를 추구하지 않고 이해하기 위하여 믿는다 (I do not seek to understand that I may believe, but I believe in order to understand). 그리고 나는 믿지 않으면 이해할 수 없다 (Unless I believe, I shall not understand)."[9]

둘째로, 칼 바르트는 신학이란 교회 안에서 되어지는 언설들을 성서를 기준으로 판단하는 것이라고 하였다. 그리고 신학의 목적은 교회를 섬기는 것이요, 신학교에서의 강의는 설교의 일례(example)라고 함으로 신학의 자리를 교회 안에 두었다.[10] 이것은 신학과 교회의 내적인 통일성 내지는 연속성을 강조한 것이다. 바르트는 종교개혁의 전통을 따라서 성서가 최고의 권위를 가진 진리의 자(canon)로서, 교회보다 우월한 것으로 보았다. 따라서 성서는 신학의 기준이요 목표이다. 모든 신학은 성서에 의해서 심판 받아야 한다.

그러나 신학교에서의 강의와 교회에서의 설교 사이의 연속성을 강조한다

---

9) 존 힉, 〈종교철학개론〉 (종로서적, 1996), 231. "알기 위해서 믿는다"는 명제는 신학과 철학, 신앙과 이성의 관계에 대한 오랜 기독교 신학의 원리를 다시 한번 명료화한 것이다. 터툴리안은 신학과 철학의 단절을 강조하면서 "나는 모순되기 때문에 믿는다"(credo, quia absurdum est)라고 말한 것으로 알려져 있으나, 사실은 그가 "그것은 어리석기 때문에 믿을 만하다"(credibile est, quia ineptum est)라고 말한 일이 있는데, 이것은 바울이 고린도전서 1:18에서 십자가가 이성 앞에서 어리석다고 한 말에서 기원한다. 김광식, 〈고대 기독교 교리사〉 (한들출판사, 1999), 84.
10) 하르낙과 바르트의 논쟁에서, 하르낙은 교수의 자리와 설교단은 다르다고 보았으나, 바르트는 신학의 과제와 설교의 과제는 하나라고 주장했다. E. Busch, Karl Barth: His Life from Letters and Autobiographical Texts (London: SCM, 1976), 147.

고 해서 강의와 설교가 동일하거나 일치하는 것은 아니다. 바르트는 설교와 신학에는 차이가 있는데, 신학은 설교와 달리 생각하는 일이라고 하였다. "우리는 설교하는 데 그치지 말고 생각해야 한다. 생각하는 과업이 신학이다."[11] 신학이 학문으로 성립하기 위해서는 설교와 달리 인간의 이성적인 사고작업이 수반되어야 한다. 설교는 하나님의 말씀의 선포요, 듣는 자는 신앙으로 받아들이든지 불신앙으로 거부하든지 할 수 있을 뿐이다.

그러나 이렇게 신학이 설교와 다르다고 해서 신학적인 사고가 철학적인 작업과 일치하는 것도 아니다. 신학은 철학과 달리 탐구하는 것이 아니라 주어진 것을 설명하는 것이다. 인간이 신학의 주체가 아니며, 신학은 인간의 일이기 이전에 하나님의 일이라는 신학의 특성을 바르트는 이렇게 강조하였다. "교의학은 지성적 증언(intelligent witness)의 성격을 지녀야 한다. 틸리히 (P. Tillich)가 철학적 논쟁으로 얼마나 많은 사람들을 개종시켰는가?"[12] 그러므로 바르트에 의하면 신학은 철학과 마찬가지로 인간의 사고 작용이 수행되는 학문이면서도 인간이 주체가 아니라 하나님이 주체이신 하나님의 일로서 특수한 학문이다. 형식적으로는 학문이지만 내용적으로는 하나님의 말씀을 증언하는 신앙의 일이라고 할 수 있다.

셋째로, 루돌프 불트만(R. Bultmann)은 신학이란 신앙의 만남 밖에서 신앙의 만남의 구조들에 관해서 생각하는 사고라고 정의하였다. 불트만은 자유주의신학의 인간중심주의를 비판하면서 신학이 인간보다 하나님을 말해야 한다고 강조하였다. 그리하여 하나님과 인간의 만남으로서의 신앙의 사건을 내적인 기적으로 봄으로 하나님의 주관적인 초월성을 말하였다.[13] 그러나

---

11) 존 갓세이, 〈칼 바르트와의 대화〉, 윤성범 역, 현대신서 78 (대한기독교서회, 1977), 120.

12) Ibid, 121.

13) J. Moltmann, *Theology of Hope* (London: SCM, 1967), 58ff. cf.; 몰트만, 〈희망의 신학〉 (현대사상사, 1974), 71ff. cf.

불트만은 신학의 자리를 신앙의 만남 밖에, 즉 인간의 합리적인 사고 안에 둠으로써 자유주의신학의 합리주의적 전통을 벗어나지 못하였다. 더 나아가서 그는 이렇게 말한다. "신학의 대상은 하나님이다. 신학은 하나님 앞에 서있는 인간에 관하여 신앙의 관점에서 이야기함으로 하나님에 관하여 이야기한다."[14] "우리들이 하나님에 관하여 이야기하고자 한다면 분명히 우리 자신에 관하여 이야기할 수밖에 없다."[15] 하나님께 대해서는 다만 자기 자신의 실존과 관련해서만 말해질 수 있다고 봄으로 불트만은 하나님을 말하는 인간의 조건을 강조하고 있다.

이와 같이 하나님과 인간의 상호관계 속에서만 하나님이 생각된다면 하나님에 관한 이야기와 인간실존에 관한 이야기가 혼동될 위험이 있다. 그 결과 불트만에게 있어서 신학의 잣대는 인간의 이성이 되고, 성서 안에서 비합리적인 기적이나 신화는 제거되어야 한다고 주장하였다.[16] 불트만의 입장은 자유주의신학의 합리주의의 영향 하에 있는 것으로, 하나님의 객관적 초월성을 상실하게 되기 때문에 성서적인 신학으로부터 멀어졌다고 본다.

그 외에 종교개혁자 존 칼빈은 하나님 지식은 순수이성의 지식이 아니라 하나님을 두려워하고, 하나님을 사랑하고, 하나님께 복종하는 지식이라고 정의하였다. 하나님을 안다는 것은 객관적인 지식이 아니라 실존적이고 주체적인 지식으로, 하나님과의 인격적인 만남을 전제하는 지식이라는 신학의 특징을 강조하였다. 장로교신학자 찰스 하지(Charles Hodge)는 "신학이란 성경의 사실들을 그 고유한 질서와 그 사실들 자체 안에 포함되어 있고, 전

---

14) R. Bultmann, *Glauben und Verstehen* I (1972), 25; 김균진, 〈기독교 조직신학〉 I (연세대학교출판부, 1984), 19.

15) Bultmann, *Glauben und Verstehen* I, 28; 김균진, ibid.

16) R. Bultmann, *New Testament & Mythology and Other Writings*, S. Ogden (ed.) (London: SCM, 1985), 4f.; Alister McGrath, *The Making of Modern German Christology* (Oxford: Blackwell, 1986), 128; 데이비드 퍼거슨, 〈불트만〉, 전성용 옮김 (대한기독교서회, 2000), 177.

체 안에 침투하여 전체와 조화된 원리나 일반적 진리와의 관계 안에서 나열해 놓은 것이다"[17]라고 정의하였으며, 감리교 신학자 윌리엄 버튼 포우프(William Burton Pope)는 이렇게 정의하였다. "신학은 예수 그리스도 안에서 인류에게 주어진 계시 위에 기초하며, 교회 안에서 다양하게 체계화된 하나님과 신적인 것에 대한 학문이다."[18] 펠만은 조직신학을 "성서의 사신을 요약하고 우리 시대를 위해 새롭게 표현하려는, 하나님에 관한 비판적 학문"이라고 정의하였다.[19]

이 책에서는 신학의 여러 분야들 가운데서 조직신학을 중심으로 다룬다. 조직신학은 체계신학(Systematic Theology), 교의학(Dogmatics), 기독교 신앙(Christian Faith), 기독교 신학(Christian Theology) 등의 이름을 가지고 있다.[20] 조직신학은 다른 분과들의 연구성과들을 수용하면서도 독자적인 과업을 가진다. 조직신학은 기독교 신앙의 내용을 조직적으로 체계화하는 작업을 그 중심과제로 삼는다. 따라서 조직신학은 어느 분과보다도 논리적인 일관성, 조직적인 체계화, 일관된 사고의 틀로서의 방법론 등에 관심을 가진다. 이것은 비판적이며 동시에 풍부한 상상력이 요구되는 작업이다.[21] 조직신학은

---

17) 오톤 와일리, 폴 컬벗슨, 〈웨슬리안 조직신학〉 (도서출판 세복, 2002), 23.
18) Ibid.
19) 홀스트 펠만, 〈교의학〉 이신건 역 (한국신학연구소, 1989), 44.
20) 김광식, 〈조직신학〉 I, 30. 교의학이란 명칭은 17세기 라인하르트가 처음 사용하였다고 한다. Lukas Reinhart, *Synopsis Theologiae Dogmaticae*, 1659; Friedrich Schleiermacher, *The Christian Faith* (Edinburgh: T. & T. Clark, 1976). 〈기독교 신앙〉이라고 번역될 수 있는 이러한 제목은 경건주의적인 주관주의의 특징을 함축하고 있다; Karl Barth, *Church Dogmatics* I/1 (1932). (앞으로 CD로 약어 표기함.) 바르트의 〈교회 교의학〉은 그가 1927년에 썼던 〈기독교 교의학〉과 대조된다. 〈기독교 교의학〉이 신학에 들어온 철학적인 영향을 전제하는 반면에, 〈교회 교의학〉은 성서에 대한 교회의 해석으로, 교회의 선포와 병행하는 교회의 신학이라는 그의 입장을 함축한다. 바르트는 기독교 신학은 어떠한 의미에서도 인간의 철학에 의존하는 것이 아니라 독자적이고 자족적인 것이라고 단언했다. 하나님은 어떠한 인간의 도움이 없이도 완벽하게 자신을 계시할 수 있다고 했다. 알리스터 맥그래스, 〈역사속의 신학〉, 205.

치밀한 논리와 풍부한 상상력으로 성서 안에 계시된 하나님의 말씀을 새롭게 이해하고자 하는 교회의 작업이다. 더 나아가서 예수 그리스도와 성령의 인격과 사역에 초점을 맞추어 기독교 전통을 반성하며, 새로운 시대와 상황에 맞게 복음을 해석하고, 교회와 교회가 처한 다차원적인 삶의 현실을 해석하고 비판하는 교회의 학문이라고 할 수 있다.[22]

3. 신학의 자리

아시아 문명권에서는 이 세계를 천지인(天地人)으로 구분하여 이해해 왔다. 이 세계가 천지인으로 구성되었다고 생각하는 것은 이 세계를 보는 인간을 3분법적으로 본다는 것을 의미한다. 이러한 세계관은 이 세계를 보는 인간을 영혼몸(靈魂肉)이라는 삼분법적 패러다임으로 이해하는 것을 전제한다. 전통적으로 서양의 기독교신학은 인간을 영혼(soul)과 육체(body)로 구성되었다고 보는 2분법을 선호해왔다. 그것은 서양철학이 희랍철학의 2원론을 전승하였으며 기독교신학이 이러한 서양철학과의 대화를 통해 발전해 오는 과정에서 자연스럽게 서양철학의 영향을 받은 것이었다.

인간이해에서 2분법과 3분법은 모순대립이나 양자택일의 관계라기보다는 각자의 선호에 의한 선택과 강조의 문제라고 보아야 한다. 3분법은 신앙인과 불신앙인을 구별하고 신학과 철학의 관계를 설명하는 데 유용한 반면, 2분법은 서양철학과의 대화에서 순조롭다는 이점이 있다. 필자는 3분법을 취하고자 한다. 3분법에서는 인간의 영혼몸은 각각 천인지(天人地)와 상응하

---

21) 다니엘 미글리오리, 〈복음주의 신학입문〉, 32.
22) P. Tillich, 〈조직신학〉 III/상 (성광문화사, 1986), 19ff. 틸리히는 다차원적인 삶의 통일(unity of multi-dimensions of life)을 말했다. 김경재, 〈폴 틸리히〉 (대한기독교서회, 1979), 294ff.

며, 신학은 하나님, 철학은 인간, 과학은 자연을 각각 학문의 주요 대상으로 삼는다고 할 수 있다. 학문의 영역에 있어서는 신학과 철학은 하나님, 존재, 자유 등 형이상학적인 문제를 다루기 때문에 공통적인 대상을 가진다고 볼 수 있다. 신학과 철학은 학문의 영역에서는 서로 간에 연속성을 가진다. 현대철학에서는 철학의 범위를 분석철학, 과학철학 등 객관적인 진리만을 다루는 것으로 제한하려는 움직임이 있으며, 그 결과 신학과 철학의 연속성이 약해지기도 하지만, 그러나 실존철학이나 삶의 철학 등은 여전히 존재와 삶의 문제를 다루기 때문에 신학과 철학은 서로 만날 수밖에 없다.

다른 한 편, 학문의 방법에서는 신학과 철학은 서로 다른 출발점을 가진다. 신학은 하나님의 계시에서 시작하고, 철학은 인간의 이성으로써 철학의 문제들을 다룬다. 신학이 학문인 한, 이성을 도구로 사용하지만 그것은 어디까지나 보조적인 도구일 뿐이다. 그리고 신학의 도구로 사용되는 이성은 이미 계시의 빛에 의해서 조명된 이성이다. 신앙에 의해서 붙잡힌 바 된 이성이다. 신학자의 이성은 신앙인의 이성이다. 그러므로 철학자의 순수이성과 신앙인의 신앙이성은 일반적인 기능에 있어서는 차이가 없지만 하나님을 인식하는데 있어서는 질적인 차이가 있다.[23) 신앙인의 이성은 하나님을 인식하는 이성이고 불신앙인의 이성은 하나님을 인식할 수 없는 순수이성(칸트)이다. 그러므로 신학은 신앙을 전제한다. 신학은 신앙의 이해이다. 신앙인이

---

23) 신앙인이나 불신앙인이나 이성의 기능적인 측면에서는 동일하다. 둘 다에게 2+2=4이다. 그러나 신앙인은 하나님이 존재한다고 믿으며 이 믿음은 그의 이성과 조화한다. 즉 신앙인의 이성은 하나님의 존재를 긍정하는 것에 대하여 내적 갈등을 겪지 않는다. 신앙인의 이해가 이성적인 작업이라는 것은 신앙의 명제들인 신학의 내용이 언어로 표현된다는 사실에 의해서 연역된다.
　그러나 불신앙인은 신앙적인 명제에 대하여 거부하며 수용할 수 없다. 왜냐하면 그의 순수이성은 예수를 그리스도로 인정하지도 않으며 복음을 이해하지도 못하기 때문이다. 신앙은 초자연적인 기적의 사건이며 성령에 의해서 주어지는 하나님의 선물이다. 따라서 순수이성과 신앙인의 신앙이성 사이에는 건너뛸 수 없는 질적 차이가 있다.

신앙의 내용을 이해하는 작업이 신학이라고 할 수 있다.[24] 신학의 자리에 대한 지금까지의 진술을 도식화하면 다음과 같다.

세계의 구분	인간의 구분	학문의 종류	학문의 영역	학문의 방법
천(天)	영(spirit)	신학	형이상학	계시+이성 (신앙이성)
인(人)	혼(soul)	철학		이성 (순수이성)
지(地)	몸(body)	과학	형이하학	

이렇게 인간의 구성을 3분법으로 이해하게 되면 인간의 혼(soul)은 인간의 정신계라고 말할 수 있게 된다. 전통적으로 인간의 정신은 지(intelligence), 정(emotion), 의(will)로 구성되어 있다고 이해되어 왔다. 그리고 그것은 각각 진(truth), 미(beauty), 선(good)을 추구한다고 보았으며, 이 진선미를 서양의 철학에서는 인간이 추구해야 하는 절대가치라고 생각했다. 그러나 20세기에 인간의 정신은 지정의를 함축하는 의식세계 아래에 무의식의 세계를 가지고 있다는 것이 발견되었다. 인간의 정신은 의식과 무의식을 포함하는 넓고 깊은 세계임이 밝혀졌다. 따라서 인간의 정신을 단순히 지정의라고 생각하는 것은 이제는 낡은 사고가 되었다. 무의식의 세계를 프로이드(S. Freud)는 Ego, Id, Super Ego라고 해석함으로, 의식세계를 지정의로 보았던 전통적인 서양

---

24) 고대교회에서 신학은 교회 밖의 사람들에 대한 변증(apology)의 기능을 가지고 있었다. 슐라이에르마허는 신학적 변증과 논박을 철학적 신학이라고 하고 폴 틸리히는 자신의 신학을 변증적 신학이라고 하여 케리그마적 신학과 구별하였다; F. Schleiermacher, *Brief Outline on the Study of Theology* (1977); P. Tillich, *Systematic Theology* vol. 1, 6f.

의 인간이해와의 조화를 추구하였다. Ego는 자아로서 지성에 연관되며 Id는 욕망으로서 감성에 상응하며, Super Ego는 양심으로서 의지와 관련된다고 볼 수 있다.

인간의 정신계는 영적인 차원과 분리되어 있지 않다. 영계와 정신계, 즉 신앙적인 차원과 심리학적인 차원은 서로 상응한다고 보아야 한다. 그렇지 않다면 인간의 정신은 영적인 세계에서 일어나는 일을 인식할 수 없을 것이다. 우리는 성서에서 이 문제에 대해 조명하는 단서들을 발견할 수 있다. 사도 바울이 믿음, 소망, 사랑을 최고의 신앙적 덕목으로 내세운 것을 살펴보면 신앙적이고 영적인 차원도 지정의와 상호 연관되며 서로 소통함을 암시하고 있다. 하나님을 아는 방법은 믿음이요, 신앙인이 선을 행하는 것은 소망에 근거하며, 하나님 나라에서 가장 아름다운 것은 사랑이다. 즉 믿음, 소망, 사랑은 영적인 차원에서의 진선미를 표현하는 성서적인 언어이다. 그리고 이러한 진리는 바울 이전에 이미 예수에 의해서 진술된 바가 있다. "너희가 박하와 회향과 근채의 십일조를 드리되 율법의 더 중한 바 의와 인과 신은 버렸도다 그러나 이것도 행하고 저것도 버리지 말아야 할지니라" (마 23:23). 예수가 말한 의(Justice), 인(Mercy), 신(Faith)은 사도 바울이 말한 믿음(faith), 소망(hope), 사랑(love)과 일치하는 신앙적인 덕목이다. 신은 믿음이요, 인은 사랑이며, 의는 소망과 상통한다. 전술한 바와 같이 영원한 하나님의 나라에 대한 소망이 의를 행할 수 있는 근거이기 때문이다.

그러니까 신앙의 최고 덕목인 믿음, 소망, 사랑은 사실은 우리 주 예수 그리스도의 가르침에 근거하고 있으며, 신앙적 차원과 정신적 차원이 상호 소통하고 있음을 가르쳐준다. 여기에서 한 걸음 더 나아가 인간의 신체적인 차원에서도 영과 혼과 상응하는 것을 알 수 있다. 현대의 인간이해에 의하면 인간의 왼쪽 뇌에는 언어와 사고행위의 중추가 있고, 오른쪽 뇌에는 감정행위의 중추가 있다고 한다. 그래서 IQ(Intelligent Quotient)와 EQ(Emotional

Quotient), 즉 지성지수와 감성지수를 통해서 인간의 신체적인 지능발달을 계량화하고 있다. 더 나아가서 최근의 연구에 의하면, 인간의 뇌에는 지금까지 밝혀진 왼쪽 뇌와 오른쪽 뇌, 즉 이성과 감성을 지배하는 중추 이외에 제3의 중추, 즉 제3의 영역이 대뇌 피질 안에 있다는 것이 밝혀지고 있다. 인간의 대뇌에는 종교, 하나님, 선, 도덕 등을 다루는 특정한 영역이 있으며 이것을 SQ(Spiritual Quotient)라는 용어로 해명하고자 하는 새로운 시도가 제기되고 있다.[25] 앞으로 이 분야의 연구는 더욱 심화되어 갈 것이다. 이렇게 되면 신체적으로도 인간은 지정의와 상응하는 것으로 밝혀지게 될 것이다. 따라서 인간의 영혼몸은 수직적으로 그리고 수평적으로 복잡하게 그러나 질서정연하게 얽혀 있는 삶의 다차원적인 통일체로 이해될 수 있으며, 짜임새 있는 통전적 인간이해가 가능하게 될 것이다. 지금까지의 논의를 다음과 같이 도식화할 수 있다.

영	신 믿음	인 사랑	의 (예수) 소망 (바울)
혼	의 식–지 진 무의식–Ego	정 미 Id	의 선 Super Ego
몸	왼쪽 뇌 IQ	오른쪽 뇌 EQ	(?) SQ

4. 신학의 방법

지금까지 신학이 학문세계에서 차지하는 자리에 대해서 논술하였다. 신

---

25) Donah Zohar, Ian Marshall, 〈SQ: 영성지능〉, 조혜정 옮김 (룩스, 2000).

학은 계시를 방법으로 하고 철학은 이성을 방법으로 한다. 철학은 순수이성으로 인간이 누구인지 사유하고 인식한다. 그러나 신학은 하나님을 인식할 수 있는 길을 하나님 자신의 계시에서 찾는다. 왜냐하면 인간은 스스로 하나님을 인식할 수 없기 때문이다. 다만 하나님의 계시를 인간이 받아들일 때, 인간의 이성은 계시에 대하여 종속적인 관계 안에서 사용될 수 있을 뿐이다. 인간의 이성이 하나님의 계시에 순종하는 한 그것은 신학의 방법이 될 수 있다. 이러한 신학의 방법을 위로부터의 방법이라고 부를 수가 있다.[26]

이것은 하나님의 계시로부터 출발해서 인간의 이성으로 내려오는 수직적인 방법, 객관적인 방법이며, 이러한 방법은 위로부터 아래로 내려오는 길이다(from above to below). 이러한 방법은 하나님의 초월성과 우월성을 강조하는 정통주의와 복음주의의 방법이다. 하나님의 계시의 객관성이 강조되는 신학이다. 근본주의신학이나 칼 바르트의 초기신학, 즉 〈로마서 강해〉 제2판(1922)에 나타난 변증법적 신학 등이 여기에 속한다.

여기에 반해서 아래로부터 위로 올라가는 방법이 있다. 이것은 자유주의의 방법이다. 인간의 이성으로부터 출발해서 하나님을 탐구하는 방법이다. 이것은 주관적인 방법, 수평적인 방법, 하나님의 초월성을 부정하거나 약화시키고, 하나님의 내재성 즉 이 세계 안에 계신 하나님을 강조하는 방법이다. 아래로부터 위로 올라가는 길이다(from below to above). 슐라이에르마허(F. Schleiermacher)나 헤겔(Hegel) 등이 여기에 속한다. 폴 틸리히는 스스로 상관관계의 방법(method of correlation)을 주창하였으며 주객도식을 극복하고 하나님과 인간, 신학과 철학의 화해와 조화를 추구하는 방법을 제시하였으나, 내용적으로 이것은 아래로부터의 방법으로 분류할 수 있다. 왜냐하면 틸리히에게 있어서 철학은 질문이고, 신학은 답변으로서 논리적인 순서에서 인간의 질문이 하나님의 답변에 앞서기 때문에 아래에서부터 위로 올라가는

26) 김균진, 〈기독교 조직신학〉 I, 21.

신학이 될 수밖에 없다.

위로부터의 신학은 하나님중심주의요 아래로부터의 신학은 인간중심주의이다. 그런데 위로부터의 신학은 인간의 역할과 책임이 약화될 위험이 있고 아래로부터의 신학은 하나님의 은총이 등한시될 수가 있다. 그러므로 이 양자가 조화되어야 한다. 우리는 위로부터 아래로 그리고 아래로부터 위로의 신학을 지향해야 한다(from above to below and from below to above). 필자는 이러한 신학의 가능성을 칼 바르트의 〈교회 교의학〉 IV/1 이후에서 찾을 수 있으며,[27] 또한 존 웨슬리의 선행적 은총에 의해서 회복된 자유의지의 강조 등에서 찾아볼 수가 있다고 본다.

그러면 누가 하나님을 계시하는가? 하나님만이 하나님을 계시할 수 있다. 하나님만이 하나님을 알 수 있고 하나님만이 하나님을 계시할 수 있기 때문에 우리가 하나님을 알 수 있는 길은 하나님이 자신을 우리에게 드러내어 보여주시는 계시를 통해서만 가능하다. 따라서 우리의 방법은 계시론적 방법이라고 할 수 있다. 신학의 출발점은 계시이다. 칼 바르트에 의하면 계시는 삼위일체 하나님의 계시이며 삼위일체 하나님의 계시의 결정적인 내용은 예수 그리스도이다. 예수 그리스도의 계시는 기독교 신학의 모든 것을 조건 짓는 조건이다.[28] 예수 그리스도는 성서의 중심점(central point)이요, 모든 것이 거기에 모이는 초점(focus)이다. 구약은 오실 그리스도에 대한 약속이요, 신약은 오신 그리스도에 대한 증언이다. 그러므로 우리의 방법은 삼위일

---

27) 이 문제에 관해서 전성용, 〈칼 바르트의 성령론적 세례론〉 (한들출판사, 1999)의 122f. 특히 각주 n. 179 참조할 것. 바르트는 CD IV/1 이하에서 하나님의 계시의 우선성을 강조하면서도 성령에 의해 회복된 자유의지로써 응답하는 인간의 책임성을 강조함으로써 위로부터 아래로 그리고 아래로부터 위로의 논리를 제시하였다. 이것은 초기의 변증법적 신학에서 하나님과 인간의 질적 차이를 강조함으로써 하나님과 인간의 단절성을 강조하는 일방적인 신학을 극복한 것이다.

28) K. Barth, *Kirchliche Dogmatik* I/1, 122; 김균진, 〈헤겔과 바르트〉 (대한기독교서회, 1983), 387 중인.

체론적 방법이요, 삼위일체 하나님의 계시의 중심인 예수 그리스도를 통해서 하나님을 인식하는 기독론적 방법이라고 할 수 있다.[29] 더 나아가서 바르트는 예수 그리스도를 인식하게 하는 것은 성령의 사역이라고 말한다. 성령으로 말미암지 않고는 예수를 믿을 수도 없고 깨달을 수도 없다. 그러나 성령을 예수 그리스도의 객관적인 계시를 깨닫게 하는 주관적인 계시라는 것은 성령에 대한 소극적인 이해이다.[30] 바르트의 이러한 생각은 성령을 그리스도에게 종속시키는 결과를 가져온다.

성령은 단순히 예수 그리스도의 능력이나 영향력이 아니다. 그분은 예수 그리스도에게 종속된 그림자나 몸종이 아니다. 성령은 독자적인 계시자의 역할과 지위를 확보하고 있는 삼위일체 하나님의 제3의 인격(The Third Person)이다. 그러므로 성령의 지위와 역할을 강조하는 성령론적 방법을 신학의 중요한 방법으로 간주하고 성령론적 신학을 전개해 나가야 한다. 그런데 "성령론적 신학"이라고 말하면 예수 그리스도가 소외되는 것처럼 생각하는 사람들이 있는데, 이것은 "성령론적 신학"이라는 명칭을 피상적으로 받아들임으로써 생기는 오해이다. 지금까지 서방교회를 지배해 온 기독론적 신학에서 성령의 지위와 역할이 약화되고 무시되었으며, 삼위일체론은 이위일체론이 되는 결과를 낳았다. 이러한 일방적인 기독론적 신학을 극복하기 위해서 성령의 정당한 역할과 지위를 회복하고자 하는 의도에서 나온 신학을 성령론적 신학이라고 명명한 것이기 때문에 그 내용에 있어서 성령론적 신학은 사실은 "기독론적-성령론적 신학"을 의미한다는 것을 분명히 해야 한다. 성령론적 신학은 예수 그리스도를 무시하거나 배제

---

29) 바르트는 기독론적 집중(christological concentration)이라는 표현을 선호했다. K. Barth, *How I Changed My Mind* (Atlanta: John Knox, 1966), 43; K. Barth, *Church Dogmatics*, III/3, xi; Sung-Yong Jun, *Karl Barth's Pneumatological Doctrine of Baptism* (Ph.D. Thesis, The University of Aberdeen, 1996). 34f.

30) CD I/2, 1ff., 203ff.

하거나 약화시키려는 것이 결코 아니다. 그리스도와 함께 성령이 정당하게 대접받는 삼위일체론적 신학을 수립하고자 하는 것이 성령론적 신학의 목표이다. 다시 말해서, 성령론적 방법은 기독론적 방법을 대치하는 것이 아니다. 성령론적 신학은 그리스도 일원론(christomonism)[31]을 극복하고 예수 그리스도와 성령의 관계가 정상화되는 신학을 말한다. 즉 기독론적-성령론적 신학(christological-pneumatological method)이 필자가 추구하는 성령론적 조직신학의 내용이다. 성령론적 신학의 구체적인 내용은 앞으로 여러 곳에서 상세하게 진술될 것이다.

5. 신학의 목적(목회와 신학)

목회자들 가운데 신학을 위험시하거나 목회를 위해서 별로 도움이 되지 않거나 오히려 해로운 인간의 이론이라고 생각하는 경향이 있다. 목회는 하나님의 능력을 받아야만 한다거나 성경 한 권만 가지고 목회를 잘 할 수 있다고 생각하기도 한다. 그러나 이것은 위험한 사고방식이다. 신학 없이 목회하는 것은 설계도 없이 집을 짓는 것과 같이 맹목적이기 때문에, 중간에 어려움을 당할 수가 있고 그리고 큰 집을 제대로 지을 수 없다. 우리는 위대한 목회자들이 나름대로의 목회철학, 즉 자신의 신학을 가지고 있는 것을 발견할 수 있다. 그러므로 목회자는 각자 나름대로의 신학자이다. 그들은 자신의 신학을 교회의 현장에서 실천하는 실천적 신학자들이다. 목회와 신학이 무관하다고 생각하는 것은 현대의 고도 지성사회에서는 받아들이기 어려운 편견이다.

그런데 참다운 신학은 신학 하는 인간이 중심이 되어서 이성을 진리의

---

31) CD III/3, xi.

판단기준으로 삼고 모든 것을 결정하는 신학이 아니다. 그런 신학은 교회를 위해서 크게 도움이 되지 않는다는 것이 이미 증명되고 있다. 자유주의적인 신학교 출신들이 목회를 제대로 하지 못하며, 그런 교회나 교단들은 쇠퇴하고 있는 세계적인 현상이 그 증거이다. 성서를 중심으로 하며 더 나아가서 신학자가 신학하는 그 자체가 하나님의 부르심에 대한 응답이요 순종이라고 생각하는 것이 참다운 신학하는 자세이다. 신학의 출발점과 주도권은 하나님의 부르심에 있다. 신학은 인간이 하는 학문적 작업이지만, 그러나 이미 그것은 하나님이 시작하신 하나님 자신의 일이다. 신학의 목적은 하나님의 영광을 위한 것이요, 하나님의 구원사역에 동참하는 것이다. 신학교에서 신학생들에게 강의하고 연구하는 작업은 넓은 의미의 목회라고 할 수 있다. 필자는 직접 목회를 하지 않아도 목회적인 마인드를 가지고 학생들을 대하며 저들을 통해서 간접적으로 목회에 참여하고 있다고 생각한다. 바르트의 말과 같이 신학교에서의 강의는 설교의 일례(example)라고 할 수 있다.

목회와 신학은 서로 상관이 없는 별개의 영역이 아니다. 다만 그 장르가 다를 뿐 다 같이 하나님의 교회를 섬기는 것이 그 목적이다. 목회는 교회를 성장시킴으로써 신학의 적용영역을 확장하고 신학은 교회의 말과 삶을 성서를 기준으로 비판적으로 반성함으로 교회를 바로 세워나가고자 한다. 이와 같이 목회와 신학은 서로 협력하고 보완하면서 교회를 세워나가는 상호협력 관계라고 할 수 있다.

신학은 철저하게 교회를 위해서 존재하며 교회의 일이 되어야 한다. 신학적 작업이 가시적인 교회를 넘어서서 세상의 일들을 다루는 것처럼 보이기도 하지만, 이 세계는 하나님의 피조물이요 교회가 서 있는 삶의 자리이다. 더구나 현대는 지구촌으로서 세계가 하나의 국가나 마을처럼 연계되어 가고 있기 때문에 더욱더 교회와 세계의 상관관계는 긴밀해지고 있다. 고로 교회의 범위를 가시적인 건물이나 교회 공동체로 국한하는 것은 폐쇄적인 태도라고 할 것이다. 미래와 세계를 향해 스스로를 개방할 수 있는 능력을 가진 자만이 미래를 책임질 수 있다.[32) 따라서 신학이 교회를 섬기는 것은 궁극적으로는 교회가 서 있는 세계를 위한 일이 될 것이다. 그러나 교회는 직접적인 섬김의 대상이요, 세계는 간접적인 섬김의 대상이 된다. 신학이 교회를 저버리고 직접 세계를 섬기려고 하면 자칫 배가 바다를 떠나 육지로 올라가듯이 본래 궤도를 벗어날 위험이 있다. 사회선교와 사회복음은 교회와 세계의 관계에 대한 신중한 반성 위에 추구되어야 할 것이다.

6. 신학 연구자에게 필요한 덕목

오톤 와일리는 그의 〈웨슬리안 조직신학〉에서 "신학 연구를 위한 자격"을 논하고 있다.[33) 필자는 신학도가 갖추어야 할 덕목을 제시함으로 앞으로 공부하는 과정에 도움이 되리라고 생각하여 와일리의 주장을 중심으로 다음과 같이 정리해 보고자 한다.

1. 신학도는 영감 있는 정신, 즉 깊은 영성을 가져야 한다. 신학은 철학과 달리 인간의 순수이성으로 할 수 있는 세속적인 학문이 아니다. 성서를 하나님의 말씀으로 믿는 신앙과 자신이 예수 그리스도와 성령의 은총에 의해서 구원받았다는 체험이 분명해야 한다. 그렇지 않으면 정상적인 신학공부를 할 수 없으며, 이러한 복음적인 회심의 경험이 없는 사람이 신학을 하게 되면 그는 잘못된 길을 가기 쉽다. 여호와를 경외하는 것이 지혜의 근본이며 (잠 9:10), 지식의 근본이다 (잠 1:7). 성령의 조명이 없이는 영적인 암흑 속을 헤매게 되며, 그런 사람이 영적인 지도자가 되면 장님이 장님을 인도하는 결과를

32) 최인식, 〈미래교회와 미래신학〉 (대한기독교서회, 1997); 이성희, 〈미래사회와 미래교회〉 (대한기독교서회, 1997), cf.
33) 오톤 와일리, 〈웨슬리안 조직신학〉, 26.

낳게 될 것이다.

2. 신학도는 지성적 열정과 솔직성을 가져야 한다. 그는 지적인 목마름과 지성 앞에 정직할 수 있는 자세를 가져야 한다. 신학도 엄연한 학문이기에 거기에는 높은 수준의 논리와 체계가 있으며, 이것을 이해하기 위해서는 지성적인 노력이 필요하다. 신학은 다른 어떤 학문보다 더 장구한 연구사를 가지고 있으며, 거기에서 발생한 엄청난 분량의 학문적 성과들을 보유하고 있다. 거기에다 외국인들의 신학적 자료를 읽고 이해하기 위해서 갖추어야 하는 언어능력과 독서능력은 대단히 많은 시간과 힘든 수고를 요구하는 작업이다. 따라서 신학도는 이런 일을 감당할 수 있는 자질을 갖추어야 한다.

더 나아가서 신학도는 자신의 지성(intellectual mind)에 대해서 정직해야 한다. 신학이란 이미 완성된 것을 습득하는 것이 아니고 끊임없이 새로워져야 하는 도상의 학문이다. 그러므로 이전의 신학을 극복하고 새로운 신학을 수립해 가야 하는 과제가 주어져 있다. 여기에는 비판적인 정신이 요청된다. 지금까지 진리라고 믿었던 것이 더 이상 진리가 아닐 수도 있다는 비판정신이 없으면 신학은 새로움을 잃어버리고 역사의 유물로 전락해 버리게 될 것이다. 우리나라의 신학도들에게 특히 부족하기 쉬운 부분이 이 점이라고 생각된다. 우리는 유교적인 풍토에서 자랐기 때문에 비판능력이 부족하다. 그러나 서양에서는 이런 부분이 우리보다 훨씬 더 앞서 있다. 따라서 이 부분은 우리가 서양으로부터 특별히 노력하고 배워야 할 점이라고 생각된다.

3. 신학도는 성서에 대한 충분한 지식을 가져야 한다. "주석이 신학에 앞서며, 성서신학 내지는 성서에 대한 교리적 내용의 체계적 연구가 조직신학에 앞서야 한다."[34] 모든 신학은 성서의 해석이다. 모든 신학은 성서에 근거해야 하며 성서에 의해서 심판받아야 한다. 성서를 능가하는 신학은 신학이 아니요 더구나 기독교 신학이 아니다. 개신교회의 가장 중요한 기본 원리는

---

34) Ibid., 27.

"오직 성서"이다. 그러므로 신학도는 언제나 성서를 읽고, 외우고, 생각하고, 묵상하고, 성서 안에서 은혜를 받고, 성서를 통해서 하나님의 말씀을 들어야 한다. 성서를 읽으면서 하나님을 만나야 한다. 성서의 의미를 확인하기 위해서 성서 원어, 특히 희랍어 지식이 귀중하다.

4. 신학도는 다른 분야에 대해서도 폭넓은 이해를 가져야 한다. 철학, 역사, 문학, 종교학, 심리학, 사회학, 경영학, 자연과학, 음악, 미술, 의학, 체육학 등 가능한 모든 분야를 폭넓게 섭렵하는 것이 도움이 된다. 신학대학원에 입학하기 전 일반대학에서 전공한 학문이 신학공부를 위해서 귀중한 기초가 될 수 있다. 신학도는 자기가 공부하는 신학이 이 세계의 전부라고 생각할 위험이 있다. 하나님이 이 세계를 창조했기 때문에 하나님에 대해서 공부하면 이 세계를 다 포괄하는 것으로 착각하기 쉽다. 그러나 이 세상에는 신학이외에도 다양한 학문의 세계가 있으며, 나 외에도 다른 사람이 있으며, 교회외에도 더 넓은 세계가 있다는 것을 깨달아야 한다. 그렇게 해야 우리는 겸손해질 수가 있으며, 다른 사람으로부터 계속해서 배울 수 있는 열린 마음을 가질 수가 있게 된다. 그리고 그렇게 함으로 신학 자체를 더 잘 이해하고 설명할 수 있게 되며, 더 폭넓은 신학적 전망을 가질 수 있게 될 것이다.

7. 결론: 이 책의 특징

신학은 보편적인 학문으로서 갖추어야 할 일반성과 신학만이 가지는 특수성이 양립되어야 한다. "신학은 하나님과 인간 사이의 대화인 기도인 동시에 사람과 사람 사이의 대화인 학문이다."[35] 신학은 하나님의 계시로부터

---

35) Heinrich Ott, *Denken und Sein: Der Weg Martin Heideggers und der Weg der Theologie* (1959), 33f.; 하인리히 오트, 〈사유와 존재: 마르틴 하이데거의 길과 신학의 길〉 (연세대학교 출판부, 1985), 37f.; 김광식, 〈조직신학〉 I, 17.

시작한다는 특수성과 함께 학문적 신빙성을 얻기 위하여 모든 인간이 이해할 수 있는 논리적 일관성을 구비해야 한다. 따라서 초월적인 하나님의 계시를 강조하는 정통주의는 하나님의 계시를 전달하는 인간의 언어와 인간의 삶의 조건에 대해 더 많은 관심을 가져야 한다. 다른 한편, 인간의 합리적인 사고에 진리의 기준을 두고 있는 자유주의는 성서 안에서 말씀하시는 하나님의 초월적인 계시에 귀를 기울여야 한다. 그리고 신정통주의는 객관적인 예수 그리스도의 계시만을 강조할 것이 아니라 성령의 주체적인 인격과 사역을 강조함으로써 서방신학이 잃어버린 성령의 주권을 회복해야 할 것이다. 성령은 단순히 예수 그리스도의 능력이나 교회의 영이 아니라 삼위일체 하나님으로서 교회의 창조자요, 교회의 주님이라는 적극적인 성령이해가 조직신학의 새로운 전망으로 제시되어야 할 것이다.

신학이 학문적 신빙성을 얻기 위하여 두 가지의 요건을 갖추어야 한다. 첫째, 엄밀한 방법론을 가져야 한다. 즉 사고의 일관성이라고 할 수 있는 치밀한 논리성과 체계화된 조직적 구성이 갖추어져야 한다. 둘째, 신앙적 주제의 해명에 있어서 개방성과 비종결성을 가져야 한다. 정통주의나 근본주의와 같은 폐쇄성이 아니라 신학의 학문성은 끊임없이 비판되고 발전되어야 한다는 열린 자세가 필요하다. 신학은 항상 그 시대에 맞게 새로워져야 하고 변화되어야 한다는 점에 있어서 미완성을 시인하는 겸허한 자세가 요청된다. 하나님 자신만이 완전하고 절대적일 뿐 모든 신학은 불완전하고 상대적이기 때문이다.

신학의 정의, 신학의 방법, 신학과 다른 학문과의 관계, 신학의 목적 등 신학의 기초적인 문제를 우리는 신학의 서론 내지는 기초신학이라고 할 수 있다. 이 책의 "머리말"에서 약술한 바와 같이 앞으로 이 책을 통해서 강조하고자 하는 필자의 기본적인 신학적 입장과 이 책의 방향을 다음과 같이 세 가지로 정리하고자 한다.

첫째, 성서적인 신학을 지향하며, 성서적 진리의 추구를 신학의 궁극적인 목표로 삼고자 한다. 성서적인 신학이란 성서를 진리의 표준으로 삼았던 종교개혁자들의 정신을 계승 발전시키고자 하는 것인데, 이것은 성서를 하나님의 성령에 의해 영감된 말씀으로 믿는 것을 전제한다. 신학이란 아무런 전제나 판단기준이 없이 안개 속을 헤매거나 장님이 코끼리를 만지는 것이 아니다. 신학은 아무 것도 없는 백지(tabula rasa)에 그림을 그리는 것이 아니다. 기독교신학은 성서를 통해서 자신을 계시하시고 성서 안에서 우리에게 말씀하시는 하나님의 말씀으로부터 출발하며, 이 말씀에 대한 신앙에 기초한 이해를 정리하는 것이다. 성서는 신령한 말씀이기 때문에 인간의 일상언어로 해석되어야 보통 사람들이 이해할 수 있다. 더 나아가서 성서는 고대에 기록되었기 때문에 고대인들의 지식, 윤리, 관습 등은 현대의 그것과 상당한 차이가 있다. 성서는 현대인이 이해할 수 있도록 해석되어야 한다. 여기에서 신학의 필요성이 제기된다.

그런데 성서의 중심사상은 하나님중심주의라고 할 수 있다. 이것은 인간중심주의라고 할 수 있는 자유주의를 배격한다는 의미를 함축한다. 자유주의는 인간의 이성을 최상의 진리의 근거와 판단기준으로 삼는 합리주의 신학이다. 그러나 이성에 의해서 성서가 심판을 받고 판단되는 신학은 진정한 신학이 될 수 없다. 왜냐하면 우리는 성서 안에서 하나님의 말씀을 들어야 하기 때문이다. 오직 성서만이(Sola Scriptura) 우리에게 하나님에 관한 진리를 가르쳐주는 근거가 되며 인간의 말을 판단하는 기준이 된다. 성서는 하나님의 말씀을 우리에게 전해주는 기록된 하나님의 말씀이지, 단지 인간의 생각을 전해주는 역사적인 자료나 교훈에 불과한 것이 아니다. 자유주의는 성서를 이성으로 판단하고 심판하는 오류를 범했다. 그들은 비합리적인 기적과 신화들을 고대인들의 사고방식이라고 하여 성서로부터 배제하려고 하였다. 그리하여 그들은 성서에서 자신을 계시하시는 초월적이고 살아계신 하나님을 만나지 못하고 단지 역사적인 자료들을 통하여 성서의 저자와 성서 시대의 교회와 그 시대의 문화만을 만났을 뿐이다. 설사 자유주의자들이 하나님을 만났다고 하더라도 그들이 만났다는 하나님은 기적을 행할 수도 없고, 병도 고치지 않고, 동정녀 탄생과 부활 승천 재림도 행할 수 없는 그런 무능하고 보잘 것 없는 왜소한 하나님을 만났을 뿐이다. 자유주의는 교회를 세우고 교회를 봉사하는 신학이 아니라 오히려 교회를 흔들고 무너뜨리고 약화시켰다. 칼 바르트는 그들을 가리켜 '고라의 무리'라고 하였으며, 그들의 신학을 '바람 빠진 타이어의 신학'이라고 선언하였다. 그들은 이성의 차원을 넘어서는 영의 차원을 보는 신령한 눈을 가지지 못했다. 성서는 오늘도 살아계신 하나님의 말씀을 우리에게 전해주는 진리의 말씀이다.[36]

둘째, 실천적인 복음주의를 지향하고자 한다. 감리교회의 창시자 존 웨슬리는 추상적인 이론이 아니라 올더스케이트(Aldersgate) 체험과 성화의 체험의 바탕 위에 기독교 신앙을 구축하고자 했다. 그는 평생 말을 타고 다니면서 복음을 전한 실천적 복음운동가였다. 우리는 신학이 고독한 연구실의 작업으로 끝나지 아니하고 교회의 현실과 신앙인의 삶의 문제에 응답하며, 더 나아가서 우리가 살고 있는 이 세계의 구체적인 문제들과 씨름하는 신앙인의 몸부림을 위한 가이드가 되게 해야 한다. 신학은 끊임없이 자신을 반성하여

---

36) 국민일보 2008. 3. 3. 〈오정현칼럼〉: "그런데 교회사적으로 우리가 주목해야 할 중요한 사실이 있다. 스코틀랜드의 교인들이 썰물처럼 빠져나갔던 시기는 유럽의 신학계가 비평적 성경연구에서 괄목할 만한 학문적 업적을 이루었던 시기와 일치하고 있다는 것이다...성경을 연구하는 것은 참으로 중요한 일이다. 그러나 우선순위가 뒤바뀌면 사도 베드로의 경고처럼 '억지로 풀다가 스스로 멸망하는' 영적인 패가망신으로 이어질 수 있다...1949년 샌버나디노 산에서 열린 기독교 대회에 빌리 그레이엄이 참석했다. 당시 열병처럼 퍼졌던 성경비평에 물든 친구로부터 도전을 받고 성경이 모두 옳다는 믿음이 흔들렸던 그레이엄 목사는 숲 속에 들어가 나무 그루터기에 성경을 올려놓고 그 유명한 기도를 했다. '주여, 이 성경말씀을 모두 이해하지는 못하고 모두 설명하지는 못하지만, 모두 당신의 말씀으로 받아들입니다.' 이때부터 빌리 그레이엄의 사역 전성기가 시작되었음은 불문가지다."

살아 있는 생명을 담아낼 수 있는 학문적인 운동이 되어야만 복음의 도구로서 사용될 수 있을 것이다. 소위 정통주의(Orthodoxy)는 이 점에 있어서 어느 정도 실패하였다. 성서의 근본사상은 지식일변도의 가르침이 아니라 올바른 행동에 대한 가르침(Orthopraxis)이다. 서방 기독교가 희랍철학과 근대 주지주의철학의 영향에 의해 올바른 지식으로서의 신학을 강조한 결과 신학은 삶과 유리된 지식운동으로 변질되었으며, 그 결과 서구교회의 무기력화가 초래되었다. 특히 독일계 신학은 이론신학, 상아탑신학으로 어렵고 딱딱하고 재미없는 골칫거리가 되고 말았다. 서양 사람들에게도 난해한 신학적인 문서들이 하물며 우리 한국 사람들에게는 얼마나 더 어려운 난제이겠는가? 이렇게 어려운 신학을 이해하기 위해 수년간 또는 수십 년간을 공부해야 하는 한국의 신학도들은 얼마나 많은 시간과 재물을 낭비하고 있는가? 이것은 국력의 낭비이며, 한국교회의 낭비이며, 급기야 한국교회의 활력을 빼앗아 갈 수 있는 암초이다. 우리는 우리의 사고방식이나 생활유형과 맞지도 않는 서양의 이론일변도의 딱딱하고 고답적인 신학을 극복해 나가야 한다.

성서가 우리에게 전해주는 복음은 서양신학처럼 딱딱하고 골치 아픈 언어의 잔치가 아니다. 복음은 하나님과의 만남이며 그 만남에서 나오는 다이내믹이다. 이 다이내믹은 우리의 삶을 변화시키고, 충만하게 하고, 아름답게 하는 것이다. 이러한 내적인 다이내믹을 잃어버리지 않고 복음을 전달해 줄 수 있는 신학이야말로 우리가 지향하는 목표가 되어야 한다. 하나님은 좋은 하나님이며 예수님은 우리를 해방시키고 자유하게 하시는 좋은 분이다. 그러므로 그분을 만나고 그분에 대해서 안다면, 그 만남을 인간의 말로 표현하는 말로서의 신학은 당연히 기쁘고 감격스러운 일이 되어야 한다. 신학은 쉬운 하나님의 말씀을 어려운 철학적 개념에 가두는 일로부터 해방되어야 한다. 신학이 해방되어야 한다. 그리고 우리는 우리의 삶을 자유롭게 표현하고 그로인해 더욱 더 하나님을 잘 알아가는 삶의 신학을 일구어야 한다. 필자는 지식의 신학이 아니라 행동의 신학, 상아탑의 신학이 아니라 교회와 현장의 신학, 지성적인 운동이 아니라 실천적인 운동, 지적 경쟁심이 아니라 사랑과 용서와 화해의 신학, 올바른 지식으로서의 신학이 아니라 올바른 삶으로서의 신학을 지향하고자 한다.

셋째, 필자는 20세기에 일어난 성령운동을 담아내는 신학을 지향하고자한다. 20세기 교회의 가장 두드러진 특징 가운데 하나는 전 세계적인 오순절운동의 확장이다. 1906년 로스앤젤레스의 아주사 거리(Azusa Street)에서 흑인 목사 윌리엄 세이무어(William Seymour)에 의해서 시작된 20세기 오순절운동(Pentecostal Movement)은 2000년 기독교 역사상 가장 거대한 교회운동이라고 할 수 있는데, 20세기 말에 이르러 전 세계적으로 약 5억의 그리스도인들이 오순절운동교회에 소속되어 있다고 한다.

한국교회 성장의 원동력은 1907년에 평양의 장대현교회에서 시작된 성령운동이라고 할 수 있다. 이 성령운동과 함께 성결교회의 전도운동이 1907년에 시작되어 한국교회 성령운동의 한 줄기를 이루고 있다. 그리고 그 이후한국에 들어온 오순절운동은 한국의 성령운동을 더욱 더 활성화시켜 한국교회를 세계성령운동의 중심지 가운데 하나로 만들었다. 이러한 성령운동을신학적으로 해석하고 체계화하는 작업은 한국교회 뿐만 아니라 세계교회의과제가 되고 있다.

최근 구미의 신학계에서도 성령신학에 대한 관심이 고조되고 있는 실정이다. 지나간 시대에 기독교신학은 삼위일체론적 신학을 그 골격으로 하여 형성되었다. 칼빈의 〈기독교 강요〉는 전체가 4부로 되어 있는데, 제 1부는 성부, 제 2부는 성자, 제 3부는 성령 그리고 제4부는 교회로 구성되었다. 틸리히의조직신학도 세 권으로 구성되었는데, 각각 성부, 성자, 성령을 주제로 다루었다. 이와 같은 삼위일체론적 신학에서 성부와 성자는 충분히 강조되었으나, 성령의 지위와 역할은 제한되고 억제되었다. 성령은 삼위일체의 제 3위로서의 지위가 확보되지 못한 것이다. 이것은 서방교회의 필리오케(Filioque)이론에 기인한 점도 있으며 희랍철학의 이원론적인 특징에 기인하기도 하였다. 그리고 더 나아가서 성령에 대한 이해 자체가 어렵기 때문이기도 하였다. 어쨌든 서방신학은 성부와 성자에 대해서 강조한 반면 성령을 종속시켰으며 그 결과 삼위일체신학에서 이위일체론적인 신학이 되는 결과를 낳았다. 우리는 이러한 서방신학의 오류를 극복해야 하는 과제를 안고 있다. 그리하여 성령이 정당하게 삼위일체의 제 3위로서의 지위를 확보하는 삼위일체론적 신학을 수립하고자 한다. 이것은 21세기에 우리에게 주어진 중대한 과제중의 하나이다. 성령신학은 성령시대의 당위적인 요청이라고 할 수 있다.

필자는 12세기 요아킴 피오레의 성령의 제 3시대론과 19세기 스위스의 역사학자 야코프 부르크하르트의 역사이해 및 한국의 민중신학과 동양의 태극사상을 연결하여 성령이 성자에게 종속되지 아니하고 독자성을 확보할 수 있는 삼위일체론적 성령론적 신학의 패러다임을 제시하고자 한다. 성령은 성부시대와 성자시대를 이어서 오순절로부터 시작되는 교회시대에 하나님의 계시와 구원을 시행하시는 삼위일체 하나님의 제 3위이시다. 성령시대의 신학은 당연히 성령신학이 되어야 한다. 서방교회의 신학은 성령에 대한 종속설적 이해에 머무르고 있으며, 동방교회의 사회적 삼위일체론은 삼신론으로 변질될 우려가 있다. 이 양자의 문제점을 극복하면서 성령론적 신학을 수립하는 것이 이 책의 과제이다.

II. 신학과 철학의 관계

전통적으로 서양의 신학은 서양철학과의 대화를 통해서 발전하였다. 철학이란 보다 넓은 의미에서는 그 시대의 사상을 표현하는 언어라고 말할 수 있다. 철학은 현대에서는 사회학, 경제학, 정치학, 종교학, 인류학 등 인간을 해명하는 다양한 학문들을 포괄한다고 볼 수 있다. 예컨대, 해방신학은 경제, 사회적인 언어를 신학의 도구로 사용하였다.

신학과 철학의 관계에 대해서 다루는 사람은 두 가지 서로 다른 태도를 가질 수 있다. 첫째로는 철학의 입장에서 객관적이고 합리적인 자세로 접근하는 사람이다. 이런 접근방법은 종교철학적인 태도라고 할 수 있다. 그는 이성에 납득되는 것만 접수하려고 할 것이다. 둘째로는 신학의 입장에서 신앙적인 전제 내지는 이해를 가지고 이 문제를 다룰 수가 있다. 필자는 신앙인으로서 신학적으로 이 문제에 접근하고자 한다. 그러나 철학을 무시하거나 부정하는 독선적인 태도가 아니라 철학과 신학의 상호 의존성 내지는 상호 대화를 지향하는 자세로 이 문제를 다루려고 한다. 많은 사람들은 신학과 철학은 상관이 없으며 신학을 위해서 철학은 아무런 유익이 없으며 오히려 백해무익한 것처럼 생각하는데 그것은 현명한 자세가 아니라고 본다. 철학과 이방종교들이 하나님께 이르는 구원의 길은 아닐지라도 인류에게 위안과 지혜가 되어 왔던 것을 부정해서는 안 된다. 예컨대 불교와 유교가 지나간 1,500년간 그리고 500여 년간 우리 민족의 종교가 되어 삼국시대 이후 고려시대와 이조시대를 거쳐 우리나라의 발전을 위해 이바지한 것을 부정하는 것은 정당한 평가가 아니다. 이런 종교들의 가르침이 우리나라의 정치와 문화에 끼친 긍정적인 영향을 부정하고서는 우리나라의 역사를 논할 수 없다. 사도 바울의 비유를 빌려서 말한다면 이런 종교들은 기독교의 참된 진리가 찾아오기 전에 우리 조상들을 인도했던 몽학선생(초등학문)으로 이해할 수 있다고 본다.[37]

---

37) 타종교를 죄악시한다든가 타종교인들을 마귀라고 생각하는 것은 배은망덕한 자세가 될 것이다. 물에 빠진 사람 건져주었더니 보따리 내 놓으라는 것과 무엇이 다르겠는가? 지금도 공자나 맹자나 노자의 가르침은 우리에게 이 세계와 삶에 대한 깊은 통찰을 제시해 주고 있다. 우리는 전통종교와 철학에 의해 형성

1. 신학과 철학의 만남

제1절 "신학이란 무엇인가?"에서 철학과 신학, 이성과 계시의 관계에 대해서 이미 언급한 바가 있었다. 철학이 인간을 문제 삼는 학문이고 신학이 하나님을 다루는 학문이라고 구별하였다. 그러나 철학의 경우 전통적으로 하나님이나 영혼 등 형이상학적인 문제 즉 신학적인 주제를 다루어 왔으며, 신학의 경우 하나님을 말하는 인간 역시 신학의 문제가 되지 않을 수 없다. 하나님에 대해서 말하는 인간 없이 신학은 없기 때문이다. 따라서 신학의 문제는 하나님만이 아니고 하나님에 대해 말하는 인간에 대한 이해를 포함한다. 더 나아가서 하나님은 인간에 의해 이해되는 만큼만 말해질 수가 있다. 그러므로 인간의 이해로서의 신학에는 당연히 인간적인 요소가 포함되며 이것은 철학적일 수밖에 없고 이성적이고 논리적인 특성을 가지게 된다. 그리하여 신학과 철학의 만남을 피할 수가 없게 되는 것이다.

한걸음 더 나아가서, 신학과 철학의 만남은 그 진리의 특성에 의해서 불가피한 것으로 여겨진다. 칸트는 그의 제자들에게 말하기를 나는 그대들에게 철학(Philosophie)을 가르치지 아니하고 철학하기(philosophieren)를 가르치고자 하노라고 하였다. 철학이라는 어떤 대상이 있어서 그것을 전수해주고 전수 받을 수 있는 것이 아니라 스스로 철학적인 사고를 할 수 있도록 훈련시키겠다는 뜻을 함축하고 있는 말이다. 이것은 철학적인 진리의 특성을 잘 나타낸 것인데 철학이란 객관적 진리가 아니라 주체적인 진리라는 것이다. 이 문제는 20세기의 대표적인 실존주의 작가로서 〈이방인〉이라는 소설로 노벨문학상을 수상한 알베르 까뮈에 의해서 잘 해명되었다.

까뮈(A. Camus)는 그의 〈시지푸스의 신화〉에서 진리의 종류를 두 가지로

_____

된 우리민족의 정신문화에 기독교를 어떻게 토착화할 것인지 연구해야 하는 과제를 안고 있다 (갈 4:3, 9 참조).

나누었다.[38] 객관적 진리(objective truth)와 주체적 진리(subjective truth)가 그것이다. 객관적 진리에는 갈릴레오의 지동설이 있다. 가톨릭교회가 갈릴레오를 종교재판하면서 더 이상 지동설을 주장하지 못하게 했을 때, 갈릴레오는 교회의 요구에 굴복하였다. 갈릴레오의 진리는 나와 상관없이 움직이는 내 밖에 있는 객관적인 진리이다. 내가 지구가 돌아간다고 하든지 말든지 아무런 상관이 없이 지구는 돌아가기 때문이다. 그리하여 갈릴레오는 종교재판에 승복하고 난 후 "그래도 지구는 돌아간다"라고 읊조리며 재판소 문을 나섰던 것이다. 갈릴레오는 자신의 진리를 위해서 죽을 필요가 없었으며 그는 살아남을 수 있었다.

둘째로, 까뮈는 주체적 진리의 예를 소크라테스에게서 찾았다. 소크라테스는 평생 동안 아데네의 정의를 위해 살았으며 아데네가 정의로운 사회가 되어야 아데네의 민주주의를 회복할 수 있다고 믿었다. 그러나 그는 잘못된 종교를 선전하고 아데네의 젊은이들을 타락시킨다는 죄목으로 사형선고를 받고 감옥에 갇혔다. 감옥으로 찾아온 친구 크리톤(Criton)이 간수를 매수한 다음에 자신과 함께 탈옥할 것을 권고했을 때 소크라테스는 탈옥을 거부하고 죽음을 택했다. 만약 탈옥을 한다면 그것은 법을 어기는 것이고 법을 지키지 않으면 정의를 수호할 수 없다. 그렇게 되면 그가 평생동안 가르쳤던 진리는 거짓된 것이 되고 그의 삶은 실패한 것이 된다. 그의 진리는 그의 존재 안에 있기 때문에 소크라테스는 자신의 진리를 지키기 위해 독배를 마셨다. 그의 진리는 죽음으로써만 수호할 수 있는 진리였으며 그는 철학적 순교자가 되었다. 그의 진리는 주체적인 진리로서 그의 삶과 불가분의 관계를 맺고 있다. 까뮈에 의하면 철학뿐만 아니라 신학, 예술 등도 주체적 진리이다. 따라서 신학과 철학은 주체적인 진리로서 존재와 삶의 문제를 다룬다는 점에 있어서 공통적이다.[39] 자연과학과 달리 신학과 철학이 우리의 삶 속에서 우

---

38) 전성용, 〈기독교 신학개론〉 (대한기독교교육협회, 1987), 23.

리의 존재를 규정하고 행동을 결정하는 특성을 공유하고 있기에 이 양자간의 관계를 모색하는 것은 의의가 있다.

2. 역사적 고찰

철학과 신학의 관계는 교회사 초기부터 문제가 되었다. 하르낙(Harnack)에 의하면 초대교회에 밀려온 철학의 물결 가운데 첫째로 영지주의는 교회에 의해 거부되었으나, 둘째로 희랍철학의 개념들은 교리를 형성하는데 그대로 수용되었다. 예컨대, 필로(Philo)의 로고스 개념은 그대로 받아들여져 사용되었다는 것이다.[40] 그러므로 교리는 복음과 철학의 결합의 산물이라고 할 수 있다. 하르낙은 여기에서 철학을 제거하고 순수한 복음을 찾아야 한다고 주장했으나 필자의 견해에 의하면 그것은 현실적으로 불가능하다. 우리는 성서적인 복음을 지향해야 하지만 그러나 교회사를 통해서 형성된 교리에 의해서 복음을 이해할 수밖에 없다. 예컨대 삼위일체론이 그것이다. 삼위일체론이 철학의 도움을 받아 형성되었지만 오늘날 교회가 형성한 삼위일체론을 내버릴 수는 없다.

신학과 철학의 관계에 대해서 최초로 정리한 사람이 오리겐과 터툴리안이다. 알렉산드리아 학파의 창시자 클레멘트의 제자인 오리겐(Origen)은 인간은 영과 혼과 몸으로 구성되었으며 이와 같이 성서도 육에 해당되는 문자적 의미와 혼에 해당되는 도덕적 의미 그리고 영에 해당되는 영적 의미 즉

---

39) 물론 신학의 진리가 주체성만 가지는 것은 아니다. 성령을 통해서 내 안에 임재하는 하나님의 주체성뿐만 아니라 여전히 내 밖에 거기(there)에 계시는 하나님의 객관성이 확보되어야 한다. 객관주의로 기울어지면 정통주의, 율법주의가 되고, 주관주의로 기울어지면 자유주의, 신비주의가 된다. 그러므로 건전한 신학이 되기 위해서는 이 양자가 잘 조화되어야 한다.

40) 요한복음 1:1 등; J. L. Neve, 〈기독교 교리사〉 (대한기독교서회, 1976), 143 cf.

철학적 의미가 있다고 했다. 이 상징적이고 철학적인 의미를 찾아내는 것이 가장 중요하다고 함으로써 그는 성서해석에 있어서 영해(우화적 해석)를 주장하였다. 이것은 신학과 철학은 같다고 보는 입장이다. 즉 신학과 철학의 연속성을 주장하여 양자의 조화를 모색하고자 하는 입장이다. 현대신학자 가운데 틸리히(P. Tillich)는 신학과 철학이 같다고 보는 것은 아니지만 철학적 질문과 신학적 답변 사이에 상관관계(correlation)가 있다고 보았다.[41] 그는 철학은 질문이고 신학은 답변이라고 하였다.[42] 질문 없는 답변은 있을 수 없고 답변 없는 질문은 공허하다. 이러한 생각은 알렉산드리아학파 뿐만 아니라 가톨릭교회의 스콜라학파와 19세기의 자유주의신학에도 이러한 경향이 있다고 본다.

반면에 터툴리안은 신학과 철학의 불연속성을 주장한 사람으로서 철학은 인간의 이성을 토대로 하며 이성은 자연과 세계를 이해하는 데 해당되며, 신학은 초자연적인 하나님에 관한 것이므로 이성보다 권위에 기초하는데, 이 권위는 예수 그리스도로부터 사도들의 전승을 통하여 교회에 보존된다고 하였다. 현대 신학자 칼 바르트는 철학이 시작하는 거기서 신학은 중지하고 철학이 중지하는 거기서 신학은 시작한다고 함으로써 철학과 신학의 단절성 내지는 불연속성을 주장하였다.[43] 이것은 키에르케고르의 주장을 수용한 것

---

41) P. Tillich, *Systematic Theology* I, 59ff; 폴 틸리히, 〈조직신학〉 I/상, 김경수 역 (성광문화사, 1978), 109ff; 김경재, 〈폴 틸리히〉 (대한기독교서회, 1979), 213ff. 틸리히의 방법은 상관관계의 방법(method of correlation)으로, 신학과 철학, 하나님과 인간 양자 사이에는 존재론적 연관이 있기 때문에 양자는 필연적으로 서로 관계되어 있다고 본다. 틸리히는 자신의 방법이 철학과 신학의 조화를 모색한 토마스 아퀴나스와 연관된다고 본다; K. Barth, *Barth's Table Talk*, 29.

42) 틸리히, 〈조직신학〉 I/상, ibid., 44ff. 틸리히는 철학과 신학을 단순하게 질문과 답변의 관계로 보는 것 같지 않다. 그는 철학과 신학이 똑같이 존재의 문제를 묻는데, 그들은 서로 다른 각도에서 묻는다. 철학자는 존재와 존재구조에 대해 분리된 객관성을 유지하며, 신학자는 연구대상에 자기를 포함시킨다.

43) 철학과 신학의 불연속성에 대한 바르트의 생각은 키에르케고르로부터 기원하였는데, 키에르케고르에 의하면 이성적인 사고와 기독교의 신앙은 화해할 수

이다. 이러한 입장은 사도 바울, 종교개혁자들과 신정통주의 및 복음주의 등의 경향이라고 할 수 있다. 라인홀드 니이버는 틸리히는 현대의 오리겐이요 바르트는 현대의 터툴리안이라고 말했는데, 이것은 철학과 신학의 관계에 대한 양자의 서로 다른 견해를 나타내는 말이다.

그 이후 중세기에서 가장 치열한 논쟁은 보편논쟁이라 불리우는 실재론과 유명론의 대결이었다. 플라톤의 생각을 이어받은 실재론(Realism)에서는 보편자 즉 개념은 실재하는 것이며 시간적으로 개체에 앞선다고 보았다. 그리고 개념에서 개체들이 산출된다고 주장하였다. 안셀름은 하나님의 개념으로부터 하나님의 존재를 증명하려고 시도했다. 안셀름은 프로스로기온(Proslogion)에서 최초로 존재론적 신존재증명을 시도했는데, 그는 신앙은 이해를 추구한다(Fides quaerens intellectum, Faith seeking understanding)고 하였다. 우리가 믿는바 신앙을 우리의 이성에 이해되도록 해명하고자 추구했던 것이다.

아퀴나스(Thomas Aquinas)는 철학적 이성과 신앙을 조화하려고 시도하였다. 그는 신학과 철학을 구별하였지만 그러나 신앙과 이성은 모순되지 않는다고 하였다. 그의 우주론적 신존재증명은 아리스토텔레스의 형이상학을 신학에 도입하여 철학과 신학을 종합하고자 시도한 것이었다.

실재론이 철학과 신학의 조화를 추구했다면 유명론(Nominalism)은 철학과 신학의 분리를 주장하였다. 유명론자들은 개념은 개체들에서 우리의 사고가 만들어낸 것이므로 본래 개체만이 존재하고 보편은 개체보다 후에 존재한다고 하였다. 그러므로 보편(개념)이라는 것은 개체 다음에 있는 것 즉 개체의 이름에 불과하다고 보았다. 둔스 스코투스(Duns Scotus)는 아퀴나스의 자연신학을 비판하고 하나님의 존재를 이성으로 증명할 수 있다는 것을

───────────────

없는 파라독스이다. 즉 사고가 중지되는 거기서 비로소 신앙은 시작된다. 김균진, "헤겔철학과 신학," 〈신학논단〉 제 13집 (연세대학교 신과대학, 1977), 67.

반대하고 신학은 계시에서 성립하며 이성을 통한 인식은 자연세계에 국한한 다고 보았다.

오캄(William of Ockham)은 극단적인 유명론을 주장하여 모든 지식은 개 개의 사물에 대한 직관적인 관찰에서 나오는 것이라고 하였다. 개념은 개체 들의 공통적인 이름이며 개개의 사물 밖에서는 보편은 실재하지 않는다고 하였다. 그런데 우리는 신앙을 떠나서는 하나님에 대하여 경험할 수 없기 때문에 하나님에 관한 자연적 지식은 불가능하다. 이와 같은 주장은 결국 어떠한 신학적 교리도 철학적으로 불가능하다는 것이며 이것은 스콜라 신학 의 파산을 가져왔고 종교개혁의 근거를 제공하였다. 오캄은 성서만이 진리 라고 하여 교회전승을 제거하였다. 루터가 오캄을 선생님이라고 부른 것은 이 까닭이다.

종교개혁자 루터는 철학과 신학, 은혜와 자연의 분리를 극단적으로 주장 하였으며 바빌론 포로가 되었던 복음을 교회와 스콜라신학으로부터 해방시 켜야 한다고 했다.

근대철학의 아버지 데카르트는 존재론적 신존재증명을 시도하여 신학의 명제들에 철학적인 근거를 제공하려 하였고 스피노자, 라이프니츠 등도 같 은 노선을 걸었다. 그러나 영국의 경험론에서는 이성의 입장에서 기독교의 개념들을 비판하였으며 특히 흄(Hume)은 회의적이었다.

계몽주의의 완성자 칸트는 모든 신존재증명들의 논리적 불가능성을 밝 혔으며 철학적 인식은 현상계(Phaenomena)에 있는 대상으로부터 인식재료 가 우리의 감성의 형식을 통과할 수 있는 것에만 한정된다고 하여 가상계 (可想界, Noumena)에 속하는 형이상학의 문제 곧 하나님의 존재, 영혼의 불 멸, 자유의지 등은 순수이성의 인식의 한계 밖에 있다고 하였다. 칸트는 실천이성의 요청이라는 말로 신존재를 확보하려 했으나 그런 신은 이미 참다운 신이 될 수 없다. 칸트 이후 철학은 하나님의 존재에 대해 부정적인 태도를 취하게 되었고 19세기에는 무신론적 철학의 대두를 가져왔다. 포이에르바하(Feuerbach, 종교미망론), 마르크스(Marx, 종교는 인민의 아편), 니이체(Nietzsche, 신은 죽었다) 등이 대표적이다.

그러나 20세기 전반기의 서구의 정신사조를 지배했던 실존철학의 아버지 키에르케고르(Kierkegaard)는 예외적이었다. 그는 유신론적 실존철학자로 불리어지는데, 그의 철학은 신정통주의 신학의 사고를 결정적으로 지배하였다. 키에르케고르는 실존의 3단계를 구분하였는데 미적 실존, 윤리적 실존, 종교적 실존이 그것이다.[44]

1. **미적 실존**(Aesthetic stage)–키에르케고르는 스페인의 전설적인 탕자인 돈 후안(Don Juan)을 예로 들었다. 그의 삶은 본능적인 욕구를 따라 사는 삶, 동물적 삶 또는 지하실의 삶(life in the cellar)이다. 그런데 대부분의 사람들은 이 단계에서 절망을 느끼고 그 다음 단계인 윤리적인 단계로 상승하게 된다. 미적단계와 윤리적 단계 사이에서 이것이냐 저것이냐(either ~ or)의 양자택일의 과정을 거쳐 자신의 결단으로 이 상승운동은 성취된다.

2. **윤리적 실존**(Ethical stage)--이 단계의 대표적인 인물은 소크라테스이다. 소크라테스는 자신의 윤리적인 의무와 기준에 따라서 죽음을 선택한 위대한 삶을 살았다. 그러나 사람들은 이 단계에서 윤리적인 의무와 자신의 연약성 사이에서 죄의식에 빠지게 되어 절망하게 되고 마침내 세번째 종교적인 단계에로 상승하게 된다.

3. **종교적 실존**(Religious stage)--이 단계의 대표적인 인물은 아브라함이다. 아브라함은 하나님의 명령에 따라 자신의 아들 이삭을 모리아산에서 제사 드렸다. 이것은 하나님에 대한 아브라함의 신앙의 행동이었다. 그런데

---

44) Kierkegaard, *Stages on Life's Way*, tr. Walter Lowrie (Princeton: Princeton University Press, 1940); Gregor Malantschuk, *Kierkegaard's Thought* (Princeton University Press, 1971), 272ff. cf.; 존 힉, 〈종교철학개론〉, 14ff.

미적 단계에서 윤리적 단계에로 상승할 때는 인간의 자기결단으로 가능하지만, 윤리적 단계에서 종교적 단계에로 상승할 때는 이것이 불가능하다. 이것은 신앙에 의한 비약(leap)이나 초월에 의해서만 가능한 운동이다. 왜냐하면 하나님과 인간 사이에는 극복될 수 없는 질적 차이(qualitative difference)가 있기 때문이다. 그러면 질적 차이란 무엇인가?

질적 차이란 양적 차이와 구별된다. 양적 차이란 점진적인 성장이나 발전에 의해서 극복될 수 있는 차이이다. 예컨대 어른과 어린이의 차이는 시간이 지나면 자연히 극복된다. 그러나 질적 차이는 점진적 성장이나 발전에 의해서 극복될 수 없는 차이이다. 예컨대 남자와 여자의 차이이다. 이 양자의 차이는 시간이 해결해 줄 수 없는 것이다. 그런데 남자와 여자의 차이가 상대적 질적 차이라고 한다면 하나님과 인간의 차이는 절대적인 질적 차이(absolute qualitative difference)라고 할 수 있다.[45] 하나님과 인간 사이에 있는 절대적 질적 차이는 인간에 의해서 메워질 수 없는 간격이다. 하나님은 인간으로부터 전혀 다른 전적타자(Wholly Other, Das ganz Andere)이기 때문이다. 하나님과 인간은 전혀 다르다. 하나님은 창조자이고 인간은 피조물, 하나님은 무한자이고 인간은 유한자, 하나님은 거룩하고 인간은 죄인이다. 하나님은 전지전능하고 인간은 무지무능하다. 하나님은 하늘에 계시고 인간은 땅 위에 있다. 따라서 인간은 하나님께 갈 수도 없고 하나님을 알 수도 없다. 인간과 하나님 사이에는 공허(vacuum)가 있을 뿐이다. 이 간격과 단절과 불연속성은 오직 신앙에 의해서만 극복될 수 있다. 신앙이란 인간의 이성에 의해서 해명될 수 없는 것이다. 신앙이란 하나님에 의해서 인간에게 주어지는 은혜의 선물이다. 신앙이란 하나님에 의해서 인간 안에 일어나는 내적인 기적이다. 따라서 인간의 순수이성이 이해할 수 없는 역설(paradox)이요 배리(背理, absurd)이다. 하나님과 인간, 신학과 철학, 은총과 이성 사이

---

45) Karl Barth, *The Epistle to the Romans* (Oxford University Press, 1933), 10.

의 분리와 단절을 강조한 키에르케고르의 변증법을 헤겔의 변증법과 대조하여 질적 변증법이라고 부른다. 왜냐하면 거기에는 모순과 대립과 부정만 있는 것이 아니라 신앙에 의한 극복과 긍정이 있기 때문이다. 키에르케고르의 변증법을 변증법이라고 부를 수 있는 것은 하나님의 No(아니오)만 있는 것이 아니라 은혜와 믿음에 의한 Yes(긍정)가 있기 때문이다. 그러나 키에르케고르의 변증법은 압도적으로 Yes보다 no가 더 강조되었으며 하나님과 인간 사이의 분리와 단절과 불연속성이 강조되었다. 키에르케고르의 질적 변증법을 신학에 도입한 것이 신정통주의 신학의 창시자인 칼 바르트이다. 바르트의 초기신학의 대표작인 〈로마서 강해〉 제2판(1922)에서는 바로 이 키에르케고르의 변증법이 그의 사고를 지배하였다.

3. 연속성과 불연속성

신학과 철학은 그 영역에서 일치하고 그 방법에서 나누어진다. 철학은 이성을 사용하여 인간을 인식하며, 신학은 계시를 통해서 하나님을 인식한다. 그러나 신학이 계시를 통하여 하나님을 인식할 때 인간의 이성이 없이는 인식작용이 일어날 수 없다. 하나님의 계시는 인간의 이성의 사고를 통해서 인간에게 이해되고 전달될 수가 있다. 즉 계시가 신학의 중심적인 방법이라면, 이성은 신학의 보조적인 도구로서 사용되어야 한다. 이성이 없으면 하나님은 인식될 수 없기 때문이다. 여기에 철학과 신학의 만남이 있다. 신학이 그 내용을 인간의 언어로 진술할 때 거기에는 반드시 이성의 사유과정이 함축된다. 왜냐하면 인간의 언어는 그 시대의 인간의 사고를 반영하기 때문이다. 예컨대, 20세기의 신정통주의 신학자들은 결정적으로 실존철학의 언어를 빌려서 그들의 신학적 작업을 수행하였다. 실존주의는 20세기 전반기의 서구 지성계의 지배적인 언어였기 때문이다. 이와 같이 철학과 신학은 연속성과 불연속성이라는 이중적인 관계를 맺고 있기 때문에 철학과 신학은 조화와 갈등의 이중적인 관계를 지속할 수밖에 없다. 이것은 신학의 숙명성이다. 신학이 인간의 언어를 사용하는 한 이 갈등과 긴장은 계속될 것이다.[46]

신학과 철학이 주체적인 진리로서의 공통성을 가지는 반면에 그 방법의 차이 때문에 생기는 단절성은 실존철학의 아버지 키에르케고르에 의해서 해명되었다. 키에르케고르가 해명한 윤리적 단계와 종교적 단계 사이에 있는 단절성은 철학과 신학 사이의 불연속성을 의미한다. 키에르케고르는 철학과 신학 사이의 단절성을 강조하였다.[47] 이러한 단절성은 신학과 철학의 방법적인 차이라고 할 수 있다. 철학은 인간의 이성을 방법으로 하며 신학은 [신앙을 통해서 하나님을 알게 되는] 하나님의 계시를 방법으로 한다. 이와 같이 신학은 학문적인 특성상 하나님에 대해서 다루어야 한다는 특수성과 인간의 언어를 사용한다는 보편성을 동시에 보유하기 때문에 철학과의 관계에 있어서 연속성과 불연속성이라는 이중성을 가질 수밖에 없다. 따라서 어느 쪽을 더 강조하느냐에 따라서 각자 입장이 달라 질 수가 있지만 우리는 한 쪽으로 치우치지 말고 이 양자 사이의 조화와 중용을 신중하게 견지해야 한다.

---

46) 신학과 철학의 관계는 불연속성과 연속성이라는 이중성을 가지고 있는데, 그러면 연속성은 어디까지이며 불연속성은 어디까지인가? 바르트는 초기에 〈로마서 강해〉에서 불연속성을 강조하는 변증법적 방법을 사용하다가, 후기에 〈교회교의학〉에서는 실존철학을 극복하고 예수 그리스도 안에서 하나님의 은총을 통한 하나님과 인간의 화해 즉 연속성을 강조하였다.

47) 철학과 신학의 불연속성은 하나님의 이성(Logos)의 차원에서의 단절이지 인간의 이성(logos)에서의 단절이 아니다. 신앙의 초월이란 이성의 부정이 아니라 계시의 빛에 의한 이성의 조명이다. 그러므로 신앙만을 강조하고 이성을 무시하게 되면 맹목적인 신앙이 된다. 신앙적인 단계는 윤리적인 단계와 미적인 단계를 딛고 서는 것이지 무시하거나 단절되는 것이 아니다. 인간은 영/혼/몸으로 구성되었기 때문에 이 세 차원은 신앙 안에서 조화와 통일을 구현해야 한다. 존 힉, 〈종교철학 개론〉, 15 cf.

신학의 특수성만을 강조한다면 신학이 건전한 학문이 될 수가 있느냐의 문제가 발생한다. 하나의 인문과학으로서 그리고 고도의 정제된 학문으로서 이 세계에 뿌리를 내리고 인간의 운명에 대해서 책임 있는 발언을 하는 지위를 유지하기 위해서 인간의 보편적인 언어를 사용해야 한다. 즉 그 시대의 인간의 사고방식 내지는 그 시대의 세계인식의 패러다임을 소화해야 한다. 더 나아가서 신학이 교회 안에 있는 사람들에게 신앙을 해명하는 기능뿐만 아니라 교회 밖에 있는 사람들에게 기독교의 진리를 해명하는 변증(apology)의 기능도 있기 때문에 신학은 학문적 보편성 내지는 철학과의 연관성을 가지게 된다. 근본주의는 이 점에서 실패했다. 새로운 세계관이나 학문적 성과에 대해서 외면하고 케케묵은 옛날 이야기를 계속하고 있기 때문에 진부하게 되며 새로운 시대의 신인간들에게 설득력을 잃어버리게 되었다. 근본주의는 수직적 차원을 강조한 나머지 수평적 차원을 무시하였다.

반면에 신학의 학문적인 보편성을 지나치게 강조하게 되면 신학의 학문적 특수성 즉 초월적인 차원을 상실하게 된다. 이것은 신학을 하나의 종교학이나 윤리로 만들어 버릴 위험이 있다. 신학이 초자연적인 하나님의 음성을 듣지 못하고 성서를 단지 역사적이고 문화적인 자료로만 보게 되면 거기에서는 과거의 인간들의 삶의 발자취만을 건질 수 있게 된다. 그리고 그러한 시각에서는 성서는 고대인들이 자신들의 삶의 문제에 어떻게 부딪치고 반응했는가 하는 철학적, 윤리적인 삶의 태도를 배우는 하나의 역사적 참고문헌에 불과하게 된다. 이것이 자유주의신학이 범한 오류이다. 자유주의는 수평적인 차원을 강조한 나머지 수직적인 차원을 상실하였다. 자유주의는 인간 이성의 자유를 확보하는 대신 성서의 영감을 상실하였다. 그 결과 하나님의 초월성, 예수 그리스도의 신성, 성령의 강력한 능력 등을 잃어버리고 말았다. 자유주의신학이 실패한 증거는 자유주의신학교와 자유주의신학이 지배하는 교회의 쇠락이다. 하나님의 말씀을 듣기 위해 찾아간 교회에서 인간의 지식과 윤리적 교훈만 듣게 된 사람들은 영적 생명력을 잃어버리게 된 것이다. 오늘날 서구교회의 쇠락뿐만 아니라 한국의 자유주의적인 교회의 쇠퇴는 신학의 실패가 가장 큰 원인이라고 하지 않을 수 없다.

신학은 초월적인 하나님을 신앙을 통해서 인식하고자 하는 인간의 작업이다. 그리고 살아있는 하나님의 음성을 성서를 통해서 듣고자 하는 작업이다. 성서 안에서 하나님의 말씀(레마, rehma)을 듣는 것은 성령의 사역에 의해서 가능하다. 성령의 사역이 아니면 우리는 성서 안에서 인간의 말만 듣게 된다. 그리고 성서가 오늘의 인간의 삶을 위해서 어떤 의미를 주는지를 해석하기 위해서 신학은 인간의 현실을 직시해야 한다. 인간의 삶의 문제에 대답을 줄 수 없는 신학은 탁상공론이다. 해방신학, 민중신학, 여성신학 등 인간의 삶의 현실의 문제와 씨름한 신학적인 몸부림들은 신학의 다양성과 그 효용성의 확장을 위해서 의미 있는 공헌을 하였다.[48] 신학은 앞으로 인류의 생존을 위협하는 생태학적 위기의 문제 즉 창조신학에 대하여 관심을 기울여야 할 것이다. 그리고 전통적인 교회의 신학 또한 신학의 뿌리를 견고히 하고 성서적이고 교회적인 신학의 확립을 위해서 대단히 중요하기 때문에 우리는 계속해서 삼위일체론을 비롯한 신학적 주제들과 씨름해야 한다. 결론적으로, 신학과 철학은 상호 보완적인 관계를 유지하면서 계속해서 대화와 대결의 과정을 통하여 발전해 나가야 할 것이다.

III. 신학의 언어 문제

앞에서 고찰한 바와 같이 신학은 자연과학이나 인문과학과 달리 독특한 대상을 독특한 방법으로 연구하는 학문이다. 다른 학문들은 능력이 없어서

---

48) 김성재, "민중신학의 어제, 오늘, 내일," 12.

더 이상 학문적으로 다룰 수 없다고 결론을 내린 형이상학적인 대상들인 하나님, 영혼, 양심, 천국, 천사, 재림 등을 신학에서는 여전히 중심적인 주제로서 다루어야 한다.[49) 이것들은 분명히 순수이성이 아니라 신앙이성이 다룰 수 있는 주제이다. 여기에 신학의 독특성(uniqueness)이 있다. 여기에 신학과 다른 학문과의 질적 차이가 있다. 그러나 그러면서도 신학은 순수이성으로 이해할 수 있는 언어들을 사용한다. 즉 철학적인 언어를 사용하여 신학의 내용을 표현할 수밖에 없다. 왜냐하면 언어는 사고를 전달하기 위한 기호이며 사고가 전달되기 위해서는 서로 이해가능한 공통의 언어를 사용해야 하기 때문이다. 신학의 언어가 가진 철학과의 공통성 때문에 신학에는 철학적인 사고가 포함되며 이 차원에서는 신학적인 방법론(methodology)이 작용하게 된다. 방법론이 있다고 말하는 것은 신학에도 순수이성의 언어를 통해서 전개되는 논증(argue)의 과정과 그것을 통해서 구축되는 논리적인 사고의 구조(system)가 있다는 뜻이다. 이것은 신학이 학문이 되기 위해서 갖추어야 하는 요건이다. 그런데 여기에서 신학이 가지는 언어적인 특징이 드러나게 되는데 이것을 신학적 언어의 상징적 특징이라고 부른다.

---

49) 칸트의 〈순수이성비판〉은 인간의 순수이성의 인식능력의 한계를 설정하고 그 한계를 넘어서는 형이상학적인 문제는 더 이상 철학의 문제가 아니라고 선언하였다. 인간의 경험 안에 들어오는 현상계(phenomena)에 대해서만 인식할 수 있으며, 가상계(noumena)에 대해서 철학은 다루기를 포기하였다. 그런데 이러한 칸트의 생각을 받아들이고 철학의 한계를 인식하는 겸손한 자세가 아니라 순수이성의 한계 내에 있는 학문만을 인정하고 "신학은 학문이 아니다"라는 교만한 말을 하는 철학자들에게 나는 그렇다면 "철학은 학문이 아니다"라고 답변할 수밖에 없다. 철학자들이 말하는 순수이성은 순수한 이성이 아니다. 그것은 이미 죄로 말미암아 오염된 순수하지 않은 이성이다. 하나님이 창조하신 본래적인 이성이 아니라 교만과 이기주의로 더러워진 이성에 불과하다. 하나님을 모르는 이성은 이미 비본래적인 이성이다. 하나님의 계시의 빛을 받은 이성, 신앙에 의해서 붙잡힌 이성이야말로 진정으로 순수한 이성이요, [순수하지 않더라도 순수에 가까운 이성] 그러한 이성으로 학문하는 신학이야말로 진정한 학문이다.

1. 상징(Symbol)

성서에는 일상 언어로 이해될 수 없는 부분들이 많이 있다. 하나님에 대한 모든 언어들은 상징적인 특징을 가지고 있다. 하나님이 말씀하신다. 하나님이 본다. 하나님이 아담을 흙으로 빚는다. 하나님이 우리를 사랑한다. 이런 묘사들은 문자적으로 과학적으로 일상적으로 납득가능하지 않다. 하나님이 말씀하는 것은 발성기관을 사용한 언어행위가 아니다. 하나님이 보는 것은 시각기능을 통한 감각행위가 아니다. 하나님이 손을 가지고 흙을 빚을 수가 없다. 그러므로 성서에 사용된 언어들은 이러한 일상 언어들을 넘어서는 어떤 대상이나 내용을 함축하고 있다. 더 나아가서 요한 계시록에 묘사된 천국의 모습을 보면 문은 진주문이요 길은 황금길이다. 그러나 만약에 천국이 글자 그대로의 진주나 황금 덩어리로 지어졌다면 그것은 물질이요 시공간 안에 있는 어떤 특정한 지점에 있어야 하며 그렇게 되면 천국은 우주선을 타고 갈 수 있는 이 우주 공간 어딘가에 있는 장소(topos)적인 것으로 생각해야 된다. 그러나 그런 천국은 없다. 천국은 우주 공간 어딘가에 있지 않다. 만약 그런 천국이 있다면 그것은 천국이 아니라 우주 안에 있는, 그래서 인간의 힘으로 갈 수 있는 여행지에 불과하게 된다. 따라서 신비적인 체험 가운데서 천국을 본 계시록의 기록자가 진술한 천국의 모습은 상징적인 것이라고 해야 한다. 천국에는 진주도 없고, 황금도 없다. 진주보다도 황금보다도 더 아름다운 어떤 것으로 되어 있으되 그것은 이 세상의 물질적인 요소가 아닌 전혀 다른 어떤 영적이고 신비한 세계를 체험한 사람이 일상 언어를 빌려 보고한 것이다.

이렇게 볼 때 종교언어는 처음부터 상징적일 수밖에 없다는 것이 명백하다. 이러한 종교언어의 상징적 특징을 폴 틸리히는 좀 더 자세하게 분석하였다. 그는 먼저 표지와 상징을 구별하였다. 표지(sign)는 인위적인 관례나 습관에 의해서 만들어지는 것인데 예컨대 교통신호등이 빨간색일 때 우리는 정지하고 초록색일 때 우리는 주행한다. 여기에서 빨간색과 초록색은 단지 교통체계에서 정한 표지일 뿐이고 우리는 이 표지에 참여하는 것이 아니다. 어떤 감동이나 특별한 느낌이 없이 덤덤하게 표지가 지시하는 대로 행동할 뿐이다. 그러므로 표지와 대상의 관계는 순수한 외적인 관계라고 할 수 있다.

그러나 틸리히에 의하면 상징(symbol)은 그것이 지적하는 대상에 스스로 참여(participate)한다는 특징을 가지고 있다. 예컨대 국기를 볼 때 사람들은 단지 그것이 우리나라를 표시하는 기호만이 아니라 국가를 상징하는 상징으로서 우리가 거기에 참여한다고 하였다. 그래서 국기를 볼 때 감격하고 눈물을 흘릴 수가 있게 된다. 외국에서 이러한 경험을 할 때 또는 전쟁시에 일어나는 이런 경험은 대단히 강렬하며 심지어 국기를 세우기 위해서 목숨을 버리기까지 한다. 상징은 인습에 의해 만들어지는 것이 아니다. 그것은 개인적 혹은 복합적인 무의식으로부터 자라나며, 우리에게 닫혀 있던 실재의 세계를 열어주고 우리 영혼의 차원을 높여준다고 하였다. 틸리히는 예술에서 이 기능을 찾을 수 있다고 하였다. 상징과 그것이 가리키는 대상과의 관계는 긴밀한 내적 연관성(correlation)을 가지고 있다.[50] 종교언어의 상징성도 이런 의미를 함축하고 있다. 떡과 포도주가 예수님의 살과 피를 상징한다고 할 때 우리는 그 상징에 참여하며 그것을 통해서 하나님의 은혜를 받고 감동을 받게 된다.

그러나 이 경우에 조심할 것은 상징은 상징하는 대상을 가리키는 것이지 떡과 포도주가 예수님의 살과 피 자체라고 생각해서는 안 된다. 가톨릭교회의 화체설이 이러한 오류를 범하였다. 상징은 상징하는 대상에 참여한다. 그러나 상징은 상징하는 대상을 가리키면서 동시에 스스로 상징하는 대상이 되지는 않는 한계를 가진다는 이중성이 있다. 상징적으로 사용되는 언어는 상징되는 그 자체, 즉 언어가 지적하는 대상에 의해 부정되지 않을 수 없다.

---

50) 존 힉, 〈종교철학개론〉, 122f.

틸리히는 상징적인 언어가 무의식으로부터 자라났다고 하는데, 이것은 모호한 설명이라고 본다. 신학적인 언어는 오히려 신학자의 의식적이고 용의주도한 사변에 의해서 만들어졌다고 보아야 할 것이다. 더 나아가서 틸히히는 상징이 우리 자신의 존재의 숨겨진 깊이를 열어주고 우리에게 닫힌 실재를 열어준다는데, 그것은 상징 자체로부터 나오는 능력이 아니라 하나님의 계시로부터 나오는 능력이며 단지 언어는 이 계시를 전달하는 부수적인 도구라고 보아야 할 것이다.

2. 유비(Analogy)

상징론과 함께 중세기의 신학자 토마스 아퀴나스의 유비론이 있다. 상징론과 유비론은 종교언어의 특징을 해명하기 위해 제시된 이론으로서 매우 유사하면서 약간의 차이점을 가지고 있는데 특히 유비론은 현대신학자 칼 바르트에 의해서 새롭게 발전되었다. 먼저 아퀴나스의 이론을 살펴보자. 아퀴나스는 "하나님이 선하다"고 말할 때 선하다는 말이 창조자와 피조물에게 사용되면 하나님의 선과 인간의 선 사이에는 유비적 관계가 있다고 하였다. 예컨대, 개가 주인에게 충성하는 것과 사람이 충성하는 것 사이에는 유사성이 있다. 그러나 이 유사성은 단의적(univocal)인 것 즉 동일한 것도 아니고 다의적(equivocal)인 것 즉 상이한 것도 아니다. 개와 인간의 충성심은 똑같은 것도 아니고 완전히 다른 것도 아니다. 그러면서 이 양자 사이에는 공통점이나 유사성이 있다. 이것을 유비라고 불렀다. 이와 같이 하나님과 인간 사이에 공통의 언어가 사용될 때 그 말의 의미는 완전히 같지도 완전히 다르지도 않은 그러면서도 유사성(similarity)과 상응(correspondence)과 공통성(resemblance)과 일치(agreement)가 있게 된다. 이것을 차이 속의 유사성 또는 유사성 속의 차이(difference within similarity)라고 할 수 있다. 그런데 인간과 하나님 사이에 유사성이 있다고 할지라도 하나님이 구체적으로 우리에게 알려지는 것은 아니다. 하나님의 계시는 동시에 하나님의 자기 숨기심이다. 우리가 하나님에 대해서 안다는 것은 하나님이 자신을 계시하신 범위 안에서의 앎이지 하나님의 존재 자체, 하나님이 계시하지 않으신 천상에 계시는 하나님 자신을 우리가 알 수는 없는 것이다. 우리가 하나님에 대해서 안다는 것은 지극히 희미한 것이다. 따라서 유비에 의해서 하나님을 진술하는 것은 대단히 제한된 것이다. 존 힉은 이렇게 말했다. "하나님은 인간에게 나의 존재가 내가 기르는 개에게 명확한 정도만큼도 명확할 수 없다."[51]

칼 바르트는 그의 〈교회 교의학〉 I/1에서 토마스 아퀴나스의 유비론을 존재유비(analogy of being)라고 하였다. 가톨릭신학과 자유주의신학은 피조물로부터 창조자로, 인간으로부터 하나님으로 거슬러 올라가는 존재유비라고 비판하였다.[52] 여기에 반해서 바르트는 인간이 하나님을 알 수 있는 유일한 길은 신앙을 통해서 가능하며 이러한 길을 신앙유비(analogy of faith)라고 칭하였다. 신앙은 하나님의 은총으로 주어진 것이며 따라서 신앙유비는 인간으로부터 하나님께로 올라가는 길이 아니라 하나님으로부터 인간에게로 내려오는 길(from above to below)이다. 인간은 오직 신앙을 통해서만 하나님을 알 수 있다. 그리고 이 신앙유비를 통해서 인간이 알게 된 하나님은 인간과 유사성을 가진 하나님이다. 하나님과 인간 사이에는 유비가 있으며 이 유비의 내용이 관계유비이다(analogy of relation). 하나님은 성부와 성자와

---

51) Ibid., 121.
52) 아퀴나스의 신존재증명은 존재자로부터 존재 자체로 거슬러 올라가서 신의 존재를 증명하고자 한다. 모든 결과에는 원인이 있으며, 이 원인을 거슬러 올라가면 더 이상 원인을 가지지 않는 제 1원인(causa prima)을 생각할 수 있으며, 이것이 신이라고 하였다. 이것을 우주론적 신존재증명이라고 한다.

성령의 삼위일체적 관계 안에 존재하며 이 하나님의 내적 관계는 하나님의 계시를 통해서 인간에게 알려졌기 때문에 계시유비라고 말하며(analogy of revelation) 이 하나님의 내적 관계는 하나님과 인간의 관계(야웨-이스라엘, 그리스도-교회), 더 나아가서 인간과 인간의 관계(남자-여자)와도 유사하다. 바르트는 남자와 여자의 관계를 하나님의 형상이라고 하였다. 성부와 성자의 관계는 남자와 여자의 관계와 유사하며, 이 양자 사이의 관계에 유비가 있는 것을 관계유비라고 불렀다. 그러므로 칼 바르트는 하나님과 인간 사이에 있는 이 관계의 유사성을 통해서 우리는 하나님을 인식할 수 있다고 하였다. 이 관계유비의 자세한 내용은 인간론에서 다시 논하게 될 것이다.

3. 언어게임이론

루드비히 비트겐슈타인(L. Wittgenstein)은 20세기 초에 언어분석철학이라는 새로운 철학운동을 일으킨 오스트리아의 철학자이다. 그를 중심으로 형성된 철학파를 비엔나학파(Wien Circle)라고 불렀다. 비엔나학파의 입장을 논리실증주의(Logical Positivism)라고 부르는데 그들은 철학의 언어를 유의미한(meaningful) 언어와 무의미한(meaningless) 언어로 구별하고 유의미한 언어가 되기 위해서는 검증가능성(verifiability)을 가져야 한다고 하였다. 우리의 경험으로 검증할 수 있는(verifiable) 언어만이 철학적으로 의미가 있다는 것이다. 그러므로 전통적인 철학의 영역에 속하는 형이상학이나 삶의 철학 등은 검증가능하지 않기 때문에 철학의 영역에서 제외되어야 한다고 주장하였다.

비트겐슈타인의 후기 철학에서 나온 언어게임이론은 종교언어를 분석하여 그 특징을 밝혀냄으로써 하나님을 알 수 없다는 비인식론적인 주장을 제기하였으나 결과적으로는 종교언어의 독특성을 확보할 수 있는 길을 열어주었다고 할 수 있다. 이 견해에 따르면 종교언어와 과학용어처럼 서로 다른 종류의 언어들은 서로 다른 '삶의 형태'의 언어적 측면인 '언어 게임'(language game)을 만들어 낸다. 예를 들어 여러 형태의 삶 중에서 기독교적인 '삶의 형태'에 전적으로 빠져드는 것은 이 토론의 바다 내에서 진실된 것과 거짓된 것을 구별하는 그 자체의 내적 기준을 가지고 있는 특별히 기독교적인 언어를 사용하는 것을 의미한다.[53] 그러므로 특정한 삶과 언어의 복합체인 언어 게임을 구성하고 있는 내적 움직임은 외부로부터의 비판에 강하다. 그리고 이로부터 종교적 가르침이 과학적 논평이나 다른 비종교적 논평에 면역되어 있다는 결론을 내리게 된다.

예를 들면, 전통적인 기독교의 가르침은 다른 모든 자손들과 함께 우리를 하나님 앞에서 죄인이 되도록 만든 책임을 에덴동산에서의 타락을 통하여 하나님의 은혜로부터 단절되도록 한 첫 인간인 아담과 하와에게 돌리고 있다. 이 신비트겐슈타인 종교 언어론에 따르면, 그러한 식의 발언은 인류가 한 쌍의 조상으로부터 유래된 것이 아니라거나, 최초의 인간들이 낙원에서 산 것이 아니라는 과학적 이론과 충돌하지 않는다. 왜냐하면 과학은 그 자체의 독특한 기준을 가진 다른 형태의 언어 게임이기 때문이다. 종교는 외부로부터의 도움을 요구하지도 또한 외부로부터의 반대를 배척하지도 않는, 그 자체의 언어를 가지고 있는 하나의 자율적인 삶의 형태이다.

이러한 언어게임이론에 따르면 종교언어의 고유한 특징 때문에 종교를 검증하거나 반증하는 것은 사실상 불가능하다. 종교는 그 자체의 내적 자생력에 의해서 생존이 결정되거나, 아니면 반사회적이거나 반인륜적인 행태에 대한 사회의 법률적 도덕적 심판에 의해서 그 생존이 결정될 수 있을 뿐이다. 그러므로 종교의 언어를 종교 밖에서 판단한다는 것은 대단히 어려운 문제이다.

---

53) 존 힉, 〈종교철학〉 (동문선, 2000), 183ff.

2
계시론

I. 계시란 무엇인가?

1. 서론

우리는 이제 본론의 첫 번째 장으로 들어가고 있다. 그런데 왜 우리는 조직신학의 본론을 계시론으로 시작하는가? 서론에서 신학의 방법은 계시이며 철학의 방법은 이성이라고 하였다. 다시 말하면, 신학은 계시와 이성을 학문의 방법으로 사용하는데 계시는 주도적인 방법이요 이성은 보조적인 방법이다. 이때 이성은 순수이성이 아니라 신앙인의 이성, 신앙에 의해서 붙잡힌 이성, 계시의 빛에 의해서 조명된 이성이다. 그리하여 신앙인은 신앙의 내용을 이성과 충돌하지 않고 수용할 수 있게 된다. 신앙인의 이성은 신앙의 내용을 동의하고 수용하고 접수한다. 이것은 신앙의 기적에 의해서 일어나는 사건이기 때문에 순수이성은 이 [신앙이성의] 사건을 이해할 수 없다. 불신앙인들은 신앙인들의 이성 안에서 일어나는 이해의 사건이 결코 이해가 되지 않는다. 왜냐하면 신앙은 하나님이 주신 것이기 때문에 하나님으로부터 신앙을 받은 사람만이 신앙을 가질 수 있고 신앙을 가진 사람만이 신앙의 내용을 이해할 수가 있게 된다. 그러므로 불신앙인들은 신앙인과 신앙을 자신의 순수이성으로 판단하고 오해하여 왕왕 보기 민망한 극단적인 사태를 연출하게 되는 것이다. 많은 사람들은 신앙인을 조롱하고 극열분자들은 신앙인들을 박해하기까지 한다. 지금도 신앙인과 비신앙인 사이에서 벌어지는 오해와 갈등은 비일비재하다. 그러나 필자는 철학과 신학, 이성과 계시 사이에 질적 차이가 있음을 논한 키에르케고르의 분석이 타당하다고 생각한다. 하나님과 인간 사이에 있는 질적 차이는 신앙으로서만 극복할 수 있으며 순수이성은 이 한계를 극복할 수가 없다고 본다.

철학자 도올 김용옥은 소설가 김승옥에 대해서 "맛이 갔다"라고 시니컬하게 논평하였다. 김승옥은 "서울, 1964년 겨울" "무진기행" 등의 소설을 썼으며 1965년에 제 10회 동인문학상을, 1977년 제1회 이상문학상을 수상한 한국 현대문학의 10대 소설가중 한분이다. 그는 많은 뛰어난 글들을 집필하였는데 1980년 광주민주화운동 직후 붓을 꺾었다가 18년 만인 1998년부터 다시 글을 쓰기 시작한 전 세종대학교교수이다. 그런데 이분이 그동안에 그리스도인이 되어 신앙적인 글을 집필하는 것에 대하여 도올 김용옥이 이렇게 폄하한 것이다. 과거에 소설가로서 좋은 글을 쓸 때는 정상이었고 바람직한 인간이었는데 신앙인으로서 새로운 삶의 길을 가는 것을 보고 사람이 변질되었다고 본 것이다.

여기에서 우리는 신학과 철학 사이의 건너 뛸 수 없는 괴리의 현장을 목도하게 된다. 김승옥은 이성적인 소설가로서 인본주의적인 작품을 쓰다가 신앙인이 되어 복음적인 글을 쓰는 사람으로 변화하였다. 이 변화를 가리켜서 철학자와 신학자는 서로 달리 평가한다. 하나의 사건, 하나의 현상을 보는 두 개의 안목은 철저하게 나누어진다. 이 둘 사이에는 질적 차이가 있다. 철학자는 이 변화를 가리켜서 "맛이 갔다" "사람 버렸다" "미쳤다"라고 이해하고 신학자는 "맛이 들었다" "사람이 되었다" "하나님의 자녀가 되었다"라고 정반대로 이해한다. 철학자의 이해는 순수이성의 이해요 신학자의 이해는 신앙이성의 이해이다. 신학자가 보기에는 김승옥이 아니라 오히려 김용옥이 "맛이 안들었다" "영계(靈界)에 무지하다" "아직 멀었다"라고 평가한다. 그리고 기도하면서 기다린다. 예수 그리스도의 품으로 돌아오라고.[1]

2. 계시의 의미

우리는 "하나님을 이해"하는 신앙인의 이성의 작업을 수행하기 위해서 첫 번째로 다루어야 하는 분야가 하나님의 계시라는 것에 동의할 수 있게 되었다. 하나님의 계시가 하나님인식의 출발점이다. 이것이 개신교회 복음주의 신학의 근본적인 입장이다. 하나님의 계시가 필요 없고 인간의 상상력으로 신학이 가능하다고 생각하는 사람이 있다면 그는 틀림없이 자유주의자이다. 하나님의 계시에 대한 이 장의 내용은 그러므로 하나님이 자신을 계시하신 하나님 자신의 모습에 대해서 다루게 될 것이다. 계시(revelation)란 re+veil의 합성어이다. 희랍어 apokalyptein은 덮개를 벗긴다는 뜻이다. 마치 창문에 커튼이 가려져 있어서 보이지 않다가 커튼을 열면 보이는 것과 같이 하나님이 숨어있어서 알 수가 없다가 하나님이 자신을 우리에게 보여줌으로써 비로소 우리가 하나님을 알게 된다는 뜻이다.

하나님과 인간 사이에는 절대적인 질적 차이가 있어서 인간이 하나님을 알 수가 없다고 하였다. 지금까지 아무도 스스로 하나님을 본 사람이 없다. 그러므로 우리가 하나님을 알아 갈 수 있는 길은 없고 오직 하나님이 자신을 우리에게 보여 주시는 길이 있을 뿐이다. 왜 우리는 하나님의 계시를 통해서만 하나님을 알 수 있는가? 왜 하나님만이 하나님을 계시할 수 있는가? 왜냐

---

1) 김승옥, 〈내가 만난 하나님〉 (서울: 도서출판 작가, 2004). 김승옥은 이 책에서 자기가 체험한 신비한 하나님 만남의 사건들에 대해서 증언하고 있다.

하면 하나님만이 하나님을 알기 때문이다. 그러므로 하나님이 계시의 주체이고 인간이 스스로 하나님을 알려는 모든 시도는 실패할 수밖에 없고 계시없는 하나님 인식의 시도는 불신앙이요 우상이다. 이것이 기독교의 독특성(uniqueness)이다.

마틴 루터는 이 계시의 원리를 다음과 같이 공식화하였다. 이것은 고린도전서 2장 7절과 10절을 도식화 한 것이다.[2] 우리는 이 본문으로부터 다음과 같이 계시의 공식을 만들어낼 수 있다.

> 숨어 계시는 하나님 (Deus absconditus)
> 계시하시는 하나님 (Deus revelatus)
> 그러므로 우리는 하나님을 안다 (∴ we know God.)

여기에서 우리는 "왜 신학에서는 '계시'라는 말을 많이 사용하는가?"라는 의문을 품게 된다. 교회에서 설교시간에는 계시라는 말을 별로 들어보지 못했는데 신학교에 들어가면 '계시'라는 어휘를 특히 조직신학 시간에 자주 듣게 된다. 그것은 목회의 현장인 교회와 학문의 자리인 신학교의 사역에는 각각 강조점과 관심에 있어서 차이가 있기 때문이다. 교회에서는 사람들에게 복음을 전해서 예수 그리스도를 믿고 구원을 받게 하려는 선교적인 관심이 지배적이다. 그래서 교회의 모든 사역은 어떻게 하면 많은 사람들에게 구원의 확신을 불러일으키고 신앙을 성장시키고 생활의 열매를 맺게 하는가에 초점이 맞추어 진다. 그러나 신학교는 교회의 지도자들을 양성하는 것을 목적으로 하는 신학 교육 기관이기 때문에 신앙의 내용을 이해하고 체계화

---

2) "오직 비밀한 가운데 있는 하나님의 지혜를 말하는 것이니 곧 감취었던 것인데 하나님이 우리의 영광을 위하사 만세전에 미리 정하신 것이라." "오직 하나님이 성령으로 이것을 우리에게 보이셨으니 성령은 모든 것 곧 하나님의 깊은 것이라도 통달하시느니라."

하고 더 나아가서 목회의 방법론을 익히는 것이 주 관심사이므로 신학교육, 특히 조직신학에서는 하나님 인식의 방법론으로서 계시론에 특별한 관심을 가지고 강조하게 된다.

하나님과 인간 사이에서 벌어지는 사건은 하나인데 그 사건을 어느 측면에서 바라보느냐에 따라서 관심과 강조점이 달라질 수 있다. 교회의 현장에서는 구원의 문제와 삶의 문제 즉 존재적(ontic)인 측면을 강조하는 구원론적 관심이 많은 반면에 신학의 현장에서는 이해와 인식의 문제 즉 인식적(noetic) 측면을 강조하는 계시론적 관심이 교회에서보다도 더 많다는 것을 인정해야 할 것이다. 그러나 이것은 둘 다 하나의 사건을 서로 다른 각도에서 설명하는 것이지 서로 다른 일이나 두개의 서로 다른 사건을 말하는 것이 아니다.[3] 계시와 구원은 하나님과 인간 사이에서 벌어지는 하나님과 인간의 만남이라는 하나의 사건을 보는 각도에 따라서 다양한 언어로 진술한 것이다. 그런데 이 사건은 하나님 측에서 보면 은총이요 인간 측에서 보면 신앙의 사건이다. 그리고 인간의 신앙 역시 하나님으로부터 온 은총의 산물이다. 그리고 이 은총의 사건의 내용은 삼위일체 하나님이신 성부와 성자와 성령의 행동이다. 이 사건을 이해하기 위해서 다음과 같이 그림을 그릴 수 있다.

---

3) 산다(구원)와 안다(계시)는 예나 지금이나 인간의 중심적인 관심사이다. 에덴동산에 생명나무와 지식의 나무(선악과)가 있었다는 것은 인간의 궁극적인 관심사가 무엇인지 상징한다. 더 나아가서 계시는 신앙과 분리될 수 없다. 계시는 신앙을 전제하고 포함한다. 엠마오로 가던 두 제자가 부활하신 예수를 길에서 만나서 동행하였으나 그들은 예수를 알아보지 못했다. 즉 계시사건과 만났으나 아직 계시를 인식하지 못했다. 그러다가 날이 저물어 엠마오에 이르렀을 때 예수가 떼어주는 떡을 받는 순간 눈이 밝아져 예수님을 알아보았다. 그날 밤에 그들은 거기에서 자지 아니하고 예루살렘으로 돌아가 그들이 만난 예수님을 증언하였다. 계시가 그들 안에서 구체적으로 실현되었을 때(realized) 그들은 비로소 예수의 부활을 믿고 자신의 믿음을 사람들에게 증거하게 되었다. 객관적인 계시사건인 부활을 주관적인 계시의 실현으로 만드는 분이 성령이다. "저희가 서로 말하되 길에서 우리에게 말씀하시고 우리에게 성경을 풀어 주실 때에 우리 속에서 마음이 뜨겁지 아니하더냐"(눅 24:32).

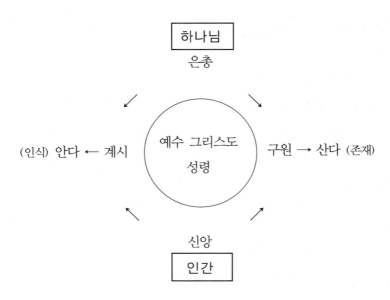

에밀 브룬너는 〈만남으로서의 진리〉(*Truth as Encounter*)에서 마르틴 부버
(Martin Buber)의 나와 너(*I and Thou*)의 만남의 관계를 분석하여, 계시는 관
계적 요소가 강한데 하나님은 그것(it)보다는 당신(Thou)으로서 체험된다고
하였다. 계시는 목적론적인 하나의 목표를 향해 달려가는 과정으로서 그 목
표란 계시하는 하나님과 응답하는 인간 사이에 상호 관계를 확립하는 일이
다.[4] 브룬너는 계시란 인격적인 것으로서 개념이나 교리의 복합체가 아니라
바로 하나님의 인격이라고 하였다. 그러므로 하나님의 계시는 하나님이 자
신을 주는 것이다. 그리고 계시는 역사적인 것인데 그것은 이데아와 같은
영원한 세계 안에 있는 불변하는 어떤 것이 드러나는 것이라기보다는 시공
간 안에서 발생하는 것 즉 하나님의 행위로 이해하였다.

　　판넨베르크는 〈역사로서의 계시〉(*Offenbarung als Geschichte*)에서 계시는
하나님의 직접적인 자기계시가 아니라 간접적인 자기계시인데 하나님의 역

---

4) 알리스터 맥그래스, 〈역사속의 신학〉 (대한기독교서회, 1998), 247.

사적 행위를 통해서 일어났다고 하였다. 그는 자연계시와 특수계시의 구별을 부정하고 오직 하나의 계시만을 인정하는데 이것은 전통적인 자연계시와 유사하다.[5] 이 계시는 모든 사람들에게 주어져 있고 접근할 수 있으며 그것을 수용할 수 있다. 그리하여 계시는 초자연적이거나 비실존적인 특별한 역사 가운데서 일어나는 것이 아니고 실존적인 보통 역사 가운데서 일어난다고 보았다.

II. 자연계시와 특수계시

전통적으로 계시의 종류를 구별하는 경향이 있다. 하나님께서 자신을 계시하는 방법을 자연계시와 특수계시로 구별하였다. 자연계시는 모든 사람에게 보편적으로 주어져 있는 계시이기 때문에 일반계시라고도 부른다. 특수계시는 특별한 사람에게 특별한 방법으로 나타나는 계시로서 초자연적인 계시라고 부른다.

1. 자연계시(일반계시)

하나님이 창조자이고 자연이 하나님의 피조물이라고 한다면 피조물 자연 안에는 창조자 하나님의 모습이 어느 정도 반영되어 있으며 따라서 모든 자연인들은 어느 정도 하나님에 대해서 알 수 있다는 생각이 있어 왔다. 이러한 생각은 로마서 1장 19절과 20절에서도 살펴볼 수 있다.[6] 그러나 자연계시를

5) 홀스트 G. 쾰만, 〈교의학〉 (한국신학연구소, 1989), 66.
6) "이는 하나님을 알만한 것이 그들 속에 보임이라 하나님께서 이를 그들에게 보이셨느니라. 창세로부터 그의 보이지 아니하는 것들 곧 그의 영원하신 능력과 신성

주장하는 사람들도 자연계시를 통해서 구원을 받을 수 있거나 하나님의 본질을 알 수 있다고 말하지는 않는다. 다만 이 세계를 창조하신 창조자가 있다는 정도, 내지는 어떤 신적 존재가 있다는 것을 부인하지 않는 정도의 희미한 하나님 지식이 모든 사람에게 주어져 있다고 주장한다. 존 웨슬리도 자연계시를 인정하였는데 그는 이방인들이 복음을 들었을 때 받아들일 수 있는 준비를 자연계시라고 말했다. 이방인은 예수 그리스도를 모른다. 그러나 하나님이 세계를 창조했다는 것을 안다. 이 세계의 창조자가 있다는 것을 아는 정도를 의미한다.[7]

그런데 여기에서 조심할 것이 있다. 자연을 통해서 어느 정도 하나님을 안다고 할 때 우리는 그것을 우리밖에 있는 자연적인 사물들이라고 생각하기 쉽다. 그러나 사실상 자연계시론자들이 말하는 자연은 인간의 본성(nature)이라는 뜻을 가지고 있으며 자연적인 인간의 본성 그 가운데서도 이성으로 하나님을 안다는 의미를 함축하고 있음을 주목해야 한다. 우리 눈에 보이는 오염되지 않은 순수한 자연계의 아름다움을 보고 우리는 하나님의 창조의 손길을 느끼기 쉬울 것이다. 그러나 우리자신의 내면의 어떤 능력을 통해서 하나님인식의 길에 들어설 수 있다고 생각한다면 그것은 또 다른 신학적 문제를 야기할 수가 있기 때문에 조심스럽게 이 문제에 접근해야 한다.[8]

이 그가 만드신 만물에 분명히 보여 알려졌나니 그러므로 그들이 핑계하지 못할지니라."

7) 웨슬리는 선행적 은총에 의해서 복음을 받아들일 수 있는 자유의지가 회복되었다고 말했다. 그렇다면 이 자유의지도 은총의 산물이기 때문에 일반적인 자연계시와는 구별되어야 한다고 본다. 그런데 선행적 은총은 보편적이고 일반적이다. 그런 의미에서 일반계시로 볼 수 있는 측면이 있다.

8) 칼 바르트는 존재자(being)로부터 출발해서 하나님을 인식할 수 있다고 생각하는 것을 존재유비(analogy of being)라고 하였다. 이것은 가톨릭신학과 자유주의신학의 사고구조이다. Barth, CD I/1, 243f. 여기에 반해서 바르트 자신의 사고는 신앙유비(analogy of faith)라고 하였다. 오직 신앙만이 하나님을 인식할 수 있는 길이며 신앙을 통해서만 우리는 하나님의 계시를 받아들일 수 있다.

독일의 루터교신학자 알트하우스(Paul Althaus)는 자연계시를 근원적 계시라고 하였다. 즉 인간이 하나님께 거역하는 것이 죄라면 하나님의 뜻이 무엇인지 미리 아는 것이 전제된다. 그렇다면 복음의 말씀 이전에 하나님의 뜻이 무엇인지 미리 아는 것이 전제된다. 물론 복음은 그 이전 하나님이 인간에게 알려 준 것에 비해서 완전히 새로운 것, 전혀 다른 것이다. 그러나 복음은 이질적인 것이 아니며 인간에게 알려져 있는 것과 아무 관계가 없는 것이 아니라 철저히 관련되어 있다. 예수 그리스도는 인간의 종교적 윤리적 배경을 배격하지 않는다. 따라서 복음은 다른 종교들과 긍정적인 관계에 있다고 볼 수 있으며 더 나아가서 그는 복음이전의 다른 종교들에도 하나님의 계시가 있다고 하였다.[9]

폴 틸리히는 그의 유명한 상관관계의 방법론으로 계시문제를 해명하였다.[10] 틸리히에 의하면 예수 그리스도의 계시가 인간의 이성에 의해서 받아들여질 때 비로소 계시는 성립된다고 보았다. 그는 가이사랴 빌립보에서 있었던 베드로의 신앙고백의 사건을 제시하면서 계시의 의미를 해명하였다. 틸리히는 베드로가 예수를 그리스도로 받아들이는 이 사건을 계시 자체의 일부라고 하였다(This acceptance is a part of revelation itself). 이 표현은 예수의 계시를 받아들이는 베드로의 이성의 기능을 계시론적으로 해석한 것이다. 베드로가 예수 그리스도의 계시를 그의 이성으로 수용함으로써 계시 사건이

9) P. Althaus, *Die Christliche Wahrheit*, 42ff.; 김균진, 〈기독교조직신학〉 I, 132f.
10) 폴 틸리히의 상관관계의 방법(method of correlation)이란 하나님과 인간, 신학과 철학, 계시와 이성 사이에는 상관관계가 있다는 것이다. 이것은 철학이나 자유주의와 같이 자기 자신 안에 스스로 법을 가지고 판단을 하는 자율(autonomy)과 정통주의나 칼 바르트와 같이 자기밖에 있는 법을 따라가는 타율(heterono-my)을 부정하고 제 3의 길 즉 이원론적 주객도식(subject-object)을 극복하고 자율과 타율을 조화하는 신율(theonomy)의 길이다. 이것은 하나님과 인간의 이원론적 분리와 대립이 아닌 양자의 화해를 지향하는 토마스 아퀴나스와 슐라이에르마허, 폴 틸리히 자신의 길이라고 보았으며 이 신율의 방법을 상관관계의 방법이라고 하였다.

발생하는 것이며 인간의 이성에 의한 수용이 없다면 계시는 계시로서 성립되지 않는다는 뜻이다. 그러므로 인간의 이성이 부정되는 곳에서는 계시가 있을 수 없다.[11] 그리고 틸리히는 계시의 도구(means of revelation)로서 자연, 역사, 언어(nature, history, word)를 제시하였다. 이 세계에 있는 것들이 하나님의 계시의 능력에 붙잡힐 때 그것은 계시의 도구가 될 수 있다. 이렇게 틸리히는 자연적인 것들을 통한 계시를 말함으로써 자연계시를 주장하였다. 우리가 성례전에서 사용하는 물과 떡과 포도주는 자연적인 사물들이지만 그것들이 은총의 수단이나 계시의 도구가 될 수 있는 것이다.

스위스의 신학자 에밀 브룬너(E. Brunner)는 1934년에 바르트를 반박하는 논문 "자연과 은총"(Natur und Gnade)에서 자연계시를 주장하였다. 그는 "우리 신학세대의 과제는 정당한 자연신학으로 되돌아가는 길을 발견하는 것"이라고 말했다.[12] 브룬너는 인간이 하나님의 형상으로 창조되었다는 것에 근거해서 인간의 본성은 하나님의 존재와 유비(analogy)가 있다고 보았으며 자연 안에서 하나님을 식별할 수 있는 능력이 여전히 남아 있다고 보았다. 그는 하나님의 형상의 내용은 죄로 말미암아 파괴되었지만 형식은 남아 있는데 이 하나님의 형상의 형식을 윤리적 책임성과 이성의 언어능력이라고 하였다. 그런데 이 하나님의 형상의 형식은 하나님의 계시에 대한 인간의 접촉점(point of contact)으로서 인간이 보유하고 있는 계시에 대한 준비성과 개방성이다. 그리하여 "회개하고 복음을 믿으라"고 하는 말씀을 알아듣고 그

---

11) Tillich, *Systematic Theology* vol. 1., 153. 틸리히는 이성을 부정한 사도 바울을 악마적(demonic)이라고 비난하였다. 그러나 사도 바울이 철학을 배설물로 여긴다고 선언한 것은 인간의 이성을 부정하였다기 보다는 인간의 순수이성만 가지고는 하나님께 도달할 수 없다는 인간의 한계를 지적하고자 한 것이라고 해석해야 할 것이다. 틸리히는 그리스도의 계시와 베드로의 수용 전체가 계시 자체라고 보았다. 그러나 바르트는 그리스도만이 계시 자체라고 함으로써 틸리히와 엄밀히 구별된다.
12) 알리스터 맥그래스, 〈역사속의 신학〉, 255.

말씀에 대해서 응답할 수 있는 능력(capacity), 즉 언어능력과 죄의식이 있는 만큼은 우리는 하나님에 대해서 안다고 할 수 있다고 하였다. 우리가 스스로 하나님을 알고 구원받을 수 있는 능력을 가지고 있는 것은 아니지만 복음을 받아들일 수 있는 능력은 타락에도 불구하고 여전히 보유하고 있다고 보았던 것이다. 이러한 인간의 죄의식 위에 계시가 더해짐으로 말미암아 죄가 무엇을 의미하는지 분명하게 인식할 수가 있게 된다는 것이다.

이러한 브룬너의 주장에 대해서 칼 바르트는 같은 해에 "아니오!"(Nein!)라는 논문을 발표하였다.[13] 바르트에 의하면 이러한 브룬너의 주장은 성서를 계시의 원천으로 생각하지 않게 될 가능성이 있으며, 예수 그리스도와 자연 사이의 연속성을 인정하게 된다고 반대하였다.[14] 바르트는 자연계시론은 성령이외의 다른 접촉점을 필요로 하는 것이라고 비판하였으며 인간 본성 안에는 어떠한 접촉점도 없다고 주장하였다. 그러한 접촉점 자체가 하나님의 계시의 결과이다. 그리고 이러한 하나님의 형상의 형식이라는 이론은 성서에서 찾아볼 수가 없다고 하였다. 바르트의 주장은 같은 해에 독일에서 등장한 히틀러의 나치정권에 대해 경고하고자 하는 동기에서 출발하였던 점을 고려하여야 한다. 국가를 하나님의 창조질서라고 할 때 일어나게 될 독일의 국가사회주의의 위험성을 바르트는 예견하였던 것이다.[15] 바르트는 자연계시를 부인하고 특수계시만 인정하였다.

필자는 브룬너와 바르트의 주장이 양쪽 다 일리가 있다고 본다. 브룬너는 계시사건의 인간적인 측면을 강조하였고 바르트는 신적인 측면을 강조하였기 때문에 둘 다 한 쪽으로 치우친 감이 있다. 필자는 자연계시를 부정하지 않으려고 한다. 우리가 사용하는 성례전의 물과 떡과 포도주라는 자연

---

13) 에밀 브룬너, 칼 바르트, 〈자연신학〉 (한국장로교출판사, 2002)에 두 논문이 번역되어 있음.
14) 김균진, 〈기독교 조직신학〉 I, 136f.
15) 알리스터 맥그래스, ibid., 256f.

물들이 하나님의 은총과 계시의 도구가 될 수 있다. 그리고 하나님의 말씀이 인간의 언어를 통해서 전달되는 것을 부정할 수 없다. 성서는 인간의 언어로 쓰여진 하나님의 말씀이며 설교는 인간의 언어로 들리는 하나님의 선포된 말씀이다. 더 나아가서 역사적인 사건을 통해서 우리는 하나님의 계시를 깨달을 수 있다. 자연, 역사, 언어가 없다면 하나님의 뜻이 인간에게 전달되기 어렵다. 그러므로 바르트와 같이 자연계시 자체를 부인할 필요는 없다고 본다.

그런데 우리가 여기에서 조심하여야 할 점이 있다. 타락한 인간이 가지고 있는 자연적인 언어능력이나 도덕심 자체가 하나님의 계시의 접촉점이 될 수 있는 능력(capacity)을 가지고 있는지는 매우 의심스럽다는 점이다. 우리가 전도를 해 보면 도덕적인 사람이 더 잘 회개하고, 언어능력이 뛰어난 사람이 더 잘 설교를 알아듣는가는 매우 의심스럽다. 하나님의 말씀을 알아듣고 하나님 앞에서 죄인임을 깨닫는 것 자체가 하나님의 은혜의 산물이라는 것을 우리는 경험적으로 깨닫는다. 우리가 하나님 앞에서 우리의 죄를 회개하려고 할 때 그것은 우리의 도덕심이나 양심이나 죄의식으로 말미암는 것이 아니다. 다른 사람에 대한 과오는 우리의 양심으로 뉘우치고 사과를 할 수도 있지만 하나님께 대한 죄를 깨닫고 회개하는 것은 전혀 우리의 실천이성의 작업에 의해서 이루어지는 것이 아니라는 것을 [신앙인임] 우리는 잘 알고 있다. 왜냐하면 알지도 못하는 하나님께 대해서 어떻게 회개를 할 수 있겠는가? 믿지 않는 하나님께 대한 회개가 어떻게 가능하겠는가? 그러므로 우리의 회개는 전적으로 성령의 감동에 의해서만 가능하다. 성령의 감동이 없이는 회개가 불가능하다. 만약에 하나님을 알지 못하는 채로 우리가 하나님께 회개했다면 그 자체는 이미 성령의 감화가 있었기 때문이다.

하나님의 말씀을 알아듣고 깨닫는 것도 마찬가지이다. 성령의 감동이 없이는 우리는 성경을 읽어도 깨달을 수가 없으며 설교를 들어도 그 영적인 의미를 알아들을 수가 없다. 일반적인 도덕에 대한 내용을 설교할 때는 이해할 수 있겠지만 하나님께 대한 신앙과 복종을 깨닫는 것은 성령의 감동이 없이는 불가능한 것이다. 브룬너는 이 점에 대한 이해가 빈약하였다. 그리고 바르트는 이 점만을 강조하였다. 따라서 두 사람 다 문제가 있다. 하나님께서는 인간의 언어와 자연적인 사물들을 통해서 계시한다. 그것들은 계시의 도구가 될 수 있다. 그러나 그것들이 성령에 의해서 사용되는 한 계시의 도구가 될 수 있다. 그러므로 자연계시론은 소극적으로 제한된 의미로 사용될 때는 신학적으로 유용한 도구가 될 수 있지만 성령의 감동이 없이도 타락한 인간이 자연을 통해서 하나님을 받아들일 수 있거나 순수이성으로 복음을 깨달아 알 수 있다고 주장하게 된다면 그것은 성서를 떠난 사상이 될 것이다. 자연계시론자들은 이 점을 명백히 해야 할 것이다.

이 문제를 해명해 줄 수 있는 좋은 예화가 있다. 예수께서 가이사랴 빌립보에서 제자들에게 "너희는 나를 누구라 하느냐"고 물었으며 베드로가 "주는 그리스도시니이다"라고 대답하였다. 그 때 예수는 베드로에게 "이를 네게 알게 한 이는 혈육이 아니요 하늘에 계신 네 아버지시니라"고 하였다 (마 16:13ff.) 이 말을 현대적인 표현으로 번역한다면 "베드로야 이것을 알게 된 것은 너의 순수이성의 사고가 아니라 성령의 감동에 의한 것이야" 라고 할 수 있을 것이다. 폴 틸리히는 이 사건을 하나님의 계시와 이것을 받아들이는 인간의 이성의 상호작용에 의한 것이라고 해석했다. 즉 하나님의 계시와 인간의 이성의 관계를 상관관계의 방법론으로 해석하였다. 그러나 예수님은 성령론적으로 해석하였다.[16] 예수님이 지금 오셔서 틸리히와 바르트 사이에서 판정하신다면 그는 누구의 편을 들었을 것인가 자명해진다. 당연히 베드로가 신앙고백을 할 때 그의 이성은 작용하였다. 예수님도 그것을 부정한 것은 아니다. 그러나 우리의 이성이 성령에 의해서 사용되어야만 비로소 우리는 하나

---

16) 김중기, "말씀과 성령의 관계", 〈성령〉 제1집 (영산출판사, 1983), 47ff.

님의 계시이신 예수 그리스도를 우리의 주님으로 깨닫고 신앙인이 되어 그 신앙을 고백할 수가 있게 될 것이다. 우리는 이 점을 명심해야 한다. 우리가 예수를 그리스도로 깨닫는 것은 오직 성령의 산물임을 간과해서는 안 된다 (고전 12:3). 여기에 자연계시론의 한계가 있다.

2. 특수계시(초자연계시)

특수계시란 특정한 시간에 특정한 공간에서 특정한 사람들에게 특별한 방법으로 하나님이 자신을 나타내신 사건을 가리키는 말이다. 성서에서 증언된 다양한 기적의 사건들이 특수계시이다. 가장 결정적인 특수계시는 예수 그리스도이다. 자연계시를 주장하는 사람들도 대부분 특수계시를 긍정한다. 다만 자유주의자들은 성서를 역사적 종교적 자료(document)로 보기 때문에 성서만이 유일한 특수계시라고 보지 아니하고 타종교의 경전도 대등하게 권위가 있는 자연계시로 본다. 그러므로 자유주의자들은 특수계시를 부인하고 자연계시만 인정하는 셈이다. 틸리히는 예수 그리스도의 계시를 궁극적 계시, 결정적 계시, 규범적 계시라고 하였다. 칼 바르트는 예수 그리스도의 계시만을 하나님의 계시로 규정하고 나머지 다른 계시를 부정함으로써 자연계시를 부인하였다. 더 나아가서 바르트는 예수 그리스도만이 계시 자체(revelation itself)라고 함으로써 전통적인 입장을 따라서 성서를 계시 자체로 보는 근본주의자들과 충돌하였다.

바르트는 하나님의 말씀의 삼중형태를 말했다.[17] 첫째로, 계시된 말씀(revealed Word of God)인 예수 그리스도는 계시 자체이며 근원적 계시이다.

---

17) 바르트의 하나님의 말씀의 삼중형태에 대해서는 칼 바르트, 〈교회 교의학〉 I/1, 박순경 역 (대한기독교서회, 2003), 126~170을 참조하라.

둘째로, 기록된 말씀(written Word of God)인 성서는 예수 그리스도에 대한 사도들의 증언인데 성서는 계시 자체가 아니라 계시에 대한 증언(witness)이다. 그러므로 성서는 예수 그리스도에게 충성하는 한 하나님의 말씀이 된다(become). "성서는 하나님이 그것을 그의 말씀으로 되게 하시는 한, 하나님이 그것을 통해서 말씀하시는 한 하나님의 말씀이다."[18] 셋째로, 선포된 말씀(proclaimed Word of God)인 설교는 성서에 대한 교회의 해석인데 설교는 성서에 충성하는 한 하나님의 말씀이 된다.

바르트는 하나님의 말씀의 삼중형태를 통해서 하나님의 계시에 위계질서(hierarchy)를 부여하였다. 하나님의 계시 자체인 예수 그리스도의 계시가 가장 높고, 예수 그리스도에 대한 사도들의 증언으로서 성서는 그 다음이고, 그리고 교회의 선포로서의 설교는 가장 낮다. 이것은 예수 그리스도의 계시의 우월성을 확보하는 동시에 성서가 교회의 가르침의 표준이며 교회의 모든 언설들을 판단하는 우월한 기준이 됨을 밝히는 것이다. 교회의 가르침이 성서와 동등하거나 높을 수가 없다는 것은 종교개혁의 전통을 따르면서 동시에 성서를 절대화시킨 근본주의의 오류를 극복한다. 바르트는 근본주의가 성서를 계시 자체라고 함으로써 성서를 종이교황(paper Pope)으로 만들었다고 비판하였다. 이것은 성서 우상숭배이다.

우리가 하나님을 믿고 구원받을 수 있는 유일한 길은 예수 그리스도이다. 그러므로 예수 그리스도가 유일한 계시라는 것은 기독교신학의 독특성(uni-

---

18) 칼 바르트, ibid., 152f. 그러나 성서가 하나님의 말씀이 되는 것은 우리의 신앙에 의해서가 아니라 하나님에 의해서이다. 성서의 권위는 인간의 주관성에 근거하지 아니하고 하나님의 객관성에 근거한다. "우리가 성서에다 신앙을 부여하는 데서 성서가 하나님의 말씀이 아니라 성서가 우리에게 계시로 되는데서 하나님의 말씀이다. 그러나 성서가 우리에게 우리의 모든 신앙을 넘어서서 계시로 된다는 것, 성서가 우리의 불신앙에 마주 서서도 하나님의 말씀이라는 것...그렇기 때문에 바로 하나님의 행위로부터 추상화되지 않고서 그 행위에 힘입어서 성서가 우리에게 언제나 그의 말씀이 되어야 한다고 고백할 수 있다."

queness)을 나타내는 입장이다. 하나님 자신이 인간이 되신 성자의 성육신을 능가할 수 있는 다른 계시는 있을 수가 없다. 그러나 성서에서 자연계시를 긍정하고 있는 점을 고려하여 특수계시만을 주장해서는 안될 것이다. 자연계시는 특수계시에 의해서 완성되고 의미 있게 되며 특수계시는 자연계시를 통해서 그것의 궁극성과 절대성이 확보될 것이다.

III. 계시의 내용: 하나님의 삼위일체적 계시

하나님의 자기계시를 기록한 성서의 내용을 통해서 기독교 신학은 하나님을 삼위일체 하나님으로 이해하였다. 이것은 하나님의 자기계시요 인간의 하나님 인식이다. 우리는 성서에 나타난 하나님의 계시에 대한 증언을 통해서 하나님의 자기계시가 점진적으로 변천하여 갔다는 것을 밝혀낼 수 있다. 삼위일체 하나님에 대한 구체적인 진술은 제5장 삼위일체론에서 다루어 질 것이므로 여기에서는 하나님의 계시가 삼위일체론적으로 발전되어간다는 삼위일체론적 계시이해만을 진술하고자 한다.

1. 성부 하나님: 구약의 하나님 이름

구약성서에서 하나님의 이름은 야웨(6,300여회)나 엘로힘으로 주로 사용되었으며 하나님을 아버지라고 부른 곳은 단지 20여군데에서 나타날 뿐이다 (신 32:6; 시 68:5, 89:26; 사 9:6, 63:16, 64:8; 렘 3:4; 말 2:10). 따라서 구약에서 아버지는 하나님의 호칭으로서 보편적으로 사용되지는 않았다. 구약에서 이스라엘이 하나님이라고 불렸던 그 분을 신약에서 예수는 자기의 친아버지(아바 아버지)라고 불렀으며 우리에게 그분을 아버지라고 부르도록 허락하였다 (마 6:9 "하늘에 계신 우리 아버지여"). 신약에서 아버지칭호는 200여회 사용되었다. 그러므로 하나님을 우리에게 아버지로 소개하고 아버지를 보편적인 하나님칭호가 되도록 만든 이는 바로 우리 주님 예수 그리스도이다. "이는 내 아버지시니 곧 너희가 너희 하나님이라 칭하는 그이시라" (요 8:54). 그런데 이미 구약성서에서 하나님을 아버지로 부르고 있기 때문에 우리는 구약성서에서 자신을 계시하신 야웨 하나님을 아버지 하나님이라고 부를 수 있다. 이사야는 야웨를 아버지로 강력하게 표현하고 있다. "주는 우리 아버지라...여호와여, 주는 우리의 아버지시라 옛날부터 주의 이름을 우리의 구속자라 하셨거늘" (사 63:16).

물론 구약에 계시된 야웨 하나님은 교회가 고백하는 삼위일체 하나님과 동일한 분이다. 따라서 성부 하나님만이 야웨라고 할 수는 없다. 그리스도도 야웨이며 (칼빈, 〈기독교 강요〉)[19], 성령도 야웨이다. 왜냐하면 구약의 야웨와 교회의 삼위일체는 존재론적 동일성을 가진 한 분 하나님이기 때문이다. 성자와 성령은 창조 이전부터 계셨으며 창조에 참여한 창조자이다. 그러나 삼위일체는 영원전부터 존재하지만 아직까지 성육신과 오순절이 일어나지 않았기 때문에 구약시대에는 삼위일체 하나님에 대한 명백한 인식이 없었다. 구약성서의 삼위에 대한 인식은 잠재적이며 예표적이며 부분적이다. 성자에 대해서는 약속으로서 예언되었으며 성령의 역사에 대한 표현도 제한적이고 부분적이었다. 따라서 구약에 나타난 하나님의 계시사건들은 대부분이 성부 하나님의 자기현현의 사건이라고 할 수 있다. 물론 성자와 성령이 함께 사역했지만 성부의 주도하에서 성자와 성령은 소극적인 형태로 자신을 현현했다. 그러므로 구약에서 자신을 계시하신 하나님은 성부 하나님이라고 부를 수 있다. 성부를 대표자로 하는 삼위일체 하나님의 계시는 구약에서는 아버지

---

19) 오톤 와일리, 〈웨슬리안 조직신학〉 (도서출판 세복, 2002), 238 cf.

로서의 하나님의 모습으로 이스라엘에게 계시되었다. 성부가 중심적인 사역을 감당하고 성자와 성령이 함께 하는 성부중심적인 계시의 형태가 구약에서의 하나님의 계시양식이다. 그런데 구약에서 이 성부하나님의 계시는 하나님의 이름을 통해서 드러났는데 하나님의 이름은 시대를 따라서 점진적인 변천을 나타내고 있다. 그러면 구체적으로 하나님의 이름이 시대에 따라서 어떻게 변천되어갔는지 살펴보자.[20]

1) 족장들의 하나님

창세기는 크게 1장부터 11장까지의 원역사와 12장부터 50장까지의 족장들의 역사로 구분된다. 그런데 이스라엘의 역사는 12장 아브라함으로부터 시작된다. B.C. 18세기에 아브라함이 하나님의 지시를 받고 갈대아 우르를 떠나 하란으로 그리고 하란을 떠나 가나안으로 갈 때 하나님은 자신의 이름을 나타내지 않았다. 아브라함에게 나타나 자신을 계시하신 하나님은 아브라함의 개인적인 수호신이었을 뿐이다. 아브라함 개인의 수호신은 곧 아브라함과 함께 공동생활을 했던 그의 가족전체의 수호신이 되었다. 고대 근동에서는 족장 개인의 신은 곧 그 공동체의 신으로 받아들여졌으며 그들의 하나님으로 숭배되었다.[21]

성서 고고학의 연구에 의하면 고대근동의 족장들이 섬기던 수호신을 드라빔(teraphim)이라고 하였다. 이 수호신은 손가락 크기의 작은 우상으로서

---

20) 이 부분은 Albrecht Alt의 논문 "The God of the Fathers"의 내용을 주로 소개한 것이다.
21) 창 12:1 이하에서 여호와칭호가 사용되었으나 여호와(야웨)는 출 3:14과 출 6:3에서 모세에게 최초로 계시된 이름이다. 창세기 12장은 출애굽기 3장과 6장보다 나중에 기록된 것이다.

유목민들이 이동하기 쉽게 만들어서 가족의 수호신으로 섬기던 풍속이 있었다. 야곱이 외삼촌 라반의 집에 가서 20년간 살다가 가족들을 데리고 밤중에 도주하였을 때 그의 아내 라헬이 아버지 라반의 드라빔을 훔쳐가지고 갔다. 그 때 라반과 그의 아들들이 야곱을 뒤쫓아 와서 잃어버린 드라빔을 찾았는데 그 이유는 그것이 그들에게는 종교적인 수호신이요 장자권과 재산의 상속권을 의미하기 때문이었다. 이러한 고대 근동의 풍습에 비추어 볼 때 아브라함의 하나님이 아브라함의 가족들과 종들과 군인들이 함께 섬기던 종교적인 숭배의 대상이 된 것은 자연스러운 일이었다.

이렇게 아브라함이 섬기던 하나님은 '아브라함의 하나님'이었고 그 다음에 아브라함이 죽으면 '아브라함의 하나님 이삭의 하나님'이 되었고 이삭이 죽은 다음에는 '아브라함의 하나님 이삭의 하나님 야곱의 하나님'이 되어 갔다. 즉 하나님의 이름의 변천이었다. 그리고 이 하나님의 칭호는 아브라함의 하나님은 아브라함의 하나님만이 아니라 아브라함의 하나님이었던 그분이 이제 이삭의 하나님도 되어주시고 더 나아가서 야곱의 하나님이 되어 주신다는 세대의 연속성을 나타내고 있다. 하나님은 아브라함의 죽음과 함께 사라지는 것이 아니라 계속해서 살아계시면서 그의 백성들의 하나님이 되어 주신다는 계시의 연속성, 계약의 연속성을 나타내 주는 것이다. 그러므로 예수께서도 아브라함의 하나님 이삭의 하나님 야곱의 하나님은 죽은 자의 하나님이 아니라 산 자의 하나님이라고 말씀하였다. 이스라엘의 하나님의 이름은 그러므로 처음에는 특별히 구별된 독자적인 이름이 없었다. 단순히 그들의 족장들의 이름에 붙여서 만든 가장 단순하고 소박한 원시적인 형태의 하나님 이름이었다. 그리고 이 이름에는 가장 단순하면서도 가장 깊은 하나님의 속성의 계시가 있다. 하나님의 존재의 영속성과 하나님의 계시의 연속성뿐만 아니라 하나님의 계시의 역사성까지 증거하는 근거가 된다. 족장들의 역사 이야기 가운데 우리에게 전해지는 하나님의 이름은 드라마틱하

고 구체적이고 현실적인 하나님의 계시의 모습이다.[22]

2) 엘 하나님

족장들이 가나안에 입주한 이후에 하나님의 칭호는 다양하게 발전하는데 특별히 성서에서는 하나님의 칭호를 엘(El) 하나님으로 부르고 있다. 가나안의 종교는 다신교였는데 그들 가운데 최고신이 엘이었으며 엘의 아들이 바알(Baal)이요 바알의 어머니가 엘이었다. 엘은 풍년과 다산의 신이었다. 가나안에는 이미 B.C. 24세기부터 농업문명이 발전하였으며 B.C. 20세기에는 30만 내지 40만명의 인구를 가진 거대한 도시국가가 형성되었다. 현재 시리아의 에블라(Ebla)에서 1960년대부터 발굴되고 있는 고대도시가 이것을 증거하고 있다.

이스라엘의 조상들은 짐승들을 이끌고 여기저기 풀이 있는 곳을 찾아다니는 반유목민(semi-nomad)이었다. 즉 문명발달과정에서 농업문명에 이르기 이전의 상태로서 수렵시대와 농경시대 사이의 중간단계라고 할 수 있는 형태였다. 소수의 짐승들을 이끌고 가나안에 입주한 족장들은 방랑하는 유랑민들이었다. 정착생활을 할 수 있는 집도 없었고 그 정착생활을 가능하게 해 줄 토지도 아직 소유하지 못했다. 떠돌이 족장들의 눈에 가나안의 발달한 농업문명은 선망의 대상이었으며 그들의 눈에는 선진사회로 보였을 것이다. 그리고 거기에 정착하여 안정된 생활을 하기를 간절히 소망하였을 것이다. 그리하여 이곳까지 그들을 인도하신 족장들의 하나님을 이제부터는 가나안의 최고신의 이름으로 부르기 시작하였다. 이것은 신학적인 토착화라고 할 수 있는 것이요 외래종교와 토착종교와의 만남이라고 할 수 있다. 이러한 만남을 통해서 서로 영향을 주고받았을 것이다. 구약성서에는 약 30여개의

22) 알리스터 맥그래스, 〈역사속의 신학〉, 266f. cf.

엘 하나님 칭호를 발견할 수 있다. 가장 유명한 엘 샤다이(El Shadai, 전능의 하나님), 엘 올람(El Olam, 영원하신 하나님), 엘 엘리온(El Elion, 지고하신 하나님), 엘 로이(El Roi, 감찰하시는 하나님) 등이 있다. 엘로힘(Elohim)은 엘의 복수형이다.23)

3) 야웨 하나님

출애굽기 3장에 의하면 모세가 호렙산에서 불타는 떨기나무 앞에서 하나님과 만나게 된다. 하나님은 모세에게 애굽으로 내려가서 동족을 인도하여 하나님이 지시하시는 곳으로 가라고 명령하였다. 그 때 모세는 내가 내 동족에게 돌아가면 "그들이 내게 묻기를 그의 이름이 무엇이냐 하리니 내가 무엇이라고 그들에게 말하리이까"라고 물었다. 그 때 하나님은 대답하시기를 "나는 스스로 있는 자이다"라고 하였다. "에이예 아쉐르 에이예"(I am who I am = 나는 나다). 에이예는 미완료이기 때문에 현재형으로 번역할 수도 있고 과거형으로, 즉 '나는 나라는 존재였다'(I was who I was)로 번역할 수도 있다. 더 나아가서 미래형으로, 즉 '나는 나라는 존재로 되어갈 것이다'(I will be who I will be)라고 번역할 수도 있다. 하나님은 고착되어 있지 아니하고 생성되어가고 있는 동적인 존재라는 뜻이다 (God's being is in becoming).24)

---

23) 우리나라 개신교의 하나님 칭호는 전통적인 하느님 칭호와 언어적인 유사성을 지니고 있다. 외래종교 기독교는 하나님 칭호 God을 이미 있던 조상들의 신칭 호인 하늘님으로 번역하였던 것이다. 그리고 여기에다 기독교의 유일신사상을 나타내는 '하나'를 첨가하여 '하나님'으로 만들었다. 그러므로 어원적으로 본다면 '하느님'이 맞다고 할 수 있다. 그러나 지나간 120여년 동안 우리의 조상들은 '하나님'을 부르면서 기도하고 고난당하고 순교하면서 신앙을 수호해 왔기 때문에 이미 이것은 기독교의 전통이 되었다. 따라서 앞으로도 기독교는 '하나님'을 계속 부를 수 있다. 그러나 '하느님'으로 불러도 무방하다.

24) E. Jungel, *God's Being is in Becoming: The Doctrine of the Trinity* (Grand Rapids: Eerdmans, 1976).

출애굽기 3장 14절에서 이미 '에이예 아쉐르 에이예'는 '에이예'로 줄여서 사용되고 있으며 이 '에이예'에서 야웨가 나왔다고 보고 있다.[25] 그러니까 하나님의 이름을 물은 모세의 질문에 대해서 하나님은 자신의 이름을 가르쳐주지 아니하고 "나는 나다"라고 답변함으로써 하나님은 다시 한 번 자신의 존재를 모세에게 숨기셨다. 하나님의 자기 계시는 곧 하나님의 자기 숨기심이라는 진리가 여기에서 드러난다. 하나님의 이름을 묻는 모세에 대하여 하나님은 자신의 이름을 가르쳐 준 것이 아니었다. 왜냐하면 하나님은 본래 이름이 없기 때문이다. 하나님은 어떤 이름에 갇힐 수가 없기에 그는 이름이 없어야 한다. 이렇게 볼 때 '야웨'는 여러 신들의 이름들 가운데 하나가 아니다. 제우스나 옥황상제나 아마데라스 오미가미나 전 세계에 있는 수천 수만의 신들의 이름들 가운데 하나가 아니다. 만약에 야웨가 그들 가운데 하나라면 하나님은 무한자가 아닐 것이다. 야웨가 여러 신들 가운데 하나라면 그들에 의해서 야웨는 제한될 것이기 때문이다. 야웨 하나님은 모세에게 자신의 이름을 가르쳐주지 않았다. 하나님은 단지 모세 앞에 서 있는 자신의 존재를 가리키기만 하였던 것이다. 나는 나다. 내가 이렇게 있다. 그리고 나는 되어감 속에 있는 생동적인 존재이다.[26]

---

25) 〈성서백과 대사전〉 Vol. 12 (성서교재간행사, 1982), 107.

26) 폴 틸리히는 우리가 하나님을 '존재'라고 말하면 하나님은 하나님 아닌 다른 존재들 가운데 하나가 되어 그들에 의해서 제한된다고 말했다. 그런 하나님은 무한자가 아니다. 그러므로 우리가 하나님에 대해서 어떤 칭호를 사용하더라도 하나님은 그 언어에 구속되지 않고 그 언어를 초월한다. 틸리히는 대신에 존재 자체(Being itself), 존재의 능력(Power of being), 존재의 근거(Ground of being), 하나님 위의 하나님(God above god), 궁극적 관심(Ultimate concern) 등으로 부르자고 하였다. 그러나 비록 틸리히가 비 상징적인 개념을 사용하자고 하였을 지라도 모든 언어는 본래 상징적이라는 한계를 벗어날 수 없기 때문에 틸리히의 하나님 이름 역시 제한된다. 어쨌든 틸리히는 전통적인 신학 언어의 문제점을 정확하게 지적하였다.
　　노자의 〈도덕경〉에서는 "도가도 비상도 명가명 비상명"(道可道 非常道 名可名 非常名) 즉 도를 도라고 하면 그것은 항상 그러한 도가 아니며 이름을 이름이라고 하면 그것은 항상 그러한 이름이 아니다 라고 하였다. 이것은 존재와 존재를 출애굽기 6장 3절에서 하나님은 이렇게 말씀하였다. "내가 아브라함과 이삭과 야곱에게 전능의 하나님으로 나타났으나 나의 이름을 여호와로는 그들에게 알리지 아니하였고," 즉 하나님이 자신의 이름을 야웨로 계시하신 것은 모세가 처음이었다. 이리하여 모세는 야웨를 이스라엘에게 소개하여 야웨로 하여금 이스라엘의 하나님이 되게 하고 이스라엘로 하여금 야웨의 백성이 되게 하였던 중보자(mediator)였다. 모세의 중매를 따라서 야웨는 남편, 이스라엘은 아내라는 영적인 부부관계가 형성된 것이다. 따라서 모세는 그가 무슨 일을 하였든지, 무엇보다도 가장 우선적으로 종교적인 인물이었다.

이렇게 구약성서에서 하나님의 이름은 족장들의 하나님, 엘 하나님, 야웨 하나님으로 점진적으로 변천되어 갔다. 하나님의 이름의 변천과정은 곧 하나님의 계시의 변천과정이며 이것은 이스라엘의 하나님 인식의 변천과정이다. 구약성서 안에서 우리는 하나님의 계시의 변천과정을 구별할 수 있으며 이 과정을 통해서 이스라엘의 하나님이해의 변천을 식별할 수 있다. 하나님의 자기계시의 변천은 곧 하나님을 점점 더 깊이 더 잘 인식해 가는 과정이라고 할 수 있다.

2. 성자 하나님: 신약의 기독론

신약성서 안에서 성자 예수 그리스도에 대한 이해를 다룬 것이 신약의 기독론이다. 역사적 예수는 한 분이지만 그를 믿는 그리스도인들의 그리스도이해는 시대에 따라서 개인에 따라서 다르며 점진적으로 변천되어 갔다. 그러나 아무리 그리스도이해가 발전한다고 하더라도 예수는 기독론 이상이

가리키는 언어 사이에 괴리가 있다는 것을 깨우쳐 준 것으로 틸리히의 이해와 유사하다.

다. 아무리 훌륭한 기독론이라고 하더라도 주님되신 그리스도 자신을 능가할 수는 없다. 신약성서에 나타난 기독론의 변천을 살펴보기 위해서 신약성서의 메시아 이해를 고찰하고자 한다.

최초의 기독교회는 예수가 부활함으로 말미암아 그리스도가 되었다고 생각하였다. 사도행전 2장 36절에서 사도 베드로는 오순절설교에서 "너희가 십자가에 못 박은 이 예수를 하나님이 주와 그리스도가 되게 하셨느니라"고 선포했다. 즉 초대교회의 이해는 예수가 부활 이후에 그리스도가 되었다는 것이다. 이러한 이해는 사도 바울에게까지 계속되었다. 그리하여 바울은 예수의 지상생애에 대해서는 한 마디도 말하지 아니하였다. 그는 오직 부활의 주님에 대해서만 관심을 가지고 있었다. 인간으로서의 예수의 삶은 예수의 그리스도 되심과는 상관없었던 것이다.

그러다가 A.D. 70년경에 쓰여진 마가복음에서는 예수가 세례 받음으로 메시아가 되었다고 생각했다. 세례 받고 물위로 올라오시는 예수에게 하늘의 아버지께서 "너는 나의 아들이다"라고 말씀하였는데 이것은 성부의 메시아 선포이며 성자의 메시아 자각의 사건이다. 마가는 세례이후 예수의 공생애를 메시아로서의 삶으로 보았으며 마가복음의 2/3는 기적이야기인데 이 기적들이야말로 예수가 메시아임을 증거하는 것이라고 보았던 것이다.

그 후 A.D. 80년경에 쓰여진 마태복음과 누가복음에서는 예수가 태어날 때부터 메시아로서 태어났다고 보았다. 그 증거가 동정녀탄생이었다. 예수를 잉태한 마리아가 엘리사벳을 찾아갔을 때 마리아의 문안을 받고서도 엘리사벳이 성령이 충만했으며 심지어 마리아를 가리켜 "내 주의 어머니가 내게 나아오니 이 어찌 된 일인가"라고 말하였다 (눅 2:41~43).

A.D. 90년경에 쓰여진 요한복음은 예수가 태초부터 계신 말씀(Logos)의 성육신으로서 하나님자신이었다고 증거하였다. 그리하여 예수는 선재(pre-existence)하시는 메시아였다. 이렇게 볼 때 신약의 기독론은 시대가 바뀌어

가면서 점진적으로 변천하여 갔다는 것을 알게 된다. 이것은 성서의 저자가 단순한 자료수집가나 속기사가 아니라 독창적인 신학자요 역사가라는 것을 증거한다. 성서는 하나님의 말씀을 받아쓴 속기록이 아니라 성령의 감동을 받은 저자들은 동시에 신학자임을 알 수가 있다. 성서 자체가 하나의 신학책이다. 그러므로 오늘날 신약신학, 마태의 신학, 누가의 신학, 요한의 신학이 가능하게 된다. 그리고 이 말은 교회의 신학이 발전 가능함을 가르쳐준다. 신학이란 옛날 선배들의 말을 외워서 반복하는 것이 아니라 성서의 근본정신을 살려 새로운 시대에 맞게 다시금 새롭게 말하는 것이다. 성서의 신학이 발전해 갔듯이 오늘 우리의 신학도 끊임없이 새로워져야 한다. 지금까지 논의한 신약성서 안에 나타난 기독론의 변천과정을 다음과 같이 그릴 수 있을 것이다.

AD 60	→	AD 70	→	AD 80	→	AD 90
초대교회/ 바울		마가		마태/누가		요한
부활		세례		탄생		선재

3. 성령 하나님: 교회의 성령론

교회시대에 하나님의 계시는 성령을 통하여 일어났다. 그것은 오순절 성령강림으로 시작되었다. 오순절은 교회의 생일이다. 역사적으로 예수의 승천이후 오순절에 성령이 강림함으로써 성자와 성령의 역할계승이 이루어졌다. 구약시대에 성부가 주도했던 창조와 구원사역은 신약시대에 성자에 의해 계승되었으며 이것은 교회시대로 넘어가면서 성령에 의해 하나님의 재창조와 구원사역이 이어지게 되었다.

지나간 2000년의 교회사는 성령의 교회 개척사요 교회 성장사이다. 교회의 역사는 하나님의 구속사이며 이 구속사는 구약의 구속사의 연장이요 확장이다. 구약에서의 하나님의 구속은 민족적인 것이었으나 교회시대의 구속은 전 인류에게 미치는 보편적인 것이다. 구약에서의 구속은 약속의 단계였으나 신약시대의 구속은 성취의 단계이다. 하나님의 약속은 예수 그리스도 안에서 성취되었으며 교회를 통해서 예수 그리스도의 구속은 사람들 안에서 실현(realize)되고 있다. 예수 그리스도가 십자가 위에서 완성한 구원사역은 교회시대에 성령을 통해서 실존적으로 구체화되는 과정을 거치게 된다. 이 것은 2000년 전에 지구 저편에서 일어났던 객관적인(objective) 구원이 지금 여기에서 실현되는 주관화 실존화 주체화 작업이다.

교회는 성령의 피조물이며 성령은 교회의 주님이시다. 성령은 교회의 영이 아니라 하나님의 영, 예수 그리스도의 영이다. 성령이 교회의 소유물이 아니라 교회가 성령의 소유물이다. 성령은 절대적 주체로서 교회의 창조자이다. 성령이 계신 곳에는 교회가 살아 있으며 성령이 떠난 곳에는 교회는 더 이상 살아 있지 않다. 우리는 초대교회가 있었던 팔레스틴, 소아시아 그리고 아프리카의 교회의 흔적을 통해 복음의 발자취가 지나간 흔적과 그림자를 보게 된다. 지나간 2000년의 교회사는 교회성장사이며 동시에 복음선교사이다. A.D. 30년경에 일어난 오순절로 말미암아 교회의 역사는 시작되었고 예루살렘교회를 중심으로 팔레스틴과 소아시아 그리고 로마로 복음은 전파되어 갔다. 초대교회는 로마의 박해를 받아 엄청난 순교의 피를 흘렸으며 사자굴의 먹이가 되었다. 로마의 카타콤의 지하교회가 증언하고 있는 바와 같이 초대교회가 당한 고난은 그러나 교회를 약화시키기 보다는 오히려 교회를 점점 더 강하게 하였고 마침내 A.D. 313년 콘스탄틴 황제에 의해서 기독교는 지상교회로 부상하게 되었다. 그리고 A.D. 391년에는 기독교가 로마의 국교가 되었다. 그리하여 로마는 기독교에 의해서 정복되었다. 로마가 칼로써 정복한 세계를 기독교는 맨손으로 정복한 것이다. 그것은 전쟁과 정복의 피가 아니라 사랑과 희생의 피 위에 세운 교회였다. 고대교회는 성 어거스틴에 의해서 신학적인 기초를 견고히 하고 암브로시우스(Ambrosius) 에 의해서 교회의 정치적인 기초를 확립하였다.[27] 중세기 1000년의 역사를 통하여 기독교는 로마의 국교로서, 통치이념으로서 서양세계의 유일한 종교가 되어 갔다.

그러다가 1054년 최초의 교회분열인 동방교회와 서방교회의 분열이 일어났다. 이것은 filioque에 대한 서로 다른 입장에서 야기된 것이다.[28] 제 1교회인 동방교회와 제 2교회인 서방교회가 나누어졌으며 동방교회는 오늘의 희랍 정교회가 되었고 서방교회는 오늘의 로마 가톨릭교회가 되었다. 이때부터 교회분열의 역사가 시작되었는데 교회분열의 역사는 곧 교회성장의 역사이기도 하다. 교회는 아픔을 통해서 성장하였다. 그 후 서방교회에서는 1517년 종교개혁에 의해서 개신교회(프로테스탄트)가 파생되어 루터교회, 장로교회, 성공회 등이 탄생하였다.

18세기 영국에서는 존 웨슬리에 의한 부흥운동이 일어났으며 웨슬리는 감리교회의 시조가 되었다. 이 운동은 미국으로 건너가서 19세기의 대부흥운동과 20세기 오순절운동의 원동력과 뿌리가 되었다. 1906년 미국의 로스앤젤레스에서 시작된 오순절운동을 통해 20세기에 전 세계적으로 기독교의 대부흥이 일어났다. 한국에서는 1907년 평양의 장대현교회에서 시작된 대부흥운동을 통하여 한국교회의 급성장이 일어났으며 현재 약 1,000만에 이르는 기독교인을 확보하였다고 한다. 20세기의 오순절 운동이 시작된 지 채 1세기

---

27) 시오노 나나미, 〈로마인 이야기〉 제14권 그리스도의 승리 (한길사, 2005), 291ff.
28) 본래 니케아-콘스탄티노플신조에는 filioque라는 말이 없었는데 서방교회에서 이 말을 추가함으로써 동방교회와의 논쟁이 일어났다. 서방교회는 성령이 성부와 그리고 성자로부터 나왔다고 주장하였으며 동방교회는 성령이 성부로부터 나왔다는 입장을 고수하였다.

가 지나기 전에 오순절운동을 통하여 전 세계에서 약 5억의 기독교인이 증가한 것은 성령의 사건이 아닐 수 없다. 현재 전 세계에서 기독교인이 약 20억에 이르고 있다.[29] 그러니까 성령론적 관점에서 볼 때 웨슬리의 부흥운동은 지나간 300년 간의 부흥운동이 시작한 사건으로서 대단히 중요한 역사적 의미가 있다. 초대교회의 오순절운동이 다시금 부활한 부흥의 출발점이 되기 때문이다. 웨슬리의 올더스게이트 사건은 중세기를 거치면서 교회의 변두리적 세력으로, 소수집단으로 전락한 성령운동이 교회의 주류세력으로, 중심적인 세력으로 다시 등장하기 시작하는 역사적 단초가 되는 사건으로서 그 의미가 정당하게 평가되어야 할 것이다.[30]

성령은 교회시대의 하나님의 중심적인 자기계시이다. 교회가 예수 그리스도의 역사적 실존적 존재양식이라고 한다면 교회의 존재는 곧 예수 그리스도의 자기계시의 간접적인 증거이다. 교회를 통해서 예수 그리스도의 말씀이 전파되며 사람들은 교회를 통해서 예수 그리스도를 만난다. 그러므로 교회 없이 하나님의 계시가 있을 수 없다. 교회밖에 구원이 없다는 가톨릭의 사상은 그것의 정치적인 의도를 배제한다면 순수한 의미에서는 타당한 생각이다. 예수 그리스도의 몸인 교회를 떠나서 그리스도인은 존재할 수 없다. 교회가 형식적이고 배타적이고 생명 없는 조직으로 변질될 때 그것은 구원

---

29) 〈목회와 신학〉, 2000년 4월호 〈목회시사스크랩〉 참조. 기독교 20억, 모슬렘 12억, 힌두교 8억, 불교 3억 등이다. 현재 중국에서는 활발한 기독교선교가 일어나고 있으며 약 1억에 가까운 그리스도인이 있는 것으로 추정된다. 앞으로 중국이 기독교선교의 중심지가 될 것으로 예상된다.

30) 예수와 초대교회의 물세례는 성령세례와 결합되어 있었다. 그러다가 3세기 초에 유아세례가 시행되고, 기독교가 로마의 국교가 되면서(A.D. 391) 물세례와 성령세례는 분리되어 갔다. 신앙 없이 물세례를 받게 되면서 물세례를 받았으나 성령세례를 알지 못하는 사람들이 생겼다. 그리고 어거스틴은 방언의 은사를 부인하는 등 성령운동은 교회의 주류 세력으로부터 밀려나서 신비주의운동이나 수도원운동의 전유물처럼 되어갔다. 성령운동은 이단으로 정죄되거나 박해를 받았다 (몬타누스운동, 재세례파). 이렇게 오랫동안 억눌렸던 성령운동이 교회의 중심세력으로 등장하기 시작한 것이 웨슬리 부흥운동이다.

에 대한 아무런 보장을 할 수 없으며 오히려 구원의 걸림돌이 될 수가 있지만 교회가 진정한 교회 즉 교회의 본질을 구비한 교회인 한, 교회는 살아계신 하나님의 대리자요 예수 그리스도의 대리자로서 구원의 방주가 되며 그러한 한, 교회는 성령의 계시의 도구가 된다. 교회의 설교는 하나님의 말씀이요 교회의 성례전은 은총의 도구(means of grace)이다. 그리고 교회는 지나간 2000년간 이 일을 비교적 잘 수행하였다. 비록 많은 오류와 죄악이 있었음에도 불구하고 아직까지 교회는 하나님의 성령의 교회이며 우리에게 하나님의 살아계심을 증거하고 있는 복음의 기관이요 성령의 계시의 채널이다.

4. 한국교회와 성령: 케리그마의 변천 과정

1) "예수–천당"시대 (일제시대~1950년대)

지나간 120여년의 한국교회의 역사는 성령의 자기현현의 역사이다. 한국교회는 짧은 기간이지만 수많은 하나님의 구원의 역사를 경험하였다. 그런데 우리는 이 기간 동안에 일어난 한국교회의 메시지의 전환을 식별해내어야 한다. 1885년에 시작된 한국교회사는 일제시대와 한국전쟁을 통해서 어두운 시대를 지나 왔다. 이 시대에 한국교회의 케리그마는 한마디로 "예수천당"이었다. 이 말은 평양의 유명한 전도자인 최권능 목사의 전도사역을 대표하는 표어인데 이것은 "예수 믿고 천당 가자"는 타계주의를 구호화한 것이다. 이 현실세계에서는 모든 것을 빼앗기고 아무 가진 것도 없으며 아무런 희망도 없으니 예수 믿고 천당에 가서 복락을 누리며 살자고 하는 내세주의, 비현실주의의 간결한 표현이었다. 그리고 그 당시에 이 복음은 설득력이 있었다. 그리고 이러한 형태의 선교에서는 당연히 금욕주의가 강조되었다.

1960년대 중반까지만 하더라도 대부분의 설교자들은 여성들의 화장이나 노출이 심한 패션을 죄악시하였으며 강하게 거부하였다.

한국교회사 초기에 강한 민족주의운동이 있었다는 것은 부정할 수 없는 사실이다. 그러므로 이 시대에 한국교회의 케리그마를 예수 천당이라는 타계주의, 비현실주의라고 규정하는 것은 사실과 다르다는 비판이 있을 수 있다. 그러나 한국교회사 초기의 민족주의적인 경향은 조선말기와 일제초기에 나라를 구하겠다는 애국지사들이 기독교를 통해 그 배후에 있는 서양열강의 정치적인 세력의 힘을 빌려보겠다는 우국충정의 발로와 연관되었던 것을 부정할 수 없다. 즉 정치적인 지사들과 지식인들의 애국심과 결합한 엘리트 기독교의 관심이 3.1운동과 광복독립운동 등으로 표출된 것이었지 일반 서민대중들의 기층기독교의 보편적인 케리그마는 아니었다고 보아야 할 것이다. 사실상 애국적인 기독교운동은 일제말의 박해 특히 신사참배반대운동에 대한 일제의 대대적인 박해로 말미암아 거의 사라졌거나 지하로 잠복했다고 보아야 할 것이다.

2) "축복과 신유"시대 (1960~1990)

1960년대 중반이후 즉 5.16 이후 박정희 군사정부시절에 시작된 근대화 운동으로 말미암아 일어난 산업화와 도시화의 와중에서 한국사회는 혁명적인 변혁을 경험하게 되었다. 5.16당시 전 국민의 75%는 농촌에 거주하였으며 25%가 도시인이었다. 그러나 80년대 말이 되면 이것이 역전되어 75%가 도시에 살고 25%만이 농촌에 거주하게 되었으니 한국사회는 농경사회로부터 산업사회로 급속히 전환하였던 것이다. 산업화와 도시화의 과정에서 수많은 농촌인구가 도시로 대이동하였으며, 도시의 변두리로 몰려들어 고향과 뿌리를 잃고 방황하던 서민들에게 가장 절실한 욕구는 안락한 생활이었다. 이러한 한국인들의 욕구를 충족시킨 기독교의 메시지가 "축복"과 "신유"였다. 가난한 사람들에게 축복이 약속되고, 병든 자에게 치료가 약속되었다. 물론 이러한 메시지는 성령의 은혜로 말미암은 것이었으며 이 메시지는 성령운동과 함께 주어진 것이었다. 이 성령운동으로 말미암아 한국교회는 1960년대에 300만 명에 이르렀던 교인이 80년대 말에 1,000만으로 성장하였다. 이 운동의 중심에 여의도순복음교회가 서 있다. 조용기 목사의 여의도순복음교회는 세계최대교회로 알려져 있으며 그는 한국 사회의 변천에 부합한 케리그마로서 크게 성공한 종교적인 천재였다. 그러나 축복의 복음은 사회학적인 분석에서 나온 신학적인 응답이 아니었다. 그의 목회의 현장에서 나온 필요의 산물이었으며 돌이켜보면 모든 것이 하나님의 은혜요 성령의 역사였다.

1958년 불광동에서 천막을 치고 개척하였던 조용기 전도사가 하루는 전도를 하기 위해 동네 아주머니의 집에 찾아갔다. 그의 남편은 주정뱅이요 그의 자녀들은 거지였다. 있으면 먹고 없으면 굶는 사람들이었다. 그는 아주머니에게 이렇게 전도하였다. "아주머니 예수 믿으세요. 예수 안 믿으면 지옥에 갑니다." 그러자 아주머니는 이렇게 대답하였다. "여기가 지옥인데 무슨 지옥이 또 있어요?" 전도에 실패하고 돌아온 조전도사는 며칠 후 다시 찾아갔다. 그런데 이번에는 이렇게 말했다. "아주머니 예수 믿으면 축복을 받습니다. 아주머니도 축복받고 나도 축복받고 우리 같이 축복받아 봅시다." 이 말을 들은 그 아주머니는 귀가 솔깃해서 "그래요? 그러면 어디 한번 교회에 나가볼까요?" 하고 며칠 후에 교회로 찾아왔다. 이 우연한 작은 계기가 한국교회 전체의 케리그마의 변천으로 이어진 것이다. 작은 물방울 하나가 큰 강물이 된 것이다. 그러나 인간의 우연은 하나님의 필연일 수 있으며 이것은 성령의 역사(役事, work)요 하나님의 기적의 역사였다.

1970년대와 80년대에 한국의 민주화운동과 함께 등장한 민중신학은 역사적 현실에 응답한 토착적 신학운동이었다. 민중신학은 해방신학의 한국적인 적용이었다. 민중신학은 그 시대에 교회가 한국의 역사와 사회에 책임 있는 발언을 한 위대한 신학운동이었으며 민중신학자들은 자신들의 말 때문에 박해를 받고 감옥에 갔다. 그런데 민중신학 진영에서는 보수적인 교회의 케리그마가 타계주의요 비현실적이며 비역사적이라고 비판하였다. 그러나 이러한 비판은 한국교회가 이미 50년대와 60년대의 타계주의를 극복하였다는 것을 인식하지 못한 잘못된 비판이었다. 다만 민중신학자들의 현실은 사회적인 현실이요 보수교회의 현실은 개인적인 현실이라는 점이 다를 뿐이었다. 그러므로 이 시대의 한국교회는 보수든 진보든 둘 다 현실주의였지 비현실주의가 아니었다.

3) 다원화 시대 (1990 이후)

우리나라는 1988년 올림픽을 개최하였고 1995년 OECD에 가입하였으며 2002년에는 월드컵을 개최하면서 한국은 선진국의 대열에 합류하였고 이제 산업화는 완성되고 탈산업사회 또는 후기 산업사회(post-industrialization)라고 불리는 고도소비사회에 접어들게 되었다. 이러한 시대에 중산층이라고 불리는 새로운 사회계층이 형성되었으며 그들은 지성적이고 안정된 생활을 향유하고 소비를 즐기는 사회계층이다. 이제 한국교회는 더 이상 대규모집회와 기도원과 부흥회중심의 신앙형태가 호응을 받지 못하게 되었다. 그 대신 제자훈련, 기도운동, 리더십훈련, 영성훈련, 찬양집회, 개인전도 훈련, 셀(cell)목회, 열린예배, 성경공부 등 새로운 프로그램이 호응을 얻게 되었다. 그리고 한국교회 안에서는 서서히 케리그마의 변화가 일어나고 있다.

서울 강남 지역의 소망교회 곽선희 목사는 "여러분, 질병과 실패도 하나님의 축복일 수 있습니다. 건강하고 성공할 때는 하나님도 찾지 않고 주변도 돌아보지 않던 사람들이 질병과 실패를 통해서 잊어버렸던 주변 사람들을 생각하게 되고 자기 자신을 돌아보게 되고 반성하게 되는 것입니다" 라고 설교하였다. 조용기 목사는 가난과 질병은 저주요 부요와 건강은 축복이라는 이분법으로 설교하였으나 강남의 중산층에게 축복과 신유의 케리그마는 더 이상 과거와 같이 결정적인(critical) 요소가 될 수 없다. 가난하여 병원에 갈 수 없는 사람에게 질병은 저주이지만 병원에서 치료할 수 있다면 질병은 축복일 수 있기 때문이다. 그러므로 같은 하늘아래 서로 다른 유형의 설교가 선포되고 있다. 1990년대 이후 한국교회 케리그마의 변화를 다음과 같이 도식화할 수 있다.

축복과 신유 유형 (1970~80년대)　　⟶　　새로운 유형 (1990년대 이후)

　　　건강, 성공 = 축복　　　　　　　　　질병, 실패 = 성공
　　　질병, 실패 = 저주

이러한 조짐들은 2000년대 초를 거치면서 한국교회를 새롭게 변화시켜 갈 것이다. 더욱 더 성숙하고 지성화되고 개인화된 새로운 형태의 성령운동이 탄생되어야 한다. 최근에 서울의 강남지역을 중심으로 장로교회들은 지금까지 제자훈련이나 말씀운동에만 관심을 가져 왔는데 이제부터는 성령운동, 새벽기도운동, 찬양운동에 관심을 가지고 말씀과 성령을 함께 강조해야 한다고 주장하고 있다. 순복음교회는 뜨거운 성령운동에 냉철한 말씀운동을 보완해야 할 것이고 장로교회는 말씀운동에 뜨거운 성령운동의 기름을 부어 상호보완 하는 것이 21세기에 한국교회가 나아가야 할 길이라고 할 수 있다.

한국교회 케리그마의 변천에 대한 지금까지의 논의를 다음과 같이 그릴 수 있다.

일제시대~1950년대		1960~80년대		1990년대~현재
산업화이전시대	→	산업화시대	→	산업화이후시대
케리그마: 예수/천당		축복/신유		다양성의 시대
특징: 내세주의 　　　현실도피주의		현세주의 현실주의		현대목회 패러다임

5. 맺는말

　지금까지 하나님의 계시의 내용을 시대별로 나누어서 살펴보았다. 구약시대와 신약시대 및 교회시대의 하나님의 계시를 성부시대, 성자시대, 성령시대라는 삼위일체론적 패러다임으로 고찰하였다. 하나님의 계시의 과정을 전체적으로 조망할 때 그 내용이 기독교신학의 핵심적인 주제인 삼위일체 하나님의 계시라는 것이 드러났다. 우리가 하나님을 삼위일체 하나님으로 이해하게 된 것은 하나님 자신이 자신을 삼위일체 하나님으로 계시하였기 때문이며 그 결과 교회는 하나님을 삼위일체 하나님으로 이해하게 된 것이다. 그러니까 삼위일체론은 교회의 독자적인 창안물이 아니라 하나님의 계시의 결과이며 하나님의 계시에 대한 인간의 이해의 산물이다. 신약시대를 거치면서 특히 교회시대를 통해서 하나님이 삼위일체 하나님이심을 교회는 인식하게 되었다. 그러므로 성서에는 삼위일체론이 없다. 다만 삼위일체론의 자료들이 있을 뿐이다. 삼위일체론의 내용과 그 발전에 대해서는 제 5장 "삼위일체론"에서 상술하게 될 것이다.

3
성서론

처음에는 구약성서가 그 다음에는 신약성서가 선별되고 수집되었을 때, 그것은 하나님의 직접 명령이나 권위에 의해서 되어진 것이 아니며, 그렇다고 교회의 공식적인 합의나 법령에 의해서 된 것도 아니었다. 개별적으로 거룩하다고 주장된 글들을 교회가 거룩한 전체로 모았다. 그리고 교회는 그 글들이 거룩하다고 주장하였는데, 부분적으로는 그 내용 때문이기도 하고 또 부분적으로는 교회가 그것들이 특별히 존경받고 영감 받은 사람들에 의해서 쓰여진 것이라고 믿었기 때문이다. 그 과정은 점진적이었는데, 왜냐하면 [그 과정이] 순수하고 자연적인 것이었기 때문이다. 때로는 교회회의가 정경을 확정했다고 상상하기도 하지만, 그러나 사실상 교회회의는 일반 그리스도인들의 판단을 인정하고 합법화하는 그 이상은 거의 하지 않았다. 정경은 신적 계시로부터 발생한 종교적 생명의 산물이었다. 다시 말하자면, 계시는 첫 번째로 그 자체의 신적 생명을 인간 안에 산출하였으며, 그 다음에 그 생명을 통해서 그것의 기록들과 다른 문학적 기념물을 산출하고, 수집하고, 조직화하였다. 정경을 형성하게 된 그 판단은 믿음의 백성의 종교적 판단이었다.[1]

_ 윌리엄 뉴턴 클라크

---

1) 윌리엄 뉴턴 클라크(William Newton Clarke) in 오톤 와일리, 폴 컬벗슨 공저, 〈웨슬리안 조직신학〉 (도서출판 세복, 2002), 71cf.

하나님을 인식하는 방법은 이성이 아니라 계시이다. 인간이 하나님을 알기 위해서 필요한 것은 인간의 상상력이 아니라 하나님의 계시이다. 그런데 그 하나님의 계시의 내용은 하나님이 삼위일체 하나님이라는 것이다. 그렇다면 우리는 하나님이 삼위일체 하나님이라는 것을 어떻게 알 수 있는가? 다시 말해서 하나님이 인간에게 계시하시는 계시를 어디서 어떻게 찾고 만날 수 있는가? 교회 안에 있는가? 자연인가? 역사인가? 자연과 역사와 교회도 하나님의 계시의 도구(means of revelation)가 될 수 있다. 그러나 그 무엇보다도 더 앞서고 더 결정적인 계시의 도구는 성서이다. 성서는 하나님의 계시에 이르는 길 중에서 모든 다른 것을 능가하는 최고의 도구이다. 성서는 하나님의 계시를 받은 사람들이 기록한 문서이다. 성서는 하나님의 말씀을 인간에게 전달하기 위해서 하나님이 선택하신 방법이다. 특별히 인간의 구원을 위해서 하나님이 인간에게 주신 유일한 참된 책이다. 성서는 하나님이 인간을 구원하신 역사를 기록한 책이다. 우리는 성서를 통해서 하나님의 계시에 접근할 수 있다. 성서는 하나님의 계시를 담고 있으며 하나님의 계시를 우리에게 전해주는 하나님의 말씀이다. 그러므로 이제 우리는 성서론으로 들어가고자 한다.

가톨릭교회는 교회의 가르침을 성서와 더불어 최고의 권위로 간주하였으나 종교개혁자들은 오직 성서(sola scriptura)만이 최고의 권위라고 함으로써 교회의 절대권위를 부정하였다. 칼 바르트는 자연계시를 반대함으로써 자연을 기독교 진리의 근거로 삼을 수 없음을 밝혔다. 19세기 이후 역사를 하나님의 계시라고 해석한 학자들이 있었다. 헤겔과 그의 제자들이었다. 그러나 21세기에 역사는 더 이상 신학의 키 워드가 될 수 없다. 볼세비키혁명으로부터 소련의 해체에 이르기까지 70년간의 사회주의 운동이 끝난 이후 더 이상 역사적 계시론은 신학의 중심적인 명제가 될 수 없다. 틸리히가 말한 역사, 자연, 언어는 하나님의 계시의 보조적인 소도구이지 하나님의 계시의 중심적인 주제나 근거가 될 수 없다.

그러므로 종교개혁자들이 가톨릭에 대해서 선언하였던 "오직 성서"의 구호는 지금도 여전히 유효하다. 성서를 능가하거나 대등한 기독교 진리의 권위는 있을 수 없다. 성서만이 가장 높은 권위를 가지고 하나님의 계시를 인간에게 증거해 줄 수 있는 유일한 원천이다. 성서가 담고 있는 하나님의 계시를 통해서 우리는 하나님을 인식할 수 있으며 우리의 신학적인 주제들에 접근할 수 있다. 그러므로 우리의 신학은 성서적 신학 즉 성서적 조직신학이다. 하나님의 계시를 통해서 하나님을 알 수 있다는 계시론적 신학은 한걸음 더 나아가면 하나님의 계시가 성서를 통해서 인간에게 전달된다는 계시론적-성서적 신학이다.

Ⅰ. 성서의 권위

권위는 믿음과 혹은 행동을 명령할 수 있는 권리를 의미한다. 밀라드 에릭슨은 권력적인 권위(imperial authority)와 진정한 권위(veracious authority)를 구별하고 권력적인 권위는 인간이 차지하고 있는 지위의 기능이며 따라서 비본래적인 것인 반면에 진정한 권위는 인간이 소유하고 있는 지식의 기능이라고 하였다.[2] 예컨대 어떤 특정한 분야에서 뛰어난 지식을 가진 사람이 권위자로서 존경을 받는 경우가 있다. 기독교신학의 근거가 하나님의 계시를 증거하는 책인 성서 안에 있다면 성서는 과연 그런 권위를 가지고 있는지 물어야 한다. 특히 역사적-비판적 성서연구에 의해 성서의 권위가 심각하게 위협받고 있는 현대신학에서 우리는 이 문제에 대해 진지하게 접근해야 한다.

---

2) 밀라드 J. 에릭슨, 〈복음주의 조직신학〉 상 (크리스챤 다이제스트, 1995), 275.

20세기는 권위를 상실한 시대이다.[3] 모든 권위들은 20세기와 함께 사라졌다. 아버지의 권위, 스승의 권위, 통치자의 권위, 교회의 권위 등 그 앞에서 자신을 움츠려야 하고 상대방을 높여야 하는 모든 권위들에 대해서 현대인들은 불편해 한다. 그리고 현대인들은 자신도 누구 앞에서 권위를 세우고 싶어 하지 않는다. 정치지도자들은 엄숙한 정장 대신에 편안한 복장으로 국제회의를 진행하며 목사들은 정장이나 가운이 아니라 편안한 평상복 차림으로 설교하고 있다. 현대후기사회(포스트모던)가 되어가면서 점점 더 권위들이 빛을 잃어갈 것이며 이와 더불어 교회의 권위의 상실과 함께 성서의 권위도 약화될 것이다. 결국은 하나님의 권위도 사라져 갈 것이다. 이것이 세속화의 귀결이다. 이것이 자유민주주의 자본주의 세속주의 개인주의가 가는 길이다. 그러나 그것은 동시에 인류파멸의 길이기도 하다. 하나님 없는 인간중심주의의 귀결은 결국 절망과 공허와 무의미 밖에 없다는 것을 역사는 증거하고 있기에 기독교신학은 또다시 외쳐야 한다. 하나님의 말씀의 권위 앞으로 나오라고, 하나님의 말씀이 주는 진정한 자유와 해방의 힘 앞에서만 인간은 참다운 인간이 될 수 있다고, 과거의 권위주의의 권위가 아니라 성령이 주는 참다운 생명과 구원 안에서 느끼는 신적 권위만이 우리가 진정으로 우리 자신을 맡길만한 권위라고 외쳐야 한다!

성서가 하나님의 계시의 증언으로서 기독교진리의 표준이 되기 위해서는 그 말씀의 권위가 확보되어야 한다. 그리하여야 성서를 하나님의 말씀으로 읽고 듣고 은혜를 받을 수가 있다. 그렇지 아니하면 성서는 여러 종교의 경전들 가운데 하나에 불과하거나 아니면 가치 있는 고전 가운데 하나로 전락하게 될 것이다. 그러므로 성서의 권위문제는 복음주의신학의 기초에서 관건이 된다.

---

3) 다니엘 미글리오리, 〈조직신학입문〉 (도서출판 나단, 1994), 76ff. 성서의 권위문제는 계몽주의 이후 모든 것이 인간의 이성에 의해 비판받기 시작하면서 제기되었다.

성서의 권위는 이성을 무시한 채 단순히 받아들여야 하는 독단적인 사항이 아니다. 성서의 증언에는 하나님의 절대적인 권위 그 자체와 동일시되는 모든 것에 대한 끊임없는 비판이 있다. 예수는 궁극적인 것이 종교적인 교리나 전통에서 기인한다는 것을 거부했다. "옛 사람에게 말한바 살인치 말라 누구든지 살인하면 심판을 받게 되리라 하였다는 것을 너희가 들었으나 나는 너희에게 이르노니 형제에게 노하는 자마다 심판을 받게 되고..." (마 5:21f.). 사도 바울은 죽이는 문자와 살리는 성령을 구별하였다. "의문으로 하지 아니하고 오직 영으로 함이니 의문은 죽이는 것이요 영은 살리는 것임이니라" (고후 3:6). 여기에서 바울이 말하는 의문은 율법주의요, 성서문자주의이다. 그러므로 성서의 권위는 근본주의자들의 주장과 같이 성서의 문자 자체에 집착하거나 기독교의 전통에 안주하려는 폐쇄적 보수주의에 의해서 지켜지지 않는다. 오히려 성서를 통해서 성서 안에서 우리에게 말씀하시는 하나님의 말씀을 더 잘 찾아낼 수 있는 방향으로 성서는 끊임없이 새롭게 읽혀져야 한다. 그리고 성서를 하나님의 말씀이 되게 하는 하나님 자신의 권위에 성서의 권위는 기초해야 한다. 성서를 하나님의 말씀이 되게 하는 것은 하나님 자신이신 성령이기 때문이다.

종교개혁자들의 표어인 "오직 성서"는 가톨릭교회의 오류를 극복하기 위한 도구였다. 성서는 진리의 표준이요 진리의 자이다. 가톨릭교회가 주장한 교회의 권위는 교황무오설에 근거하였으나 교황무오설은 인정할 수 없는 오류임이 분명하다.[4] 역사적으로 볼 때 성서는 교황이나 교회의 전통과 가르침보다도 앞선다. 그러므로 교회의 가르침은 성서에 대한 해석에 불과하다. 더구나 성서는 예수의 제자들이 직접 목격한 주님 예수에 대한 증언이기 때

---

4) 독일의 신학자 한스 퀑(Hans Küng)은 교황무오설을 비판하다가 교황 베네딕토 16세가 된 라칭거(Ratzinger)가 바티칸의 신앙교리성 장관이었을 때인 1979년 튀빙엔대학교 가톨릭신학부 교수직을 박탈당하였다. 한스 퀑, 〈교회〉 (한들출판사, 2007), xxii.

문에 우리는 이보다 더 정확하고 진실된 예수에 대한 증언을 가질 수가 없다. 나아가서 성서의 권위는 성서 자체로부터 나온다기보다는 성서를 하나님의 말씀되게 하시는 하나님의 권위에 기초하고 있다.

성서는 하나님의 말씀이요 절대적인 권위를 가지고서 교회의 가르침을 심판하고 보증한다. 따라서 신학이 딛고 서야할 근거는 바로 성서이다. 성서는 신학의 근거요 출발점이며 신학의 원천이요 시금석이며 그 목표이다. 신학의 과제는 성서의 가르침을 현대인들에게 해석하여 주는 것이요 나아가서 교회의 가르침으로 하여금 성서로 돌아가게 하는 것이라고 할 수 있다. 신학은 그것이 성서적인 한 건강한 신학이 된다. 그런데 성서를 하나님의 말씀되게 하는 것은 성령의 감동이라고 하였다. 성서에 대한 성령의 감동의 정도와 방법에 대한 이해의 차이에 따라서 서로 다른 견해들이 대두하였고 이들 사이에 치열한 논쟁이 끊이지 않고 있다. 그러므로 다음 절에서는 성서영감론에 대해서 고찰하고자 한다.

II. 성서영감론

하나님의 진리를 인간에게 알리는 것이 계시이다. 영감은 그것을 보존하는 것이다. 하나님의 계시는 사건으로서 일어난다. 성서에 기록된 초자연적이고 기적적인 사건들과 말씀들이 하나님의 계시이다. 그런데 특정한 시간에 특정한 공간에서 발생한 계시사건들은 언제 어디서나 경험될 수 없는 특수한 사건들이다. 예수 그리스도의 역사적 사건은 반복되지 않는 유일회적인 사건이다. 그러므로 계시사건에 대한 증언들의 기록인 성서는 그것을 보존하고 전달하는 기능을 가진다. 영감은 성서가 말하는 것은 하나님께서 직접 말씀하신다면 꼭 하시게 될 말씀이라는 사실을 보증한다.[5]

성서가 영감된 책이라는 것은 성서의 저자에게 하나님의 성령의 감동이 있었다는 것이다. 그러므로 성서는 신빙성이 있고 권위가 있으며 우리에게 하나님의 계시를 전달해 줄 수 있다는 것이다. 베드로후서 1장 20절과 21절에서 "먼저 알 것은 경의 모든 예언은 사사로이 풀 것이 아니니 예언은 언제든지 사람의 뜻으로 낸 것이 아니요 오직 성령의 감동하심을 입은 사람들이 하나님께 받아 말한 것임이니라"고 하였다. 여기에서 베드로서의 저자는 구약의 예언들이 신적인 기원을 가지고 있다고 주장한 것이다. 디모데후서 3장 16절에서 사도 바울은 이렇게 말했다. "모든 성경은 하나님의 감동으로 된 것으로 교훈과 책망과 바르게 함과 의로 교육하기에 유익하니." 즉 성서는 하나님의 성령의 영감을 받은 책으로서 우리는 그것을 통해서 하나님의 말씀을 읽고 들을 수 있다는 것이 성서 안에서 사도들에 의해서 증거되고 있다. 유대교 철학자 알렉산드리아의 필로(Philo)는 성서를 완전히 영감 받은 책으로 보고 하나님이 성서의 책의 저자를 하나님의 의지를 전달하는 수동적 도구로 사용하였다고 주장했다.[6]

가톨릭교회에서도 성서의 권위가 신적 영감에 있음을 명확히 밝히고 있다. "자신을 인간에게 계시하기 위해, 그의 선하신 겸손 안에서, 하나님은 인간에게 인간의 언어로 말씀하신다. 사실, 인간의 언어로 표현된 하나님의 말씀은 모든 면에서 인간의 언어와 같다.... 하나님은 '성서의 저자'이시다. 성서 본문 안에 포함되어 있고 제시된, 신의 계시된 실재는 성령의 영감을 받아 기록되었다. 왜냐하면 구약과 신약이 성령의 영감을 받아 기록되어 하나님을 그 저자로 갖고 있고 또 그 자체로서 교회에 전달되었다는 점에 근거하여, 거룩한 어머니 교회는 사도 시대의 신앙에 의지하면서, 구약과 신약 전체를 거룩한 정경으로 받아들이고 있기 때문이다. 하나님은 거룩한 책의 인간 저

5) 밀라드 에릭슨, 〈복음주의 조직신학〉, 279.
6) 알리스터 맥그래스, 〈역사속의 신학〉 (대한기독교서회, 1998), 278.

자들에게 영감을 주었다. 거룩한 책을 저술하기 위해, 하나님은 어떤 사람들을 선택하셨고, 이 일에 그들을 사용하는 동안 항상 그들의 자질과 능력을 온전히 사용하셨다."[7] 그러면 현대신학에서 논의되고 있는 성서영감론 가운데서 영감의 방법과 정도에 따라 대표적인 주장들을 살펴보자.

1. 영감의 방법

하나님께서 성서의 가치와 신빙성을 보존하기 위해서 사용하신 방법에 대하여 대표적으로 축자영감설, 역동설, 직관설 등이 있다.

1) 축자영감설(Verbal Inspiration Theory)

축자영감설은 좀 더 엄격하게 표현하면 기계적(mechanical) 축자영감설이라고 하며 하나님이 성서를 한자 한자 불러주신 것을 받아 적었다고 하여 구술설(Dictation Theory)이라고도 한다. 이것은 18~19세기의 정통주의자들의 전통을 이어받은 20세기의 근본주의자들의 성서영감설이다. 이 이론은 현대화 과정에서 생기는 악영향에 반대하여 신앙을 지키고자 하는 교회의 순수한 노력으로부터 나왔다.[8] 그들은 마태복음 5장 18절의 말씀을 성서적 근거로 제시한다. "천지가 없어지기 전에는 율법의 일점일획이라도 반드시 없어지지 아니하고 다 이루리라." 예수의 이 말씀을 축자영감설의 근거로 해석하는 것은 무리가 있다고 생각된다. 예수는 여기에서 하나님의 뜻이 반

---

7) *Catechism of the Catholic Church* (1994) in 알리스터 맥그래스, 〈역사속의 신학〉, 279.
8) 미글리오리, 〈조직신학입문〉, 80.

드시 이루어진다는 의미로 말씀하였다고 보아야 하며 더 나아가서 히브리어
의 언어적인 특성상 모음의 위치와 숫자에 따라서 뜻이 다양하게 변화하는
것을 염두에 두고 이 말씀을 이해하여야 한다는 것을 지적하고자 한다.

축자영감설은 성서의 원본이 한자 한자마다 하나님에 의해서 주어진 것
이고 성령의 영감이 한자 한자 마다 임하였기 때문에 성서에는 일점일획이
라도 오류가 있을 수 없다고 주장한다. 즉 성령의 영향력이 사상들을 인도하
는 것을 넘어 메시지를 전달하기 위하여 사용되는 단어들을 선택하는 데까
지 미친다고 주장한다.[9] 이 이론은 성서의 초자연적 요소를 강조하고 인간
적 요소 즉 저자의 인격이나 지식, 환경을 도외시하므로 성서의 저자는 하나
의 기계와 같은 역할을 한 것뿐이라고 할 수 있다.

근본주의자들은 성서를 하나님의 계시 자체(revelation itself)라고 본다. 따
라서 성서에는 오류가 있을 수 없다는 성서무오설(inerrancy)을 주장하였다.
반면에 칼 바르트는 성서는 계시 자체가 아니라 계시 자체에 대한 사도들과
예언자들의 증언이라고 하였다. 바르트에 의하면 오직 예수 그리스도만이
계시 자체이다. 바르트는 성서무오설을 부정하고 성서 안에는 오류가능성이
있다고 주장하였다. 성서의 오류문제는 다음 절에서 다루고자 한다.

2) 역동설(Dynamic Theory)

축자영감설은 성서의 진정한 저자를 하나님으로 보고 인간은 하나의
기계적인 역할만 수행한 것으로 본다. 비유컨대 하나님과 성서 저자를 사장
과 속기사의 관계로 본다고 할 수 있다. 성서에서 신적인 요소를 강조하고
인간적 요소를 등한시한 이론이다. 이런 이론은 성서의 권위를 확보하는 데
유리한 측면이 있다. 반면에 역동설은 영감의 과정에서 인간적 요소와 신적

---

9) 밀라드 에릭슨, ibid., 235.

요소 사이에 적당한 조화를 가진다고 보는 이론이다. 비유컨대 역동설에서는 하나님과 성서 저자의 관계를 사장과 비서의 관계로 본다고 할 수 있다. 비서가 쓰는 문서의 내용은 사장의 것이지만 문체와 양식, 어휘와 개성 등은 비서의 것이듯이 성서 안에 저자들의 독창적인 인간적 요소가 있다는 것을 인정한다. 이 이론은 영감을 받은 저자들을 수동적인 그릇으로 보다는 하나님의 진리를 전달하기 위한 적극적 행동자로 봄으로써 축자영감설의 난점을 극복할 수 있다. 성서의 권위를 확보하기 위해서 무리하게 축자영감설을 주장하여 현대인의 지성적인 사고와 배치되는 것보다는 좀 시간이 걸리고 과정이 복잡하더라도 합리적으로 성서의 인간적 요소를 긍정하는 것이 성서의 권위를 확보하는 진정한 길이 될 것이라고 보는 입장이다.

3) 직관설(Intuition Theory)

직관설은 자유주의자들의 영감론이다.[10] 성서의 저자들은 종교적인 천재들로서 그들의 영감은 본질적으로 플라톤, 석가모니, 공자 등의 위대한 종교인이나 철학자들과 동일한 것으로서 특별히 종교적인 영감이 풍부한 유대인들에 의해서 쓰여진 종교적인 산물이다. 따라서 성서만이 특별한 계시적인 책이라고 볼 수 없다. 그럼에도 불구하고 성서는 유대인들의 종교적인 경험들을 반영하고 있는 위대한 종교적 문헌이라고 보는 입장이다.

2. 영감의 정도

영감의 정도에 따라서 부분영감설과 전체영감설로 나눌 수 있다. 부분영

---

10) Ibid.

감설은 자유주의신학의 입장이라고 할 수 있고, 전체영감설은 복음주의의 입장이라고 할 수 있다.

1) 부분영감설(Partial Inspiration Theory)

성서는 인간적인 말과 하나님의 말씀으로 구성되어 있다. 즉 일부분은 인간의 말이고 일부분은 하나님의 말이다. 그러므로 성서에는 하나님의 말씀이 포함되어 있는 것이요 성서의 일부분만이 하나님의 말씀이라고 할 수 있다. 따라서 성서에는 오류가 있을 수 있다는 이론이다.

19세기 자유주의 신학자들 가운데 성서신학자들을 가리켜 종교사학파라고 부른다. 종교사학파에서는 성서를 역사적인 문서(document), 즉 성서가 쓰여진 시대의 역사적 문화적 산물이라고 보았다. 종교사학파에 의하면 성서는 특수계시가 아니다. 다른 고등종교의 경전과 다를 것이 없는 인류문화의 위대한 유산이며, 따라서 다른 종교들의 경전과 마찬가지로 성서는 하나의 일반계시에 불과하게 된다. 그들은 성서를 역사적 산물, 특히 고대문화의 산물로 보기 때문에 성서 안에 있는 다른 사상이나 문화의 영향을 벗겨내어야만 성서 자체의 진리를 찾아낼 수 있다고 보았다. 이러한 자유주의신학의 입장은 성서 전체를 하나님의 말씀으로 보지 않으며 비합리적인 부분은 제거되어야 할 것으로 본다. 예를 들면, 성서는 신화적인 세계관으로 채색되어 있는데, 오늘날 과학시대에 신화는 신빙성이 없으며 신화의 껍데기를 벗겨내어야만 성서 저자가 성서의 독자들에게 말하고자 했던 케리그마(메시지)를 찾아낼 수 있다고 주장하였다. 그 결과 성서 안에 있는 신화적인 요소들, 특히 기적들을 다 제거해야 한다고 주장하였다. 이렇게 되면 예수의 동정녀 탄생, 부활, 승천, 재림, 치병, 축귀 등 모든 기적들은 다 부정되고 재해석되어야 하고, 인간의 순수이성으로 이해 가능한 것들만 남게 된다.

종교사학파의 주장에는 일리가 있는 부분이 있다. 예를 들면, 모세가 쓴 오경 중에는 모세가 이집트의 궁정에서 학습한 이집트의 문물들이 포함되어 있다. 출애굽기와 신명기에 하나님과 이스라엘 사이에 체결된 계약은 그 당시 강대국 이집트와 주변의 약소국 사이에 체결되었던 종주권계약(suzerain treaty)과 그 형식과 순서에 있어서 정확하게 일치한다. 그러므로 하나님이 모세가 가지고 있었던 법률 지식을 그의 계시의 도구로 사용하였다고 할 수 있다. 성서 안에는 성서가 쓰여질 당시의 문화적 요소가 덧입혀져 있다는 종교사학파의 주장은 설득력이 있다. 성서 안에 있는 인간적 요소를 제외하고 성서를 읽는다는 것은 불가능하다. 왜냐하면 성서의 인간적 요소는 하나님의 계시의 수단이기 때문이다. 그러나 그렇다고 해서 성서 안에 있는 신화적 요소, 즉 초자연적인 기적을 배제하고자 하는 것은 어불성설이다. 자유주의신학은 현대인의 합리주의정신에 영합하려는 천박한 신학이다. 초자연적인 기적을 믿지 못하는 것은 서양신학자들의 영감이 모자라기 때문이지 성서에 기록된 기적이 거짓이기 때문이 아니다.

오늘날도 성령운동이 일어나는 교회 안에서는 여전히 많은 기적들이 일어나고 있으며 오늘날도 영감이 충만한 그리스도인들은 기적을 체험하면서 살아가고 있다. 성서의 기적을 믿지 못하는 것은 영계에 무지한 서구신학자들의 편견이다. 우리나라에도 이런 서구신학을 수입하고 추종하는 데 열중하는 신학자들이 있는데 자유주의신학이 지배하는 서구의 교회들이 현저하게 쇠퇴하는 현상을 볼 때 자유주의신학이 지배하게 되면 한국교회도 서구교회의 전철을 뒤따르게 될 것이 분명해 보인다. 한국교회는 서양의 잘못된 자유주의신학을 경계하고 성서적인 신학, 성령충만한 복음주의신학을 세우기 위해서 정진해야 할 것이다.

MEN+ORING Plus

HOW TO USE ✳

속지를 "쉽게" 교체할 수 있는 스마트한
시스템 다이어리

> CONFIDENCE IN TEXTILES
> Tested for harmful substances
> according to Oeko-Tex® Standard 100
> 12.HCN.14819   HOHENSTEIN HTTI
> **100% 친환경 인증!**

* **내 마음대로 내지 순서 교체 가능!**
  시스템(O링)다이어리로 속지의 순서를 나에게 맞게 교체할 수 있어요!

* **쿠션형 고급표지로 그립감이 좋은, 친환경 / 무독성 고급원단 사용!**
  플러스 표지는 전체를 쿠션형 고급원단으로 구성하여 그립감이 좋고, 친환경 / 무독성 원단으로 안전하고 깔끔하게 사용할 수 있어요!
  자석 베루 표지는 부착력이 좋아서 안전하고 친환경 / 무독성 원단으로 깔끔하게 사용할 수 있어요!

* **속지세트 별도 구입 가능!**
  속지세트만 구입하여 교체하면, 올해 표지는 다음 해에도 다시 쓸 수 있어요!

* **안쪽 포켓의 다양한 활용!**
  플러스 표지 안쪽에 있는 다양한 5개의 포켓에 스마트폰, 신용카드, 지폐, 상품권, 명함, 서류 등을 간편하게 휴대, 보관할 수 있어요!

* **넉넉한 프리노트 구성!** (프리노트256 별도 구입 가능)
  프리노트(설교/기도/QT/전도/감사노트 등 다양하게 필기)가 부족하면 1년 내내 별도 구입하여 원하는 곳에 끼워서 넉넉히 사용할 수 있어요!

* **My Bucket List : Things to do before I die!**
  올해 마이 버킷 리스트 페이지를 잘 기록하여 그대로 **2026멘토링**에 옮겨주세요!

MENTORING PLUS (대-8공링)	
ᴺᴱᵂ 플러스(대) 사파이어 쿠션형표지	18,000원
클래식(대) 투톤샤인 자석표지	15,000원
클래식(대) 투톤블루 자석표지	15,000원
클래식(대) 포레스트 자석표지	14,000원
클래식(대) 선물용 프리노트 추가 증정	15,000원
클래식(대) 속지세트 (리필용) 프리노트 추가 증정	7,000원
클래식(대) 프리노트256 (리필용)	7,000원

MENTORING PLUS (중-6공링)	
ᴺᴱᵂ 플러스(중) 사파이어 쿠션형표지	12,000원
스탠다드(중) 투톤샤인 자석표지	9,500원
스탠다드(중) 투톤블루 자석표지	9,500원
스탠다드(중) 메리골드 자석표지	8,500원
스탠다드(중) 그린 자석표지	7,000원
스탠다드(중) 선물용 프리노트 추가 증정	9,000원
스탠다드(중) 속지세트 (리필용) 프리노트 추가 증정	4,000원
플러스(중) 프리노트256 (리필용)	6,000원
스탠다드(중) 프리노트256 (리필용)	4,000원

성경적 세계관의 틀과 문화를 도구로 다음 세대를 세우고,
스토리story가 있는, 하브루타chavruta 학습법의 토론식 성경공부 교재

삶이 있는 신앙 시리즈

유년부(초1~3), 초등부(초4~6), 중등부, 고등부 1 · 2 · 3년차 - 1 · 2분기 / 3 · 4분기 각권 5,000원

성경적 시각으로 포스트모던시대를 살아갈 힘을 주는 새로운 교회 / 주일학교 교재!

✦ 다른 세대가 아닌 다음 세대 양육
✦ 가정에서도 실질적인 쉐마 교육 가능
✦ 원하는 주제에 따라서 권별로 주제별 성경공부 가능
✦ 3년 교육 주기로 성경과 교리에 대한 기본적인 이해가
  가능하도록 구성(삶이 있는 신앙)

"토론식 공과는 교사용과 학생용이 동일합니다!" (교사 자료는 "삶이있는신앙" 홈페이지에 있습니다)

토론식 공과(12년간 커리큘럼) 전22종 발행!

기독교 세계관적 성경공부 교재 고신대학교 전 총장 **전광식**
신앙과 삶의 일치를 추구하는 토론식 공과 성산교회 담임목사 **이재섭**
다음세대가 하나님 말씀의 진리에 풍성히 거할 수 있게 될 것을 확신 총신대학교 명예교수 **신국원**
한국교회 주일학교 상황에 꼭 필요한 교재 브리지임팩트사역원 이사장 **홍민기**

✔ 『삶이있는신앙시리즈』는 "입문서"인 1권을 먼저 공부하고 "성경적 세계관"을 정립합니다.
✔ 토론식 공과는 순서와 상관없이 관심있는 교재를 선택하여 6개월씩 성경공부를 할 수 있습니다.

크리스천 에센셜 시리즈
CHRISTIAN ESSENTIALS

『크리스천 에센셜』 시리즈는 기독교의 중요한 전통을
전달하고자 한다. 초대교회는 사도신경, 주기도문, 십계명,
세례, 하나님의 말씀, 성찬, 그리고 공예배와 같은
기본적인 성경적 가르침과 실천을 바탕으로 세워졌다.
이러한 기독교의 기초 전통들은 사도시대부터 현 시대에 이르기까지
바른 신앙의 모든 세대를 아우르며, 지탱하고, 든든히 세워 왔다.
『크리스천 에센셜』 시리즈에서 계속 선보이는 책들은
우리 "신앙의 본질"에 대한 의미를 풍성히 묵상하게 한다.

시리즈 1 사도신경 초대교회 교리문답 가이드
시리즈 2 주기도문 우리 아버지께 드리는 기도 가이드
시리즈 3 십계명 완벽한 자유의 법을 위한 가이드
시리즈 4 세례 죽음으로부터의 삶을 위한 가이드

시리즈 5 하나님의 말씀 성경의 바른 이해를 위한 가이드
시리즈 6 교회 (2025년 하반기 발행 예정)
시리즈 7 성찬 (2026년 상반기 발행 예정)

◈ 시리즈 각권 / 46판 / 양장본 / 12,000원 / 솔라피데출판사
◈ 에센셜 시리즈는 계속 발간됩니다.

시리즈 1 사도신경 벤 마이어스 지음 / 김용균 옮김
성경교리의 축소판인 "사도신경"은 2천년 동안, 시대, 지역, 문화를 초월하여,
성도들을 영원한 진리로 연합하게 한다!

시리즈 2 주기도문 웨슬리 힐 지음 / 김용균 옮김
예수님의 마음을 담은 한 폭의 자화상인 "주기도문"은 2천년 동안,
시대, 지역, 문화를 초월하여, 크리스천들을 영원한 진리로 하나되게 한다!

시리즈 3 십계명 피터 레이하트 지음 / 김용균 옮김
십계명은 수천년 동안 역사적으로 크리스천들에 의해서 예배, 고백, 기도,
심지어는 민법의 기초로 사용되었다!

시리즈 4 세례 피터 레이하트 지음 / 김용균 옮김
세례에 대한 신선하고 정교한 연구를 통해서 예수 그리스도 안에서 연합되고,
성령 안에서 교회에 부어지는 기름부음의 역사를 이루어지게 한다!

시리즈 5 하나님의 말씀 존 클레이닉 지음 / 김용균 옮김
성부, 성자, 성령께서 성도들에게 한목소리로 들려주시는 말씀,
곧 성경이 "신앙의 중심축"이라는 것을 분명하게 보여준다!

경기도 파주시 문발로 123 T. 031-992-8691 F. 031-955-4433 E. vsbook@hanmail.net
전국 기독교서점과 온라인서점과 종합문고에서 교회 및 단체 주문과 낱권 구입이 가능합니다!

2) 전체영감설(Plenary Inspiration Theory)

완전영감설이라고 번역된 곳이 많이 있는데 필자는 그 내용상 완전영감설보다는 전체영감설로 번역하고자 한다. 이 이론은 성서의 일부분만이 하나님의 말씀이라고 주장하는 부분 영감설에 대해서 성서는 유기적인 전체로서 하나님의 말씀이라고 주장하는 이론이다. 이 이론은 미국의 나사렛교회의 교리장정에 잘 나타나 있다. "우리는 성서의 전체영감을 믿는다. 즉 신구약 66권은 신적인 영감에 의하여 우리의 구원에 관한 모든 것에 대하여 오류 없이 하나님의 의지를 계시하고 그 속에 포함되어 있지 않은 것은 무엇이나 신앙의 신조로 받아들일 수 없다."[11]

성서의 전체영감설은 성서의 전체가 모두 참된 것이기는 하나 전체가 동등하게 가치가 있다고 주장하지는 않는다. 성서는 전체로서 하나님의 말씀이요 구원에 적합하며 충분하다는 것이다. 그러므로 성서의 문자에 구애되지 아니하고 전체적인 유기체로서 성서를 영감된 하나님의 말씀으로 이해한다. 종교개혁자 마틴 루터(Martin Luther)가 야고보서를 가리켜서 지푸라기와 같다고 한 것은 성서의 어느 부분을 다른 부분보다 더 중요하게 또는 덜 중요하게 다룰 수 있다는 일례이다. 필자는 야고보서의 중요성과 가치를 인식하지 못한 루터의 생각은 잘못되었다고 본다. 행위를 강조한 가톨릭에 대해서 믿음을 강조한 루터에게 로마서나 갈라디아서가 더 중요하게 생각되는 것은 이해할 수 있으나 믿음과 함께 행위를 강조한 야고보서야말로 로마서나 갈라디아서를 보완할 수 있는 성서이며 그리고 믿음과 행위 사이의 조화와 균형을 강조한 예수의 사상에 보다 더 가깝기 때문에 루터의 생각은 대단

---

11) 전성용, 〈기독교 신학개론〉 (대한기독교교육협회, 1987), 40; 성결교회 헌법에서는 다음과 같이 말하고 있다. "성경을 해석할 때는 성경 전체에 일관된 복음으로 할 것이요, 어느 일부분의 구절로 자기의 학설이나 체험을 해석하는 것은 불가하며…" 〈헌법〉 (기독교대한성결교회 총회, 2002), 10 cf.

히 단편적이라고 하지 않을 수 없다. 루터가 나중에 그의 초기의 생각이 잘못이었음을 인정한 것은 그나마 다행이라고 할 수 있다. 어쨌든 성서의 전체영감을 믿는 것은 성서에는 보다 더 중요한 부분이 있을 수 있다는 측면을 인정하면서도 성서의 영감성을 확보할 수 있는 좋은 이론이 될 수 있다고 본다.

III. 성서의 오류 문제

근본주의자들은 영감의 방법에서 축자영감설을 주장하였다. 이것은 글자 한자 한자를 하나님이 영감하였다는 것이다. 그러므로 근본주의에 의하면 성서는 하나님의 계시 자체(revelation itself)이기 때문에 오류가 있을 수 없다. 축자영감설이 주장하는 성서무오설은 성서의 권위를 확보하기 위한 것이다. 그러나 성서의 완전무오설은 성서의 권위를 확보하는 대신에 인간의 이성의 희생을 강요하는 것으로 보인다. 이것은 현대인들에게는 대단히 껄끄러운 이론이다. 특히 자연과학이 발전하여 고대인들의 자연계에 대한 지식과 현저하게 다른 세계관을 가지게 된 현대의 지성인들에게 성서무오설은 더 이상 설득력을 가지지 못하게 되었다. 따라서 우리는 이 문제에 대해서 지성적 솔직성(intellectual honesty)의 논리 위에서 겸허하게 반성해볼 필요가 있다. 성서와 기독교의 교리에 대해서 무조건 믿으라고 강요하는 것은 독선이나 고집이지 정당한 신학적 태도가 아닐 것이다.

18세기의 계몽주의와 현대과학의 발전과 더불어 등장한 19세기의 자유주의신학은 합리주의와 성서에 대한 역사적 비판적 연구를 통해서 성서에 대한 새로운 해석을 제시하였다. 그러나 성서를 당시의 지성인들에게 설명하고자 한 자유주의의 동기는 순수했으나 결과는 참담한 것이었다. 자유주의

신학은 인간의 이성에 부합하기 위해서 성서 자체의 고유한 특징을 망각하는 오류를 범하였다. 자유주의자들은 인간의 이성과 성서의 기적 가운데서 양자택일을 강요하였으며 이 양자택일의 도박에서 기적과 하나님의 초월성을 포기하고 인본주의적 합리주의를 선택하였다. 그리하여 성서에 나오는 모든 기적사건들을 인간의 이성이 이해할 수 있는 방식으로 해석하였다. 예컨대 예수가 물위로 걸어간 사건은 예수가 갈릴리의 지형을 잘 알고 있었기 때문에 얕은 물가를 걸었던 것이라거나, 오병이어의 기적은 사람들이 각자 자기의 도시락을 펼쳐서 먹은 공동식사라거나 하는 등 인간의 순수이성에 걸림이 될 만한 모든 요소를 제거함으로써 합리주의자들이 받아들일 수 있는 방식으로 해석하였다. 그리고 예수가 하나님이라는 전통적인 칼케돈신조도 그들에게는 더 이상 받아들일 수 없는 것이 되었다. 그리하여 예수의 선재사상이나, 동정녀탄생, 대속의 죽음, 육체의 부활, 승천, 재림 등 예수의 신성과 연관된 모든 전통적인 교리들을 거부하였다. 그렇게 함으로써 자유주의자들은 철저히 "이성의 한계 안에서의 종교"라는 칸트 철학의 추종자가 되었다. 그리하여 그들은 기독교의 신성과 신비를 상실하게 되었다. 기독교는 더 이상 종교가 아니라 윤리와 도덕으로 되었으며 예수는 인류의 구원자가 아니라 위대한 윤리적 모범을 보인 도덕적 스승이 되었다. 자유주의는 기독교를 인간중심적인 종교로 변질시켰다. 이것은 전혀 비성서적인 신학의 실패요 타락이었다.

20세기 초에 미국에서 일어난 근본주의는 19세기 자유주의에 대한 반동으로 발생하였기 때문에 그들은 철저하게 예수 그리스도의 동정녀탄생, 대속의 죽음, 육체적 부활, 승천 및 성서무오설을 주장하였다. 근본주의자들의 성서적인 신앙을 수호하고자 하는 의도를 이해하지만 그러나 그렇다고 해서 근본주의자들의 성서무오설을 그대로 인정하게 될 경우에는 인간의 이성과 배치되는 문제를 해결할 수 없게 된다. 기독교에는 인간의 이성으로 해명할 수 없는 부분이 있다. 인간의 신앙은 하나님의 은총의 선물이요 우리 안에서 일어나는 내적인 기적이다. 기적은 인간의 이성으로 해명되지 않는다. 기독교를 인간의 이성으로 다 해명할 수 있다면 그것은 철학이나 과학 이상이 될 수 없을 것이다. 그러므로 이성을 초월하는 신앙의 차원을 인정하지 않을 수 없다. 그러나 그렇다고 해서 신앙이 이성을 무시하거나 배제해서도 안 된다. 우리는 이성으로 해명할 수 있는 한, 이성의 노력을 무시해서는 안 된다. 이성을 배제하면 기독교는 광신주의나 미신이 되고 말 것이다. 그리고 기독교에서 파생한 많은 사이비집단들이 이러한 오류를 범하고 있기 때문에 우리는 이 점을 조심해야 한다.

칼 바르트는 이 문제에 대해서 하나의 대안을 제시하였다. 바르트에 의하면 성서는 계시 자체가 아니라 계시에 대한 증언이다. 계시는 하나님 자신만이 할 수 있는 것이요 하나님 자신이신 예수 그리스도가 계시 자체이다. 반면에 성서는 계시 자체가 아니요 계시 자체이신 예수 그리스도에 대한 예언자들과 사도들의 증언이다. 그런데 성서에는 저자의 인간적인 한계 때문에 오류가 있을 수 있다고 바르트는 주장하였다. 이러한 바르트의 주장에 대해서 근본주의자들은 격렬하게 저항하였다.

바르트에 대한 근본주의자들의 비판 가운데 바르트가 성서의 오류가능성을 인정하였고 그 결과 성서의 권위를 훼손하였다는 것이 가장 강력한 부분이라고 생각된다. 이것은 근본주의의 성서무오설과 배치되기 때문이다. 바르트는 성서의 오류가능성을 인정하였다. 그러나 그것이 곧 성서의 권위를 훼손하고 '오직 성서'(sola scriptura)라는 종교개혁의 정신에 위배되는 것이라고 주장하는 것은 정당한 바르트 해석이라고 할 수 없다. 바르트가 왜 성서의 오류가능성을 인정했으며 그럼에도 불구하고 바르트는 어떻게 성서의 권위를 확보하고자 하였는가를 살펴보아야 할 것이다.

바르트에 대한 대표적인 비판은 성경에 하나님이 직접 계시되었다는 정통주의의 견해가 거부된다는 점이다.[12] 정통주의적 복음주의[13]는 성서를 계시 자체(revelation itself)라고 보며 따라서 하나님의 계시 자체인 성서는 오류가 있을 수 없다. 그들은 성서는 한자 한자 영감된 책으로서 하나님의 말씀이라는 축자영감설을 주장하였다. 이러한 성서관은 현대과학이 발전하기 전까지는 별로 무리 없이 받아들여졌다. 그러나 현대인들은 과학적인 정신으로 훈련되었기 때문에 성서가 과학적으로 정확무오하다고 주장하는 것이 무리한 주장임을 알게 되었다. 역사적으로 갈릴레오의 지동설에 대한 가톨릭교회의 재판이 오류였다는 것이 밝혀지면서 성서에 대한 이해가 새로워져야 한다는 것을 깨닫게 되었다. 현대인들은 우주선에서 찍은 지구의 사진을 보고 지구가 둥글다는 것을 직접 눈으로 확인하게 된 이상 갈릴레오의 위대성 더 나아가서 과학의 정확성을 인정하지 않을 수 없게 된 것이다. 그러므로 현대인들에게 설득력이 없는 낡은 이론은 수정되어야 한다는 것을 인식하게 되었다. 우리는 교회의 이론(신학)이 항상 무오해야 한다는 편견을 극복해야 한다. 개인적으로나 교회적으로나 오류가 있을 수 있으며 그것은 새로운 이론에 의해서 수정될 수 있다는 열린 마음을 가져야 한다. 이것은 교회사를 통해서 깨닫게 된 진리이다. 교회는 동시에 의로우면서 동시에 죄악된 교회이다(simul justus et peccator).[14] 지상에 있는 모든 신학적인 이론도 불완전하며 오류를 범할 수 있음을 인정할 때 우리에게는 새로운 세계가

---

12) 코닐리어스 밴틸, 〈칼 바르트〉 (서울: 한국개혁주의 신행협회, 1971), 24.

13) 20세기에 성서의 축자영감설과 무오설을 지지하는 사람들의 입장을 미국에서는 근본주의라고 불렀는데, 한국에서는 근본주의자들이 자신들을 가리켜 근본주의라고 부르는 것을 꺼리는 것 같다. 그 대신 복음주의로 부르고 있는데 필자의 견해로는 복음주의는 대단히 폭넓은 개념이기 때문에 혼동의 여지가 있다고 본다. 근본주의라는 칭호를 사용하기를 주저한다면 신학적인 혼동을 피하기 위해서 정통주의적 복음주의로 표현하거나 그냥 정통주의 또는 근본주의적 복음주의라고 부르는 것이 적절하다고 본다. 어쨌든 필자는 이 논문에서 그들을 근본주의라고 표기한다.

14) 박봉랑, 〈교의학 방법론 II〉 (대한기독교서회, 1990), 360.

열릴 수 있게 될 것이다.

그러나 그렇다고 해서 성서에 나오는 비과학적인 요소들 때문에 성서는 옛날 사람들의 비과학적인 신화나 전설이요, 믿을 수 없는 고대인들의 종교적 문서에 불과하다고 외면할 것인가? 성서를 역사적 비판적으로 연구하여 성서 안에 나오는 모든 기적(miracle)들을 불가능한 것으로 치부하고 성서를 비신화화하여 실존적인 의미만 받아들여야 한다는 불트만(Bultmann)을 비롯한 자유주의 신학자들은 성서와 기독교의 본질을 이해하지 못하는 합리주의자들에 불과하다.

바르트는 현대과학의 발전에 대한 정당한 응답을 하면서도 자유주의자들의 인간중심적인 합리주의에 빠지지 않는 지혜를 찾고자 하였다. 그는 자유주의에 대한 반대운동을 하면서도 미국의 근본주의자들의 반 지성주의를 극복하였다. 그러므로 우리는 바르트의 주장을 단편적으로 읽지 말고 전체적으로(comprehensive)보는 안목이 필요하다고 본다. 바르트에 의하면 성서는 전적으로 인간의 말이면서 동시에 모든 부분이 하나님의 말씀이다. 즉 어떤 부분은 인간의 말이고 어떤 부분은 하나님의 말씀이 아니라 전체가 인간의 말이면서 또한 전체가 하나님의 말씀이라는 이중성(twofoldness)을 가지고 있다고 보았다. 이렇게 함으로써 성서의 인간적이고 자연적인 요소를 긍정하고자 하였다. 그러나 인간의 말이 하나님의 말씀으로 되는 과정에 대해서는 신학적으로 해명할 수 없다고 하였다. 그것은 하나님의 역사이다. 성령이 성서를 하나님의 말씀으로 만든다.15) 성경으로서의 성서의 존재의 근거는 성서의 본문의 내재적 본질에 있는 것이 아니라 성령의 결단과 행동에 있기 때문이다.16) 이 성서의 궁극적인 저자는 하나님 자신이다. 따라서 인간의 말로서의 성서는 인간적인 제한이 있을 수 있다. 즉 저자의 한계에 기인한

---

15) 박봉랑, ibid., 359.
16) Gregory G. Bolich, *Karl Barth & Evangelicalism* (IVP, 1980), 198; Karl Barth, *Church Dogmatics* I/2, 527~35, 538.

지적이고 윤리적이고 역사적인 측면에서는 오류가 있을 수 있는 것이다. 그러므로 역사적 문서로서 성서는 역사과학의 대상이며 역사적 비판적 연구는 불가결한 것이다.[17] 이러한 인간적인 측면에 대한 비판적 연구를 받아들인다고 해서 하나님의 말씀에 오류가 있다는 의미는 아니다. 오류가능성은 인간의 말에 있는 것이지 하나님의 말씀은 무오하고 완전하며 성서는 우리의 구원을 위해서 완전한 책이다.

고대인들의 자연계에 대한 지식은 현대인들과 같지 않다. 그들은 지구가 둥글다는 것을 몰랐으며 성서는 천동설적인 우주관을 우리에게 소개하고 있다. 예수 당시 지중해연안의 세계인들은 겨자씨가 가장 작은 씨라고 알고 있었지만 현대적인 계량기술은 그것보다 더 작은 씨가 있다는 것을 밝혀낸다. 이러한 지적인 오류들을 인정하는 것은 어려운 일이 아니다. 왜냐하면 고대인들은 과학적인 지식을 가지고 있지 않았으며 성서의 저자들은 그 당시의 보편적인 상식으로 그렇게 이해하고 그렇게 썼으며 독자들도 그렇게 받아들였던 것이다. 그것은 그들의 책임이 아니다. 그리고 이러한 지성적인 오류가 있다고 해서 성서의 가치가 축소되거나 본문의 의미가 해소되는 것도 아니다. 개미가 겨울잠을 자기 때문에 여름에 먹을 것을 준비할 필요가 없다고 해서 (잠 6, 30) 개미를 보고 부지런함을 배우라는 도덕적이고 교훈적인 의미가 사라지는 것은 아니다. 성서의 인간적인 요소의 한계가 가지는 불가피한 오류는 오히려 성서가 후대의 조작이 아니라 고대인들의 저술이라는 역설적인 증거가 될 수 있다. 성서의 권위를 확보하고자 하는 맹목적인 의도에서 성서의 기계적 축자영감설을 주장하고 성서무오설을 주장하는 근본주의를 바르트는 성서문자주의요 그들의 성서를 종이교황(paper Pope)이라고 비판하였다. 성서가 현대과학적으로 정확무오하다고 주장하는 것은 넌센스요 반지성주의이다.

---

17) 박봉랑, ibid., 362.

더 나아가서 성서에 나오는 윤리적인 교훈들은 오늘 우리에게 적용될 수 없는 것들이 많이 있다. 윤리는 시간과 장소에 따라서 상대적이고 변화할 수 있는 것이기 때문에 윤리적인 교훈의 근본 의도를 살펴서 해석해야지 문자적으로 해석했다가는 교회 안에 일대 혼란이 일어날 것이다. 오늘날 여성들에게 목사 안수를 하고 있는 세계적인 추세를 볼 때 더 이상 남성중심적인 성서해석은 구시대의 유물이 될 것이다. 보수적인 성결교회도 2005년에 최초의 여성목사안수를 시행하였는데 이것은 21세기의 돌이킬 수 없는 새로운 시대의 흐름이다.

그러나 바르트는 역사과학적인 성서의 비판적 연구를 허용하면서도 거기에 머무르지 않는다. "오늘의 역사과학의 표준들에 비추어 보자면 성서가 '잘못할'(errors) 수 있을지라도 중요한 것은 이러한 보도의 많든 적든 '정확한'(correct) 내용이 아니라 성서의 보도사실 자체이다."[18] 즉 바르트가 말하는 성서의 오류는 성서의 인간적인 측면을 말하는 것이다. 인간의 말로서의 성서가 가지고 있는 인간적인 차원에서의 오류가능성을 인정하는 것이지 그 말을 통해서 말씀하시는 하나님의 말씀과 계시에 오류가 있다는 것이 아니다. "성서적인 증언에서 보도된 역사의 특수한 역사성(Geschichte)에 대해서는 현실적으로 어떠한 '역사과학적인'(Historie) 판단이 있을 수 없다. 성서에서 증언된 계시에서의 사건인 그러한 역사에 관해서 듣는다는 것은 그 시간적인 형태에 대한 '역사과학적인' 판단에 의존할 수 없다."[19] 이러한 바르트의 태도는 결국 부분적으로 역사적 비판적 성서연구의 성과를 수용하더라도 거기에 머무르지 않고 더 높은 차원의 성서의 의미를 추구해 들어간다는 의미이다. 성서는 역사과학적 비판을 초월하는 하나님의 말씀이기 때문이다. 바르트는 결국 성서의 역사비평을 무시하는 경향으로 나아갔으며[20] 성서

18) 칼 바르트, 〈교회교의학〉 I/1, ibid., 422.
19) Ibid., 423.
20) D. F. Ford, "바르트의 성경해석" in S. W. 싸익스 (편), 〈칼 바르트의 신학방법

안에 나오는 사건들의 세계를 하나님의 계시로 직접 받아들였으며 성서는 스스로를 해석한다는 주장을 제시하였다.[21] 그러므로 바르트를 역사과학적인 성서연구에 머물고 성서를 역사적 종교적 산물로 보는 것에서 머물며 그 결과 성서를 고대인들의 신화요 상징이라고 보는 자유주의자들과 동일시하는 것은 바르트를 정당하게 이해하지 못한 것이다.

바르트는 불트만의 비신화화론을 전면적으로 부정하였다.[22] 바르트에 의하면 성서의 기적들을 신화라고 보는 것은 결국 성서의 역사성을 부정하는 것이고 그렇게 되면 계시는 역사가 아니라 인간의 창작이 된다고 보았던 것이다. "신화란 역사 그 자체를 또 그럼으로써 성서의 보도들의 특수한 역사성을 문제화 시킬 뿐만 아니라 근본적으로 부정하기 때문이며, 신화로서 이해된 계시란 역사적인 사건이 아니라 이른바 무공간적인 또 무시간적인 진리라는 것, 즉 인간의 창작일 것이기 때문이다."[23] 그리하여 성서적인 역사가 신화로서 이해될 수 있다는 판단은 필연적으로 성서적인 증언의 실체를 침해한다고 하였다.[24] 따라서 바르트의 성서관은 언어적, 역사적, 신학적인 오류가능성을 인정함으로써 현대 지성인들을 설득할 수 있는 도구를 확보하면서도 성서의 계시가 신화로 전락하지 아니하고 역사로서 시간과 공간 안에서 일어난 사건이라는 하나님의 계시의 역사성도 동시에 확보함으로써 성서의 권위도 잃어버리지 아니하는 중도적인 지혜를 발휘한 것이라고 평가할 수 있다. 오류가능하면서도 권위 있는 성서라는 바르트의 새로운 원리가 탄생한 것이다.[25] 인간을 초월하는 하나님의 계시의 우월성이라는 바르트신학

　　론〉, 이형기 역 (서울: 목양사, 1986), 90.
21) Ibid., 91.
22) 불트만의 신화론에 대한 바르트의 비판은 전성용, 〈칼 바르트의 성령론적 세례론〉 (한들출판사, 1999), 125ff. 참조하라.
23) 칼 바르트, ibid., 426.
24) Ibid., 424.
25) Bolich, ibid., 199.

의 철저한 구성적 요소가 버티고 있기 때문에 성서의 권위는 확보될 수 있다. 성서의 권위는 성서를 경전으로 고백하는 교회 안에서 나오는 것이 아니라 성서를 경전으로 만드는 성서 자체에서 나오며 이것은 종교개혁자들의 입장과 동일하다. 더 나아가서 성서 자체의 권위는 성서의 문자에서 나오는 것이 아니라 성령의 계속적인 활동에서 나오며 이것이 성서를 하나님의 계시가 되게 하는 하나님의 일이다.[26] 따라서 바르트의 성서론은 성령론적 성서영감론적 입장이라고 부를 수 있을 것이다.[27]

IV. 정경의 형성

오늘날 기독교회는 구약 39권 신약 27권 총 66권을 성서라고 부른다. 성서(Bible)는 작은 책들(bilblia)이라는 말에서 유래하였다. 기독교는 성서 66권을 기독교의 정경으로 삼고 하나님의 말씀으로서의 권위를 부여하고 있다. 종교의 가르침을 담은 책을 경전(text)이라고 하는데, 그 중에서도 특별히 권위 있는 기독교의 경전을 정경이라고 부른다. 정경(canon)이란 나무로 된 자를 의미한다. 자로 재어서 길이를 알듯이 정경에 비추어서 기독교의 진리를 잴 수 있다. 정경은 기독교의 진리의 기준이요 규범이다. 역사적으로 기독교의 가르침을 담은 경전은 많은데 정경에 포함되지 못한 많은 경전들은 외경 또는 위경이라고 분류하여 정경과 같은 지위를 누리지 못한다.

---

26) Barth, CD I/2, 529, 538.
27) 성서를 영감된 하나님의 말씀이라고 믿는 복음주의적 입장에서는 성서에 오류 (error)가 있을 수 있다는 표현에 거부감을 느끼게 된다. 필자는 이런 경우를 위해 '오류'를 '차이'로 바꾸기를 제안한다. 바르트가 의도하는 것은 고대인의 지식과 현대인의 지식 사이에 차이가 있다는 뜻이다. 고대인의 윤리와 현대인의 윤리가 다르다(different)는 뜻이다. 이렇게 되면 바르트에 대한 거부감이 완화될 수 있을 것이다.

외경(apocrypha)은 거의 정경에 들어갈 뻔하다가 들어가지 못한 것이고 위경(pseudocrypha)은 처음부터 기독교의 경전으로서의 권위가 의심스러운 것으로 분류되었던 것들로서 별로 중요한 가치를 지니지 못한 것들이다. 불교에서는 기독교와 달리 정경화 과정의 작업이 수행되지 않았다. 그래서 정경이니 외경이니 위경이니 하는 구별이 없다. 따라서 불교의 경전은 전부다 외경이라고 할 수 있다. 그러므로 불교의 경전에는 경전으로서의 권위가 의심스러운 황당무계한 내용을 가진 것들도 많이 있다. 그러나 기독교에서는 정경화의 과정을 통해서 의심스러운 부분들을 제외하였기 때문에 정경의 권위가 확고하고 그리고 기독교신학과 신앙의 통일성을 기할 수 있게 되었다. 그런데 이 성서는 하늘에서 떨어진 것이 아니라 오랜 기간을 통해서 인간들에 의해서 쓰여졌고 경전으로 형성되었다.

1. 구약성서의 형성

구약은 크게 율법서, 역사서, 지혜문학, 예언서 등 네 부분으로 구성되어 있다. 율법서는 모세오경이라고 불리는 다섯 권인데 가장 먼저 정경이 되었다. 이스라엘의 바빌론 포로기 이후에 오경은 정경으로서의 지위를 확보하였다. 구약성서가 오늘날의 39권으로 확정된 것은 그보다 훨씬 후인 A.D. 90년경의 유대교회의인 얌니아회의(A.D. 90~100)에서였다. 구약성서의 형성이 기독교가 발생한 이후 즉 상당히 후기에 일어난 것은 유대교 가운데서 발생한 기독교로부터 자신을 구별하고자 하는 요구가 유대교 안에서 일어났기 때문이다. 즉 기독교라는 외적인 적으로부터 자신을 수호하기 위한 필요를 따라서 이러한 신학적인 운동이 발생한 것이다. 이러한 작업은 기독교 안에서도 유사한 형태로 진행되었다.

2. 신약성서의 형성

신약은 복음서와 역사서, 서간문, 예언서의 네 부분으로 구성되어 있다. 서간문들이 가장 먼저 쓰여졌고 그 후 복음서와 역사서의 순으로 기록되었다. 요한문서들은 가장 나중에 쓰여졌다. A.D. 2세기의 마르키온이라는 이단이 누가복음과 바울의 서간만을 경전으로 받아들였기 때문에 신약의 경전화 작업이 크게 촉진되었다. 397년 어거스틴이 주재하였던 아프리카의 카르타고(Cartago) 주교회의에서 신약은 현재의 27권으로 결정하여 로마 교황의 승인을 받았고, 그 후에도 목록에 대한 논란이 계속되다가 트렌트공의회(1546)에서 확정되었다.[28]

한국의 개신교회와 가톨릭교회에 의해서 번역된 〈공동번역성서〉에는 구약외경의 일부가 포함되어 있다. 가톨릭은 구약 외경을 정경으로 인정하고 있으나 개신교회는 종교개혁자들 이래로 외경을 인정하지 않는다. 그러나 외경은 우리의 경건을 위한 자료로 유용하게 활용될 수 있다고 본다. 교회에서 흔히 연극으로 공연되고 있는 "빌라도의 고백"은 위경에 포함된 것으로서 교회 안에서 권위 있는 이야기가 될 수 없으므로 삼가는 것이 좋을 것이다. 신구약 66권은 닫힌 책이다. 설사 이제 와서 제5복음서가 발견된다고 할지라도 성서의 문을 열고 신약을 28권으로 만들 수는 없다. 왜냐하면 교회는 대단히 복잡한 과정을 거쳐 정경화 작업을 하였는데 한 번 문이 열리면 또다시 복잡한 논쟁에 말려들 우려가 있으며 교회에 혼란이 일어날 수 있기 때문에 성서는 닫힌 책이 되어야 한다. 우리는 현재의 형태로 재림의 주님을 맞이해야 할 것이다.

---

28) 이동진 편역, 〈제2의 성서: 신약시대〉 (해누리기획, 2001), 15.

3. 성서의 장절

본래 성서에는 지금과 같은 장(chapter)과 절(verse)의 구분이 없었다. 현재와 같은 장의 구분은 A.D. 13세기 영국의 캔터베리 대주교 랭턴(Langton)이 붙인 것이라는 설이 유력하다. 그리고 그 후 스테파누스(Stephanus)가 신약성서의 절을 구분하여 1551년판 헬라어 성서에 등장하게 되었다. 현재의 장절은 1560년판 제네바성서의 구분을 따르고 있다. 성서의 장절의 구분을 통해서 우리는 대단히 편리하게 성서독서와 암기 및 성서연구를 할 수 있게 되었다.

4. 사본의 발견

15세기 구텐베르크가 인쇄술을 발명한 이후 비로소 성서가 책으로 인쇄되기 시작하였다. 그 이전까지는 양의 가죽으로 만든 두루마리 형태의 양피지에다 일일이 손으로 베껴 쓴 사본만이 전해 내려 왔다. 수천종의 사본들이 있었으나 서로 다른 곳이 많아 어느 것이 정확한 것인지 알 수 없었다. 그런데 인쇄술이 발명된 이후 성서의 원본을 찾아 인쇄하면 된다는 생각을 하게 되었다. 많은 사람들이 성서의 원본을 찾으려고 노력하였으며 그 와중에서 비록 성서 원본을 찾아내는 것은 실패하였지만 대단히 오래된 고대사본을 찾아내는 데 성공하게 되었다. 1844년에 독일의 신약성서학자 티쉔도르프(Tischendorf)가 시내산에 있는 성 캐더린 수도원에서 A.D. 4세기의 성서 사본을 발견하였다. 이것을 시내사본이라고 하여 가장 오래된 사본으로서 권위 있는 것으로 간주된다. 티쉔도르프의 조언을 받아들인 러시아황실에서 거액을 주고 구입하여 보관하여 오던 중 1918년 볼세비키혁명 이후 공산주의

자들이 등한시하였던 이 사본을 영국의 대영박물관에서 구입하여 현재까지 보관하고 있다. 시내사본은 거의 같은 시대에 쓰여진 바티칸사본과 함께 가장 오래되고 권위 있는 사본이다.

그 후 1947년에는 팔레스틴의 사해 부근 쿰란지역의 절벽에 있는 자연동굴에서 B.C. 1세기경의 구약성서 사본이 발견되었는데 이것은 사해사본이라고 부르며 현존하는 가장 오래된 구약성서 사본이다.[29] 오늘날 우리가 읽는 성서는 이런 권위 있는 사본들에 기초하여 번역하였기 때문에 거의 성서 원문에 가깝다고 할 수 있다. 고대사본 연구에 의해 사본 필사 과정에서 상당히 많은 부분들이 첨가, 탈락, 변형, 편집되었다는 것을 알게 되었다. 예를 들자면 요한복음 8장 1절 이하에 나오는 간음하다 붙잡힌 여인 이야기는 고대 사본에는 없다. 그리고 이 이야기에서 사용된 어휘들은 요한복음의 나머지 부분들과 차이가 있다. 따라서 이 부분은 후대에 교회의 필요에 의해 누군가에 의해서 첨가되었다고 생각된다. 즉 목회의 필요에 의해 누군가가 써넣은 것이었다. 이것은 교회의 지혜의 산물이었다. 그렇다고 해서 오늘날 우리가 요한복음 8장의 이야기를 제거해야 할 것인가? 그렇지 않다고 본다. 왜냐하면 이 이야기는 이미 교회의 전승이 되었으며 수천 년 혹은 수백 년 동안 교회의 귀중한 케리그마가 되었다. 그리고 그 내용은 나머지 다른 부분과 모순되지 않는다. 따라서 우리는 계속해서 이 이야기를 하나님의 말씀으로 읽을 수 있고 설교할 수 있다. 이 부분을 제거하는 것은 목욕물을 버리려고 하다가 목욕물과 함께 아기도 버리는 오류를 범할 수 있기 때문이다. 기독교는 역사적인 오류와 과오를 포함한다. 교회는 동시에 거룩하고 동시에 죄

---

29) 사해 북서쪽은 절벽이며 이 절벽에 있는 자연동굴에 있던 큰 항아리 안에서 성서사본들이 발견되었다. 이 성서들을 사용한 사람들은 당시 사막에서 집단적으로 금욕생활을 하며 종말을 기다리던 묵시문학적인 공동체인 에세네파 또는 쿰란공동체였다. 세례 요한도 에세네파 출신이었던 것으로 생각된다. 이 성서 사본은 2000년 전 예수님 당시에 사용되었던 것들이었다.

악된 것이다. 이런 이야기를 통해서 오히려 교회는 더 풍성한 하나님의 사랑과 인간이해를 확보할 수 있게 될 것이다.

V. 성서의 정경성

성서 안에 들어온 66권 이외에도 많은 외경과 위경이 있다. 구약 외경으로는 에스드라서, 토비트, 유딧, 마카비서 등 15권이 있다. 신약외경으로는 허마의 목양서, 도마복음서, 바울행전, 디다케 등 총 66권이 있다. 그러면 현재의 66권만이 기독교의 정경이 되어야 할 근거는 무엇인가? 특히 문제가 되는 것은 신약성서의 정경성이다. 왜냐하면 신약성서 안에서 이미 구약성서는 정경으로 인정되고 있기 때문이다. 그러면 성서가 정경이 될 수 있는 근거가 무엇인지 살펴보고자 한다.

첫째로, 정경의 기준은 그 내용에 있다. 그 내용은 한마디로 예수 그리스도이다. 예수를 그리스도로 인정하는 것이 기독교의 근본 원리이다. 신약성서 27권 안에서 우리는 여러 가지의 내용을 발견할 수 있다. 그리고 신약성서 안에 서로 다른 차이점이 있는 것도 부인할 수 없다. 그리하여 성서의 저자들의 사상의 차이점에 따라서 서로 다른 신학이 발생하게 되는 것도 사실이다. 예컨대 마태의 신학, 마가의 신학, 누가의 신학 등이 그것이다. 그럼에도 불구하고, 신약성서 전체는 예수는 그리스도이며 미래에 새로운 시대를 가져올 분이라는 일관된 주장으로 채워져 있음을 알 수 있다. 따라서 서로 다른 점이 있다 하더라도 그 차이점은 충분히 극복될 수 있는 것이다.

둘째로, 정경의 기준은 사도성이다. 사도란 역사적 예수와의 연관성을 가진다. 예수 자신에 의해서 선택된 12제자들이 초대교회의 최고 지도자 집단으로서 인정되었다. 그들은 예수로부터 직접 말씀을 들었고 그의 행적을 목격하였기 때문에 가장 권위 있는 예수의 증언자들이 될 수 있었다. 신약성서는 예수 그리스도의 말씀을 직접 들은 사도들과 사도들의 직제자인 속사도들에 의해서 증언되고 기록되었기 때문에 다른 어떤 문서보다도 더 권위가 있는 기독교의 경전이 된다. 물론 사도적 권위에 대해 의심할만한 문서들도 신약성서 안에 포함되어 있는 것을 부정하기 어렵지만 전체적으로 신약성서는 사도들로부터 유래하는 말씀들과 모순되지 않으며 시간적으로 볼 때 사도들로부터 가장 가까운 시기에 기록되었다.

특별히 사도 바울의 사도성에 대해서는 초대교회 당시부터 논란이 되었다. 바울은 자신의 사도성에 대해 이의를 제기하는 당시대인들의 공격으로부터 고통을 받았으며 스스로 이 문제에 대해서 응답하였다 (롬 1:1, 11:13; 고전 1:1, 4:9, 15:9; 고후 1:1; 갈 1:1, 1:17; 엡 1:1; 골 1:1; 딤전 1:1, 2:7; 딤후 1:1; 딛 1:1). 비록 바울이 역사적 예수와 만난 적이 없고 그리고 열두 사도에 포함되지 않는다고 할지라도 바울의 교회에 대한 심대한 공헌은 그의 사도성에 대해서 의심할 수 없게 한다. 최초의 선교사요, 여러 교회들의 개척자요, 신약성서 13권의 저자요, 초대교회의 가장 위대한 지도자로서 바울은 예수의 친동생 야고보와 안디옥교회의 지도자 바나바 등과 더불어 초대교회의 최고 지도자그룹의 일원으로서 사도적 권위를 확보하였다고 할 수 있다.

셋째로, 정경의 기준은 성령의 증언이다. 역사적으로는 교회의 결정을 통해서 성서가 정경이 되었지만 그러나 이미 하나님의 성령께서 사역하였기 때문에 성서가 될 수 있었다. 왜냐하면 성서는 교회가 정경으로 결정하기 이전부터 이미 있었고, 하나님의 말씀으로서의 효력을 가지고 있었고 교회가 정경으로 결정한 것은 단지 교회가 성서를 하나님의 말씀으로 인정하는 신앙고백에 불과하기 때문이다. 그러므로 교회가 정경을 결정한 것이 아니라 성서가 자신을 정경으로 만들었다. 성서는 그 자신을 하나님의 말씀으로 증명한다. 왜냐하면 하나님께서 성서를 자신의 말씀이 되게 하며 하나님이 그것을 통하여 말씀하기 때문이다. 성서의 정경성의 근거는 교회 안에 있는 것이 아니라 성서 자체 안에 있다. 그리고 성서 자체가 스스로를 정경이 되게 하는 근거는 그것이 성령의 증언이기 때문이다. 성서는 성령의 감동을 받은 저자들에 의해서 기록된 것이며 성서 저작권이 단지 인간에게만 있는 것이 아니기 때문이다 (딤후 3:16).

VI. 성서의 해석

성서는 3000년 이상 된 고문서이다. 성서가 쓰여지는 동안 그리고 그 이후 인간의 지식과 윤리, 생활관습, 역사 등에 엄청난 변화가 일어났으며 그 결과 우리는 성서 안에 있는 많은 부분을 이해 할 수 없게 되었다. 따라서 성서는 현대인들이 이해할 수 있는 언어로 해석되어야 한다. 더 나아가서 성서는 하나님의 말씀과 행동의 기록이기 때문에 일상적인 언어로는 표현 불가능한 부분들이 신화적인 언어 즉 상징적인 언어로 기록되어 있다. 그러므로 하나님의 행동을 묘사하는 상징적인 언어들이 인간적인 일상언어로 해석되어야 한다.

칼 바르트는 해석이란 같은 것을 다른 말로 말하는 것이라고 하였다. 우리가 어떤 언어를 듣거나 읽었을 때 그 뜻을 이해할 수 없다면 이해할 수 있는 언어로 다시 말해야 한다. 이것이 해석이다. 그런데 성서는 하나님의 말씀이면서 인간의 말이다. 성서를 해석한다는 것은 인간의 말로서의 성서에 해당된다. 성서가 쓰여진 당시의 의미와 성서를 읽었을 때의 의미가 서로 다르다면 당연히 이해 가능한 언어로 해석되어야 한다. 예컨대 예수가 어머니에게 "여자여 나와 무슨 상관이 있나이까?"(요 2:4)라고 말했는데 자식이 부모에게 오만불손한 태도라고 비난한다면 이것은 유교적인 사고로 성서를 읽는 오류를 범한 것이 된다. 그러나 이것은 유대인들의 일상생활에서 쓰이는 관용구라고 하면 아무 문제가 없는 자연스런 이해가 될 것이다. 이렇게 성서를 이해 가능한 방법으로 해석하는 성서해석학은 인간의 말로서의 성서에 해당된다.

그러나 하나님의 말씀으로서의 성서는 성서해석학이 다룰 수 있는 범위를 넘어선다. 인간이 하나님의 말씀을 해석한다는 것은 불가능하다. 하나님의 말씀은 하나님이 해석해야 한다. 예를 들자면 예수가 니고데모에게 "사람이 거듭나지 아니하면 하나님 나라를 볼 수 없느니라"(요 3:3)고 하였는데 이것을 인간의 상식과 이성으로 해석한다면 니고데모와 같이 "사람이 늙으면 어떻게 날 수 있삽나이까? 두 번째 모태에 들어갔다가 날 수 있삽나이까?"(요 3:4)라고 물을 수밖에 없다. 거듭난다는 신앙의 사건은 거듭난 체험이 있는 신앙인만이 이해 가능한 사건이다. 그러므로 거듭난다는 언어를 이해하기 위해서는 하나님의 성령의 감동에 의해서 예수 그리스도를 믿고 영적으로 태어나는 두 번째 출생, 즉 중생(regeneration)이라는 신앙적 체험이 있어야 한다. 하나님의 성령의 감동이 없으면 하나님의 말씀을 이해할 수 없다. 하나님의 말씀은 하나님이 해석해야 한다. 하나님의 말씀으로서의 성서는 인간이 해석할 수 있는 것이 아니라 하나님만이 해석할 수 있다. 더 나아가서 인간이 성서를 해석하는 것이 아니라 성서가 인간을 해석해야 한다. 이것이 복음주의적인 성서해석학이다. 이것이 성령론적인 성서해석학이다. 그러므로 일반적인 성서해석학에 머물러서는 안 된다. 그것은 우리에게 성서의 배경이해를 위한 기초지식에 불과한 것이지 성서 안에서 하나님의 말씀을 듣는 단계에 까지 이르게 하지 못한다. 오직 성령만이 성서를 기록하도록 저자를 감동(inspiration)하였고 오직 성령만이 성서를 이해하도록 독자를 감동(illumination)한다. 성령이 아니면 성서는 기록될 수도 이해될 수도 없다. 성령만이 우리로 하여금 성서를 통해서 하나님의 말씀을 들을 수 있게 한다.

전통적으로 중요하게 다루어졌던 여러 가지 성서해석의 이론들을 살펴보고자 한다.

1. 구약시대의 성서해석

유대교에서는 구약성서를 해석하기 위해서 미드라쉬(Midrash)와 미쉬나(Mishnaha)의 방법을 사용하였다. 율법서를 매절마다 조직적으로 해석하거나 유대인의 규례를 위주로 해석한 것이다. 예를 들자면 안식일 계명에 대해서는 다음과 같이 해석하였다. 안식일에 일하지 말라는 계명은 노동에 대한 규제로 보아서 안식일이라도 추수할 수 없다거나 안식일에 병을 고칠 수 없다고 하였다. 그런데 유대교에서는 안식일이라도 이삭을 3개까지는 자를 수 있다고 해석하였는데 밀밭 사이로 지나가다가 소매나 팔에 부딪쳐서 부지불식간에 이삭이 잘라지는 경우가 있을 수 있기 때문이었다. 그리고 안식일에 병을 치료할 수 없다고 해서 환자를 그냥 내버려두면 병이 악화되거나 생명이 위태로울 수가 있기 때문에 유대인들은 안식일에는 병이 더 이상 악화되지 않을 만큼만 치료할 수 있으며 병이 호전될 수 있을 정도로 치료해서는 안 된다고 해석하였다. 예수님이 유대교의 배척을 받아 재판을 받고 죽은 이유는 안식일 계명을 어김으로써 유대교의 체제에 도전하였기 때문이었다. 그가 안식일 계명을 어긴 이유는 안식일에 병자를 살리고 죽은 나사로를 살렸기 때문이다. 이렇게 안식일 계명을 위반하는 예수에게 유대인들이 항의하자 예수는 너희는 안식일에 짐승이 구덩이에 빠지면 건져내지 않느냐고 물으시고 하물며 인간을 질병으로부터 구원해 내는 것이 당연하지 않느냐라고 자신을 정당화하였다. 그리고 사람이 안식일을 위해서 있는 것이 아니라 안식일이 사람을 위해서 있는 것이라고 함으로써 안식일의 본래적인 의미를 밝혀냈다.

안식일이란 무엇인가? 안식일은 노동으로부터의 해방일이다. 노동은 누가 하는가? 노동은 노예가 하는 것이다. 노예는 누구인가? 빚을 못 갚은 사람과 전쟁포로가 노예이다. 노예는 인권이 없다. 그들은 일하는 기계요 짐승과 다름이 없었다. 그들의 인권을 보호하기 위해서 노동으로부터 해방해야 한다는 사상은 고대사회에서는 찾아볼 수 없다. 단지 그들은 부려먹다가 병들면 갖다 버려야 하는 거추장스럽고 성가신 존재였다. 그런데 안식일 계명을 통해서 노예와 가난한 노동자들은 노동으로부터 해방되었고 그것은 곧 생명과 구원의 날이었다. 더 나아가서 잊어버렸던 하나님을 생각하고 예배하는 거룩한 날이었다. 이렇게 고귀한 목적으로 주어진 안식일의 본래 의도가 망각되고 율법주의로 변질되어 유대교는 인간의 고귀성을 잊어버렸고 안식일의 본래 의미를 상실하였다. 그리하여 안식일이 사람을 위해서 있는 것이 아니라 사람이 안식일을 위해서 있는 주객전도의 오류를 범하게 되었던 것이다. 예수는 바로 이 오류를 지적하였으며 유대인들은 끝까지 자신들의 오류를 깨닫지 못하고 예수를 처형하고 말았다.

오늘날 교회가 주는 스트레스가 심각하다. 주일에 교회에 가면 은혜를 받고 죄와 질병과 문제로부터 해방되는 감격과 기쁨이 넘쳐나야 할 것이다. 교회에 가서 받을 은혜를 생각하고 설레는 가운데 기대하면서 주일을 맞이해야 할 것인데 오히려 주일을 기다리는 마음속에 교회에 가서 받을 스트레스에 대한 중압감으로 고통스러워하는 사람들이 의외로 많다. 이러한 교회는 더 이상 예수 그리스도의 교회 즉 구원의 공동체가 아니다. 이러한 교회는 교회가 아니라 유대교 회당이나 사회단체에 불과하다. 예수님이 지금 우리에게 오신다면 2000년 전에 하셨던 그대로 "사람이 안식일을 위해서 있는 것이 아니라 안식일이 사람을 위해서 있다"라고 말씀하실 것이다. 그러므로 우리의 성서해석은 하나님이 오늘 우리에게 무슨 말씀을 하실 것인가를 찾아내는 것이 진정한 성서해석이 될 것이다. 성서 안에서 하나님의 음성을 들어야 한다.

2. 고대교회의 성서해석

고대교회에서 가장 널리 사용한 방법은 알레고리방법(allegorical interpretation)이다. 우화적 해석 또는 영해라고 한다. 이것은 성서의 내용을 문자 그대로 해석하는 것이 아니라 숨겨져 있는 상징적, 철학적, 영적 의미를 찾아내는 방법이다. 알렉산드리아의 필로, 클레멘트, 오리겐, 어거스틴 등이 이 방법을 사용하였다. 예컨대 선한 사마리아 사람의 비유에 대한 알레고리 해석은 다음과 같다 (눅 10:25~37).

강도는 마귀, 강도 만난 사람은 인간, 사마리아인은 예수, 주막은 교회, 데나리온 2개는 2000년, 돌아온다는 것은 예수의 재림을 의미한다는 것이다. 이렇게 성서의 본문에 나오는 개개의 표현들이 각각 구체적인 역사적 사건과 직접 연관된 것으로 해석하는 방법이다. 오늘날 이런 해석은 거의 받아들이지 않는다. 그러나 교회의 현장에서는 아직도 이런 해석들이 사용되고 있기 때문에 경계해야 할 것이다. 예수가 선한 사마리아인 비유에서 말하고자 한 본래 의도(intention)는 한가지였다. 예수가 말하고자한 의도는 "이웃이 누구냐?"라는 한 포인트(one point)였다. 그러나 알레고리해석에서는 여러 포인트(many point)에 대해서 말함으로써 본래의 의도를 잃어버릴 위험이 있다. 그리고 예수는 이 비유를 통해서 "가서 너도 이와 같이 하라"고 하는 윤리적 결단을 촉구하였다. 그러나 알레고리해석에서는 이런 결단 보다는 언제 예수님이 재림할 것인가에 대한 산술적 계산에 눈이 팔리게 되어 본래 예수의 의도를 떠나 엉뚱한 방향으로 오도하게 될 수 있기 때문에 오늘날 우리는 이런 해석방법을 신중하게 사용해야 할 것이다.

다른 예를 들면, 예수의 무화과나무의 비유에 대한 알레고리해석이 있다. 무화과는 이스라엘, 무화과 잎이 다시 난다는 것은 1948년 5월 14일 이스라엘의 독립, 이 세대가 지나기 전에 인자가 온다는 것은 한 세대가 30년이니까 1978년 이전에 예수님이 오신다고 예언하였다. 그러다가 예수님이 안 오시니까 한 세대가 50년이라고 해서 1998년까지 예수님이 재림한다고 했다가 그도 안 되니까 이제 와서는 한 세대를 100년이라고 할 수도 없고 해석하기 곤란하게 되는 경우를 우리 주변에서 들어볼 수 있었다. 이렇게 성서를 문자적으로 해석할 경우에 특히 미래의 사건을 예언하는 경우에 큰 낭패를 볼 수 있다. 그리고 이런 해석으로 인해 한국교회가 미신적이고 저열한 수준을 벗어나지 못하게 할 수 있기 때문에 앞으로 이런 해석에 대해서는 심각하게 경계해야 할 것이다.

알레고리방법과 함께 중요한 것이 유형론적 해석(typological interpretation)이다. 이 방법은 구약성서의 인물과 사건 속에서 신약성서 특히 예수 그리스도 및 그 교리에 대한 유형을 찾아내는 것이다. 예컨대, 예수는 구리로 만든 뱀과 물고기 뱃속에 들어간 요나를 자신의 속죄와 부활의 유형으로 보았다(요 3:14; 마 12:40). 바울은 이스라엘 민족이 홍해를 건너간 사건에서 세례의 유형을 찾아내었다. 오늘날 이런 방법은 많이 사용되지 않으나 이 방법은 구약과 신약의 내적 연관성을 밝히는 데 유용하다.

3. 현대의 성서해석

중세교회는 성서보다도 교회에 권위가 있었기 때문에 성서해석을 중요시하지 않았으며 그 결과 성서연구가 크게 발달하지 않았다. 종교개혁자들은 인간의 어떤 사상체계로 성서를 해석하지 아니하고 성서 자체가 성서를 해석하도록 하는 독특한 방법을 사용하였다.[30] 현대신학에서 성서해석학이 크게 발전하였는데 현대신학자들은 고고학, 언어학, 고대문학, 역사학, 문화사 등의 연구에 힘입어 성서를 현대인의 과학적 지식과 합리적 정신에 부합되도록 해석하려고 시도하였다. 대표적으로는 성서의 본문연구, 양식사연구, 편집사연구, 전승사연구, 문학사연구 등이 있다. 성서해석학은 성서신학의 전문분야이므로 이 책에서는 간략하게 그 개요만을 파악하는데 그치고자 한다.

1) 양식사연구(Form Criticism)

20세기에 이루어진 성서해석학 방법론 가운데 가장 많은 논란을 불러일으킨 것이 양식비평이다. 비평 또는 비판이라는 개념은 서구의 신학계에서는 일반적인 개념이지만 우리 동양인에게는 생소하다. 하나님의 말씀인 성서를 비판한다는 것이 어색하게 느껴지기 때문이다. 예수도 비판을 받지 않으려거든 비판하지 말라고 하였다. 예수가 비판하지 말라고 했을 때 그것은 도덕적 비난을 의미한다(judge, condemn, measure). 그러나 성서학자들이 사용할 때 그것은 학문적 연구(science, Wissenschaft, criticism)를 의미한다. 그러므로 성서를 학문적으로 연구한다는 의미에서 비판은 건설적인 의미로 사용될 수 있다.[31] 성서신학은 성서에 대한 비판적 연구를 통해서 창조적인

---

30) 루터는 성서가 그 자신의 해석자라고 말했다. Luther, WA VII, 97~98.
31) 필자가 영국에 유학하던 기간에 지도교수는 필자가 소논문을 제출할 때마다 비판적인 코멘트(critical comment)를 하라고 요구하였다. 그러나 필자에게 비판은 어려운 일이었다. 답답해진 필자는 다른 교수를 찾아가서 하소연하였다. 우리 동양인들에게 비판은 어려운 일이다. 우리는 유교적 문화에서 자랐기 때문에 비판이 익숙하지 않다. 이런 변명을 늘어놓았는데 그 교수는 한마디로 "나는 쉽다"라고 퉁명스럽게 대답하였다. 결국 비판을 할 수 없으면 공부를 포

결실을 얻을 수 있었다. 성서를 하나님의 영감을 받은 인간이 썼기 때문에 인간적인 측면에서 오류가 있을 수 있다고 본다면 성서에 대한 비판적 연구는 필요하며 그것은 더욱 더 온전한 교회를 세워가기 위해서 필요한 작업이다. 그러므로 비판적 연구에 대해서 두려워하거나 기피할 필요는 없다. 그리고 비판적 성서연구 자체의 오류에 대해서도 냉정하게 비판적으로 극복해야 한다. 비판적 연구가 다 정당한 것이 될 수 없기 때문이다.

양식사연구 또는 양식비판의 대표자인 루돌프 불트만의 사상의 근원은 세 가지로 볼 수 있는데, 첫째로 자유주의신학, 즉 19세기의 종교사학파의 영향을 받은 것이다. 이것은 성서에 대한 역사적 비판적 연구방법을 수용하였다는 뜻이다. 불트만의 비신화화론은 자유주의신학의 합리주의의 영향을 지나치게 받은 결과이며 이것은 성서의 특이성을 깨우치지 못한 불트만 신학의 영적 한계의 파생물이다. 둘째로, 불트만은 칼 바르트의 신정통주의의 영향을 받았는데 그는 하나님의 초월성을 바르트로부터 배웠다. 그러나 하나님중심주의 내지 그리스도론적 집중이라는 바르트의 신학의 지배를 받고 있지는 않다. 셋째로, 실존주의 철학의 영향을 받았는데 불트만의 실존론적 해석은 하이데거의 실존철학의 지배를 받고 있다.[32]

불트만은 1921년에 〈공관복음서 전승사〉를 출간하였는데 이 책에서 최초로 양식사적 방법을 사용하였다. 같은 해에 요하네스 바이스(Johannes Weiss), 마틴 디벨리우스(Martin Dibelius)도 별도의 연구를 통해서 같은 주장

기해야 한다는 것을 깨닫고 스스로 이 문제를 극복해 갔다. 그런데 영국의 어린 이들은 초등학교 저학년부터 "Subject"라는 과목을 통해서 자연스럽게 사물을 비판적인 안목으로 종합적으로 관찰할 수 있는 교육을 받고 있는 것을 알게 되었다. 그리고 암기위주의 교육이 아닌 영국의 교육이 우수한 지식인을 양성하는 것을 보았다. 영국은 지금까지 90여명의 노벨상 수상자를 배출하였다. 우리나라의 교육은 근본적인 변혁이 일어나야 할 것이다. 암기식 교육이 아니라 논리적, 비판적 사고를 할 수 있는 종합적인 교육으로 전환해야 할 것이다.

32) 데이비드 퍼거슨, 〈불트만〉 (대한기독교서회, 2000), 10. "옮긴이의 머리말" 참조.

을 하였다.

양식사적 연구란 복음서의 사화(史話, narrative)는 그 양식(form)에 따라서 경구(apophtegma, 또는 범례 paradigm), 주의 말씀(dominical sayings), 기적설화(miracle story), 역사설화(historical story), 전설(legend) 등의 단위로 분석될 수 있다. 이러한 단위가 형성된 것은 초대교회에서 예배나 전도와 같은 경건 생활과 기독교를 비기독교인으로부터 지키기 위한 변증(apology)을 위해서 필요했기 때문이다. 즉 복음서의 내용들은 처음에 초대교회의 삶의 자리(Sitz im Leben)에서 필요에 따라 이런 문학적 양식을 가진 단위로 형성되어 갔다는 것이다. 이러한 단위들은 구슬이 실에 꿰어진 것처럼 모여 공관복음서를 이룬다.

만약 그렇다면, 공관복음서는 역사적 예수 자신에 대해서보다는 초대교회와 초대교회가 믿는 신조에 관하여 알려주는 것이다. 마가복음까지도 역사적인 문서라기보다는 신학적인 문서 즉 교회의 신학에 의해서 형성된 문서이다. 제 4복음서도 영지주의가 깊이 영향을 끼치고 있으며 상당한 양의 역사가 신학으로 바뀌게 되었다. 우리는 이제 예수의 삶과 인격에 관하여 거의 아무것도 알 수 없게 되었다. 슈미탈스에 의하면 예수가 탄생하여 사람이 되셨다는 사실, 그가 살았다는 사실, 십자가에 못 박혀 죽고 무덤에 묻혔다는 사실-이러한 사실은 예수의 인간성을 보여주는 역사적인 사실로서 기독교의 고백의 의미와 내용을 설명하기에 충분한 것이었다. 그러나 역사적 실존의 사실을 확립하는 이상의 예수에 대한 관심을 신학적으로 허용할 수 없다.[33] 역사적 예수 자신은 꿰뚫을 수 없는 그림자 속에 남아있다. 우리가 만나는 것은 역사적 예수가 아니라 케리그마의 그리스도이다. 역사적 예수의 인격은 초대교회에서 신화로 바뀌게 되었으며 이러한 신화를 넘어서 그

───

33) 슈미탈스, 〈불트만의 실존론적 신학〉 (대한기독교서회, 1983), 203ff. 심지어 H. Braun 같은 신학자는 예수의 말 가운데 달리다굼, 에바다, 엘리 엘리 라마 사박다니 같은 아람어로 표현된 것만이 역사적 예수의 말씀이라고 주장한다.

문제에 관한 역사적 사실에 이른다는 것은 불가능하다.

그러므로 신약성서에서 우리가 대면하는 것은 바로 그 신화이다. 위에서 언급한 예수에 관한 역사적 사실은 성육신이 되어 그의 피로 인류의 죄를 구속하고 죽은 자로부터 부활하여 승천하였고 사람들을 심판하고 새시대를 세우기 위해 구름타고 재림할 분으로 신화화되었다(mythologized). 이 중심적인 이야기는 이적과 기사와 하늘의 소리, 악마에 대한 승리 등 주변적 전설로 꾸며지고 설명되었다. 불트만에게 있어서 신화란 신비적 힘(occult force)이 인간사나 자연에서 활동적이라고 생각되며, 설명되지 않은 사건은 그와 같은 힘을 나타내는 것이라는 과학 이전의 생각이다. 신화는 저 세상을 이 세상적인 것으로, 신을 인간적인 것으로써 말한다. 그러나 "우리는 전기불과 라디오를 사용하면서 그리고 아플 때는 현대의학과 진료기구들을 사용하면서 동시에 신약성서의 영들과 이상한 세계를 믿을 수는 없다."[34] 현대적 사유에 있어서 기적은 이미 과거의 것이 되었다. 과학에 있어서 기적은 분명 불가능한 것이 되었다. 과학적 사고로 훈련된 현대인들에게 성서의 신화는 해명되지 않으며 이성의 희생을 할 준비가 안 된 경우 기독교 신앙과 결별해야 하는 것처럼 보인다.

비신화화론은 복음서가 역사를 신화화 한 것이요 오늘날 과학의 오리엔테이션을 받은 현대인들은 신화를 믿을 수 없으니 성서를 이해하기 위해서는 신화를 벗겨내어야 된다는 주장이다. 비신화화론은 불트만의 해석학의 소극적인 표현이라고 할 수 있다. 여기에 반해서 불트만의 해석학의 적극적인 표현은 실존론적 해석이라고 할 수 있다. 실존론적 해석은 신약성서의 케리그마를 우리에게 전해진 신화적 언어로부터 우리 시대에 이해될 수 있는 언어로 해석하는 것이다. 즉 성서를 비신화화한다는 것은 신약성서에서

---

34) 데이비드 퍼거슨, 〈불트만〉 (대한기독교서회, 2000), 177; R. Bultmann, *New Testament Mythology and Other Basic Writings*, ed. S. Ogden(London, 1985), 4.

신화화된 부분을 벗겨내면 성서저자의 케리그마가 나오는데 그 케리그마의 실존적인 의미를 해석해 내는 것이다. 여기에는 성서저자가 실존적 문제에 대해서 가졌던 입장과 성서독자가 실존적 문제에 대해서 가지는 실존적 태도는 같다는 것이 전제된다. 예를 들어, 예수 그리스도 사건의 실존론적 해석은 다음과 같다.

1. 십자가는 단순히 인간을 죄과로부터 해방하는 소극적인 것이 아니라 죄의 힘으로부터도 해방하는 적극적인 의미를 가지고 있다.
2. 십자가는 단순히 한 신화적 인격 위에 일어난 고립된 사건이 아니라 하나의 우주적인 중요성을 가진 사건으로서 우리 자신도 그리스도와 더불어 십자가에 달린다는 것을 의미한다.
3. 십자가는 단순히 멀리서 회상할 수 있는 과거의 사건이 아니라 시간 안에서 시간을 넘어서서 일어난 종말론적 사건으로서 그것은 그리스도인의 매일 매일의 생활 속에서 영원히 현재적인 사건이 된다.

불트만에 대한 비판은 불트만의 제자들로부터도 나왔는데 역사적 예수와 신앙의 그리스도 사이에 연속성이 있다는 것이 후기 불트만 학파의 주장이다.[35] 불트만은 예수의 부활은 무덤에서 일어난 것이 아니고 예수의 제자들의 신앙 가운데 일어난 실존적 사건이라고 하였다. 그러나 제자들의 내면에서 신앙 가운데 기적이 일어날 수 있다면 왜 무덤에서는 기적이 일어날 수 없는가? 죽은 자가 부활했다고 믿게 하는 기적을 일으킬 수 있는 하나님은 왜 예수 자신에게는 기적이 일어나게 할 수 없는가 묻지 않을 수 없다. 이것은 불트만의 실존론적 축소화라고 할 수 있다. 불트만은 자연과학이 기적과 양립할 수 없다고 생각하지만 필자는 자연과학과 기적은 양립할 수 있다고

---

35) 데이비드 퍼거슨, ibid., 209ff.

생각한다. 다만 성서의 실존론적 해석은 설교에서 항상 이루어져오고 있는 적용(application)을 현대적으로 발전시킨 것으로서 그 유용성과 가치가 있다고 본다. 불트만의 연구를 통해서 기독교신학이 깨달은 것은 성서의 역사는 역사과학적 역사(Historie)가 아니고 해석된 역사(Geschichte)라는 것이다. 우리가 알 수 있는 예수는 역사과학적 예수가 아니라 신앙적 그리스도라는 것이다. 그리하여 역사를 더 섬세하게 식별할 수 있는 도구를 확보하게 된 것이 불트만으로부터 기독교 신학이 받은 선물이라고 할 수 있을 것이다. 이 문제는 다음에 예수의 부활에 대한 해석에서 상술하고자 한다.[36]

2) 편집사연구(Redaction Criticism)

양식사연구를 통해서 그 이전까지 복음서가 역사적 예수를 우리에게 전해준다고 생각하였던 전통적인 인식이 바뀌었다는 것이 명백해졌다. 그러니까 복음서 안에는 역사적 예수에 대한 기록과 함께 교회의 신앙에 의해 이해된 그리스도에 대한 기록이 공존하고 있다는 것이다. 즉 양식사 연구를 통해서 교회의 신학이 복음서 안에 한 층을 형성하고 있다는 것이 밝혀졌다. 그런데 양식사연구 이후 복음서에 대한 연구자들은 복음서가 단지 교회의 집단적인 예수 이해라고 할 수 있는 교회의 케리그마와 역사적 예수라는 두개의 층으로 구성되어 있는 것이 아니라 복음서 저자 개인의 독특한 신학이 새로운 층을 구성하고 있다는 생각으로 발전하게 되었다. 그러니까 교회의 케리그마 안에 복음서 저자 개인의 독창적인 그리스도이해 즉 그리스도에 대한 새로운 신학적 인식이 자리잡고 있다는 것을 밝혀내게 된 것이다. 이것을 그림으로 그리면 다음과 같다.

---

36) 이 책 제7장 기독론, I. 예수 그리스도사건, 7. 부활을 참조하라.

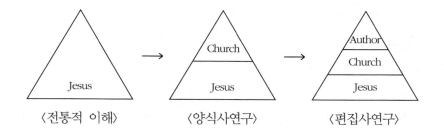

〈전통적 이해〉   〈양식사연구〉   〈편집사연구〉

편집사연구는 양식사연구를 통해서 밝혀진 성서 안의 복층구조를 한 단계 더 발전시킨 것이라고 할 수 있다. 그러니까 편집사연구는 양식사연구의 연장선상에 있다. 2차 세계대전 이후 귄터 보른캄(Gunter Bornkamm), 한스 콘첼만(Hans Conzelmann), 빌리 막센(Willie Marxen) 등에 의해서 이런 연구가 거의 동시에 시행되었다. 빌리 막센이 이 운동을 독일 명칭으로 Redaktions-geschichte(편집사)라고 불렀다.[37]

보른캄은 불트만의 제자요 불트만학파의 중요한 인물이다. 그는 양식사 연구의 결과를 사용하면서 양식사연구를 한 단계 더 발전시켰다. 1948년 "마태복음에서의 전승과 해석"이라는 논문에서 그는 처음으로 고유한 편집사연구를 발견하고 발표하였다.[38] 그는 마태복음 8:23~27의 폭풍진압설화를 연구하여 마태는 마가에서 전수해 온 그 이야기를 실제로 재해석하고 있다는 것을 보여주었다. "마태는 이 설화의 전수자일 뿐만 아니라 그것을 가장 먼저 해석한 주석가다. 사실상 그는 폭풍 속에서의 제자들과 예수의 여행과 폭풍진압을 제자직에 대한 것으로 해석하는 최초의 사람이다."[39]

더 나아가서 마태는 제자들을 꾸짖는 말들과 폭풍을 실제로 진압하는 것을 뒤바꾸기도 한다. 마가에서는 기적이 먼저 일어나고 그 다음에 제자들

---

37) Dan O. Via Jr. ed., 황성규 역 〈성서연구방법론〉 (한국신학연구소, 1980), 192.
38) G. Bornkamm, G. Barth, H. J. Held, *Tradition and Interpretation in Matthew* (London: SCM, 1963).
39) Ibid., 55.

이 꾸지람을 듣는 반면에 마태에서는 두 이야기의 순서가 뒤바뀌었다. "비바람이 잠잠해지기 전에, 그래서 죽음의 위협 한 복판에서 예수의 말씀이 제자들에게 건네지고, 그들의 적은 믿음 때문에 그들을 부끄럽게 한다."[40] 보른캄의 이 논문은 최초의 전승사연구의 작품인데 여기에서 그는 마태는 전승의 해석자이며 그 전승을 수정함으로써 자신의 신학과 선교적 목적을 나타낸다.[41]

양식사연구와 편집사연구를 통해서 복음서들이 역사적 예수에 대해서 보고를 해 준 것이 아니라 교회의 신학에 관한 보고를 제공한다는 것과 복음서에서 유래된 예수에 대한 보고는 매우 세밀히 고안된 표준을 엄격하게 진정성(authenticity)에 적용한 결과로서만 나올 수 있다는 가정을 출발점으로 삼아야 한다는 것이다. 즉 예수의 진정한 말씀의 연구에 매우 엄격한 표준이 필요하다는 것이다. 노만 페린은 이러한 문제를 해결하기 위하여 전승사연구가 필요하다고 주장하였다.[42] 이 책에서는 필자는 더 이상 진전하지 않으려고 한다. 편집사연구 이후 성서해석학은 다양한 발전을 지속하고 있기 때문에 이 문제는 성서신학의 과제로 돌리고자 한다. 다만 20세기에 성서해석학에서 괄목할만한 발전이 이루어졌고 우리는 성서를 보다 더 입체적으로 다층적으로 이해할 수 있는 길이 열렸다는 것이다. 이런 다양한 성서해석학의 연구 성과에 바탕하여 우리는 성서를 더 깊이 있게 이해할 수 있게 될 것이다.

그러나 이러한 성서해석학의 업적에도 불구하고 현대의 역사적 비판적 성서해석학을 통해서 우리가 성서를 얼마나 더 잘 이해하게 되었는지에 대해서 반성해야한다. 왜냐하면 비판적 역사적 성서해석학이 해석하는 것은 성서의 인간적 차원에 관한 것으로 제한되기 때문이다. 성서해석학이 해석

---

40) Ibid., 56.
41) Dan O. Via Jr. ed., ibid., 193.
42) Ibid., 230

할 수 있는 한계는 성서가 가지고 있는 역사적, 문학적, 구조적인 차원 즉 인간이 쓴 인간의 말로서의 성서에 국한될 뿐 성서를 통해서 말씀하시는 하나님의 말씀을 해석해 낼 수 없다. 하나님의 말씀은 하나님이 해석할 수 있을 뿐이다. 성서를 통해서 말씀하시는 하나님의 말씀을 들을 수 있어야 진정한 성서해석이요 진정한 설교가 된다.

우리는 주변에서 "우리 목사님 말씀을 잘 쪼갠다"는 말을 쉽게 듣는다. 이 말은 우리 목사님이 성서를 잘 해석한다는 의미이다. 목사님이 설교하기 전에 이미 성서를 통해서 하나님의 말씀을 듣고 성령의 감동을 통해서 성서의 깊은 의미를 깨달았으며 그것을 설교를 통해서 전달해 주었다는 뜻이다. 즉 목사님이 이미 성서에 의해서 해석되었고 말씀 앞에 부딪쳐 깨어져 회개하고 변하여 새롭게 되어 그 말씀의 빛의 조명을 받고 그 조명된 말씀을 가지고 설교했다는 뜻이다. 그러니까 설교자가 성서를 해석한 것이 아니라 성서가 설교자를 해석하였고 인간이 성서를 해석한 것이 아니라 성령이 성서를 통해서 인간을 해석한 것이다. 인간의 해석학이 해석하는 성서는 인간의 말로서의 성서이지 하나님의 말씀으로서의 성서가 아니다. 하나님이 인간에 의해서 해석되는 것이 아니라 인간이 하나님에 의해서 해석되어야 한다. 그러므로 진정한 성서해석자는 성령이요 하나님이요 주님이시지 성서해석학이 아니다. 성서해석학은 성서를 해석하는 보조적 도구에 불과하다. 성서가 형성된 역사와 교회의 상황을 파악함으로써 성서를 더 잘 이해할 수 있도록 도와주는 도구에 불과하다. 그러므로 우리는 성서를 통해서 말씀하시는 하나님의 말씀을 들어야 한다. 성서의 주어는 인간이 아니고 하나님이라는 것이 칼 바르트에 의해서 밝혀진 진리이다. 성서의 해석자는 하나님이지 인간이 아니다. 이러한 근본원리를 망각한 신학자들이 성서 안에 포함된 인간적 요소들을 밝혀내는 것으로 마치 성서를 해석한 것처럼 생각하는 것은 가소로운 일이 아닐 수 없다. 그리하여 역사를 신화화해서 만들어낸 고대인들의 신화로 성서를 보는 것은 성서 저자와 교회를 건전한 상식이나 식견이 없는 광신자들이나 신비주의자들의 집단으로 보는 결과를 초래하였다. 이것은 성령의 세계에 무지한 과격한 합리주의자들의 독단과 편견이 아닐 수 없다. 오늘도 여전히 우리는 성서 안에서 말씀하시는 하나님의 말씀을 들어야 하며 들을 수 있다. 성령이 해석하시는 하나님의 말씀을 들음으로써 우리는 성서 안에 있는 하나님의 놀라운 세계를 만나게 될 것이다.

4

신론

　신학의 어원적인 의미는 하나님을 생각하는 것이다(theologia). 신학은 즉
신론이다. 신학의 중심주제는 신론이다. 우리가 지금까지 다루어 온 계시론,
성서론은 우리가 하나님을 어떻게 알 수 있는가 즉 신학방법론을 다룬 것이
었다. 성서를 통해서 계시된 하나님의 자기계시를 통해서 하나님을 알 수
있다는 것이 복음주의 기독교신학의 방법론이다. 이제부터 우리는 본격적으
로 기독교신학에서 이해하는 하나님에 대해서 그리고 하나님의 창조와 구원
에 대해서 다루게 될 것이다. 그러므로 이제 조직신학의 본론이 시작된다고
할 수 있다. 이제부터 기독교에서 믿는 하나님은 어떤 분인가? 어떻게 그를
알 수 있는가? 신이 없다는 무신론은 가능한가? 등의 주제들을 다루게 될
것이다.

Ⅰ. 하나님 존재증명

　전통적으로 기독교신학에서는 하나님의 존재를 어떻게 알 수 있는가? 즉
하나님 인식의 문제를 다루어 왔으며 이 주제에 관한 이론들이 하나님 존재
증명이론으로 발전하였다. 고대에도 하나님의 존재에 대해서 나름대로 다루

었지만 특히 중세기부터 이 문제는 신학의 중요한 주제가 되어 왔다. 중세기 교부들의 진부한 논쟁은 따분한 면이 있는 것이 사실이다. 그래서 현대인들은 이런 논쟁을 피하려는 경향이 있는 것도 사실이다. 그러나 기독교신학이 수백 년간에 걸쳐서 천착한 주제로서 신학의 학문성을 제고하는 데 이바지한 점을 부인할 수 없다. 대표적인 이론들을 살펴보면 다음과 같다.

1. 존재론적 논증(Ontological Argument)

신존재증명이란 신학적으로 어불성설이다. 무한하신 하나님을 유한자인 인간이 증명한다는 것은 처음부터 불가능할 뿐만 아니라 외람된 발상이다. 그러므로 증명이란 용어는 부적절하고 단지 논증이라고 말할 수 있을 뿐이다. 하나님의 존재에 대해서 최초로 이론적으로 논증한 사람은 중세기의 위대한 신학자 안셀름(St. Anselm, 1033~1109)이다. 안셀름의 신존재증명을 존재론적 논증이라고 부르는데 존재론적 논증이란 하나님의 관념(idea) 즉 하나님에 대한 생각에 초점을 두고 그 관념의 내적 의미를 추구해 나가는 방법이다. 하나님 관념을 살펴보면 하나님의 존재는 증명된다는 이론이다. 그의 논증은 〈프로스로기온〉(Proslogion)이라는 그의 책에서 상술되었다.[1] 그의 논증을 살펴보면 다음과 같다.

안셀름은 하나님의 이름을 "그보다 더 큰 것을 생각할 수 없는 분" 또는 "그 이상 위대한 분을 상상할 수 없는 실재"(Id quo maius cogitari nequit. The one much greater cannot be conceived.)라고 한다면 그러한 하나님은 반드시 존재한다고 주장하였다. 안셀름은 우리가 두 가지 종류의 존재를 생각할 수

---

1) Anselm of Canterbury, 〈Proslogion: 하나님의 존재증명〉 전경연 옮김 (한들출판사, 1997).

있다고 하였다. 첫째로, 이해 속에만 존재하는 것이 있다. 예를 들면, 화가가 생각 속에 상상한 그림이 그것이다. 둘째로, 이해(생각) 속에도 있고 실제로도 존재하는 것이 있다. 예를 들면, 화가가 실제로 그린 그림은 화가의 이해 속에도 있고 실제로도 있다. 그런데 만약에 "그보다 더 큰 것을 생각할 수 없는 자"가 이해 속에만 있다면 이해 속에만 있는 그것보다 더 큰 것을 생각할 수 있기 때문에 모순된다. 보다 더 큰 것을 생각할 수 없는 자가 이해 속에만 있다면 이해 속에만 있는 그 존재는 보다 더 큰 것을 생각할 수 없는 자이면서 동시에 보다 더 큰 것을 생각할 수 있는 자가 되기 때문이다 (왜냐 하면 실제로도 존재하는 자가 생각 속에만 있는 자보다 더 크기 때문에). 이러한 모순을 피하기 위해서 그보다 더 큰 것을 생각할 수 없는 자는 이해 속에만 있을 수 없고 이해 속에도 있고 실제로도 있어야 한다. 따라서 하나님은 존재한다. 이상이 안셀름의 논증의 요약이다.

그런데 이러한 안셀름의 논증은 이해 속에만 있는 것보다 이해 속에도 있고 실제로도 있는 것이 더 크다는 전제 하에서만 가능하다. 그의 논증에는 이 전제가 생략되어 있다. 생략된 채 전제되어 있는 이 전제를 끄집어내어 삼단논법(Syllogism)으로 만들면 다음과 같이 된다.

※ 생각 속에만 있는 것보다 생각 속에도 있고 실제로도 있는 것이 더 크다
(대전제 생략)

※ 하나님은 그보다 더 큰 것을 생각할 수 없는 분이다 (소전제)

※ 그러므로 하나님은 생각 속에도 있고 실제로도 있다 (결론)

만약에 생각 속에만 있는 것보다 생각 속에도 있고 실제로도 있는 것이 더 크다는 대전제가 참되다면(true) 이 삼단논법은 타당하다(valid). 왜냐하면

하나님의 이름 "그보다 더 큰 것을 생각할 수 없는 자"에 대해서는 아무런 이의가 있을 수 없기 때문이다. 그러면 이 삼단논법이 타당한 것인지 논리적으로 분석해보고자 한다.

먼저 우리가 생각해야 할 것은 소전제 "하나님은 보다 더 큰 것을 생각할 수 없는 자이다"에서 사용된 '크다'(maius, greater)라는 매개념은 양적인 의미가 아니라 질적인 의미라고 보아야 한다는 것이다. 우리는 하나님의 크기를 양적인 의미로 생각할 수 없다. 하나님의 크기를 양적으로 측정하는 것은 불가능하다. 하나님의 키가 몇 미터라거나 하나님의 체중이 몇 킬로그램이라거나 하는 것은 있을 수 없다. 즉 이 삼단논법의 소전제에서 사용된 매개념(middle term) '크다'는 질적인 의미로 사용되었다는 것이 명백하다.

그 다음에 대전제 "생각 속에만 있는 것보다 생각 속에도 있고 실제로도 있는 것이 더 크다"는 명제에서 '크다'(maius, greater)라는 매개념의 의미가 무엇인가를 규명해야 한다. 여기에서 '크다'는 매개념은 양적인 의미일 수도 있고 질적인 의미일 수도 있다. 그런데 만약에 대전제에서 사용된 매개념 '크다'의 의미가 양적인 의미로 사용되었다면 대전제에서 사용된 매개념과 소전제에서 사용된 매개념의 뜻이 서로 다르게 된다. 그렇게 되면 두개의 매개념의 뜻이 서로 다르기 때문에 매개념 애매의 오류(fallacy of ambiguous middle) 또는 4개념의 오류(fallacy of four terms)를 범하게 된다. 따라서 매개념 애매의 오류를 범하지 않기 위해서 대전제의 매개념 '크다'의 의미는 질적인 것이라고 보아야 한다. 질적으로 크다는 것은 "더 훌륭하다"(better), "더 위대하다"(greater)는 의미로 볼 수 있다.[2]

---

2) 안셀름은 *Proslogion* 14장과 18장에서 "더욱 위대한"(greater)이라는 표현 대신 "더욱 훌륭한"(better)이라는 표현을 사용하였다. 철학자들이 안셀름의 논증을 "완전성"(perfection)에 근거한 것으로 해석하는 이유가 여기에 있다. 하트숀에 의하면 안셀름은 완전성(nota bene)이라는 표현을 사용하지 않았다고 한다. 존 힉, 〈종교철학개론〉 (종로서적, 1980), 42.

이제 우리는 다음 단계로 넘어 가고자한다. 이 삼단논법에서 사용된 매개념은 질적인 의미로 사용된 것이 확실해졌다. 그러면 안셀름이 사용한 대전제 "생각 속에만 있는 것보다 생각 속에도 있고 실제로도 있는 것이 더 크다"가 과연 참된 명제인가. 이 명제는 항상 언제나 보편적으로 참된 명제인가? 필자는 이 명제가 참(true)인 경우도 있을 수 있고 거짓(false)인 경우도 있을 수 있다고 생각한다.

참(true)인 경우를 예를 들면, 다음과 같다. "생각 속에만 있는 만원보다 실제로도 있는 만원이 더 크다." "생각 속에만 있는 도자기보다 실제로도 있는 도자기가 더 크다." "생각 속에만 있는 그림보다 실제로도 있는 그림이 더 크다." 이런 명제들은 많은 경우에 참된 명제가 될 수 있다. 실제로 있는 돈으로 가치 있는 일을 할 수 있고 실제로 있는 도자기를 유용하게 사용할 수 있으며 실제로 있는 그림으로 전람회에서 입상을 할 수도 있을 것이다.

그러나 이 명제가 항상 언제나 참되지 않고 보편적으로 타당하지 않은 경우가 있을 수 있기 때문에 이 명제는 문제가 있다. 한때 유용하고 가치 있었던 것들이 오히려 없는 것보다 더 못한 경우가 생길 수도 있다. 예컨대 돈이 없었을 때는 가족 간에 우애가 깊었는데 돈이 생긴 다음에 불화하거나 심지어 가족 간에 재판을 하기도 한다. 돈이 있음으로써 생기는 죄악을 우리는 자본주의 사회에서 얼마든지 볼 수 있다. 예수는 가난한 자가 복이 있다고 하였고 (눅 6:20) 성 프랜시스는 청빈을 최고의 덕으로 찬미하였고 오늘날에도 부자가 더 행복하다고 할 수 없는 많은 실례들을 볼 수 있다. 또 다른 예를 들면 다음과 같다. 생각 속에 그리던 농촌은 공기 좋고 인심 좋은 이상향이었으나 실제로 가서 살아보면 실망하여 수많은 사람들이 농촌을 버리고 도시로 이주한다. 실제로 그린 그림이 사람들의 평가를 받지 못해 실망할 수도 있다. 이렇게 수많은 예외가 있을 수 있는 명제를 대전제로 사용하였기 때문에 이 삼단논법에서 사용된 대전제는 참된 명제라고 할 수 없다. 즉 생각 속에만 있는 것보다 생각 속에도 있고 실제로도 있는 것이 항상 언제나 더 가치 있고 더 위대한 것이 아닌 경우가 많기 때문에 잘못된 전제를 가지고 만든 이 삼단논법은 타당한(valid) 삼단논법이 될 수 없다. 따라서 안셀름의 추론은 부당하고(invalid) 잘못된 논증이라고 하지 않을 수 없다. 즉 논리적으로 심각한 오류를 범하고 있는 이러한 삼단논법을 가지고 신의 존재를 왈가왈부한다는 자체가 어불성설이기 때문에 논리적으로 아무 가치가 없는 불필요한 논쟁을 일삼았다고 하지 않을 수 없다.

안셀름의 존재론적 논증은 그 당대부터 이미 가우닐로(Gaunilo)의 비판을 받았을 뿐만 아니라 그 후 지금까지 논쟁이 계속되어 오고 있다.[3] 칼 바르트는 1931년에 안셀름 연구서를 출판하였다.[4] 이 책에서 바르트는 안셀름이 〈프로스로기온〉 제1장에서부터 기도문으로 시작하고 있음을 주목하였다. 바르트에 의하면 〈프로스로기온〉은 순수하게 이론적인 하나님 존재의 논증이라기보다는 신앙을 전제한 고백이었다. 〈프로스로기온〉의 부제 *Fides Quaerens Intellectum* 즉 *Faith Seeking Understanding*은 "이해를 추구하는 신앙"이라는 뜻이다. 안셀름은 말하기를 믿기만 하고 알려고 하지 않으면 게으름이다. 나는 믿기 위하여 이해하기를 추구하지 않고 이해하기 위하여 믿는다 (I do not seek to understand that I may believe, but I believe in order to understand). 나는 믿지 않으면 이해할 수 없다 (Unless I believe, I shall not understand)라고 하였다.[5] 이러한 명제들에서 바르트는 신학이란 순수이성의 학문인 철학과 달리 신앙을 전제하는 신앙의 학문이라는 가장 기본적인 신학

---

3) Anselm of Canterbury, 〈*Proslogion*: 신존재증명〉(한들출판사, 1997). 이 책에는 안셀름의 *Proslogion* 뿐만 아니라 가우닐로의 비판과 가우닐로에 대한 안셀름의 응답을 포함하고 있다. 가우닐로의 안셀름 비판은 논리적으로 성공하지 못한 것으로 보인다.

4) K. Barth, *Fides Quaerens Intellectum* (Munchen: Christian Kaiser Verlag, 1931); ET Anselm: *Fides Quaerens Intellectum* (London: SCM, 1960).

5) Anselm, *Proslogion*, 1장.

적 통찰을 찾아내게 되었으며 이 입장을 끝까지 관철하였다.[6] 바르트의 안셀름 해석은 하나님의 존재를 증명하려고 한 것이 아니라 우리가 하나님을 일단 가장 완전한 존재로 알게 되면 살아계신 하나님을 이성으로는 부인할 수 없다는 것을 보여주려고 했던 것이라고 할 수 있다.[7] 바르트의 안셀름 해석은 안셀름의 논증 자체의 논리적 타당성을 분석한 것은 아니었다. 단지 안셀름의 프로스로기온이 가지고 있는 구성에서 하나님의 존재를 전제하고 있는 신앙을 바르트는 간파하였으며 신앙에 의해서 전제된 하나님의 존재를 고백하고 거기에서 출발하는 바르트 자신의 아날로기아 신학(analogia fidei)을 수립하는 논리적 기초로 삼았다. 바르트의 안셀름 해석은 신학적으로 〈교회교의학〉 I/1에서 그 자신의 유명한 방법론으로 일컬어지는 "신앙유비"(*analogia fidei*)로 체계화 되었다. 분명 안셀름의 존재론적 논증은 바르트신학의 형성에 지대한 영향을 끼쳤으며 이 부분에 대해서는 필자도 동의한다. 그러나 필자는 바르트의 이러한 적극적인 해석에도 불구하고 안셀름의 삼단논법 자체는 논리적으로 타당하지 않기 때문에 안셀름의 논증이 논리적으로 성공했다고 말할 수는 없다고 본다. 칸트의 말과 같이 인간에 의해서 증명될 수 있는 신은 이미 신이 아니기 때문이다.

근대철학의 아버지 데카르트(R. Descartes)는 존재론적 논증에 대하여 두 번째로 격렬한 논쟁을 불러일으켰다. 그는 명상록 제 5장에서 이 문제를 다루었다.[8] 삼각형의 내각(內角)의 총화가 180도인 것이 삼각형의 필연적인 특성(necessary characteristic)인 것과 같이 '존재'는 가장 완전한 실재의 필연적인 특성이다. 필연적인 특성을 가지고 있지 않은 삼각형은 삼각형이 아

---

6) 바르트는 철학이 끝나는 거기에서 신학이 시작하고 신학이 끝나는 거기에서 철학은 시작한다는 철학과 신학의 불연속성의 입장을 견지하였다. 여기에 반해서 틸리히는 철학과 신학의 연속성을 함축하는 상관관계의 방법을 주장하였다.
7) Colin Brown, 〈철학과 기독교 신앙〉, 문석호 옮김 (기독교문서선교회, 1989, 1994), 34.
8) 존 힉, 〈종교철학개론〉, 45; Rene Descartes, *Meditations*, 5장.

니듯이 존재라는 필연적인 특성을 가지고 있지 않은 하나님은 하나님이 아니다.

칸트는 데카르트의 존재론적 논증을 두가지의 논리로 비판하였다.[9] 첫째로, 삼각형이 존재한다면 3각의 총화는 180도일 것이다. 그러나 3각의 총화가 180도라고 해서 삼각형이 꼭 존재해야 한다고 할 수는 없다. 그와 같이 무한히 완전한 자가 존재한다면 그는 존재라는 속성을 가질 것이다. 그러나 하나님이 존재라는 속성을 가진다고 해서 그러한 존재가 존재한다고 추론할 수 없다. 칸트는 이것을 술어(predicate)가 있다고 해서 반드시 주어(subject)가 있어야 한다고 말할 수 없는 것과 같다고 하였다. 둘째로, 어떤 것이 존재한다는 것은 그것이 가지고 있는 여러 가지 속성 중에 또 하나의 속성을 보탠 것이 아니라 그것이 실제로 존재한다는 사실을 진술하는 것에 불과하다. 그러므로 존재는 속성이 아니다.

여기에 대해서 필자는 다음과 같이 논평하고자 한다. 데카르트의 논증은 하나님이 가장 완전한 자라고 한다면 그의 존재는 부정될 수 없다는 존재론적 논증이다. 그의 논증을 삼단논법으로 만들면 다음과 같다.

※ 하나님은 완전하다 (대전제)

※ 완전한 것은 존재한다 (소전제)

※ 그러므로 하나님은 존재한다 (결론)

데카르트는 소전제에서 완전한 것은 존재한다고 하였다. 완전한 것이 존재한다는 것은 존재하는 것은 존재하지 않는 것보다 더 좋다(better). 존재하

---

9) Immanuel Kant, *Critique of Pure Reason*, Book II, Chapter 3, Section 4; 존 힉, ibid., 46.

는 것은 존재하지 않는 것 보다 더 완전하다는 것을 전제하고 있음을 뜻한다. 완전한 존재가 존재하지 않는다면 어떻게 그것이 완전하다고 할 수 있겠는가라는 생각이 여기에 함축되어 있다. 그러나 이 전제가 참된 명제인지 검증되어야 한다. 이미 앞에서도 논증했던 것과 같이 존재하는 것이 존재하지 않는 것보다 더 낫다, 더 좋다, 더 위대하다라는 것은 질적인 명제이며 이것은 주관적인 명제이며, 사실판단이 아니라 가치판단이기 때문에 경우에 따라서 그럴 수도 있고 그렇지 않을 수도 있는 다양성이 있다.[10] 대부분의 사람들은 존재하는 것이 존재하지 않는 것보다 더 좋다고 생각한다. 그래서 이 세상에 존재하는 것을 선택해서 살아가고 있다. 그러나 상당히 많은 사람들은 존재하지 않는 것이 차라리 더 낫다고 생각해서 스스로 자신의 존재를 부정하고 스스로의 생명을 끊음으로써 자신의 존재의 연속을 중지시킨다.[11] 그러므로 존재가 비존재보다 더 낫다는 명제는 항상 언제나 참되지 않기 때문에 이러한 명제를 소전제로 사용한 이 삼단논법은 타당한 논증이라고 할 수 없다. 하나님의 존재를 인간의 이성을 통해서 증명하고자 하는 시도는 결코 성공할 수 없다. 단지 우리는 신앙으로 그의 존재를 인정할 수 있을 뿐이다.

지금까지 존재론적 논증의 논리적인 난점들을 고찰하였다. 그리고 안셀름과 데카르트의 주장을 삼단논법으로 구성하여 거기에 사용된 명제들의 진

---

10) "하늘에 계신 너희 아버지의 온전하심과 같이 너희도 온전하라" (마 5:48). 내가 완전하니 너희도 완전하라. 하나님은 완전하고 인간은 불완전하다 (완전한 것은 불완전한 것보다 더 좋고 더 가치가 있다). 그런데 완전한 하나님이 존재한다는 것은 존재하는 것이 비존재보다 더 좋고 더 가치가 있다는 뜻이다. 이것은 주관적인 가치판단이다.

11) 욥은 엄청난 고통 가운데서 자신의 태어난 날을 저주하였다. 차라리 태어나지 않았으면 더 좋았겠다고 탄식하였다. 이 세상에 태어난 것이 태어나지 않은 것보다 낫다는 것은 순수이성에 의해서 증명될 수 있는 것이 아니다. 왜냐하면 태어난 것은 나의 의지로 결정된 것이 아니기 때문이다. 그러므로 존재하는 것이 존재하지 않는 것 보다 더 낫다는 것은 가치판단이지 사실판단이 아니다.

위(true or false)를 비판적으로 검토하였다. 그 결과 이 삼단논법들에 논리적으로 부당한 점들이 드러났기 때문에 더 이상 이러한 하나님 존재증명은 학문적으로 성립불가능하다는 것이 증명되었다.

2. 우주론적 논증(Cosmological Argument)

우주론적 논증은 아리스토텔레스로부터 기원하였으며, 중세기의 신학자 성 토마스 아퀴나스(St. Thomas Aquinas)에 의해서 발전되었다. 아퀴나스는 아리스토텔레스의 형이상학을 신학에 도입하여 신학적으로 정리하였다. 우주론적 논증은 다섯 가지로 되었으나 그 논리적인 구조는 똑같다.

1) 원동자(actus purus)

아리스토텔레스는 현실을 질료(matter)와 형상(form)이라는 개념으로 설명하였다. 이것은 내용과 형식의 관계로 이해할 수 있다. 모든 현상은 순수질료와 순수형상 사이에서 고리처럼 연결되어 있는데 순수질료로부터 순수형상으로 움직여가는 것이 운동이다. 즉 질료는 가능성을 가지며 형상은 현실성을 가진다. 예를 들면, 모래는 벽돌의 질료요 벽돌은 모래의 형상이다. 그리고 벽돌은 굴뚝의 질료요 굴뚝은 벽돌의 형상이다. 굴뚝은 공장의 질료요 공장은 굴뚝의 형상이며 이러한 운동은 계속되어 굴뚝이 공장을 만들고 공장이 도시를 만들며 도시가 국가를, 국가가 세계를 만들어 간다고 볼 수 있다. 그리하여 이 운동은 마침내 더 이상 질료를 가지지 아니하고 형상만을 가지는 순수형상, 궁극적 형상, 마지막 형상을 상상할 수 있는데 이것을 하나님이라고 하였다.

이러한 아리스토텔레스의 사고를 받아들여 현실을 운동으로 설명하고 그 가운데서 하나님을 설명해 낸 것이 아퀴나스의 우주론적 논증이다. 아퀴나스에 의하면 현실의 모든 사건은 하나의 운동이다. 운동은 가능성에서 현실성으로 움직여가는 과정이다. 그러므로 가능성은 그것의 원인이 되는 또 다른 가능성으로 소급되며, 마침내 더 이상 다른 가능성으로 소급되지 않는 존재를 전제하지 않을 수 없다. 즉 자기는 움직임을 당하지 않으면서 남을 움직이게 하는 부동의 동자(Unmoved Mover) 최초의 운동자를 전제하지 않을 수 없는데 이 존재가 곧 하나님이라고 하였다.

2) 제1원인(causa prima)

모든 현실적 사물들은 어떤 원인에 따른 결과이다. 그러므로 원인을 거슬러 올라가다 보면 더 이상 원인을 가지지 않고 다른 것의 원인만 되는 최초의 원인을 전제하게 된다. 이 제일 첫 번째 원인 즉 제1원인을 하나님이라고 한다.

3) 스스로 필연적인 존재(ens sui necessitas)

세계 안에 있는 존재들은 존재할 수도 있고 안할 수 도 있는 우연성의 존재들이다. 그러므로 우연성이란 그보다 높은 차원의 존재인 필연성의 존재에 그 근거를 두고 있다고 할 수 있으며 이 필연성 또한 그보다 더 높은 필연적인 존재의 결과이므로 자기의 존재의 필연성을 자기 자신 안에 가진 존재인 최초의 스스로 필연적인 존재를 전제할 수 있다. 이 스스로 필연적인 존재가 하나님이다.

4) 최고존재(maxima ens)

이 세계의 모든 사실들은 존재의 크기에 있어서 서로 다른 단계들을 형성하고 있다. 큰 단계는 작은 단계의 원인이 되며 우리는 가장 큰 존재를 전제할 수밖에 없다. 이 가장 큰 존재를 하나님이라고 한다.

5) 궁극목적(ultima telos)

세계의 모든 현상은 합목적적 운행법칙을 따른다. 모든 사물들은 낮은 단계의 목적으로부터 더 높은 단계의 목적을 지향하고 있다. 그리하여 모든 목적들은 마지막의 궁극목적을 향해 나아가고 있는데 이 궁극목적이 곧 하나님이다. 이상과 같이 다섯 가지의 우주론적 논증은 다음과 같은 이론적인 문제점을 안고 있다. 다섯 가지의 논증 가운데 대표적인 것이 제1원인 이론이므로 대표적으로 제1원인이론을 중심으로 논평하고자 한다. 첫째로, 제1원인이론은 사물들 사이에 필연적인 인과관계(인과율)가 있다는 것을 전제하고 있다. 원인이 있으면 반드시 결과가 있어야 한다는 것이다. 그런데 이 인과율에 대해서 오늘날 그 문제성이 지적되고 있다. 인과율(cause and effect theory, causality)은 자연과학의 방법론인 귀납법의 전제이다. 지금까지 인류는 인과율을 전제함으로써 귀납법적인 사고, 즉 경험론적인 사고를 할 수 있었다. 그리고 그것은 경험을 통해서 증명된 것으로 간주하였다. 콩 심은 데 콩 나고 팥 심은 데 팥 난다. 심은 대로 거둔다. 내일도 태양은 동쪽에서 떠오른다 등등 인간의 보편적인 경험은 이 인과율을 증명하고 있는 것으로 생각되고 이 인과율에 기초하여 우리는 자연과학을 만들어 내었다. 불교의 연기설(緣起說)조차도 인과율에 기초하고 있는 종교적인 이론이라고 할 수 있다.

그런데 독일의 물리학자 하이젠베르크(Heisenberg)가 1925년에 발표한 "불확정성원리"(Principle of Undeterminacy)에 의하면 미시세계와 거시세계에서는 원인과 결과 사이에 필연성(necessity)이 지배하는 것이 아니라 우연성이 지배한다. 기껏해야 개연성(probability)이 지배한다는 것이 밝혀졌다. 따라서 인과율은 과학적으로 더 이상 성립불가능하다는 것이 밝혀졌다. 하이젠베르크는 1937년 노벨물리학상을 수상하였다. 불확정성 원리이후 이제 자연과학은 더 이상 과학적인 진리의 절대성을 주장할 수 없게 되었다. 확률, 통계, 한계오차 등에 의해서 제한적인 진리를 주장할 수 있게 되었을 뿐이다.

둘째로, 우주론적 신존재증명은 자연계에 있는 사물들로부터 거슬러 올라가서 하나님의 존재를 증명하고 인식하려고 하기 때문에 자연신학이 되고 만다. 제일원인이론에 의하면 원인과 결과 사이에 존재론적 연속성이 있으며 마침내 하나님의 존재에게까지 연결되어 결국 이 세계에 존재하는 존재자와 하나님의 존재는 서로 필연적으로 연결되어 있다는 이론이다. 이러한 생각은 하나님과 인간 사이에 질적 차이가 있으며 인간이 스스로 하나님을 알 수 없다는 성서적 이해와 배치된다. 더 나아가서 성서적 이해에 의하면 인간은 죄 때문에 하나님을 알 수가 없으며 하나님께 갈 수가 없다. 따라서 하나님과 인간 사이에 연속성이 있다는 우주론적 논증은 비성서적이다. 성서에 의하면 인간이 하나님을 알 수 있는 길은 하나님의 계시를 통해서만 가능하다. 즉 계시신학만이 하나님을 알 수 있는 유일한 논리적 가능성이다. 오직 하나님의 계시를 믿음으로써만 하나님에 대하여 알 수 있다. 계시론적인 하나님 인식의 길은 위로부터 아래로(from above to below)의 길이다. 자연신학은 아래로부터 위로의(from below to above) 길이다. 이것은 비성서적이요 잘못된 길이다. 따라서 우주론적 논증은 학문적으로 불가능함이 증명되었다.

3. 목적론적 논증(Teleological Argument)

목적론적 논증은 우주론적 논증의 다섯 번째에 해당하며 패일리(Paley)의 자연신학에서 잘 설명되었다. 패일리의 시계에 관한 유추에 의하면 어떤 사람이 사막을 걸어가다가 시계를 발견했을 경우 이 시계를 만든 어떤 이지적인 정신(intellectual mind)이 있었을 것이라고 가정하는 것이 훨씬 더 현명한 일이라고 하였다. 그런데 이 세계는 시계와 같이 복잡한 구조를 가지고 있기 때문에 이 세계의 설계자가 있었다고 가정해야 한다는 것이다.

목적론적 논증에 대한 흄(D. Hume)의 비판에 의하면 이 세계의 질서가 반드시 의식적인 계획에 의한 질서라고 장담할 수는 없다. 이 세계의 질서를 만든 존재가 반드시 있어야 한다는 필연성은 주장할 수 없다는 것이다. 왜냐하면 우연히 그렇게 되어졌을지도 모르기 때문이다.

또 다른 예를 들면, 지구와 달의 거리가 380,000Km이다. 만약에 달의 거리가 조금만 더 멀었다면 달의 인력이 약해져 해류가 없어지고 밀물과 썰물이 없어지게 될 것이다. 그러면 바다에서 생물이 살 수 없게 된다. 만약에 달의 거리가 조금만 더 가까웠다면 바닷물이 덮치게 되어 바닷가에서 살 수가 없게 될 것이다. 이렇게 지구와 달의 거리는 가장 적당한 거리에 있게 되었는데 어떤 사람들은 그것이 우연이라고 생각할 수도 있을 것이고 어떤 사람들은 하나님께서 그렇게 하셨다고 믿을 수도 있을 것이다. 그러나 이것 때문에 하나님이 있다고 증명되는 것은 아니다. 하나님이 존재한다고 믿는다면 하나님이 그렇게 만들었다고 이해할 수 있지만 하나님이 있다고 믿지 않는 사람에게는 우연히 그렇게 되었으며 이러한 상황에 맞게 생물은 진화하였을 것이라고 생각할 수도 있을 것이다.

또 다른 예를 들면, 공기 중에 78%는 질소이고 21%는 산소이다. 산소가 조금만 더 많았다면 지구는 불바다가 되었을 것이고 산소가 조금만 더 적었다면 우리는 숨을 쉴 수가 없게 되었을 것이다. 그러므로 산소의 비율이 그렇게 되어야만 했다고 생각하지 않을 수 없다. 하나님이 존재한다고 믿는 사람은 하나님이 산소의 비율을 그렇게 만들었을 것이라고 생각하겠지만 하나님의 존재를 믿지 않는 사람은 우연히 그렇게 되었으며 생물은 환경에 맞게 적응하였을 것이라고 생각할 수도 있다. 그러므로 이런 주장에 의해서 하나님의 존재가 증명되지도 반증되지도 않는다.

목적론적 논증이 안고 있는 논리적 난점은 우주론적 증명의 그것과 마찬가지이다. 그리고 다윈(C. Darwin)의 자연도태설에 의하면 효과적으로 환경에 적응하지 못하는 종족은 생존경쟁에 실패하여 소멸한다. 그러므로 적자생존의 법칙은 단순한 생물을 복잡한 생물로 나중에는 지혜의 동물인 인간까지 만들어내었다는 것이다. 그렇다면 이 세계의 복잡한 질서도 스스로의 생존을 위해 진화한 결과에 불과하므로 이 세계의 질서를 만든 어떤 존재가 있어야 한다는 목적론적 논증은 이론적으로 불가능하게 된다. 목적론적 논증은 우주론적 논증의 다섯 번째와 같은 내용으로서 이론적으로 지지될 수 없다는 사실은 명백하다.

4. 도덕적 논증(Moral Argument)

칸트(Immanuel Kant)는 지금까지의 여러 가지 논증들을 비판하고 난 다음에 인간에 의해서 증명될 수 있는 하나님은 이미 하나님이 아니라고 하였다. 그는 하나님의 존재는 논리적으로 증명될 수 있는 분이 아니고 오직 그 존재가 도덕적으로 요청된다고 하였다. 그러니까 이 이론은 엄밀한 의미에서 신존재 증명이라고 할 수 없다. 인간의 행복은 도덕법과 일치할 때 가능한데 현실적으로는 반드시 도덕법을 지키는 자가 행복한 것은 아니기 때문에 여기서 문제가 생긴다. 도덕적으로 선한 사람이 불행한 경우도 많다. 그러므로 하나님의 존재가 전제되어야만 도덕법과 행복이 일치하는 최고의 선이 실현될 수가 있다. 그리하여 비록 도덕적인 사람이 현실에서 불행하더라도 언젠가는 의로우신 하나님에 의해서 보상받게 될 것이다. 하나님은 이 세계에 대하여 초월한 분이기 때문에 증명될 수도 없고 부인될 수도 없으며 다만 실천이성에 의하여 그 존재가 요청될 뿐이다. 칸트의 이 논증은 도덕적으로 인간의 도덕성을 고양하는데 의의가 있을지 모르나 신학적으로는 고려할 가치가 없다. 하나님이 살아계시면서 그의 살아계심을 수없이 계시하여도 하나님을 믿지 않는 무신론자나 이교도들이 이렇게 많은데 칸트의 도덕적 논증을 통해서 하나님의 존재를 인식하게 될 정도로 그렇게 순진한 사람은 칸트 외에는 찾아보기 어려울 것이다.

5. 역사적 논증(Historical Argument)

역사적으로 볼 때 모든 종족은 하나님이라는 관념을 가지고 살아왔다. 즉 서로 상관이 없는 모든 종족이 똑같이 하나님을 믿었다는 것은 그러한 존재가 실재함을 느끼기 때문이며 따라서 그러한 존재가 실재한다는 증거가 될 수 있다는 것이다. 필자가 2004년에 들었던 아프리카 케냐에서 마사이족에게 복음을 증거하고 있는 김찬경선교사의 간증을 예로 들고자 한다. 김 선교사가 마사이부족의 부락에 있었는데 여러 마리의 코끼리들이 몰려들어 3명을 죽이고 가옥을 파손하였다는 소식을 듣고 김 선교사는 하나님께 매달려 기도하기 시작하였다. 그런데 코끼리 떼가 김 선교사의 마을 입구에서 들어가려고 하다가 물러서고 들어가려고 하다가 물러서고 이렇게 여러 번을 하고 난 다음에 마침내 물러서서 큰 재난을 면하게 되었다고 한다. 이 사실을 알고 마사이족 원주민이 "하나님이 여기에 계신다"라고 크게 외쳤다고 한다. 비록 미개한 아프리카 원주민일지라도 그들은 하나님의 존재에 대해서 막연하게나마 느끼고 있다는 증거이다. 로마서 1장 19절의 말씀 "이는 하나님을 알 만한 것이 저희 속에 보임이라. 하나님께서 이를 저희에게 보이셨느니라" 와 같이 하나님을 알만한 것이 모든 사람들 안에 있음을 우리는 알 수 있다.

그러나 이 이론은 오늘날 많은 사람들이 하나님의 존재를 믿지 않고 있다는 사실과 그리고 하나님을 믿는다는 야만적인 사람들, 더 나아가서 소위 문화인들 가운데 하나님을 부인하는 사람들, 각종 미신과 우상숭배 가운데 살고 있는 수많은 사람들의 행태에 의해서 반증될 수 있다.

6. 특별한 사건에 의한 논증(The Argument from Special Events)

이 이론에 의하면 기적이나 기도의 응답과 같이 여러 사람들이 공공연하게 목격할 수 있는 특별한 사건은 하나님의 실재를 증명한다고 주장한다. 그리고 이런 사건이 계속하여 일어났고 경험되었다면 회의론자들까지도 하나님을 믿게 될 것이라는 것은 심리적으로 분명하다. 영국의 철학자 럿셀(Bertrand Russell)은 자신을 불가지론자(agnosticism)라고 생각하였다. 그리고 그는 〈나는 왜 기독교인이 아닌가?〉(*Why I am not a Christian?*)라는 책을 쓸 정도로 기독교의 신앙에 대해서 반대하였던 분이다.[12] 이 책에서 럿셀은 지금까지의 여러 가지 신존재 증명이론들에 대해서 일일이 논리적인 난점을 지적하고 반박하였으며 하나님의 존재를 증명할 수 없다고 주장하였다. 그러나 그는 말년에 기독교 신앙에 대해서 긍정적인 논평을 하였는데 만약에 기독교에서 주장하는 기적적인 신앙의 사건들이 많이 일어난다면 그러한 사

---

12) 버트란트 럿셀, 〈나는 왜 기독교인이 아닌가?〉 (휘문출판사, 1967).

건을 경험한 사람들의 숫자가 늘어나는 만큼 기독교 신앙의 신빙성이 높아지게 된다고 볼 수 있다는 주장을 하였다. 이러한 진술은 특별한 사건에 의한 논증을 지지하는 입장을 취했다고 볼 수 있다. 이것은 경험론적인 입장에서 기독교 신앙에 대해 긍정적으로 표현한 것이다.

그러나 특별한 사건이 일어난다고 해서 그만큼 더 이 이론의 신빙성이 높아진다고 주장하는 것은 주관적인 신념에 불과할 수 있다. 필자가 대학교 재학 중이었을 때 미국의 모리스 세룰로 목사의 전도집회가 당시 남산 야외음악당에서 개최되었다. 첫째 날 저녁에 집회에 참석해보니 많은 사람들이 병을 고치고 눈을 고친 사람들이 눈이 보인다고 간증을 하고 목발을 집고 온 사람들이 목발이 없는 채로 무대 위를 걸으면서 하나님이 고쳐주셨다고 간증하였다. 목사님이 목발들을 여러 개 모아서 흔들어 대었다. 나는 친구에게 전도하기 위해서 그 다음날 저녁집회에 함께 참석하였다. 그날도 많은 사람들이 신유의 은혜를 체험하고 무대에 올라와서 간증하였다. 그 때 나의 옆에 서 있는 친구에게 어떻게 생각하느냐고 물었다. 그랬더니 그 친구로부터 돌아온 말은 "짜고 하는 것이다"라는 냉소적이고 짧은 대답이었다. 나는 친구의 반응에 크게 실망하고 낙심이 되었다. 그러나 어쩔 수 없는 일이었다. 직접 그 환자를 오랫동안 옆에서 지켜보았던 가족이나 친구는 믿을 수 있을지 몰라도 제 3자가 믿기는 쉬운 일이 아니었다. 그러므로 이런 사건들이 전도의 도구로 사용될 수 있지만 그 효과는 상당히 제한적일 수밖에 없다는 것을 깨닫게 되었다. 어쨌든 그 때 그 친구는 몇 년이 지난 후 예수를 믿게 되었고 그리고 늦게나마 목사가 되어 주님을 섬기게 되었다.

이 이론이 하나님의 존재를 확증할 수 있기 위해서는 엄청난 증명의 과정이 요청된다. 이 논증의 문제점은 이러한 방법에 의해서 하나님의 존재가 증명되려면 이 세상에서 수많은 기적들이 경험되어야 한다. 그러나 기적은 언제나 어디서나 경험될 수 있는 것이 아니다. 반면에 이러한 특별한 사건을 직접 경험하지 않은 사람들에게는 이 이론은 아무런 의미가 없다. 그리고 특별한 사건 자체를 믿지 않을 수도 있고 또 그런 사건이 일어났다는 것을 인정하면서도 그것을 자연론적으로 해석할 수도 있다. 예컨대 심령과학에서는 초자연적인 현상이나 초능력을 자연현상의 일부분으로 설명한다. 결론적으로 특별한 사건이나 경험은 유신론적으로 해석될 수도 있고 자연론적으로 해석될 수도 있다. 그러므로 이 논증에 의해서 하나님의 존재를 증명하는 것은 불가능해 보인다.

7. 맺는말

지금까지 하나님의 존재증명을 위한 논증들의 이론적인 모순점들이 드러났기 때문에 더 이상 하나님 존재증명은 학문적으로 성립불가능하다. 우리는 하나님의 존재가 증명되었기 때문에 하나님을 믿는 것이 아니라 하나님의 존재를 믿기 때문에 하나님을 알게 된다. 하나님의 존재를 믿을 때 즉 하나님의 존재를 믿도록 허락되었고 하나님의 존재가 믿어지도록 은혜 받았기 때문에 비로소 하나님이 존재한다는 것을 알 수가 있게 된다. 그러므로 하나님의 존재를 아는 것은 인간의 이론적인 탐구의 대상이 아니라 하나님의 은혜의 산물이다.

그러나 그렇다고 해서 하나님 존재증명이론이 전혀 무의미하거나 무가치하다고 할 수는 없다. 하나님 존재증명은 무신론자를 개조하여 신자가 되게 할 수는 없지만 이미 신앙을 가진 신자가 하나님을 더욱 깊이 이해하는 데 도움을 줄 수가 있다. 즉 하나님을 가장 훌륭하게 상상될 수 있는 실재보다 열등한 실재로 보지 못하게 하기 위하여, 그리고 하나님이 존재하는 모든 존재자들의 근본 원인이며, 이 세계의 모든 복잡한 질서들은 하나님의 창조의 손길의 산물이라는 것을 깊이 깨달음으로써 신앙인의 경건에 유익을 주기 위하여 하나님이 그 자신을 계시한 것으로 받아들여야 할 것이다. 이러한 신앙생활의 경건의 목적을 위하여 하나님의 존재에 대한 논증은 유익할 수가 있다. "하나님께서는 성경에 나타난, 역사 속에 표현된 자기표현을 통하여 자기 자신의 존재를 증명하고 계시며 따라서 성경 안의 이야기들만이 하나님의 정체(identity)를 가장 권위 있게 만드는 것이다."[13]

II. 무신론

제 1절에서는 하나님 존재증명을 통하여 하나님을 믿을 수 있는 근거를 살펴보았다. 제 2절에서는 하나님을 믿을 수 없는 근거로 주장되는 여러 가지 무신론들의 내용과 의미를 고찰함으로써 우리의 신학적인 이해의 폭을 넓히고자 한다. 무신론자들은 종교적인 경험이나 현상을 하나님 존재 없이 설명할 수 있다고 주장한다. 이러한 이론들은 인간의 이성의 인식능력과 판단력을 최고의 판단기준으로 간주하는 합리주의적이고 과학적인 태도를 가진 사람들에 의해서 주장된 것들이다. 따라서 우리가 자유주의신학에 대해서 가졌던 경계심을 가지고 이런 무신론들을 대적해야 할 것이다.

1. 사회학적 무신론

이 이론은 20세기 초의 프랑스의 사회학자 뒤르껭(Emile Durkeim)을 포함

---

13) D. F. Ford, "바르트의 성경해석" in 싸익스 (편), 〈칼 바르트 신학방법론〉 (목양사, 1986), 94.

한 여러 사람들에 의해서 주장되었다. 사회학자들에 의하면 인간이 경배하는 하나님이란, 사회가 개인의 사고와 행위를 지배하기 위하여 조작해 낸 상상적인 존재에 불과하다. 그러므로 신도들에게 절대적 충성을 요구하는 거룩하다는 개념이나 하나님이라는 개념도 사회가 그 구성원에게 절대적인 복종을 요구하고 있다는 사실로 설명할 수 있다. 예컨대 원시사회에서는 부족이나 씨족의 관습, 신념, 요구, 터부(taboo) 등은 절대적이며 거룩하다. 그리고 현대사회에서도 전쟁상태에 있는 경우에는 국가적인 의식(ceremony)이 국민에게 절대적인 권위를 발휘하게 된다. 뒤르껭은 이와 같은 예를 통하여 하나님이 인간을 창조한 것이 아니라 인간이라는 사회적인 동물이 그의 사회의 존속을 위하여 하나님을 창조한 것으로 해석하였다. 위대하고 포괄적인 실재로서의 사회는 개인이라는 조그마한 생명이 있기 훨씬 이전부터 존재해 왔고 또한 개인이 죽어간 다음에도 계속해서 존재할 것이기 때문에 하나 하나의 개인을 초월하는 실재이다. 그리고 이 포괄적 실재는 하나님이라는 이름으로 구체적인 실재가 된다. 이런 사회학적 이론은 현상계의 많은 문제들을 설명하는 기능을 가지고 있다. 사회의 여러 가지 요구는 사실상 사회적인 경험을 통하여 축적된 공동체의 지혜일 수 있음을 부인할 필요는 없을 것이다. 더 나아가서 고대로부터 종교가 국가와 결탁하여 국가의 존속을 위하여 봉사해 온 것을 부인할 수 없다. '호국불교'라든가, '성전'(거룩한 전쟁, 지하드)개념 등은 이것을 증명하는 좋은 실례들이다. 그러나 사회학적 이론은 다음과 같은 문제들을 안고 있다.

첫째로, 사회학적 이론은 사회의 범주를 떠난 보편적인 종교적 양심을 설명할 수 없다. 즉 "하나님은 모든 인류를 사랑하고 모든 인간들이 서로 사랑해야 한다"는 가르침을 설명할 수 없다. 사해동포주의나 박애주의에 기초한 도덕적인 가르침들은 오늘날에도 여전히 유효하며 많은 사람들에게 인류의 희망으로서 작용한다. 국경을 초월한 사랑은 종교가 아니면서도 사회학적 이론의 한계를 지적하는 근거가 될 수 있다.

둘째로, 사회학적 이론은 예언자적인 인간들이 가지고 있는 도덕적인 창의성을 설명할 수 없다. 진정한 도덕은 도덕적 관례를 초월하여 새롭고 원대한 기준을 촉구하기 때문이다. 미국의 링컨 대통령의 노예해방운동은 남북전쟁이라는 엄청난 재앙을 몰고 왔음에도 불구하고 결국 그를 가장 위대한 미국의 대통령으로 만들었으며 인류역사상 최초로 인간을 노예로 삼는 일에 대해 반대하고 그것을 실천한 역사적 사건으로서 인류의 삶을 크게 고양시킨 위대한 일이었다. 그리고 그의 사상을 뒤따른 마틴 루터 킹 목사의 삶은 미국의 이상을 드높인 것이었으며 한국의 민중신학을 대표하는 서남동 교수, 안병무 교수 등은 재직중인 대학에서 해직되고 여러번 투옥되면서 신념을 굽히지 않았으며 한국의 민주화에 이바지한 공로가 인정된다.

셋째로, 사회학적 이론은 사회를 초월한 양심의 소리를 설명할 수 없다. 구약의 예언자들은 자기 민족의 배척을 받으면서도 더욱 하나님과 친근함을 느꼈다. 소련의 소설가 솔제니친은 조국을 사랑하면서도 공산주의를 비판하였으며 미국으로 망명하였다. 그러므로 종교를 자연현상으로 해석하려는 사회학적 이론은 실패했다고 볼 수밖에 없다.

2. 심리학적 무신론

정신분석학의 창시자인 프로이드(Sigmund Freud)는 종교의 본질에 대해 관심을 쏟았다. 그는 종교를 "인류의 가장 오래되고 가장 강렬하고 가장 끈질긴 환상의 성취"[14]로 간주하고, 지진, 홍수, 폭풍, 질병, 죽음 등 잔인하고 어김없이 찾아오는 자연의 위협에 대한 심리적인 방어로 간주하였다.[15] 즉

---

14) 존 힉, 〈종교철학개론〉, 71.

인간의 상상력은 이러한 자연의 위협을 신비적이고 인격적인 힘으로 승화시켰다. 그래서 자연도 어떤 정열을 가지고 있으며 죽음도 어떤 악한 의지의 폭력적 행위의 결과이며 모든 자연 속에도 우리가 사회에서 볼 수 있는 바와 같은 어떤 지고의 존재가 있다고 믿는다면 우리는 자연의 폭력 앞에서도 어느 정도 자유롭게 숨쉴 수 있을 것이며 자연이 주는 불안을 해소할 수 있을 것이다.

프로이드는 종교가 내세운 해결책도 이러한 심리적인 방어에 근거를 두었다고 보았다. 그리하여 유대교와 기독교에서는 아버지라는 이미지를 위대한 보호자로 하늘에 투사(projection)하였는데 그것은 우리가 어렸을 때 가진 보호자, 강자의 아버지 이미지를 투사하여 하나님이라고 명명하였다는 것이다. 우리가 어렸을 때 미소 짓던 아버지의 얼굴이 이제는 무한히 확대되어 하늘로부터 우리를 내려다보며 미소 짓고 있다는 것이다. 이런 의미에서 종교란 인간이 이 세계를 환상으로 대하지 아니하고 실증적, 과학적 지식으로 대할 때는 스스로 사라질 현상에 불과하다고 주장하였다.

프로이드의 이론에서 종교 안에 어느 정도 환상적인 요소를 가지고 있다는 주장은 타당하며 이론의 여지가 없다. 그러나 프로이드가 종교를 하나의 투사라고 보는 것은 사실상 포이에르바하(Feuerbach)의 투사이론(projection theory)에 불과하다. 포이에르바하가 서구신학의 하나님을 인간의 자기투사라고 보았던 것은 당시 서구의 자유주의신학이 형이상학적 유신론이라고 할

---

15) 프로이드는 심리적인 방어기제(Defense Mechanism)을 제시하였다. 이것은 정신분석의 중심개념의 하나인데 불안에 의하여 인격의 통합성을 유지하기 곤란한 사태에 직면하였을 때 자아는 붕괴를 막기 위하여 무의식중에 여러 가지 노력을 하는데 이와 같은 자아의 활동을 말하며 방위기제라고도 한다. 1. Repression(억압) 2. identification(동일화) 3. Regression(퇴행) 4. Displacement(치환) 5. Reaction Formation(반동형성) 6. Projection(투사) 7. Rationalization(합리화) 8. Sublimation(승화) 등이 있다. 다음(www.daum.net) 백과사전, "방어기제" 참조.

수 있는 인간중심주의에 서서 신학을 전개함으로써 성서적인 하나님의 주권과 계시를 드러내지 못하였기 때문이다.[16] 포이에르바하의 투사이론은 하나님의 초월성을 상실한 자유주의신학에 대한 비판으로서는 타당할 것이다. 그러나 자유주의신학은 창조자이시고 살아계시는 성서적인 하나님을 드러내는데 실패한 비성서적인 인간중심주의신학이기 때문에 포이에르바하의 기독교비판은 그 비판의 대상을 잘못 선택한 셈이 된다.[17]

둘째로, 기독교에서 하나님을 아버지라고 할 때 하나님 아버지와 인간 아버지 사이에는 유사성이 있다. 아퀴나스에 의하면 하나님과 인간 사이에 유비(analogy)가 있다. 칼 바르트는 성부와 성자의 관계와 남자와 여자의 관계 사이에는 관계유비(analogy of relation)가 있다고 하였다. 즉 양자 관계 사이에는 상응(correspondence)이 있다. 그러나 이 유비는 어디까지나 그 관계에 유사성이 있는 것이지 질적인 유사성이 있는 것이 아니다. 인간의 관계는 하나님의 내적 관계와 하나님과 인간의 관계를 해명하기 위한 도구로 사용되는 것이요 하나님-인간 관계를 해명하기 위한 도구로 채택되었을 뿐이다. 그러므로 하나님과 인간의 관계는 유비적 관계이지 투사라고 볼 수 없다.

---

16) 19세기 자유주의신학의 형이상학적 유신론에 대해서는 김균진, 〈헤겔철학과 현대신학〉 (대한기독교서회, 1980), 251ff. 참조.

17) 포이에르바하는 종교를 환상이라고 보는 종교미망론(Illusionism)을 주장하였다. 그런데 포이에르바하가 투사의 원인에 대해서 해명하지 않은데 반해서 마르크스는 그 원인을 해명하였다. 마르크스에 의하면 현실세계에서 고통을 당하는 프롤레타리아 무산대중들은 현실의 세계를 떠나 환상의 세계로 도피하여 거기에서 위안을 얻는다는 것이다. 여기에서 종교는 아편이라는 결론이 추출되었다. 루드비히 포이에르바하, 〈기독교의 본질〉 (종로서적, 1982). 포이에르바하는 이 책에서 투사이론으로써 전통적인 기독교 신학의 주제들을 해명하고자 하였다. 그러나 이 이론은 신을 인간의 자기 투사라고 본다. 즉 인간이 자신의 모습을 하늘에 투사한 것이 하나님이기 때문에 결국 인간이 인간에 대해서 하나님이 되고 만다. 바르트는 자유주의신학이 포이에르바하에서 극점에 도달하게 된다고 하였다.

3. 현대과학의 도전

과학적인 지식을 신봉하는 사람들은 주장하기를 현대과학에 비춰보면 성서의 이야기들은 믿을 수가 없다고 한다. 예컨대 천당이 하늘에 있고 지옥이 땅 속에 있다든가 이 세계가 6000년 전에 창조되었다든가 하는 것 등이다.[18] 그래서 종교란 과학이 발전함에 따라서 언젠가는 없어질 것이며 자연은 하나님과 관계없이 하나님이 존재하지 않는 것처럼 운행하고 있다고 주장한다.

이와 같은 과학자들의 주장은 종교의 본질에 대한 무지에서 기인하였다. 물론 성서에는 고대인들의 지식의 한계로 인하여 현대과학으로 해명할 수 없는 내용을 기록한 부분들이 있다. 그러나 그것은 근본적인 문제가 아니라 지엽적인 문제들일 뿐이다. 예컨대 잠언 6장과 30장에서 개미는 여름에 먹을

---

[18] 만약에 천당이 하늘에 있다고 할 때 그 하늘이 공중(sky)이라면 지구의 반대편에 있는 사람들에게 천당의 방향은 정반대가 될 것이다. 코페르니쿠스 이전에는 이것이 문제가 되지 않았다. 그러나 지구가 둥글다는 것이 알려진 이후에 이런 문제가 제기되었다. 이런 발상은 종교에 대한 무지에서 기인한 것이다. 기독교에서 말하는 하늘은 공간적인 우주적인 개념이 아니다. 그것은 영적인 차원에서 이해될 수 있는 초공간적인 개념이다. 따라서 천당은 지구가 둥글다고 해서 분열되지 않는다. 천당은 본래 있었던 거기에 있으며 우주선으로 갈 수 있는 곳이 아니다.

성서에서는 이 세계가 6,000년 전에 창조되었다고 말하고 있지 않다. 천지창조가 6일 동안에 이루어졌다는데 이때의 하루는 24시간의 하루가 아니다. 오늘날의 하루는 지구의 자전시간을 가리키며 지구는 태양을 365일 만에 공전한다. 그런데 창세기 1장에 의하면 태양이 천지창조의 제 4일에 창조되었다. 그렇다면 첫째 날부터 셋째 날까지는 아직 태양이 없었다. 그런데 어떻게 날이 있으며, 저녁이 되며 아침이 될 수가 있는가? 그러므로 하나님의 천지창조는 오늘 우리의 시간으로 계산할 수 없다. 그것은 하나님의 하루이다. 토마스 아퀴나스에 의하면 천지창조의 첫 삼일은 나누었으며 후 삼일은 채워 넣었다. 즉 혼돈과 공허로부터 질서와 충만으로 바뀐 것이 천지창조의 과정이며 이것을 창세기의 저자는 문학적인 형식으로 표현하였다고 해석할 수 있다. 자연과학자의 무신론에 대해서 리처드 도킨스, 〈만들어진 신〉(김영사, 2007) cf.

것을 준비한다고 한 것은 개미가 겨울잠을 잔다는 정보가 없었던 시대의 상식에 기초하여 만들어진 잠언이다. 겨자씨가 씨 중에 가장 작은 씨라는 것은 2000년 전 지중해를 중심으로 하는 당시 세계인들의 상식이었으나 오늘날 계량기술의 발전으로 겨자씨보다 더 작은 씨가 있다는 것을 알게 되었다. 이렇게 성서 안에 나타나는 미세한 문제들은 이미 성서의 오류문제에서 다룬바가 있기 때문에 여기서 재론할 필요가 없다고 본다.

과학은 종교를 긍정할 수도 부정할 수도 없다.[19] 과학과 종교는 서로 다른 대상을 다루며, 그 대상을 다루는 방법도 서로 다르다. 중세교회가 지동설을 주장한 갈릴레오를 종교재판한 것은 명백한 오류였다. 마찬가지로 과학은 하나님의 존재를 다룰 수 없다. 그러나 종교는 하나님의 존재를 다룬다. 그리스도인들은 성령의 사역을 통해서 하나님의 존재를 경험한다. 그러므로 과학에 의해 종교적인 진리를 보증 받아야 할 이유가 없다. 만약 종교가 과학의 결재를 받아야 한다면 그것은 종교(으뜸되는 가르침)가 될 수 없을 것이다. 그러한 진리는 과학에 예속된 것이며 그렇게 되면 종교는 과학보다 낮은 하위개념이 될 것이다. 그러므로 종교는 독자적인 영역 곧 과학과 다른 차원의 세계를 다루는 자신의 특성을 확보하고 독자적인 설명의 체계를 구비해야 할 것이다. 그것만이 종교가 종교로서 살아남을 수 있는 길이다. 만약에 기독교가 비과학적이기 때문에 부정되어야 하고 사라져야 한다면 과학시대에 일어난 부흥운동은 어떻게 설명할 수 있을 것인가? 20세기에 일어난 오순절운동은 100년이 지나기 전에 약 5억의 그리스도인을 얻었다고 한다. 그리고 이 운동은 지나간 2000년 기독교역사상 최대의 교회운동이었다. 종교와 과

---

19) 과학이 종교를 다룬다면 그것은 종교 자체가 아니라 종교인들의 삶에서 인간의 보편적 상식을 훼손하는 일들 소위 사이비종교들의 비과학적인 미신적 행태를 다룰 수는 있을 것이다. 예컨대 주술적 종교집단이 몸에 해로운 약물을 사용하는 경우에는 현행법에 따라서 제재할 수 있을 것이다. 그러나 그것은 소위 고등종교의 본질적인 문제에 해당하는 것이 아니다.

학이 양립할 수 없다면 과학이 가장 발달한 20세기에 기독교가 가장 크게 발전했다는 사실을 설명할 수 없다. 그러므로 종교에 대한 논의는 종교적이어야 한다.

마지막으로 과학과 종교의 관계에 대해서 다루기 위해서 진화론과 창조론의 관계에 대해서 논하고자 한다. 그 동안 다윈의 진화론에 대해서는 양자택일의 논리로 접근하는 경우가 많았다. 창조론이 맞으면 진화론이 틀리고 진화론이 맞으면 창조론이 틀린 것으로 즉 이 둘은 서로 양립할 수 없는 것으로 생각되어 격렬하게 대립하여 왔다. 특별히 성서를 문자적으로 믿고 싶어 하는 근본주의자들이 이런 경향을 보여 왔다. 예컨대, 창조과학회의 운동은 진화론이 과학적으로 불가능한 것을 증명하고자 노력하는 것으로 보인다. 반면에 진화론을 지지하는 많은 과학자들은 진화론으로 이 세계의 발생 과정 특히 생명체의 기원과 형성 과정을 설명하고 있는 것으로 보인다.

그러나 여기에서 우리가 주의해야 할 것은 진화론은 과학적인 이론이고 창조론은 종교적인 이론이라는 것이다. 진화론은 아직까지 하나의 가설이다. 극단적으로 말해서 원숭이가 진화해서 사람이 된 경우가 관찰되지 않았다. 아마도 학자들이 생각하는 것처럼 수백만 년이 지나야 검증이 가능할지 모른다. 진화론이 정설이 되기 위해서는 진화론자들이 이 이론의 타당성을 증명할 때까지 기다려야 할 것이다. 그러나 진화론이 증명된다고 해서 창조론은 폐기될 것인가? 그것은 그렇지 않다. 만약 진화론이 증명된다면 우리는 하나님이 진화의 과정을 통해서 창조하였다고 설명할 수 있게 될 것이다. 그 반대로 진화론이 틀렸다는 것이 증명된다면 진화론은 폐기되고 또 다른 이론이 제기될 것이다. 그러므로 진화론이 맞느냐 틀리느냐 하는 것은 창조론과 아무런 직접적인 상관이 없다. 그것은 과학의 문제이다.

반면에 창조론이 옳다는 것은 어떻게 증명될 수 있는가? 창조론은 종교적인 이론이다. 창조론이 옳기 위해서는 성서를 진리로 믿으면 된다. 성서를 믿으면 창조론이 맞고 성서를 믿지 않으면 창조론은 의미가 없다. 즉 창조론은 기독교 신앙 위에서만 성립하는 이론이다. 따라서 창조론이 옳기 위해서는 더 많은 사람들이 성서를 믿도록 전도해야 되는 것이지 진화론이 틀렸다는 것을 증명하려고 노력한다고 해서 될 일이 아니다. 창세기는 인간과 생물들의 기원에 대해서 과학적으로 다룬 책이 아니라 하나님이 모든 존재의 근원이라는 신앙고백서이다. 이러한 하나님을 찬양하고 감사하는 경배의 책(doxology)이다. 그러므로 창세기와 진화론을 대립시켜서는 안 된다. 창조과학자들이 조심하여야 할 것은 진화론이 틀리다고 해서 창조론이 맞다는 것이 증명될 수 있는 것이 아니라는 것이다. 만약 이렇게 주장한다면 그것은 "무지에 의한 논증의 오류"(Argumentum ad Ignorantiam)를 범하게 될 것이다.

진화론과 창조론은 서로 양립할 수 있다. 창조론도 맞고 진화론도 맞을 수 있다. 과학과 종교는 양립할 수 있다.[20] 과학과 종교는 서로 적대적인 관계에 있는 것이 아니라 서로 보완관계에 있다. 물론 종교를 부정하는 과학주의나 과학절대주의에 빠진다면 그러한 과학에 대해서는 비판적인 태도를 취해야할 것이다. 그러나 과학이 인류의 삶에 유익을 끼친다면 종교는 과학을 결코 적대시해서는 안 된다. 만약 창조론이 진화론과 싸운다면 기독교는

---

20) 우리는 질병이라는 하나의 사태에 대해 다양한 해석과 치료법을 제시하고 실시할 수 있다. 서양의학에서는 병균에 의한 발병이라고 하여 투약이나 수술로 고칠 수 있다. 한방(韓方)에서는 기(氣)의 흐름이 원활하지 못하다고 보고 침을 놓거나 뜸, 부황, 지압, 탕약 등 여러 가지 방법으로 치료할 수 있다. 그리고 기독교에서는 기도나 안수를 통해서 병을 고치기도 한다. 그리고 신앙은 의술을 부정하지 않고 의술을 통해서 하나님이 고칠 수 있다고 믿는다. 왜냐하면 의술을 만들어낸 인간의 이성도 하나님의 피조물이기 때문이다. 하나님께 기도하기 위해서는 약봉지를 버려야 한다는 극단적인 태도는 위험한 결과를 초래할 수 있을 것이다. 기도를 하면서도 인간이 할 수 있는 모든 노력을 병행해야 할 것이다.

갈릴레오를 재판하였던 가톨릭교회의 오류를 반복하게 될 것이다.[21]

III. 하나님의 속성

하나님의 존재가 인간의 이성의 논리에 의해서 증명될 수 없다는 것이 증명되었다. 키에르케고르는 하나님은 인식의 대상이 아니라 신앙의 대상이라고 하였다. 우리는 하나님을 이해하기 때문에 믿는 것이 아니라 믿기 때문에 이해하게 된다. 이 문제는 이미 앞에서 다루었기 때문에 더 이상 논하지 않겠다. 하나님 인식의 문제는 계시론에 해당된다. 여기서는 성서에 계시된 하나님이 어떤 분인가? 하나님의 속성(attribute) 즉 하나님이 가진 성질에 대해서 다루고자 한다.

전통적으로 피조물과의 관계에 있어서 하나님이 가진 성질을 하나님의 속성이라고 부르고 피조물을 떠나서 하나님 자신이 가진 성질을 하나님의 본성 또는 본질이라고 하였다. 그러나 이런 구분은 별로 의미가 없다. 왜냐하면, 우리는 피조물을 떠난 하나님은 생각할 수 없기 때문이다. 우리는 하나님의 속성을 절대적 속성, 상대적 속성, 도덕적 속성으로 구별하여 진술하고자 한다. 절대적 속성은 하나님 자신 안에 가진 속성이라고 할 수 있다. 상대적 속성은 피조물과의 관계에서 가지는 속성이며 상대적 속성 가운데 윤리적 측면에서 생각될 수 있는 속성을 도덕적 속성이라고 한다. 이렇게 하나님과 피조물의 관계를 기준으로 하여 하나님의 속성을 나누는 것은 결국 피조

---

21) 필자는 어떤 젊은 과학자가 자신은 진화론을 믿기 때문에 진화론을 비판하는 교회에 출석하는 것이 괴로워서 교회를 떠났다는 이야기를 들었는데 이것은 슬픈 이야기이다. 교회의 무지와 독선을 드러내는 사건이다. 교회는 진화론자를 쫓아내어서는 안 된다. 진화론자도 예수를 믿어야 한다. 교회는 진화론의 진위를 판정할 위치에 있지 않다는 것을 겸허하게 인정해야 한다.

물 속에 유비가 될 수 있는 것이 존재하느냐 하지 않느냐에 따라서 분류하는 것이다.[22]

칼 바르트는 하나님 존재론에서 하나님을 사랑하시는 분으로서의 존재와 자유 안에 있는 존재로 구별하였다. 그리고 하나님의 속성을 신적인 사랑의 완전성에 속하는 은혜, 신성성, 자비, 정의, 인내, 지혜 등으로 분류하였고, 신적인 자유의 완전성에 속하는 통일성, 편재, 항존, 전능, 영원, 영광 등으로 나누었다. 결국 바르트에게 있어서 하나님의 사랑과 자유는 하나님의 내재성과 초월성을 나타내는 또 다른 표현이라고 할 수 있다. 하나님이 피조물을 사랑할지라도 피조물을 초월하는 하나님의 자유는 훼손될 수 없으며 하나님이 피조물을 초월한다고 하여도 하나님은 피조물을 사랑하는 하나님이다. 그러므로 이 초월성과 내재성은 우리가 하나님의 존재를 이해하는 유용한 규범이라고 할 수 있다.[23]

---

22) 스텐리 그렌즈, 〈조직신학〉 (크리스챤 다이제스트, 2003), 153. 전통적으로 하나님의 속성을 비공유적 (incommunicable) 속성과 공유적 (communicable) 속성으로 분류하였다. 루이스 벌콥은 첫 번째 부류를 "피조물 속에 유비가 될 수 있는 것이 존재하지 않는 속성"이라고 설명하였다. 여기에는 하나님의 자존성 (self-existence), 불변성, 무한성, 통일성 등이 속하며 두 번째 부류에는 "인간의 영의 속성들 속에서 유비를 찾아 볼 수 있는 속성"이 속하는데 지식, 지혜, 정직, 선, 거룩, 의, 의지, 능력 등이다. Louis Berkhof, *Systematic Theology* (Eerdmans, 1953), 55.

23) Karl Barth, *Church Dogmatics* II/1(Edinburgh: T. & T. Clark, 1964) 272ff.; 오토 베버, 〈칼 바르트의 교회교의학〉 (대한기독교서회, 1976), 86ff. 하나님의 사랑은 인간적인 인격적 상호관계와는 질적으로 다르다. 하나님의 사랑은 그분 자신에게서 필연적으로 나오며 따라서 그분의 대상에 대한 온갖 욕구로부터 해방되어 있다. 즉 하나님의 사랑은 사랑받는 대상에 의해서 구속되지 아니하고 자유하다. 한 편, 하나님의 자유는 인간으로부터 분리된 절대성이 아니다. 그분의 자유는 내재를 위한 자유까지 의미하는 그런 의미에서의 자유이다. 그러니까 바르트에 의하면 하나님의 사랑은 대상에 의해서 구속되거나 제한되지 않는 초월적인 사랑이며, 하나님의 자유는 피조물로부터 분리되는 추상적인 자유가 아니라 피조물과 더불어 친교하는 한에서의 자유이다. 이러한 아이러니는 하나님의 초월성과 내재성이라는 개념이 처음부터 함축할 수밖에 없는 논리적인 한계이다.

1. 절대적 속성

초월적 속성(transcendent attribute)이라고도 하는데 이것은 하나님의 내적인 존재 자체가 가진 속성이다. 피조물이나 이 세계의 다른 존재와의 관계를 떠나서 생각될 수 있는 성질, 또는 하나님 자신과의 관계에서 생각될 수 있는 성질이라고 할 수 있다. 그러나 엄밀한 의미에서 피조물을 떠난 하나님은 생각될 수가 없다. 피조물은 하나님이 만드신 것이기 때문에 그가 존재하는 한 피조물은 창조자와의 관계 안에 있다. 다만 상대적 속성에 비해서 좀 더 하나님의 초월적인 존재 자체에 대해서 다루는 것이라고 구별할 수 있겠다. 여기에는 영성, 영원성, 광대성, 불변성, 완전성 등이 포함된다.

1) 영성(Spirituality)

성서에 의하면 하나님은 육체가 아니라 영이다 (요 4:24).[24] 하나님은 물질이 아니다. 하나님은 이 세상의 물질성을 초월하는 분이다.[25] 하나님은 물질계에 속하는 유한자가 아니라 무한자이다. 이 무한자를 유한한 물질 안에 가두는 것은 용납될 수 없는 하나님에 대한 모독이 된다. 그러므로 나무나 돌이나 쇠를 조각하여 우상을 만들어 놓고 그것이 하나님이라고 예배하는 우상숭배는 근본적으로 하나님이 어떤 분인지를 알지 못하기 때문에 빚어진

---

[24] "하나님은 영이시니 예배하는 자가 신령과 진정으로 예배할지니라."

[25] 하나님의 초월성은 피조물 안에 구속되지 않는 하나님의 자유를 나타내는 개념이다. 하나님이 이 세계 안에 갇힌다면 하나님은 무한한 존재라고 할 수 없을 것이다. 그러나 하나님이 이 세계를 초월한다고 해서 이 세계 밖에 어떤 특정한 공간이나 지점에 있다고 생각할 수도 없다. 이 세계 밖에 있는 그곳도 역시 하나의 제한되고 유한한 공간일 것이기 때문이다. 그리고 이 세계 밖에 어떤 공간이나 지점이 있다고 생각될 수도 없다. 하나님은 초월성과 내재성을 동시에 가지고 계신다. 그것이 하나님의 무한성이다. 이러한 하나님의 속성에 대한 이해도 순수이성으로는 이해되지 않는 신앙의 이해일 뿐이다.

어리석은 행동이다.[26)

　인간이 하나님의 형상이라는 것은 (창 1:27) 사람의 얼굴이 하나님을 닮았다는 뜻이 아니다. 하나님은 육체가 아니기 때문에 얼굴이 없다. 성서에서 하나님을 묘사할 때 마치 하나님이 인간과 비슷한 육체를 가진 것처럼 묘사한 것은 인간의 이해를 위해 사용된 적응(accommodation)일 뿐이다.[27) 인간의 이해력의 수준에 맞추어서 인간에게 그런 모습으로 나타나 보여 주시는 것뿐이다. 그리고 하나님의 나라도 물질로 된 어떤 특정한 지역이나 공간을 의미하는 것이 아니고 영적인 차원에서 말할 수 있는 하나님의 통치와 주권을 의미하는 개념이다. 요한 계시록에 묘사된 하나님의 나라도 길은 황금길, 문은 진주문으로 되어 있는데 그것이 물질이라고 생각하면 안 된다. 하나님은 물질을 초월하는 분이기 때문에 천국은 이런 물질과는 다른 차원의 세계임을 분명히 해야 한다. 중동지역의 테러단체들이 대원들을 모집하면서 천국에 가면 좋은 집에서 배불리 먹고 미인들과 결혼할 수 있다고 선전하고 있는데 이런 것은 종교의 미망(illusion)이라고 하지 않을 수 없다. 종교가 가난한 자와 약한 자들을 미혹하기 위한 천박한 수단이 되어서는 안 된다. 종교는 지성적 솔직성을 가지고 진리 위에 세우지 않으면 모래 위에 세운 신기루가 될 것이다.

---

26) 필자는 중국 상하이에 있는 옥불사(玉佛寺)라는 불교 사찰에서 녹색 옥으로 만든 거대한 불상을 본 적이 있었다. 아름다운 옥으로 만든 불상 앞에서 이상한 신비감이 느껴지는 것을 경험하였다. 그리고 런던에 있는 대영박물관에 진열된 고대 이집트와 바빌론과 그리스 등의 미술품 앞에서도 비슷한 경험을 하였다. 우리는 비록 사람이 만든 것일지라도 뛰어난 아름다움 앞에서는 단순한 경이로움을 넘어서 종교적인 경건한 감정을 경험할 수 있다. 그러나 아무리 뛰어난 예술 작품일지라도 그것은 창조자가 될 수 없다. 하나님은 이런 물체 안에 갇히지 않는다. 하나님이 인간을 만들었는데 이 원리를 뒤집어서 거꾸로 인간이 하나님을 만드는 것이 우상숭배의 오류이다.
27) 알리스터 맥그래스, 〈역사속의 신학〉 (대한기독교서회, 1998), 224.

2) 영원성(Eternity)

하나님은 무한자이다. 그분의 한계를 제한할 수 없다는 뜻이다. 이 하나님의 무한성의 시간적 측면이 영원성이고 공간적 측면이 광대성이다. 피조물의 인식 형식은 시간과 공간에 의해서 이루어진다.[28] 하나님은 자신을 스스로 있는자(출 3:14)라고 하였다. 그러므로 그를 있게 하거나 없게 할 수가 없고 그는 시작이 없고 끝도 없다. "나는 알파와 오메가요 처음과 나중이요 시작과 끝이라" (계 22:13). 만약 시작이 있다면 그를 존재하게 만든 다른 실재가 있었을 것이다. 그러나 하나님은 모든 것의 창조자이기 때문에 그럴 수 없다. 그러므로 하나님은 인간의 제한된 시간과는 전혀 다른 차원의 존재라고 할 수 밖에 없다. 시간이란 시작과 끝이 있는 유한한 것이다. 그러나 영원이란 시간이나 공간에 의해 규정되지 않는 무한한 것이다. 영원이란 끝없는 시간이 아니다. 시간이 끝없이 계속되는 시간의 무한한 연장(extension)이 아니라 시간과 전혀 다른 차원의 하나님의 시간성이 영원이다. 시간이라는 한계를 초월하는 것이 영원이다.

영원에는 과거와 현재와 미래가 나누어지지 않는다. 어거스틴의 표현대로 영원한 현재(eternal now)가 있을 뿐이다. 앞으로 부활 후 영원한 하나님의 나라에 들어가면 우리도 이 영원성을 경험하게 될 것이다. 우리가 흔히

---

28) 칸트에 의하면 시간과 공간은 감성의 형식이다. 내 밖에 있는 인식재료가 인식 주체인 인간의 자아 안으로 들어오기 위해서 통과해야 하는 문이 시간과 공간이다. 그러니까 칸트에 의하면 시간과 공간은 인간 밖에 있는 것이 아니라 인간의 의식 안에 있는 것이다. 이 형식은 선험적으로(a priori) 주어진 것이다. 즉 경험을 통해서 생긴 것이 아니라 경험이전에 선천적으로 인간에게 주어져 있는 것이라고 보았다. 시간과 공간으로 된 인간의 감성의 형식을 통해서 인간은 감각적인 경험을 할 수 있다고 보았다. 그리고 감성의 형식을 통해서 들어온 인식재료는 오성의 12범주(category)들을 통해서 이해(understanding)되며, 세 번째 단계는 지금까지의 인식의 재료들을 이성이 종합하고 판단함으로써 최종적으로 인식이 성립된다고 하였다.

듣게 되는 간증에 의하면 어떤 사람이 환상 중에 하나님이 지금까지 살아온 자신의 과거를 영화처럼 보여주시는데 순식간에 자신의 일생을 다 보았다는 것이다. 우리는 일생을 사는데 수십 년이 걸리지만 하나님은 그것을 우리에게 보여주시는데 순간의 시간이 필요할 뿐이다. 인간의 시간은 과거와 현재와 미래에 의해서 나누어진다. 과거는 지나가서 없고 미래는 아직 안와서 없고 현재는 순간적으로 지나가고 만다. 이렇게 소멸해가는 현재는 우리가 기억하는 과거와 우리가 기대하는 미래를 연결해주는 다리 역할을 한다.29) 인간이 경험하는 시간은 지극히 짧은 시간이다. 그러나 하나님의 시간은 나누어지지 않는다. 오히려 하나님의 영원 안에 인간의 시간이 포함된다고 보아야 한다. 과학자들은 이 우주의 나이가 130억년 되었다는데 하나님의 영원 안에 130억년의 우주의 시간이 포함된다. 그리고 그 장구한 세계의 시간을 넘어서는 하나님의 초월성의 시간이 영원이다. 손오공이 부처님 손바닥 위에 있는 것처럼 시간이 영원의 손바닥 위에 있다. 영원은 시간을 포함하면서 시간을 초월하는 하나님의 시간성이다.30)

하나님의 창조는 이 영원성의 자기제한이다.31) 영원하신 하나님이 이 세계를 창조한 순간을 원초적인 순간이라고 할 수 있다. 이 하나님의 자기제한 속에서 영원에서부터 시간으로의 전이가 있었다고 할 수 있다. 어거스틴은 하나님이 세계를 시간 속에서 창조한 것이 아니라 시간과 더불어 창조했다고 하였다. 따라서 시간은 피조물과 함께 창조된 것이다.32) 그러니까 시간은

---

29) 스탠리 그랜즈, 〈조직신학〉 (크리스챤다이제스트, 2003), 155.
30) 약 130억년 전에 최초의 빅뱅(Big Bang)이 있었다는데 그렇다면 시간은 빅뱅 이후에 있는 것이고 그 이전에는 시간이 없다. 빅뱅 이전의 과거는 하나님의 영원의 차원 안에 포함된다. 영원은 시간을 초월하면서 시간을 포함한다. 시간은 창조와 종말 사이에 있는 유한한 것이며 이 시간을 초월하는 하나님의 시간성이 영원이다.
31) 몰트만, 〈예수 그리스도의 길〉 (대한기독교서회, 1990), 457.
32) Ibid., 456.

하나님의 피조물이다. 하나님의 창조 이전에는 시간이 없다. 칸트는 시간을 인식의 과정에서 첫 번째 단계인 감성의 형식이라고 하였다. 바르트는 시간을 피조물이라고 말할 수는 없고 하나님의 창조의 형식이라고 말했는데 이것은 어거스틴과 칸트의 절묘한 조합이라고 할 수 있다.

3) 광대성(Immensity)

하나님의 무한성의 시간적 측면이 영원성이라면 하나님의 무한성의 공간적 측면을 광대성이라고 할 수 있다. 하나님의 존재는 어떤 특정한 장소에 제한될 수 없다 (대하 6:18; 왕상 8:27)[33]. 그렇게 되면 하나님의 존재는 공간적으로 유한하게 된다. 그는 공간적으로 우리의 생각을 넘어서는 다른 차원의 존재라고 할 수 밖에 없다. 하나님의 무한성은 하나님이 이 세계로부터 초월한 존재임을 나타내는 표현이다.

본래 야웨는 모세에게 자신을 계시하신 이스라엘의 하나님이다. 그리고 그는 모세를 통해서 이스라엘의 하나님이 되었으며 이스라엘은 야웨의 백성이 되었다. 그는 광야에서 이스라엘과 함께 이동하신 하나님이다. 이스라엘이 움직이면 하나님도 함께 움직이고 이스라엘이 멈추면 하나님도 함께 멈추는 그런 움직이는 하나님이었다. 그러다가 가나안 입주 후에 솔로몬에 의해서 성전이 건축되고 야웨의 법궤는 지성소에 안치되어 더 이상 움직이지 못하게 되었다. 솔로몬의 성전건축은 하나님께 영광을 돌리는 신앙의 행위였지만 그러나 다른 한 편 이것은 야웨종교의 타락이기도 하였다. 성전의 건축은 지금까지 이스라엘과 함께 움직이면서 행동하신 무한하신 야웨 하나님을 사람이 만든 건축물 안에 가두어버리는 인간적인 행위이기도 하였기

---

33) "보소서 하늘과 하늘들의 하늘이라도 주를 용납하지 못하겠거든 하물며 내가 건축한 이 성전이오리이까."

때문이다. 그리하여 예루살렘이라는 특정한 지역에 제한된 하나님으로 만들어 버리게 된 것이다.

예수께서 사마리아 수가성 여인과의 담화에서 "여자여 내 말을 믿으라 이 산에서도 말고 예루살렘에서도 말고 너희가 아버지께 예배할 때가 이르리라"(요 4:21)고 말씀하신 것은 타락한 예배에 대한 통렬한 비판이 담겨있다. 사마리아냐 예루살렘이냐 라는 논쟁을 초월하여 무한자를 예배하는 것은 인간적이고 종교적인 조건에 구애되지 아니하고 하나님의 "성령과 진리 안에서 예배해야 된다"[34]라는 진리를 깨우쳐 주신 것이다. 그러니까 예배의 본질은 장소 또는 공간이 아니라 때 즉 시간이라는 것을 예수는 강조하였다. 인간이 만든 건축물이나 눈에 보이는 예전이 중요한 것이 아니라 하나님을 진정으로 예배하는 때 하나님과 인간의 만남이 이루어지는 시간이 예배의 본질이다. 예배라는 사건 즉 예배라는 운동의 본질은 공간이 아니라 시간이다.[35]

---

34) 요한복음 4:23 "아버지께 참으로 예배하는 자들은 신령과 진정으로 예배할 때가 오나니 곧 이 때라 아버지께서는 이렇게 자기에게 예배하는 자들을 찾으시느니라."

35) 베르그송은 〈시간과 자유의지〉, 〈세계사상전집〉, vol. 42 (삼성출판사, 1981)에서 운동의 본질은 공간이 아니라 시간이라는 것을 증명하였다. 제논(Zenon)이 만들어낸 아킬레스와 거북이의 경주 이야기에서 제논은 거북이가 만약 한 걸음이라도 아킬레스에 앞서서 출발한다면 아킬레스는 결코 거북이를 추월할 수 없다고 하였다. 만약 아킬레스가 거북이가 있는 지점에 도달하면 거북이는 조금이라도 움직여서 아킬레스를 앞서 있을 것이기 때문이다. 이것은 운동을 부정하는 정적 세계관을 주장하기 위해서 만들어낸 논증이다. 우리는 누구나 아킬레스가 거북이가 있는 지점에서 멈추어 서지 아니하고 추월할 수 있다고 믿고 있으며 제논의 논증은 궤변에 불과하다고 생각하지만 그러나 2000여 년간 아무도 이것을 논리적으로 논파하지 못하였다. 베르그송은 제논이 운동과 운동체가 움직인 공간을 혼동하였다고 비판하였다. 운동의 본질은 시간인데 제논은 운동의 본질을 공간으로 오해하였다는 것이다. 여기에서 우리는 운동이라는 사태에서 공간과 함께 시간을 고려해야 한다는 것을 깨달을 수 있다.
　예수의 말씀 가운데서도 예루살렘의 시온산이나 사마리아의 그리심산이라는 특정지역이나 성전이라는 공간적인 요소가 예배의 본질이 아니라 하나님과의 진정한 만남이라는 사건이 일어나는 때를 예배의 본질이라고 인식하는 깊은 통찰을 엿볼 수 있다. 그리고 이 하나님과 인간이 만나는 사건이 일어나는 시간

4) 불변성(Immutability)

성서에서는 하나님이 불변한다는 진술들을 많이 찾아볼 수 있다. "주는 한결같으시고 주의 연대는 무궁하리이다" (시 102:27). "나 여호와는 변하지 아니하나니" (말 3:6). "그는 변함도 없으시고 회전하는 그림자도 없으시니라" (약 1:17). "예수 그리스도는 어제나 오늘이나 영원토록 동일하시니라" (히 13: 8). 하나님의 본질이나 속성 또는 그의 목적은 변하지 않는다. 이 세상에 있는 모든 것들은 변하지 않는 것이 없다. 사람의 생각도 변덕스럽다. 그러나 하나님은 변하지 않으시고 항상 똑같으시다.

하나님의 본성이 변하지 않는다는 것은 하나님이 피조물과 다르다는 것을 강조하기 위해서 나온 표현이다. 그런데 교리사 연구에 의하면 기독교 신학에 이방철학의 요소가 개입하였다는 것이 밝혀졌다.[36] 고대 희랍철학에서는 변하는 것은 현상계의 특징이고 변하지 않는 것은 이데아계의 특성이라고 생각하였다. 더 나아가서 신은 무감각하며(apatheia) 고통을 느끼지 않는다. 희랍철학에서는 변화는 불완전을 함축하는 것이며 변화는 물질계에 속한다고 생각하였다. 그런데 하나님은 피조물과 뭔가 달라야 한다고 생각하였기 때문에 하나님은 불변하는 것으로 생각한 것이다. 플라톤은 실재(reality)를 변화하는 이 세상 너머에 있는 것으로 생각하였으며 그는 〈공화국〉(*The Republic*)에서 만일 하나님이 완전하다면 변화는 불가능하다고 보았다.[37] 아리스토텔레스도 신은 움직이지 않는 것이라고 보았다(Unmoved

---

으로서의 예배는 이러한 인간적이고 피조물적인 조건에 의해서가 아니라 "영과 진리로"(in Spirit and in truth, 요 4:23), 즉 하나님의 성령의 감동과 예수 그리스도의 진리 안에서 완성될 것이다.

36) Adolf von Harnack, *History of Dogma* (New York: Russell & Russell, 1957). 하르낙은 고대교회가 영지주의의 영향은 배격했으나 철학의 영향은 수용하였다는 것을 밝혔다. 예컨대 삼위일체론에서 삼위의 동일본질(homoousia)론을 확립했는데 성서에는 본질이란 말이 없으며 이것은 희랍철학으로부터 차용한 것이다.

mover).

하나님이 변화하지 않는다는 이런 희랍철학의 사고가 초기 기독교 신학에 도입되었다. 헬레니즘적 유대인인 필로(Philo)는 〈변화하지 않는 하나님〉이라는 책을 썼으며 하나님이 고통당한다는 듯한 성서의 말씀은 비유로 보아야 한다고 주장하였다.[38] 순교자 저스틴(Justin Martyr)은 하나님을 변할 수 없는 존재로 생각하였다. 이단으로 정죄된 프락세아스(Praxeas)는 성부는 예수 안에 성육신하였으므로 성부가 예수 안에서 고난당했다는 성부수난설을 주장하였다. 터툴리안은 〈프락세아스를 반대함〉(*Against Praxeas*)에서 하나님의 고난이라는 관념을 철저하게 거부하였다. 그리고 성자도 역시 고난당할 수 없다고 주장하였다. 터툴리안은 예수는 그의 인간성 안에서 고난당한 것이지 그의 신성 안에서 고난당한 것이 아니라고 하였다. 그는 "나의 하나님, 나의 하나님, 어찌하여 나를 버리시나이까" 라는 예수의 절규는 예수의 인성의 부르짖음이지 신성의 부르짖음이 아니라고 하였다. 이러한 터툴리안의 주장은 그 당시에는 이단을 반대하기 위해 나온 정통적인 주장이었으나 오늘날의 관점에서 본다면 받아들일 수 없는 것이다. 칼케돈신조에 의하면 예수의 신성과 인성은 분리될 수 없고(separate) 구별될 수 없다(divide). 따라서 칼케돈신조에 비추어 보면 터툴리안의 주장은 이단적이라고 하지 않을 수 없다.

어거스틴(Augustine)도 가변성은 시간에 속하고 불변성은 영원에 속하며 불변성은 하나님에게만 속한다고 하였다. 안셀름(St. Anselm)은 〈프로스로기온〉(*Proslogion*)에서 하나님은 고통 받지 않는 분이라고 묘사하고 있다. "이제 하나님은 감각을 수용하고 전능하시고 자비로우시며, 고통을 받지 않는 것은 그와 같지 않기보다 더 낫기 때문에, 어떻게 당신은 신체적이 아니라면 감각적인 인지를 할 수 있으며 만일 당신이 친히 모든 것을 행하지 않는다면,

---

37) 맥그래스, 〈역사속의 신학〉, 326.
38) Ibid., 327.

어떻게 당신은 전능하시고, 또는 어떻게 당신은 자비스럽고 고통을 느끼지 않는다면 일관되게 그렇게 할 수 있습니까?"[39] 그리고 더 나아가서 하나님은 무감각하다고 말한다. "그러나 당신은 어떻게 일관하게 자비스럽고 무감각하십니까?...당신은 우리를 위해서는 자비스럽고 당신 자신 안에서는 자비스럽지 않기 때문입니다...당신은 어떠한 정서도 느끼시지 않으십니다."[40] 토마스 아퀴나스(Thomas Aquinas) 역시 "만일 자비가 고난에 대한 하나의 느낌이 아니라 일종의 결과로 여겨진다면 자비는 특별히 하나님의 속성으로 돌려져야 마땅하다...다른 사람의 불행에 대해 슬퍼하는 것은 하나님께 속한 것이 아니다."[41]

　이렇게 고대교회를 통해서 교부들이 하나님의 불변성의 교리를 발전시키는 과정에서 희랍철학의 형이상학을 도입하여 진술하였던 것이 중세교회에까지 연장되었으며 이것은 오늘날의 관점에서 볼 때 하나님에 대한 올바른 진술이라고 할 수 없다는 것이 밝혀지게 되었다. 마틴 루터는 하이델베르크 논쟁에서 하나님에 대해 사고하는 두 가지의 방법을 대조하였는데 "영광의 신학"(theologia gloriae)과 "십자가의 신학"(theologia crucis)이다. 영광의 신학에서는 하나님의 영광, 능력, 지혜를 인식한다. 그리고 십자가의 신학에서는 그리스도의 고난과 굴욕 속에 감추어진 하나님을 인식한다. 그는 하나님이 십자가에 달리신 그리스도의 고난을 공유하는 방식을 말할 때 "십자가에 달리신 하나님"이라는 표현을 사용하였다. 몰트만의 〈십자가에 달리신 하나님〉에 의하면 2차 세계대전을 통해서 특히 유대인대학살(Holocaust)을 통해서 인류가 깨달은 진리는 하나님이 인간의 고통을 외면하지 않고 인간의 고통에 참여하신다는 것이다.[42]

---

39) 안셀름, 〈프로스로기온〉 (도서출판 한들: 1997), 24.
40) Ibid., 26f.
41) 맥그래스, ibid., 328.
42) 몰트만, 〈십자가에 달리신 하나님〉 (한국신학연구소, 1979). 이 주제는 하나님

하나님은 고통당할 수 없다는 희랍철학의 개념은 성서의 하나님과 상관이 없는 추상적인 하나님 개념이며 하나님은 적극적으로 인간의 고통 안으로 들어오시며 함께 고난당하신다는 것이 십자가를 통해서 계시된 진리이다. 따라서 성서에 진술된 하나님의 불변성에 대한 표현들은 하나님의 속성 가운데 일부를 계시하고 있을 뿐이다. 하나님이 변덕스럽거나 믿을 수 없는 분이 아니라 우리가 신뢰할 수 있는 분임을 강조하는 것이지 희랍철학에서 이해하였던 바와 같이 인간의 삶과 동떨어진 추상적인 하나님을 말하는 것이 아님을 분명히 해야 할 것이다.

5) 완전성(Perfection)

하나님의 존재는 그의 모든 행위와 역사와 삶에 있어서 아무런 잘못됨이나 결함이 없이 완전하시다. 마태복음 5:48에 의하면 "하늘에 계신 너희 아버지의 온전하심과 같이 너희도 온전하라"고 하였다. 사무엘하 22:26b에서는 "완전한 자에게는 주의 완전하심을 보이시며"라고 하였다. 시편 18: 30절에는 "하나님의 도는 완전하고 여호와의 말씀은 정미하니," 시편 19:7에는 "여호와의 율법은 완전하여 영혼을 소성케 하고 여호와의 증거는 확실하여 우둔한 자로 지혜롭게 하며"라고 하였다.

그런데 이러한 하나님의 완전성은 단지 인간이 불완전하기 때문에 피조물과 다른 창조자의 속성을 나타내기 위한 추상적인 개념으로 생각되어서는 안 된다. 존 웨슬리는 〈그리스도인의 완전〉(*Christian Perfection*)에서 그의 성화론을 발전시켰는데 웨슬리에 의하면 성화는 중생 이후의 두 번째 경험으

이 인간의 고통에 참여하신다는 사상으로 발전하여 몰트만의 〈십자가에 달리신 하나님〉 제 6장에서 신학적으로 구체화하였다. 그러나 하나님의 고난 받으심은 성부수난설을 말하는 것이 아니다. 성부는 성령을 통하여 성자 안에서 고난 받는 것으로 이해하여야 한다.

로서 원죄의 부패성이 제거되므로 인간은 완전한 무죄의 상태에 이르게 된다고 주장하였다. 물론 웨슬리는 인간의 연약성이 남아 있어서 유혹에 빠질 수 있는 가능성을 인정하고 있으나 어쨌든 원죄가 사라진 상태이므로 이것을 그는 그리스도인의 완전이라고 하였다. 필자는 성화로 말미암아 원죄의 부패성이 제거되었다고 보는 웨슬리의 입장을 지지하지 않는다. 성령세례를 통해서 우리는 완전한 기쁨과 완전한 사랑을 경험할 수 있다. 성령세례를 받으면 우리는 이런 성화의 단계에 이를 수 있다고 보지만 그리고 그것이 진지하고 실제적인 경험이지만 그러나 여전히 인간의 내면에는 원죄의 부패성 내지는 원죄의 쓴뿌리가 남아있다고 본다. 이 문제는 다음에 성화론에서 다루게 될 것이다. 어쨌든 우리는 완전하신 하나님의 완전성을 우리의 목표로 삼아야 한다. 이것은 예수 그리스도의 명령이다.

2. 상대적 속성

절대적 속성이 하나님의 초월성을 나타내는 속성이라고 한다면 상대적 속성은 하나님이 이 세계 안에서 가지는 속성, 하나님의 내재성 또는 피조물과의 관계성이라고 할 수 있다. 여기에는 편재, 전능, 전지 등이 있다.

1) 편재(무소부재, Omnipresence)

하나님은 이 세계 안에 어디에나 계시지 않는 곳이 없다는 뜻이다. 시편 139편 7~8절에서는 이렇게 말씀하고 있다. "내가 주의 신을 떠나 어디로 가며 주의 앞에서 어디로 피하리이까 내가 하늘에 올라갈지라도 거기 계시며 음부에 내 자리를 펼지라도 거기 계시니이다." 예레미야 23장 23~24절에서는 "여호와의 말씀이니라 나는 가까운 데에 있는 하나님이요 먼데에 있는 하나님은 아니냐 여호와의 말씀이니라 사람이 내게 보이지 아니하려고 누가 자신을 은밀한 곳에 숨길 수 있겠느냐' 라고 하였다. 하나님이 이 세계의 창조자라면 이 세계 안에 하나님이 계시지 않는 곳은 없다. 하나님의 광대성이 이 세계를 초월하는 하나님의 속성을 가리키는 개념이라고 한다면 하나님의 편재성은 이 세계와의 관계성 내지는 이 세계 안에 내주하시는 하나님의 속성이라고 할 수 있다.

하나님이 요나에게 니느웨로 가라고 명하였으나 요나는 야웨의 낯을 피하려고 다시스로 가는 배를 타고 배의 밑층에서 잠을 자고 있었다. 그러나 하나님은 대풍을 내려서 요나로 하여금 제비를 뽑게 하시고 바다에 던져 큰 물고기의 뱃속에서 사흘을 지나게 하였으며 요나가 하나님께 회개하자 물고기가 요나를 토해내게 하여 결국 니느웨로 가서 하나님의 말씀을 증거하게 되었다. 피조물 인간은 창조자 하나님의 낯을 피해 도망할 수가 없으며 우주선을 만들어서 먼 우주 공간으로 떠난다 해도 하나님을 피할 수가 없다. 이 우주는 하나님의 품안에 있기 때문이다. 그러므로 그분이 계시지 않는 곳에서 죄를 범할 수 없다.

하나님은 이 세계 밖의 어떤 특정한 공간에 존재한다고 말할 수 없다. 그렇다고 하나님은 이 세계 안의 어떤 특정한 공간 안에 갇힐 수도 없다. 하나님은 초월성과 내재성이라는 양면을 동시에 가지고 있다고 할 수밖에 없다.

2) 전능(Omnipotence)

하나님은 무엇이나 할 수 있는 능력을 가지고 있다는 뜻이다. 마태복음 19장 26절에서는 "예수께서 저희를 보시며 가라사대 사람으로는 할 수 없으되 하나님으로서는 다 할 수 있느니라," 예레미야 32장 17절에서는 "주 여호와여 주께서 큰 능과 드신 팔로 천지를 지으셨사오니 주에게는 능치 못한 일이 없으시니이다" 라고 하였다. 하나님은 그가 원하시는 대로 이 세계를 창조하였으며 지금도 이 세계를 다스리고 계시는 주권자이다. 사탄이나 악마나 그 어떤 존재라고 할지라도 하나님을 능가하거나 하나님을 지배할 수 없다. 그러므로 우리는 전적으로 하나님께 의지하고(absolute dependence) 순종해야 한다.

하나님이 만드신 세계를 다스리는 것을 섭리라고 말한다. 하나님이 이 세계를 만든 후에 내버려 두시는 것이 아니다. 18세기 이신론(Deism)에서는 하나님이 이 세계를 만든 후에 이 세계는 자연법칙에 따라서 운행되고 하나님은 이 세계를 떠났다고 주장하였다. 그러나 그것은 성서적인 생각이 아니다. 하나님은 지금도 이 세계를 지배하고 계시며 인간의 생사화복을 주장하고 계신다. 1988년 서울 올림픽 당시 올림픽이 진행되는 동안 너무나 날씨가 좋아서 당시 박세직 올림픽조직위원장은 서울올림픽의 날씨는 신의 작품이라고 말했다. 우리나라에는 매년 평균 2~3개의 태풍이 지나가는데 그 해에는 태풍이 하나도 한반도에 상륙하지 않았다. 그리고 그렇게도 화창한 날씨가 계속되었다. 그런데 어떤 사람들은 우연히 날씨가 좋았다고 생각할 수 있으나 당시 한국교회가 올림픽을 위해서 기도하였으며 그 기도에 대한 응답이라고 볼 수 있다. 필자는 우리나라를 사랑하시는 하나님의 응답이었다고 믿는다. 우연히 날씨가 좋을 수도 있지만 그러나 하나님께서 자연을 지배하고 계심을 증거하였다고 믿는다.

최근의 지구 온난화문제는 하나님께서 자연을 지배할 뿐 아니라 인간이 그 자연을 잘 보존해야 할 책임이 있음을 깨닫게 한다. 자연을 파괴하고 착취한 인간의 욕심이 그 원인이며 인간이 노력하여 이 문제를 해결해야 할 윤리적인 책임이 있다고 본다. 그러나 그 가운데서도 하나님께서 이 세계를 지배하고 운행하는 하나님의 주권이 사라지는 것은 아니다. 여전히 인간이 극복하거나 해결할 수 없는 인간의 삶에서의 길흉화복의 차원이 있다.

하나님은 모든 것을 할 수 있으나 죄를 지을 수는 없다. 하나님이 거짓말을 할 수는 없다. 하나님이 약속을 어길 수는 없다. 하나님의 주권에 대해 부정적이거나 하나님의 영광을 가리는 그런 일을 할 수는 없는 것이다. 하나님의 하나님 되심을 부정하게 되는 것을 할 수 없다는 것은 하나님의 전능성을 훼손하는 것이 아니라 오히려 하나님의 하나님 되심을 더욱 더 높이는 의미가 있는 것이다. 왜냐하면 하나님은 지고선이기 때문이다.

하나님이 전능하시니 우리도 그의 은혜 안에서 문제를 극복할 수 있다는 용기와 능력을 얻게 된다. 빌립보서 4장 13절에서는 "내게 능력 주시는 자 안에서 내가 모든 것을 할 수 있느니라"고 하였다. 그러므로 그리스도인들은 세상에 굴하지 아니하고 나 자신의 약함과 죄악과 환경과 질병과 가난과 불의와 박해와 싸워서 이기는 전투적이고 도전적인 불굴의 신앙의 정신으로 살아야 할 것이다.

3) 전지(Omniscience)

하나님이 모든 것을 안다는 것은 지적인 측면에서 하나님은 모든 것을 할 수 있다는 의미이다. 시편 147편 5절에서는 "우리 주는 광대하시며 능력이 많으시며 그 지혜가 무궁하시도다"라고 하였다. 심지어 하나님은 우리의 머리카락까지 센다고 하였다. 그러므로 우리는 아무것도 하나님께 숨길 수가 없다. 우리는 하나님을 속일 수 없으며 하나님은 아무에게도 속지 않으신다. 따라서 우리는 하나님 앞에서 정직해야 한다. 그는 실행되는 모든 행동이나 발성되는 모든 말을 알 뿐 아니라, 마음속의 모든 생각이나 동기 및 탐닉하였던 감정도 알고 계신다.[43] 그러므로 우리는 하나님을 속일 수 없을 뿐만 아

---

43) 오톤 와일리, 폴 컬벗슨, 〈웨슬리안 조직신학〉 (도서출판 세복, 2002), 119.

니라 사람을 속이는 것도 결국 하나님을 속이는 일이 될 것이다.

　서양 사람들의 속담에 정직이 최고의 정책이다(Honesty is the best policy.)
라는 말이 있다. 참으로 배우고 싶고 배워야 하는 귀한 말이다. 개인적으로
도 신용이 있어야 성공할 수 있다. 믿을 수 없는 사람에게 누가 돈을 빌려주
며 누가 같이 사업을 하거나 거래를 할 수 있겠는가? 거짓말을 하지 않는
사회는 건강한 사회이다. 그런 사회는 비록 실수나 퇴보가 있을 수 있어도
잘못을 깨닫고 고치면 그 사회는 앞으로 얼마든지 발전해 갈 여지가 있다.
그러나 거짓말이 판치는 사회는 사회의 구석구석이 병들고 부패하여 문제를
해결해 나갈 수 있는 실마리를 찾을 수가 없으며 점점 더 꼬이고 얽혀서
더욱 더 악화되어 갈 뿐이다. 그런 사회나 국가는 결코 선진사회나 성숙한
국가가 될 수 없다. 그런 집단 그런 국가는 망할 수밖에 없다. 우리는 공산주
의 국가들이 거짓말 위에 나라를 세웠다가 망한 것을 보았다. 우리나라도
전 세계적으로 국가적인 청렴도가 낮은 수준에 있는 것을 알고 심각한 반성
을 해야 할 것이다. 뇌물을 주지 않으면 사업을 할 수 없고 각계 각층이 부패
하여 부당한 방법을 사용하지 않으면 성공하기 어려운 그런 사회가 되어서
는 진정한 선진국가가 될 수 없고 세계가 우러러보고 부러워하는 일류국가
가 될 수 없을 것이다. 모든 시민들이 법을 지키고 정직한 사회가 되어야
복된 하나님의 나라로 서게 될 것이다.

3. 도덕적 속성

　상대적 속성 가운데서 특별히 인간과의 관계에서 생각될 수 있는 하나
님의 속성을 도덕적 속성이라고 말한다. 이것은 우리의 삶과 긴밀히 연관
된 대단히 중요한 개념들이다. 여기에는 거룩성, 사랑, 정의, 겸손 등이 있

다. 하나님의 도덕적 속성은 결국 그리스도인들이 도달해야 할 윤리적 목표이다.

1) 거룩성(Holiness)

하나님은 거룩하신 분이다. 이사야 6장 3절에 의하면 "서로 창화하여 가로되 거룩하다 거룩하다 거룩하다 만군의 여호와여 그 영광이 온 땅에 충만하도다"라고 하였다. 거룩하다는 말의 히브리어 카도쉬는 다르다, 구별되었다, 분리되었다 등의 의미를 가진 말에서 유래하였다. 하나님이 말씀하시기를 "내가 거룩하니 너희도 거룩할지어다"(레 11:45)고 하셨다. 베드로전서 1장 15~16절에서는 "오직 너희를 부르신 거룩한 이처럼 너희도 모든 행실에 거룩한 자가 되라 기록되었으되 내가 거룩하니 너희도 거룩할지어다 하셨느니라"고 하였는데 이것은 베드로가 레위기의 말씀을 인용하여 성도들도 하나님처럼 거룩해야 한다는 것을 강조한 것이다.

거룩하다는 것은 무한히 다르고 무한히 위대하다는 뜻이다. 종교인들은 세속적인 삶으로부터 구별되는 특성을 가지고 있다. 예를 들면, 신부, 수녀들의 독신생활은 세속성과 구별되는 것이다. 개신교회에서 술과 담배를 금하는 것은 탈세속적인 생활의 표징이 될 수 있다. 사실은 그리스도인들에게는 그보다 훨씬 더 높은 도덕적 기준이 요구된다. 정직성, 성적 순결, 겸손, 사랑, 봉사의 삶 등 종교적인 요구의 수준은 하나님의 도덕성이 그 목표이다. 다만 현실적으로 그러한 수준에 도달하기가 매우 어렵기 때문에 최소한의 요구로서 몇 가지의 금지사항을 제시하는 것이라고 할 수 있다. 몰몬교에서는 술이나 마약뿐만 아니라 콜라나 커피, 홍차를 마시는 것까지도 금지하고 있다. 이런 것이 거룩성의 이미지와 부합되는 것이라고 할 수 있다. 그러나 개신교회에서는 지나친 금욕생활을 요구하지 않는다.

성서적으로 예수의 삶은 금욕적인 삶이라고 하기 보다는 절제된 삶을 요구하였다고 할 수 있다. 마태복음 11장 18~19절에서는 예수께서 "요한이 와서 먹지도 않고 마시지도 아니하매 그들이 말하기를 귀신이 들렸다고 하더니 인자는 와서 먹고 마시매 말하기를 보라 먹기를 탐하고 포도주를 즐기는 사람이요 세리와 죄인의 친구로다 하니"라고 말씀하였다. 요한은 금욕주의자요 예수는 탐욕주의자라는 주장에 대해서 예수는 자신이 금욕주의자도 아니요 탐욕주의자도 아니고 절제와 중용이 자신의 입장임을 암시하고 있다.

그런데 거룩은 죄악됨 또는 죄악으로 말미암아 오염된 상태의 반대말이다. 그러니까 거룩에는 죄 없는 상태의 순결함, 깨끗함의 의미가 함축되어 있다. 그러므로 거룩성을 성취하기 위해서는 예수 그리스도의 피로 죄씻음을 받는 중생의 은혜가 있어야 하며 그 중생의 은혜를 우리 안에 나누어 주고 우리로 하여금 그 은혜를 수용하게 하는 성령의 은혜가 반드시 있어야 한다. 성령세례에 의해서 신자에게 주시는 성화의 은혜야말로 바로 인간을 거룩하게 만드는 길이다. 그리고 성결의 은혜는 하나님의 말씀을 통해서 우리에게 주어진다. 요한복음 17:17에서는 "저희를 진리로 거룩하게 하옵소서 아버지의 말씀은 진리니이다" 라고 하였다. 서울신학대학교의 교육이념 "진리와 성결"은 이 말씀에 기초하고 있는데, 이것은 예수 그리스도의 진리와 성령의 거룩케 하심이라는 3위1체론적 구조를 가지고 있다. 더 나아가서 진리의 인식과 성결한 삶의 실천이라는 '지행일치'의 추구를 교육이념으로 제시한 것이다.

오톤 와일리(O. Wiley)는 하나님의 거룩성은 세가지의 특징이 있다고 하였다.[44] 첫째로, 하나님 안에 있는 거룩은 기원이 없고 유래가 없는 도덕적 우수성의 완전함이라는 것이다. 즉 하나님의 거룩은 다른 어떤 것과도 비교될 수 없는 완전성과 우월성을 가지고 있다고 하였다. 둘째로, 거룩은 하나님

---

44) 오톤 와일리, 〈웨슬리안 조직신학〉, 127.

자신의 행동의 원리이다. 하나님은 스스로 거룩할 뿐만 아니라 거룩한 행위를 한다는 것이다. 셋째로, 거룩한 하나님은 피조물을 위한 표준이다. 하나님이 거룩하기 때문에 피조물도 거룩해야 하는 이유가 여기에 있다. 피조물이 거룩해 질 수 있는 길은 예수 그리스도의 속죄를 통해서만 가능하다.[45]

2) 사랑(Love)

사랑은 하나님의 계시의 가장 높고 가장 완전한 표현이다.[46] "하나님은 사랑이시라" (요일 4:16). 그리고 사랑은 인간됨의 가장 높고 가장 완전한 표현이기도 하다. "만일 우리가 서로 사랑하면 하나님이 우리 안에 거하시고 그의 사랑이 우리 안에 온전히 이루어지느니라" (요일 4:12).

성경에서 사랑보다 더 강조된 하나님의 속성은 없을 것이다. 하나님은 멀리 떨어져서 우리를 향해서 손짓하면서 나에게 오라고 말씀하시는 분이 아니다. 우리가 하나님께 갈 수 없기 때문에 우리에게 찾아 오셔서 나를 안아 주시고, 내 짐을 대신 져 주시고, 나를 업고 가시는 분이다. 이러한 하나님의 적극적인 희생의 행동을 사랑이라고 말한다. 이 세상에 아무리 사랑이 많은 사람이 있다고 하더라도 남을 위해서 대신 죽는 사람은 찾아 볼 수 없다. 설사 있다고 하더라도 상대방이 죄인일 경우에 그 죄를 대신해서 죽어 줄 사람은 없을 것이다. "의인을 위하여 죽는 자가 쉽지 않고 선인을 위하여 용감히 죽는 자가 혹 있거니와 우리가 아직 죄인 되었을 때에 그리스도께서 우리를 위하여 죽으심으로 하나님께서 우리에게 대한 자기의 사랑을 확증하셨느니라" (롬 5:7~8). 예수 그리스도가 십자가에 달려 죽으신 것은 하나님의 사랑의 극적인 표현이며 이 사랑을 받은 사람은 하나님의 사랑을 더 이상

---

45) Ibid., 128.
46) 유진 피터슨, 〈현실, 하나님의 세계〉 (서울: IVP, 2006), 544.

의심할 수가 없으며 그 사랑을 거부할 수가 없는 것이다. 우리는 지금도 그 사랑을 생각하면 가슴이 미어지고 눈물이 흘러내리는 것이다.

성자의 사랑은 우리를 위한 그 사랑을 부어주시는 십자가의 사랑인데 이 성자의 사랑은 과거에 그 때 거기에서(then and there) 이루어진 사랑이다. 이 하나님의 사랑은 성령을 통해서 지금 여기에서(now and here) 나에게 부어지는 사랑으로 역사한다. 구약시대 성부의 사랑은 우리를 위한 사랑(God for us)이었으나 야웨는 가까이 하기에는 두려운 분이었다. 신약시대 성자의 사랑은 우리와 함께 하는(God with us) 임마누엘의 사랑으로 십자가 위에서 우리에게 한없이 베푸시는 사랑이다. 그러나 교회시대 성령의 사랑은 우리 안에 내주하는(God within us) 사랑이요 우리 안에 들어온 사랑이다. 하나님의 사랑은 점점 더 가까워져서 마침내 내 안에 내주하는(indwelling), 나와 일체가 되는 사랑으로 변천하였다.

그런데 하나님의 사랑은 정적인 것이 아니다. 마치 컵에서 물이 넘쳐서 흘러내리는 것처럼 하나님은 너무나 사랑이 많아서 인간에게까지 흘러넘치는 그런 의미의 사랑이 아니다.[47] 하나님의 사랑은 본래 삼위일체 안에서 하나님 자신 안에서 성부와 성자와 성령이 서로 사랑하였다. 이것을 원초적 사랑이라고 할 수 있다. 즉 사랑은 관계개념이요 동적인 개념이다. 사랑은 서로 주고받는 인격적인 주객관계(I-Thou relationship)에서 이루어지는 것이다. 그러므로 일방적인 짝사랑은 사랑이 아니다. 예수께서는 본래 삼위일체 안에서 이루어진 사랑의 관계를 이렇게 표현하였다. "아버지께서 아들을 사랑하사 자기가 행하는 것을 다 아들에게 보이시고 또 그보다 더 큰 일을 보이사 너희로 놀랍게 여기게 하시리라" (요 5:20). "아버지께서 나를 사랑하

---

47) 에스겔의 환상 가운데 성전 동편으로 물이 흘러내려 점점 깊어져서 마침내 발이 닿지 않을 정도로 깊은 큰 강이 되는 장면이 묘사되어 있는데 이것은 하나님 자신으로부터 흘러내리는 성령의 생명수를 상징한다. 그러나 하나님의 사랑은 보다 더 관계적인 개념이다.

신 것 같이 나도 너희를 사랑하였으니 나의 사랑 안에 거하라"(요 15:9). 이 하나님 안에서 삼위일체 사이에 이루어진 본래적 사랑이 인간에게 나누어진 것이 하나님의 사랑의 역사이다. 구약에서 이스라엘에게, 신약에서 교회에게 주어진 하나님의 사랑은 본래 하나님 자신 안에 있던 사랑의 연장이요 확장이다. "내가 아버지의 이름을 그들에게 알게 하였고 또 알게 하리니 이는 나를 사랑하신 사랑이 그들 안에 있고 나도 그들 안에 있게 하려 함이니이다"(요 17:26). 그리고 인간에 대한 하나님의 사랑은 인간들 사이에서 이루어져야 할 사랑의 원천이다. 그러므로 삼위일체 안에서의 하나님의 사랑은 하나님과 인간 사이의(야웨–이스라엘, 그리스도–교회) 사랑의 원천이며 인간과 인간 사이의(남자–여자) 사랑의 원천의 원천이다.

희랍어에서 사랑을 의미하는 말에는 에로스(eros)와 아가페(agape)가 있는데 에로스는 대상이 지닌 가치를 사랑하는 것이다. 이것은 주고받는 상호적인 사랑, 조건적인 사랑이다. 인간적인 사랑이다. 그러나 아가페는 대상 자체를 사랑하는 것, 즉 무조건적인 사랑이다. 하나님의 사랑은 아가페이다. 인간의 사랑 가운데는 부모의 사랑 특히 어머니의 사랑이 아가페에 가장 가까운 사랑이다. 어머니는 못나고 모자라는 자식을 더 사랑하기 때문이다. 어머니의 사랑은 약한 자식에게 더 마음이 아픈 사랑이다. 이 어머니의 사랑은 자기 자식에게만 한정되기 때문에 유한한 사랑이다. 그러나 하나님의 사랑은 보편적이고 무조건적인 사랑이기 때문에 그 사랑은 온 우주를 다 품고도 남음이 있는 무한한 사랑이다. 이 사랑에 모든 피조물은 안겨야 한다. 인간의 죄가 아무리 크고 많다 하여도 하나님의 사랑은 그보다 더 크고 더 많고 더 넓다.

예수께서 요한복음 13장 34절에서 "새 계명을 너희에게 주노니 서로 사랑하라 내가 너희를 사랑한 것같이 너희도 서로 사랑하라"고 하였다. 이 말씀은 하나님의 인간에 대한 사랑의 근원은 예수 그리스도로부터임을 확증하고 있다. 그러므로 그리스도인들에게는 이 하나님의 사랑을 더 많이 받아 나누어주어야 할 사명이 있다. 우리가 사랑해야 하는 것은 하나님이 사랑이기 때문이며 그분이 우리를 사랑 안에서 창조하고 구원하였으며 우리에게 사랑을 명령하였기 때문이다.[48]

3) 정의(Justice)

하나님의 사랑은 맹목적이고 무질서한 것이 아니다. 하나님은 우리에게 질서와 법을 따르기를 요구한다. 하나님 자신이 질서의 하나님이다. 그리고 하나님의 창조원리는 무질서로부터 질서에로의 변천이다. 그러므로 사랑하되 무질서 하지 않은 사랑이 의라고 할 수 있다. 하나님의 의란 하나님과 인간의 올바른 관계라고 할 수 있다. 하나님은 인간의 창조자요 인간은 그의 피조물이다. 그러므로 하나님은 인간에게 명령하시고 인간은 하나님께 복종해야 한다. 불순종하는 것은 자유가 아니라 방종이다.

사랑과 정의의 관계를 비유적으로 설명하자면 부모가 자식을 사랑으로 훈계하고 때로는 사랑의 회초리를 들 수 있는데 그 때 회초리를 때리는 행위는 정의의 행위이다. 그러나 이 때 부모의 강제적인 초달은 어디까지나 사랑에 기초한다. 그렇기 때문에 자녀는 자신의 잘못을 회개하고 용서를 구하며 부모의 징계를 달게 받아들이게 된다. 자녀가 부모의 사랑을 확신할 때 부모의 정의의 징계는 효과가 있을 것이다. 만약 부모가 술이 취해서 부당하게 폭력을 행사한다면 자녀는 그것을 정의라고 생각하지 않고 반항하게 될 것이다. 따라서 하나님이 인간의 죄에 대해서 징계할 때 그것은 하나님의 사랑과 모순되지 않는다. 사랑과 정의의 관계에 대해서 학자들은 다음과 같이 말했다.

---

48) 유진 피터슨, 〈현실, 하나님의 세계〉, 540.

폴 틸리히는 존재 자체이신 하나님은 사랑과 정의를 내포하고 사랑과 정의는 그 존재 자체에 기반을 두는 것이며 정의는 사랑에 내재하는 것이라고 하였다. 그는 사랑과 정의의 관계를 상호보완적 관계라고 보았다. "정의는 사랑 때문에 정의가 되고, 정의를 정의되게 하는 사랑은 정의에 의해서 드러나는 것"이기 때문이다.[49]

에밀 브룬너는 정의의 필요성을 인정하지만 그는 사랑과 정의를 분리해서 보고 전자는 인격적 관계에만 적용될 수 있고 후자는 집단적인 비인격적 관계에만 적용될 수 있다고 하였다. 사랑은 천상적인 법이고 정의는 지상적인 법이며, 무조건적 가치를 주는 사랑과 공평한 몫을 주는 정의는 근본적으로 그 성질이 다른 것이라고 하였다. 그러므로 원칙적으로 사랑과 정의 사이는 서로 아무런 관련이 없으며 고로 사회정의를 조직적으로 건설하는데 사랑은 아무런 영향도 끼칠 수 없다고 주장하였다.[50]

사랑과 정의의 관계에 대해서 가장 설득력 있게 논증한 사람은 라인홀드 니이버라고 할 수 있다. 니이버는 사랑과 정의의 관계를 세 마디로 요약한다. 사랑은 정의를 요구한다. 사랑은 정의를 부정한다. 사랑은 정의를 완성한다. 첫째로, 사랑이 정의를 요구한다는 것은 세상에서 이루어지는 복합적 인간 관계에서 정의는 사랑을 구체적으로 표현할 수 있는 도구로서 요청된다는 것이다. 둘째로, 사랑이 정의를 부정한다는 것은 사랑은 항상 정의를 초월해 있으면서 정의의 모든 상대적 성취들을 판단하고 심판하는 기능을 한다는 것이다. 셋째로, 사랑이 정의를 완성한다는 것은 사랑의 이념이 현실의 도덕적 성취 즉 정의를 보다 높은 수준으로 끌어올려 역동적인 도덕적 성취의 과정을 가능케 하는 역할을 한다는 것이다.[51]

---

49) Paul Tillich, Love, Power and Justice: Ontological Analyses and Ethical Applications (London: Oxford University Press, 1954), 15.

50) 유영학, "사랑의 윤리와 사회정의," 〈기독교사상〉 2 (1957. 9), 33~4.

51) Goddon Harland, The Thought of Reinhold Niebuhr (New York, Oxford Univer-

그는 사랑은 개인윤리의 규범은 될 수 있지만 정치적인 영역에서 적용될 수 있는 사회윤리의 규범은 될 수 없다고 하였다. 사랑은 궁극적인 윤리의 목표이며 이 세상에서는 이룰 수 없는 것이라고 보았다. 그러므로 사랑의 구현을 정의를 통해서 시도하게 되는 것이다. 현실 세계에서는 정의를 윤리적 규범으로 삼아야 하며 정의를 통해서 사랑에 접근(approximation)할 수 있다고 하였다. 그러니까 정의를 실현하는 것이 구체적인 사회적 현실에서 사랑을 실현해 가는 것이라고 할 수 있다. 정의의 성취는 완전한 사랑에 무한히 접근하고자 노력하나 각각의 성취에서 완전한 사랑과 일치되거나 동일시될 수 없는 긴장을 초래한다는 것이다. 아가페의 윤리적 이상은 니이버의 사회윤리에서 궁극적인 규범인 셈이며 정의는 정의롭지 못한 사회에서의 상대적인 구현의 원리라 할 수 있을 것이다.

4) 겸손(Humility)

우리의 신앙생활에서 가장 중요한 것이 무엇이냐고 묻는 제자의 말에 어거스틴은 겸손이라고 대답하였으며 두 번째도, 세 번째도 겸손이라고 대답하였다고 한다. 첫째 아담이 선악과를 따먹고 범죄함으로 인류의 보편적인 죄인 원죄를 범하게 되었는데 이 죄의 본질을 신학자들은 공통적으로 교만이라고 정의하였다 (어거스틴, 파스칼, 존 웨슬리, 라인홀드 니이버). 하와를 유혹한 뱀이 말하기를 "너희 눈이 밝아 하나님과 같이 되어 선악을 알 줄을 하나님이 아심이니라"고 하였다. "너희가 하나님과 같이 되리라"(eritis sicut deus)고 하는 뱀의 말 속에는 엄청난 음모가 숨어있다. 피조물 인간이 창조자 하나님의 자리를 차지하고 동시에 창조자 하나님을 만물의 왕 되신 보좌의 자리에서 추방하겠다는 반역의 음모가 거기에 숨어 있다. 그리고 인간이 자

sity Press, 1960), 24~25.

신의 자리를 지키지 아니하고 높아지겠다는 교만이 그 안에 도사리고 있다. 이것은 결코 용납될 수 없는 무시무시한 대역죄(大逆罪)이다. 하나님이 왕이 되시는 그 나라에서 왕을 추방하려는 것은 현대적인 의미에서는 내란죄가 된다고 할 수 있다. 그리하여 범죄한 아담은 에덴에서 추방되고 말았다. 이렇게 최초 인간의 원죄가 교만이라는 것은 우리에게 시사하는 바가 크다. 이 교만의 반대말이 겸손이다. 성서에서는 교만을 멀리하고 겸손해야 할 것을 여러 곳에서 교훈하고 있다. "사람의 마음의 교만은 멸망의 선봉이요 겸손은 존귀의 앞잡이니라" (잠 18:12). "사람이 교만하면 낮아지게 되겠고 마음이 겸손하면 영예를 얻으리라" (잠 29:24).

하나님은 본래 겸손하다. 하나님의 천지창조는 그 자체가 하나님의 겸손 때문에 가능한 일이다. 하나님이 세상을 창조하였다는 것은 절대타자(Absolute Other)이신 하나님이 스스로 자신을 상대화하여 피조물의 대상이 되어 주신 사건이다. 본래 하나님은 인간의 대상이 될 수 없는 분이다. 그분은 인간을 초월하시는 분이다. 그러나 하나님의 은총 안에서 하나님은 창조자가 되시고 인간은 피조물이 되었다. 그리하여 하나님과 인간은 서로 계약을 맺고 인격적인 관계를 맺고 친교하게 되었다. 더 나아가서 인간은 하나님께 기도하고 예배할 수 있게 되었다. 기도 안에서 하나님은 인간의 대상이 되어 주신다. 예배 안에서 하나님은 인간의 대상이 되어 주신다. 하나님이 은총으로 기도와 예배의 대상이 되어 주심으로써 하나님은 스스로 자신을 제한하시고 낮추시고 겸비하신 것이다. 그러므로 창조로 말미암아 하나님과 인간의 관계는 하나님의 겸손 안에서, 하나님이 스스로 자신을 낮추어 주심으로써 비로소 하나님-인간의 본래적인 인격적 관계가 가능해진다. 창조는 하나님의 겸손의 표현이요 산물이다.

예수께서는 "나는 마음이 온유하고 겸손하니 나의 멍에를 메고 내게 배우라"고 하였으며, "그는 겸손하여 나귀, 곧 멍에 메는 짐승의 새끼를 탔도다"(마

21:5; 슥 9:9)고 하였다. "근본 하나님의 본체시나 하나님과 동등됨을 취할 것으로 여기지 아니하시고 오히려 자기를 비어[52] 종의 형체를 가져 사람들과 같이 되었고 사람의 모양으로 나타나셨으매 자기를 낮추시고 죽기까지 복종하셨으니 곧 십자가에 죽으심이라" (빌 2:6-8). 창조자 하나님 자신이신 예수께서 자신을 낮추시어 피조물이 되신 성육신은 하나님의 자기제한이며 겸손의 극단적인 표현이다. 무한자 하나님이 유한자 피조물로 오신 것 자체가 스스로 자신을 제한하신 것이다. 강한 자가 약한 자로 오신 것이요 높은 자가 낮은 자로 되신 것이며 부요하신 자가 가난한 자로 되신 것이다. 그런데 이런 그리스도의 겸손은 여기에서 끝나지 아니하고 마침내 십자가에 달리심으로써 극단적으로 표현되었다. 인간이 되심으로 끝나지 아니하고 자신 속에 있는 모든 생명을 다 포기하기까지 겸손의 극치를 보여주신 것이다. 거기다가 죽은 다음에는 음부에까지 내려가셨으니 예수는 더 이상 내려갈 수 없는 데까지 가셨다. 이것은 완전한 자기포기와 겸손의 극적인 성취이다.

그리스도인들은 예수의 본을 뒤따라야 한다. 겸손한 자를 높이시며 교만한 자를 낮추시는 하나님께서는 예수를 높여서 부활의 영광으로 인도하였으며 승천하여 하나님 보좌 우편에 앉게 하였다. 그러므로 그리스도인들은 십자가를 지고 예수를 따라야 한다. 영광의 신학 이전에 십자가의 신학이 먼저 있어야 한다. 부활이전에 십자가가 먼저 있어야 한다. 교회는 낮은 자리로 내려가야 한다. 그런 다음에 하나님의 영화롭게 하심을 기다려야 한다. 교회가 스스로 교만하여져서 자신을 높이려고 하면 그 결과는 비참한 굴욕이 뒤따라온다.[53] 교회의 영광은 스스로 높아짐에 있지 않고 낮아짐에 있다. 그리스도인은 비움을 먼저 배워야 한다. 자랑과 영광과 축복과 성공보다도

---

52) "비어"의 희랍어는 *kenosis*인데, 이것은 emptiness, made himself nothing의 의미이다.
53) 설교와 예배는 하나님을 드러내는 것이지 인간을 드러내는 것이 아니다. 인간을 드러내고 자랑하는 모든 예배와 설교는 비본래적인 것이요 실패한 것이다.

낮춤과 참음과 비움과 헌신을 먼저 추구해야 한다. 이것이 진정한 교회의 가야할 길이다. 이것이 온유하고 겸손하신 예수 그리스도를 따르는 십자가의 길이다.

4. 맺는말

　인간이 하나님의 속성을 말한다는 것은 신학적으로 불가능하다. 하나님을 인간이 알 수 없기 때문이다. 그러나 인간이 하나님을 말할 수 있는 가능성이 하나님 자신으로부터 나온다. 하나님의 계시를 통해서 인간은 비로소 하나님을 알 수 있고 하나님에 대해서 말할 수 있다. 인간의 하나님에 대한 말은 하나님 자신의 계시에 근거하고 있다. 그러므로 하나님의 속성에 대한 인간의 말은 하나님의 계시의 말씀인 성서에 근거하고 있으며 성서에 기록된 하나님의 속성은 성서를 기록한 인간이 경험한 하나님의 계시에 근거하고 있다.

　성서에서 말씀하는 하나님의 속성은 그러므로 인간이 이해할 수 있는 인간적인 언어로 구성되어 있다. 인간이 경험할 수 있는 것들에 대한 유비와 상징을 통해서 하나님은 자신의 속성을 계시하고 있다. 이것들을 분류하여 초월적 속성과 내재적 속성으로 구분하는 것이다. 인간의 이해를 초월하여 직접 경험 속에 포함할 수 없는 영원하고 무한한 하나님의 속성들과 인간의 경험 안으로 수용할 수 있는 사랑이나 선 등으로 구별된다.

　그러나 그럼에도 불구하고 인간의 경험과 유사한 하나님의 속성들도 여전히 인간적인 차원을 초월하는 신적인 것이다. 왜냐하면 인간의 사랑과 하나님의 사랑은 질적으로 다르기 때문이다. 하나님의 사랑은 자녀를 생산하지 않으며 하나님의 사랑은 같이 식사를 하거나 선물을 교환하지도 않는다.

바르트는 이것을 하나님만이 인격이고 인간은 인격이 아니라고 표현하였다. 인간은 하나님이 창조하신 본래적인 인격성을 상실하였기 때문이다. 그러므로 우리가 알고 있는 유일한 인격은 예수 그리스도이다. 그분만이 본래 하나님이 창조하신 인격을 보유하고 있다.[54]

그러면 하나님의 내재적인 속성은 인간에게 무슨 의미가 있는가? 하나님의 사랑과 거룩성은 인간이 그렇게 되어야 하는 목표가 된다. 하나님이 거룩하니 우리도 거룩해야 한다는 명령의 근거가 되며 하나님이 삼위일체 안에서 서로 사랑한 것처럼 우리도 서로 사랑해야 한다는 윤리적인 규범의 근거가 되기 때문에 하나님의 속성론은 단지 객관적인 지식으로 끝나지 않는다. 우리가 하나님에 대해서 깊이 인식하면 할수록 하나님의 속성이 우리에게 주는 윤리적 명령의 강도는 더 심화될 것이다. 그리고 그것이 그리스도인의 삶의 목표를 더 고양시키고 기독교의 성숙성을 더 강화해 갈 것이다. 하나님의 직설법은 하나님의 명령법이다.

---

54) 오토 베버, 〈칼 바르트의 교회교의학〉 (대한기독교서회, 1976), 88.

5
삼위일체론

    하나님이 존재한다는 여러 가지 신론들 가운데서 유대교와 같이 하나님이 한 분만 있다는 유일신론(monotheism), 희랍신화처럼 여러 신들이 함께 살고 있다는 다신론(polytheism), 그리고 여러 신들의 존재를 인정하되 그 중에서 자기들의 신 한 분만 섬긴다는 최고신론(henotheism), 이 우주의 모든 것들에는 신령이 깃들어 있다는 범신론(pantheism) 등이 있다. 최근에는 과정신학에서 자신들의 신관을 만유재신론(panentheism)이라고 하는데, 이것은 하나님의 초월성과 내재성을 함께 주장하는 입장이다. 기독교는 기독교만의 독특한 신관을 가지고 있는데 그것이 삼위일체론이다. 기독교는 구약종교의 유일신관을 계승하였다. 유대교의 신 야웨를 기독교에서도 똑같이 유일하신 하나님으로 섬긴다. 그러나 한 분 하나님 야웨 안에 성부, 성자, 성령이라는 구별된 세 인격이 있다고 믿는다. 이것은 유대교와는 다른 독창적인 신관으로서 삼위일체론이라는 기독교의 고유한 신관이다.

    삼위일체론은 기독교신학의 가장 독특한 사상이다. 그런데 성서에는 삼위일체론이 없다. 삼위일체라는 개념은 교회의 신학이 성서의 하나님을 해명하기 위해 만들어낸 것이다. 물론 성서 안에는 삼위일체 하나님에 대해서 진술하고 있으며 삼위일체 하나님은 창세전부터 계신 기독교의 하나님이다. '삼위일체'라는 말은 성서에는 없으며 어디까지나 신학의 산물이요 교회의 창작이다. 성서의 저자들은 아직 삼위일체론을 가지고 있지 않았다. 삼위일체(Trinity)는 영원 전부터 존재하지만 삼위일체론(Doctrine of the Trinity)은 교회의 산물이다. 하나님의 계시는 하나님의 자기해석이며 계시된 하나님을 삼위일체라고 말하는 것은 교회의 해석이다. 즉 하나님의 해석에 대한 교회의 해석이 삼위일체론이다.[1] 삼위일체론이 형성되는 과정에서 수많은 이단들이 발생하였으며 삼위일체론은 아직까지 미완성인채로 계속해서 형성되어가는 도상에 있는 이론이다.

I. 삼위일체론의 성서적 근거

구약성서에서 삼위일체론을 찾는다는 것은 불가능하다. 구약종교의 하나님은 유일신이기 때문이다. 그러나 구약성서를 구약신학의 안목이 아니라 조직신학의 안목으로 본다면 구약에서 삼위일체론의 단서를 찾는 것이 전혀 불가능하지 않다. 조직신학은 성서에 없는 것을 말할 수 있기 때문이다.[2] 창세기 1장에 의하면 하나님이 천지를 창조할 때 하나님의 신 즉 성령이 수면에 운행하였으며 하나님은 그의 말씀으로 천지를 창조하였다. 그런데 요한복음 1장 3절에 의하면 하나님이 말씀으로 천지를 창조하였다. 구약과 신약에서 다 같이 하나님의 말씀으로 천지를 창조하였다고 증거하고 있으며 이 말

---

1) E. Jungel, *The Doctrine of the Trinity: God's Being is in Becoming* (Grand Rapids: Eerdmans, 1976), 15, 17. CD I/1, 311. 바르트는 해석이란 같은 것을 다른 말로 말하는 것이라고 하였다.
2) 오늘날 우리가 사용하고 있는 성례전을 가리키는 sacrament는 성서에서 나온 말이 아니다. 삼위일체(Trinity) 역시 성서에서 유래하지 않았다. 삼위일체론에서 사용된 개념인 본질(essence) 역시 희랍철학에서 유래하였다. 성서를 해명하기 위해서 우리는 새로운 신학용어를 만들어낼 수 있다. 이것은 하나님이 교회에 허락하신 창조적인 작업이라고 할 수 있다.

씀이 구체적으로 성자 예수 그리스도라고 주장하고 있다. 따라서 천지창조는 삼위일체 하나님의 공동의 산물임을 성서가 증거하고 있음을 알 수 있다.

창세기 1장 26절에서 하나님이 사람을 창조할 때 "우리의 형상을 따라 우리의 모양대로 우리가 사람을 만들고 그들로 바다의 물고기와 하늘의 새와 가축과 온 땅과 땅에 기는 모든 것을 다스리게 하자 하시고" 라고 하였는데 하나님이 자신을 가리키는 말을 일인칭 복수로 사용한 것은 삼위일체의 복수라는 해석이 가능하다. 그 외에 아브라함에게 나타난 세 사람 또는 세 천사(창 18장)를 삼위일체의 암시로 해석하기도 한다.[3]

신약성서에서는 예수가 요단강에서 세례 받은 후 물위로 올라올 때 성령이 비둘기의 형상으로 임하였으며 하늘이 갈라지고 말씀하기를 "이는 내 사랑하는 아들이요 내 기뻐하는 자라" 하였다 (마 3:17). 구약에서 천지를 창조하실 때 삼위일체 하나님이 공시적으로 임재했다면 신약에서 예수 그리스도의 구원사가 시작되는 때에 삼위일체 하나님이 한 곳에 동시에 임재한 것은 삼위일체적인 사건이다. 이것은 예수의 세례로부터 시작되는 하나님의 구체적인 구원사건이 태초에 일어났던 천지창조에 비견되는 우주적인 중요성을 가진 사건임을 증거하는 것이다.

신약성서에서 가장 오래된 삼위일체적인 공식은 고린도전서 12장 4절에 나타난다. "은사는 여러 가지나 성령은 같고 직분은 여러 가지나 주는 같으며 또 사역은 여러 가지나 모든 것을 모든 사람 가운데서 이루시는 하나님은 같으니." 여기에서 사도 바울은 희랍적 사고 즉 한 분 안에 있는 세 인격이라고 생각하지 않고 히브리적 사고 즉 행동하는 하나님(God in action)으로 생각

---

3) 구약신학자들은 엘의 복수형 엘로힘을 하나님의 위엄(dignity of God)을 나타내는 복수라고 해석하고 있다. 그러나 삼위일체론적으로 볼 때 하나님은 스스로를 복수로 간주할 수 있다. 예수는 아버지께 기도할 때 우리라는 복수 일인칭을 자주 사용하였다. 칼 바르트는 창세기 1:26의 '우리'를 삼위일체의 복수라고 보았다. 김영선, 〈예수와 삼위일체 하나님〉 (기독교 문서선교회, 1996), 157.

하였다. 세 가지 다른 방식(way) 안에 있는 한 하나님의 동일한 행동(action)이라는 의미로 사용되었다. 고린도후서 13장 13절에서 축도의 공식이 삼위일체론적으로 규정되었다. "주 예수 그리스도의 은혜와 하나님의 사랑과 성령의 교통하심이 너희 무리와 함께 있을지어다." 마태복음 28장 19절에서 예수는 이렇게 말씀하였다. "그러므로 너희는 가서 모든 민족을 제자로 삼아 아버지와 아들과 성령의 이름으로 세례를 베풀고." 이 구절을 세례의 근거로 해석하기도 하였으나 여기에 대한 반론도 강하다.[4] 이 구절은 세례의 근거로서의 의의보다는 삼위일체론의 근거로서 훨씬 더 중요하게 간주되어야 한다. 기독교회는 초기부터 하나님을 삼위일체론적으로 이해하기 시작하였다. 다만 삼위일체라는 개념을 아직 만들어내지 못했을 뿐이다. 로마서 1장 3절에서 예수 그리스도는 성령을 통하여 아버지에 의한 능력 안에서 하나님의 아들로서 취임한다.[5] 요한복음 17장에서 예수는 아버지와 자신이 하나라는 것을 명백하게 천명하였다. 그리고 요한복음 16장에서 예수는 자신을 대신할 다른 보혜사 곧 성령이 올 것임을 예고하였기 때문에 성령과 성자와 성부의 삼위일체에 대한 이해가 예수 자신에 의해서 제시되었다고 할 수 있다. 삼위일체는 어느 누구보다도 예수 그리스도에 의해서 그의 입을 통하여 말씀되어진 것이므로 우리는 이보다 더 강력한 성서적 근거를 찾을 수 없다.

성서에서는 아직까지 삼위일체라는 개념이 발생하지는 않았지만 삼위일체 하나님에 대한 인식이 희미하게나마 나타나고 있었으며 점점 강화되어 갔다. 앞에서도 언급한 바와 같이 삼위일체론은 교회의 산물이지만 삼위일

---

4) 칼 바르트는 이 구절은 본래 세례명령이기 보다는 선교명령이며 최초의 교회는 삼위일체의 이름으로 세례를 베풀지 아니하고 예수 그리스도의 이름으로 세례를 시행하였기 때문에 마태복음의 본문이 기독교 세례의 근거가 될 수 없으며 오히려 요단강에서의 예수 자신의 세례가 기독교 세례의 근거가 되어야 한다고 주장하였다. K. Barth, *Church Dogmatics* IV/4, 51; 전성용, 〈칼 바르트의 성령론적 세례론〉 (한들출판사, 1999), 216.

5) 김영선, ibid., 158.

체 하나님은 영원 전부터 존재하기 때문이다. 그러므로 하나님은 영원 전부터 삼위일체 하나님으로 존재하였고 성서 안에서 희미한 상태로 계시되었으며 교회 안에서 삼위일체 하나님에 대한 인식이 점진적으로 확실하게 되어 갔다고 할 수 있다.

II. 삼위일체론의 역사

삼위일체는 영원전부터 존재한다. 그러나 삼위일체론은 교회의 산물이다. 성서에는 삼위일체라는 말이 없다. 구약시대에는 야웨 한 분만이 하나님이라는 일신론(monotheism)이 강조되었으며 신약시대에는 예수가 하나님의 아들이요 그리스도라는 기독론에 관심이 집중되었다. 고대교회시대에도 예수 그리스도의 본성의 문제에 관심이 집중되었으며 성령에 대한 관심은 부차적이었다. 최초의 세계교회회의인 니케아회의(A.D. 325)에서 예수의 신성이 확립되었으며 콘스탄티노플회의(A.D. 381)에서는 예수의 인성과 성령의 신성이 확립되었고 칼케돈회의(A.D. 451)에서는 예수의 신성과 인성의 관계가 정립되었다. 그러니까 고대교회의 신학적 관심은 성령보다도 성자 쪽으로 기울어졌다고 할 수 있다. 그리고 성령의 문제는 부수적으로 다루어졌다. 그러나 그럼에도 불구하고 성령에 대한 관심이 없었거나 미약했다고 말할 수는 없다. 비록 성자만큼 주목을 받지는 못했다고 하더라도 성령에 대해서도 많은 관심을 가지고 연구하였으며 다양한 신학적 이론들이 등장하였다. 고대교회 시대부터 삼위일체론이 발전하기 시작하였으며 삼위일체론이 발전했다는 것은 곧 성령론이 발전했다고 할 수 있다. 삼위일체론의 발전과정은 성령론의 발전과정이다.

성서에는 삼위일체라는 말이 없다. 다만 삼위일체론의 근거가 되는 구절들이 있을 뿐이다. 구약성서에서 삼위일체론의 근거를 찾으려는 노력들이 있어 왔다. 예를 들면, 구약에 나타난 하나님의 지혜, 하나님의 말씀, 하나님의 영이 하나님을 인격화한 표현으로서 삼위일체와 유비가 되며 이 삼자는 각각 성부 성자 성령과 상응한다는 것이다.[6] 그리고 천지창조에서 창조하시는 하나님과 하나님의 입으로부터 나오는 말씀과 수면에 운행하시는 하나님의 영은 삼위일체의 삼위를 각각 지시하는 것으로 해석될 수 있다.[7] 더 나아가서 창세기 1장 26절에서 "하나님이 이르시되 우리가 우리의 형상을 따라 우리의 모양대로 사람을 만들고"라고 할 때 '우리'의 복수는 삼위일체의 복수라고 해석하는 신학자도 있다.[8] 그러므로 구약성서학자들의 반대에도 불구하고 구약성서에서 우리는 삼위일체론의 단초들을 찾아낼 수 있다. 구약성서에서는 아직까지 삼위일체론이 발생하지 않았지만 삼위일체론적 관점에서 구약을 읽을 때 구약 안에 이미 삼위일체 하나님의 계시가 단편적으로 암시되어 있음을 알 수 있으며 이것은 점진적으로 발전되어 신약을 통해서 더 확실하게 계시되었고 교회시대에 비로소 삼위일체론이라는 이론으로 구체화되었다. 하나님의 계시의 역사는 인간의 하나님 인식의 역사이며 이 계시는 일시에 완성된 것이 아니라 역사를 통해서 점진적으로 발전되었다. 따라서 성서에 없는 사상이라도 교회는 성서에 근거하여 창조적인 신학을 발

---

6) 알리스터 맥그래스, 〈역사속의 신학〉, 384.
7) 하나님이 창조하실 때 말씀하시는 행위에서 발성기관과 발성기관을 통해서 분출되는 바람의 관계를 성자와 성령의 관계로 유비적으로 설명할 수 있다. 우리가 언어행위를 할 때 발성기관의 운동만으로는 언어가 생성되지 않는다. 허파로부터 뿜어져 나온 바람이 발성기관을 통과하면서 발성기관이 움직일 때 언어행위가 가능해진다. 이 비유는 마틴 루터에 의해서 제안된 것이다. 김중기, "교회성장에 있어서의 말씀의 사역," 〈교회성장〉 제1집 (서울서적, 1981), 107.
8) Karl Barth, CD III/2, 324. 바르트는 창세기 1장의 우리를 삼위일체의 복수라고 보았으며 하나님의 형상을 남자와 여자 사이의 '나와 너'(I and Thou)라는 인격적인 주객관계로 해석하였다. 이것은 어거스틴이 말한 바 성령이 성부와 성자를 연결하는 사랑의 끈(bond of love)이라는 사상과 연속선상에 있다.

전시킬 수 있다.9)

신약성서에서 삼위일체론과 관련하여 가장 대표적인 구절은 마태복음 28장 19절과 고린도후서 13장 13절이다. 그 외에 고린도전서 12장 4~6절,10) 고린도후서 1장 21~22절,11) 에베소서 2장 22절,12) 데살로니가후서 2장 13절,13) 디도서 3장 4~6절,14) 베드로전서 1장 2절15) 등에서 성부와 성자와 성령에 대해 동시에 언급하고 있다. 그러나 신약성서에 나타난 삼위일체론적인 언급은 삼위일체론이 발전하면서 희랍철학의 요소들이 신학 안에 들어와서 형성한 사고와는 거리가 있다. 사도 바울은 희랍적 사고를 따라서 삼위를 언급한 것이 아니다. 바울은 성부, 성자, 성령을 한 분 안에 있는 세 인격이라고 생각하지 않았다. 오히려 바울은 히브리적 사고 즉 행동하는 하나님으로 생각하였으며 세 개의 다른 방식 안에 있는 한 하나님의 동일한 행동이라고 생각하였다. 그런데 단순히 단일적인 하나님의 개념은 하나님의 역동성을

---

9) 삼위일체뿐만 아니라 오늘날 우리가 은혜의 도구(means of grace)로 사용하는 성례전(sacrament)도 성서에 없는 개념이다. 그러므로 신학은 성서에 근거하여 새로운 개념을 창조할 수 있다. 이것은 교회의 지혜이다.
10) "은사는 여러 가지나 성령은 같고 직분은 여러 가지나 주는 같으며 또 사역은 여러 가지나 모든 것을 모든 사람 가운데서 이루시는 하나님은 같으니."
11) "우리를 너희와 함께 그리스도 안에서 굳건하게 하시고 우리에게 기름을 부으신 이는 하나님이시니 그가 또한 우리에게 인치시고 보증으로 우리 마음에 성령을 주셨느니라."
12) "너희도 성령 안에서 하나님이 거하실 처소가 되기 위하여 그리스도 예수 안에서 함께 지어져 가느니라."
13) "주께서 사랑하시는 형제들아 우리가 항상 너희에 관하여 마땅히 하나님께 감사할 것은 하나님이 처음부터 너희를 택하사 성령의 거룩하게 하심과 진리를 믿음으로 구원을 받게 하심이니."
14) "우리 구주 하나님의 자비와 사람 사랑하심이 나타날 때에 우리를 구원하시되 우리가 행한바 의로운 행위로 말미암지 아니하고 오직 그의 긍휼하심을 따라 중생의 씻음과 성령의 새롭게 하심으로 하셨나니 우리 구주 예수 그리스도로 말미암아 우리에게 그 성령을 풍성히 부어 주사."
15) "곧 하나님 아버지의 미리 아심을 따라 성령이 거룩하게 하심으로 순종하고 예수 그리스도의 피 뿌림을 얻기 위하여 택하심을 받은 자들에게 편지하노니 은혜와 평강이 너희에게 더욱 많을지어다."

충분히 표현할 수 없다. 하나님의 역동적인 활동형태야말로 삼위일체 교리에 표현된 하나님의 모습이라고 할 수 있다. 그러므로 삼위일체론은 성서에 계시되고 그리스도인들의 경험 속에서 계속되는 하나님의 활동형태에 대한 한결같고도 중요한 반향의 과정을 통해 얻어진 결과라고 볼 수 있다. 이는 성서가 삼위일체론을 포함하고 있다는 말이 아니다. 오히려 성서는 삼위일체적인 모습으로 이해되기를 원하시는 한 분 하나님을 증거하고 있다고 말할 수 있다.[16]

삼위일체론은 교회의 위대한 교부들의 진지한 성찰과 토론의 과정을 통해서 성장한 신학적 산물이다. 어느 한 사람에 의해서 독창적으로 고안된 것이 아니라 수많은 신학자들의 오랜 고심의 산물이며 특별히 교회가 전체 회의를 통해서 결정한 교리이다. 최초의 신학자라고 일컬어지는 이레네우스(Irenaeus)는 구원의 시작부터 끝까지 전 과정은 성부와 성자와 성령에 대해서 증언한다고 주장했다. 그는 영지주의자들과 대결하였는데 영지주의자들은 창조주 하나님이 구원자 하나님과는 완전히 구별되는 열등한 신이라고 주장했다. 구약의 하나님은 창조주이며 신약의 구원자 하나님과는 전적으로 다르다. 따라서 그리스도인들은 구약성서를 멀리하고 신약성서에 집중해야 한다고 하였다. 그러나 이레네우스는 이들의 사상을 배격하고 창조의 처음 순간부터 역사의 마지막 순간까지 구원의 모든 과정은 한 분 동일하신 하나님의 역사라고 주장하였다. 오직 하나의 구원의 경륜만이 있으며 그 안에서 창조주이자 구원자이신 한 분 하나님이 피조물을 구원하기 위하여 활동한다고 하였다. 이레네우스가 창안해낸 구원의 경륜(oikonomia)이라는 용어는 역사 속에서 하나님이 정하신 인류구원의 방식을 의미하였다.[17] 다음의 글에 성부와 성자와 성령이 구원의 경륜 속에서 구별되면서 동시에 연관된다는

---

16) 알리스터 맥그래스, 〈역사속의 신학〉, 384.
17) Ibid., 387.

그의 사상이 잘 나타나 있다.

성부 하나님은 창조되지 않은 분이며, 그 어느 것에도 속하지 않는 보이
지 아니 하시는 한 분 하나님이시며, 전 우주의 창조자이시다. 이것이
우리 신앙의 첫 번째 조항이다...하나님의 말씀, 하나님의 아들, 우리의
주 예수 그리스도는 만물을 자기 안에 모으시기 위하여, 그 정해진 시간
이 되자, 육체를 입으시고 우리가 볼 수 있도록 인류 가운데 한 인간으로
오셨다. 그분은 죄를 멸하시고, 생명을 주시며, 하나님과 인간 사이의
관계를 회복하기 위하여 오신 것이다. 그리고 성령께서는 정해진 시간이
되어 우리 인간의 본성 가운데 새로운 형태로 임하셨는데, 이는 하나님
의 시야 안에 있는 온 땅의 인간을 새롭게 하시기 위함이었다.[18]

A.D. 180년경 데오필루스(Theophilus)는 하나님의 존재에 대해 말하기를
"천체가 생기기 이전에 있던 사흘의 시일은 하나님과 그의 말씀과 그의 지혜
의 셋 한 쌍(trias)을 나타내는 상징이다"라고 말했다. 데오필루스의 말에는
아직 삼위일체를 표현한 trinitas라는 개념이 발생하지 아니하였고 이 구절의
의미가 모호하기는 하지만 2세기의 교회는 처음부터 삼위일체에 대하여 해
명하기 위해서 열렬히 노력하고 있었음이 분명하다. 제베르크(Seeberg)는 말
하기를 "삼위일체는 변증론자들의 공통적 신앙 내용이었으며...삼위일체의
신비에 대하여 말할 기회가 별로 없었다고는 할지라도, 그들에게 있어서는
이 신비를 파악하는 일이 가장 심오한 문제요 최고의 원망이었다"고 했다.[19]
   2세기의 교부신학자인 오리겐(Origen)은 신플라톤주의의 영향을 받아 하
나님은 물질적이거나 가시적인 것이 아니라 영적인 실재라고 보았으며 모

---

18) 이레네우스, 〈사도들의 설교에 대한 해설〉(*Demonstration of the Preaching of the Apostles*); 알리스터 맥그래스, ibid.
19) 알리스터 맥그래스, ibid., 176.

든 사물과는 반대되며 모든 사물의 원인이라고 하였다. 성자는 하나님으로부터 나온 누우스(Nous)로서 아들은 아버지로부터 영원히 출생한다(eternally begotten)는 독특한 주장을 함으로써 삼위일체교리의 발전에 지대한 공헌을 하였다.[20] 그는 성부와 성자의 동등한 영원성을 최초로 주장하였다. 이것은 군주신론(Monarchianism)에 대한 강력한 반대를 의미한다.[21] 그러나 그는 종속설을 완전히 극복하지 못했으며 우리는 성부에게만 기도해야 한다고 주장하였다. 그는 로고스가 모든 이성적 사물 가운데서 활동하는 것과는 달리 성령은 성도들의 영혼 가운데서만 활동한다고 하였다. 그러므로 성령의 활동 분야는 삼위 중에서도 가장 좁다. 아버지는 존재의 영역을 지배하고, 아들은 이성의 영역을 다스리며 성령은 신자들의 영혼 가운데서 활동한다. 그러므로 삼위일체는 성부를 가장 크게 그리고 성령을 가장 작게 그린 삼중의 동심원으로 된 도식으로 나타낼 수 있을 것이다.[22]

북아프리카 카르타고에서 태어난 터툴리안(160~220 또는 155~225)은 30세경 기독교로 전향한 후 이단으로부터 정통신학을 수호하기 위하여 노력하였으며 A.D. 200년경에는 로마교회와 관계를 끊고 이단적 성령운동 집단이었던 몬타누스주의에 가담하였다. 기독교의 삼위일체신학이 공통적으로 사용하는 trinity의 라틴어 trinitas라는 말을 최초로 사용한 사람이 터툴리안(Tertullian)이다. 그는 당시 이단 프락세아스(Praxeas)에 반대하는 책들을 저술하였는데, 프락세아스의 군주신론(Monarchianism)을 반대하여 삼위실체론(Hypostasianism)을 옹호하였다. "나는 셋이 결합된 하나의 본질을 도처에서 볼 수 있다."[23] "삼위는 본질의 통일에 의하여 모두 일체에 속한다. 그러면서도 단일체 신비는 그대로 보존된다. 그러나 삼위는...그 본질이 셋이 아니라 양식

---

20) 니이브, 〈기독교교리사〉, 146.
21) Ibid., 178.
22) Ibid., 146.
23) Tertullian, *Against Praxeas*, 12; 니이브, ibid., 177.

이 셋이며, 그 능력이 셋이 아니라 표현이 셋이다. 왜냐하면 삼위는 모두 한 본질, 한 실재, 한 능력이며 성부와 성자와 성령의 이름으로 이해되는 이런 순서와 양식과 모양은 모두 한 분 하나님에게서 나온 것이기 때문이다."[24]

그 당시 희랍의 신학자들은 삼위일체를 본질(ousia)은 하나이고 위격(hypostasis)는 셋이다 라고 표현하였다. 터툴리안은 이것을 라틴어로 번역하면서 실체(substantia)는 하나이고 인격(persona)은 셋이라는 용어를 사용하였다. 지금까지 우리가 사용하고 있는 인격(Person)이라는 용어가 터툴리안에 의해서 최초로 사용된 것이다. 터툴리안이 사용한 실체는 후포스타시스(hypostasis)의 번역어인데 이것이 희랍어에서는 삼위를 나타내는 개념이었으나 라틴어에서는 일체를 나타내는 개념이 되면서 동서교회 사이에 혼란이 야기되었다. 어쨌든 터툴리안은 역사 속에 나타난 하나님의 계시가 갖고 있는 고유한 복합성에도 불구하고 하나님 안에서의 근본적인 합일을 표현하기 위해서 이 용어를 사용하였다. 특히 인격이라고 번역되는 persona는 배우가 무대에서 쓰는 가면을 의미하는 것으로서 본래 이 개념 자체는 양태론적인 특성을 지니고 있는 개념이다. 왜냐하면 배우가 맡은 역할은 겉모습의 차이이지 배우 자신은 하나의 존재성만을 가지기 때문이다. 어쨌든 이 개념은 인류의 구원이라는 장대한 드라마 속에서 서로 구별되면서도 동시에 관련된 세 가지의 배역을 담당하시는 한 하나님을 의미하고자 하였다. 그리고 이 용어는 지금까지도 사용되고 있기 때문에 터툴리안은 삼위일체론의 형성에 대단히 중요한 공헌을 했다.

사벨리우스(Sabellius)는 215년경 로마에서 가르쳤다. 그는 양태론자(modalist)들 가운데서 가장 중요한 인물이었다. 한 사람의 연극배우가 관중 앞에서 세 가지의 다른 성격 또는 역할을 맡아 출연한다고 하더라도, 그의 진짜 인격은 오직 하나 뿐인 것 같이 성부와 성자와 성령은 한 분 하나님의 다양한

24) Tertullian, ibid., 2; 니이브, ibid.

행동 양식(mode) 또는 겉으로 드러난 모양에 불과하다고 보았다. 그가 사용한 비유를 들어 설명하자면 인간은 육체와 혼과 영의 세 가지 명칭을 가지고 있으나 그에게는 오직 한 인격이 있을 뿐이며, 태양은 빛과 열과 둥근 형체를 가지고 있으나 오직 하나의 태양이 있을 뿐이다. 그와 마찬가지로 하나님도 성부와 성자와 성령의 세 가지 명칭을 가지고 있으나 오직 한 인격이 있을 뿐이다. 성부와 성자와 성령은 동일하다. 그러므로 하나님은 세 가지의 다른 형태로 나타나는 단일한 실체, 단일한 인격이다. 이러한 사벨리우스의 생각은 삼위일체의 내적 관계에서 세 인격 사이의 구별성을 확보하지 못하기 때문에 성서에 나타나는 삼위 사이의 인격적 상호관계를 설명할 수 없다는 문제점이 생기게 된다. 사벨리우스는 결국 이단으로 파문을 당했지만 그는 부지불식간에 후대의 정통적 기독론에서 사용된 동일본질(homoousios)의 개념을 위해서 길을 예비한 결과가 되었다.25)

아다나시우스(Athanasius)는 295년에 알렉산드리아에서 태어났다. 325년 니케아회의 당시 집사였으며 알렉산더 감독의 비서로서 감독의 수행원으로 니케아회의에 참석하였다. 그는 이 회의에서 영웅적인 활약으로 아리우스를 격파하고 성부와 성자의 동일본질(homoousios)교리를 창출해 내었다. 그는 그 때에서 아리우스가 주장한 성부와 성자의 유사본질론(homoiusios)을 거부하였다. 아리우스는 성부만 하나님이고 성자는 최초의 피조물이며 성령은 그 다음 피조물이라고 함으로써 성자는 존재하지 않았던 적이 있게 되고 따라서 성자의 신성에 결함이 생기게 되는 이단설을 주장하였다. 아리우스의 주장은 성자가 성부에게 성령은 성자에게 종속되는 결과를 가져왔으며 따라서 그의 사상은 지금까지 종속설(subordinationism)이라고 불린다. 아리우스의 종속설이 교회에 의해서 거부되었음에도 불구하고 서방신학의 전통은 종속설적인 경향이 있음을 부인할 수 없다.

---

25) 니이브, ibid., 183.

아다나시우스는 알렉산더 감독이 죽은 후 328년에 감독이 되어 373년까지 그 자리를 지켰다. 그는 삼일(triad)이신 하나님은 동질적이며 분할될 수 없다. 영은 그 하나님의 한 구성원이기 때문에 아버지와 아들과 같은 실체를 갖는다. 신성은 영원부터 삼일(triad)의 상태로 계셨다. 하나님은 하나의 동일한 분할할 수 없는 본체를 가지고 있으며 세 위는 하나이자 동일한 행동력을 가졌다. 아버지가 창조를 하시든 우주를 통치하시든 또는 구속하시든 간에 그는 말씀을 통하여 하신다. 또한 무엇이든지 말씀을 수행할 때는 영을 통하여 한다. "거룩하고 축복된 삼일(triad) 하나님은 분할될 수 없으며 한 분이시다. 아버지가 언급될 때 말씀이 포함되며 영도 그렇다. 이 영은 아들 안에서 영이다. 아들이 언급될 때 아버지는 아들 안에 있고 영도 말씀 밖에 있는 것이 아니다. 성령 안에서 아들을 통하여 아버지에 의하여 채워진 단 한 가지의 은총이 있기 때문이다."[26]

그 당시의 일반적인 관례와 달리 그는 성령을 하나님이라고 불렀다. 영은 아들의 참 형상이다. 그는 아버지로부터 나왔다. 영은 하나님에게 있고 하나님으로부터 나왔다. 아들은 아버지로부터 왔기 때문에 그는 아버지의 본성과 같다. 마찬가지로 영도 아들의 본성과 같다. 그리고 아버지의 본성과도 같다. 그 안에서 삼위일체가 완결되었다고 주장하였다.

카파도키아학파에 속하는 바실(Basil, 330~379)과 바실의 동생인 닛사의 그레고리(Gregory of Nyssa) 그리고 나지안주스의 그레고리(Gregory of Nazianzus)는 삼위일체론 형성에 큰 영향을 끼쳤다. 이들은 성령의 완전한 신성을 확립함에 있어서 중추적인 역할을 담당하였다. 성령의 완전한 신성은 381년에 열린 콘스탄티노플회의에서 공인되었다.

바실은 하나의 보편성과 다양한 특수성 사이의 관계를 가지고 삼위의 통일성과 구별성을 해명하려고 하였다. 그는 삼위일체 안에서, 하나의 신성은

---

26) Athanasius, *Ad Serap.*, 1, 14; J. Kelly, *Early Christian Doctrines* (1978), 258.

보편성과 그리고 세 위격은 특수성과 유사하다고 보았다.[27] 모든 사람이 공유하고 있는 공통적인 인간의 본성이 곧 모든 인간들이 동일한 존재임을 의미하지는 않는다. 모든 사람들이 이러한 공통적인 본성을 가지고 있지만 그들 모두는 각자의 개성을 보유하고 있다. "영적 아버지에 대하여 가지는 관계는 근원적이고 영원한 것이다. 세 위격 사이에 구별이 있는 동시에 통일이 있음은 의심할 수 없다. 하나의 영이 아들을 통하여 아버지 자신과 하나가 됨으로써 경모할만하고 복된 삼위일체가 완결된다."[28] 그는 "하나님 아버지께 성령 안에서 아들을 통하여" 그리고 "아들과 성령이 함께"라고 노래하였다. 이렇게 삼위의 관계를 설명하면서 '통해서' '안에서' '함께'라는 개념을 사용하여 아버지와 아들과 영의 본성적 상호교류 또는 관계성을 강조하였다. 그가 말하는 본성적 상호교류(communio substantiae)는 신성의 통일성과 단일성을 강조하다가 군주신론으로 빠진 데오도투스나 사모사타의 바울을 경계하기 위한 것이었으며 신성의 통일성과 위격의 고유성을 동시에 확보하기 위한 노력이었다.

닛사의 그레고리는 성부와 성자와 성령의 관계에서 성부가 최고 원천 또는 최고 근원으로 간주되어야 한다고 보았다. 그는 삼위일체 안에서의 단일성의 궁극적인 배경은 성부라고 보았다. "세 인격은 하나의 본질을 갖고 있는데 그 세 인격의 일체성의 배경은 바로 성부이다."[29] 그러면 하나의 신성이 세 위격 속에 어떻게 공존할 수 있는가? 그는 이것을 보편성과 특수성의 관계로서 해명하였다. "베드로와 야고보와 요한은, 이들이 하나의 보편적인 인간성을 공유하였음에도 불구하고, 세 명의 사람들로 불려진다. 그러니 한

---

27) 알리스터 맥그래스, ibid., 396.

28) Basil, Ep., 45; J. F. Bethune-Baker, *An Introduction to the Early History of Christian Doctrine* (1903); 이종성, ibid., 251.

29) 알리스터 맥그래스, ibid., 396; 그는 세 인격이 하나의 본질을 가지고 있다고 함으로써 성령이 성부와 동일본질임을 주장하였다. 나중에 어거스틴도 같은 주장을 하였다. J. L. 니이브, 〈기독교교리사〉, 192, 196.

편으로는 성부, 성자, 성령이 한 하나님이라고 말하며, 또 다른 한편으로는 세 분의 신에 대하여 말하고 있음을 부인함으로써, 우리가 어떻게 우리의 신앙을 훼손시킬 수가 있단 말인가?"[30] 이와 같이 삼위일체 내의 세 위격은 각각 독특한 성격을 가지고 있다고 하였다. 그러나 이러한 유비의 난점은 삼신론(three-theism)으로 기울어질 위험이 있다는 것이다. 그레고리는 이 예화를 통해서 베드로와 야고보와 요한이 동일한 인간본성을 가진 다른 존재로 생각하기를 원하겠지만 그들을 세 명의 구별되고 독립적인 개체들로 간주하는 것이 이 이야기를 좀 더 자연스럽게 해석하는 방법이 될 것이다. 즉 베드로와 야고보와 요한은 세 사람의 독립적인 존재들 즉 세 존재(three beings)이지만 삼위일체는 세 존재가 아니라 한 존재(one being)이기 때문에 논리적으로 상응할 수가 없는 것이다.

그는 한 본질이면서 세 위격이라는 표현을 통해서 세 위격이 혼돈됨이 없이 모든 사역을 수행 할 수 있으며 동시에 세 위격 사이에는 본성의 차이가 없다는 것을 주장하였다. 아버지는 아들의 원인이 되고 아들은 그 원인의 결과다. 성령은 아버지로부터라는 관계와 아들을 통해서(through)라는 관계의 결과로 존재한다. 이러한 관계의 차이는 본성의 차이가 아니라 다만 존재 양태(modus)의 차이를 의미한다. 즉 아버지는 탄생하지 않는 양태로 존재하나 아들은 탄생을 통해서만 존재한다.[31] 그는 삼위일체의 관계에 대해서 뿐만 아니라 성령의 본체와 권위와 위치를 확립하는데도 노력하였다. 376년 이고니움(Iconium)에서의 회의에서 니케아신조를 재확인하면서 송영에 성령이 포함되어야 하며 아버지와 아들과 함께 성령도 송축되어야 한다는 것을 결정하는데 결정적으로 공헌하였다.

나지안주스의 그레고리는 380년경부터 아리우스주의자들이 활동하고 있

---

30) 알리스터 맥그래스, ibid., 397.
31) 이종성, ibid., 253.

던 콘스탄티노플에서 설교하면서 삼위일체론의 발전에 영향을 주었다. 그는 삼위일체 안에서 성령의 지위에 대해서 많은 관심을 기울였는데 성령이 하나님임을 강조하고 그의 근원적 영원성과 동등성에 있어서 다른 두 위격과 동등하다고 주장하였다. 그는 틀림없이 신이며 아버지와 같은 본체를 가진다고 하였다. 성부는 자존자(agennesia) 즉 다른 어느 것에서도 유래되지 않으며 다른 무엇으로부터도 발생하지 않는 스스로 존재하는 자로서 구별되고 성자는 발생함(gennesis) 즉 무엇으로부터 발생됨 또는 다른 것으로부터 그 기원이 발생된 자로서 구별되고 성령은 보내짐 또는 유래함으로서 구별된다고 하였다.[32] 그리고 나지안주스의 그레고리는 삼시대론(three dispensations)의 모태가 되는 발상을 했는데 이것은 앞으로 나타날 세대주의의 배아로 간주될 수 있을 것이다. "구약성서는 아버지에 대하여 분명하게 말한다. 그러나 아들에 대해서는 희미하게 언급한다. 신약성서는 아들은 분명하게 계시하나 성령의 신성에 대해서는 시사할 뿐이다. 그런데 성령은 지금 우리 사이에 살면서 자신을 우리에게 확실하게 나타낸다."[33] 켈리는 카파도키아 교부들이 삼위일체론 형성과정에서 삼위의 구별성과 통일성을 강조하였으며 성령의 지위를 높이는데 크게 기여하였다고 평가하였다. 그러나 동시에 그들은 삼신론으로 기울어지는 경향이 있음도 부인할 수 없다고 하였다.[34]

어거스틴은 삼위일체론이 거의 완성되어갈 즈음에 활동하였으며 지금까지의 논의를 종합하여 서방교회의 입장을 확립하였다. 그는 약 20년간(A.D. 400~419) 심혈을 기울여 〈삼위일체론〉(De Trinitate)을 저술하였으며 이 책은 그 이후 약 1,500년간 로마 가톨릭교회와 개신교회가 표준으로 삼아온 교과서적인 무게를 가지는 책이 되었다. 그가 이 책을 쓴 동기와 목적은 "삼위일

---

32) 알리스터 맥그래스, ibid., 397.
33) Gregory of Nazianzus, Oratio, 26ff; J. F. Bethune-Baker, ibid., 224; 이종성, 〈삼위일체론〉, 254.
34) J. N. D. Kelly, Early Christian Creeds (1950), 267f.; 이종성, ibid., 255.

체 하나님만이 참 하나님이라는 것과 어떻게 하면 아버지와 아들과 성령이 동일한 실체와 본성을 가지고 있다는 것을 바르게 말하고 믿으며 이해할 수 있을까 하는 것이다."[35] 어거스틴의 삼위일체론의 특징들은 다음과 같다.[36]

첫째로, 그는 하나님의 존재의 유일성을 강조하였다. 그는 모든 종류의 종속설을 반대하고 하나님의 통일성을 철저하게 강조하였다. "아버지가 선하다. 아들이 선하다. 성령이 선하다. 그러나 선이 셋이 있는 것이 아니라 하나의 선만 있다. 왜냐하면 하나님 외에 선한 분이 없다고 했기 때문이다."[37] 삼위의 실체(substantia)는 하나다. "신성에 의한다면 아버지가 아들보다 더 큰 것이 없는 것과 같이 아버지와 아들의 실체를 종합해도 성령의 실체보다 크지 않다. 또한 삼위 중의 한 위가 삼위보다 작은 것도 아니다."[38]

둘째로, 어거스틴은 삼위의 관계를 삼중적인 관계개념으로 설명했다. 아버지는 아들을 낳았기 때문에 아버지로서 구별되고 아들은 아버지에 의해서 탄생했기 때문에 아들로 구별되고, 영은 아버지와 아들에 의하여 주어졌기 때문에 아버지와 아들의 공동선물로 존재한다고 하였다. 하나님의 신성은 영원 전부터 그러한 관계 하에 존재한다. 어거스틴은 이 관계개념을 플로티누스와 그의 제자 포르피리(Porphyry)에게서 배웠다.[39]

셋째로, 어거스틴은 성령은 성부와 성자를 연결하는 사랑의 끈(bond of love)이라고 하였다. 그는 삼위가 독자적인 페르소나(persona)를 갖는다고 하면서도 성령이 아버지와 아들의 상호적 사랑이라고 함으로써 이위일체론에 빠질 수 있는 위험성을 잉태하게 되었다. 이러한 삼위 안에서의 상호 교통하는 관계가 하나님과 신자 사이의 연합의 근거가 된다. "성령은 우리를 하나

---

35) Augustine, *De Trinitate*, I, 2, 4; 이종성, ibid., 264.
36) 이 부분은 이종성, 〈삼위일체론〉, 268ff.에서 주로 참고하였음.
37) Augustine, *De Trinitate*, v. 8.
38) Ibid., 8, 1; 6, 9; 이종성, ibid., 269.
39) J. N. D. Kelly, ibid., 275; 이종성, ibid., 271.

님 안에 거하게 하시고, 하나님을 우리 안에 거하게 하신다. 그러나 이것은 사랑의 결과이다. 그러므로 성령은 사랑이신 하나님이다."[40]

넷째로, 어거스틴은 성령의 이중출원 즉 filioque이론을 주장하였다. 본래 니케아신조에는 성령은 성부로부터 유출된다고 하였으나 서방교회에서는 성령은 성부로부터 그리고 아들로부터 유출된다는 이 이론을 주장함으로써 동방교회와 서방교회가 갈라지는 원인을 제공하게 되었다. 이 이론은 힐러리(Hilary)에 의해서 암시되었으며 어거스틴에 의해서 주장되어 서방교회의 전통이 되었다.[41]

다섯째로, 어거스틴은 삼위일체론을 설명하기 위하여 자연으로부터 유비를 찾아내었다. 그는 이것을 삼위일체의 흔적(vestigium trinitatis) 또는 형상이라고 하였다. 이것은 삼위일체를 이해하는 첫 단계 또는 하나의 섬광이라고 할 수 있는데 이것이 곧 삼위일체 하나님을 말하는 것이 아니라 단지 유사할 뿐이라고 하였다. 예컨대 인간의 내면적인 정신을 이해하기 위해서 다음과 같이 세 가지 측면을 묶어서 말할 수 있다. 존재, 지식, 의욕(esse, nosse, velle), 마음, 자아의식, 자기 사랑(mens, notitia, amor), 그리고 기억, 이해, 의지(memoria, intelligentia, voluntas) 등이다. 이것은 어거스틴이 삼위일체론을 심리학적인 개념으로 설명하려고 시도한 것인데 칼빈은 이러한 시도에 대해서 부정적으로 평가했으나 어쨌든 당시로서는 독창적인 시도였다고 볼 수 있다.

어거스틴의 삼위일체론은 그 이후 중세기에 큰 영향을 끼쳤으며 토마스 아퀴나스의 〈삼위일체에 관한 논문〉(Treatise on the Trinity)은 어거스틴의 사상이 가지고 있는 부족한 부분을 세밀하게 수정한 것이라기 보다는 오히려 그의 사상을 대부분 우아하게 재진술한 것에 불과하였다. 칼빈도 그의

---

40) 알리스터 맥그래스, ibid., 398.
41) Ibid., 412.

〈기독교 강요〉에서 어거스틴의 삼위일체론을 거의 반복하는데 그쳤으며 칼빈이 어거스틴에 대해서 문제를 제기한 것은 그의 심리학적 유추에 관한 것 정도였다. 그리고 그 이후 개신교 신학에서는 삼위일체론에 대해서 크게 관심을 기울이지 않았으며 특히 계몽주의 철학자들과 자유주의 신학자들에 의해서 삼위일체론은 철저하게 무시되었다. 임마누엘 칸트는 삼위일체론은 아무 의미가 없는 사변으로 생각했다. "삼위일체 교리는 비록 우리가 그것을 이해한다 해도 문자적으로 볼 때 아무런 실제적인 가치가 없다. 더 나아가 그것이 우리의 모든 이해를 넘어선다고 할 때 그것은 더욱 우리와 관계가 없다."[42] 자유주의신학의 아버지라고 불리우는 슐라이에르마허는 그의 〈조직신학〉(*The Christian Faith*)에서 삼위일체론을 제일 마지막에 10여 페이지정도로 마치 부록처럼 초라하게 붙여 놓았다. 그는 삼위일체론을 기독교 신앙의 본질과는 아무 관계가 없는 이차적 교리로 간주했다. 그에 의하면 삼위일체론은 기독교 신앙의 근거가 되는 절대자에 대한 절대 의존의 감정으로 표현되는 종교적 감정과 아무런 직접적 연관이 없다. "그것은 기독교의 자기의식에 대한 직접적인 주장이 아닌 오직 이런 주장의 결합에 불과한 부차적 교리이다."[43] 슐라이에르마허 이후 대부분의 자유주의 신학자들도 삼위일체론을 하나의 사변 또는 기독교신앙의 부차적 요소로 간주했다.

그러나 20세기에 들어와서 칼 바르트에 의해서 삼위일체론은 다시 각광을 받게 되었으며 바르트에 의해서 삼위일체신학의 르네상스가 도래하였다고 할 수 있다. 바르트는 그의 〈교회 교의학〉의 첫 부분에서 삼위일체론을 다루었다. 바르트의 신학적인 출발점은 하나님의 계시이다. 우리가 하나님에 대해서 알 수 있는 길은 하나님이 위로부터 아래로 오셔서 나타내 주시는

---

42) Immanuel Kant, *The Conflict of Faculties* (New York: Abaris Books, 1979), 65; 박만, 〈현대 삼위일체론〉 (대한기독교서회, 2003), 16, n. 4.
43) Friedrich Schleiermacher, *The Christian Faith* (Edinburgh: T. & T. Clark, 1968), 738; 박만, ibid., 16. n. 5.

하나님 자신의 계시이외에는 아무런 다른 길이 있을 수 없다. 왜냐하면 하나님은 절대타자이기 때문에 인간이 아래로부터 위로 올라갈 수 있는 길이 없기 때문이다. 바르트에 의하면 하나님의 계시는 하나님의 자기해석이며 이 하나님의 계시사건에 접촉함으로써 비로소 우리는 하나님에 대해서 말할 수 있게 된다. 하나님의 계시에 접촉한 사람은 하나님의 응답을 들은 자이며 하나님의 응답을 들은 자 곧 하나님을 믿는 자만이 비로소 하나님이 누구인지 질문할 수 있게 된다. 이 질문이 신학이다. 따라서 하나님의 답변은 인간의 질문에 앞선다. 하나님의 답변은 계시요 인간의 질문은 신학이다. 하나님의 답변을 들은 자는 신앙인이요 그래서 신앙은 신학에 앞서며 신학은 신앙을 전제한다. 그러니까 바르트의 교회 교의학은 계시론으로부터 시작한다. 그리고 이 하나님의 자기 계시의 내용이 삼위일체이다. 하나님이 자신을 계시하신 삼위일체의 계시를 인간이 인간의 언어로 해석한 것이 삼위일체론이다. 삼위일체론은 하나님의 자기해석에 대한 인간의 해석이다. 따라서 바르트에게 있어서 삼위일체론은 조직신학의 기초요 출발점인 그의 계시론의 핵심적인 내용이 되며 그의 신학의 구성적 요소이다.

그런데 바르트의 삼위일체론은 예수 그리스도를 통한 하나님의 구원사의 맥락에서 이해되어야 한다. 그 이유는 예수 그리스도는 바로 하나님의 말씀이며 하나님의 자기 계시이기 때문이다. 하나님의 구원사건의 정점인 예수 그리스도를 통해서만 우리는 삼위일체 하나님을 말할 수 있고 이 점에서 삼위일체론은 우리의 구원 사건과 긴밀히 연결되어 있다. "우리를 그의 계시에서 만나시는 하나님의 실재는 영원의 모든 깊이들에서의 그의 실재이다."[44]

44) Karl Barth, CD I/1, 479. 바르트는 내재적 삼위일체(immanent Trinity), 즉 영원한 하나님 자신의 삼위일체와 경륜적 삼위일체(economic Trinity), 즉 역사 안에 계시된 삼위일체는 상응한다고 말한다. 계시란 영원 속에 존재하는 하나님의 실재를 시간 안에서 보여주는 일이다. 이 말은 논리적으로 바르트의 삼위일체론에서는 내재적 삼위일체가 앞선다는 뜻이며 이것은 그가 서방교회의 신학적 전통 위에 서 있다는 의미이다. 그러면서도 추상적인 삼위일체론으로 기울어지는 것이 아

이와 같이 계시자와 계시 사이에는 직접적인 일치가 있다. 다시 말하자면 성부는 성자 안에서 계시된다. 그렇다면 성령은 어떻게 되는가? 바르트와 브룬너의 자연계시 논쟁에서 밝힌 바와 같이 죄악된 인간은 계시 사건에서 아무것도 할 수 있는 일이 없다. 인간 안에 있는 계시의 접촉점은 철저하게 부정되었다. 인간이 계시를 받아들일 수 있는 능력은 없으며 하나님의 형상의 흔적이나 형식은 없다. 그러면 인간은 어떻게 하나님의 계시를 받아들일 수 있는가? 어떻게 계시된 말씀이신 예수 그리스도를 영접하고 그를 주님으로 믿을 수 있게 되는가? 여기에 성령이 역사한다. 오직 성령만이 계시의 접촉점이 될 수 있고 예수 그리스도를 하나님의 계시로 이해할 수 있게 하는 능력이다.[45] 그는 만약 계시의 해석에 있어서 인간의 역할을 허용한다면 하나님의 계시를 인간의 지식이론에 종속시켜야만 한다고 믿었다. 계시를 계시로서 해석하는 일은 그것 자체가 하나님의 사역이어야 한다. 정확히 말하면 성령의 사역이어야 한다. 인간은 주님의 말씀을 들을 능력이 없음에도 불구하고 성령의 사역 안에서 하나님의 말씀을 듣는다.

바르트가 내재적 삼위일체와 경륜적 삼위일체의 상응을 말했다면 이 문제를 더욱 더 명료하게 밝힌 신학자가 가톨릭 신학자 칼 라너(Karl Rahner)이다. 칼 라너는 삼위일체론이 성육신, 하나님의 은혜, 창조 같은 신학적 주제들과 동떨어져서 취급되었고 그 결과 교회의 구체적인 생활에 거의 영향을 끼치지 못하는 교리가 되었으며 비록 삼위일체 하나님을 고백하기는 하지만 실제적인 삶에서는 유일신론자에 불과하게 되었다고 하였다. 이것은 토마스 아퀴나스 이후의 전통적인 서방의 신학이 하나님은 한 분임을 전제한 후 이 한 분 하나님을 한 신적 본질 안에서 찾음으로써 예수 그리스도와 성령을

니라 구체적인 하나님의 계시 위에 서 있는 신학이라는 뜻이다. 논리적으로는 내재적 삼위일체가 앞서지만 경험적으로는 경륜적 삼위일체가 앞선다.
45) Karl Barth, "Nein" in 에밀 브룬너, 칼 바르트, 〈자연신학〉 (한국장로교출판사, 1997), 84ff.

통한 성부 하나님의 구원행위가 삼위일체론에서 아무런 중요한 역할을 하지 못하게 만들었고 삼위일체 하나님 안의 세 인격 및 그 관계에 대한 논의는 구원역사와 분리되어 형식적이며 추상적, 비실제적인 것이 되어버렸다는 것이다.[46] 따라서 라너는 삼위일체론이 하나님의 내면의 비밀에 대한 추상적 논의가 아닌 삼위 하나님에 대한 기독교인의 구원 경험의 표현으로 봄으로써 이 교리를 기독교인의 신앙적 삶과 긴밀하게 연결하고자 하였다.

라너는 하나님의 은혜는 하나님의 자기 교통(self-communication)이라고 보았다. 하나님의 은혜는 하나님으로부터 나오는 어떤 것이 아니라 바로 하나님 자신이다. 곧 은혜는 하나님이 우리에게 자기 자신을 선물로 주시는 것이다. 따라서 우리가 성령 안에서 알게 되는 예수 그리스도의 하나님은 다름 아닌 영원한 신비 속에 계시는 바로 그 하나님과 동일하다. 구원의 경험 속에서 만나는 하나님은 하나님에 관한 어떤 것이나 하나님의 한 부분이 아니라 그 자체가 하나님이며 하나님 자신 곧 내재적 삼위일체의 단순한 복사나 유비가 아니라 바로 이 삼위일체 그 자체이다.[47] 즉 구원의 경험 속에서 만나는 삼위일체 하나님은 그 자체로 영원부터 계시는 바로 그 하나님이다. 그러므로 "경륜적 삼위일체는 내재적 삼위일체이며 내재적 삼위일체는 경륜적 삼위일체이다."[48]

이와 같이 칼 라너는 삼위일체론을 역사 속에서의 하나님의 구체적인 구원행위에서부터 출발해야 한다고 본다. 구원의 신비가 먼저 일어난 후 우리는 그 신비에 관한 교리를 만들게 된다. 구원 역사와 성서로부터 얻어진 경륜적 삼위일체에 관하여 미리 알게 된 지식이 삼위일체를 위한 조직적 숙고의 출발점이다. 그러므로 내재적 삼위일체론으로 인도하는 신학적 성찰의 과정은 그 출발점이 역사 안에서 이루어지는 구원에 대한 우리의 경험과 지식

---

46) Karl Rahner, *The Trinity* (Baltimore: Helicon Press, 1961), 10f.; 박만, ibid., 51f.
47) Karl Rahner, ibid., 27.
48) Ibid., 22.

안에 있다고 라너는 주장하였다.[49] 그러나 이러한 라너의 주장은 심각한 반대를 불러 일으켰다. 라너의 반대자들은 만약 라너의 말처럼 내재적 삼위일체와 경륜적 삼위일체가 동일하다면, 하나님의 영원한 존재가 역사 안에서의 하나님의 일시적 행위와 완전히 동일하다면, 하나님은 역사 속의 창조 및 구속 행위와 완전히 동일하게 되고 피조물에 대해 다르게 될 수 있는 하나님의 초월적이며 절대적인 자유는 상실된다. 따라서 내재적 삼위일체는 경륜적 삼위일체와 동일하지는 않으며 하나님의 존재는 역사 속의 그의 행위보다 크며 언제나 새롭고 놀라운 분으로 남아있다고 주장한다.[50]

삼위일체론은 아직 미완성의 이론이다. 내재적 삼위일체를 강조하는 서방교회의 전통과 경륜적 삼위일체를 강조하는 동방교회의 전통이 지금도 계속되고 있다. 서방교회에서는 언제나 한 분 하나님의 존재로부터 출발함으로써 하나님의 본질의 통일성을 강조하였고 그 결과 성자와 성령의 근원은 성부라는 것이 강조되며 성자와 성령은 성부에게 종속되는 종속설적인 경향을 벗어날 수 없었다. 그 구체적인 형태가 필리오케(filioque)이론이었다. 그리고 하나님의 통일성을 강조하게 되면 양태론적 경향도 발생하게 된다. 반면에 동방교회는 전통적으로 삼위의 구별성을 강조하였는데 이것은 삼위일체를 인간의 경험으로부터 해명하려는 시도였으며 여기에서 나온 것이 사회적 삼위일체라고 부르는 삼위에 대한 관계론적인 해명이었다. 그러나 이러한 동방교회의 삼위일체론은 언제나 삼신론적 경향을 벗어나기 어려웠다. 그러므로 이제부터 filioque 논쟁과 경륜적 삼위일체론에 대해서 상세하게 다루고자 한다.

---

49) 알리스터 맥그래스, ibid., 405.
50) 박만, ibid., 54. 이런 주장에 대해서는 Jungel, *The Doctrine of the Trinity* (Grand Rapids: Eerdmans, 1976); Yves Congar, *I Believe in the Holy Spirit* (N.Y.: Seabury Press, 1983) Vol. 3, 13~18; Paul Molnar, "Toward a Contemporary Doctrine of the Immanent Trinity: Karl Barth and the Current Discussion," *Scottish Journal of Theology* Vol. 49 (1996), 311~357 등을 참조하라.

Ⅲ. 필리오케(Filioque)이론

고대교회사에서 가장 중요한 사건들 가운데 하나가 최초의 세계교회회의
인 니케아회의에서 니케아신조가 채택되었다는 것이다. 이것은 당시 교회
안에서 일어난 교리논쟁을 초기에 종식시키고 교회의 안정을 통해서 로마제
국의 안정을 확립하고자 하였던 콘스탄틴 황제에 의해서 소집된 것이었다.
니케아회의에서 아리우스의 종속설이 거부되고 아다나시우스의 주장을 따
라서 동일본질(homoousios)론이 승리하였다. 예수 그리스도의 신성이 확립
된 것이었다. 그런데 성자의 본성에 대한 세계교회의 합의는 그 이후 지금까
지 기독교의 정통교리로서 존속되었지만 성령의 기원에 대한 부분에서 동방
교회와 서방교회 사이에 균열이 생기게 되었다. 서방교회에서는 본래 니케
아신조에 없었던 단어 filioque(그리고 아들로부터)를 임의로 삽입하였다. "주
님이시요, 생명을 주시며 아버지와 아들로부터 나오시는 성령을 내가 믿나
이다. 그는 아버지와 아들과 함께 예배 받으시고 영광 받으실 분이요, 예언자
들을 통해서 말씀하셨나이다."[51]

동방교회의 삼위일체론을 발전시키는데 결정적인 역할을 하였던 카파도
키아 교부들은 성부가 성자와 성령의 기원이라고 생각하였다. 즉 성부만이
삼위일체의 궁극적인 원천이라고 보았던 것이다. 오리겐이 처음으로 사용한
성자는 성부로부터 '영원히 출생한다'(eternally begotten)는 개념은 성부와 성
자의 관계에서 그 기원을 설명하는 용어로서 이것은 그 후 어거스틴에 의해
서도 사용되었으며 지금까지도 보편적으로 사용되고 있다. 반면에 성령의
기원에 대해서는 성령은 성부로부터 '발출한다'(proceed)는 용어로 설명되었
다. 이것은 요한복음 15장 26절에 근거한다. "내가 아버지께로부터 너희에게

---

51) 오톤 와일리, 폴 컬벗슨, 〈웨슬리안 조직신학〉, 전성용 옮김 (도서출판 세복,
2002), 42.

보낼 보혜사 곧 아버지께로서 나오시는(proceed) 진리의 성령이 오실 때에 그가 나를 증거하실 것이요." 성령의 이중발출은 381년에 작성된 니케아-콘스탄티노플신조에서 명문화되었는데 이것은 325년에 작성된 니케아신조를 보완한 것으로서 특히 성령에 관한 조항을 확대했다. 이 확대된 부분에서 성령의 발출에 대하여 설명하였다. "성령은 주요 생명의 부여자다. 그는 아버지로부터 나왔다."[52] 서방교회에서는 여기에 "그리고 아들로부터"를 삽입하여 성령이 아버지로부터 그리고 아들로부터 나온다고 주장하였으나 동방교회에서는 성령이 성부로부터만 나온다는 것을 끝까지 고집하였다. 그것은 이것이 단지 성서적일 뿐만 아니라 논리적으로 더 타당하다고 생각하였기 때문이다. 만약에 성령이 성부로부터만 나오지 아니하고 성부 이외의 다른 기원도 가진다고 하면 모든 신성의 기원이 성부에게 있다는 원칙이 무너질 수 있기 때문이다. 그리고 성자와 성령의 기원을 구별하지 않으면 성부는 두 명의 아들을 가지게 되기 때문이다. 그러므로 처음부터 동방교회는 필리오케이론을 받아들일 수 없다는 논리적 무장을 하고 있었던 것이다. 이것은 카파도키아교부들에 의해서 견지된 삼위의 구별성을 강조하는 입장이었다. 그러나 서방교회는 달랐다.

필리오케이론은 최초로 힐러리(Hilary of Poitiers)에 의해서 암시적으로 주장되었다. 그는 그의 논문 〈삼위일체에 관하여〉(*On the Trinity*)에서 신약성서에서 성령이 성부로부터만이 아니라 성부와 성자로부터 발출한다는 것을 지적하였다.[53] 알렉산드리아의 키릴(Cyril of Alexandria)은 성령을 성자에게 속한 것이라고 말했으며 이러한 생각은 서방교회 안에서 점점 발전하게 되었다.[54]

어거스틴은 성부와 성자로부터 성령이 발출한다는 표현을 발전시켰으며

---

52) 이종성, 〈삼위일체론〉 (대한기독교서회, 1991), 58.
53) 알리스터 맥그래스, ibid., 412.
54) Ibid.

서방교회의 보편적인 입장이 되게 한 장본인이다. 어거스틴은 힐러리가 암시한 입장에 근거하여 성령은 성자로부터 발출하는 것으로 생각되어야만 한다고 주장하였다. 이 주장의 근거가 되는 성서의 주된 본문은 요한복음 20장 22절이다. "이 말씀을 하시고 저희를 향하사 숨을 내쉬며 가라사대 성령을 받으라." 여기에서 부활하신 그리스도는 그의 제자들을 향하여 숨을 내쉬며 성령을 받으라고 말씀하신 것으로 기록되어 있다. 어거스틴은 〈삼위일체론〉에서 이것을 다음과 같이 설명한다. "우리는 성령 또한 성자로부터 발출하지 않는다고는 말할 수 없다. 결국, 성령은 성부와 성자 모두의 영이라고 언급될 수 있다...성령은 성부로부터 발출할 뿐 아니라 성자로부터 역시 발출한다."[55] 그러나 여기에서 어거스틴이 성부를 모든 것의 궁극적인 근원이라고 보는 입장을 포기한 것은 아니다. 성령이 성부와 성자로부터 나온다고 하더라도 어디까지나 성부에게 우선권이 있다. 어거스틴은 조심스럽게 성령이 성자로부터도 나오지만 그러나 주로 성부로부터 나온다고 말한다. "우리가 삼위일체 내에서 성자만을 하나님의 말씀으로, 성령만을 하나님의 선물로, 성부만을 성자로 아들삼고 성령을 주로 발출시키는 분으로 말하는데 대해서는 충분한 이유가 있다. 나는 '주로'라는 단어를 덧붙였다. 왜냐하면 우리는 성령이 성자에게서도 발출한다는 것을 배웠기 때문이다. 그러나 이것 역시 성부로부터 성자에게 주어진 어떤 것이다. 성자는 성령이 없이는 존재한 적이 없다. 성부가 그의 유일한 아들인 말씀에게 주는 모든 것은 말씀을 아들로 삼는 행위 안에서 주는 것이기 때문이다. 그 공통의 선물이 성부로부터 발출하는 것과 같은 방법으로 성자 또한 아들이 되고, 성령은 그 둘의 영이다."[56] 이리하여 삼위일체의 관계에서 어거스틴은 서방교회의 입장을 확립하는 데 큰 공헌을 하게 되었다. 어거스틴 이후 서방교회

---

55) Ibid.
56) Ibid., 413.

에서는 어거스틴의 신학을 그대로 받아들이게 되었다. 아다나시우스신조에서는 어거스틴과 똑같은 filioque이론을 수용하였으며 이러한 가르침으로 인해서 니케아신조에 차츰 filioque라는 단어가 삽입되기에 이르렀다.[57] 데오덜프(Theodulf of Orleans) 감독은 그의 저서 *De Processione Spiritus Sancti*에서 그것을 옹호하였다. 809년에 아아켄(Aachen)에서 열린 종교회의에서는 교황 레오 3세의 재가를 얻어 이러한 삽입구를 인정하였다. 이러한 서방교회의 입장을 동방교회는 철저히 거부하였고 마침내 1054년 동방교회와 서방교회는 공식적으로 분열의 길을 걷게 되었다.

어거스틴은 성령의 출원에 대해서는 filioque이론을 확립하였고 성령의 지위에 대해서는 성부와 성자를 연결하는 사랑의 끈(bond of love)이라고 함으로써 서방교회는 어거스틴 이후 1600년간 지속된 독특한 삼위일체론을 형성하게 된 것이다. 맥그래스가 소개한 그림을 통해서 우리는 filioque의 구성을 쉽게 이해할 수 있을 것이다.[58]

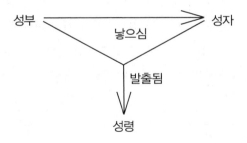

〈서방교회의 입장〉

맥그래스가 만들어낸 이 그림은 동방교회의 입장과 비교하기 위해서 만든 것이라고 생각된다. 동방교회에서는 성자는 성부가 낳았고 성령은 성부

---

57) J. L. 니이브, ibid., 281.
58) 맥그래스, ibid., 389.

로부터 나온다는 입장이니까 이 그림을 뒤집어 놓으면 된다. 정삼각형으로 그리면 동방교회의 입장은 명료해진다. 맥그래스는 다음과 같이 그림을 그렸다.

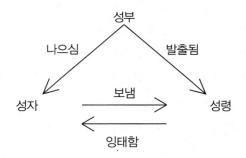

〈동방교회의 입장〉

그러나 맥그래스의 그림은 서방교회의 입장에서 성부와 성자를 대등한 높이에 그림으로써 삼위의 관계의 위계질서(hierarchy)를 충분히 나타내지 못한 단점이 있다. 따라서 서방교회의 입장을 설명하기 위해서 일반적으로 사용하는 일직선적인 구조를 나타내는 그림(linear scheme)을 통해서 우리는 서방교회의 입장을 보다 더 잘 이해할 수 있다고 본다. 일직선적 구조로 그리게 되면 성령의 성자에 대한 종속관계를 더 잘 표현할 수 있는 장점이 있다.

$$\text{성부} \longrightarrow \text{성자} \longrightarrow \text{성령}$$
$$\text{낳으심} \qquad\qquad \text{발출됨}$$

〈서방교회의 입장 2〉

서방교회의 삼위일체론은 성령의 기원에 있어서 성령을 성자에게 예속시킴으로써 종속설적인 경향을 피할 수 없게 된다. 성령이 성자에게 예속됨으로써 성령론이 약화되고 기독론이 강화되는 결과를 낳게 되었다. 이로 말미암아 서방교회의 신학은 기독론적 신학이라는 특징을 띠게 되었으며 동시에 성령의 지위가 약화되거나 성령이 등한시되는 결과를 초래하게 되었다. 대표적으로 칼 바르트의 신학이 그리스도 일원론(Christomonism)이라고 비판을 받는 것을 예로 들 수 있다. 몰트만은 이러한 바르트의 삼위일체론을 이위일체론이라고 비판하였다.

더 나아가서 어거스틴이 성령을 성부와 성자를 연결해주는 사랑의 끈이라고 함으로써 성령이 비인격화되는 경향이 있다. 성부와 성자는 인격적인 주객관계(I-Thou)를 형성할 수 있다. 그러나 성령은 독자적인 인격성을 가진 주체적인 인격으로서 취급될 수가 없는 구조적인 문제를 안게 된다. 그리고 어거스틴이 요한복음 20장을 성서적인 근거로 제시하고 있지만 그러나 성서에 성령이 성자로부터 나온다고 명시적으로 표현한 구절이 없기 때문에 filioque이론은 성서적으로 충분한 근거가 있다고 보기 어렵다. 요한복음 20장은 부활하신 예수가 제자들에게 성령을 받으라고 말씀하신 구절이기 때문에 이것은 성령의 기원에 대한 말씀이라고 하기보다는 성령의 부으심(out-pouring)에 대한 언급으로 보아야 한다. 성자는 성부로부터 성령을 받아서 제자들에게 성령을 주는 분이다. 이렇게 서방교회의 이론이 여러 가지 비판을 받을만한 문제점들을 안고 있는 것이 사실이다.

여기에 반해서 동방교회의 삼위일체론은 filioque이론을 끝까지 반대하고 있으며 삼위의 관계에 대해서도 어거스틴처럼 성령의 일방적인 종속을 초래하는 것보다는 삼위의 관계를 사회적 관계에 비유해서 설명하는 방법을 취함으로써 성서적으로 온건한 방법을 추구하고자 한 것으로 보인다. 20세기에 들어와서 동방교회와의 대화를 위하여 세계교회협의회(WCC)의 신앙과 직제위원회에서는 filioque이론을 포기해야 한다고 주장하였고[59] 몰트만도

59) 황승룡, 〈성령론〉 (한국장로교출판사, 2003), 256.

동방교회와의 화해와 대화를 위해서 서방교회는 filioque이론을 양보해야 한다고 주장하였다.[60] 여러 가톨릭 신학자들이 필리오케의 삭제를 주장하고 있고(Yves Congar, H. J. Marx, A. de Halleux) 성공회에서도 이를 따르고 있다.[61] 그렇게 되면 서방교회가 해결하지 못했던 성령의 종속 문제가 일시에 해결되고 동방교회와의 화해도 훨씬 가까워 질 수 있을 것처럼 보인다.

그러나 여기에는 미처 생각하지 못한 함정이 가로놓여 있다는 것을 주의해야 한다. 서방교회가 filioque이론을 1600년간 지속적으로 견지해 왔던 것이 단지 성자의 우월성을 확보하기 위해서나 서방교회의 전통을 견지하기 위해서라고 말해서는 안 된다. Filioque이론을 통해서 우리는 어떤 신학적 유용성을 획득할 수 있는가를 유의해 보아야 한다. Filioque이론의 궁극적인 의의는 성령과 성자의 연관성을 확보한다는데 있다. 성령은 그 기원에 있어서 그리고 그 사역에 있어서 성자와 연결되어 있는 한 온전한 성령이고 그러한 영만이 진정으로 성서적인 영이라는 것이다. 만약에 성령이 성자와 연관되어 있지 않다면 그것은 성령이 아니다. 오늘날 신학자들의 성령에 대한 진술들 가운데 상당한 부분이 이 점에 있어서 모호하고 위험하기까지 하다. 심지어 우리나라의 전통적인 무당이나 조상숭배나 우상숭배 같은 악령 잡령까지 도매금으로 기독교 안에 수용해야 한다는 주장까지 서슴지 않고 있는 경우도 있다. 그리고 뉴에이지(New Age) 운동에서는 "우리는 성령충만한 생활을 하고 있다. 그러나 예수 그리스도가 진리에 이르는 유일한 길이라고 생각하지 않는다"고 주장하고 있다. 이러한 영적 혼돈의 시대에 성령을 다른 영들과 구별할 수 있는 기준이 무엇인가? 무엇이 진정으로 성서적이고 기독교적인 성령인가? Filioque이론은 예수 그리스도로부터 나오고 예수 그리스도와 연결되어 있는 그리스도의 영만이 참 영이요 삼위일체 하나님이신 성

---

60) 몰트만, 〈삼위일체와 하나님의 나라〉 (대한기독교서회, 1982), 218.
61) Report of Lambeth Conference, 1978, 51f.; 황승룡, ibid.

령이라는 명쾌한 판단기준을 제시하고 있다. 예수 그리스도에게 연결되어 있지 않은 모든 영들은 참 영이 아니요 성령이 아니다. 이렇게 귀중한 신학적인 보화를 쉽사리 포기한다는 것은 교회의 심각한 실수가 될 것이다. 지나간 1,600년간 서방교회가 수호해 왔던 filioque이론을 단지 동방교회와의 대화라는 실용적인 유익 때문에 포기해서는 안 될 것이다.

성서적인 근거가 빈약하다는 이유 때문에 filioque를 포기하는 것은 교회의 전통을 소홀히 여기는 어리석은 일이 될 것이다. 비록 성서적인 근거가 빈약하더라도 성서 전체의 콘텍스트를 통해서 우리는 filioque이론의 정당성을 확보할 수 있다고 본다. 성서는 예수 그리스도를 통해서 성령이 주어지며 예수 그리스도가 성령세례의 주체이며 성자와 성령이 상호 연관되어 있음을 밝히고 있다. 신학은 항상 성서 전체를 관통하는 거대한 사상의 물줄기 안에서 그 정당성의 근거를 확보해 왔다. 신학적인 개념은 성서 안에 명시적으로 문자화되어 있지 않다고 하더라도 성서적인 사상으로서 정립될 수 있다. 다만 종속설의 문제나 성령의 인격과 독자성의 문제는 그 문제대로 별도로 극복해 가야 할 것이라고 생각한다. 이 문제는 다음 절에서 다루고자 한다.

Ⅳ. 내재적 삼위일체와 경륜적 삼위일체

삼위일체론은 기독교신학에서 가장 어려운 부분이다. 성부, 성자, 성령의 존재와 본질은 하나라는 존재의 통일성은 견지하면서 동시에 인격 또는 위격은 셋으로서 서로 구별되고 서로 대화한다는 것이 인간의 순수이성과 논리로서는 설명하기 어렵기 때문이다. 451년 칼케돈회의에서 제정된 칼케돈신조를 통해 성자가 신성과 인성이라는 두개의 본성을 하나의 존재 안에 가지고 있다는 양성론을 확립했는데 이것 역시 삼위일체론과 마찬가지로 우리의 순수이성으로 이해 할 수 있는 이론이 아니다. 예수 그리스도의 신성은 창조자이고, 거룩하고, 무한하고, 영원하고, 광대하다는 속성을 가졌는데 어떻게 이러한 속성을 가진 하나님이 성육신하여 피조물이고, 유한하고, 시간적이고, 제한된 속성을 가진 인간 안으로 들어올 수 있느냐 하는 것은 인간의 순수이성으로는 설명 불가능하다. 수학적으로 말하면 1+1=1 즉 2=1이라고 말하는 것과 같다. 이것은 신앙의 이론이요 믿음으로써만 이해 가능한 신학적인 논리이다. 이러한 이론은 성서를 해명하기 위해서 만들어낸 교회의 이론이기 때문에 성서를 하나님의 말씀으로 믿는 신앙이 없다면 한낱 헛소리에 불과할 것이다. 그러므로 "나는 불합리하기 때문에 믿는다"라고 말한 터툴리안의 역설(paradox)의 논리가 나오게 된 것이다.

그런데 삼위일체론은 기독론의 양성론보다도 한 걸음 더 나아가는 어려운 이론이다. 성부 성자 성령이 구약에서 이스라엘 백성들에게 자신을 계시하신 바로 그 야웨 하나님이기 때문에 기독교의 하나님의 존재는 하나이다. 기독교는 유대교와 마찬가지로 오직 한 분이신 야웨 하나님을 믿는다. 삼위의 본질이 하나라는 것은 기독교는 유대교의 유일신 사상을 계승한다는 뜻이다. 그러나 기독교의 신관은 구약신앙에 머물지 않는다. 기독교는 예수 그리스도를 주님으로 믿으며 그의 삶과 죽음과 부활을 믿는다. 그리고 그가 보내주신 성령을 믿는다. 이것은 신약성서에 기록되어 있는 그대로다. 그러므로 야웨 하나님만으로는 기독교의 신관을 다 설명할 수가 없다. 그래서 교회는 신약성서를 설명하기 위해서 삼위일체론을 만들어낸 것이다. 그러나 삼위일체론은 논리적으로는 1=3이라는 것과 같은 말이다. 이것은 양성론보다도 더 이해하기 어려운 명제이다. 어떻게 하나이면서 셋이고 셋이면서 하나인가? 어떻게 이것을 설명할 수 있는가? 이것이 지나간 2000년간의 기독교 신학의 가장 어려운 과제였으며 아직까지도 완전하게 해결하지 못한 신학의 걸림돌이다. 그런데 지금까지 논의된 바에 의하면 기독교신학은 크게 두 가지 방법으로 삼위일체론을 설명해 왔다고 할 수 있다. 그것은 서방교회와 동방교회의 방법이라고 구분할 수 있다. 삼위의 일체성(unity)과 일체의 삼위성(trinity), 삼위의 단일성과 복수성, 삼위의 통일성(unity)과 구별성(particularity), 이 양면을 어떻게 설명하는가에 따라서 두 가지 방법이 가능하다고 할 수 있다.

첫 번째 방식으로는 하나님의 일체성 또는 단일성에서 출발하여 이 한 분 하나님이 어떻게 성부, 성자, 성령의 세 인격으로 존재할 수 있느냐를 묻는 방식이라고 할 수 있다. 이 방법에서는 하나님이 한 분이심이 이미 전제되며 이 전제 속에서 그가 어떻게 세 인격으로 존재하는가 하는 문제를 설명하려고 한다. 곧 여기에서는 하나님의 단일성을 당연한 것으로 여긴 다음에 하나님 안의 삼위성 혹은 복수성을 삼위일체 신학이 해결해야 할 문제로 이해한다. 로마 가톨릭교회와 개신교회를 포함한 서방교회가 주로 이 방식을 사용하였으니 서방교회 삼위일체론의 기본 틀을 형성한 어거스틴과 토마스 아퀴나스의 삼위일체론에서 그 분명한 예를 볼 수 있다. 현대의 삼위일체신학에서는 칼 바르트와 칼 라너가 이런 접근법을 쓰고 있다.[62]

두 번째 방식으로는 하나님 안의 삼위성 혹은 복수성(plurality)에서 출발하여 하나님의 일체성 혹은 통일성을 설명하는 방식이다. 여기에서는 하나님이 성부, 성자, 성령의 서로 구별되는 세 인격으로 있음을 당연한 것으로 전제한 후 세 신적 인격 사이의 일체성을 해명하려고 한다. 이때 삼위일체 신학의 주된 과제는 성부, 성자, 성령의 세 인격의 연합 혹은 일치를 설명하는 것이 된다. 흔히 사회적 삼위일체신학이라 불리는 이 방식은 삼위일체 신학의 역사에서 상대적으로 소수였다. 하지만 현대신학에서는 오히려 하나님을 성부, 성자, 성령의 공동체 내지 사회(society)로 이해하면서 그것이 갖는 실체적인 의미를 찾아내고자 하는 사회적 삼위일체 신학이 급속하게 발

---

62) 박만, ibid., 143.

전하고 있다.[63]

　서방교회가 삼위의 일체성에 관심을 집중하였던 반면 동방교회는 삼위의 구별성에 관심을 집중했다고 할 수 있는데 삼위일체의 통일성이나 일체성이라는 것은 영원한 하나님 자신의 본성을 우선적으로 고려하는 사고방식을 가진다는 뜻이다. 삼위 하나님이 하늘에서 영원 전부터 자기 자신 안에 가지고 있는 존재방식을 내재적 삼위일체(immanent Trinity)라고 말하고 하나님이 역사 안에서 자신을 드러내신 계시된 하나님의 삼위일체의 모습을 경륜적 삼위일체(economic Trinity)라고 말한다. 그러니까 서방교회는 내재적 삼위일체에 우선적으로 관심을 가지고 동방교회는 경륜적 삼위일체에 더 관심을 가진다고 할 수 있다. 앞에서 살펴본 filioque이론은 서방교회의 입장이고 이것은 내재적 삼위일체 안에서의 삼위의 출원관계를 설명한 이론이다. 즉 영원한 하나님 자신 안에서의 내적 관계를 설명하기 위해서 만들어진 이론이다. 서방교회의 입장은 영원한 삼위일체 안에서 성부가 논리적으로 가장 앞서며 성부가 모든 것의 근원이라는 군주신론(monarchianism)적이며 계급질서적(hierarchy)인 관계로 삼위의 관계를 설명하게 되었으며 따라서 서방교회는 성부가 우월하고 성자는 그 다음으로 우월하고 성령은 가장 낮은 단계에 있다는 종속설(subordinationism)적인 경향을 띠게 된다. Filioque이론이 가지고 있는 논리적인 난점이 바로 이것이다. 그러므로 앞으로 서방교회의 신학이 이 문제를 잘 극복하는 것이 중요한 과제라고 할 수 있다. 그렇다고 해서 아무런 대안도 제시하지 않고 무작정 filioque를 포기하고 동방교회의 경륜적 삼위일체를 취한다는 것 역시 바람직한 방법은 아니다. Filioque에 담긴 깊은 신학적 함의는 앞으로도 계속해서 발전시켜야 할 보화이기 때문이다.[64]

---

63) 현대신학에서 사회적 삼위일체론의 발전에 대해서, 박만, ibid., 150ff. 참조하라.
64) 성자로부터 나온 영만이 진정한 하나님의 영이며 성자와 연관이 없는 영은 성령이 아니라는 것은 단순 명쾌하면서도 가장 성서적인 성령이해이다. 그러므로

반면에 동방교회는 시간과 공간 안에 하나님이 자신을 계시한 모습에서 출발하였다. 따라서 경륜적 삼위일체를 강조하게 되고 역사 안에서 자신을 드러낸 삼위의 관계를 중심으로 설명하고자 하였다. 즉 관계론적이고 역사적이고 사회적인 삼위일체론을 강조하게 되었다. 이러한 경향은 초기의 카파도키아교부들에게로 거슬러 올라간다. 삼위일체 하나님을 사회적 유비로 이해한 최초의 신학자들은 4세기 동방교회의 신학자 바실과 그의 형제이며 니사의 주교였던 그레고리 그리고 그들의 친구였던 나지안주스의 그레고리이다.[65] 바실은 아다나시우스가 성부와 성자의 동일본질을 강조하면서 신적 인격들의 통일성을 한 신적 실체 혹은 본질에서 찾은데 비해 하나님 안의 통일성을 세 인격 혹은 위격 사이의 친교(communion)에서 찾았다. 니사의 그레고리 역시 성부, 성자, 성령의 하나됨을 그들 사이의 친교(koinonia)에서 발견했다. 이들에 따르면 하나님은 처음부터 성부, 성자, 성령의 사랑의 연합으로 계신다. 이 사랑의 연합은 영원부터 있었으며 이 친교 안에서 서로 연합되고 서로 구별되는 인격체들이다. 따라서 카파도키아 교부들이 최초의 사회적 삼위일체론을 주장한 신학자들이라고 할 수 있다.

그 후 12세기의 신비주의 신학자이며 종말론적 예언자인 요아킴(Joachim of Fiore)의 삼위일체론은 삼위일체를 역사적으로 설명한 최초의 시도라고 할 수 있다. 요아킴은 1135년경 칼라브리아(Calabria)에서 태어났으며 아마도 유대인의 혈통을 이어받은 것 같다.[66] 그는 법률관계의 일을 포기하고 시리아와 팔레스틴을 여행한 후에 시토수도회(Cistercian)에 들어갔으며, 피오레(Fiore, Flora)에서 시토수도회 수도원을 세웠고 나중에 대수도원장이 되었다. 그는 그 이전의 세대주의(dispensationalism)의 역사관과 카파도키아 교부들의

이것을 포기하는 것은 지나간 1600년간의 서방교회의 지혜를 버리는 어리석음이 될 것이다.

65) 박만, ibid., 146ff.
66) Ives Congar, *I Believe in the Holy Spirit* (New York; Crossroad, 2001), 126.

삼위일체론을 받아들였다. 세대주의는 티코니우스(Tyconius, 400년경 사망)에
의해서 시작되어서 어거스틴에 의해서 완성된 종말론으로서 소위 7세대 종
말론이라고 부른다.[67] 세대주의에 의하면 세계 역사는 7세대로 나누어진다.
고통스럽고 힘든 6세대가 지난 다음에 평안히 쉴 수 있는 일곱 번째 세대가
찾아온다. 이 시기를 세계역사의 안식세대라고 한다. 제 7세대가 끝나면 하
나님의 영원한 날이 시작된다. 즉 끝없는 영광의 왕국이 시작된다.

요아킴은 티코니우스와 어거스틴의 세대주의 종말론과 함께 카파도키아
교부들이 주장한 종말론을 받아들였다. 그들은 아버지의 왕국과 아들의 왕
국과 성령의 왕국을 구별하였다. 이러한 순서로 왕국이 나타날 것이며 그
때마다 주어지는 계시에도 차이가 있다. 각 왕국이 다른 두 왕국을 제거하거
나 관계가 단절되어 있다는 것이 아니다. 그러나 그 왕국의 주체가 아버지로
부터 아들과 성령으로 변한다는 뜻이다.[68] 요아킴은 위의 두 가지 종말론을
받아들여 자신의 독특한 삼위일체론적 종말론 내지는 역사적 삼위일체론을
형성하였다. 즉 그는 계시록을 일부는 이미 성취되었으며 나머지는 앞으로
오게 될 역사적 사건들과 동일화 될 수 있는 예언으로 해석하는 새로운 경향
을 수용하여 자신의 독특한 이론을 형성하였던 것이다.[69]

요아킴은 성서 안에 세 가지의 다른 내용을 가진 왕국에 대한 가르침이
있다고 보았다. 그가 구분한 세 왕국에 대한 가르침들을 살펴보면 다음과
같다.[70]

---

67) 이종성, 〈삼위일체론〉, 673; 세대주의의 세대(dispensation)는 oikonomos의 번역
    어인데, 집, 세상, 청지기, 직분, 경영, 경륜 등의 뜻을 가지고 있다. 이 세계를
    하나님의 집이라고 보는 것이다. 다른 말로 번역하면 경륜(economy)주의라고
    할 수 있다. 하나님의 경륜을 7단계로 나눈다는 뜻이다. Marjorie Reeves,
    Joachim of Fiore and the Prophetic Future (N.Y.: Harper & Row, 1977), 9ff.
68) Moltmann, *The Trinity and the Kingdom of God* (London: SCM, 1981), 204.
69) Bernard McGinn(ed.), *Apocalyptic Spirituality* (N.Y.: Paulist Press, 1976), 101.
70) 이종성, ibid., 674; 몰트만, 〈삼위일체와 하나님의 나라〉 (대한기독교서회, 1982),
    244.

(1) 율법	(2) 은총	(3) 풍요한 은총
(1) 지각	(2) 지혜	(3) 완전지식
(1) 노예	(2) 아들	(3) 자유
(1) 공포	(2) 믿음	(3) 사랑
(1) 속박인	(2) 자유인	(3) 친구
(1) 소년	(2) 장성인	(3) 노인
(1) 별빛	(2) 새벽빛	(3) 밝은 빛
(1) 아버지	(2) 아들	(3) 성령

아버지의 나라는 아버지의 권능과 섭리로써 사람을 지배하기 때문에 공포가 일어난다. 아들의 나라는 아들의 봉헌을 통해서 죄로부터 구속을 받아 하나님의 자녀가 되기 때문에 그들에게는 공포대신에 신뢰가 확립된다. 영의 나라에서 사람들은 성령의 사역으로 중생하여 새사람 즉 영적 지식인(intelligentia spiritualis)이 된다. 성령의 내적 사역으로 하나님의 아들의 위치에서 서로 친구가 되는 상태로 들어간다. 이것은 하나님의 날이 완성된 날이며 영원한 안식이며 자유의 날이다.71) 이러한 세 왕국은 시간적으로나 형식적으로나 내용적으로나 서로 유리된 것이 아니라 서로 간에 밀접한 관계를 맺고 있기 때문에 한 왕국이 다음 왕국을 내포하고 있다. 요아킴은 성서를 토대로 첫 번째 아버지의 왕국은 아담으로부터 시작하여 족장들에게서 확증되어 그리스도까지 지속되며 두 번째 아들의 왕국은 요시아 왕과 함께 시작하여 그리스도에게서 열매를 맺어서 현재까지 지속된다고 보았다. 그리고 마지막 세 번째 성령의 왕국은 성 베네딕트(St. Benedict)와 함께 시작되었으며 임박한 미래인 A.D. 1260년경에 완전히 현현할 것이고 이 세계의 종말까지 지속될 것이다.72)

---

71) Moltmann, *The Trinity and the Kingdom of God*, 205.

일반적으로 요아킴의 3시대론을 3신론(three-theism)적 경향이 있다고 비판하지만 요아킴은 자신의 입장이 3신론이 아님을 강조하였다. 그는 언제나 동시에 하나님의 신성이 하나이면서 셋이라는 것을 나타내기를 원했다. 그는 여러 가지 형태의 그림들을 통해서 셋이면서 하나인(Three-are-One-ness) 하나님의 존재양식을 표현하려고 하였다.[73] 그는 성령이 성부와 성자로부터 나오기 때문에(proceed) 성령의 사역 역시 성부와 성자로부터 나온다는 이중 출원의 입장을 강조하였으며 따라서 그의 삼위일체신학에서 셋은 각각 그 자신의 구별된 사역을 함에도 불구하고 언제나 하나로서 세 영역(sphere) 즉 세 연속적인 단계인 세 왕국 모두에서 활동한다고 하였다. 그러므로 요아킴을 3신론이라고 비판하는 것은 상당한 오해에 근거하였다고 할 수 있다. 그러나 요아킴은 세 인격들의 동등성을 확실하게 믿었음에도 불구하고 세 번째 인격이신 성령의 사역을 세 번째 단계에서 역사의 정점(culmination)이라고 보았다.[74]

요아킴의 삼위일체론은 삼위일체를 역사 안에서 이루어지는 하나님의 경륜으로 설명하고자 하였으며 이것은 서방신학의 내재적 삼위일체론이 안고 있는 많은 문제들을 해소할 수 있는 대안이 될 수 있다. 비록 요아킴이 임박한 종말을 예언하였고 그리고 그것이 역사적으로 이루어지지 않음으로써 이

---

72) 요시아 왕(Josiah)은 성전에서 신명기를 찾아내어 종교개혁을 일으킨 유다의 왕이며 베네딕트는 요아킴 직전의 위대한 성자요 신학자였다. 이런 위대한 인물의 등장을 새로운 시대가 시작하는 계기로 보았다. 요아킴은 1215년 제 4차 라테란회의(Lateran Council)에서는 교회의 4대 기둥으로서 환호를 받았다. 그러나 성령의 왕국의 시기와 그 시기에 있어서의 교회의 역할에 대한 문제로 그가 죽은 후에 1263년의 아를회의(Council of Arles)에서 이단으로 정죄되었다. 이종성, ibid., 675. 그러나 몰트만은 요아킴이 결코 이단이라는 판단을 받지 않았다고 주장하였다. 몰트만, 〈삼위일체와 하나님의 나라〉(대한기독교서회, 1982), 243; Bernard McGinn (ed.), *Apocalyptic Spirituality* (N.Y.: Paulist Press, 1979), 98, 102.
73) Marjorie Reeves, ibid., 19f.
74) Ibid., 6.

단으로 정죄되기는 하였지만 그의 참신한 시도는 삼위일체론의 발전을 위해서 큰 방향을 제시했다고 할 수 있다. 더 나아가서 그의 이론은 그 이후 서양 역사에서 시도된 수많은 종말론적 하나님 나라의 건설이라는 메시아니즘의 출발점이 되기도 하였다.[75] 몰트만에 의하면 세계사의 세 시대 혹은 세 나라에 대한 이론이 유럽의 종교적 문화적 그리고 정치적 일신론에 대하여 매우 큰 영향을 끼쳤다는 사실이 빈번히 기술되었다. 예를 들면, 렛싱의 〈인류의 교육에 대한 생각들〉에서 저자는 요아킴의 사상을 결정적으로 도입하였다.[76] 아우구스트 꽁트(A. Comte)가 말한 정신의 세단계의 법칙론도 요아킴의 견해를 반영하고 있다. 그리고 마르크스가 말한 공산주의는 필연성의 나라로부터 자유의 나라에로의 궁극적 변천을 뜻하는데 여기에서도 요아킴의 사상이 간접적으로 나타나고 있다.[77]

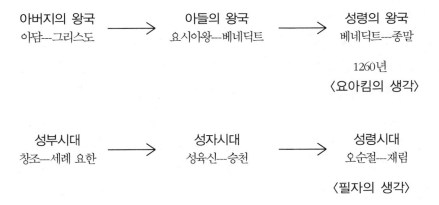

아버지의 왕국	→	아들의 왕국	→	성령의 왕국
아담--그리스도		요시아왕--베네딕트		베네딕트--종말
				1260년

〈요아킴의 생각〉

| 성부시대 | → | 성자시대 | → | 성령시대 |
| 창조--세례 요한 | | 성육신--승천 | | 오순절--재림 |

〈필자의 생각〉

필자는 요아킴의 생각을 보완한다면 그의 이론은 지금도 유용한 신학적

---

75) 이종성, ibid., 675.
76) Gotthold Ephraim Lessing(1729~81)은 신앙의 자유, 인격의 독립, 인류의 진보를 강조했다. 몰트만, 〈삼위일체와 하나님의 나라〉, 246.
77) 이종성, ibid., 676.

패러다임을 제공할 수 있다고 생각한다.[78] 아버지의 왕국을 창조부터 예수 그리스도의 성육신이전 세례 요한까지로 연장하고 성령의 왕국을 오순절에 시작해서 예수의 재림까지로 본다면 이 세 왕국론은 지금도 성경을 해설하는 이론으로서 손색이 없다고 본다. 3시대론이 3신론으로 변질되지 않도록 삼위의 통일성을 함께 강조한다면 즉 성부와 성자와 성령은 영원전부터 함께 역사하며 함께 존재하는 한분 하나님이지만 각 시대마다 그 시대의 주체와 하나님의 역사의 주도적인 시행자(agent)가 되며 적극적으로 인간의 역사에 자신을 계시하시는 독자적인 인격으로 본다면 성서와 모순되지 않으면서도 많은 문제들을 해결할 수 있는 새로운 삼위일체론적 체계(scheme)가 될 수 있다는 것이다.

몰트만은 〈삼위일체와 하나님의 나라〉에서 요아킴의 사상을 적극적으로 지지하였다. 몰트만은 요아킴이 세대주의에서 주장하였던 일곱 번째 세대를 성령의 나라와 동일시한 것은 위대한 아이디어라고 평가하였다.[79] 그리고 그는 요아킴이 3신론을 주장할 의도가 전혀 없었다고 보았다. 요아킴에게 있어서 하나님나라의 시대들과 형식들은 밀접히 관련되고 있기 때문에 한 시대와 그 형식은 다른 시대와 그 형식을 태동하고 있으며 그 안으로 침투한다. 성령의 나라는 아들의 나라 안에 이미 태동하고 있으며 이와 같이 아들의 나라는 아버지의 나라 안에 이미 준비되어 있다. 요아킴의 삼위일체론에 있어서 특징적인 것은 연대기적인 시대의 구분이 아니라 각 시대들의 질적인 변천에 대한 기술이다. 즉 아버지의 나라와 아들의 나라는 성령의 나라로

---

78) 요아킴의 이론은 문자적으로는 수용할 수 없으며 1260년경에 성령의 나라가 온다는 것은 이미 오류로 판명이 되었다. 그러나 요아킴의 사상의 패러다임을 받아들이면 그것은 역사를 해석하는 유용한 사고의 틀이 될 수 있다. 성서의 천년왕국에 대한 문자적 해석에 대해서 쟈끄 엘륄은 위험하고 공상적인 헛소리라고 비판하였다. 그리고 그 예를 요아킴 피오레와 히틀러에서 찾았다. 쟈끄 엘륄, 〈요한 계시록 주석〉 (한들출판사, 2000), 256, n. 55.

79) 몰트만, 〈삼위일체와 하나님의 나라〉, 244.

육박하여 그 안에서 완성되고자 한다. 예를 들어서 역사 안에서 인간의 자유는 그 자신의 나라로 전진한다. 그리하여 하나님의 종의 신분으로부터 하나님의 자녀의 신분으로, 하나님의 자녀의 신분에서 하나님의 친구의 신분으로 발전한다. 이것은 질적인 비약의 형식으로 이루어지는 변천이지 지속적인 발전이 아니다.

요아킴은 세 나라는 역사의 시대와 단계들이라고 하였다. 성령의 나라는 역사의 마지막 시대, 곧 세계사적인 안식일이다. 그것은 역사의 완성이지만, 그러나 역사의 종말은 아니다. 아버지, 아들, 성령의 나라의 형식들과 시대들은 다시 한 번 그 자신을 넘어서 영광의 나라를 가리키고 있으며, 이 영광의 나라에 이르러 역사는 끝난다. 요아킴은 하나님의 나라의 역사를 삼위일체론적으로 이해하였으며 하나님의 나라의 완성을 종말론적으로 이해하였다. 사실상 그는 세 가지의 왕국론을 발전시켰으며 이 세 나라는 영원한 영광의 나라에서 완성된다. 몰트만은 요아킴의 세 왕국론이 하나님의 나라의 역사를 연대기적으로 연결되는 세 시대로 나누어 버리는 양태론적 시도를 받아들이지 않으면서 하나님 나라의 역사를 삼위일체론적으로 이해하려고 하였다고 보았다. 즉 아버지, 아들, 성령의 나라는 하나님의 나라의 역사에 있어서 언제나 현존하는 단계들이요 전이(Ubergange)이다. 아들의 나라가 아버지의 나라를 전제하고 받아들이는 것과 같이 성령의 나라는 아들의 나라를 전제하고 이를 받아들인다고 하였다. 이렇게 함으로써 몰트만은 삼위일체론이 삼신론으로 변질되는 것을 방지하면서 요아킴의 종말론적이고 역사적인 삼위일체 사상을 지지하고 수용하였다.[80]

우리나라에서 일어난 독창적인 신학운동으로는 토착화신학과 민중신학을 들 수 있다. 민중신학은 남미에서 일어난 해방신학을 한국의 상황에 적용하여 70년대와 80년대 민주화운동의 신학적 근거를 제공하였다. '민중신학'이라는

---

80) 몰트만, ibid., 249.

용어를 창안하여 크게 유행하는 신학운동으로 일으킨 서남동은 요아킴의 세 왕국론을 그의 신학의 이론적인 근거로 활용하였다. 서남동의 신학방법론은 실존론적 방법, 사회경제사적—문학예술사회학적 방법과 성령론적 방법이라고 할 수 있는데, 그 중에서 성령론적 방법을 살펴보면 지금까지의 전통적인 방법인 기독론적—통시적방법(christological-diachronic interpretation)과 달리 자신의 방법은 성령론적—공시적방법(pnematological-synchronic interpretation)이라고 하였다.[81] 기독론적 해석은 이미 주어진 종교적인 범주에 맞기 때문에 적합성이 주어지는 것이고, 성령론적 해석에서는 지금 현실의 경험과 맥락에 맞기 때문에 적합성이 주어지는 것이다. 전자는 나사렛 예수가 '나를 위해서,' '나를 대신해서' 속죄한 것이지만 후자는 내가 예수를 재연하는 것이고 지금 예수 사건이 다시 발생하는 것이다.[82] 그런데 기독론적이라는 것은 타력적인 사건이며 성령론적인 것은 자력적인 사건이다. 그리스도가 내 대신 십자가에 달렸다는 것은 타인의 사건이지만 예수의 구원사건은 나의 결단의 자리에서 일어나는 것이며 이 결단은 성령의 역사에 의해서 가능해진다. 그는 구원의 능력에 있어서 타력적 구원과 자력적 구원을 다음과 같이 대조하였다.

> 자력적 구원이라는 것은 성령감화의 길인데, 성령은 하느님의 내적인 존재양태이며 성령의 감화는 내 마음도 새롭게 하며, 없었던 힘도 생기게 하여 중생시키는 구원임에 대해서, 타력적 구원에서는 유대의 종교의식에서 쓰이는 희생양의 피가 다만 예수의 피로 대치되었을 뿐이고, 그 대속은 율법적, 기계적으로나 마법적, 화학적으로 작용하는 것으로 이해되고 있는 것을 볼 수 있다. 이러한 주술적인 신학은 특히 한국교회의 부흥회 설교에서 두드러지게 나타나는 현상이다.[83]

---

81) 채희동, 〈민중 성령 생명: 죽재 서남동의 생애와 사상〉 (도서출판 한들, 1996), 84.

82) 서남동, "두 이야기의 합류" 〈민중신학의 탐구〉 (한길사, 1983), 78f.

이와 같이 기독론적 방법으로부터 성령론적 방법으로의 전환은 자기해방의 역량을 갖춘 민중의 등장을 역사적 근거로 삼고 성령의 제 3시대론과 탈기독교 시대론을 신학적 근거로 삼는다. 서남동은 그의 성령론적 신학의 근거를 요아킴의 3시대론과 본회퍼의 세속화론으로부터 찾고 있다. 그의 성령의 신학의 출발점은 본회퍼의 세속화론이다. 즉 종교의 후견에서 벗어나서 세속화되는 역사과정은 인간의 성숙과정이라는 본회퍼로부터 자극을 받는데 이것은 자연히 시대경륜에 관심을 가지게 하였다. 서남동은 역사철학자 칼 뢰비트가 역사를 이교시대, 기독교시대, 세속시대로 구분한 것과 꽁트가 삼시대를 구분한 것 즉 인류의 사고의 발전은 제 1단계로 신학적(신화적) 단계, 제 2단계로 형이상학적(철학적) 단계, 제 3단계로 실증주의적(과학적) 단계로 구분한 것을 받아들이며 로즈메리 류터(R. Reuther)가 역사를 유대교(구약시대), 기독교(신약시대), 속기독교시대로 구분한 것을 받아들였다. 그리고 이러한 3시대론의 원조를 요아킴에게서 찾았다. 서남동에 의하면 역사의 전 과정은 첫째로 구약시대, 둘째로 신약시대, 셋째로 성령시대로 구분할 수 있는데 신약시대가 지나면서 그것을 능가하는 '성령의 제 3시대'(The Third Age of the Spirit)가 된다고 보았다. 그러므로 서남동의 성령론의 기초는 요아킴의 성령의 제 3시대론이다. "나는 성령론과 제 3시대론과 속기독교 시대론과 그리고 나아가서 '민중의 시대론을 용접시켜서 오늘의 크리스천의 역사의식을 찾아보려는 것이다."[84]

서남동은 기독교 사상가 중 가장 뚜렷한 역사의 신학을 제시한 이를 4세기의 어거스틴과 12세기의 요아킴이라고 보고 이 둘을 비교하면서 요아킴의 성령의 제 3시대론을 받아들였다. 전자의 사관이 정통사관이 된데 대해서 후자는 이단적 사관이 되었다. 그러나 서남동은 종말론적 관점에서 보면 전

---

83) Ibid., 57.
84) 서남동, 〈전환시대의 신학〉 (한국신학연구소, 1976), 121. 속기독교시대론은 R. 류터, 서남동 역, 〈메시아 왕국〉 (한국신학연구소, 1981) cf.

자는 비성서적 사관인데 반해서 후자는 성서적 사관을 회복하려는 입장이라고 보았다. 서남동은 어거스틴과 요아킴의 역사관을 대조하여 다음과 같이 평가하였다.

첫째로, 어거스틴의 사관은 구원받는 구속사와 멸망할 세속사의 이중구조로서 이 두 역사의 부합은 전혀 생각할 수 없다. 세속사는 그의 역사철학에서는 망각의 대지로 방치되었으며, 그의 관심은 교회사의 테두리 안에 한정되었다. 그런데 요아킴의 사관은 세계사의 전개에서 성서에 펼쳐지는 구속사의 스킴을 보았을 뿐만 아니라, 나아가서 한님 자신의 존재양식의 전개가 곧 세계사의 발전이었다. 여기에서 '미시오 데이' (Missio Dei)의 선교이념이 유도된다. 둘째로, 어거스틴의 역사는 비종말론화 되었다. 그리스도의 초림에서 재림까지, 곧 지금의 교회시대가 하느님의 역사경륜의 마지막인 천년왕국 시대요, 이것을 넘어서는 역사의 경과는 없고 다만, '영원한 나라'만이 있을 따름이다. 여기에 교회의 절대주의의 기초가 놓여 있다. 그러나 요아킴은 기대되는 종말론적인 천년왕국을 '성령의 제3시대'라 하여 다시 임박한 종말에 대한 기대를 소생시킨다. 이것이 혁명사관으로 연결된다. 셋째로, 계시된 진리는 확정된 것이어서, 교회는 오로지 세상 끝 날까지 그 확정된 진리를 전파하는 일에만 종사해야 한다는 정복주의, 승리주의가 어거스틴의 주장이요, 전통적으로 기독교회의 신념이다. 그러나 요아킴에 의하면 진리와 계시의 지식은 진전, 성장, 발전하는 것이다. 넷째로, 어거스틴의 역사관에 있어서는 궁극적인(Ultimate) 초월적 목표인 신국만이 있지만 요아킴의 역사관에 있어서는 준궁극적인(penultimate) '성령의 제3시대'가 '신국'과 함께 있다. '신국'은 비교적으로 개인 실존이 갖고 있는 초역사적인 목표이지만, 제3시대(천년왕국)는 인간의 사회적 존재가 요구하는 역사적 목표이다.[85]

---

85) 서남동, "성령의 제3시대" 〈전환시대의 신학〉, 129f.; 채희동, ibid., 170.

요아킴의 '성령의 제 3시대론'은 구속사와 세속사가 하나님의 선교에서 만나지며 비종말화된 교회절대주의를 거부하고 종말론적 천년왕국의 회복을 주장하는 것이다. 서남동은 어거스틴의 교회 절대주의 사관을 반대하고 요아킴에 의해서 부활된 그리스도의 천년왕국에 대한 종말신앙 사상을 지지하였다.[86] 서남동에게 있어서 성령은 민중의 역사변혁의 힘이라고 할 수 있다. 그는 정치적으로 역사를 해석하였는데 군주시대는 왕 한 사람에게 권력이 독점되었던 시대였고 그 이후 귀족시대와 시민사회시대를 거쳐서 권력이 점차 분산되었으며 마지막으로 민주화가 이루어지면 권력이 민중에게로 확산되는 시대가 온다는 것이다. 그러니까 서남동에게는 민중이 권력을 가지게 되는 시대가 성령시대이며 단적으로 말하면 민중이 성령이라고 말할 수 있다. 민중의 역사변혁의식 즉 그들의 정신력이 성령이다.

유동식은 서남동의 신학에 대해서 70년대의 한국교회가 직면한 선교적 과제에 대한 두 가지 응답 가운데 하나로 평가하였다. 선교적 투쟁대상인 악마를 역사적 현안인 정치 사회적 현실로 치중해 보느냐 아니면 그 배후에 있는 영적 세력으로 치중해 보느냐하는 시각과 접근방법의 차이가 있었다고 하였다. 보수적인 한국교회는 후자의 입장을 취했고 서남동을 비롯한 민중신학은 전자의 입장을 취했다는 것이다.[87] 그러므로 서남동의 신학은 그 시대의 현실적인 문제인 민주화를 위해서 응답하기 위해서 도구화되었기 때문에 현실을 text로 성서를 context로 보는 입장을 취했으며 역사적 사건들과 심지어 성서조차도 현실 문제를 해결하기 위한 참고문헌(reference)으로 간주하였다.

서남동의 과격한 입장은 정통적인 신학으로 수용되기 어려운 점이 많다. 70년대와 80년대에 민주화가 우리 민족의 절실한 과제가 되었을 때에 그는

---

86) 채희동, ibid., 170.
87) Ibid., 8.

용감하게 발언하였고 투옥되는 고난을 마다하지 않았다. 이것은 진지하고 성실한 신학적 성찰에 근거한 용기 있는 행동이었으며 한국역사와 교회의 발전을 위해서 이바지한 신학운동이라고 평가하는 것이 정당할 것이다. 그러나 인간의 역사변혁의식 내지 원동력을 성령으로 본다는 것은 성서적인 성령이해와는 거리가 멀다. 서남동이 성서에서 말하는 초월적인 영의 세계에 대해서는 무관심하면서 역사적인 효용성만을 추구하는 것은 성령이해의 축소화라고 할 수 있다. 그리고 성서를 민주화를 위한 참고문헌(reference) 내지 도구로 전락시킨 것은 개신교회의 일반적인 성서관과는 거리가 멀고 오히려 자유주의 쪽으로 기울어진 것이다. 민중신학은 민주화라는 역사적 과제가 사라진 오늘날에 와서는 효용가치가 소진된 역사의 유물에 불과하다. 서남동은 요아킴의 제 3시대론을 민주화운동을 위한 민중신학의 참고문헌으로 사용하였으며 결과적으로 신학을 지나치게 정치도구화한 감이 있다.

그럼에도 불구하고 요아킴의 신학이 역사해석을 위한 귀중한 자료가 될 수 있다는 것은 오늘날 그의 신학의 유용성을 증명하는 사례가 된다. 앞에서 언급한 바와 같이 요아킴 이래로 역사를 3시대로 나누어서 해석한 다양한 패러다임들을 살펴볼 수 있으며 그것이 오늘날 우리에게도 유효한 사고의 틀을 제공할 수 있다는 의미에서 요아킴의 역사적 삼위일체론은 신학적 함의(significance)를 보유한다.

19세기 스위스의 문화사학자인 야코프 부르크하르트(J. Burchkhardt, 1815~1895)는 역사의 구성요소를 정치, 종교, 문화의 세 가지로 보았다.[88] 부르크하르트의 삼분법은 서양의 전통적인 이분법적 양극화 현상을 극복할 수 있는 방법이었다. 그는 어거스틴의 신 중심의 사관과 헤겔의 절대정신 즉 정치

---

88) 부르크하르트, 〈역사를 어떻게 볼 것인가〉 (한길사, 1981); 야코프 부르크하르트, 〈세계 역사의 관찰〉 (휴머니스트, 2008). 〈조선일보〉 2008. 6. 14 D-7 서평 "역사철학은 켄타우루스 같은 합성 괴물" 참조.

중심의 사관, 마르크스의 계급사관 등 세 가지 중심적인 사관들을 다 통합하였다.[89] 그 다음에 그는 이 셋 가운데 하나의 위치가 올라가면 나머지 둘은 예속된다고 전제한다. 예를 들면, 로마는 정치중심, 법 중심의 체제였다. 일종의 조직체제가 중심이 되었으므로 로마의 종교나 예술은 그 아래 예속되어 제 구실을 못하였다고 한다. 중세는 종교가 위로 올라가 정치와 예술이 그 아래 예속되는 체제이며, 르네상스는 예술이 위로 올라가 종교가 그 아래 예속되는 체제라는 것이다. 이처럼 역사관이 삼각 구조가 자리바꿈하는 것이라고 보았고 이 자리바꿈하는 동안은 역사에서의 위기라고 보았다. 이 위기에서의 위대함은 위기를 받아들여 다음 형태의 균형을 잡는 데까지 끌고 가는 것이다. 이렇게 하여 이분법적 논리를 극복하게 되는 것이다.[90] 그러나 부르크하르트는 역사의 변화는 역사의 세 가지 힘의 상관관계에 의해 이루어지는 것으로 진보란 없는 것이라고 보았다. 이 세 요소 중 어느 하나가 다른 둘을 지배하는 구조에서 그 복합성은 변함이 없고 다만 지배적인 요소가 바뀌어 나갈 뿐이다. 그래서 긴 안목에서 보았을 때 역사에 대해 비관도 낙관도 할 필요가 없다고 보았다.[91] 부르크하르트의 역사관을 그림으로 그리면 다음과 같다.

이렇게 그림을 그리면 로마시대와 중세시대와 르네상스시대라는 3시대

---

89) 한태동, 〈기독교 문화사〉, 한태동선집 2 (연세대학교 출판부, 2003), 193.
90) Ibid., 194.
91) 한태동, 〈사유의 흐름〉, 한태동선집 3 (연세대학교 출판부, 2003), 168.

에 역사를 구성하는 요소는 언제나 정치와 종교와 예술인데 다만 그 시대마다 역사를 지배하는 요소가 바뀔 뿐이다. 이것은 삼위일체 하나님이 구약시대와 신약시대 그리고 교회시대에 언제나 함께 역사하지만 그 시대마다 그 시대의 중심적인 역할 내지는 계시의 전면에 나타나는 삼위일체의 인격이 각각 다른 것과 유사하다. 그러므로 부르크하르트의 역사관은 삼위일체론적 역사관을 설명하는 하나의 패러다임으로 사용될 수 있다고 본다. 필자는 여기에서 한 걸음 더 나아가서 우리나라의 전통적인 태극사상을 원용해서 이 문제에 접근해 보고자 한다.

필자는 우리나라의 전통적인 태극사상과 요아킴의 3시대론 및 부르크하르트의 역사이해를 통합하여 삼위일체론적 역사관을 해명할 수 있다고 본다. 우리나라 전라북도 전주의 특산물인 태극선에 그려진 태극 그림의 구도를 빌려서 이 문제에 접근하고자 한다. 전통적으로 태극기는 음극과 양극의 2개의 극을 가지고 있다. 태극사상은 오래 전부터 동양에서 우주의 기원과 발생을 설명하기 위해서 만들어낸 형이상학적 우주관이다.

태극사상에 의하면 본래 이 세계는 처음에는 무극(無極) 즉 아직까지 아무런 극이 없고 아무런 움직임이 없는 상태였다. 그러다가 기(氣)의 작용에 의해서 음과 양의 대조적인 힘의 움직임이 생겨나게 되며 그것이 서로 조화를 이루면서 만물을 만들어 낸다는 것이 태극사상이라고 할 수 있다. 그리고 이것이 음양오행설로 발전하였다. 그런데 전주태극선은 빨강, 파랑, 노랑 3색으로 된 3태극으로 구성되어 있는데 이것은 음양 2극의 다음 단계를 가시적으로 형상화한 것이다. 처음에는 2극이었던 세계는 그 다음 단계로 가면 3극이 된다. 〈중용〉에서는 이 세계의 발생과정을 "일생이 이생삼 삼생만물"(一生二 二生三 三生萬物)이라고 설명하고 있는데 바로 이 이생삼의 단계를 그림으로 그린 것이 전주 태극선이다. 창세기 2장에 의하면 하나님은 처음에 아담 한 사람을 만들었으며 그 후에 아담의 몸으로부터 두 번째 인간 하와를 만들었고 그 다음에 아담과 하와의 몸을 통해서 셋을 낳았다. 그러므로 하나에서 둘이 나오고 둘에서 셋이 나온다는 〈중용〉의 사상은 성서와 조화될 수 있다고 본다. 이 세계를 음양론으로 설명할 수 있는 경우가 많이 있다. 남과 여, 낮과 밤, 더위와 추위, 불과 물, 여름과 겨울 등 음양론으로 만물의 발생을 설명할 수 있는 사례가 많이 있지만 그러나 음과 양 다음에는 무엇이 나오는가? 우리가 음과 양으로 설명할 수 없는 경우에는 세 가지 요소로 이 세계를 설명할 수 있는 사례들도 많이 있다. 모든 색의 원색인 삼원색으로부터 눈에 보이는 모든 색깔이 나온다. 빛도 세 가지의 원광이 합쳐지면 백색이 되며 여기에 모든 빛이 함축되어 있다. 소리도 세 개의 소리가 화음이 맞으면 아름답고 조화로운 새로운 소리가 만들어진다. 서론, 본론, 결론으로 학술논문이 구성되며 달력은 초순 중순 상순으로 나누어지고 생물의 성장은 봄에 씨를 뿌리고 여름에 자라며 가을에 열매를 맺는 것과 같이 인간의 일생도 유소년기, 청장년기, 노년기로 나누어진다. 음악의 소나타형식은 주제 제시부, 주제 발전부, 주제 재현부로 구성된다. 이렇게 삼태극 사상은 이 세계의 형성과정을 설명하는 하나의 유용한 틀을 제공한다. 우리는 이 패러다임을 삼위일체론에 적용하여 삼위일체 하나님이 역사 안에서 자신을 계시하는 과정을 설명하는 유비로 사용할 수 있다. 이것은 요아킴의 3시대론을 보완하는 신학적 도구가 될 수 있다.

물론 삼태극이론을 문자적으로 삼위일체론에 그대로 대입할 수 있는 것은 아니다. 동양사상과 성서의 사상이 질적으로 동일화될 수는 없기 때문이다. 이 세계를 창조한 창조자이면서 이 세계를 초월한 절대 주권자이신 하나님과 이 세계를 구성하는 내용이나 세계 자체를 해명하는 태극사상의 기(氣) 사이에는 분명히 질적 차이가 있다. 하나님은 이 세계를 초월하지만 태극이나 기(氣) 등은 이 세계를 초월하는 것이 아니라 이 세계 자체 내지는 그 구성물이다. 신학적으로 본다면 기는 하나님의 피조물에 불과하다. 그러므로 우리는 삼위일체론을 해명하기 위한 하나의 유비로서 삼태극이론을 사용할 수 있을 뿐이다. 모든 유비는 유비되는 대상과 동일화 될 수 없으며 유비되는 대상은 유비와 다르며 그것을 넘어선다. 삼극사상과 삼위일체론을 연결해 볼 때 삼위는 각각 고유한 인격과 주체성을 가지면서 함께 작용하고 함께 역사하여 이 세계를 창조하고 구원하는 한 분 하나님이라고 할 수 있다. 삼위하나님은 태초부터 종말까지 아니 태초 이전부터 종말 이후까지 영원부터 영원까지 언제나 함께 하며 어디서나 함께 하신다. 다만 그들의 존재 방식 내지는 그들의 역할이 구별될 뿐이다. 성부는 삼위일체의 근원의 근원이요, 성자는 몸을 입고 이 세계 안으로 들어오신 계시된 하나님의 말씀이며, 성령은 성부와 성자로부터 나와서 이 세상으로 보냄을 받아 인간의 몸속으로 들어와 인간의 삶 속에 내주하시는(indwelling) 구원자요 새 창조자 하나님이다. 삼위는 서로 역할이 구별되어 있을 뿐만 아니라 인격적으로도 서로 구별되어 독자적인 인격적인 주체가 되어 서로가 서로에게 인격적인 대상이 되어 서로 대화하며 사랑하는 주객관계의 주체요 객체이다. 삼위일체는 대외적으로는 한 존재(singular)이지만 삼위 안에서 대내적으로는 복수(plural)이다. 성서에서 하나님이 스스로 자신을 가리켜서 '우리'라고 표현한 것은 삼위일체의 복수이다. 삼극이 연합하여 한 전체를 구성하는 것과 같이 삼위는 통일된 한 분 하나님이다.

그런데 역사적으로 볼 때 삼위의 역사(役事)는 시간적으로 구별된다. 삼위가 동시적으로 함께 연합하여 활동하지만, 그리고 그분은 언제나 어디서나 그 존재가 분리되지 않지만 그러나 인간의 역사 즉 인간의 삶과 만날 때는 인간은 시대마다 다른 형태의 하나님의 계시와 접촉하게 된다. 이것이 3시대론의 특징적인 요소이다. 하나님의 존재 자체가 변하는 것이 아니라 하나님의 계시의 형태가 변천하는 것이다. 하나님은 어제나 오늘이나 영원토록 동일하신 분이다. 이것이 성서가 우리에게 증언하고 있는 것이다. 그러니까 계시의 주체가 변하는 것이 아니라 계시의 현현양식이 변하는 것이다. 하나님의 계시의 변천이란 다시 말해서 인간의 하나님 인식 형태의 변천이다. 구약시대에는 성부 하나님이 주로 이스라엘 백성들에게 율법을 중심으로 자신을 계시하였고 신약시대에는 예수 그리스도가 성육신하여 팔레스틴 사람들에게 하나님의 복음의 말씀으로 계시하였다.[92] 그리고 교회시대에는 성령께서 설교말씀을 통해서 자신을 계시하신다. 물론 설교 이외에도 여러 가지 형태의 교회의 사역을 통해서 성령은 지금도 역사하고 있다. 삼위 하나님의 존재 자체는 동일하지만 역사 안에서의 삼위 하나님의 사역의 형태가 시대에 따라서 다르게 나타난다. 필자는 이러한 요아킴의 3시대론과 부르크하르트의 역사이해와 3태극이론의 통합과 변형을 통해서 삼위일체론을 설명할 수 있다고 본다. 지금까지의 논의를 그림으로 그리면 다음과 같다.

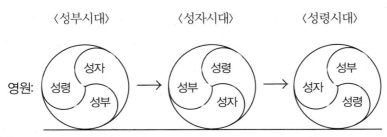

〈성부시대〉 〈성자시대〉 〈성령시대〉

영원:

계시: 영원과 시간의 만남

시간: 창조 ⟷ 세례 요한   성육신 ⟷ 승천   오순절 ⟷ 재림
     구약시대   신약시대   교회시대

하나님의 삼위일체는 한 존재요 인격은 구별되어 있으며 삼위는 언제나

---

92) 이레네우스는 성부 하나님은 창조자이며 성자는 성육신하였으며 성령은 인간의 본성 안에 임하였다고 함으로서 경륜적 삼위일체를 말했다. 맥그래스, ibid., 387f.

연합하여 함께 행동한다. 그러나 삼위 안에서 각 인격은 독자적이고 구별되며 서로 인격적인 주객관계를 맺는 나와 당신(I-Thou)이 된다. 그런데 그 한분 하나님이 시대에 따라서 역사와 만나는 접점은 다르다. 구약시대에는 성부 하나님이 역사의 전면에 등장하였고 신약시대에는 성자 하나님이 역사 안으로 들어오셨으며 성령시대에는 성령이 집중적으로 교회 안에 그리스도인 안에 내주하고 역사한다.[93] 그러므로 시대에 따라서 인간이 만나는 하나님의 모습이 서로 다를 뿐 하나님 자신은 영원히 변함없이 동일하신 삼위일체 하나님이다. 이렇게 3시대론으로 삼위일체를 해명하게 되면 종속설이나 양태론이나 삼신론은 극복될 수가 있다고 본다. 더 나아가서 성령의 독자적인 인격의 구별성도 확보할 수 있게 된다. 다만 삼위의 관계에 있어서 삼위는 질서 안에 있다는 것을 염두에 두어야 한다. 삼위는 시간적으로는 선후관계가 없이 영원히 동등하다. 그러나 논리적으로 그리고 그 질서(order)에 있어서는 성부와 성자와 성령의 순서가 있다. 그러므로 삼위 사이의 위계질서(hierarchy)는 삼위 사이에 질적 차이가 있다는 뜻이 아니라 삼위 사이의 질서에서 논리적 순서가 있을 뿐이다. 바르트의 표현을 빌리면 삼위 사이에는 질적인 종속이 있는 것 아니라 질서에 있어서 종속이 있다. 따라서 filioque이

---

93) 하나님의 삼위일체와 역사 안에서의 인간의 만남, 즉 영원과 시간의 만남인 계시사건은 원과 직선의 만남이 상징한다. 칼 바르트에 의하면 이 만남은 탄젠트 포인트(tangental point)에서 이루어진다. 이것은 수직선적인 만남이다. 여기에서 수직선은 계시를 수평선은 시간을 의미한다. 그런데 바르트가 〈로마서 강해〉에서 탄젠트 포인트를 강조하였을 때 이 만남은 역사적 연장(extension)이 없다는 비판을 받았다. 즉 하나님과 인간의 만남이 계시의 순간인 한 점에서 이루어진다면 하나님의 계시 사건은 역사적이고 시간적인 실체가 없다는 문제가 발생한 것이다. 그래서 바르트는 〈교회 교의학〉에서 이 하나님과 인간의 만남의 계시사건의 역사적 근거를 확보하기 위해서 예수의 부활 사건을 제시하였다. 부활은 예수의 신성이 역사 안에 계시된 파루시아 사건이다. 최소한 부활 이후 40일 간의 시간은 순간이 아니라 역사적인 연장을 가지게 되는 것이다. K. Barth, *The Epistle to the Romans* (London: Oxford Uni- versity Press, 1933, 1972), 98.

론은 지금도 유효하다. 앞으로 삼위일체의 통일성과 구별성, 내재적 삼위일체와 경륜적 삼위일체의 어느 쪽도 훼손하지 않는 범위 내에서 이 문제는 계속해서 토론되어야 할 것이다.

V. 삼위의 관계와 이단들

삼위일체론에서 특별히 삼위의 관계를 다룰 때 조심해야 할 것이 있다. 삼위일체란 삼위의 각각의 인격들이 그 본질은 하나이면서 인격적인 관계에서는 셋으로 나누어진다는 특별한 논리를 가지고 있다. 본질이 하나라는 것은 하나님의 존재가 하나이기 때문이다. 하나님이 한 분이니까 삼위로 구별되어도 여전히 성부와 성자와 성령은 똑 같은 신성을 가지고 있다는 것이다. 이것은 다른 말로 하면 삼위 사이에 통일성이 있다는 뜻이다. 그리고 인격이 셋이라는 것은 삼위 사이에는 구별성과 독자성이 있다는 뜻이다. 삼위 사이에는 이 통일성과 구별성이라는 모순되는 것 같은 두 개념이 동시에 적용되는 특별한 관계를 맺고 있다. 그리고 이 통일성과 구별성이 동시에 만족되어야 정통신학이 될 수 있다. 만약 이 둘 중에서 하나라도 만족시키지 못한다면 그것은 이단적인 신학이 될 것이다.

첫째, 삼위의 통일성(unity)이다. 니케아신조와 콘스탄티노플신조에서는 성부와 성자와 성령은 동일본질임을 결정하였다. 성부가 가지고 있는 신성과 성자와 성령이 가지고 있는 신성은 동일하다는 것이다. 그러므로 삼위가 가지고 있는 신성은 동일하고 삼위의 본질에는 차이가 없다. 어느 분이 더 높고 낮다고 할 수 없다.

니케아회의에서 이단으로 정죄된 아리우스(Arius)는 성부는 하나님이요 성자는 최초의 피조물이요 성령은 그 다음의 피조물이라고 하였다. 그러므로 성자는 존재하지 않았던 적이 있게 되며 그렇게 되면 성자는 영원한 하나님의 신성을 확보하기 어렵게 된다. 아리우스는 성부의 본질과 성자의 본질은 비슷할 뿐 같지 않다고 하였다. 이것을 유사본질(homoiusios)론이라고 한다. 이러한 아리우스의 이론은 성자가 성부에게 종속된다고 하여 종속설(Subordinationism)이라고 부른다. 이 이론은 삼위 사이에 위계질서(hierarchy)가 있다고 보는 이론이다. 오늘날 예수의 신성을 부인하거나 예수의 동정녀탄생, 부활, 재림 등을 부정하는 자유주의신학은 내용적으로 아리우스의 신학에 가깝다고 할 수 있다. 이런 이단적인 신학이 교회 안으로 들어오는 것을 경계하여야 한다.

둘째, 삼위의 구별성(particularity)이다. 삼위일체가 한 존재이고 한 본질이지만 그의 계시 안에서 우리는 세 구별된 인격을 만나게 된다. 성부는 성자를 가리켜서 "너는 내 사랑하는 아들이라"고 말씀하였고 성자는 성부에게 "하늘에 계신 우리 아버지"라고 불렀다. 성자는 성부로부터 다른 보혜사인 성령을 받아서 우리에게 보내 주신다. 이렇게 구별된 세 인격을 통해서 우리는 하나님의 계시를 인식할 수 있다. 삼위의 구별성이 확보되지 않으면 우리는 성경을 읽어도 이해할 수 없을 것이다.

그런데 이 삼위의 구별성을 확보하지 못하는 이단이 있는데, 사벨리우스가 주장하였다고 해서 사벨리아니즘(Sabellianism) 또는 양태론(Modalism)이라고 한다. 사벨리우스는 하나님의 존재는 하나요 성부 성자 성령은 우리에게 서로 다른 모습으로 계시된 세 양식(mode)이라고 하였다. 예를 들어서 A라는 사람이 집에서는 아버지, 교회에서는 장로, 직장에서는 사장이라면 아버지 A가 장로 A에게 장로님이라고 부를 수 있는가? 아버지, 장로, 사장이라는 양태가 다를 뿐 이 셋 사이에는 존재론적인 구별성이 없다. 즉 아버지와 장로와 사장 사이에는 인격적인 대상성(objectivity)이 확보되지 않는다. 이들은 인격적 주객관계의 대상이 될 수 없다. 이들은 서로 대화할 수 없다.

그러나 삼위 사이에는 인격적인 주객관계가 성립되며 아버지와 아들과 성령 사이에는 인격적인 대화가 일어난다. 성부와 성자와 성령은 단지 인간의 눈에 구별된 것처럼 보이기만 하는 양태가 아니다. 그들은 실제로 구별된 인격들이다. 서로 대화하고 사랑하고 보내고 나오는 그리고 낳기까지 하는 인격적인 공동체(community)이다. 성서에서 증언하고 있는 이런 사실들을 설명하기 위해서 삼위의 구별성이 확보되어야 한다.

그런데 칼 바르트에 의하면 하나님의 인격성(personality)은 하나이다. 왜냐하면 하나님의 존재가 하나이기 때문이다. 그의 본질이 하나이고 그의 인격성이 하나이기 때문에 우리는 기도할 때 삼위 중에서 누구를 불러야만 하는가를 고민할 수 없다. 어떤 사람은 성부는 기도의 대상이고 성자의 이름으로 기도하며 성령은 기도를 돕는 분이라고 말한다. 즉 성부에게만 기도해야 된다고 주장한다. 그러나 이것은 성서적인 이해가 아니다. 사도행전 7:55f.에서 스데반이 돌에 맞아 죽어가고 있을 때 하늘이 열리고 보좌 우편에 서신 예수를 보았다. 그리고 스데반은 예수님께 기도하였다. "주 예수여 내 영혼을 받으시옵소서 주여 이 죄를 저들에게 돌리지 마옵소서." 그러므로 성자는 기도의 대상이 될 수 있다. 조용기 목사는 설교하러 가기 위해 강대상으로 걸어가면서 성령님 같이 갑시다(Let's go dear Holy Spirit.)라고 기도하면서 간다고 하였다. 그러므로 성령은 기도의 대상이 될 수 있다고 본다. 성부와 성자와 성령 어느 누구에게 기도하느냐 하는 것은 문제가 되지 않는다. 한분이신 하나님이 우리의 기도의 대상이 되기 때문에 삼위 중 누구를 불러도 결국 우리의 기도를 듣는 대상은 하나의 인격성을 가지고 계신 한 분 하나님 자신이다. 삼위의 인격성은 하나이다.

삼위일체론에서 인격이 셋이라는 것은 삼위일체론에서만 사용되는 특수 개념이고 일상적인 의미에서의 하나님의 인격성은 하나이다. 하나님의 인격성은 하나이고 삼위의 인격은 셋이라는 이 혼돈을 해소하기 위해서 바르트는 삼위일체의 세 인격을 존재양식(mode of being)이 셋이라고 부르자고 제안하였다. 그러나 바르트의 이런 시도는 성공할 수 없다. 바르트는 이미 양태론에 의해서 사용되었던 개념을 들고 나왔기 때문에 또 다른 혼란을 야기할 수 있다. 몰트만은 이러한 바르트의 주장을 사벨리아니즘이라고 비판하였다. 심지어 몰트만은 바르트의 삼위일체론은 이위일체론이 된다고까지 비판하였다. 왜냐하면 바르트는 성부와 성자는 오늘날의 의미에서 인격(person)이라고 할 수 있지만 성령은 성부와 성자와 나란히 제 3의 인격이나 제 3의 주체(Subject)나 제 3의 나(I)라고 할 수 없다고 말했기 때문이다. 그러므로 몰트만의 바르트 비판은 정당하다. 우리는 하나님의 하나의 인격성과 삼위의 세 인격 사이의 혼돈의 위험성을 잘 식별해 가면서 인격이라는 개념을 계속해서 사용할 수밖에 없다. 더 좋은 개념이 창안될 때까지.

전통적으로 어거스틴 이후 성령을 성부와 성자를 연결하는 사랑의 끈(bond of love)으로 이해했기 때문에 서방신학은 성령의 인격적인 독자성을 확보할 수 있는 신학적인 도구를 확보하지 못했다. 더구나 filioque이론에 의해서 성령은 성부와 성자로부터 나온다는 이중출원론에 의해서 성령은 성부와 성자에게 종속되며 성부와 성자에게 부속된 에너지나 힘에 불과한 것으로 간주되어 왔다. 그러므로 서방신학에서는 성부와 성자와 성령이 세 구별된 인격이라는 삼위의 독자성을 확보하는데 큰 어려움을 겪어 왔다. 이제 필자가 앞에서 제안한 바와 같이 요아킴 피오레와 부르크하르트와 3태극론을 빌려서 삼위의 대등한 독자적 인격성을 확립할 수 있게 되었다. 그러므로 우리는 성령의 주권과 인격성 및 독자성을 확립하는 그런 삼위일체론적 신학을 추구해 나가야 한다. 더 이상 서방신학의 과오 위에 주저앉아 있어서는 안 될 것이다.

삼위일체론은 신학자들이 만들어낸 이론이지만 그렇다고 해서 신학자들이 자의적으로 만든 창작물이 아니다. 어디까지나 교회가 성서를 설명하기 위해서 만든 신학적인 도구일 뿐이다. 자유주의 신학자들은 삼위일체론의 의미를 인식하지 못하였다. 그래서 그들은 삼위일체론을 신학의 군더더기 정도로 폄훼하였다. 그러나 20세기에 들어와서 칼 바르트에 의해서 삼위일체론이 부활하였으며 삼위일체론이 조직신학의 체계를 형성하는 기본적인 사고의 틀이 되게 만들었다. 이것은 종교개혁자들의 정신을 뒤따르는 것이었다. 바르트는 칼빈의 〈기독교강요〉가 삼위일체론적인 체계를 갖춘 이후 지속된 개신교신학의 전통을 다시금 회복한 것이다.

삼위일체론을 통해서 기독교는 예수의 신성을 확보할 수 있는 이론적인 도구를 갖추게 되었다. 더 나아가서 성령의 신성을 확보할 수 있게 되었다. 비록 이론적으로 어려운 것이긴 해도 성서 안에 계시된 하나님을 삼위일체론보다 더 잘 설명할 수 있는 이론을 우리는 알지 못한다. 더 나아가서 성령이 성자로부터 나온다는 filioque이론을 통해서 성령과 다른 영들과의 차별성을 설명할 수 있게 되었다. 예수 그리스도와 연결된 영은 성령이고 예수 그리스도로부터 나오지 않은 영은 성령이 아니다. 삼위일체론은 위대한 신학적 유산이요 교회의 전통으로 보존하고 발전시켜 가야 할 것이다.

6
창조론

Ⅰ. 창조교리의 발전

처음에 교부들은 희랍철학의 영향으로 비성서적인 창조관을 가졌다. 플라톤의 대화편 〈티마에우스〉(*Timaeus*)에 나타난 바와 같이 조물주(Demeurgos)가 선재하는 재료를 가지고 이 세계를 만들었다는 사상을 받아들였다. 영지주의자들 뿐만 아니라 데오필루스(Theophilus of Antioch), 순교자 저스틴(Justin Martyr), 오리겐(Origen) 등이 선재하는 물질로부터 창조되었다는 플라톤적 사상에 동의하였다. 이 사상에 의하면 하나님은 창조하기 이전에 있던 재료를 사용했으므로 그것은 무로부터의 창조가 아니다.

이레네우스는 무로부터의 창조(creatio ex nihilo)를 주장하였다. 무로부터의 창조 개념은 성서에는 없고 구약외경 마카비하에서 찾아볼 수 있다.[1] 이레네우스는 기독교의 창조교리가 피조물의 선함을 선언하고 있다고 주장하였는데 이것은 물질계가 악하다는 영지주의와 대조된다. 터툴리안은 세계의 창조는 하나님의 자유와 선함에서 온 것이라고 하였다. 그러므로 세계는 내재적 필연성에 의해서 생긴 것이 아니라 하나님이 그렇게 하신 것이라고

---

1) 공동번역성경 구약외경 〈마카베오하〉 7:28. "하늘과 땅을 바라보아라. 그리고 그 안에 있는 모든 것을 살펴라. 하느님께서 무엇인가를 가지고 이 모든 것을 만들었다고 생각하지 말아라."

주장하였다. 제 4차 라테란공의회(1215)와 플로렌스공의회(1422)는 하나님이 무로부터 선한 피조물을 창조했다고 선언하였다.

칼빈은 하나님 자신의 피조물로서의 세계와 타락한 피조물로서의 세계를 말했다. 세계는 하나님의 피조물인 점에서 높이 평가되고 긍정되어야 한다. 그러나 타락한 피조물인 점에서 세계를 구속할 목적을 가지고 비판되어야 한다. 그는 타락한 인간의 죄성을 강조하면서도 여전히 인간은 하나님의 피조물이라는 사실을 간과하지 않는다. 죄에 의해 오염되었지만 인간성은 하나님의 피조물과 소유로 남아 있고 그 가치가 인정되어야 한다고 주장하였다.[2]

II. 창조와 역사

하나님이 이 세계를 창조했다는데 그것이 구체적으로 어떤 방식으로 이루어졌는가 하는 것은 순수이성으로는 잘 이해가 되지 않는다. 과학의 발전에 의해 이 우주는 130억 년 전에 시작된 빅뱅 이후 존재하기 시작하였고 태양은 80억년, 지구는 46억 년 전부터 존재하기 시작했다고 알게 되었다. 이러한 현대적 지식에 근거하여 성서를 새롭게 해석하려는 시도가 일어나게 되었다.

성서에 대한 현대적인 해석들 가운데 가장 주목을 받은 것이 루돌프 불트만의 비신화론이다. 19세기의 자유주의신학을 계승하여 20세기에 신자유주의신학운동을 일으킨 불트만은 성서에 기록된 기적 이야기들, 초자연적인 전설들은 고대인들의 신화적인 사고에 의해서 만들어진 비역사적인 것이기 때문에 현대인들은 성서 이야기를 그대로 받아들일 수 없다고 하였다. 그는

---

2) 맥그래스, 〈역사속의 신학〉, 354.

신화의 옷을 벗겨내고 성서 저자가 성서 독자에게 말하고자 한 의도 즉 케리그마(복음의 선포)를 찾아내는 실존론적 해석이 정당한 성서해석이라고 주장하였다. 이러한 주장에 의하면 성서의 모든 신화들은 비역사적인 이야기요 실제로 시간과 공간 안에서 일어난 사건이 아니다. 동정녀탄생, 부활, 승천, 재림 등 예수의 생애뿐만 아니라 병 고친 이야기, 물위로 걸은 이야기, 오병이어 이야기 등 모든 기적이야기들은 실제로 발생하지 않은 허구에 불과하다. 이렇게 되면 당연히 창조이야기도 역사가 아니라 신화가 된다.

우리는 성서뿐만 아니라 다른 민족의 창조 이야기나 개국 이야기에서도 신화적인 이야기들이 전해오는 것을 알고 있다. 우리나라만 하여도 고조선 개국신화와 고구려 개국신화, 신라 개국신화 등 고대역사가 신화와 결합되어 있는 것을 알고 있다. 그런데 이런 개국신화들이 다 허구라고 할 수 있을 것인가? 환인의 아들 환웅이 백두산에 내려와서 웅녀와 결혼하여 단군을 낳았으며 그 후 백두산으로부터 평양으로 천도하였다는 단군신화는 단지 만들어낸 허구가 아니라 고대인들의 역사가 그 속에 녹아 있는 것을 찾아내어야 한다. 백두산은 우리 민족의 영산으로서 만주일대와 한반도에 걸쳐서 가장 높고 넓고 신비한 산이다. 그 정상에는 구름이 가리어서 잘 보이지 않는 날이 많고 천지가 있어서 그 모양이 참으로 그로테스크(grotesque)하다. 이런 신비하고 웅장한 산을 중심으로 형성된 우리민족의 시조이야기는 고대인들에게는 단지 신화가 아니라 높은 산을 중심으로 살아갔던 우리 조상들의 수렵시대의 삶의 기억이 함축되어 형성된 역사이야기이다. 그러다가 인구의 증가로 수렵생활로는 더 이상 생존할 수 없게 되자 넓고 비옥한 평야(平壤)로 내려와서 농경시대를 시작하게 된 약 5000년 전의 우리 조상의 역사적, 사회경제적인 삶의 조건들이 이 신화 안에 녹아들게 된 것이다. 그러므로 단군신화는 단지 신화가 아니라 우리 조상들의 역사 이야기이다. 신화는 고대인들의 역사전승의 방식이었다. 문자가 형성되기 이전의 구전전승과정에서 신화와 역사는 절묘하게 결합되었다. 따라서 신화를 통해서 전달된 역사의 의미를 찾아내어야 한다.

더 나아가서 우리는 성서의 신화를 신화로 치부할 것이 아니라 성서 안의 영의 세계로 진입해야만 우리는 성서를 제대로 이해할 수 있게 된다. 성서의 기적을 비과학적이라고 해서 내버릴 것이 아니라 오늘날 현대인들이 잃어버린 영성을 회복함으로써 기적이야기가 픽션(fiction)이 아니라 역사적 사건임을 인식해야 한다. 20세기 오순절 운동을 통하여 성서가 증거하는 성령의 은사들이 신화가 아니라 역사라는 것이 증거되고 있다. 현대 오순절운동을 통하여 각종 방언과 병 고치는 은사와 예언, 환상, 기적 등 신령한 은사들이 허구가 아니라 직접 체험할 수 있는 역사적 사건임을 인식하게 되었다. 그러므로 내가 경험하지 못한 기적이라고 해서 그것이 믿을 수 없는 허구라고 주장하는 것은 온당하지 못하다. 오순절 성령의 기적들이 오늘날 교회 안에서 일어나고 있음을 확신하게 된다면 성서에 기록된 신화들이 역사적인 사건임을 인식할 수 있게 될 것이다. 불트만은 성서를 비신화화할 것이 아니라 성서의 영성의 세계 밖에 머물지 않고 그 안으로 들어갔어야 했다.

칼 바르트는 성서의 부활이야기와 마찬가지로 창조이야기와 타락이야기를 사화(sage)라고 하였다.[3] 그는 불트만과 마찬가지로 성서에 기록된 기적이야기들이 Historie가 아니라 Geschichte임을 동의한다. 기적이야기들은 합리주의자들이 이해할 수 있는 일반역사가 아니다. 그러나 그렇다고 해서 성서의 기적이야기들이 역사적으로 발생하지 않은 허구라는 불트만의 주장에 대해서는 결코 동의하지 않는다. 창조이야기인 사화는 역사적 사건에 대한 이야기인데 반해 불트만이 말한 신화는 역사성이 없는 가공의 이야기라는데 그 차이가 있다.[4] 바르트에게 '게쉬흐테'는 초월적 차원이 결합되어 있는 역

---

3) CD III/2, 446; CD IV/1, 335f.
4) 김명용, 〈칼 바르트의 신학〉 (이레서원, 2007), 202; "성서의 창조사화는...하나의

사이다. 즉 하나님과의 직접적 관계를 향해 열려있는 역사이다. 그것은 세상 밖에 있는 역사가 아니고 세상 속에서 하나님과 더불어 일어나는 역사이다. 따라서 이 역사가 참역사이다. 하나님과의 직접적 관계를 거절하는 세상의 역사(Historie)는 인간 상호간의 관계를 설명함에는 어느 정도 성공할 수 있어도 세상의 역사의 실체를 완전히 드러내지는 못한다.[5] 바르트는 사화를 다음과 같이 설명한다. "일반적으로 사화란 직관과 상상을 사용하는데, 그것은 사건들이 역사적 증명 같은 것을 더 이상 받아들일 수 없는 곳에 있을 때에 역사적 이야기를 받아들여야 한다. 그리고 특수한 성서적 사화의 경우는 그 안에서 직관과 상상이 사용되지만 그러나 역사적 증명이 있을 수 없는 영역에서 (역사적이든 역사이전이든) 하나님의 말씀에 의해서 일어난 예언적 증언을 주기 위해서 사용된다."[6]

III. 창조와 과학

오늘날 치열하게 논쟁되고 있는 주제가 창조와 진화의 문제 및 생태학적 신학 즉 인간과 환경의 문제라고 할 수 있다. 이 문제들은 신학과 과학의 관계라는 관점에서 접근해야 할 것이다.

1859년 찰스 다윈의 〈종의 기원〉이 출판된 이후 진화론은 신학의 뜨거운

___

역사로서의 창조에 대한 순수한 이야기이다." 그러나 신화는 "역사가 아니고, 따라서 신화에는 참된 창조주도 없고, 주님도 없다."

5) 김명용, 〈칼 바르트의 신학〉, 203.

6) CD III/2, 508; 전성용, 〈칼 바르트의 성령론적 세례론〉, 139. 바르트는 사화라는 개념을 통해서 성서의 기적이야기가 역사과학적으로 검증될 수 있는 Historie도 아니고 그렇다고 허구에 불과한 신화도 아니라고 하는 중간적인 입장을 취했다. 이것은 근본주의와 자유주의를 피하면서 자신의 길을 가는 중간적인 입장이라고 하겠다.

논쟁의 주제로 대두되었다. 아마도 갈릴레오의 지동설 이후 가장 치열한 과학과 신학 사이의 논쟁거리가 된 것 같다. 특히 근본주의진영에서 이 문제에 대해 격렬하게 반응하였다. 신학과 과학의 관계에 대한 입장은 크게 자유주의진영과 근본주의진영 그리고 신정통주의 진영으로 구별할 수 있다.

첫째로, 자유주의진영에서는 진화론이 신학으로 하여금 하나님이 피조물 안에 현존하고 활동하는 특정한 방식을 인식하게 해 준다고 주장했다. 진화는 신적 섭리와 불일치하지 않는다. 오히려 진화론은 신의 섭리가 역사하는 방식에 빛을 던진다고 보았다. 과정신학은 신학을 현대과학의 통찰에 적응시키려고 시도하였다. 화이트헤드, 찰스 하트숀, 존 캅 2세(J. Cobb Jr.), 데이비드 그리핀(D. Griffin) 등은 하나님을 새로움과 질서의 근원으로 생각했다. 하나님은 설득하는 사랑을 통해 우주 안에 질서를 제공하는 새로움의 근원이라고 생각했다. 떼이야르 드 샤르댕(Teilhard de Chardin) 신부는 우주가 보다 복잡한 구조를 향한 진화의 상태에 있다고 주장했다. 그는 하나님이 진화의 과정 안에 임재해 있으며 이 과정이 최후의 수렴점인 오메가 포인트(omega point)로 인도한다고 주장했다.[7]

둘째로, 보수적 복음주의자들은 성서와 과학의 대화를 거부하고 성서만이 인간의 기원과 발전에 대한 타당한 객관적 설명을 제시한다고 간주한다. 따라서 진화론과 긴장관계에 놓이게 되고 진화론이 틀렸다고 주장한다. 〈창조과학회〉의 활동이 이 운동을 대표하고 있다. 헨리 모리스(Henry Morris)의 〈과학적 창조〉(Scientific Creationism)나 윌리엄 뎀스키(William A. Dembski)의 〈지적설계〉(Intelligent Design)[8] 등의 저술들이 이 운동과 연관이 있다. 창조과학회에서는 젊은 우주론을 주장하는데, 그들은 우주의 나이가 약 1만년 이내에 불과하다고 본다.[9] 이것은 창세기 이후의 구약역사를 4천년

7) 맥그래스, ibid., 359f.
8) William A. Dembski, *Intelligent Design* (IVP, 1999).
9) 〈국민일보〉, 2008. 7. 17. 25면 "창조과학회, 우주 나이 6000년." 한국창조과학회

으로 산출하고 신약의 역사를 2천년으로 보는 세대주의와의 조화를 추구하기 위해서이다. 그러나 수십억 광년 떨어진 별에서 출발한 빛이 지금 지구에 도착하고 있는데 우주의 나이를 1만년 이내로 본다는 것은 과학적으로 불가능하다. 우주는 130억 년 전부터 존재하기 시작하였다고 보아야 한다. 창조과학회에서 성서문자주의에 빠져 있는 동안 기독교의 반 지성성은 더욱 더 현저하게 폭로될 것이고 그것은 기독교선교를 위해서 바람직하지 않다고 본다. 과학이 발전하기 이전에는 성서문자주의가 설득력을 가졌을지 몰라도 과학적 지식이 상식이 된 현대에 이런 주장을 하는 것은 넌센스가 아닐 수 없다.

셋째로, 신정통적 입장은 신학의 독특성을 강조하였다. 칼 바르트에 의하면 창조는 자연과학의 빛으로 조명되거나 해석될 수 없는 신학적 사건이다. 그러니까 성서의 특수 이야기들은 검증가능성(verifiability)의 원리를 넘어간다. 철학이 신학 안에서 어떠한 기초적 역할을 담당하는 것도 허락하지 않았던 바르트는 이런 태도를 자연과학에도 고스란히 확장하였다.[10] 자연과학은 나름대로 고유한 권능의 영역을 가지고 있다. 그러나 기독교신앙은 여기에 포함되지 않는다. 칼 라너는 과학이 후천적 경험에 관계하고 신학은 선험적 질문을 다룬다고 하였다. 라너는 과학자들이 신학자들의 역할을 하게 되면 일이 잘못된다고 하였다. 즉 그들 각자 고유한 영역이 있기 때문에 서로 존중되어야 한다고 주장하였다.

자유주의신학처럼 과학으로 신학의 고유성을 해소해 버려서는 안 된다. 그렇게 되면 성서의 독특한 차원과 고유한 영역을 훼손할 수 있다. 성서는 과학으로 해명할 수 없는 영의 세계를 다루고 있는데 이러한 영적 차원에 대해서 과학은 다룰 수 없다. 자유주의신학의 입장을 지속하게 되면 창조를

는 최근 우주의 나이를 대략 6,000년으로 보는 '젊은 우주론'을 공식적으로 지지했다.
10) 맥그래스, ibid., 360.

진화로 대치하게 되고 신학을 과학으로 대신하게 하여 결국 기독교 고유의 초월적 차원이 훼손될 것이다.

보수적 복음주의자들은 창조가 맞고 진화는 틀렸다고 생각하며 진화론을 반대하는 노력을 하고 있다. 그들은 창조와 진화를 양자택일의 관계 내지는 모순대립의 관계로 보는데 이것은 과학에 대한 정당한 태도가 아니다. 이런 주장은 중세 가톨릭교회가 갈릴레오에 대해 종교재판을 통해 지동설을 침묵시키려 했던 과오를 반복하게 될 것이다. 진화론은 아직 증명되지 않은 가설이며 침팬지나 오랑우탄이 진화되어 인간이 된 사례가 없기 때문에 증명하기도 반증하기도 어려운 이론이다. 그러나 현실적으로 많은 과학자들이 진화론을 지지하고 있음을 부인하기 어렵다. 그러므로 지나치게 단정적인 결론을 내리거나 감정적으로 접근하는 것을 조심해야 한다고 본다.

필자는 진화론과 창조론이 서로 다른 방법으로 인간과 생명의 근원에 대해서 접근하고 있다고 생각한다. 즉 그들은 서로 다른 언어게임을 하고 있는 것이다. 루드비히 비트겐슈타인(L. Wittgenstein)의 후기철학에서 제기된 이론에 의하면 종교언어와 과학용어처럼 서로 다른 종류의 언어들은 서로 다른 삶의 형태의 언어적 측면인 언어게임을 만들어 낸다. 예를 들어 여러 형태의 삶 중에서 기독교적인 삶의 형태에 전적으로 빠져드는 것은 이 토론의 바다 안에서 진실된 것과 거짓된 것을 구별하는 그 자체의 내적 기준을 가지고 있는 특별히 기독교적인 언어를 사용하는 것을 의미한다. 그러므로 특정한 삶과 언어의 복합체인 언어게임을 구성하고 있는 내적 움직임들은 외부로부터의 비판에 강하다. 그리고 이로부터 종교적 가르침이 과학적 논평이나 다른 비종교적 논평에 면역되어 있다는 결론이 나오게 된다. 종교는 각각 고유의 언어를 사용하고 있으며 그 언어는 그 종교 안에서 서로 통용되는 고유한 기능을 가지고 있다.

예를 들면, 전통적인 기독교의 가르침은 우리를 하나님 앞에서 죄인되게 만든 책임을 에덴동산에서의 타락을 통하여 하나님의 은혜로부터 단절되도록 한 첫 인간인 아담과 하와에게 돌리고 있다. 비트겐슈타인의 이론에 의하면 그러한 식의 발언은 인류가 한 쌍의 조상으로부터 유래된 것이 아니라거나, 최초의 인간들이 낙원에서 산 것이 아니라는 과학적 이론과 충돌하지 않는다. 왜냐하면 과학은 그 자체의 독특한 기준을 가진 다른 형태의 언어게임이기 때문이다. 종교는 외부로부터의 도움을 요구하지도 또한 외부로부터의 반대를 배척하지도 않는 그 자체의 언어를 가지고 있는 하나의 자율적인 삶의 형태이다.11)

또 다른 예를 들면, 질병이라는 하나의 사태에 대해서 우리는 여러 가지 이론과 방법으로 접근할 수 있다. 서양의학의 수술이나 약으로 치료할 수 있고 동양의학의 침이나 지압, 부황, 탕약 등 다양한 방법이 있는가 하면 대체의학, 운동요법, 음악치료, 심리치료, 요가, 참선, 물리요법, 식사, 금식 등이 있으며 기독교에서는 신유에 의해서 치유할 수 있다고 믿는다. 질병이라는 하나의 문제에 대해서 다양한 방법으로 접근할 수 있듯이 생명의 기원에 대해서 창조와 진화도 서로 다른 체계와 방법을 가지고 접근할 수 있다고 본다. 우리는 의술이라는 과학을 부정하지 않으면서 기도로 병을 고칠 수 있는 것과 마찬가지로 진화라는 이론이 창조를 부정하지 않으면서도 이 문제를 더 해명하기 위한 유용한 도구가 될 수 있다고 본다. 진화론과 창조론은 모순대립의 관계가 아니라 양립할 수 있으며 양자긍정의 관계가 될 수도 있다고 본다. 창조론이 옳기 위해서는 성서가 진리라고 믿는 믿음이 필요한 것이요 진화론이 옳기 위해서는 더 많은 증거들을 제시해야 할 것이다. 만약에 진화론이 틀린 것으로 증명되면 새로운 다른 이론이 제기될 것이고 진화론은 폐기될 것이다. 만약에 진화론이 맞는 것으로 증명되면 (언젠가는 먼 미래에 진위가 판명될 것이다) 하나님은 진화의 과정을 통

11) 존 힉, 〈종교철학개론〉 (동문선, 2000), 183f.

해서 창조하셨다고 설명할 수 있을 것이다. 필자는 진화론은 가능성이 있는 과학적 가설이라고 생각한다. 그러나 진화론이 옳다고 해서 창조론이 폐기되는 것이 결코 아니다. 지구가 태양을 돈다는 것을 알게 된 이후에도 여전히 우리는 아침마다 태양이 동쪽에서 떠오른다고 지각하듯이 그리고 그 태양이 하나님에 의해서 운행된다고 믿듯이 진화를 통해서 창조된 이 세계를 우리는 여전히 아름답게 바라보고 하나님의 은혜를 감사하게 될 것이다. 이렇게 볼 때 신학과 과학은 계속해서 진지하고 건설적인 대화를 해나가야 할 것이다.

IV. 성부와 성자와 성령의 창조

성서에 의하면 하나님이 태초에 천지를 창조하였다. 이 하나님이 야웨이고 이 야웨를 기독교는 삼위일체로 이해한다. 그러므로 야웨는 성부와 성자와 성령 하나님이다. 그런데 예수는 "이는 내 아버지시니 곧 너희가 너희 하나님이라 칭하는 그이시라"(요 8:54)라고 말씀하심으로써 구약시대에 이스라엘에게 계시된 그 하나님을 성부라고 볼 수 있음을 암시하였다. 그러니까 태초에 천지를 창조하신 하나님은 성부 하나님으로 볼 수 있다. 성부는 창조자요 만물의 근원으로서 모든 존재자들이 의존하고 있는 존재의 근거(Ground of being)이다. "그러나 우리에게는 한 하나님 곧 아버지가 계시니 만물이 그에게서 났고 우리도 그를 위하며 또한 한 주 예수 그리스도께서 계시니 만물이 그로 말미암고 우리도 그로 말미암았느니라" (고전 8:6).

그러니까 성부는 창조의 궁극적인 또는 직접적인 행위자라고 할 수 있다.[12] 다시 말해서 성부가 만물의 존재를 위한 토대요 세계는 성부에게 의존

---

12) 스탠리 그랜즈, 〈조직신학〉, 169.

한다는 뜻이다. "우리 주 하나님이여 영광과 존귀와 능력을 받으시는 것이 합당하오니 주께서 만물을 지으신지라 만물이 주의 뜻대로 있었고 또 지으심을 받았나이다" (계 4:11). 또한 성부가 창조의 직접적인 행위자라는 것은 그가 만물의 목적 또는 목표(goal, telos)라는 의미이기도 하다. "우리에게는 한 하나님 곧 아버지가 계시니...우리도 그를 위하여 있고."

신학자들은 삼위일체의 관계를 설명하면서 성자는 성부가 낳고(beget) 성령은 성부로부터 나온다(proceed)고 하였다. 삼위의 내적 발생관계에 있어서도 성부는 최초의 근원이다. 이것은 시간적인 선후관계가 아니라 질서에 있어서의 우선순위(priority)라고 할 수 있다. 천지창조의 모습에 대한 묘사에서도 하나님의 말씀 즉 로고스가 천지창조에 참여하였고 하나님의 신 즉 성령이 수면에 운행하면서 천지창조에 참여하였다. 성부 하나님은 성자와 성령과 더불어 공동적인 활동으로 천지를 창조하였다. 그러나 논리적으로 창조의 궁극적인 주체자는 성부라고 할 수 있다.

둘째로, 성자는 창조에서 무슨 역할을 하였는가? 성자가 창조에 참여한 것은 요한복음에서 가장 명시적으로 제시되었다. "만물이 그로 말미암아 지은 바 되었으니 지은 것이 하나도 그가 없이는 된 것이 없느니라" (요 1:4). 요한복음에 의하면 성자는 로고스로서, 만물의 창조원리로서 작용하였음을 계시하고 있다.[13]

칼 바르트에 의하면 하나님의 창조는 예수 그리스도 안에서 이루어진 것이다. 예수 그리스도 안에 나타난 은총이 창조의 비밀이라는 것이다. 예수 그리스도를 통해서 이 세계가 창조되었다는 것은 이미 성서가 증언하고 있다. 그런데 바르트는 말씀을 통하지 아니하고 창조된 것이 아무것도 없다는 성서의 증언은 창조가 바로 은총이라는 뜻이라고 주장하였다(Creation is grace).[14] 바르트에 의하면 창조의 내적 근거는 계약이고 계약의 외적 근거

---

13) Ibid., 172.

는 창조다. 하나님이 창조하신 것은 계약을 맺기 위함이고 계약을 맺기 위해서는 계약상대인 인간을 창조해야만 했다. 계약의 목적은 화해이고 화해의 내용은 친교이다. 이렇게 처음부터 하나님의 창조는 그리스도와 교회의 계약을 맺기 위함이라는 내적 근거 위에서만 가능하다. 따라서 야웨와 이스라엘, 그리스도와 교회의 계약이 없이는 창조는 불가능하다. 그렇다면 창조는 무조건적인 하나님의 은혜와 사랑의 산물이며 우리는 하나님의 창조를 긍정하고 감사할 수 있을 뿐이다. 비록 세상 안에 악이 들어와서 하나님과 인간의 관계를 일시적으로 파괴했다고 하더라도 하나님은 그것까지도 미리 아시고 화해의 시나리오를 준비하신 것이다. 이것이 창조에 임하는 하나님의 청사진이요 이것이 전지전능하신 하나님의 창조의 드라마이다. 이렇게 바르트가 성자 예수 그리스도 안에서 이루어진 창조를 말함으로써 하나님의 창조는 실패한 것이 아니요, 하나님이 창조하신 세계는 비극적이거나 허무한 것이 아니요, 염세적이거나 비관적으로 이 세계를 바라볼 수 없는 아름답고 찬란한 세계가 된다. 이것이 바르트의 기독론적 창조론의 진면목이다.[15]

셋째로, 성령은 창조에서 무슨 일을 하셨나? 성서는 성령이 태초에 수면에 운행하면서 천지창조에 참여하였다고 증거하고 있다. 그리고 인간의 창조시에는 아담의 코에 하나님의 입김 즉 바람을 불어넣었다고 묘사하였다. 성서가 묘사한 바와 같이 성령의 어원은 바람(ruah, pneuma)이다. 바람은 보이지 않는 기체로서 강력한 능력(power)을 가지고서 거대한 일을 한다. 바람이 있어야 식물이 생명을 이어갈 수 있고, 바람이 있어야 동물이 호흡을 할 수 있으며, 바람이 있어야 큰 배가 바다 위를 항해할 수 있다. 바람이 있어야 불이 탈 수 있으며 바람이 있어야 용광로의 쇳물을 녹일 수 있다. 바람은 때로는 태풍의 형태로 파괴적인 힘을 나타내며, 나무를 쓰러뜨리며, 집을 무

---

14) 김명용, 《칼 바르트의 신학》, 214.
15) Ibid.

너뜨린다. 이렇게 바람이 상징하는 것은 힘이다. 세상을 움직이고 생명을 살려내는 힘을 상징하는 바람이 바로 성령의 상징으로 사용되었다는 것은 성령이 영적으로 이 세계의 창조자요 이 세계를 보존하는 생명의 힘이라는 것을 의미한다.

신학자들에 의해서 성령은 성부와 성자를 연결하는 사랑의 끈(bond of love)이라고 묘사되었다. 성부와 성자가 인격적 상호관계를 이룰 수 있게 하는 사귐(koinonia)의 영이 성령이다. 성령으로 말미암아 하나님의 삼위일체의 내적인 사랑의 관계가 가능하며 나아가서 하나님과 인간의 사랑의 친교와 더 나아가서 인간과 인간 특히 남편과 아내로 표상되는 인간관계에서 친교의 영으로서, 사랑의 영으로서 성령은 역사(役事)한다. 성령은 사랑의 영이요 사랑의 시행자(agent)이다.

그러니까 성령은 태초부터 능력과 사랑의 영으로서 창조의 시행자이다. 그분의 사랑의 능력이 없이는 아무것도 지음 받을 수가 없으며 지금도 성령은 사랑의 영으로서 모든 코이노니아들의 내적 원동력이 된다. 그런데 성령이 창조의 원동력이 된다는 말은 성령의 속성이 능력이고 성령의 본질이 능력이지 성령 자체가 능력이라고 해석되어서는 안 된다. 성령은 인격이고 주체적인 자아(subjective I)이기 때문에 성령과 능력을 동일시하면 성령의 인격성이 상실될 위험이 있다. 성령은 유(類)개념이고 능력은 종(從)개념이다. 성령이 가지고 있는 여러 속성들 가운데 하나가 능력이지 성령이 능력 자체는 아니다. 성령은 능력이라는 속성을 소유한다. 이런 점에서 칼 바르트는 성령의 독자성을 확보하는데 실패하였다. 그는 성령을 그리스도의 능력이라고 함으로써 성령을 능력과 동일시하였다. 성령은 제3의 주체요 제3의 인격으로 보아야 한다.16) 그래야 정당한 삼위일체론이 될 수 있다.

---

16) 사도행전 13:2에서 "성령이 가라사대 내가 불러 시키는 일을 위하여 바나바와 사울을 따로 세우라"고 성령이 자신을 나(I)라고 표현하였다. 사도행전 15장의 예루살렘회의에서도 "성령과 우리는…"라고 함으로써 예루살렘회의의 주체가

V. 악이란 무엇인가?

1 서론: 악과 신정론의 문제

왜 이 세상에는 악이 있는가? 왜 악한 사람이 번성하고 선한 사람은 고통을 당하는가? 이 세상을 만드신 하나님은 선한데 선하신 하나님으로부터 악이 나올 수가 없고 그럼에도 불구하고 악이 존재한다는 것은 하나님이 전능하지 않다는 것을 의미하는 것은 아닌가? 하나님이 전능하면서도 악을 방치한다면 하나님은 선하지 않은 분이 아닌가?[17] 이 문제는 신학의 난제 가운데 하나이다. 칼 바르트의 말을 빌리면 악은 신학의 미스테리이다. 즉 모른다는 것이다. 왜냐하면 성서는 이 문제를 분명하게 해명하지 않기 때문이다. 한편, 바빌로니아에서 기원한 이원론에 의하면 악의 문제는 간단하다. 선은 선한 신으로부터 나왔으며 악은 악한 신으로부터 나왔다고 하면 된다.[18] 그러나 유일하신 여호와 하나님의 존재만을 인정하는 성서는 악의 기원에 대해서 명쾌하게 설명할 수가 없다.

이러한 문제에 대한 신학적인 논의를 신정론(theodicy, 神正論)이라고 부른다.[19] 신정론이란 말은 독일의 철학자 라이프니츠(Leibniz)에 의해서 처음으

성령임을 진술하고 있다.

17) 희랍의 철학자 에피쿠로스(Epicurus)는 악이 존재하는 현실을 돌아볼 때, 만약 신이 전능한 존재라면 그러한 악을 방치하고 있는 그를 완벽히 선하다고 말할 수 없고, 신이 완벽하게 선한 존재라면 그러한 악을 방치하고 있다는 점에서 전능하다고 말할 수 없다고 논증하였다. David Hume, *Dialogues Concerning Natural Religion*, ed. Norman Kemp Smith (New York: Macmillan Publishing Company, 1947), 198; 이태하, 〈종교적 믿음에 대한 몇가지 철학적 반성〉 (서울: 책세상, 2001), 54.

18) 바빌로니아의 창조설화 enuma elish에 의하면 질서의 신 Marduck과 무질서의 신 Tiamat가 전쟁을 하여 마르둑이 티아마트를 죽이고 그 시체로 이 세계를 만들었다고 한다. 그러므로 본래부터 선한 신과 악한 신이 있었기 때문에 선은 선한 신으로부터 악은 악한 신으로부터 기원하였다.

로 사용되었는데, 희랍어 어원 dike는 의로움(justification)이라는 뜻이다. 즉 하나님의 의라는 뜻인데 이 세상에 악과 이유 없는 고통이 있음에도 불구하고 하나님은 의로우신 분인가 하는 문제를 다룬다. "만일 하나님이 의로우시다면 악은 어디로부터 오는 것인가?"[20] 하나님은 왜 악과 고난을 허용하시는가? 이러한 신정론의 질문은 기독교 신학이 이 세계의 현실을 떠난 추상적 사변이 되지 않게 하는 중요한 요소이다.[21] 지금까지 논의되었던 다양한 토론들을 살펴보고 가장 성서적이면서 납득 가능한 답을 찾아보고자 한다.

2. 성서에서의 해명

구약성서에서 이스라엘백성들은 하나님의 율법을 지키면 축복을 받고 하나님의 뜻을 거역하면 벌을 받게 된다고 하였다. 이러한 성서의 관점이 그대로 이행된다고 보지 못한 이스라엘 백성들에게 의문이 생겼다. 왜 이스라엘보다 악하고 하나님을 모르는 이방인들이 번성하며 하나님의 뜻을 따르는 하나님의 선민인 이스라엘은 고통을 당해야 하는가? 다시 말해서, 의로운 사람보다 악한 사람이 더 잘되고 죄 없는 사람이 왜 고통을 당해야 하는가 하는 질문이 제기된 것이다.[22] 성서에서는 이 문제에 대한 질문이 제기되고 있다. 고난당하는 인간의 절규 안에 이 문제는 절실한 현실로서 하나님을 향해서 물어지고 있다.

---

19) 나학진, "신정론에 대한 연구 I, II," 〈신학사상〉 42, 43 (한국신학연구소, 1983 가을, 겨울), 611~636, 854~873.
20) 김균진, 〈기독교 조직신학〉 I (서울: 연세대학교 출판부, 1984), 368.
21) 김균진, ibid., 369.
22) 나학진, ibid., 612.

홀연히 재앙이 내려 도륙될 때에 무죄한 자의 고난을 그가 비웃으시리라
세상이 악인의 손에 붙이었고 재판관의 얼굴도 가리워졌나니
(욥 9:23, 24)

강도의 장막은 형통하고 하나님을 진노케 하는 자가 평안하니
하나님이 그 손에 후히 주심이니라
(욥 12:6)

하나님이 나를 경건치 않은 자에게 붙이시며 악인의 손에 던지셨구나....
그러나 내 손에는 포학이 없고 나의 기도는 정결하니라
(욥 16:11, 17)

구약성서 욥기는 악의 문제 즉 신정론에 대한 가장 중요한 성서적 전거이다. 그러나 욥기는 악의 문제에 대한 사변적인 변론보다는 악과 고통에 대한 탄식 다음에는 반드시 하나님의 의를 인정하는 신앙고백이 있을 뿐이다.

여호와여 어찌하여 멀리 서시며 어찌하여 환난 때에 숨으시나이까?
악한 자가 교만하여 가련한 자를 심히 군박하오니
저희로 자기의 베푼 꾀에 빠지게 하소서...
악인은 그 교만한 얼굴로 말하기를 여호와께서 이를 감찰치 아니하신다 하며
그 모든 사상에 하나님이 없다 하나이다
(시 10:1~4)

나의 반석이신 하나님께 말하기를 어찌하여 나를 잊으셨나이까?
내가 어찌하여 원수의 압제로 인하여 슬프게 다니나이까 하리로다
내 뼈를 찌르는 칼 같이 내 대적이 나를 비방하여 늘 말하기를
네 하나님이 어디 있느냐 하도다
(시 42:9, 10)

주여 깨소서 어찌하여 주무시나이까
일어나시고 우리를 영영히 버리지 마소서
어찌하여 주의 얼굴을 가리우시고 우리 고난과 압제를 잊으시나이까
(시 44:23, 24)

시편에 나타난 저자의 탄식 역시 악과 고통에 대한 궁극적인 하나님의 주권을 인정하는 신앙을 고백하고 있다. 그러므로 구약성서에 나타난 하나님의 의에 대한 질문은 철학적이고 형이상학적인 질문이라기보다는 신앙적인 질문 즉 답변이 전제되어 있는 질문이라고 할 수 있다. 그들의 신앙적인 답변은 결국 하나님의 섭리에 대한 순종과 다가오는 미래에 하나님의 날에 이루어질 회복에 대한 희망의 고백이다.

신약성서에서 신정론의 문제는 여러 곳에서 직간접적으로 제기되었다. 마태복음에 의하면 예수가 태어났을 때 베들레헴 인근의 두 살 이하의 모든 아이들이 헤롯에 의해서 죽임을 당하였다 (마 2:16). 수십 명에 달하는 어린 아이들은 아무런 죄 없이 죽임을 당했으며 그들의 부모들은 찢어지는 고통을 겪어야 했다. 누가복음 13장에 의하면 빌라도에 의해서 갈릴리 사람들의 피를 제물에 섞은 일이 있었으며, 실로암 망대가 무너져 열여덟 사람이 치어 죽은 사건에 대해서 예수는 그들의 죄가 다른 사람보다 더하기 때문이 아니라고 말하였다. 그러나 무엇보다도 죄 없는 하나님의 아들 예수 그리스도의 고난과 죽음 자체가 신정론의 가장 중심적인 문제이다. "나의 하나님 나의 하나님 어찌하여 나를 버리셨나이까"(막 15: 34)라는 예수의 부르짖음은 이 문제에 대한 가장 극적인 표현인 동시에 인류역사에서 제기되는 신정에 대한 모든 문제들의 요약이라고 볼 수 있다.[23]

예수는 십자가의 고난이 자신에게 부과된 하나님의 필연적인 요구였다고 가르쳤다 (마 16:21, 막 8:31, 눅 9:22).[24] 그는 자신의 원대로가 아니라 아버지의 원대로 십자가의 잔을 마셨다. 이것은 아버지에 대한 아들의 절대적인 복종이었으며 예수는 하나님께 대한 복종에 있어서 완전하였다. 이것은 모든 인류에 대한 모범이었다. 초대교회는 이 예수의 고난을 속죄적인 것으로

---

23) 김균진, ibid., 369.
24) 〈성서백과대사전〉 1권 (서울: 성서교재간행사, 1979), 500.

해석하여 기독교의 대속의 교리를 형성하게 되었으며 (롬 5:6~8, 벧전 2:24, 3:18), 한 걸음 더 나아가서 사도 바울은 그리스도인들은 그리스도의 남은 고난에 참여해야 한다는 적극적인 고난관을 창출해 내었다 (골 1:24). 그리스도에 대한 공적 신앙고백은 수난과 박해 더 나아가서 순교를 초래하게 될 것이다. 그리고 이 고난은 예수의 재림 때까지 계속될 것이며 종말에 이 고난의 완전한 극복이 이루어 질 것이라는 종말론적인 해석으로 귀결되었다.

3. 천사타락설

한국교회 안에는 하나님의 피조물인 천사들 가운데 루시퍼(Lucifer)가 타락을 해서 사탄 즉 악마가 되었다는 소위 천사타락설이 널리 퍼져있다. 아마도 이런 이론은 미국의 보수적인 교단에서 발행한 책들과 그들에게서 배운 선교사들의 영향을 받은 것 같다.[25] 그러나 이 이론의 기원은 성서 안에 있

---

25) 1. 오톤 와일리, 폴 컬벗슨, 전성용역, 〈웨슬리안 조직신학〉 (서울: 도서출판 세복, 2002), 199f. 와일리는 사탄의 기원을 타락한 천사로 본다. "인류 타락 이전에...하나의 타락이 있었다...이 초인간적이면서도 피조된 영인 사탄은 원래는 선했으나 그의 높고도 거룩한 지위에서 타락하여 하나님과 원수가 되었다."
　　2. Luis Berkhof, *Systematic Theology* (Grand Rapids: Eerdmans, 1972), 148f. 벌코프는 선한 천사에 대응하는 악한 천사들을 논하였는데 이들은 하나님의 피조물이었으나 스스로 교만하여 최고의 권위를 취하려고 하여 하나님을 반역함으로써 하나님으로부터 쫓겨났다고 하였다. 사탄은 악한 천사들의 세계에서 가장 강한 자이며 그는 아담을 유혹하였고 죄가 세상에 들어온 이후에 악마(Diabolos) 즉 고소자(Accuser)가 되었다고 하였다.
　　3. W. L. Elwell (ed.), *Evangelical Dictionary of Theology* (Grand Rapids: Baker Book House, 1984), 972, 이 책에서는 악마를 창조자에게 반역한 천사로 묘사하고 있으며, 이사야 14장 12절 이하와 에스겔 28장 12절 이하를 천사타락설의 전거로 주장한다.
　　4. 김호식, 〈사탄, 그는 아직도 건재하다〉 (서울: 요단출판사, 1994), 68ff.
　　5. 개리 키내먼, 〈빛의 천사와 어둠의 사자〉 주미혜 역 (서울: 은성, 2001), 168.

다기보다는 성서에 포함되지 아니한 위경들에서 나온 것이라고 보아야 할 것이다.26)

사실상 성서 안에는 천사가 타락해서 사탄이 되었다는 표현이 없다. 천사 타락설의 근거로 제시될 수 있는 성구는 다음과 같은 단편적인 것들뿐이다. 베드로후서 2장 4절의 "범죄한 천사"와 유다서 6절의 "자기 처소를 떠난 천사"가 그것이다.27) 이런 극히 제한된 구절을 근거로 소위 천사타락설을 구성한다는 것은 불가능하다. 그 외에 천사타락설의 근거가 되는 이사야 14장 등의 구절들은 천사타락을 이야기 한다기보다 그 당시 이스라엘 근방의 국가들에 대한 하나님의 심판에 대한 경고의 예언이라고 보아야 한다.28) 이사야 14장 12절 이하는 바빌론의 교만에 대해서 그리고 에스겔 28장 12절 이하는 두로 왕의 죄악에 대한 경고라고 보아야 한다는 해석이 지배적이다.29)

더 나아가서 만약에 천사가 타락해서 악마가 되어 인간을 범죄하게 하고 이 세계를 어지럽게 했다면 모든 악의 근원이 천사인데 하나님은 왜 자신의 피조물인 천사의 타락과 만행을 저지하지 아니하고 방관하였는가 하는 의문이 생긴다. 하나님이 천사타락의 책임을 면할 수 없게 된다는 새로운 문제가 제기된다. 이렇게 되면 결국 하나님 자신이 악의 궁극적 근원이 된다는 더욱더 어려운 문제에 빠지게 되고 만다. 이것은 성서적으로 설명 불가능한 문제

---

26) 이동진 편역, 〈제2의 성서: 아포크리파, 구약시대〉 (서울: 해누리, 2001), 35ff.

27) 루이스 벌콥이 그의 조직신학에서 천사타락설의 근거로 위의 두 구절을 인용하고 있는 것은 주목할 만하다. 벌콥이 단지 이 두 개의 구절만을 가지고 천사타락설의 입장을 견지한다는 것은 성서적으로 무리가 있다. 따라서 그도 역시 교회 안에 전해져 내려온 전통을 따랐다고 보아야 한다. L. Berkhof, ibid., 148.

28) *Evangelical Dictionary of Theology*, ibid., 이사야 14장 12~14절과 에스겔 28장 12~15절에 대하여 천사타락설의 성서적인 근거로서 제시하고 있다. 그러나 독일성서공회판 〈해설 관주 성경전서〉 (대한성서공회, 1997), 1092, 1326에서는 천사타락설에 대해서는 "여기뿐만 아니라 구약성경 어디에서도 말하는 바 없다"고 주장한다.

29) 〈톰슨 II 주석성경〉 (서울: 기독지혜사, 1989) 982, 1194.

가 된다. 따라서 천사타락설은 성서적으로나 신학적으로 용납하기 어려운 이론이다.

4. 어거스틴

어거스틴은 오늘날의 기독교의 악에 대한 이해의 기초를 놓았다. 그는 네오플라토니즘(Neoplatonism)의 영향을 받았으며 플로티누스(Plotinus)의 주장을 따라 악이란 실재하는 어떤 적극적인 파괴력이 아니라 단순히 완전성의 결핍을 의미하는 것이라고 하였다. 그러므로 악이란 하나님이 처음 시작한 것이 아니며 근본적으로는 선했던 것이 왜곡된 것일 뿐이다. 존재하는 모든 것은 그 자체로는 선한 것이며, 악이란 근본적으로 선한 창조 속에 나타난 무질서와 곡해이며 이런 의미에서 악은 선에 기생하는 것(Evil is essentially parasitic upon good.)이라고 할 수 있다.[30] 다시 말해 어둠이 빛의 부재인 것처럼 악이란 마땅히 거기 있어야 할 질서나 형상이 부재한 것을 일컫는 말이다. 따라서 자연적인 악인 질병은 생리적 질서의 부재를, 자연 재해는 자연적 질서의 부재를 의미한 것이며, 도덕적인 악인 인간의 죄 역시 영혼이 적절한 질서를 지니지 못한 것으로 이해할 수 있다.[31] 어거스틴의 이러한 생각은 악을 결성적(privative)이며 부차적이며 기생적(parasitic)인 것으로 규정하는 것이다. 이러한 이해는 경험적이라기보다는 형이상학적이라고 할 수 있다. 그러나 인간이 경험하는 악은 훨씬 더 적극적이고 강력하며 잔혹한 고통을 유발하는 뚜렷한 실체이다. 예컨데 나치에 의한 유대인 대학살(Holocaust)을 단순한 선의 부재로 보는 것은 불충분하다. 전쟁이나 질병, 범죄나

---

30) John Hick, 〈종교철학개론〉, 황필호 역 (서울: 종로서적, 1996), 75.
31) 이태하, ibid., 54.

자연재해를 통해서 경험하는 악의 현실은 단순한 말장난이 아니라 심각하고 처절한 것이다. 따라서 선의 결핍으로서의 악이라는 생각은 지나치게 소극적이고 빈약한 이론이라고 본다.

어거스틴은 여기서 한 걸음 더 나아가서 악이란 인간의 자유의지의 결과라고 주장하였으며 이것은 지금까지 기독교의 노선이 되어오고 있다.[32] 어거스틴은 절대악이나 본래적인 악을 인정하지 않는다. 다만 악이 어디서 오느냐를 물을 뿐이다. 그는 "악한 의지가 만악의 원인이다"라고 말한다.[33] 그는 악의 기원을 자유로운 이성의 오용된 자유에 둠으로써 악의 문제에 대한 하나님의 책임을 면제하였다.[34] 아담과 하와는 선과 악이라는 두 가지 가능성 중에서 하나를 택해야 하였는데 불행하게도 아담은 그릇된 방향으로 선택하였으며 그 결과 인간은 참된 의미의 자유를 상실하게 되었다. 이러한 어거스틴의 자유의지이론에 대해서 존 힉은 인간이 본래 선했음에도 불구하고 악을 더욱 더 선호했다는 것은 자기모순이며 불합리하다고 비판하였다.[35] 어거스틴 자신도 인정했듯이 이러한 접근은 문제를 진정으로 해결한 것은 아니었다. 만일 선택할 악이 없었다면 인간이 어떻게 악을 선택할 수 있는가? 인간이 선택할 수 있는 악이라면 그것은 세계 안에 존재하는 하나의 선택사항이어야 한다.[36] 악의 기원을 아담 자신의 자유의지에서 찾는 것은 성서와도 부합되지 않는다. 성서는 분명히 인간을 유혹한 뱀의 존재를 전제하고 있으며 뱀의 형상으로 나타난 악의 존재를 규명하는 것이 성서적이고 설득력 있는 이론이 될 것이다.

이러한 이유에서 어거스틴은 악의 기원을 사탄의 유혹에 두었다. 사탄은

---

32) Ibid., 55.
33) St. Augustine, *On Free Will* III, XVII, 48.
34) David Ray Griffin, *God, Power and Evil: A Process Theodicy* (Philadelphia: The Westminster Press, 1976), 55.
35) John Hick, *Evil and the God of Love* (New York: Harper and Row, 1978), 75.
36) 알리스터 맥그래스, 〈역사속의 신학〉 (대한 기독교서회, 1998), 347.

아담과 하와를 유혹하여 창조주에게 순종하지 말 것을 종용하였으므로 악의 책임이 하나님께 있다고 볼 수 없다고 그는 주장하였다. 그리하여 악의 기원은 본래 선하게 창조된 천사들이 하나님과 같이 최고의 권위를 갖고 싶은 유혹에 빠져 타락하여 하나님께 반란을 일으켰다는 천사타락설을 따랐다.[37] 그러나 이것은 천사의 근원적 타락을 설명하지 못하는 또 다른 문제에 봉착하게 된다.

존 힉에 의하면 어거스틴은 악의 형이상학적 성격과 경험적 성격을 구별하지 못했다. 악은 적극적이고 강렬하며 잔혹한 고통을 유발하는 뚜렷한 실체이다(홀로코스트). 나치의 악을 선의 부재 내지 결핍으로 보는 것은 불충분하다. 논리적으로 악을 악으로 보지 않는 것은 본래적인 악의 존재를 부정하는 것과 다를 바가 없다.[38]

5. 루터

신정론의 문제에 대하여 루터는 명백한 답변을 하지는 않았다. 그는 악은 선을 위하여 있다고 보았다. 하나님은 "악을 통하여 선을 요구하며, 죄를 통하여 의를 완성한다...그는 다른 사람의 죄로 인하여 우리가 이웃에 대한 죄를 미워하고 벗어버리도록 한다...그리고 우리가 의를 간절히 바라게 하며 불의에 대하여 반항심과 혐오심을 가지게 한다."[39] 그는 하나님의 방법을 정상적인 방법과 비정상적인 방법으로 나누고 정상적인 방법은 예수 그리스도를 통한 방법이며 비정상적인 방법은 악을 통한 방법이라고 하였다. 즉 하나님의 본래의 사역(opus proprium)과 여기에 대조되는 낯선 사역(opus

---

37) 맥그래스, ibid., 348.
38) John Hick, *Evil and the God of Love*, 59ff.
39) M. Luther, *WA*/18, 712; 김균진, 〈기독교조직신학 I〉, 370에서 인용.

alienum)을 구별하였다. 하나님이 사탄을 그의 낯선 사역을 위해 사용하시나 그렇게 할 때 항상 그의 본래의 사역을 목표로 하고 있다는 것이다.[40] 루터의 이러한 생각은 어거스틴의 소극적인 악 이해 즉 악은 선의 결핍이요 죄는 사랑의 결핍이라는 서방신학의 전통과 연관해서 생각해 보아야 한다. 이러한 생각은 궁극적으로는 악 그 자체의 독립적인 존재를 인정하지 않는 것으로 될 수 있기 때문에 악에 대해서 비현실적이고 나이브한 생각으로 귀결될 수 있는 위험성에 대해서 주의해야 할 것이다.

더 나아가서 루터는 악마에 대해서 논하였는데 이것은 성서와 교회의 전통을 따르는 것이다.[41] 루터는 악은 온 인류를 붙잡고 있는 능력 그 이상이라고 보았다. 그것은 하나님을 대항하고 그 자신의 존재를 가진 초인간적인 의지이다.[42] 그리고 루터는 여기에서 교회의 전통을 훨씬 넘어선다. "루터의 악마는 중세의 악마보다 훨씬 더 지독한 위엄을 가졌다고 말할 수 있다. 그는 더욱 더 심각하고, 강력하고, 끔찍하게 되었다."[43] 루터에 의하면 악마는 하나님과 그리스도의 가장 강력한 적이다. 그것은 하나님의 창조와 인간을 위한 궁극적인 뜻에 특별히 반대되는 모든 것 안에서 일한다. 따라서 악마는 불행과 질병 및 기타 생의 문제 그리고 죽음에서 일한다. 히브리서 2장 14절에 의하면 그는 죽음의 힘을 가졌다. 그는 그리스도를 미워하며 그의 교회 안에서 그를 박해한다.[44]

그리하여 인간은 언제나 하나님이든지 아니면 사탄의 능력 안에 있다.[45]

---

40) P. Althaus, 〈루터의 신학〉 (크리스찬 다이제스트, 1996), 193.

41) 베른하르트 로제, 〈마틴 루터의 신학〉 정병식 옮김 (서울: 한국신학연구소, 2002), 354.

42) Paul Althaus, *The Theology of Martin Luther* (Philadelphia: Fortress Press, 1976), 161.

43) Reinhold Seeberg, *Lehrbuch der Dogmengeschichte* V (Leipzig, 1917), IV, 172: Althaus, ibid., 162에서 인용.

44) *WA* 37, 50; P. Althaus, ibid., 164.

45) "He has no free will but is a captive, prisoner, and bound slave, either to the

인간의 의지는 두 명의 기수 사이에 서 있는 짐승과 같다. 만약 하나님이 타면 그것은 하나님의 뜻대로 가고 만약 사탄이 타면 그것은 사탄의 뜻대로 갈 것이다.[46] 그러므로 그리스도에 의해 붙잡히고 그의 영의 능력 아래 있지 않는 자는 악마의 힘 아래 있다. 하나님의 영 이외에는 악마로부터 인간을 취할 수 있는 힘이 없다고 함으로써 기독론적인 해결책을 제시하였다.

6. 칼 바르트

칼 바르트는 악의 문제에서 지금까지의 논의와 다른 독특한 주장을 함으로써 새로운 지평을 열었다. 그는 〈교회 교의학〉 III/3에서 악의 기원에 대해서 논했다. 바르트는 개혁교회의 섭리론이 하나님의 능력과 선함에 대한 전제로부터 논리적으로 연역한 것이라고 보고 하나님의 전능성은 언제나 그리스도 안에 있는 하나님의 자기 계시의 빛에 비추어서 이해되어야 한다는 계시론적, 기독론적 접근을 시도하였다.[47]

바르트는 악을 의미하는 무성(Nothingness, Das Nichtige)이라는 개념을 새롭게 주조하였는데 이것은 그의 독창적인 개념이라고 보아야 한다.[48] 무성은 무(Nothing)가 아니다. 즉 없다는 뜻이 아니다. 오히려 무로 환원되도록 위협하고 그리하여 세상 안에서 하나님의 목적에 대해 위협을 제기하는 것

---

will of God or to the will of Satan." *WA* 18, 638; P. Althaus, ibid., 164.

46) 특별히 루터는 마귀가 사교와 모든 이단의 배후에서 활동하고 있다고 주장하였다. 그 결과 열광주의자들뿐만 아니라 로마교회조차도 마귀의 도구가 되었다고 보았다. 로제, ibid., 355.

47) 알리스터 맥그래스, ibid., 348.

48) 바르트의 이 개념에 대한 우리나라 학자들의 번역어가 서로 다르기 때문에 주의해야 한다. "무적인 것" (김균진, ibid., 375), "무실자" (김광식, 〈조직신학〉 I, 기독교서회, 1988, 296), "부정적 무" (나학진, ibid., 858), "무성" (맥그래스, ibid. 349), "무" (김명용, 〈칼 바르트의 신학〉, 224).

이다.[49] 바르트는 창세기 1장 2절에 대한 주석을 통해서 무성 즉 악의 기원의 문제에 접근한다.[50] 바르트에 의하면 무성은 하나님이 원하지 않는 것이다 (Nothingness is that which God does not will).[51] 그리하여 하나님의 창조에서 제외된 것이다. 바르트는 창세기 1장 2절은 하나님이 창조하신 세계를 가리켜 말하는 것이 아니고 하나님이 창조하지 않으신 세계를 가리켜 말한다고 하였다.[52] 그것은 하나님의 창조와 더불어 존재하기 시작한 이상한 어떤 것이다.[53] 하나님에 의해 거부당한 이 혼돈은 창조의 본질에 속하는 것이 아니며 더 나아가서 이것은 피조물도 아니다. 따라서 혼돈은 창조의 어두운 면과 혼동되어서도 안 된다.[54] 피조적 사건 안에는 빛과 어두움, 높음과 깊음, 분명함과 모호함, 진보와 장애, 성장과 쇠퇴, 풍요와 빈곤, 시작과 끝, 가치와 무가치 그리고 특히 인간의 현존 안에는 성공과 실패, 웃음과 눈물, 젊음과 늙음, 출생과 죽음이 있다. 그러나 창조와 피조물은 이러한 반대 안에서도 선하다. 따라서 창조의 부정적 요소도 선한 것이다.[55] 그러나 무성은 하나님의 창조와 반립(antithesis)관계에 있다. 이 반립은 창조 안에 실체적인 실존을 가지고 있지 않다. 그것은 창조의 모든 요소들에 대한 절대적으로

---

49) 나학진, ibid., 858.
50) Karl Barth, *Church Dogmatics* III/1 (Edinburgh: T. & T. Clark), 104. 창세기 1장 2절 "혼돈과 공허"(tohu wa bohu)는 바빌론의 창조설화에 나오는 무질서의 신 Tiamat와 결정적으로 연관되어 있다. Tiamat의 at는 여성을 가리키는 어미이다. Tiamat의 원형 Tiam과 tohu의 원형 Tehom은 언어학적으로 같은 어원을 가졌다고 볼 수 있다. 히브리어에서 이 말은 광야, 황폐한 도시를 묘사하는데 사용된다. 일반적으로 그것은 황폐하고 텅비고 공허한 것을 의미한다.
　　구약에서 bohu라는 말은 tohu와 연관될 때만 사용된다. 그것은 페니키아와 바빌론의 여신 Bea에서 유래한 말로 생각되는데 공허(vacuum)라는 뜻이다. 이상근, 〈구약주해 창세기〉 (대구: 성등사, 1989), 20. cf.
51) K. Barth, *CD* III/3, 352.
52) G. C. Berkouwer, 조동진 역, 〈칼 빨트의 신학〉 (서울: 청운사, 1962), 52.
53) 김명용, 〈칼 바르트의 신학〉 (이레서원, 2007), 224.
54) Ibid., 56.
55) *CD* III/3, 299ff.

낯설고 반대되며 모순되는 반립이다[56]

그러면 이 무성은 어떻게 인식할 수 있는가? 바르트에 의하면 예수 그리스도 안에서 이것은 인식할 수 있다. 왜냐하면 그는 무성의 도전을 인식하였기 때문에 스스로 성육신하였고 십자가에 달리고 부활함으로써 자신에게 준 손해와 모욕을 격퇴하였던 것이다. 창조자가 피조물이 되어 자신을 복종시킴으로써 그는 예수 그리스도 안에서 무성을 극복하였다.[57] 무성은 하나님을 반대하고 저항하는 "현실"(reality)이다. 참 무성은 예수 그리스도의 십자가와 부활에서만 현실과 사실로 인식할 수 있다. 이 기점으로부터 우리는 오직 하나님만이 대적할 수 있는 적대자로서 두려움과 떨림으로 무성을 보게 된다. 그리고 무성은 죄와 악과 죽음의 형태를 가지는데 죄가 무성의 구체적인 형태이기 때문에 우리는 화해와 은총의 내적 근거가 되는 은혜의 계약에 의해서만 죄를 인식할 수 있다.

그러면 무성의 본질은 무엇인가? 그것은 피조물도 아니요 하나님의 창조에 포함되지 않고 하나님의 창조에서 제외된 것이다. 무성은 하나님에 의해서 거부되고 반대되고 부정된 것이다. 하나님은 그것을 기각하고 포기하고 부인하였다. 그러나 그것은 현실적으로 존재한다. 그것은 존재(being)이지만 진정한 존재(reality)는 아니다. 그것은 하나님께 속한다. 그것은 하나님의 왼편에만 존재하고 하나님의 부정아래 질투와 진노와 심판의 대상으로만 존재하기 때문에 불확실하게 존재한다.[58]

무성의 특징은 한 마디로 악이다. 하나님이 이 세계를 창조할 때 제외시킴으로써 그가 지나치고 곁에 놓은 것이다. 무성은 하나님을 공격하고 그의 피조물을 위협함으로써 하나님과 피조물의 적이다.[59] 그러므로 무성이 피조

---

56) Ibid., 302.
57) Ibid., 305.
58) Ibid., 350f.
59) Ibid., 353, 354.

물과의 관계에서는 인간을 공격하고, 방해하고, 적이다. 무성은 하나님의 창조를 파괴하고 위협하는 악한 힘(evil power)이요 악한 존재이다.

마지막으로 바르트는 마귀들을 무성의 사자라고 보았다.[60] 마귀들은 하나님의 왼편에 존재하는 부정과 적대세력이며 창조에 대한 위협이다. 그것은 천사의 적대자이다. 마귀는 무익하고 공허하나 무는 아니다. 그것은 존재한다. 그러므로 하나님은 그것을 창조하지 않았으며 따라서 피조물이 아니다. 이리하여 바르트는 천사타락설을 거부하게 된다. 이러한 마귀의 허위성을 폭로하는 것은 하나님의 진리이다. 하나님의 진리가 악의 부정이요 한계성이다. 하나님의 진리는 마귀들을 무기력하게 하고 무장해제 시킨다.[61]

요약하면 악은 하나님의 창조시에 부인하고 의도하지 않은 것 즉 하나님의 창조에서 제외된 것이다. 이것은 구체적으로 인간의 죄로서 나타난다. 죄의 대가는 죽음의 고통이다. 그런데 바르트는 우리가 이 악을 예수 그리스도의 악의 극복 안에서만 인식할 수 있다고 함으로써 다시 한 번 기독론적 집중(christological concentration)을 보여 주었다. 즉 예수 그리스도 중심적인 계시신학을 재천명하였다.

바르트에 의하면 무성 즉 악이 하나님의 창조에서 제외되었으므로 악은 하나님의 피조물이 아니고 타락한 천사도 아니다. 이렇게 함으로써 성서적인 근거가 빈약한 천사타락설을 피할 수 있는 길을 열어 놓았다. 그리고 악은 하나님의 피조물이 아니므로 하나님은 악의 기원에 대한 책임을 면제받게 되었다. 이것은 어거스틴의 의도와 일치한다. 어거스틴은 인간의 타락 이전에 천사가 타락했다는 이중 타락설을 말했으나 칼빈은 천사타락설을 말하지 아니하고 인간의 타락이 모든 악의 근원이라고 봄으로써 어거스틴의 사상의 일부만 따랐다. 바르트는 이 점에서 칼빈을 충실히 따랐다고 할 수 있다.

---

60) Ibid., 521.
61) Ibid., 529.

그러나 여기에도 여전히 몇 가지의 문제가 남게 된다. 악이 하나님의 창조에서 제외된 것이어서 하나님의 피조물이 아니라면 그러면 악은 어디서 왔단 말인가? 절대자 하나님 한 분으로부터 만물이 존재하게 되었는데 그 하나님으로부터 오지 않았다면 악은 스스로 절대성을 가지게 되지 않는가? 이리하여 악의 기원은 더욱 더 미궁으로 빠지게 되었다.

더 나아가서 악을 하나님의 창조에서 배제시킴으로써 악은 하나님의 창조 와 별도로 존재하는 존재론적 독립성을 주장할 수 있게 된다. 창세기 1장 2절에서 태초에 혼돈과 공허가 있었다는 것은 혼돈과 공허의 절대성을 말하고자 하는 것이 아니다. 오히려 혼돈으로부터 질서로, 공허로부터 충만으로 변화하는 하나님의 창조방식의 아름다움을 찬양하는 문학적 대비 구조를 보아야 할 것이다.[62] 창세기 1장 2절의 혼돈과 공허는 상대적인 개념이다. 이것은 창세기 1장 1절 이후의 개념이다. 하나님 자신만이 그리고 하나님 한 분만이 절대적인 개념이요, 그 이외의 모든 다른 개념은 상대적이다.[63] 악은 하나님의 지배와 주권 하에 있다. 고로 바르트의 악 이해와 성서적 맥락 사이에 괴리가 있다고 본다. 악은 그 정체가 드러난 것은 아니지만 그렇다고 해서 절대적이거나 무소불위한 우월성을 가지고 있는 것은 아니고 비록 하나님의 피조물은 아니지만 오히려 하나님의 창조의 과정에 포함되는 개념 즉 하나

---

62) 창세기의 천지창조에서 첫 3일은 나누었다. 혼돈과 무질서로부터 질서가 주어졌다는 뜻이다. 그리고 후 3일은 채워 넣었다. 공허로부터 충만으로 바뀐 것이다. 이것은 이미 12세기에 토마스 아퀴나스에 의해 주장된 것이다. 그러므로 창세기에서 우주발생기원론(cosmogony)을 찾아내려고 해서는 안 된다. 이것은 하나님의 창조 사역을 찬양하고 예배하는 doxology이다.

63) 이문장, "창세기 1장 1~5절, 어떻게 읽을 것인가?", 〈목회와 신학〉 2000, 3월호 부록 〈그 말씀〉 (서울: 도서출판 두란노), 121ff. 이문장은 태초 이전의 세계, 영의 세계, 하늘의 세계는 태초 이후에도 변함없이 존재한다. 지금 이 순간에도 태초 이전의 그 세계는 우리와 함께 존재한다고 말함으로써 이 세계를 초월의 세계와 피조세계로서의 현상계로 나눈다. 그리고 그는 혼돈과 공허라는 개념은 3차원적인 개념으로서 상대적이며 창조 이후의 개념이라고 보았다.

님의 창조 안에서 그것의 부정적인 역할이 허용된 창조의 하위개념(종개념)으로 보아야 할 것이다. 그렇게 함으로써 우리는 바르트가 말하는 미스터리로부터 어느 정도 빠져 나올 수 있게 될 것이다.

7. 존 힉

영국의 종교철학자 존 힉은 신정론을 어거스틴형과 이레네우스형으로 구분하여 대조시킴으로써 새로운 지평을 열어주었다. 어거스틴은 서방교회의 신학을 정립한 신학자요 이레네우스는 동방교회의 신학의 기초를 놓은 '최초의 신학자'이다. 어거스틴형은 악의 존재에 대한 책임을 하나님이 아니라 자유를 오용한 인간에게 돌리는데 반해 이레네우스형은 하나님의 책임을 긍정한다.[64] 이레네우스는 체계적이며 포괄적인 신정론을 시도하고 있는 것은 아니다. 그러나 이레네우스의 생각을 따르면 어거스틴형과는 다른 신정론을 형성하게 되기 때문에 이러한 힉의 분류는 이 문제를 위해 유익한 공헌이 될 수 있다고 본다.

이레네우스는 인간이 하나님의 형상으로 지음받은 인격적인 존재일 뿐만 아니라 가능성으로서 완전한 존재로 창조되었다고 보았다. 즉 인간은 도덕적인 덕을 수용하며 발전시킬 수 있도록 창조되었다.[65] 그러므로 인간은 불완전하다. 미성숙한 존재이며 점진적인 영적 성장의 출발점에 서 있다는 것이다. 세상에는 선과 악이 공존하며 이 둘의 대립적인 경험을 통하여 인간이 자신의 가치를 형성할 수 있도록 하나님은 섭리하셨다는 뜻이다.

인간은 날마다 성장한다...인간은 처음 창조된 다음 계속해서 성장해야

---

64) 나학진, ibid., 860.
65) Ibid., 861.

하며, 성장한 다음 강건해져야 하며, 강건해진 다음 풍부해져야 하며, 풍부해진 다음 원초적인 죄로부터 회복되어져야 하며, 회복된 다음 영화로워져야 하며, 영화롭게 될 때 주님을 만나게 될 것이다.[66]

따라서 인간이 자유를 악용하여 타락을 하였는데 그들의 죄는 저주받을 만한 반역이 아니라 오히려 미숙함과 취약성으로 인해 하나님의 자비와 동정을 요하기에 합당한 것이다. 그것은 하나님의 계획을 수포로 돌리는 파국적인 사건이 아니라 오히려 미성숙한 유아기에 필연적으로 야기되는 이해할 만한 시행착오였다는 것이다. 그러나 이러한 창조의 과정이 원죄에 의해 훼방을 당했지만 예수 그리스도의 성육신에 의해 다시금 제 궤도로 회복되었다.[67] 이것은 이레네우스의 회복설(recapitulation)에 의해서 논술되었다.

힉은 이레네우스형에 속하는 신학자로서 슐라이에르마허를 들었다. 슐라이에르마허가 이레네우스의 영향을 받거나 그의 사상을 계승한 것은 아니지만 이 유형에 분류할 수 있다고 보았다.[68] 힉에 의하면 슐라이에르마허는 인간의 본래적 의를 과거에 연결시키지 않고 인간의 완전성은 미래에 있는 것이라고 하였다. 그리고 슐라이에르마허는 자연악과 사회악을 구별하였는데 사회악은 인간에게 직접적인 책임이 있는 반면에 자연악은 인간의 죄에 간접적으로 연결되어 있다. 그리고 인간의 죄가 없었다면 악은 없었을 것이라고 보았다.[69] 그리고 악과 고통을 인간의 죄에 대한 벌로서 생각하는 진술도 찾아볼 수 있다.[70] 어쨌든 하나님의 선한 세계가 악하게 되었는데, 이에 대한 하나님의 책임을 부인하려고 하지 않는다는 것이다. 즉 하나님은 모든 것을 결정짓는 실재이며, 선과 악을 포함하는 모든 것의 궁극적 원인이고

---

66) Irenaeus, *Against Heresies*, IV, XXXVIII, 3 in *The Ante-Nicene Fathers* Vol. 1 (Eerdmans, 1987), 522.
67) 나학진, ibid., 862.
68) Ibid.
69) Friedrich Schleiermacher, *The Christian Faith* (N.Y.: Harper & Row, 1963), 317.
70) 나학진, ibid.

행동의 주체이다. 이리하여 악을 하나님의 인과율에 귀속시키며 따라서 하나님이 악의 창시자가 된다. 즉 하나님을 악의 원인으로 돌리게 된다.

존 힉은 현대에 이르러 진화론의 영향으로 이레네우스형의 신정론에 매력을 느끼는 사람들이 많아졌다고 본다.[71] 하나님의 창조는 아직 실현되지 않은 완성을 향해서 가고 있다는 것이다. 이렇게 되면 악도 선을 이루는 과정이라고 말할 수 있다. 이러한 힉의 판단은 과정신학이나 진화론을 추종하는 자들에게 설득력이 있는 이론이 될 수 있다고 생각된다. 그리하여 이 세계를 보다 더 합리적이고 상식적으로 이해하려는 생각에 쉽게 접근할 수 있는 이점이 있을 수 있다. 그러나 이 생각은 하나님의 창조가 천지창조시에 완성되었다는 성서와 조화될 수 없다는 난점이 있으며 악을 점진적인 진화의 과정으로 봄으로써 악의 실체의 심각성에 대해서 지나치게 낙관적이거나 나이브하게 생각하게 될 위험이 있다고 본다. 어쨌든 존 힉에 의해서 부각된 이레네우스형의 신정론은 앞으로 계속된 토론을 통하여 현대인을 설득하는 성서적인 이론으로서 발전되어야 할 과제를 제시한 의의 있는 시도라고 생각된다.

8. 성령과 악령

필자는 이제 마지막으로 악의 인격적이고 구체적인 존재양식으로서 악령에 대해서 다루고자 한다. 무성이나 악이라는 개념은 추상적이고 형이상학적이어서 현대인들의 감각에 쉽게 수용되기가 어렵다. 그리고 성서는 사탄,

---

71) David Fergusson, "Doctrine of Creation Today" (Unpublished), 5 (2008. 5. 16. 서울신학대학교 초청강연원고). 퍼거슨 교수는 이레네우스유형을 따라서 창조가 완전하지 않고 완성되지 않은 것(imperfect and incomplete)으로서 종말론적으로 완성되어 가는 과정에 있으며 창조론이 구원론과 결합되어 그리스도 안에서의 재창조를 추구해야 한다고 주장하였다.

귀신 등의 개념으로 악한 존재의 행태를 진술하고 있다. 더 나아가서 우리나라의 전래적인 영 개념인 도깨비, 귀신 등은 성서적인 개념을 보다 더 쉽게 이해될 수 있게 해 준다고 본다. 그러나 악령은 하나님과 같은 진정한 인격은 아니고 거짓된 인격 즉 인격을 가장한 사이비 인격이라고 말할 수 있다.

성서에서는 악령의 종류를 크게 두 가지로 진술하고 있다. 사탄 또는 악마, 및 악령 또는 귀신이 그것이다. 그 외에 이것을 가리키는 수많은 별명들이 있다. 사탄은 성서에서 단수로만 사용되기 때문에 모든 악한 영들 가운데서 가장 강력한 우두머리로 생각된다. 사탄은 히브리어로 적대자라는 뜻이다.[72] 아담과 예수를 시험한 장본인으로서 가장 강력한 자이다. 역사서에서는 사탄을 대적이라고 번역했다 (diabolos, 마 4:1 등). 그러므로 사탄과 악마(diabolos)는 같은 뜻으로 보아야 한다. 바알세불 (마 12:24~27; 막 3:22~26; 눅 11:15~20), 큰 용, 옛날의 뱀 (계 12:7~9, 20:2) 등은 사탄을 가리키는 용어들이다.

악령(evil spirit) 또는 귀신(demon)은 희랍어 daimonion의 번역어이다. 이것은 성서에서 복수로도 사용되기 때문에 사탄의 지배를 받는 부하들로 본다. 예수께서 언급한 귀신들도 복수로 사용되었다. 예컨대, 일곱 귀신 들렸던 여인이라든가, 가다라 지방에서 2000여 마리의 돼지 떼에 들어간 군대귀신 이야기 등이다. 귀신은 특별히 사람 안에 들어가 비정상적인 삶을 살게 하고 병들게 하는 세력 즉 병마이다. 예수께서는 귀신을 쫓아내심으로써 많은 병자들을 고쳤다. 따라서 그리스도인은 예수 그리스도의 이름으로 귀신을 쫓아내고 성령이 내주하심으로써 귀신이 다시는 들어오지 못하도록 방비하여야 한다.

그런데 이러한 악령은 구체적으로 어떤 모습으로 인간에게 나타나는가? 물론 성서에서 증언하고 있는 것처럼 악령이 들어간 사람들은 병들고, 미치고, 죄를 짓고, 고통스런 삶을 살다가 결국 죽게 된다. 악은 개인적인 파멸을

---

72) 이종성, 〈성령론〉 (대한기독교서회, 1984), 365.

가져올 뿐만 아니라 국가적인 파멸을 초래하게도 한다. 바로 왕이 모세의 요구를 거절하다가 마침내 온 애굽에 저주가 내리고 홍해에 수장된다. 히틀러의 악한 욕심은 결국 독일 국민뿐만 아니라 전 세계적으로 5,000만 명의 죽음을 초래한 재앙이 되었다. 아담은 그 죄로 말미암아 인류가 타락하고 저주아래 놓이게 되었다. 그러므로 악의 세력의 범위는 실로 인류적이고 보편적이고 우주적이다.

더 나아가서 우리는 도덕적 악에 대해서는 친밀하게 경험하고 느끼고 있다. 그러나 자연적 악에 대해서는 좀 덜 심각하게 받아들인다. 자연적인 파괴력은 자연 그 자체의 고유한 성질로서 인간의 행위와 무관한 것처럼 생각하고 있다. 이것은 자연과학의 발달로 말미암아 자연적인 현상을 과학적으로 설명가능하게 되었기 때문이다. 그러나 최근에 우리는 자연적인 파괴가 인간의 도덕적 악과 긴밀하게 연관되었다는 것을 깨달아 가고 있다. 인간의 욕심이 자연을 파괴하게 되고 파괴된 자연은 또다시 인간을 파괴하게 된다는 것을 점점 더 심각하게 인식해 가고 있다. 2002년 8월에 한반도를 강타하여 수백 명의 인명피해와 수조원의 재산손실을 가져온 태풍 '루사'는 엘니뇨 때문이요 엘니뇨는 지구온난화 때문이라는 것이 밝혀지고 있다. 질병은 인간의 욕심과 무절제 때문이라는 것이 점점 더 뚜렷해지고 있다. 그러므로 자연적인 악은 결국 인간의 내면적인 죄와 불가분리하다는 것이 확실하다. 인간의 타락으로 말미암아 만물이 신음하고 있다는 성서의 탄식은 너무나도 정확한 예언의 말씀이다.

이렇게 악의 세력이 엄청난 영향력을 하나님의 피조세계 안에서 행사하고 있는데 대해서 우리는 어떻게 방비해야 하는가? 구약시대에는 천사들이 하나님의 백성을 도왔으며 천사와 마귀는 대적적인 개념으로서 널리 사용되었다.[73] 그러나 이제 우리는 천사 대신에 성령의 개념을 확보해야 한다. 왜

---

73) 파스칼은 내 안에서 천사와 마귀가 싸우고 있다고 하였다. 마틴 루터도 인간은

냐하면 천사라는 하나님의 피조물과 사자가 아니라 하나님의 삼위일체이신 제 3위 하나님 성령께서 직접적으로 하나님의 백성을 권고하고 구속하기 위해서 이미 이 세계 안으로 들어오셨기 때문이다. 예수 그리스도는 승천하기 전에 다른 보혜사를 보낼 것을 약속하였으며 오순절에 마가의 다락방에서 120명에게 강림한 성령은 이미 교회를 통해서 전 지구적인 구속의 역사를 수행하고 있다. 지나간 2000년 교회사는 성령의 역사이며 교회의 성장사이며 악에 대한 투쟁과 정복의 역사이다. 여기서 필자가 말하는 투쟁과 정복의 개념은 서구의 비 서구 정복과 착취의 역사와 혼동되지 않아야 한다. 필자는 정치적, 경제적인 정복과 전쟁을 의미하는 것이 아니라 영적이고 신앙적인 의미의 전쟁을 말한다.

교회를 통해서 전파된 예수 그리스도의 구원의 복음은 곧 성령의 사역을 통해서 이루어지는 것이며 기독교의 복음이 전해진 곳마다 거기에는 반드시 성령의 외적 사역과 내적 사역이 있었으며 지금도 계속되고 있다. 따라서 성령이 임하는 곳에는 악의 정복이 있으며 절망은 희망으로, 미움은 사랑으로, 질병은 건강으로, 어두움은 빛으로, 구속은 해방으로, 죽음은 생명으로, 가난은 부요로, 죄는 성결로 변화되어 왔다.

필자는 기독교의 모든 역사가 반드시 긍정적이고 성서적이고 이상적인 역사였다고 보지 않지만 그리고 많은 오류와 시행착오와 죄악의 역사였음을 인정하고 회개해야 한다고 믿지만, 그러나 그럼에도 불구하고 복음 전파의 역사는 수많은 개인과 공동체의 긍정적인 변화를 초래하였다고 본다. 그리고 기독교의 복음을 통해서 이룩한 성숙한 기독교 문명의 건설을 과소평가해서는 안 될 것이다. 그러므로 복음의 변혁의 역사는 앞으로도 계속되어야 할 것이며 이러한 변혁 운동의 확산을 위한 신학적인 반성과 토론이 계속되어야 한다고 본다. 여기에는 반드시 성령의 사역을 비는 기도와 함께

하나님과 사탄 중 하나를 태워야 하는 짐승으로 묘사하고 있다.

역사적인 현실로서의 악에 대한 구체적인 저항도 동반되어야 한다고 본다. 교회는 단지 말로서가 아니라 행동으로서 복음의 정신의 실천을 성취해야 할 것이다.

9. 결론

천사타락설은 오랫동안 교회 안에서 널리 유행되어 왔기 때문에 사람들은 오랫동안 무비판적으로 이 이론을 맹신해 왔다. 그러나 이것은 성서적인 근거가 빈약한 이론으로서 오늘날 많은 학자들이 이를 받아들이지 않고 있다. 이 이론은 성서적인 근거가 빈약할 뿐만 아니라 죄의 책임 문제를 해명하지 못하고 오히려 하나님에게 죄의 책임을 전가하게 되는 것이 치명적인 약점이다.

어거스틴은 교회 안에 전해져 오는 천사타락설을 받아들였으나 악의 기원에 대해서는 인간의 자유의지를 악의 기원으로 해석함으로써 악에 대한 책임으로부터 하나님을 배제하고자 하였다. 그러나 그는 악을 선의 부재 내지는 선의 결핍이라고 함으로써 악 그 자체의 실체를 부정하게 되었고 따라서 악의 현실을 적나라하게 드러내지 못하는 문제점이 있다. 2차 세계대전 기간 동안의 유대인 대학살과 같은 끔찍한 악을 다만 선의 결핍이라고 말하는 것은 악에 대해서 지나치게 소극적이고 무책임한 생각이다.

칼 바르트는 악을 하나님의 창조에서 제외된 것이라고 함으로써 천사타락설을 명백하게 거부하였으며 그러면서 악을 하나님의 지배하에 둠으로써 하나님의 주권을 확립하고자 하였다. 그가 생각한 무성이란 새롭게 제시된 악의 이해이다. 그러나 악을 하나님의 창조 밖으로 밀어냄으로써 하나님의 유일 절대성과 모순되는 문제점이 노출되었다. 이 세계에 하나님과 상관없이 존재할 수 있는 어떤 것이 있다고 말하면서 하나님이 모든 것을 창조하신 유일하신 절대자라고 말할 수 있는가? 오히려 악이 하나님의 피조물은 아닐지라도 하나님의 창조 안에 그 존재가 허용된 어떤 것, 즉 악은 하나님의 창조의 방식이라고 적극적으로 해석하는 것이 보다 더 성서적이 아닐까? 바르트가 시간이 하나님의 피조물은 아니지만 하나님의 창조의 형식이라고 말한 것처럼 악이 하나님의 피조물은 아닐지라도 하나님의 창조의 형식으로서 하나님은 선과 악의 형식을 통해서 이 세계를 창조하시고 그러한 형식으로 이 세계가 존재하도록 허락하신 것이라고 보는 것이 바르트 자신의 논리와 부합될 수 있을 것이다.

존 힉은 이레네우스형의 신정론을 제시함으로써 이 문제에 대한 새로운 안목을 가질 수 있도록 하였다. 이 이론은 점진적인 창조를 말함으로써 현대인의 진화론적 사고와 부합되는 장점이 있다. 그리고 하나님을 정적이고 고착되어 움직이지 못하는 희랍철학의 하나님이 아니라 동적이고 살아있는 행동하는 하나님, 더 나아가서 생성하는 하나님(God's Being is in Becoming, E. Jungel)으로 생각하는 현대신학의 하나님 이해는 이레네우스형의 사고와 부합될 가능성이 열려있다고 본다. 그러나 이 이론은 하나님이 태초에 창조를 완성하셨다는 성서와 모순되는 문제점을 안고 있기 때문에 섣불리 긍정하기에는 어려움이 있다. 그리고 동시에 하나님이 악의 기원이되고 그 책임을 피할 수 없다는 문제점에 대해서는 조심스럽게 접근해야할 것이다.

성서에서는 악의 기원을 명백하게 밝히지 않고 있다. 이것이 악에 대해서 신학적으로 해명하기 어려운 이유이다. 그러나 악은 이 세계 안에 현존하며 인간을 고통스럽게 한다. 하나님은 인간을 고통가운데 유기하지 않고 해방시키기로 하였으며, 성서는 하나님께서 인간을 악과 고통으로부터 해방시키는 장엄한 역사를 기록한 책이다. 그러므로 기독교 신앙은 성서를 통해서 오늘 우리가 악을 극복하고 살아가야 할 정당한 길을 제시하고 있다 그것은 악과 어두움의 세력에 대한 투쟁의 선포이다.

1995년은 2차 세계대전 종전 50주년이 되는 해였다.[74] 영국에서는 1년 내내 이 사건을 기념하는 행사가 다양하게 거행되었는데, 그 중에서도 가장 인상 깊은 행사는 1995년 5월 7일 런던에 있는 성 바울성당(Saint Paul Cathedral)에서 거행된 기념예배였다. 이 예배에는 전 세계 50여 개국을 대표하는 국가 지도자들이 참석하였으며 이 자리에서 그들은 2차 세계대전을 하나님과 악령들 사이의 전쟁(War between God and the spirit of evil)이라고 규정하였으며 그리고 전쟁의 승리는 대단히 큰 악에 대한 승리(victory over very great evil)라고 고백하였다. 그리고 거기에 독일의 수상 헬무트 콜(Helmut Kohl)이 앉아 있었다. 그들은 전쟁이라는 역사적인 악을 그렇게 정의하고 그렇게 선언하고 또 그렇게 처리함으로써 미래의 새로운 시대를 열어가는 지혜와 성숙성을 온 세계에 보여 주었다. 그러나 우리는 언제쯤 일본의 수상이나 천황을 앉혀놓고 일본의 35년간의 한반도 지배가 악이었으며 대동아전쟁의 패배가 악에 대한 하나님의 심판이었다고 선언할 수 있을 것인가?

오늘날 문명이 발달할수록 인간의 삶은 더욱 더 피폐해져 가는 것을 느낀다. 악은 결코 굴복하지 않고 더욱 더 기승을 부리는 것 같다. 과학이 발달할수록 자연은 더욱 더 포악해져가고 있는 것 같다. 의학이 발달할수록 새로운 질병이 인간을 비웃는 것 같다. 경제가 발달할수록 굶주리는 사람들로 인한 그림자는 더욱 더 짙게 드리운다. 그러나 그리스도인들은 악에 대해 승리하신 그리스도의 십자가와 부활에 대한 신앙과 소망 가운데서 역사적인 악과 자연적인 악을 대적해 나가야 할 것이다. 이것이 우리가 소명 받은 이유이기

---

74) 영어로 VE-Day 즉 Victory in Europe에서 따온 말인데 이것은 1945. 5. 7 당시 처칠 수상이 라디오 연설에서 오늘은 영국에서의 승리가 아니라 유럽에서의 승리의 날입니다(Today is not the day of victory in Britain but the day of victory in Europe.)라고 말한 것에서 유래하였다.

때문이다. 악이 비록 강대하지만 그러나 그리스도 안에서 우리는 결코 악에게 종 노릇 하지 않고 그 악을 대적해 나가야 한다. 사랑으로 악을 이겨야 한다. "아무에게도 악으로 악을 갚지 말고 모든 사람 앞에서 선을 도모하라"(롬 12:17).

7

인간론

임마누엘 칸트는 철학의 문제를 다음과 같이 정리하였다. 첫째, 우리는 무엇을 알 수 있는가? 이것은 인식론의 문제이며 칸트는 〈순수이성비판〉에서 이 문제를 다루었다. 둘째, 우리는 무엇을 할 수 있는가? 이것은 윤리학의 문제이며 그는 이것을 〈실천이성비판〉에서 다루었다. 셋째, 우리는 무엇을 믿을 수 있는가? 그는 종교철학의 근거를 〈이성의 한계 안에서의 종교〉에서 다루었다. 그리고 마지막으로 이 모든 철학의 문제들은 "인간이란 무엇인가?"로 귀결된다고 하였다. 따라서 철학의 문제는 인간이다. 그러나 인간은 철학만의 문제가 아니다. 인간은 모든 학문의 문제이다. 인간이 무엇인가를 다루는 방법이 서로 다를 뿐 의학은 인간의 건강을 다루고 심리학은 인간의 마음을 다루고 사회학도 법학도 경제학도 심지어 자연과학조차도 인간의 문제 내지는 인간과 관계하는 환경으로서의 자연을 다루는 것이기 때문에 결국 인간을 떠난 학문은 있을 수 없다.

신학의 문제가 신이라는 것은 당연하다. 그러나 신이 누구인지 질문하는 인간에 대한 이해 없이 신학은 불가능하다. 더 나아가서 하나님은 인간의 창조자요 인간의 구원자로서의 하나님이지 인간을 떠난 하나님이나 인간과 상관이 없는 하나님은 성서의 하나님이 아니다. 하나님의 사랑의 대상으로서의 인간은 결국 신학의 중심과제가 아닐 수 없다.

마지막으로 우리는 실존적으로 인간의 문제를 생각할 수 있다. 하나님이 인간을 구원하기 위해서 하나님의 아들을 보내어서 십자가에서 죽게 했는데 왜? 무엇 때문에? 어째서 하나님은 나를 위해서 하나님의 아들을 희생해야만 했는가? 내가 누구이기에 하나님이 내 대신 죽어주어야만 하는가? 도대체 나는 누구인가?

칼 바르트는 성서는 인간의 신학이 아니라 하나님의 인간학이라고 말했다. 성서는 하나님을 찾아가는 인간의 탐구를 기록한 책이 아니라 인간을 찾아오시는 하나님의 오심을 기록한 책이라는 뜻이다. 성서의 주제가 인간의 철학적, 종교적 탐구의 책이 아니라 하나님의 은총적, 계시적 책이라는 뜻이다. 성서의 주제가 인간이 아니라 하나님이라는 것을 밝힌 말이다. 그러나 성서의 주제인 하나님이 관심을 가지고 찾아가는 대상은 인간이다. 그가 사랑하고 말씀하고 친교하는 대상(object)은 바로 나이고 우리이다. 그런 의미에서 인간은 신학의 중심주제일 뿐만 아니라 가장 흥미 있는 주제라고 할 것이다. 결국 나의 관심은 나를 떠날 수 없다.

Ⅰ. 성서적 인간이해

성서의 인간이해에서 가장 기본적인 개념은 인간이 하나님의 피조물이라는 것이다. 하나님은 창조자이고 인간은 피조물이다. 인간의 기원은 하나님으로부터 나왔다는 창조신앙이야말로 가장 독특한 신학적 인간이해이다. 인간은 하나님으로부터 나와서 하나님의 뜻을 이루면서 살다가 하나님께로 돌아간다는 하나님 중심주의야말로 인간의 기원과 미래에 대한 성서적인 인간이해의 핵심이다.

이러한 인간이해는 다른 인간이해와 구별된다. 실존철학에서는 인간의 본질을 알 수 없다고 말한다. 사르트르(Sartre)에 의하면 "실존은 본질에 앞선다." 가위는 존재하기 전에 본질이 먼저 있다. 가위를 만든 사람의 마음속에서 가위의 본질이 결정된 다음에 가위가 만들어진다. 그러므로 가위는 "본질이 실존에 앞선다." 그러나 인간의 경우 인간의 실존은 이 세계 안에 던져졌기 때문에 인간의 본질에 대해서 알지 못한 채로 존재하기 시작한다. 인간은 존재하기 시작한 다음에 인간의 본질을 찾아야 한다. 인간의 경우 실존이 본질에 앞선다. 이런 무신론적 실존철학의 인간이해는 기독교의 인간이해와 다르다.

더 나아가서 인간이 하나님의 피조물이라는 것은 인간이 다른 피조물로부터 구별되어 있다는 특별한 인간이해를 포함한다. 예컨대 사자와 호랑이와 코끼리도 귀중한 하나님의 피조물이지만 그러나 인간은 이런 다른 피조물들과 구별된 특별한 존재라는 것이 성서의 인간이해이다. 다른 피조물과 달리 인간은 하나님과 특별한 관계를 맺는 특별한 존재이다. 이것을 성서에서는 "하나님의 형상"이라고 말하며 앞으로 이 문제를 상론하게 될 것이다. 우선 창세기 1장과 2장을 중심으로 성서에서 진술하고 있는 하나님과 인간과 세계의 관계 안에서 인간의 지위와 특성을 고찰하고자 한다.

1. 하나님, 인간, 세계의 관계

1) 하나님과 인간의 관계(창세기 2장)

성서에 의하면 인간은 하나님의 피조물이요 하나님은 인간의 창조자이다. 인간이 하나님을 만든 것이 아니라 하나님이 인간을 만들었다. 하나님은 인간보다 우월하고 인간을 지배하고 다스리는 분이다. 따라서 인간은 이 하나님께 절대의존(absolute dependence)의 관계를 맺고 있다. 그리고 인간의 생명의 기원은 하나님께 있으며 나아가서 인간은 하나님의 계명에 절대복종(absolute obedience) 해야 한다. 하나님께서 선악과 금지계명을 주시고 금지된 열매를 따먹는 경우 죽음을 면치 못한다고 엄중하게 경고하였다. 이것은 어려운 진리이다. 인간이 자신의 자존심을 꺾고 상대방에게 복종하기 위해서는 자신보다 월등한 힘을 가지고 있다는 것을 인식해야 하는데 하나님은 우리 눈에 보이지 않기 때문에 이것을 깨닫기가 어렵다. 그래서 많은 사람들은 오랜 기간 동안 이 진리를 모른 채 살아가며 하나님께 복종하는 것을 알기 전에 많은 시행착오를 범하고 실패를 경험한 다음에 비로소 하나님께 복종하는 것이 중요함을 깨닫게 된다. 이 진리를 깨달아 가는 과정이 바로 인간이 성숙해 가는 과정이요 철이 드는 과정이다.[1]

하나님이 인간을 각별하게 창조하였고 모든 만물을 다스리고 지배하는 권한을 부여하였음에도 불구하고 여전히 하나님은 인간이 절대적으로 복종해야 할 섬김의 대상이다. 인간이 하나님과 대등하거나 맞먹을 수 있는 존재가 아니다. 이것을 잊어버리거나 인식하지 못함으로써 인간에게는 엄청난 비극과 고통이 찾아오게 된다. 역사적으로 하나님을 대적하였다가 망한 사람들은 수없이 많다. 선악과를 따먹은 아담만이 아니다. 하나님께 도전하거나 불순종하거나 하나님의 계명을 적극적으로 어긴 사람들의 비참한 말로를 우리는 수많은 사례를 통해서 깨달을 수 있다. 가인, 고라, 사울, 아합, 이세벨, 하만, 가룟 유다, 헤롯, 빌라도, 네로, 니이체, 히틀러.

창세기 2장에 나타난 인간이해는 인간은 흙으로 지어진 허무하고 불완전

---

1) 우리가 젊었을 때 세상에 두려운 것이 없고 못할 것이 없는 것 같다가 입시에 실패하고, 연애에 어려움을 겪고, 군대생활을 하고, 결혼생활과 직장생활을 하면서 자신의 한계를 깨달아 가게 된다. 이것이 성숙해 지는 과정이요 이 과정을 통해서 우리는 하나님께 절대 의존해야 한다는 것을 깨닫게 된다. 더 나아가서 생명의 위기, 경제적 위기 앞에서 자신의 연약함을 깨닫고 하나님 앞에 나오게 된다. 위기는 기회다.

하고 유한한 존재라는 것이다. 이것은 인간의 제한성과 연약성을 가르쳐주는 말씀이다. 인간은 하나님과의 관계에서 독립성을 주장할 수 없다. 하나님과 대등하고 독자적인 존재로서의 주체성을 주장할 수 없다. 하나님을 떠나서 독립적으로 설 수 있다는 자주성을 주장할 수 없다. 인간은 처음부터 하나님께 의존하며 하나님께 종속되어야 하며 하나님의 종으로서 하나님을 섬기는 존재로서 창조되었다.[2] 이 창조질서를 파괴하는 것이 원죄요 이 원죄의 본질이 교만이요 이 질서의 파괴가 이 세계에 불행을 초래하였다.

이렇게 볼 때 인간의 삶의 중심은 바로 하나님께 있으며 하나님은 인간의 중심이 된다고 할 수 있다. 이것을 우리는 하나님 중심주의(God-centrism)라고 할 수 있다. 이것을 그림으로 그리면 다음과 같다.

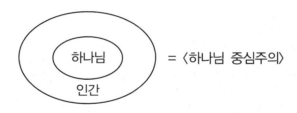

2) 인간과 세계의 관계 (창세기 1장)

하나님께서 이 세계를 창조하실 때 인간과 세계를 구별하여 창조하였

---

2) 니이체는 기독교를 노예종교라고 조롱하였다. 하나님께 대한 복종을 강조하는 기독교는 인간의 주권과 존엄성을 침해하는 것으로 보았다. 그러나 이것은 니이체가 기독교의 본질을 오해한 때문이었다. 기독교가 하나님께 대한 복종을 말하는 것은 인간을 노예로 만드는 것이 아니라 진정한 자유인으로 만드는 것이다. 진정한 인간의 존엄성을 회복하는 것이 기독교신앙의 핵심임을 깨닫지 못했기 때문에 그는 스스로 인간을 초인으로 만들고자 하였다 (짜라투스트라는 이렇게 말했다).

다. 이 세계는 말씀으로 명령하여 창조하였으나 인간은 특별한 방법으로 지었는데 창세기 1장에 의하면 하나님은 인간을 하나님의 형상으로 지었다. 그리하여 인간은 만물의 통치자가 되었으며 만물은 인간의 지배를 받게 되었다. 만물은 하나님이 인간에게 주신 선물이라고 할 수 있다. 그러므로 인간은 이 세계의 중심이 되며 인간은 이 세계를 숭배할 필요가 없다. 오히려 이 세계를 지배하고 다스려야 할 존재이다. 여기에 우상숭배 금지 계명의 근거가 있다. 하나님이 지배하고 다스리라고 주신 이 세계에 속한 자연물을 하나님처럼 섬기고 절하는 것은 하나님의 창조원리에 어긋나는 것이다. 폴 틸리히는 이것을 자연의 비신화화(demythologization)라고 하였다. 고대 세계에서는 자연을 신화화하여 종교적인 숭배의 대상으로 삼았으나 성서에서는 자연을 숭배의 대상이 아니라 지배의 대상으로 비신화화했다는 것이다.[3]

---

[3] 김경재, 〈폴 틸리히의 생애와 사상〉 (대한기독교서회, 1979), 158ff. 틸리히는 마성과 악마적인 것을 구별하였다. 마성적인 것(the demonic)은 창조성과 파괴성이 미분화된 채 병존하는 실재의 상징이다. 존재심연의 특성이다. 존재심연은 존재의 깊이요 존재능력의 원광(元鑛)이다. 악마적인 것(the satanic)은 파괴성이 압도적으로 뚜렷하게 드러난 실재이다.

　　왜 인간은 살아계시는 하나님 앞에 담대히 서지 못하고 인간이 조종할 수 있는 우상으로 신을 만들어 놓고서야 신을 예배하려는 것일까? 그 이유는 인간이 참 하나님, 절대 자체, 무조건적인 것 그 앞에 대면해서 진실하게 설 때는 견디어 낼 수 없으며 그 절대 진리와 절대 영원이 인간을 심판하고 파멸시켜버리기 때문이다. 그러므로 모든 종교사는 본질적으로 인간의 가장 깊은 자기은폐의 역사이며 가장 깊이 감추어진 인간 교만의 표면이요 비진실의 표식이기도 하다. 인간은 절대 자체 앞에 설 수 없기 때문에 성례전, 교리, 종교의식, 성직자, 경건 등과 같은 중재자 또는 매개 형식을 통하여 하나님을 대면하려고 한다. 이성에 의한 계몽의 과정 즉 속화(profanization)는 종교영역에서 악마적인 것을 제거하는 데 성공했으나 동시에 참다운 신적인 것, 거룩한 실재 자체를 잃어버렸다. 그러나 마성적인 것은 새로운 존재양식으로 나타난다. 희랍철학에는 무(me-on)라는 개념이 남고, 스토아철학에는 숙명(fate)개념이, 기독교에서는 자연을 비마력화하였으나 인간 내부의 불일치와 반란, 혼돈과 죄성을 읽게 되었다. 이것이 원죄교리로 표현되었으며 칸트에게는 근본악(radical evil)의 개념으로, 헤겔에게는 부정성(negativity)의 개념으로, 20세기에는 관능적 예술표현, 야만적인 권력의지, 낭 인간과 세계의 관계에 대한 창세기 1장의 묘사에서는 인간의 존엄성과 고귀성, 자연에 대한 인간의 우월성과 자존심을 나타낸다고 할 수 있다. 즉 인간과 세계의 관계에서 인간중심주의를 나타낸다. 이것을 그림으로 그리면 다음과 같다.

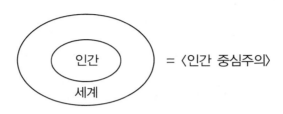

이상에서 하나님과 인간과 세계의 관계를 살펴보았다. 인간과 세계에서는 인간중심주의이고 하나님과 인간의 관계에서는 하나님중심주의라고 할 수 있다. 그러므로 이 세계의 중심은 인간이요 인간의 삶의 중심은 하나님이다. 하나님, 인간, 세계의 관계를 그림으로 그리면 다음과 같다.

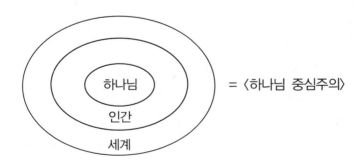

만주의와 자연주의의 엑스타시 문학과, 연극과 각종 문예활동으로 되살아나고 있다. 특히 집단적 공동체의 메커니즘, 사회정치적 영역에서 마성이 뚜렷하게 나타난다. 정치는 종교의 기능까지 침범하여 인간을 무의식적으로 지배한다.

본래 하나님과 인간과 세계의 관계는 하나님 중심주의이다. 이것이 하나님이 창조하신 세계의 모습이다. 그러나 이 본래적 관계는 인간의 타락으로 말미암아 파괴되었다. 파괴된 관계 안에 있는 인간의 모습이 죄인된 인간이다.

2. 죄인된 인간

1) 하나님, 인간, 세계의 관계의 파괴 (창세기 3장)

지금까지 하나님과 인간과 세계의 본래적인 관계를 살펴보았다. 창조자 하나님이 이 세계의 중심이 되고 인간은 하나님께 의지하고 순종해야 할 존재로 창조되었다. 그런데 인간은 뱀의 모양으로 나타난 사탄의 유혹을 받아 금지된 과일을 먹고 하나님과 같이 되려고 하였다 (창 3:5 "너희가 하나님과 같이 되리라" eritis sicut deus). 이것은 본래 하나님이 모든 것의 중심인데 이 자리에서부터 하나님을 추방하고 인간이 하나님의 자리를 차지하여 인간이 모든 것의 중심이 되겠다는 것이다.

사탄의 말대로 아담과 하와는 선악과를 따서 먹었으며 그리하여 모든 관계에서 하나님중심주의가 파괴되었다. 인간이 하나님처럼 된다는 것은 단지 인간이 하나님의 자리로 높아진다는 것이 아니라 한 걸음 더 나아간다. 하나님이 만물의 왕으로서 만물의 중심에 서 계시는데 인간이 하나님처럼 된다는 것은 인간이 만물의 왕이 된다는 뜻이다. 그렇게 하기 위해서는 하나님을 만물의 중심의 자리에서 추방해야 한다. 한 나라에 두 왕이 있을 수 없기 때문이다. 그러니까 인간이 하나님처럼 된다는 것은 인간이 하나님 옆에 나란히 서겠다는 것이 아니다. 하나님의 자리에 서기 위해서는 반드시 하나님을 그 자리에서 끌어 내려야만 한다는 사실이 숨겨져 있다. 이것은 대역죄이며 내란죄이다.[4] 사탄이 인간을 유혹할 때 인간이 미처 깨닫지 못한 것이 바로 이 숨어있는 음모이다.

앞에서 살펴본 바와 같이 하나님이 창조하신 세계는 하나님-인간-세계가 서로 연결되어 조화로운 관계를 형성하였다. 인간과 세계의 관계는 인간중심주의, 인간과 하나님의 관계는 하나님중심주의였다. 그리고 남자와 여자의 관계는 서로 부끄러워하지 않고 둘이 연합하여 한 몸을 이루는 아름다운 그림과 같은 원초적 합일의 상태였다. 이것이 타락하기 이전의 에덴동산의 모습이었다.

그러나 타락 이후 이 본래적인 관계들은 파괴되었다. 인간이 하나님처럼 되고자 하는 것은 인간중심주의로 변질된 관계이며 이것은 인간의 교만을 의미한다. 그리고 "선악을 안다"고 하는 것은 인간에게 유익하고 해로운 것을 인간 스스로 결정하겠다는 자주성의 선언이며 하나님 없이 하나님을 떠나 스스로 서고자 하는 독립성의 선언이다. 다시 말해서, 인간이 스스로 선악을 결정하겠다는 것은 나에게 좋은 것은 선이고 나에게 나쁜 것은 악이라는 자기중심적인 이기주의를 의미한다. 이러한 이기주의와 교만이 최초의 죄인데 이기주의는 넓은 의미에서는 교만에 속한다. 하나님중심으로 선악을 결정하지 아니하고 자기중심적으로 결정하는 것 자체가 이미 그 속에 교만이 들어왔기 때문이다. 그 결과 하나님과 인간과 세계의 본래적인 관계는 파괴되고 말았다. 그러면 타락이후 하나님, 인간, 세계의 관계는 어떻게 변질되었는가?

---

4) 대역죄나 내란죄나 최고형에 해당되는 범죄이다. 선악과를 따먹는 것이 죽음에 이르는 죄이고 이 죽음에 해당하는 인류의 죄를 갚기 위해서 예수님은 로마시대의 사형 집행방식인 십자가형을 당했다. 첫째 아담의 죄와 둘째 아담의 형벌은 그러므로 서로 짝이 맞는다. 예수님이 십자가형을 당한 것은 우연이 아니라 논리적인 정합성을 가진다.

첫째로, 하나님과 인간의 관계는 어떻게 되었는가? 선악과를 따먹은 후 인간은 하나님을 피하여 나무 뒤에 숨었다. 이것은 하나님 없이 하나님을 떠나 죄된 현실 속에서 살려는 인간의 죄된 모습이다. 요나는 하나님의 명령을 불순종하여 니느웨로 가지 않고 다시스로 가는 배를 탔다. 그는 양심의 괴로움 때문에 배 밑바닥으로 내려가서 어두움 가운데 숨었으며 현실에 눈감고 잠을 자고 있었다. 이것이 하나님을 피해서 도망치는 인간의 죄된 모습이다. 탕자는 아버지를 떠나서 먼 나라에 가서 허랑방탕하여 재산을 탕진하였다. 나중에는 먹을 것이 없어서 돼지를 치면서 돼지 먹는 쥐엄 열매로 배를 채우고자 하되 주는 자가 없었다. 이것이 하나님 없는 삶의 비참한 현실이다.

둘째로, 인간과 인간의 관계는 어떻게 되었는가? 벌거벗은 인간들은 서로 부끄러워하게 되었다. 그래서 무화과 나뭇잎으로 옷을 만들어 입었다. 의상 심리학에서는 옷을 잘 입어야 한다고 말한다. 옷을 잘 입으면 심리적으로 안정되고 행동이 자연스럽고 태도가 자신감이 있게 된다. 사회적으로 성공하는 사람들은 옷을 잘 입는다는데 아마 이런 의상심리학의 연구는 일리가 있을 것이다. 그러나 옷을 잘 입는다는 것은 무조건 비싼 옷이나 화려한 옷을 입는 것을 의미하지는 않을 것이다. 자신의 신분과 처지에 맞게 입는 것이 중요하지 분수에 지나치게 입는 것은 아무리 비싸고 화려하게 입는다고 해도 결코 옷을 잘 입는 것이라고 할 수 없을 것이다. 그것은 십자가를 지고 그리스도의 뒤를 따르는 사도적인 삶과 거리가 있을 것이다. 그러므로 옷을 잘 입는다는 것은 그 옷의 값에 의해서 좌우되는 것이 아니다. 옷은 입은 사람의 신분과 조화되는가 아닌가에 의해 판단되어야 한다. 오늘날 인간이 옷을 입는다는 것은 신학적으로는 인간이 죄인이라는 의미이다. 화려하고 사치한 옷을 입을수록 그만큼 가려야 할 죄가 많다는 의미이다. 경건한 사람은 이미 그리스도로 옷 입었기 때문에 화려한 옷보다는 단정하게 입는 것이 필요하다.

더 나아가서 죄인들은 서로 자신의 책임을 전가하였다. 아담은 여자에게 여자는 뱀에게 죄의 책임을 전가하였으며 아담은 여자뿐만 아니라 여자를 주신 하나님을 원망함으로써 그 죄를 배가하였다. 그러므로 하와보다 아담의 죄가 더 크다. 스스로 하나님과 같이 되려고 선악과를 따먹기로 결단하였으면 죄의 책임도 스스로 져야 할 것이다. 자신의 책임을 남에게 전가할 수 없다.

죄지은 후 아담은 여자에게 하와라고 이름을 지어 줌으로써 남녀관계는 불평등관계가 되었다. 성서에서는 이름을 지음 받은 자가 이름 지어주는 자에게 복종하는 주종관계가 형성된다. 아담이 짐승들에게 이름을 지어주었고, 하나님이 아브람에게 아브라함이라는 이름을, 야곱에게 이스라엘이라는 이름을 지어 주었다. 신약에서도 사울이 바울로 되었다.

셋째로, 인간과 자연의 관계는 어떻게 되었는가? 이제 인간은 고통스럽게 살아가야할 존재로 되었다. 여자는 해산의 고통을 더하게 되었고(greatly multiply thy sorrow), 아담은 노동의 고통을 더하게 되었다.[5] 노동은 본래 신성한 것이었다. 창세기 2장 15절에 대한 폰 라드(von Rad)의 해석에 의하면 노동은 낙원에서도 인간에게 부과되었다.[6] 아담은 에덴동산의 청지기로서 에덴동산을 관리하는 일을 하였다. 아담이 짐승들에게 이름을 지어줌으로써 모든 짐승들은 아담의 지배를 받아 질서 있게 살게 되었다. 이와 같이 본래 노동은 하나님이 주신 인간의 특권이요 소명(召命, vocation)으로서 고귀하고 신성한

---

5) 해산의 고통이 본래 없었는데 타락으로 말미암아 주어진 것이 아니다. 호주의 어떤 동물원에서 사슴이 새끼를 낳는데 제왕절개로 분만을 하였더니 어미가 새끼를 돌보지도 않고 젖도 먹이지 않았다는 기사가 있었다. 해산의 과정을 통해서 모성애가 발동되고 새끼를 돌볼 수 있는 준비과정을 거치게 되는데 그런 과정에 대한 기억이 없기 때문에 어미는 어미로서의 본분을 수행할 수 없게 된 것이다. 그러므로 해산의 고통은 필요한 것이다.
6) 폰 라드, 〈창세기 주석〉 국제성서주석 1 (한국신학연구소, 1981), 85, 101.

가치를 지닌 것이며 나아가서 인간은 노동을 통하여 자신의 삶을 창조해 나가고 그럼으로써 그의 삶을 기쁘게 살아갈 수 있게 되는 것이다.

노동하지 않는 것이 편하고 좋은 것 같지만 그러나 해야 할 일이 없는 것처럼 불행하고 고통스러운 것도 없을 것이다. 성서에서도 "누구든지 일하기 싫어하거든 먹지도 말라"(살후 3:10)고 하였고, "내 아버지께서 이제까지 일하시니 나도 일한다"(요 5:17)고 하였다. 이렇게 성서는 노동에 대해서 적극적인 태도를 가르치고 있다.[7] 그런데 아담의 범죄 이후 노동이 고통스럽기만 한 것으로 변질 되었다. 폰 라드는 타락이후 변질된 노동을 "노동이 생을 그다지도 고달프게 만들고, 노동이 실패, 헛수고, 그리고 완전히 좌절될 위험 속에 있으며, 노동의 실제 소득이 기울인 노력에 비하여 너무도 보잘 것 없다는 사실" 로서 묘사하고 있다.[8] 그러므로 신학은 노동의 가치에 대해서 적극적이고 건전한 이해를 밝혀야 할 과제를 안고 있다.

인간은 자연을 다스리고 지배해야 할 존재로 창조되었으나 타락이후 인간은 자연을 착취하고 파괴하는 일에 앞장 서 왔다. 오늘날 지구가 처한 생태학적인 위기는 이제 인류의 멸종이라는 심각한 과제 앞에 직면하게 만

---

7) 노동의 가치에 대해서 칼 마르크스는 적극적으로 진술하였다. 그에 의하면 노동을 통해서 인간은 자신을 완성하며 창조적인 작업을 수행함으로써 보람과 기쁨을 얻는다고 하였다. 그는 도자기를 만드는 일을 예로 들어 설명하였는데 전통적인 방법으로 도자기를 만드는 경우 한 사람이 모든 노동과정을 처음부터 끝까지 수행함으로써 도자기를 생산하는 과정을 통해서 새로운 작품을 만들어내는 보람을 누리게 된다. 그러나 자본주의가 시작되고 대량생산을 하게 되자 도자기 만드는 일이 분업화되어 노동자는 전체 생산과정의 일부분이나 한 단계에만 참여하게 되었다. 그 결과 단순한 노동의 반복으로 노동의 즐거움을 상실하게 되었다. 노동자는 노동으로부터 소외되었다. 그리하여 노동은 고통스러운 것으로 전락하게 되었다. 이와 같이 마르크스는 노동의 가치에 대해서 적극적으로 해석하였다. 즉 마르크스는 자본주의의 문제점을 정확하게 진단하였다. 그러나 마르크스의 해결책은 잘못된 것이었다. 그의 주장을 따른 공산주의는 이 세계에 엄청난 오류와 고통을 가져 왔다.
8) 폰 라드, ibid., 101.

들었다. 이 문제는 아무도 비켜 갈 수 없는 인류 공동의 숙명적 과제가 되었다. 이 문제 앞에서 우리는 어떻게 해야 할 것인가? 이것은 단지 추상적인 사고의 문제가 아니라 구체적인 행동의 문제이다. 교회가 대면하고 대결해야 할 과제이다. 그리고 이것은 타락한 인간의 공통적인 죄의 산물임이 분명하다.

II. 죄란 무엇인가?

1. 죄의 정의

성서에 의하면 모든 인간은 죄인이다 (롬 3:10). 그런데 성서적인 의미에서 죄(sin)는 하나님과의 관계에서 발생하며 하나님과의 관계에서 생각될 수 있는 개념이다. 죄는 하나님께 대한 죄요 종교적인 함의를 가진다. 그러면 죄란 무엇인가? 죄는 인간이 하나님께 대하여 악한 행위를 함으로써 발생한다. 악한 행위를 하면 죄의 법률적인 책임인 죄책(guilt)과 도덕적인 부패성(depravity), 즉 죄를 짓고자하는 경향성(inclination)이 생기게 된다. 다시 말해서, 악(evil)이 인간 안에 들어와서 악한 행위를 하게 되면 그것이 죄다.

죄는 하나님께 대한 것인데 여기에는 사람에게 대한 죄와 물질에 대한 죄도 포함된다. 예컨대 형제를 미워하는 것과 물질에 대한 과도한 욕심도 죄다. 형제를 미워하는 것과 욕심도 하나님의 뜻을 거역하는 것이기 때문에 결국 하나님께 대한 죄가 된다. 그리고 악은 인간 밖에도 있을 수 있지만 죄는 인간 안에 있다.

2. 죄의 기원

악의 기원에 대해서는 악의 문제에서 해명하였다. 그러면 죄는 어디서 나왔는가? 악의 기원은 신학의 미스터리이지만 죄의 기원은 명백하다. 악이 인간 안에 들어 온 것이 죄이기 때문에 악을 인간 안에 들어오도록 허용한 것이 죄의 기원이다. 즉 인간이 자유의지를 잘못 사용한 것이 죄의 기원이다. 루터에 의하면 인간은 하나님께 복종할 자유만 있다. 하나님께 순종하지 않는 것은 자유가 아니라 자유의 남용이다. 그것은 방종이다. 따라서 아담은 선악과를 따먹지 말아야 했다.

인간은 죄의 책임을 뱀에게 전가할 수 없다. 하와는 뱀에게 아담은 하와에게 책임을 전가하고자 했으나 하나님은 그것을 용인하지 않았다. 죄의 책임은 죄인 자신에게 있다. 아담은 죄의 유혹이 왔을 때 그것을 물리쳤어야만 했다. 왜냐하면 아담에게는 자유의지가 주어져 있었기 때문이다. 하나님은 감당할 수 있는 시험만 허락하시기 때문이다. 스스로 악을 물리칠 힘이 있음에도 불구하고 악을 이기지 못한 것은 자신에 대한 과소평가의 죄(sin of ommission)이다.[9]

많은 사람들이 이 문제에 대하여 의문을 품고 있다. 그래서 이렇게 질문한다. 하나님이 전지전능하시고 사랑의 하나님이라면 인간이 타락할 것을 미리 알았을 것인데 왜 선악과를 만들어서 인간을 시험했는가? 선악과를 만들지 않았으면 타락을 하지 않았을 것이고 인간의 고통도 없었을 것이 아닌가? 그렇다면 타락의 책임은 하나님에게 있는 것이 아닌가?

---

9) 라인홀드 니이버는 과대평가의 죄(sin of commission)와 과소평가의 죄(sin of ommission)를 구별하였는데 과대평가의 죄는 적극적으로 죄에 가담하는 죄, 교만의 죄라고 할 수 있고 과소평가의 죄는 소극적으로 죄를 물리치지 않은 죄라고 할 수 있다. 아담이 스스로 하나님처럼 되려고 하였다면 과대평가의 죄이고 죄를 물리칠 수 있는 자유에 대해 소홀히 여겼다면 과소평가의 죄가 될 것이다.

그렇다. 하나님은 인간이 타락할 줄을 아셨다. 그러나 하나님은 인간이 타락하기를 원하지 않으신다. 그러면 왜 타락할 줄 알면서도 선악과를 만들었는가? 이것이 하나님의 창조의 신비이다. 하나님은 인간에게 자유의지를 주셨기 때문에 아담은 선악과를 따먹을 수도 있고 따먹지 않을 수도 있다. 만약에 하나님이 인간에게 자유의지를 주지 않으시고 무조건 하나님의 명령에 복종하는 존재로 창조하였다면 그리하여 선악과를 따먹을 수 없는 존재로 만들었다면 그런 존재는 기계나 로봇과 같은 저열한 존재일 것이다. 하나님의 명령에 불순종할 수 있는 가능성이 있음에도 불구하고 인간에게 자유의지를 부여하심으로써 하나님은 인간을 고귀한 존재로 지으신 것이다. 그렇다면 우리는 하나님의 창조방식을 감사할 수 있을 뿐이다.

우리는 죄의 책임을 하나님께 전가할 수 없다. 만약에 이렇게 말해도 여전히 하나님을 원망하고 싶은 사람이 있다면 그 사람은 서울대공원 원숭이 우리 안으로 들어가서 그렇게 말해야 한다. 그러나 그런 사람은 아무도 없다. 왜냐하면 자유가 좋기 때문이다. 자유가 좋고 그래서 그 자유를 마음껏 누리기를 원하면서 왜 그 자유를 주셨느냐고 원망한다면 그것은 자가당착이 될 것이다. 그러므로 우리는 하나님이 인간에게 자유의지를 부여해 주신 것을 감사해야 한다. 타락한 이후에도 인간에게는 자유의지가 부여되어 있으며 그 자유를 가지고 죄를 짓는 도구로 사용함에도 불구하고 여전히 인간은 하나님의 특별한 관심과 사랑의 대상이 되는 고귀한 존재이다.[10]

---

10) 웨슬리는 선행적 은총에 의해 자유의지가 회복되어 복음을 받아들일 수 있는 능력이 모든 인간에게 주어졌다고 주장하였다.

3. 죄의 본질

죄의 본질은 교만이다. 인간이 하나님과 같이 되고자 하는 것이 최초 인간의 죄임을 이미 상술하였다. 그것은 대역죄요 내란죄이며 극형에 해당되는 대죄이다. 그리고 선악을 알게 된다는 것은 나에게 좋으면 선이고 나에게 나쁘면 악이라는 자기중심주의, 이기주의라고 하였다. 넓은 의미에서 보면 이기주의는 인간이 스스로 하나님과 같이 되어 하나님을 추방하고 이 세계의 중심이 되고자 했던 교만에 포함되는 것이라고 볼 수 있다. 라인홀드 니이버의 〈도덕적 인간과 비도덕적 사회〉[11]에 의하면 개인적으로는 도덕적 인간이 될 수 있지만 어떤 조직이나 집단의 일원이 되면 그 집단의 이기적 목적을 위해서 행동하게 되며 이런 집단적 이기주의로부터 벗어나는 것은 어렵다고 하였다. 이것을 니이버는 구조적 악(institutional evil)이라고 하였다. 그러므로 기독교가 개인을 변화시키는 것으로는 사회적 악 즉 구조적 악의 문제를 해결할 수 없으므로 사회윤리가 필요하게 되며 조정과 견제에 의해서 구조적 악을 해결해야만 한다고 주장하였다. 그는 사회윤리의 규범으로서 사랑의 개념은 적합하지 않으며 사랑에 접근하는(approximation) 개념으로서 정의(justice)를 사회윤리의 규범으로 제시하였다.

인간의 이기주의와 교만은 죄의 본질이요 근본 뿌리이다. 모든 다른 죄들은 여기에서부터 파생되어 나온 것이다. 즉 하나님과의 관계의 파괴에서 인간관계의 파괴가 나오며 여기에서 자연과의 관계의 파괴도 나오게 된다. 그러므로 끊임없이 우리는 자기중심주의를 극복하고 하나님중심주의로 돌아가지 않으면 안 된다. 그렇지 않으면 우리는 계속해서 죄의 결과인 죽음의 세력에 시달릴 수밖에 없다.

모든 신학자들은 교만을 죄의 본질로 보았다. 어거스틴은 교만(pride)이

11) 라인홀드 니이버, 〈도덕적 인간과 비도덕적 사회〉(현대사상사, 1979).

죄의 본질이라고 하였고 파스칼은 자기중심주의라고 하였다. 루터는 교만과 자기사랑이 죄의 본질이라고 보았으며 존 웨슬리는 교만을 영적인 교만, 지적인 교만, 도덕적인 교만으로 구분하였다. 라인홀드 니이버도 교만이 죄의 본질이라고 하였는데 그는 교만을 4가지로 진술했다. 권력의 교만, 지적인 교만, 도덕적인 교만 및 영적인 교만이 그것이다. 웨슬리가 말한 세 가지에 권력의 교만을 더했다.

4. 죄의 결과

죄의 결과는 죽음이다. 그러면 죽음이란 무엇인가? 죽음은 생명의 반대말이다. 생명은 하나님이 창조하신 것이다. 생명은 하나님 자신 안에 있다. 하나님 자신이 생명이다. 예수 그리스도가 생명이다 (요 14:6). 창조자 하나님이 생명의 근원이요 생명 자체이다. 그러므로 하나님 안에 있으면 생명이 있고 하나님을 떠나면 생명이 없으며 죽을 수밖에 없다. 이것이 성서가 말하는 죽음이다. 육신의 생명이 있어도 하나님을 떠난 삶은 살았다 하는 이름은 있으나 실상은 죽은 자이다. 그리고 하나님 안에 있는 자에게는 육신의 생명이 사라져도 실상은 산자이다. 이것은 영적인 이해이고 신앙적인 이해이다. 아담이 범죄한 이후에 죽지 않고 계속해서 생존한 것은 이러한 성서적인 죽음관에 따라서 이해해야 할 것이다. 하나님이 아담의 범죄에도 불구하고 그를 용서해서 살려주신 것이 아니다. 930년 후에 찾아온 그의 육신의 죽음이 바로 하나님의 심판에 의한 죽음이라고 해석하는 것도 문제가 있다. 성서에서는 이런 해석을 지지하는 단서를 제공하고 있지 않다. 육신의 생명은 유한한 것이기 때문에 언젠가는 죽게 되어 있다. 아담이 범죄를 하지 않았더라도 육신의 생명은 언젠가는 죽어야 했다. 왜냐하면 지상의 모든 생명체는 다

죽기 때문이다. 그러므로 죄로 말미암은 죽음은 보다 더 넓은 의미에서의 죽음으로 보아야 한다. 하나님의 생명으로부터 단절된 것 자체가 죽음이다. 하나님을 떠난 비본래적인 삶의 현실 즉 삶의 무의미성과 파괴성 자체가 죽음이라고 보아야 한다. 그리고 거기에는 온갖 죄된 삶의 왜곡된 모습들이 자리하게 될 것이다.

실존철학에서도 이와 유사한 이해를 하고 있다. 실존주의 시인 라이너 마리아 릴케에 의하면 죽음에는 큰 죽음과 작은 죽음이 있다. 작은 죽음은 우리 생의 마지막에 경험하게 되는 육신적인 죽음이다. 큰 죽음은 지금 현재 우리의 실존 안에 들어와 있는 죽음에 대한 실존적인 의식과 체험이 큰 죽음이다. 죽음은 단지 우리의 목숨이 끝나게 되는 미래에 찾아오는 한 순간의 경험이 아니라 지금 현재 우리 삶을 지배하고 우리 삶을 규정하는 삶의 현실이다. 즉 죽음은 삶 속에 있는 것이다. 그러므로 우리는 죽음을 생물학적으로나 의학적으로만 규정할 수 없는 대단히 폭넓고 깊은 개념임을 인정해야 한다.

엘리자베스 퀴블러 로스의 〈사후생〉[12]에 의하면 우리에게는 결코 죽음이 없다고 한다. 그는 전 세계에서 약 25,000건의 임사체험 즉 죽었다가 다시 살아나는 사건을 경험한 사람들의 사례들을 조사하여 공통적인 요소를 추출하였는데 죽음이란 단지 육체의 생명이 끝나는 것일 뿐 나의 존재 자체는 결코 죽지 않으며 사후의 세계로 간다고 하였다. "우리가 과학적인 언어로 이해하려고 한다면 죽음이라 부를 수 있는 것이 실제로는 존재하지 않는다는 것을 확실하게 알고 있었다. 죽음은 나비가 고치를 벗어 던지는 것처럼 단지 육체를 벗어나는 것에 불과하다. 죽음은 당신이 계속해서 지각하고 이해하고 웃고 성숙할 수 있는 더 높은 의식 상태로의 변화일 뿐이다. 유일하게 잃어버린 것이 있다면 육체이다. 육체는 더 이상 필요하지 않기 때문이다.

---

12) Elisabeth Kubler-Ross, *On Life After Death*, 〈사후생〉 김준식 역 (대화출판사, 2003).

마치 봄이 와서 겨울 코트를 벗어버리는 것과 같다...사실상 이것이 죽음에 대한 모든 것이다."[13]

성서에서도 하나님은 아브라함의 하나님 이삭의 하나님 야곱의 하나님은 죽은 자의 하나님이 아니라 산자의 하나님이라고 하였다. 즉 아브라함은 죽은 것이 아니라 하나님의 품안에 살아 있다. 누가복음 16장 19절 이하에 의하면 부자와 나사로가 죽은 후에 나사로는 아브라함의 품안에 있고 부자는 아브라함에게 간청하여 나사로의 손가락에 물 한 방울을 찍어 자신의 혀를 서늘하게 해 달라고 하였다. 예수가 오른쪽 강도에게 네가 오늘 나와 함께 낙원에 있을 것이라고 하였다. 하나님의 성령 안에 있는 자에게는 죽음이 없고 단지 존재의 영역이 바뀔 뿐이다. "하나님 안에는 모든 사람이 살았느니라"(눅 20:38). 그 대신 하나님 밖에 있는 자는 육신의 목숨이 있다 해도 실상은 죽은 자이다. 살았다는 말은 있으나 실상은 죽은 것이다. 그러므로 생명과 죽음은 하나님 안에 있느냐 아니냐에 의해서 결정되는 것이지 육신의 생명에 의해서 결정되는 것이 아니다.

5. 죄의 유전

아담의 죄는 곧 모든 인류의 죄이다. 아담 안에서 모든 인류는 죄인이 되었으며 모든 인류는 아담과 함께 죄에 대한 연대책임을 지게 되었다. 이 최초인간의 범죄가 모든 인류에게 전달되는 것을 죄의 유전(transmission)이라고 하며 모든 인류가 아담으로부터 물려받은 죄를 원죄(original sin)라고 한다. 모든 인간은 태어나면서부터 가지고 나온 원죄 때문에 죽을 수밖에 없는 죄의 자녀가 되고 하나님의 구원과 멀어진 버려진 자식(the lost)이 되었

---

13) Ibid., 48f.

다. 이것이 인간이 처한 죄의 현실이다.

그런데 존 웨슬리에 의하면 인간의 전적인 타락과 원죄의 유전을 동의하지만 예수 그리스도의 대속의 은총에 의해서 주어진 선행적 은총으로 말미암아 모든 인간의 원죄의 죄책은 제거되었으며 따라서 인간은 태어날 때는 원죄의 부패성(depravity)즉 죄를 지을 수 있는 가능성만을 가지고 태어난다. 다만 부패성이 자라서 스스로 죄를 짓게 되면 그 때 비로소 자기가 지은 실제적인 죄(자범죄, actual sin)의 죄책(guilt)에 의해서 죄인이 된다. 그러므로 어린아이는 죄가 없으며 당연히 구원받을 대상이다. 웨슬리는 예수 그리스도의 대속의 은총이 모든 인류에게 보편적으로 주어진 이 은총을 선행적 은총(prevenient grace)이라고 하였다. 선행적 은총에 의해 원죄의 죄책이 제거되었으며 더 나아가서 우리가 하나님의 구원의 은혜에 응답할 수 있는 자유의지가 부분적으로 회복되었으므로 인간은 전적으로 하나님의 은총에 의해서만 구원받을 수 있을 뿐만 아니라 동시에 하나님의 부르심에 응답해야할 책임이 인간에게 있으므로 우리는 믿지 않는 사람들에게 복음을 전해야 한다. 그러니까 우리가 복음을 전하면 복음을 듣는 사람들은 선행적 은총에 의해서 회복된 자유의지를 가지고 복음을 받아들이기 때문에 아무도 선행적 은총으로부터 소외된 사람은 없다.

웨슬리의 선행적 은총론은 어린아이의 구원가능성을 확보하기 때문에 대단히 유용한 이론이다. 선행적 은총의 개념은 성서에서는 찾아볼 수 없고 어거스틴에 의해서 최초로 주장되었으며 칼 바르트도 사용하고 있다. 그러나 어거스틴이나 칼 바르트는 웨슬리처럼 강력하고 명료하게 주장하지는 않고 있다. 이것을 웨슬리는 구원의 과정의 중요한 한 단계로서 명백하게 주장하여 그의 신학의 핵심적인 이론으로 확립하였다. 성서에서도 예수께서 어린아이의 내게 오는 것을 금하지 말라고 하였으며 어린아이와 같지 않으면 천국에 들어갈 수 없다고 말씀하였다. 신명기 1장 39절에 의하면 출애굽한 모든 히브리인들이 광야에서 죽었으며 가나안 땅에 들어갈 수 없었으나 출애굽 당시 20세 이하의 어린아이들에게는 불신의 죄를 묻지 않으시고 가나안 땅에 입주하는 것이 허락되었다. 이렇게 볼 때 하나님께서 어린아이들에 대해서는 보편적인 죄의 책임을 묻지 않고 그들의 순수성과 결백을 신뢰하고 격려하고 있음을 알 수 있다. 따라서 이런 성서구절들은 웨슬리의 선행적 은총이론을 위한 참고구절들이 될 수 있다고 본다. 비록 성서 안에 선행적 은총이라는 개념이 없다 해도 신학은 성서의 전거들에 비추어서 이를 정당화 할 수 있다고 본다.

III. 인간의 구성: 2분법과 3분법

인간을 영혼과 육체의 결합으로 이해하는 것은 전통적인 이분법으로서 기독교 신학에서 광범위하게 지지를 받아왔으며 이것은 희랍철학의 이원론의 영향을 받은 것이다. 플라톤에 의하면 이 세계는 이데아계(Idea)와 현상계로 되어 있다. 이데아계는 정신계요 현상계는 물질계이다. 윤리적으로는 이데아계는 선이고 현상계는 악이다. 영혼은 이데아계로부터 왔으며 물질계에 속하는 육체의 유혹으로 육체와 결합하여 인간이 된다. 그러므로 육체는 영혼의 감옥이다. 죽음은 영혼이 육체로부터 해방되어 고향으로 돌아가는 것이다. 따라서 죽음은 좋은 것이다. 이것은 성서적인 죽음관과는 정반대의 생각이라고 할 수 있다. 성서에서는 죽음은 죄의 값이며 죽음은 나쁜 것이다. 그래서 소크라테스는 담담하게 독배를 마시고 죽어 갈 수 있었으며 예수는 그렇게도 죽음을 피하고자 하였던 것이다.

본래 구약성서에서는 인간을 영혼과 육신이 결합한 통일체로서의 전인적 존재(psycho-somatic being)로 이해하였으나 희랍철학의 영향을 받은 이분법적인 인간이해는 기독교신학에 큰 영향을 끼쳤으며 많은 신학자들이 이분법을 수용하였고 그 결과 영혼이 육체보다 우월하고 중요하다고 생각하는 영혼중심적인 인간관으로 기울어지고 육체적인 것은 악한 것 내지는 덜 중요한 것 또는 억눌러야 할 혐오스러운 것으로 오해하여 왔다.[14] 그 결과 경건한 기독교신앙은 금욕주의와 상통하는 것으로 간주되었으며 여기에서 성직자의 독신과 수도원에서의 금욕주의와 무소유 등을 장려하는 사상이 발전하게 되었다. 중세기의 성 프랜시스가 주장한 청빈사상은 지금도 고귀한 것으로 간주되고 있다. 물론 성서에서 말하는 절제의 사상은 귀중한 유산이며 기독교 윤리의 보화로서 앞으로도 강조해야할 덕목이다. 예수께서는 금욕주의자 세례 요한과 자신을 비교한 적이 있다. "요한이 와서 먹지 않더니 귀신이 들렸다고 하다가 인자가 와서 먹으니 먹기를 탐한다 하는도다." 이 말씀은 예수께서 자신의 입장이 세례 요한의 금욕주의도 아니요 그렇다고 탐욕주의나 쾌락주의도 아닌 절제와 중용이 자신의 입장임을 나타낸 것이다. 사도 바울이 말한바와 같이 "내가 비천에 처할 줄도 알고 풍부에 처할 줄도 알아 모든 일에 배부르며 배고픔과 풍부와 궁핍에도 일체의 비결을 배웠노라"(빌 4:12)라는 이것이 바로 중용의 사상이라고 할 수 있다. 이분법은 이원론과 연결되어 비성서적인 인간이해를 낳았기 때문에 이 문제에 대한 대안으로서 오늘날 몸의 신학(Theology of the Body)운동이 일어나고 있다.[15] 따

---

14) 사도 바울이 영의 일과 육신의 일을 구별했을 때 인간의 몸(body)을 의미하는 soma를 사용한 것이 아니라 악한 생각이나 악한 욕망(evil desire)을 의미하는 sarx(flesh)라는 어휘를 사용한 것에 주목해야 한다. 롬 8:5, 6, 7, 9, 12, 13. 우리의 몸이 지닌 자연적인 욕망(natural desire)을 죄악시해서는 안 된다. 그것은 하나님이 창조하신 본능이지 악이 아니다. 통제되지 않은 욕망이 악한 것이지 욕망 자체는 선한 것이다. 그러나 바울과 달리 요한의 경우 육체(sarx)라는 단어는 인간의 죄성이라기보다는 연약성, 취약성을 가리키는 것으로 보아야 한다. 영적 권능 가운데 있는 하나님과는 대조적이며 그분과 분리되어 있는 존재로 여겨졌다. 싱클레어 퍼거슨, 《성령》 (IVP, 1999), 136.

15) Mary Thimothy Prokes, FSE, *Toward a Theology of the Body* (Edinburgh: T &

라서 우리는 이분법적인 인간이해에 대해서 진지하게 반성해야 할 것이다.

더 나아가서 이분법적인 인간이해는 인간의 영과 혼을 구별하지 못하게 되는 문제가 있다. 인간을 영혼과 육체로 구별할 때 영혼에는 영(spirit)과 혼(soul) 즉 정신계에 속하는 것이 통째로 포함되기 때문에 인간의 정신계에 대한 이해에 혼돈이 일어난다. 오늘날 정신계에 대한 연구가 대단히 발달하여 인문과학에서도 심리학이나 정신분석학 등을 통해서 인간의 정신계가 대단히 복잡하게 구성되어 있다는 것이 밝혀지고 있다. 따라서 인간의 정신계를 가리키는 말로서 영혼이라는 어휘는 제한적이고 부적합하다. 그러므로 인간의 정신에 대해 과학적으로 다룰 수 있는 부분과 과학이 다룰 수 없는 종교적인 영역을 구별해야 한다. 인간의 정신계에 대해서 과학적으로 다룰 수 있는 부분은 정신(mind), 혼(soul), 심리(psyche) 등으로 부를 수 있을 것이다. 그러나 영은 초자연적인 영들의 세계를 다루는 부분이기 때문에 아직까지 과학적으로 규명하지 못하고 있다. 하나님과 천사 귀신 악마 등의 세계는 과학이 밝힐 수 없다. 그러므로 이 부분을 신학적으로 다룰 수 있기 위해서 영의 차원을 남겨두어야 한다. 이렇게 인간을 영 혼 몸으로 구분하면 인간의 정신계에 대해서 훨씬 더 분명하게 이해할 수 있게 되며 많은 혼란을 방지하게 되고 그리고 이 방법으로 그리스도인과 비그리스도인을 명백하게 구별할 수 있다. 따라서 필자는 3분법을 취하고자 한다. 필자는 3분법의 유용성 때문에 3분법을 취하는 것이지 무슨 특별한 이론을 만들어 내고자 하는 의도가 아니다.

인간의 구성을 3분법으로 볼 것이냐 아니면 2분법을 취할 것이냐 하는 것은 결국 어떤 세계관을 취할 것이냐의 문제이다. 2분법을 취하는 사람은 이원론으로 이 세계를 설명하는 입장을 취할 것이고 3분법을 취하면 결국 3분법적인 세계관을 지지하게 될 것이다. 그러니까 3분법을 취한다는 것은

T Clark, 1996).

이 세계를 보는 인간의 눈이 그렇게 되어 있다는 것을 전제하는 것이 된다. 3분법은 성서에서도 데살로니가전서 5장 23절과 시편 31편 5절 및 9절에 암시되어 있다. "평강의 하나님이 친히 너희로 온전히 거룩하게 하시고 또 너희 온 영과 혼과 몸이 우리 주 예수 그리스도 강림하실 때에 흠 없게 보전되기를 원하노라." 인간이 영(spirit)과 혼(soul)과 몸(body)으로 구성되어 있다면 영 혼 몸이 관계하는 이 세계는 하나님과 인간과 자연으로 구성되어 있다는 것을 전제한다. 이것은 이 세계를 천 지 인(天地人)으로 구성되어 있다고 보는 동양사상과 상통하는 것이다. 예수는 사탄에게 세 가지의 시험을 받았는데 그것은 천 지 인에 대한 시험이었다.[16] 예수께서 가르쳐주신 주기도문의 내용은 천 지 인의 내용으로 구성되어 있다.[17] 이렇게 성서에서는 이 세계를 천지인의 구성으로 이해한 곳을 찾아볼 수가 있다. 그러므로 인간이 하나님과 관계하는 영과 인간에게 고유한 인간의 정신과 물질계에 속하는 몸으로 구성되어 있다는 것은 성서적이고 지금까지 2분법으로는 설명할 수 없었던 부분을 설명할 수 있는 인간이해의 패러다임이라고 할 수 있다.

그러면 인간의 각 부분은 어떻게 구성되어 있는가? 먼저 인간의 정신이 어떻게 구성되어 있는지 살펴보고자 한다. 전통적으로 서양에서는 인간의 정신이 지정의로 구성되어 있다고 보았다. 그래서 이성(reason) 또는 지성(intellect)은 진리(truth)를 추구하고 감정(emotion)은 아름다움(beauty)을 추구하며 의지(will)는 선(good) 또는 의(right)를 추구한다고 생각했다. 이것을

---

16) 돌을 떡으로 만든다는 것은 물질문제에 관한 시험이고, 성전에서 뛰어 내린다는 것은 높이 수십 미터의 성전에서 뛰어내림으로써 많은 사람들의 찬탄과 영예를 얻는다는 인간관계에 관한 시험이고, 사탄에게 절한다는 것은 하나님 신앙에 대한 시험이었다.

17) "이름이 거룩히 여김을 받으시고"는 하나님의 이름을 망령되이 일컫지 말라는 십계명의 제3계명을 뒤집은 것이다. 즉 하나님과의 관계의 문제이다. "일용할 양식을 주옵시고"는 물질문제이고 "우리가 우리에게 죄 지은 자를 용서한 것 같이"는 인간관계에 관한 것이다. 그러므로 주기도문의 구성은 천지인으로 되어 있다고 할 수 있다.

뭉뚱그려서 진선미라고 하였으며 서양의 윤리학에서는 진선미를 절대가치라고 말했다.[18] 그러나 20세기에 들어와서 이런 이해는 많이 퇴색하였다. 그것은 인간의 정신이 지금까지 알려졌던 바와 달리 지정의라는 의식(consciousness)의 세계만 있는 것이 아니라 무의식(subconsciousness)의 세계가 있다는 것이 밝혀졌기 때문이다. 프로이드(S. Freud)이외에 많은 정신분석학자들이 이 문제에 대해서 밝혔는데 대표적으로 프로이드의 이론을 빌려서 살펴보면 인간의 무의식은 Id, Ego, Super Ego 로 구성되어 있다고 보았다. Id는 인간의 욕망이요 그중의 약 80%는 Libido 라는 성적 욕망이라고 보았다. Ego 는 자아, 자기라고 할 수 있는 부분이고 Super Ego는 양심이라고 할 수 있다. 그리하여 무의식이 인간정신의 대부분을 차지하고 있을 뿐만 아니라 인간의 의식을 지배하고 있으며 인간의 정신은 단순하게 지정의나 진선미로서는 밝혀내기 어려운 복잡한 것으로 알려지게 되었다. 따라서 오늘날에 와서는 인간의 정신을 단순하게 지정의라고 말하기 어렵고 진선미에 대한 관심도 약화되었다.

정신분석학자들에 의해서 인간이해는 훨씬 더 복잡해졌으며 더 폭넓게 더 깊이 밝혀주는 계기가 되었다. 인간의 정신이 의식과 무의식으로 나누어지면서도 여전히 전체적으로 지성과 Ego, 감정과 Id, 의지와 Super Ego는 서로 연관되고 있다고 할 수 있기 때문이다. 이 연결된 세 쌍의 고리들은 결국 인간의 정신계를 3분법으로 이해할 수 있는 근거가 된다. 인간의 의식이 무의식의 지배를 받고 있다면 당연히 의식계에 속하는 지정의는 무의식계에 속하는 Id, Ego, Super Ego와 필연적으로 연관되어 있을 것이다. 그러므로 무의식적 영역의 치료를 위해서는 당연히 의식적인 지정의와 연관된 여러 요소들로부터 그 접촉점을 찾을 수가 있을 것이다. 최근의 음악치료라든

18) 우리나라의 미인 선발대회에서나 각종 경기에서 진선미를 최고의 수상자로 선발한다든가 여자학교의 교훈을 진선미로 정하는 경우 등 진선미를 최고의 가치로 생각하는 이런 전통은 지금도 그 잔재를 쉽게 찾아 볼 수 있다.

가 역할극을 통한 치료라든가 미술치료 등 다양한 치료방법을 통한 접근은 앞으로 이 분야의 더욱 더 다양한 접근방법의 개발을 가능하게 하는 단서 (clue)가 될 수 있다고 본다.

그런데 이렇게 인간의 정신계를 의식과 무의식으로 나누어 3분법으로 이해한 다음에 이것을 영적 차원 또는 신앙적 차원으로 올라가서 분석해 보고자 한다. 사도 바울은 믿음과 소망과 사랑이 가장 중요한 것이라고 설파하였다. 이것이 신앙인이 갖추어야 할 가장 중요한 덕목이라고 한 것이다. 그러나 이것은 어디까지나 신앙의 영역에서 이해 가능한 것이지 세속적인 윤리적 덕목은 아니다. 바울의 3대 신앙덕목을 진선미와 연계해서 생각해 보면 첫째로 믿음은 신앙적인 차원에서의 지성이라고 할 수 있다. 왜냐하면 하나님을 알 수 있는 유일한 길은 믿음이기 때문이다. 하나님은 우리의 순수이성으로 깨달아 알 수 있는 대상이 아니다. 하나님의 계시를 믿음으로 받아들일 때만 우리는 하나님을 알 수 있고 깨달을 수 있다. 그리고 하나님을 사랑하는 것이 가장 아름다운 것이요 궁극적인 가치이다. 마지막으로 그리스도인이 선을 행할 수 있는 근거는 영원한 하늘나라에 대한 소망 때문이다. 그리스도인들은 믿음 안에서 영원한 세계에 대한 소망이 있기 때문에 이 세상에서 손해 볼 수도 있고 순교를 당할 수 있음에도 불구하고 하나님의 율법을 행하고 의롭게 살아갈 수가 있게 된다. 이와 같이 믿음, 소망, 사랑이 영적 차원에서의 진선미요 지정의라고 할 수 있다. 이런 생각은 이미 예수에게서도 나타난다. 예수는 바리새인들에게 십일조와 율법보다도 의(Justice)와 인(Mercy)과 신(Faith)이 더 중요하다고 하였다.[19] 이것은 사도 바울 이전에 이미 예수께서 믿음과 사랑(인)과 의를 말씀하신 것으로서 바울은 예수의 가르침을 따른 것이라고 보아야 할 것이다. 즉 인간의 영적 차원에서도 신앙적인 지정

---

19) 마태복음 23장 23절, "화 있을진저 외식하는 서기관들과 바리새인들이여 너희가 박하와 회향과 근채의 십일조를 드리되 율법의 더 중한바 의와 인과 신은 버렸도다. 그러나 이것도 행하고 저것도 버리지 말아야 할지니라."

의와 진선미의 3분법은 상호 연결되어 있어서 우리의 신앙에서도 이 세 부분을 잘 살펴서 건전한 인격을 형성해야 함을 알 수 있다.

그러면 마지막으로 우리의 몸은 어떻게 구성되어 있는가? 우리의 몸도 영과 혼처럼 지 정 의 삼분법의 패러다임으로 구분하여 설명가능하다. 우리의 두뇌는 왼쪽 뇌와 오른쪽 뇌로 나누어지는데 왼쪽 뇌는 사고와 추리 계산 언어 등을 다루는 부분 즉 이성적인 기능을 다루는 중추가 있다. 오른 쪽 뇌는 감정을 다루는 중추가 있다. 왼쪽 뇌의 기능을 측정하는 지수를 지성지수(IQ, intellectual quotient)라고 하고 오른쪽 뇌의 기능을 측정하는 지수를 감성지수(EQ, emotional quotient)라고 부른다. 그런데 최근에는 IQ와 EQ 외에 SQ라는 새로운 분야에 대한 연구가 진행되고 있다. 이것은 영성지수(spiritual quotient)라고 할 수 있다. 신경생리학자들에 의하면 인간의 뇌 속에는 특별히 종교적인 분야, 양심, 하나님, 도덕 등의 분야를 다루는 중추가 따로 있다는 것이 밝혀지고 있다.[20] 이 분야는 이제 막 연구를 시작하였기 때문에 앞으로 이 분야에 대한 연구는 더욱 더 체계화되고 완성되어 가야 할 부분이 많을 것이라고 생각된다. 그러니까 우리의 몸 역시 IQ, EQ, SQ 등 우리의 지정의와 연관되어 있으며 결국 우리의 영 혼 몸은 각각 따로 따로 떨어져 있는 것이 아니라 전체적인 하나의 인간을 구성하는 유기적인 일부분이라는 것이 밝혀지고 있다. 이렇게 인간을 수평적으로 수직적으로 연관된 다차원의 통일적인 존재(unity of multi-dimensions of man)로 이해하는 것이 성서적이고 또한 과학적인 인간 이해가 될 것이다.

이렇게 이 세계를 천 지 인으로 구성되었다고 보고 이 세계를 보는 인간은 영 혼 몸으로 되어 있다고 한다면 하나님에 대하여 연구하는 학문은 신학이라고 할 수 있고 인간에 대하여 연구하는 학문은 여러 가지 인간을 연구하는 인문과학과 사회과학이 있는데 그중에서 대표적인 것이 철학이

---

20) 도나 조하, 이안 마셜, 〈SQ: 영성지능〉 (서울: 룩스, 2001).

라고 할 수 있다. 그리고 자연을 다루는 학문을 과학이라고 할 수 있다. 그러니까 신학과 철학과 과학이 이 세 영역을 대표하는 학문이라고 할 수 있다. 그리고 인간의 영은 하나님과 관계하는 부분이라고 한다면 여기에 하나님의 성령이 인간에게 접근할 수 있는 가능성과 개방성이 있다. 이것은 에밀 브룬너가 말한 바와 같이 인간이 하나님의 계시를 받아들일 준비나 능력이 있다는 자연계시를 말하는 것이 아니다. 다만 인간에게 영(spirit)이 있기 때문에 영(Spirit)이신 하나님의 계시가 인간에게 왔을 때 그 계시가 인간에게 들어올 수 있는 채널이 준비되어 있다는 의미이다. 하나님의 계시를 받아들일 수 있는 능력조차도 성령께서 허락해 주셔야 하는 것이지만 그러나 하나님의 계시를 받아들일 수 있는 문이 준비되어 있지 않으면 그 계시가 들어올 수도 없을 것이다. 계시의 문은 인간에게 준비되어 있으나 그 문을 열고 계시를 받아들일 능력은 성령에 의해서 주어져야 한다. 다른 피조물에게는 없는 계시수용가능성 내지는 계시를 수용할 수 있는 채널이 인간에게 있다는 것은 대단히 중요하다. 이것 때문에 인간은 신학을 할 수 있는 존재가 된다. 지금까지 논술한 것을 도표로 그리면 다음과 같이 될 것이다.

〈인간의 구성〉

세계	인간	3분법의 카테고리				학문의 종류
하나님 천(天)	영 spirit	예수: 바울:	신 – 인 – 의 믿음 – 사랑 – 소망			신학
인간 인(人)	혼 soul	의식: 무의식:	지 – 정 – 의 진 – 미 – 선 Ego Id Super Ego			철학
자연 지(地)	몸 body	왼쪽 뇌 – 오른쪽 뇌 – ( ) IQ – EQ SQ				과학

Ⅳ. 하나님의 형상

신학적 인간학에서 가장 결정적인 개념은 하나님의 형상(imago dei)이다. 창세기 1장 26절에 의하면 인간은 하나님의 형상으로 창조되었다. "하나님이 이르시되 우리의 형상을 따라 우리의 모양대로 우리가 사람을 만들고 그들로 바다의 물고기와 하늘의 새와 가축과 온 땅과 땅에 기는 모든 것을 다스리게 하자 하시고 하나님이 자기 형상 곧 하나님의 형상대로 사람을 창조하시되 남자와 여자를 창조하시고" (창 1:26~27).

하나님의 형상을 문자적으로 해석해서 인간이 하나님을 닮았다면 거꾸로 하나님도 인간을 닮았다고 생각할 수 있다. 그래서 로마의 시스틴성당의 천정에 그려진 미켈란젤로의 천지창조에는 하나님이 머리가 허옇고 수염이 허옇고 옷이 허연 할아버지의 모습으로 그려져 있다. 우리나라의 산신령과 별로 차이가 없어 보인다. 이런 하나님 이해를 신인동성동형론(神人同性同形論, Anthropomorphism)이라고 한다. 구약성서에 의하면 처음에 하나님은 인간적인 모습으로 나타나 대화도 하고 협상도 한다. 아브라함에게 나타나신 하나님은 식사도 하고 소돔을 멸망시키러 가기 전에 아브라함과 협상을 하여 의인 10명이 있으면 소돔을 멸하지 않기로 약속한다. 모세에게는 하나님이 시내산에서 직접 나타나서 그의 뒷모습을 보여주기도 하였다. 그리고 모세는 하나님을 대면하여 보았으나 죽지 않았다고 하였다. 그러다가 웃사가 법궤를 만지다가 즉사를 하고 하나님을 보면 죽는다는 이해가 생기면서 점점 하나님은 볼 수 없다는 생각이 강화되었다. 이사야는 성전에서 여호와의 옷자락을 본 다음에 "화로다 나여 망하게 되었도다. 나는 입술이 부정한 백성 중에 거하면서 만군의 여호와이신 왕을 뵈었음이로다"(사 6:5)라고 한탄한다. 여호와를 보았으니 이제 죽을 수밖에 없게 된 자신의 처지를 비관한 것이다. 이렇게 하나님을 보면 안 된다. 하나님을 보면 죽는다는 생각이 점점 강화되면서 신인동성동형론은 사라지게 되었다. 그리하여 하나님 자신이 성육신하여 인간에게 오셨으니 그가 우리에게 보여진 하나님의 아들 예수 그리스도인 것이다.

이 절에서는 하나님의 형상에 대한 대표적인 몇 가지의 해석들을 고찰하고 성령론적인 해석을 시도함으로써 인간이해의 지평을 확대하고자 한다. 메마른 인간성으로 말미암아 이 세계가 점점 더 황폐화하고 있는 이 시대에 하나님 앞에서의 인간의 본연의 모습을 성취하는 것이야말로 이 세계에 하나님의 나라가 이루어질 수 있는 유일한 희망의 길이 될 것이다.

1. 본성론적 해석

A.D. 2세기의 교부신학자 이레네우스(Irenaeus)는 창세기 1장 26절에서 하나님의 형상(image, czelem)과 모양(likeness, demut)을 서로 다른 것으로 보았다. 형상은 자연적인 것으로서 인간이 가진 육체와 영혼, 이성, 자유의지 등이요 모양은 초자연적인 것으로서 하나님의 영을 의미한다고 보았다. 그런데 이레네우스에 의하면 인간의 타락으로 하나님의 모양은 상실하였으나 하나님의 형상은 존속한다. 그러므로 타락한 인간은 하나님의 영을 잃어버렸지만 이성을 가지고 있기 때문에 이성을 계발하면 구원의 가능성이 있다고 하였다. 여기에서 철학자의 구원 가능성이 주장되었다. 그리하여 가톨릭 교회는 소크라테스나 공자와 같은 철학자들은 구원받을 수 있다고 주장하게 되었다. 이 이론은 자연과 초자연을 분리한 이원론이 되었으며, 더 나아가서 그리스도 밖에 있는 구원의 길을 제시함으로써 예수 그리스도의 유일 절대성을 훼손하였고 인간의 전적인 타락의 교리와 배치된다.

종교개혁자 마틴 루터는 이레네우스의 이원론을 극복하여 하나님의 형상을 자연과 초자연으로 나누지 아니하고 인간을 전체적으로(whole man) 보았다. 루터에 의하면 형상과 모양은 두 개의 다른 낱말이지만 하나의 뜻을 나타내는 보완적 단어들이다. 그는 창세기 주석에서 하나님의 형상에 대한 신학적 해석을 하였는데 하나님의 형상은 하나님에 대한 인간의 올바른 관계(original righteousness)이다. 아담은 하나님을 알았고, 경건한 삶을 살았고, 죽음에의 두려움도 없었고, 위험도 느끼지 않았고, 하나님이 기뻐하시는 일을 할 수 있었다. 그러나 이것은 타락 가운데 상실되었다. 죄인된 인간은 구원의 능력을 상실하였으며 그러므로 이제는 오직 믿음으로만 의롭게 된다고 주장하였다 (Justification by faith). 루터는 이레네우스의 이원론을 극복하여 하나님의 형상을 단일론적으로 보았다.

그러나 데이비드 케언즈(David Cairn's)에 의하면 루터에게 이원론으로 빠질 위험성이 내포되어 있으니 그는 하나님의 형상을 공적 형상과 사적 형상으로 나누었다. 공적 형상은 땅에 대한 인간의 지배를 의미하며 이것은 범죄 후에도 남아 있다. 그리고 이 잔재는 회복될 가능성이 있는 것이다. 사적 형상은 선함과 의로움으로서 범죄후 상실되었다고 본다.

현대신학자 에밀 브룬너(Emil Brunner)는 하나님의 형상을 내용과 형식으로 나누었다. 그런데 인간의 타락으로 내용은 상실하였으나 형식은 보유하였으며 인간은 하나님의 형상의 형식으로서 주체성과 이성을 가지고 있다고 하였다. 그러므로 형식에 있어서는 인간은 타락 이후에도 여전히 하나님과 일치점을 가지고 있다. 인간은 주체적인 존재로서 윤리적 책임성을 가지며 이성적인 존재로서 언어능력을 가지고 있다. 이러한 능력은 그 자체로서 구원에 이르게 할 수는 없지만 하나님의 구원의 은혜에 접촉할 수 있는 인간의 접촉점(point of contact)이 된다. 인간은 양심을 가지고서 죄가 무엇인지 안다. 만약 이러한 접촉점이 없다면 회개하고 복음을 믿으라는 말을 이해할 수 없을 것이다. 그러므로 브룬너에 의하면 자연인도 죄가 무엇인지 알고 회개할 수 있는 만큼 자연인은 어느 정도 이미 하나님을 알고 있다고 보았다. 그러나 접촉점은 형식적이고, 내용적인 접촉점은 없다고 하였다. 즉 그는 인간의 타락을 주장하였다.

에밀 브룬너의 해석은 하나님의 계시를 받아들일 수 있는 인간의 능력 (capacity)을 확보하기 위한 것이다.21) 책임성과 언어능력이 없다면 하나님 의 말씀을 들을 수도 없으며 들어도 깨닫고 회개할 수 없다. 그런데 여기에서 조심해야 할 부분이 있다. 물론 하나님께서는 인간의 능력을 사용하여 그것 을 통해서 하나님을 알게 하는 것이 사실이라고 하더라도 그렇다고 하여 책 임성과 언어능력 자체가 하나님을 알게 할 수는 없는 것이다. 왜냐하면 자연 인이 아는 죄는 인간에 대한 죄이고 자연인의 회개는 인간에 대한 회개이지 결코 하나님에 대한 것이 아니기 때문이다. 알지 못하는 하나님에 대하여 어떻게 죄책감을 가지고 회개할 수 있는가. 만약에 그 회개가 하나님에 의해 서 인정된 회개라면 이미 그 회개는 하나님의 성령에 의해 감동된 회개이다. 하나님의 성령에 의해 감동된 양심만이 하나님께 대한 죄를 회개할 수가 있 다. 그러므로 하나님에 대한 회개와 믿음은 이미 성령의 감동과 은혜가 없이 는 불가능하다. 하나님이 인간의 이성을 사용한다고 하더라도 인간의 순수 이성으로 하나님을 아는 것이 아니라 성령을 통해서 하나님의 감동을 받은 이성, 계시의 빛에 의해서 조명된 이성만이 하나님을 인식할 수 있다. 따라 서 브룬너의 해석은 하나님과 인간의 질적 차이에 대한 구별이 미흡한데서 기인한 것이라고 하겠다. 그리고 브룬너의 해석은 성서적 근거를 제시하기 가 어렵다. 개신교회의 전통은 인간의 전적 타락을 주장하므로 브룬너의 주 장은 개신교회의 정통적인 입장이 아니다.

---

21) 존 웨슬리는 복음을 받아들일 수 있는 자유의지가 인간에게 있다고 함으로써 브룬너와 비슷한 주장을 하지만 그러나 웨슬리의 경우 이 자유의지는 선행적 은총에 의해서 회복된 것이므로 브룬너와 입장이 다르다.

2. 기능적 해석

지금까지 하나님의 형상에 대해서 제기된 해석들은 본성론적 해석 또는 존재론적 해석이라고 할 수 있다. 즉 하나님의 형상을 인간 안에 지니고 있는 인간의 본성으로 해석한 것이었다. 그런데 구약성서에 대한 고고학적 연구에 의하면 하나님의 형상은 인간의 내면적인 본성이라기보다는 하나님과 인간과 세계의 관계에서 이해되어야 하는 인간의 기능으로 해석된다. 이것을 기능적 해석 또는 관계론적 해석이라고 할 수 있다. 이것은 현대 구약신학자들의 입장이다.

고대 근동(Ancient Near East)에서는 왕을 하나님의 형상이라고 하였다. 이집트에서는 바로(Pharaoh) 왕을 땅위에 살고 있는 하나님의 형상이라고 생각하였으며 이 땅을 평화롭게 다스리게 하기 위해서 왕으로 세웠다고 하였다.[22] 그리고 바빌로니아에서는 왕의 형상들을 세워 백성들로 하여금 절하게 하였는데 이것은 광대한 제국을 효과적으로 다스리기 위한 통치술의 일환이었다. 왕의 동상을 전국 각지에 세워 절하게 하는 것은 교통과 통신이 발달하기 전에 중앙의 왕권을 지방에까지 확립하기 위한 통치의 기술이었으며 지금도 미개한 나라에서 사용하고 있는 방법이다.[23] 이렇게 왕 한 사람에게 독점된 하나님의 형상의 관념이 성서에서는 전혀 다른 의미와 구조 안에서 사용되고 있다는 것이 대단히 이채롭다. 고대근동의 이해와 성서의 이해의 차이를 도식화하면 다음과 같다.

---

22) B.C. 14세기경에 만들어진 돌비에는 태양신 라(Ra)신이 당시의 바로 왕 아멘호텝 3세(Amenhoteph III)에게 내린 신탁이 이렇게 기록되어 있다. "너는 나의 형상이다. 이 땅을 평화롭게 다스리게 하기 위해서 내가 너를 왕으로 세웠다."
23) 살아있는 사람의 형상을 세워 절하는 것은 성서에서는 우상숭배로 정죄 되었거니와 현대사회에서는 비민주적이고 반인륜적인 행위이다. 하나님 이외의 모든 것은 피조물이며 아무리 위대한 인격을 갖춘 성자(聖者)라고 할지라도 존경할 수 있을 뿐 숭배해서는 안 된다.

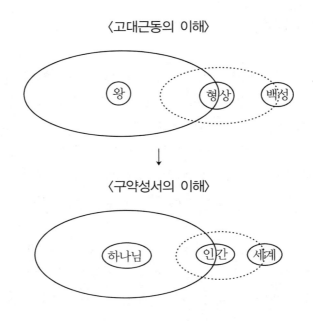

〈고대근동의 이해〉

왕　　형상　백성

↓

〈구약성서의 이해〉

하나님　　인간　세계

　　성서에서는 왕이 아니라 인간이 하나님의 형상으로 만물 위에 세워졌다. 즉 인간은 다른 피조물을 능가하는 위엄을 가진 존재가 되었다. 그리하여 인간은 이 세계에서 하나님의 대리자로서 만물을 다스리게 되었다. "그를 하나님보다 조금 못하게 하시고 영화와 존귀로 관을 씌우셨나이다" (시 8:5). "하나님이 그들에게 복을 주시며 하나님이 그들에게 이르시되 생육하고 번성하여 땅에 충만하라. 땅을 정복하라. 바다의 물고기와 하늘의 새와 땅에 움직이는 모든 생물을 다스리라 하시니라" (창 1:28). 그러므로 고대 문명과 성서의 사상은 그 구조에 있어서는 유사하지만 그 내용에 있어서는 판이하다. 고대 근동 문명과 성서의 사상을 비교하면 고대 근동에서는 왕 한 사람만이 하나님의 형상이고 그가 모든 백성을 다스리는 유일한 지배자였으나 성서에서는 하나님이 왕이다. 그리고 모든 인간이 하나님의 형상이기 때문에 왕에게 독점되었던 신적인 영광과 지배권이 모든 사람들에게 평등하게 나누어짐으로써 성서에서 인간은 왕적 존재가(royal figure) 되었다.[24] 그리고 고대 근동에서는 왕 한 사람이 모든 사람들을 지배하였으나(Royal ideology) 성서에서는 하나님의 형상인 사람은 이 세계를 다스리는 왕으로서 세워졌다. 이것은 인간의 존엄성과 고귀성을 나타내는 사상이요 만민의 평등을 나타내는 민주적인 사상이다(democratized). 여기에서 인권의 고귀성을 주장할 근거가 확보된다.

더 나아가서 인간은 만물의 왕으로서 이 세계를 질서 있게 다스리고 조화롭게 보존해야 할 책임이 있다. 하나님이 이 세계를 다스리고 정복하라고 명하신 것은 악한 왕이 착취하고 파괴하는 것 같은 소극적인 통치를 의미하는 것이 아니라 선한 왕이 잘 보존하고 지키는 것과 같이 이 세계를 적극적으로 유지 보존해야 할 의무가 부과되어 있는 것으로 보아야 한다. 오늘날 자연 파괴와 생태학적 위기의 현실은 지금까지 인간의 이기적인 탐욕이 자연을 학대한 결과이며 그것이 초래하는 재앙에 대해 인간은 책임이 있다. 이제 인류는 그 생존이 위협받는 자연적 재앙에 직면하였다. 다만 그 재앙이 천천히 다가오기 때문에 감지하기가 어려울 뿐이다. 그러나 지구온난화로 인한 이상기후와 홍수, 가뭄, 태풍, 해일, 해수면 상승, 오존층 파괴 등은 이제 자연 파괴의 문제가 우리 눈앞에 직접적으로 닥쳐왔다는 것을 가르쳐 주고 있다. 하나님-인간-세계의 관계에서 하나님의 대리자로서 이 세계의 통치자로서 인간이 가져야 하는 온전한 관계와 기능이 바로 하나님의 형상으로서의 인간의 진정한 자기이해가 되어야 할 것이다. 그리고 여기에서

---

24) 우리나라에는 왕족이 더 이상 존재하지 않지만 아직까지 군주제도를 유지하고 있는 나라들이 있다. 왕족(royal family)으로 태어난다는 것은 출생부터 보통사람들과 다르다. 그는 태어나면서부터 다른 사람들이 누리지 못하는 특권을 향유하게 된다. 모든 사람들이 왕적 신분을 가지고 태어난다는 성서의 사상은 인간의 존엄성에 대한 가르침의 한 예증(illustration)이다.

성서가 주는 메시지에 귀를 기울이는 것만이 인류가 생존하는 유일한 대안이 될 것이다.

3. 칼 바르트

그 동안 여러 신학자들은 인간이 가지고 있는 내면적이고 정신적인 측면에 집중해서 하나님의 형상을 해명하고자 하였다. 이것은 플라톤의 이원론에 영향을 받은 어거스틴 이래의 서양신학자들이 인간의 육체에 대해서 등한히 한 결과였다.[25] 여기에 반해서 기능적 해석은 구약성서 고고학자들의 연구에 기초하여 고대근동의 역사적 문화적 유산을 바탕으로 하나님의 형상을 해석한 것이다. 기능적 해석에서는 하나님의 형상을 하나님과 인간과 세계의 관계에서 가지는 인간의 정치적 기능을 중심으로 이 문제를 해명하였다. 그러니까 기능적 해석은 하나님-인간-세계의 사회적인 관계를 중심으로 해석한 이론이다. 그런데 칼 바르트는 남자와 여자의 관계라는 인격적 관계에 바탕하여 하나님의 형상을 해석하였다. "나는 하나님의 형상은 남녀의 관계라고 생각한다. 인간은 하나님 자신 안에 있는 나-당신관계와 흡사하게 일종의 나-당신의 관계로 창조된다. 이 유사성은 없앨 수 없다."[26] 그러니까 인간을 육체와 정신의 결합체로서의 전인(whole man)으로 이해하는 해석이다.

---

25) 김명용, 〈칼 바르트의 신학〉 (이레서원, 2007), 218ff.
26) 칼 바르트, 존 가세이 (편), 〈칼 바르트와의 대화〉, 현대신서 No. 73, (대한기독교서회), 83. 바르트는 하나님과 인간 사이에 있는 관계의 유사성(analogia relationis)으로 이 문제를 해명하고자 하였다. 즉 삼위일체의 관계와 남자와 여자의 관계는 그 관계가 유사하다는 것이다. 성부와 성자의 인격적인 사랑의 주객관계와 남자와 여자의 인격적인 관계의 유사성이 하나님의 형상이라고 해석하였다. 이 문제에 대해서 전성용, 〈칼 바르트의 성령론적 세례론〉, 105ff. cf.

칼 바르트는 창세기 1장 26~27절에서 "하나님이 가라사대 우리가 우리의 형상을 따라 우리의 모양대로 사람을 만들고...하나님이 자기 형상 곧 하나님의 형상대로 남자와 여자를 창조하시고"라는 말씀에 근거해서 이 문제를 해명하였다. 바르트는 창세기 1장의 본문에서 하나님이 자신의 형상대로 창조한 인간이 바로 남자와 여자이니까 남자와 여자로서의 관계존재가 하나님의 형상이라고 보았다. 다시 말해서 남자 없는 여자나 여자 없는 남자는 본래적인 인간이 아니고 하나님의 형상이 아니다. 남자에게 여자가 없는 것, 반대로 여자에게 남자가 없는 것은 본질적으로 악마적(demonic)이다.[27] 왜냐하면 인간의 본질과 신비는 더불어 사는 인간성 즉 관계적 인간성이기 때문이다. 그는 창세기 2장 24~25절을 인간성의 마그나 카르타(Magna Carta)라고 했으며 아가서의 연애이야기를 인간성의 두 번째 마그나 카르타라고 선언하였다.[28] 즉 남녀관계 안에서의 사랑의 친교야말로 진정한 인간관계를 밝혀주는 최고의 신비임을 간파한 것이다.

바르트가 남녀관계를 인간성의 가장 깊고 높은 클라이맥스라고 보는 것은 단지 육체적인 관계를 넘어서는 더 깊은 비밀이 있기 때문이다. 그는 남녀관계의 원천을 하나님과 인간 사이의 사랑의 친교로 보았다. 그것은 구약에서 야웨와 이스라엘의 관계와 신약에서 그리스도와 교회의 관계가 남편과 아내, 신랑과 신부로 묘사되어 있는 것에 근거한다. 즉 성서에서 남녀관계는 하나님과 인간의 관계의 반영(reflection)이요 복사(copy)이다. 더 나아가서 남녀관계가 신인관계를 해명하는 유비로 사용되었다는 것은 남녀관계와 신-인관계 사이에는 관계유비(analogy of relation)가 있다는 것이다.[29] 그리고 이 관계유비는 더 나아가서 삼위일체 안에서 성부와 성자 사이에 원래부터 존재하는 삼위일체적 사랑의 친교에까지 이른다. 즉 신-인관계의 원천은 삼

---

27) 김명용, ibid., 220.

28) K. Barth, CD III/2, 292, 294.

29) 바르트의 관계유비에 대해서 전성용, 〈칼 바르트의 성령론적 세례론〉, 99ff.

위일체의 내적 관계에서 발원하는 본래적인 사랑이다. 그러므로 이러한 나-당신(I and Thou)의 인격적인 사랑의 친교의 관계에 있어서 성부–성자 관계와 하나님-인간 관계와 남녀 관계 사이에 유비가 있다는 것이다. 하나님의 형상이란 하나님의 삼위일체의 관계와 남녀관계 사이에 그 관계에 있어서 유사성이 있다는 것이다.

바르트는 하나님의 형상을 남녀관계로 해석함으로써 인간의 정신적인 내면에 국한하여 이해하였던 전통을 극복하고 인간의 육체를 본래적인 인간의 구성적 요소로 봄으로써 전인적 인간이해라는 새로운 신학적 전망을 제시하였다. 그런데 바르트는 여기에서 남녀관계를 남편과 아내의 결혼관계보다 더 넓은 의미로 생각하고 있는 것 같다.[30] 그러나 이러한 바르트의 생각은 성서적으로 볼 때 위험하다. 창세기 2장에서 남자와 여자는 구체적으로 아담과 하와라는 남편과 아내의 구체적인 결혼관계였으며, 에베소서에서 사도 바울이 남편과 아내의 관계를 그리스도와 교회의 관계의 유비로 해석한 것에서도 남편과 아내로서의 관계이기 때문에 일반적인 남녀관계를 하나님의 형상이라고 보는 바르트의 해석은 성서적 이해를 넘어서는 것으로 보인다. 남자와 여자의 관계는 남편과 아내라는 배타적(exclusive)인 관계 안에서만 고려되어야지 그 한계를 벗어나서는 안 된다. 결혼관계 이외의 남녀관계는 매우 위험하기 때문에 이 문제는 엄격한 제한을 두는 것이 건전하다고 본다.

---

30) 바르트는 남녀관계(male-female)를 문자적으로 생각하고 있다. 바르트는 남녀 관계의 구조적 대립이 너무나 커서 그 만남이 어려움을 당하게 될 가능성이 있으며 또한 이 대립에 있어서 그들의 상호관련성과 견인력이 너무나 커서 큰 관심이 동시에 일어날 가능성이 있다고 하였다. 이 양성간의 관심과 어려움은 결혼과 같은 좁은 의미에서의 성적인 사랑에서보다 훨씬 더 큰 것이라고 하였다. CD III/2, 288ff.

4. 기독론적 해석

하나님의 형상에 대한 서구신학의 해석은 그것이 타락으로 말미암아 상실되었다고 이해하고 있다. 그리고 그것이 그리스도 안에서 회복될 수 있다는 것이 대체적인 시각이다. 그런데 과연 하나님의 형상이 타락으로 말미암아 상실되었는가? 성서에 의하면 타락 이후에도 여전히 인간은 하나님의 형상으로 간주되고 있기 때문에 이러한 서구신학의 전 이해는 재고할 여지가 있다고 본다. 창세기 5장 1절 이하에 의하면 아담의 아들 셋은 아담의 형상이라고 하였다. "하나님이 사람을 창조하실 때에 하나님의 모양대로 지으시되 남자와 여자를 창조하셨고...아담은 백삼십 세에 자기의 모양 곧 자기의 형상과 같은 아들을 낳아 이름을 셋이라 하였고" (창 5:1~3). 더 나아가서, 창세기 9장 1절 이하에서도 인간이 하나님의 형상이라고 하였으며 타락 이후에 하나님의 형상이 상실되었다는 어떠한 암시도 찾아볼 수 없다. "하나님이 노아와 그 아들들에게 복을 주시며 그들에게 이르시되 생육하고 번성하여 땅에 충만하라 땅의 모든 짐승과 공중의 모든 새와 땅에 기는 모든 것과 바다의 모든 물고기가 너희를 두려워하며 너희를 무서워하리니 이것들은 너희의 손에 붙였음이니라 ....다른 사람의 피를 흘리면 그 사람의 피도 흘릴 것이니 이는 하나님이 자기 형상대로 사람을 지으셨음이니라. 너희는 생육하고 번성하며 땅에 가득하여 그중에서 번성하라 하셨더라" (창 9:1~7). 그러므로 타락이후 하나님의 형상을 상실하였다는 전통적인 서구신학의 이해는 비판되어야 할 것이다. 타락을 하였음에도 불구하고 여전히 인간은 하나님의 형상이며 인간이 지니고 있는 인간 존재의 존엄성은 상실되지 않았다.[31]

---

31) 타락 이후 인간의 존엄성이 상실되었다면 예수 그리스도는 왜 죄인을 위해서 대속의 십자가를 져야했던가? 아무리 흉악한 살인마라 할지라도 예수 그리스도 안에서 구원받는 사례를 볼 때 인간의 존엄성은 죄로 말미암아 폐기되지 않는다는 것을 알 수 있다. 한 영혼이 온 천하보다 귀하다는 말씀은 구원 받은 자의

그러나 이러한 구약의 분위기가 신약에서는 변화되고 있다. 신약에도 하나님의 형상이 타락으로 말미암아 상실되거나 파괴되었다는 생각을 거부하는 입장이 남아 있다. 예컨대 야고보 사도는 야고보서 3장 9절에서 이렇게 말한다. "이것으로 우리가 주 아버지를 찬송하고 또 이것으로 하나님의 형상대로 지음을 받은 사람을 저주하나니." 야고보는 유대교적인 전통이 강하여 구약성서적인 맥락에서 이해하고 있는 것으로 보인다.

그러나 특별히 사도 바울은 예수 그리스도를 하나님의 형상으로 해석하였으며 이러한 바울의 기독론적인 해석에서 예수 그리스도만이 하나님의 형상이요 우리는 그를 통해서 하나님의 형상이 회복되어야 하는 것으로 주장되었으며 그 결과 인간은 본래 아담 안에서 보유하였던 하나님의 형상을 상실한 것으로 해석될 수 있는 근거를 제공하고 있다고 볼 수 있다. 더 나아가서 우리가 그리스도 안에서 하나님의 형상을 회복하는 것은 미래에 이루어질 것으로 봄으로써 바울은 하나님의 형상에 대한 기독론적 해석을 제시하고 있다. 골로새서 1장 15절에서는 "그는 보이지 아니하는 하나님의 형상이요" 라고 하였으며, "그리스도는 하나님의 형상이니라"(고후 4:4)고 하였다. 골로새서 3장 10절에서는 "자기를 창조하신 자의 형상을 좇아 지식에까지 새롭게 하심을 받는 자니라"고 함으로써 그리스도 안에서의 변화를 주장하였다. 이것은 바울의 독특한 기독론적인 해석이다.[32] 히브리서 1장 3절에서는 "이

영혼뿐만 아니라 구원 받아야 할 영혼에도 적용되는 말씀이다.

32) 그 외에 "이는 그 본체의 형상이니라" (히 1:3). "이것으로...하나님의 형상대로 지음을 받은 사람을 저주하나니" (약 3:9) 등이 있다. 그리고 "남자는 하나님의 형상"(고전 11:7)이라는 구절은 남자만 하나님의 형상이라고 해석되어서는 안 된다. 왜냐하면 창세기 1장에서 남자와 여자를 하나님의 형상으로 지었다고 하였기 때문이다. 성서에서 남자와 여자는 근본적으로 평등하다. 남녀불평등은 죄악의 산물이다. 사도 바울은 에베소서에서 남자와 여자의 순서(질서, order, 논리적인 순서)를 말하는 것이지 남자의 우월성을 말하는 것이라고 보아서는 안 된다. 21세기는 여성의 시대이다. 과거 농경사회에서는 남성은 우월한 사회적 지위를 유지할 수 있었으나 그러한 시대는 지나갔으며 남성우월주의는 과거

는 그 본체의 형상이니라"고 함으로써 예수 그리스도가 원형의 완전한 반영이며 실재가 그림자를 대신하게 되었다는 기독론적 해석을 제시하고 있다.

사도 바울은 더 나아가서 종말론적 해석을 시도한다. 우리가 종말에 그리스도 안에서 하나님의 형상을 회복하게 될 것이라는 소망을 천명한 것이다. 로마서 8장 29절에서는 "아들의 형상을 본받게 하기 위하여" 라고 하였는데 이것은 인간이 하나님의 형상으로 되어야 한다는 것은 인간을 위한 하나님의 계획이라는 것이다. 빌립보서 3장 21절에서는 "영광의 몸의 형체와 같이 변케 하시리라"고 하였으며 특히 고린도후서 3장 18절에서는 "우리가 다 수건을 벗은 얼굴로 거울을 보는 것 같이 주의 영광을 보매 저와 같은 형상으로 화하여 영광으로 영광에 이르니 곧 주의 영으로 말미암음이니라"고 하였다. 이 본문은 특별히 종말론적 이해를 넘어서 성령론적 해석의 단서를 제시하고 있는 구절이다. 사도 바울에게 있어서 기독론적 해석은 성령론적 해석과 연관되어 있다는 단서가 될 수 있다. 그러나 아직까지 바울이 본격적인 성령론적 해석을 제시한 것이라고 보기는 어렵다.

5. 성령론적 해석

지금까지 하나님의 형상을 존재론적 해석과 기능적, 관계론적 해석으로 나누어서 살펴보았다. 그런데 인간의 전적 타락으로 말미암아 인간의 내면에 있는 본성이나 능력을 하나님의 형상으로 볼 수 없다는 것이 종교개혁의 정신이다. 그리하여 구약신학자들의 관계론적 해석은 고고학적 연구결과에 기초하여 설득력이 있으며 우리에게 큰 감동을 준다. 그런데 기능적 해석에

의 유물이다. 아직까지 의식의 계몽이 되지 않은 사람들은 더 많이 고통을 받을 것이다. 무슬림을 비롯한 전통적인 남녀 불평등 사회에서 억압받는 여성들의 고통에 대한 선교적 관심이 요청된다.

의하면 이 세계에 대한 인간의 통치권만 이야기 할 수 있을 뿐, 하나님의 형상과 인간의 타락과의 관계에 대해서 해명해 주지 못하며 더 나아가서 어떻게 우리가 본래적인 인간의 형상을 회복할 수 있으며 그리하여 바람직한 하나님의 형상으로서의 삶을 살게 되는가에 대해 아무런 암시도 주지 않는다. 그러므로 필자는 여기에서 한 걸음 더 나아가는 해석을 제시하고자 한다. 그것은 성령론적 해석이다.

창세기 1장 26절에 의하면 다른 모든 만물은 하나님께서 말씀으로 지었는데, 인간을 만들 때에만 하나님의 형상으로 지었다. 그리고 창세기 2장 7절에 의하면 하나님이 흙으로 사람을 지으시고 생기를 그 코에 불어넣으시니 사람이 생령이 되었다. 이렇게 창세기 1장과 2장을 대조하면 인간에게만 고유하게 부여된 특별한 것이 있으니 곧 하나님의 형상과 생기이다.[33] 따라서 하나님께서 인간에게 특별히 부여하신 것은 하나님의 영 곧 하나님의 생기라고 할 수 있다. 인간이 하나님의 형상으로서 올바르게 만물을 다스리고 본래적인 인간의 지위를 확보하는 것은 하나님의 영 즉 성령으로 말미암는 것이다.

최초의 인간은 에덴동산에서 하나님의 청지기로서 만물을 올바르게 다스렸다. 창세기 2장 19절 이하에 의하면 하나님이 지으신 들짐승과 새들을 아담에게로 이끌어 가시니 아담이 각 생물을 일컫는 바가 곧 그들의 이름이 되었다. 여기에 두 가지 의미가 있는데, 첫째로 아담이 짐승들과 새들에게

---

33) Nephesh는 하나님의 호흡(breath)으로서 하나님의 입김, 바람, 숨, 생명 등의 뜻을 가지고 있다. 이것은 창 1:2에 나오는 하나님의 영(ruah)과 같은 맥락에서 이해되어야 한다. 하나님의 천지창조에 하나님의 바람 즉 하나님의 영이 참여하였으며, 하나님이 인간을 만드실 때는 특별히 하나님의 입김을 인간에게 불어넣으심으로써 인간의 존재와 생명의 근원이 하나님께 있다는 것을 말하고 있다. 그러므로 하나님의 영과 입김을 떠난 신학적 인간이해는 불가능하다. 하나님의 호흡을 단순히 우리가 코로 숨 쉬는 자연적인 바람이나 입김으로 해석하는 것은 자연신학이 될 것이다.

이름을 지어 주었다는 것은 인간과 짐승들이 주종관계 즉 지배와 복종의 관계를 맺고 있다. 구약에서 이름을 지어주는 자와 이름 지음 받는 자는 주종관계가 형성된다. 아브람이 아브라함으로, 사래가 사라로, 그리고 야곱이 이스라엘로 바뀌면서 하나님의 선택된 인간으로서 하나님께 절대적이고 배타적인 복종을 해야 하는 새로운 관계가 형성되었다. 아담이 짐승들에게 이름을 지어줌으로써 아담은 하나님의 형상으로서 만물을 잘 다스리고 지배했음을 의미한다. 둘째로, 아담은 수많은 짐승들과 새들에게 각각 서로 다른 이름을 지어주었는데 서로 혼동되지 아니하였다. 이것은 아담이 비상한 지혜와 기억력을 소유하였음을 암시한다. 즉 아담에게 하나님의 영이 충만함으로써 이 일을 감당할 수 있었던 것이다.

더 나아가서 최초의 인간은 죽지 않는 존재로 지음 받았다. 하나님께서 아담에게 금지된 열매를 먹으면 죽으리라고 경고하였던 것은 아담이 하나님의 영을 받았기 때문에 죽지 않는 존재로 지음 받았음을 의미한다. 그러나 창세기 3장 22절에서 인간의 범죄 후 하나님은 사람이 생명나무의 실과를 먹고 영생할까 하여 화염검으로 생명나무의 길을 지키게 하였다. 이것은 범죄 후 인간이 하나님의 말씀대로 죽을 수밖에 없는 존재로 변화된 것을 암시한다. 그러므로 생명나무의 길을 막을 수밖에 없었다.

지금까지 논술한 것을 요약하면 다음과 같다. 하나님의 형상은 인간에게만 주어진 하나님과 인간의 특별한 관계나 유사성(resemblance) 내지는 공통적인 요소라고 할 수 있다. 이것은 성서에 의하면 하나님의 영 곧 성령을 의미한다고 볼 수 있다. 인간은 영적인 존재이므로 인간의 영은 하나님을 사모하며, 인간이 하나님을 사모한다는 것 자체가 인간이 영을 가지고 있다는 증거이다. 최초의 인간은 에덴동산에서 죄 없는 순진무구한 상태에 있었으며 죽음을 모르며 지혜가 충만한 삶을 살았다.

이상의 논술을 기초로 하여 우리는 인간의 구성을 영(spirit)과 혼(soul)과 몸(body)의 3요소로 되어 있다고 설명할 수 있다 (살전 5:23). 인간의 영은 하나님과 공통적인 부분이다. 하나님도 영이고 (요 4:24) 인간도 영이다. 이것은 하나님과 인간의 상응관계 (correspondence)와 공동성을 말한다. 하나님과 인간은 본래 서로 상관관계가 있다. 하나님은 인간의 창조자요 인간은 하나님의 피조물이다. 그런데 하나님의 피조물 가운데서도 인간에게만 하나님과 특별한 관계를 맺을 수 있도록 허락되었는데 그러한 하나님과의 관계성을 나타내는 관념이 하나님의 형상이요 그 내용이 하나님의 영이다. 인간의 영은 하나님의 영을 담을 수 있는 그릇이 된다고 상징적으로 표현할 수 있다. 즉 하나님의 형상과 하나님의 영은 하나님이 인간에게 부여하시는 하나님의 은사이다. 하나님의 은혜로 인간은 감히 하나님을 닮았다고 생각할 수 있는 특권이 부여된 것이다. 이것이 하나님의 은혜이다. 또한 이것이 하나님의 창조의 형식이다.

그러나 하나님을 닮았다는 것은 어디까지나 제한된 의미에서 사용되어야 한다. 인간이 하나님과 닮았다는 것은 질적인 의미가 아니고 실제로 인간의 외형이나 본질이 하나님과 닮았다고 할 수가 없다. 왜냐하면 하나님은 무한자이고 인간은 유한자이기 때문이다. 하나님과 인간 사이에는 질적인 차이가 있기 때문이다. 그러면 무엇이 닮았다는 말인가? 칼 바르트는 이것을 관계 유비(analogia relationis)라고 말했다. 하나님과 인간이 질적으로 닮아서 인간이 신성을 가지고 있다는 의미가 아니라 하나님과 인간의 관계가 닮았다는 뜻이다. 하나님의 삼위일체 안에서의 내적 관계와 예수 그리스도 안에서 하나님과 인간의 사랑의 관계가 서로 닮았다는 것이다.[34] 더 나아가서 이 관계는 남자와 여자의 관계와 유사하다고 하였다. 그러므로 바르트는 남자와 여자의 관계를 하나님의 형상이라고 하였다.[35]

34) 전 성용, 〈칼 바르트의 성령론적 세례론〉 (한들출판사, 1999), 105.
35) 바르트가 남자와 여자의 관계를 하나님의 형상이라고 해석한 것은 남자와 여자의 관계가 인간성의 가장 본래적인 관계(창 2:18~25)라고 보기 때문이다. 그러

그리하여 본래 아담은 하나님의 영을 담을 수 있는 그릇이 되었고 그의 영은 성령으로 가득 찼다. 그런데 아담이 범죄함으로 말미암아 아담의 영은 빈 그릇이 되었고 하나님은 아담으로부터 성령을 거두어갔다. 타락이후 창세기 6장 3절에 의하면 하나님께서는 "나의 영이 영원히 사람과 함께 하지 아니하리니 이는 그들이 육신이 됨이라" 고 하였다. 즉 생령이 변하여 육신이 된 것이다. 본래 하나님의 영이 충만하였던 인간이 범죄 이후에 육신으로 변질됨으로써 아담의 후손들은 태어나면서부터 성령박약아 또는 영혼기형아로 태어나게 되었다. 그래서 영적인 무지에 빠져서 하나님이 있는지 알지 못하고 성령을 알지 못하고 영혼이 있는지도 깨닫지 못하고 살아가게 된 것이다. 이렇게 하나님의 성령을 잃어버린 인간은 죄와 질병과 저주의 고통 가운데서 살아가게 되었다. 그런데 이 하나님의 영의 회복의 길을 하나님께서는 우리에게 제시하였다.

요한복음 3장 1절 이하에서 예수는 니고데모에게 물과 성령으로 거듭나면 하나님의 나라에 들어갈 수 있다고 하였다. 그리고 예수 그리스도를 믿으면 영생을 얻는다고 가르쳤다 (요 3:16). 사도 바울은 성령으로 말미암지 않으면 예수를 주시라 할 수 없다고 하였다 (고전 12:3). 성령으로 말미암아 예수 그리스도를 믿으면 영생을 얻으며 하나님의 나라에 들어가게 되며 하나님의 자녀가 되는 이것이 바로 하나님의 형상의 회복의 길이다. 타락으로 말미암아 상실한 하나님의 형상을 예수가 우리에게 한량없이 부어주시는 성령을 받으므로 회복할 수 있게 된 것이다. 죄인 된 아담이 자기의 손으로는 따먹을

나 우리가 조심할 것은 남자와 여자라는 성적이고 생식적인 관계가 아니라 남자와 여자를 통해서 드러나는 친교와 사랑의 관계가 하나님의 인간에 대한 사랑의 관계가 유사하다는 것이다. 만약 남자와 여자의 성적인 관계가 하나님의 형상이라면 왜 인간만이 하나님의 형상이어야 하겠는가? 암컷과 수컷의 관계를 가진 모든 생물들이 하나님의 형상을 가지게 될 것이다. 바르트는 성부와 성자, 하나님과 인간, 야웨와 이스라엘, 그리스도와 교회, 남자와 여자 사이에는 관계 유비(analogy of relation)가 있다고 본다. 이 문제에 대해서는 전성용, ibid., cf.

수 없었던 생명나무의 실과를 예수 그리스도 안에서 성령을 통해서 얻게 된 것이다. 이것이 구원받은 자에게 주시는 특권이다. 이것이 복음의 길이다.

하나님의 형상에 대한 성령론적 해석을 돕는 성경의 두 가지 사건을 대조해 보고자 한다. 먼저 창세기 11장에 나오는 바벨탑 사건을 살펴보면 노아의 홍수 이후 살아남은 사람들이 시날평지에서 하늘에 닿는 높은 탑을 쌓기 시작하였다. 그 목적은 우리 이름을 내고 온 지면에 흩어짐을 면하자(창 11:4)는 것이었다. 여기에 타락하여 하나님의 형상을 상실한 인간의 삶의 현실이 적나라하게 드러나 있다. 그들은 교만하였다. 스스로 자신들의 이름을 내어 영광을 차지하겠다는 뜻이다. 하나님을 떠나 스스로 이름을 내겠다는 것이 원죄의 본질인 교만이다. 그리고 그들은 하나님의 말씀에 불순종하였다. 창세기 1장 28절에 의하면 생육하고 번성하여 땅에 충만하라 땅을 정복하라는 적극적인 삶의 자세를 가르쳐 주었으나 본문에 의하면 온 지면에 흩어짐을 면하자 라는 소극적이고 폐쇄적인 삶, 자기중심적으로 왜곡된 삶의 자세를 보여준다. 이것이 타락한 인간의 모습이다.

하나님은 그들의 언어를 혼잡하게 하심으로써 그들을 온 지면에 흩으셨다 (창 11:9). 오늘날도 인간은 문명의 바벨탑을 쌓고 있다. 수십 층의 아파트에는 수십 가구의 사람들이 한 엘리베이터를 타고 다니면서 살고 있어도 서로 얼굴도 모르고 살고 있으며, 30cm의 벽을 사이에 두고 살고 있어도 이름도 모르는 채 살아가고 있다. 오늘날 거의 모든 사람들이 핸드폰을 들고 다니면서 바쁘게 통화하면서 길을 걸어가고 편리하게 살아간다. 통화를 많이 하는 만큼 우리는 그만큼 마음을 열고 자신을 개방하고 진정한 대화를 하면서 살아가고 있는 것인가? 통화는 많으나 대화는 사라져가고 있는 것은 아닌가? 인터넷 채팅을 하면서도 가족 간 세대 간의 대화의 단절은 더욱 더 심각해져 가고 있지 않는가? 타락한 인간의 삶은 스스로 자신을 폐쇄시키며 그 결과 인간들 사이에는 진정한 내적 교통이 불가능하게 되는 것이다. 이것이 죄의 결과이다.

그런데 사도행전 2장에서 우리는 한 희망을 발견할 수 있다. 오순절 사건의 기록에 의하면 바람과 불의 형상으로 성령이 강림하여 저희가 성령의 충만함을 받았을 때 다른 방언으로 말하기를 시작하였다. 그리고 그들이 방언 말하는 것을 15개 지역에서 왔던 사람들이 각각 자기들의 말로 알아들었기 때문에 그들은 크게 놀랐다. 하나님께서 바벨탑 사건에서 혼잡하게 하셨던 언어가 오순절 성령 강림에 의해서 다시 회복되어 서로 언어가 통하는 기적이 일어났다. 이 역사적 사건은 인간의 죄악으로 말미암아 파괴된 하나님과 인간의 관계 및 인간과 인간의 관계가 성령으로 말미암아 회복된다는 상징적인 사건이다. 오늘날 문명이 발달할수록 더욱 더 단절되고 있는 대화를 회복할 길은 무엇인가? 심지어 가족 간에도 대화가 단절되어 씻을 수 없는 상처를 주고받으며 급기야 가정이 파괴되고 해체되는 비극이 오늘 전 지구적인 현실로 되어가고 있다. 무엇이 대답인가? 누가 이 단절된 언어를 회복할 수 있는가? 오직 성령밖에 다른 길이 없다는 것이 성서 안에서 발견할 수 있는 유일한 지혜요 해답이다.

본래 하나님이 인간에게 부여하셨던 하나님의 형상이 죄악으로 말미암아 훼손되었다가 이제 예수 그리스도가 보내신 다른 보혜사로 말미암아 정상화되었다는 것이 창세기 11장과 사도행전 2장의 비교를 통해서 극적으로 드러났다고 할 수 있다. 그리하여 물과 성령으로 거듭난 자는 하나님의 형상 곧 하나님의 영의 사람이 되었기 때문에 죽음을 이기고 영원한 하나님의 생명에 참여하게 되며 이 성령의 사람이야말로 진정한 인간관계를 회복할 수 있게 되며 하나님의 백성으로서의 진정한 모습을 회복하여 이 땅에 하나님의 나라를 이룩할 수 있게 될 것이다.

V. 인간의 본성

1. 하나님을 위한 인간

첫째 아담은 범죄함으로 타락하였고 에덴동산에서 추방되었으며 본래적인 인간의 모습을 상실한 채로 살아가게 되었다. 개신교회 정통주의는 모든 인간의 전적인 타락(total depravity)을 믿는다. 그러므로 자연인의 삶은 하나님께서 창조한대로의 삶이 아니라 비본래적인 삶(unauthentic life) 즉 왜곡된 삶을 살아가고 있다. 그러나 둘째 아담이신 예수 그리스도는 진정한 하나님이면서 진정한 인간(real man)으로서 타락하기 이전의 아담의 인간성을 가지고 살았다. 그것은 죄 없고 흠 없는 인간의 본성을 지닌 사람이었다. 따라서 인간의 본성이 무엇인지 알기 위해서 우리는 예수 그리스도의 인간성을 통하여 이 문제에 접근할 수 있다. 그리고 그리스도인들에게는 성령의 능력에 의해서 이 본성을 회복할 수 있는 길이 열려 있다.

예수 그리스도 안에 드러난 진정한 인간의 본성은 첫째로 하나님을 위한 인간이다. 인간은 하나님의 피조물로서 그는 창조자 하나님을 위한 존재이다. 그러면 예수는 어떻게 하나님을 위한 인간으로서 살았는가? 그는 2천년 전에 인간으로서 지상에 태어나서 살았으며 승천 후에는 천국에서도 지금 살아계시면서 일하는 분이다. 그는 추상적이고 비인격적인 중성적인(neutral) 인간성이 아니라 한 직책의 수행자로서 살아 있으며 일하는 역사적 존재로서 인격적인 존재이다.[36] 그러면 예수의 일은 무엇인가? 그는 전 인격을 통하여 구원의 사업을 하였다. 그는 하나님 나라의 복음을 선포하였고 병든 자를 고쳤으며 죄인들을 구원하였으며 마지막으로는 십자가에서 대속의 죽음을 당하였으니 이 모든 것이 구원의 사역이다. 그런데 이 구원의

---

36) K. Barth, CD III/2, 58.

사업은 바로 하나님 자신의 일이다. 왜냐하면 하나님만이 인간을 구원할 수 있기 때문이다. 예수라는 이름은 히브리어로 여호수아(Joshua 마 1:21)인데 "야웨가 구원하신다"는 뜻이다. 그러므로 예수의 일은 야웨 자신의 일이다. 오직 하나님만이 죄를 사할 수가 있다. 이렇게 예수가 인간을 구원하고 해방함으로써 하나님의 뜻을 이루었는데 예수 그리스도가 하나님을 위한 존재가 되심으로써 피조물 인간이 창조자 하나님을 위하여 존재하는 원형을 보게 된다. 그러면 예수가 하나님의 일을 함으로써 인간이 하나님을 위한 존재임이 밝혀졌는데 구체적으로는 무엇이 하나님을 위한 인간의 보편적인 일인가?

첫째로, 인간은 하나님의 말씀을 듣는 존재이다. 하나님은 말씀하시는 분이기 때문이다. 하나님은 말씀으로 천지를 창조하였고 인간에게 땅을 지배하고 다스리라고 말씀하였다. 하나님의 행동은 강제적이거나 기계적이 아니고 대화를 통하여 피조물과 관계를 맺는다. 그리고 하나님의 말씀이신 예수 그리스도께서 인간으로 오셔서 인간에게 말씀하였다. "하나님의 나라가 가까웠으니 회개하고 복음을 믿으라" (막 1:15). 이것이 바로 하나님의 자기 계시이다. 그리고 인간은 하나님의 말씀을 들음으로써 비로소 자기 자신이 누구인지 안다. 하나님의 말씀이신 계시의 빛 안에서 나는 하나님의 말씀에 부름받은 존재요, 하나님의 피조물인 것을 알게 된다. 그런데 하나님의 말씀은 단순한 의사의 전달이나 기계적인 지시가 아니라 도전이며 명령이다. 왜냐하면 그것은 창조자 하나님의 피조물에 대한 은총의 말씀이기 때문이다. 그러므로 인간은 하나님의 말씀에 응답해야 하는 존재다. 인간은 하나님의 은총의 대상(object)이 되며 동시에 인간은 은총에 대한 응답의 주체(subject)가 된다. 하나님의 은총에 응답하는 주체적인 인간이란 다시 말하면 인간이 하나님 앞에서 책임적인 존재가 된다는 뜻이다.

둘째로, 인간은 하나님 앞에서 책임적인 존재이다. 인간이 듣는 하나님의 말씀은 명령이요 이 명령은 하나님에 대한 복종을 요구한다. 인간은 하나님의 말씀을 듣는 것으로 끝날 수 없다. 하나님의 말씀을 들은 후 그것이 주체적인 결단에 의한 행동으로 바뀔 때 복종이 된다.[37] 그러므로 하나님의 말씀을 듣는 것과 하나님의 말씀에 복종하는 것은 불가분리의 관계요, 동시적인 행동이다. 그는 이 부르심에 복종함으로써 그의 존재를 성취할 수 있다. 이렇게 인간이 하나님의 명령에 복종함으로써 인간은 참으로 자유로운 존재가 된다. 이것은 하나님의 선물이요 축복이요, 은총이다. 더 나아가서 이 자유는 성령에 의해서 주어진 하나님의 자유의 회복이다.[38] 하나님께 불순종하는 것이 자유라고 생각하는 것은 불신앙이요 자유의 남용이요 죄악이다. 그러므로 루터의 말과 같이 우리는 하나님께 복종할 자유만 가지고 있다.

2. 이웃을 위한 인간

진정한 인간으로 살았던 예수 안에 드러난 진정한 인간성은 첫째로는 하나님을 위한 인간성이고 둘째로는 이웃을 위한 인간성이다. 예수가 이웃에게로 향하고 이웃과 관계를 맺는 동료인간성(fellow humanity)은 그의 행동을 통해서 드러난다. 그것은 그가 공생애에서 보여준 그의 행적이 증거할 뿐만 아니라 결정적으로는 그가 그의 이웃을 위해서 죽는다는 사실에 있다. 우리는 예수 그리스도의 십자가에서의 희생의 죽음 앞에서 이웃을 위한 그의 동료인간성의 궁극적인 모습을 보게 되며 이것이 하나님을 위한 인간의 본성

---

37) Ibid., 179.
38) 전성용, 〈칼 바르트의 성령론적 세례론〉, 238ff. 하나님은 본래 자유하신 분이다. 하나님의 영은 자유의 영이다. 성령의 바람은 자기가 불고 싶은 대로 분다. 예수 그리스도의 진리는 우리를 자유케 한다. 하나님이 먼저 자유하셨기 때문에 진정한 인간은 하나님 안에서 자유로운 존재가 된다. 이러한 신적 변화는 성령 세례에 의해서 해방된 인간에게만 알려진다. CD IV/4, 36.

과 함께 예수의 인간본성의 두 번째 국면이라고 할 수 있다.

두 번째 인간본성으로서 이웃을 위한 인간의 본성은 보편적으로는 남자와 여자의 관계에서 극명하게 드러난다. 성서에서는 남녀관계가 이웃을 위한 인간본성의 본래적이고 본질적인 형식으로 묘사되어 있다. 창세기 2장 18~25절에 의하면 하나님께서 남자에게 여자를 주시므로 그의 창조가 완성되었다. 칼 바르트는 창세기 2장 18절 이하의 말씀을 인간성을 밝혀주는 마그나 카르타(Magna Carta)라고 하였다.[39] 그리고 구약의 아가서(Song of songs)에서 드러난 남녀관계에 대한 진술 역시 인간의 본성을 해명해주는 성서의 본문으로서 제2의 마그나 카르타라고 하였다.[40] 바르트는 남자가 없는 여자와 여자가 없는 남자는 본질적으로 악마적(demonic)이라고 하였다. 남자와 여자의 사랑의 관계에서 비로소 본래적인 인간의 형상이 구현된다고 보았다. 그런데 이러한 성서의 본문의 배후에는 하나님과 이스라엘백성 사의의 원래의 계약관계가 서 있다는 것을 주목해야 한다. 구약의 예언서 호세아서에도 이러한 계약관계가 자리 잡고 있다. 남자는 야웨를 여자는 이스라엘을 상징하는 구약의 계약사상이 남자와 여자의 결혼관계를 유비(analogy)로 사용하는 것은 남녀관계가 하나님과 인간의 관계를 해명하는 가장 근사한 유비가 되기 때문이다. 즉 남녀관계는 인간이 지상에서 가질 수 있는 가장 친밀하고 결정적인 관계이기 때문에 하나님과 인간의 관계를 해명하기 위한 유비들 가운데서 가장 그럴듯한 유비로 간주되는 것이다. 그러나 하나님과 인간 사이에 있는 유비는 어디까지나 그 관계가 유사하다는 것이지 하나님과 인간 사이에 본질적인 유사성이 있는 것은 아니다.[41]

---

39) CD III/2, 291.

40) Ibid., 294. 바르트는 아가서를 영해하여 예수 그리스도와 인간의 신앙적인 관계로 해석하는 것을 반대한다. 그는 아가서를 순수한 남녀관계의 사랑으로 해석해야 한다고 주장하였다.

41) 바르트는 이것은 관계유비(analogy of relation)라고 칭하였고 하나님과 인간 사이의 질적 유사성을 말하는 자유주의신학이나 가톨릭의 신학을 존재유비

신약에서는 예수 그리스도와 교회와의 관계가 처음부터 하나님의 뜻과 계획과 선택의 대상이며 창조의 깊은 근거라고 말한다. 이 계약은 구약의 근원의 근원이며 야웨와 이스라엘의 관계이며 남자와 여자와의 관계의 근원이다. 신약은 예수 그리스도와 그의 교회의 계약은 주 예수 그리스도가 그의 교회를 위하는 자로서 그 교회를 얻기 위하여 자신을 죽음에까지 내어 주었다고 말한다. 신약에서 예수 그리스도는 신랑이요 교회는 그 신부라고 하여 예수 그리스도와 교회의 관계를 남녀관계에 비유한 것은 남녀관계의 본래적 의미를 밝혀주는 말씀이다. 이것은 남녀관계가 그리스도와 교회의 관계에 대한 비유로 사용될 수 있을 만큼 인간이 가질 수 있는 모든 관계들 가운데서 지고의 관계라는 의미와 함께 예수 그리스도가 그의 교회를 위해 자신을 죽음에까지 내어 주심으로써 남녀관계를 통해서 인간이 궁극적으로 성취해야 할 본성을 계시해준 것이기도 하다. 사도 바울은 "이 비밀이 크도다!"(엡 5:32)라고 하였는데 이것은 남녀관계의 배후에 있는 그리스도와 교회의 관계를 깨달은 감격을 고백한 말이다. 그러므로 남녀관계는 단순히 결혼관계를 통해서 이루어지는 종족유지의 목적을 초월해서 그리스도와 교회, 하나님과 인간의 계약관계를 해명하는 계시의 도구로서 인간이 경험할 수 있는 위대한 진리 해명의 장이 된다.

남녀관계를 통해서 인간은 자신의 본성이 이웃을 위한 인간임을 깨닫게 된다. 이웃은 누구인가? 이웃은 내 옆에 가까이 있는 사람이다. 그러나 단지 공간적으로 가까이 있다고 하여 이웃이 아니라 이웃을 진정으로 사랑하는 사람이 참된 이웃이라는 것을 선한 사마리아인의 비유는 우리에게 가르쳐 준다. 남녀관계를 통해서 남남이었던 두 사람이 부부가 되고 둘이 합하여 한 몸을 이루고 서로 사랑함으로써 본래적인 이웃사랑의 훈련과 연습을 하게 되고 그래서 이 사랑이 확대되어 모든 사람이 하나님의 사랑받는 피조물

(analogy of being)라고 비판하였다. CD III/2, 324.

이요 내가 사랑해야 하는 이웃임을 깨달아 가는 과정이 결혼의 비밀이요 목적이다. 이것이 예수 그리스도의 빛 안에서 밝혀진 성서적 인간 이해의 기본 구조이다.

3. 자연을 위한 인간

현대 사회는 하나님에 대한 사랑과 이웃에 대한 사랑 이외에 자연에 대한 배려와 사랑을 깨달아 가고 있다. 특별히 과학의 힘을 통해서 인간이 자연에 대해 승리했다고 생각할 때 오히려 자연은 인간을 공격하고 파괴하는 무서운 힘을 과시하고 있다. 그리하여 이제 인간은 스스로의 존속에 대해서 심각하게 우려하기 시작하였다. 지구 온난화, 에너지 위기, 식량위기, 지진, 태풍, 해일, 오존층 파괴 등 등 수 없는 위기가 지구를 위협하고 있다. 이것이 생태학적 위기이다.

예수가 받으신 세 가지의 시험은 첫째로 돌을 떡으로 만들라는 물질에 관한 시험이고, 둘째로 성전 위에서 뛰어내리라는 인간관계에 대한 시험이다. 성전 꼭대기에서 뛰어내려도 상하지 아니하면 사람들의 선망과 존경을 받게 될 것이다. 셋째로 사탄에게 절하라는 시험은 하나님과의 관계에 대한 시험이다. 이렇게 예수가 사탄에게 받으신 세 가지 시험은 하나님-인간-자연 즉 천/지/인에 대한 시험이었다.

예수께서 제자들에게 가르쳐 주신 기도에서도 세 가지를 말씀하였다. 첫째로, 하나님의 "이름이 거룩히 여김을 받으시오며"는 하나님에 대한 기도이다. 십계명에서는 하나님의 이름을 망령되이 일컫지 말라고 부정문으로 표현하였는데 예수께서는 이것을 긍정문으로 말씀하였다. 둘째로, "일용할 양식을 주옵시고"는 물질 문제에 대한 기도이고, 셋째로, "우리가 우리에게 죄

지은 자를 사하여 준 것 같이"는 인간관계에 대한 기도이다. 이렇게 예수께서 가르쳐주신 기도 안에 모든 인간이 기도해야 할 내용이 세 가지로 요약되어 있는데 하나님-인간-자연이다.

이렇게 볼 때 신약성서 안에 하나님 인간 자연 이 세 가지에 대한 관심이 일관되어 있다는 것을 살펴 볼 수 있다. 그러므로 인간은 그가 살고 있는 이 세계와 자연에 대해서 관심을 가져야 하며 더 나아가서 하나님이 본래 창조하신 아담에게 주신 사명도 자연을 다스리고 통치함으로써 그의 본분을 다 할 수 있다는 것을 알 수 있다. 하나님이 이 세계를 지으시고 땅을 정복하고 다스려야할 책임을 부과하였다. 아담은 짐승들에게 이름을 지어줌으로써 그들을 지배하고 다스렸다. 이것은 에덴동산의 청지기로서의 사명을 수행한 것이었다.

존 웨슬리는 하나님과 이웃에 대한 사랑 외에도 자연에 대하여 많은 관심을 가졌다. 그는 인간이 창조주와 피조물 사이에 운반창구로 봉사하도록 부르심을 받은 것처럼 하나님의 축복도 다른 피조물에게는 인간을 통하여 반영된다고 보았다.[42] 그러므로 이 자연세계에 대한 우리의 태도는 독단적이거나 변덕스러워서는 안 되고 창조주의 자비와 돌보심과 생명의 원리 안에서 모든 생명에 임재하신 하나님의 아들을 의식적으로 본받아 행하여야 한다고 주장하였다.[43] 웨슬리는 하나님의 청지기로서의 인간의 사명에 대하여 다음과 같이 논하였다.

그래서 첫째로 우리는 이제 어떤 점에서 하나님의 청지기인가를 찾아보아야 하겠습니다. 우리는 우리가 지금 소유하고 있는 모든 것을 하나님께로부터 은혜로 받은 것입니다...청지기는 수중에 맡겨져 있는 것을 자

---

42) Theodore Runyon, 〈새로운 창조〉 (기독교감리회 홍보출판국, 1999), 284.
43) Ibid., 288f.

기 마음대로 자유롭게 사용해서는 안 되고 주인의 생각대로 사용해야만 합니다. 그는 주인의 뜻을 따라 하는 것 외에는 자기 수중에 있는 것을 아무것도 처분할 권리를 가지고 있지 않습니다...다만 홀로 하늘과 땅의 소유자이시오, 모든 피조물의 주가 되신 하나님께서 기뻐하시는 대로 사용해야 합니다.[44)

인간은 이 세계 안에서 하나님의 대리자로서 정의와 질서의 보호자의 역할을 해야 한다. 특별히 자연에 대해서 인간은 보호하고 관리해야 하는 사명이 주어졌다. 본래 인간은 성령이 충만하였기 때문에 하나님께서 부여하신 자연보호의 사명을 잘 감당할 수 있었다. 아담이 짐승들에게 이름을 지어주었다는 것은 인간과 짐승들 사이에 지배와 복종의 관계가 수립된 것을 의미하며 동시에 보호와 관리의 책임이 주어져 있다는 것을 의미한다. 그러나 타락이후 인간은 이 사명을 잘 수행하지 못하게 되었고 이 세계를 무질서하고 더럽고 파괴된 세계로 만들었다. 그러므로 자연에 대한 진정한 지배권을 회복하기 위해서 성령을 통한 자연과의 화해가 이루어져야 할 것이다. 성령은 단지 인간을 구원하는 구원자일 뿐만 아니라 자연과의 화해를 이룰 수 있는 창조의 영이다. 성령이 이 세계를 창조하였다면 그는 이 우주 안에 충만히 임재해 계신다. 이 우주가 질서 있게 운행되고 아름답게 보존되는 것 자체가 하나님의 영의 역사(役事)이다. 그러나 인간의 욕심과 교만이 개입하게 되어 자연계의 질서가 파괴되고 수많은 생물들이 멸종하며 자원이 고갈되고 오염되어 만물이 신음하게 되었다. 이러한 인간의 파괴적인 죄의 세력을 극복할 수 있는 것은 하나님의 영의 지배를 받아들이는 것 이외에 다른 길이 없다고 생각된다. 자연을 보호하고 자원의 소비를 통제하며 성난 자연을 누그러뜨릴 수 있는 대책을 강구하여야 한다. 교회는 앞장서서 이 일에 대한

44) 조종남 외 공역, 〈웨슬리 설교전집〉 3, "선한 청지기" (대한기독교서회, 2007), 303.

자각과 개선에 대해 진력해야 한다. 스스로 에너지를 절약하고 자원을 재활용하고 과소비를 억제하고 파괴된 자연을 회복할 수 있는 길을 모색해야 한다. 이 일은 앞으로 교회에 주어진 새로운 과제가 될 것이다.

VI. 결혼이란 무엇인가?

1. 물 한컵의 이론(A Cup of Water Theory)

러시아에서 공산주의 혁명이 일어난 후 공산당국에서 주장한 이론이 물한 컵의 이론이었다. 유물론자들은 정신은 뇌의 작용에 불과하다고 보았으며 정신보다 육체가 중요하기 때문에 목마를 때 물 한 컵을 마시면 갈증이 해소되는 것과 마찬가지로 남녀관계도 육체적인 욕망을 충족시켜주면 되는 것이라고 생각했다. 극단적인 유물론적 사고의 산물이었다.

이러한 사고의 결과 성개방(free sex)의 풍조가 유입되었다. 소련의 젊은 이들의 성생활의 문란을 걱정한 부모들의 반발 때문에 공산당국은 이 이론을 취소했지만 이미 엎질러진 물과 같이 성개방은 공산주의 사회뿐만 아니라 서구사회를 풍미하게 되고 급기야 성개방은 현실화되어 결혼하기 전에 90%이상이 성경험을 한다는 통계가 보도되고 있다. 대부분의 나라들에서는 간통죄가 폐지되었다. 이제 성은 개인의 사생활 문제로 치부되고 결혼과 이혼은 생활의 일부분으로 자리 잡고 일상적인 다반사가 되었다. 심지어 우리나라조차도 이런 풍조에 물들어 이혼율 세계 2위라는 불명예를 안게 되었다.

사실상 성 개방은 20세기에 일어난 성혁명(sex revolution)의 제 1단계에 불과하다. 제 2단계로서는 동성연애를 들 수 있다. 필자가 영국에 유학중

접한 방송에 의하면 연일 동성애문제를 텔레비전토론의 주제로 삼고 있었으며 성공회 제2인자인 요크(York) 대주교조차도 동성애는 죄가 아니라 질병이라고 옹호하는 주장을 서슴지 않았으며 실제로 동성애자인 성공회 신부도 다수가 있다고 하였다. 우리나라에서도 동성애자들의 커밍아웃(coming out)을 대대적으로 보도하고 있다. 제 3단계는 시험관 아기의 탄생이다. 부모의 유전인자에 의해 태어난 경우는 다행이나 제 3자의 유전인자에 의해서 태어난 경우 친부모를 찾기 위한 소송이 벌어지며 심각한 가정문제가 일어나고 있다. 제 4단계는 단성생식이다. 이미 실험실에서는 성공한 것인데 이제는 아버지 없이 어머니의 생식세포만으로 개체의 발생이 가능한 단계에 와 있다. 앞으로 아마조네스의 출현도 불가능하지 않을 것이다. 제 5단계는 복제인간이다. 이미 많은 동물들이 체세포복제에 의해서 만들어지고 있으며 우리나라에서도 다수의 성공사례가 보고되었다. 아직 복제인간이 태어나지는 않았지만 머지않은 장래에 이것은 현실화 될 것으로 예측된다. 그 경우 심각한 윤리적 종교적 사회적 문제가 야기될 것이 틀림없어 보인다. 인간이 스스로 자신의 생명을 좌우할 수 있다고 믿고 그것을 실행할 때 어떤 결과가 초래될 것인지 대단히 우려스럽다. 교회는 강력하게 순결교육을 시행하고 성서적인 결혼관에 대해 교육해야 할 것이다.

2. 자연법적 이해

이 결혼관은 우리 조상들이 자연을 관찰한 결과 터득한 결혼관이라고 할 수 있다. 마치 농부가 봄에 밭에다 씨를 뿌려서 가을에 열매를 거두는 것처럼 남녀관계가 이와 비슷하다고 생각한 결혼이해이다. 그래서 남자는 씨 여자는 밭의 관계로 보게 되었다. 그러므로 남녀관계를 자연법적으로 이해하는 결혼에서는 결혼의 목적은 생산이요 여자는 아이 낳는 기계이다. 콩 심은 데 콩 나고 팥 심은 데 팥 나듯이 김 씨 씨를 심으면 김 씨가 나고 박 씨 씨를 심으면 박 씨가 난다고 생각했다. 자녀는 아버지의 성질을 물려받고 어머니는 영양을 공급한다고 보았다. 그러므로 대를 잇기 위해서는 반드시 아들을 낳아야 한다. 이 목적에 충실하지 못한 결혼은 실패한 결혼이기 때문에 아들을 출산하지 못하는 아내를 내쫓는 잔인한 행태를 보였다. 그렇지 못하면 양자입양이라도 해야 했다. 여기에서 남녀불평등사상이나 아들선호풍조가 나오게 되었다. 오늘 우리가 볼 때는 대단히 비인간적이지만 고대인들의 결혼관에서 볼 때는 이해될 수 있는 것이다. 그들의 관습이 잘못된 것이 아니라 그들의 결혼관이 잘못된 것이다.

오늘날 생물학의 발전에 의해 부모의 성질이 똑같이 자녀에게 유전된다는 것이 알려졌으며 때문에 이러한 유전법칙에 따라서 자연법적 결혼이해가 자연에 대한 피상적인 이해에 근거한 잘못된 결혼관이라는 것을 인식하게 되었다. 오히려 자연의 법칙은 그와 반대임을 알게 되었다. 그러므로 이런 결혼관의 잔재들은 수정되어야 한다. 자연법적 이해에 근거한 족보나 조상숭배, 호주제도 등도 최근에는 많이 개선되고 있다. 우리나라에서는 이미 1997년에 동성동본 금혼제도가 폐지되었고 2008년에는 호주제가 폐지되었다. 앞으로는 족보에 대한 지나친 관심도 지양되어야 할 것이다. 과거 고려시대에는 우리나라에 10여 퍼센트가 양반이었으며 조선시대에는 20여 퍼센트가 양반이었다고 한다. 그리고 족보는 양반들만 가지고 있었는데 오늘날 거의 모든 사람들이 족보를 가지고 있다는 것은 분명히 문제가 있어 보인다. 우리나라의 대부분의 족보는 가짜라는 주장도 있다.[45] 우리는 혈통주의의

---

45) 우리나라 족보들의 신빙성에 문제가 많이 있으며 지금도 돈을 주면 족보를 만들어 준다고 한다. 유교적인 혈통주의는 결국 가짜 족보를 양산하게 되었으며 우리나라를 거짓 위에 세운 나라로 만드는데 일조하였다. 백승종, "대한민국 양반님들, 당신의 족보는 진짜입니까?" 〈신동아〉 (1999. 9), 252ff. 필자의 경우

허구성을 버리고 그리스도 안에서 거듭난 새로운 혈통과 천국의 시민권을 자랑하는 새로운 인간이해를 추구해야 할 것이다.

3. 신화적 이해

이것은 희랍의 신화에 등장하는 것으로서 서양인들의 오랜 결혼관이라고 할 수 있다. 플라톤의 대화편 가운데 〈향연〉(Symposium)이라는 책에 의하면 본래 희랍의 최고신 제우스가 인간을 만들었을 때 인간은 원형으로 생겼다고 한다. 그리고 힘과 지혜가 뛰어나 신들에게 위협적이었다. 인간이 두려워진 제우스는 인간을 절반으로 쪼개어 버렸다. 그래서 둥글게 생겼던 인간이 지금처럼 납작하고 길쭉하게 되어 버렸다고 한다. 힘과 지혜도 절반으로 줄어들어 신들에게 대들지 못하게 되었다는 것이다. 이렇게 절반으로 쪼개진 인간은 자기의 잃어버린 반쪽을 찾아다니다가 마침내 자신의 잃어버린 반쪽을 찾으면 둘이 결합하여 완전한 존재가 되고 그래서 행복하게 살 수 있다는 것이다. 이것이 희랍신화의 결혼관이다.

오늘날 젊은이들 가운데도 이런 생각을 하는 사람들이 있다. 마치 보물찾기 하듯이 자기의 정해진 짝을 찾아내면 그것으로 행복을 얻게 될 것처럼 환상을 가지고 살고 있는 사람들이 있다. 그러나 이런 결혼관은 어린아이 시절의 순진하고 유치한 결혼관에 불과하다. 현실의 결혼은 결코 이런 신화적인 결혼관과 조화될 수 없다. 신화적인 이해의 문제점은 다음과

담양 전 씨(田氏) 26대 손이라고 하면 필자의 26대 조상의 유전인자가 필자에게 얼마나 남아 있겠는가? 수 천만분의 일에 불과할 것이다. 거의 제로에 가깝다. 그렇다면 내 속에 있는 유전인자의 거의 대부분은 수많은 모계의 혈통들을 이어받은 집합에 불과하다. 이렇게 볼 때 가문을 자랑하고 족보를 따지는 것이 무슨 의미가 있는가? 성서에도 말씀하였듯이 허탄한 일이다 (딤전 1:4).

같다.

첫째, 불완전한 인간이 불완전한 인간과 결합한다고 해서 완전해질 수 없다. 불완전에서부터 완전이라는 것이 나올 수 없다. 불완전 더하기 불완전은 불완전이다.

둘째, 불완전한 인간이 어떻게 자신의 잃어버린 반쪽을 정확하게 찾아낼 수 있는가? 60억의 인구의 절반이 이성인데 그 가운데서 자신의 반쪽을 정확히 찾는 것은 거의 불가능한 일이다. 통계에 의하면 자기 주변의 20 내지 30명 가운데서 배우자를 찾는다고 한다. 이것이 현실이다.

셋째, 자신의 잃어버린 반쪽을 찾았다면 왜 이혼하는가? 오늘날 미국의 이혼율이 40%를 넘고 있으며 우리나라도 세계 2위의 이혼율을 기록하고 있다. 심지어 기혼자의 85%가 만약에 다시 결혼할 수 있다면 현재의 배우자를 선택하지 않겠다고 대답하고 있다. 그렇다면 이렇게 예외가 많은 신화적인 결혼관이 과연 무슨 의미가 있겠는가?

이런 신화적인 결혼관은 비성서적이다. 성서에 의하면 모든 남자는 아담 안에 모든 여자는 하와 안에 있다. 그러므로 원칙적으로 모든 남녀는 서로 결혼할 수 있는 가능성이 있다. 자기의 짝이 미리 정해져 있는 것이 아니다. 배우자는 자유의지에 의해 신앙적인 결단을 통해서 선택되어야 한다.[46] 그리고 그 선택에 대해서 책임을 져야 하며 최선을 다해서 성실하게 결혼생활을 해야 할 것이다.

---

46) 만약에 배가 난파를 당해서 무인도에 두 사람의 젊은 남녀가 도착했다고 하자. 그 두 사람은 상식적으로 결혼하기 여러 가지 어려운 조건들을 가지고 있었다고 하자. 그런데 10년 후에 그 두 사람은 결혼하였겠는가? 그 두 사람은 모든 차이를 극복하고 결혼하였을 것이다. 다만 우리는 결혼하기 전에 이 결혼이 하나님의 뜻인지 기도하고 신앙적으로 결정해야 한다. 인간적인 욕심을 따라서가 아니라 하나님의 영광을 위해서 결혼해야 한다. 그리고 양측이 서로 잘 조화될 수 있는지 생각해야 한다.

4. 성서적 이해

결혼을 남자와 여자가 결합해서 자손을 생산하는 생물학적인 행동이라는 것은 낮은 수준의 결혼관이다. 이런 결혼관에 만족할 수 있는 사람은 키에르케고르가 말한 실존의 3단계 중에서 미적단계(aesthetic stage)에 속하는 인간일 것이다. 프로이드나 마광수 같은 사람들의 결혼관이다. 그러나 인간은 본능과 욕구에 따라 사는 동물적 수준의 삶에 만족할 수 없으며 더 높은 도덕적이고 영적인 차원의 삶을 추구하게 되어 있다. 왜냐하면 인간은 도덕성과 영성(spirituality)을 가지고 있기 때문이다. 이것을 하나님의 형상이라고 할 수 있다. 하나님의 형상이란 하나님과 인간 사이에 공통점이 있다는 말이다. 그런데 인간과 하나님이 똑 같이 영성을 가지고 있다는 공통점이 있기 때문에 인간이 가지고 있는 영성을 하나님의 형상이라고 할 수 있다.

키에르케고르는 "태초에 권태가 있었느니라"고 하였는데 하나님이 심심해서 이 세계를 만들었다는 말이다. 그러나 이것은 농담이지 성서적 이해가 아니다. 하나님이 이 세계를 창조하신 근거는 하나님이 그의 피조물과 계약을 맺기 위해서 이다. 창조의 내적 근거는 계약이고 계약의 외적 근거는 창조이다. 창조가 있어야 계약이 실현될 수 있으며 창조는 맹목적인 행동이 아니라 근거와 목적이 있는 의도적인 행위이다. 즉 하나님과 인간이 주인과 종, 아버지와 아들 또는 남편과 아내의 계약관계를 맺는 것이 하나님의 창조의 내적 근거이다.

하나님이 인간과 이런 계약을 맺는 목적은 무엇일까? 그것은 하나님과 인간이 화해하기 위해서이다. 하나님이 인간을 창조할 때부터 의도하였던 계약관계를 맺어서 진정한 신-인 관계를 구현하는 것이 화해이다. 그런데 인간은 하나님과의 본래적인 관계를 상실하고 비본래적인 삶을 살고 있는 것이 현실이다. 성서는 이것을 죄로 말미암은 타락 때문이라고 설명하고 있다. 그 결과 모든 인간은 보편적으로 죄 가운데서 살고 있으며 이 죄의 문제를 해결하고 하나님과의 본래적인 관계를 회복함으로써 하나님과의 화해를 이룰 수가 있다.

인간이 하나님과 화해를 하면 구체적으로 무슨 일이 일어나는가? 화해의 내용은 무엇인가? 화해의 내용은 친교이다. 하나님과 인간이 창조의 본래 목적을 따라 살게 되면 거기에는 아름다운 사랑의 친교 즉 사랑을 주고받는 교제가 일어나게 된다. 친교는 희랍어로 코이노니아(koinonia)인데 이것은 친교(fellowship), 동업(partnership), 교통(transportation) 등으로 번역될 수 있다. 그러니까 하나님이 이 세계를 만드신 것은 그의 피조물 특히 인간과 친교하기 위해서라고 할 수 있다. 친교가 하나님의 모든 창조의 궁극 목적이다. 천국에서 완전하게 이루어질 친교는 영원한 사랑의 잔치이다. 교회는 천국의 모형으로서 이 친교가 부분적으로 잠정적으로 이루어지는 곳이다. 성령세례는 이 천국의 친교의 미리 맛보기이다(foretaste). 백화점의 시식코너에서 미리 맛보고 그 맛이 너무 좋아 상품을 사는 것처럼 우리는 성령이 주시는 천국의 맛을 보고 황홀한 경험을 하고 나면 진짜 천국은 얼마나 더 좋을까하고 천국을 소망하고 천국에 들어가기 위해서 계속해서 신앙의 삶을 살게 되는 것이다. 그리고 이 천국의 맛을 보면서 사는 현세의 삶은 이미 천국의 현실이 부분적으로 이 지상에서 실현된 삶이라고 할 수 있다. 예수께서 귀신을 쫓아낸 후에 이 사람에게 성령이 임하였으니 이 사람 안에 천국이 이루어졌다고 하였다. 성령이 임재한 개인과 가정과 교회와 사회 안에는 이미 하나님의 나라가 부분적으로 이루어졌다고 할 수 있다. 하나님의 주권과 하나님의 통치와 하나님의 지배가 있는 곳이 하나님의 나라이다.

이 친교는 어디서 나오는 것인가? 고린도후서 13장 13절의 축도의 원형에서는 "예수 그리스도의 은혜와 하나님의 사랑과 성령의 교통하심(코이노니아)이 너희와 항상 함께 있을지어다"라고 하였다. 예수 그리스도의 은혜와 하나님의 사랑이 우리에게 오기 위해서는 성령의 코이노니아가 있어야 한다. 성령이 하나님의 모든 은혜와 사랑을 우리에게 가져다주시는 분이다. 야곱이 벧엘에서 돌베개를 베고 자다가 꿈에 사다리가 하늘에 닿고 천사들이 오르락내리락 하는 모습을 보았는데 바로 이 하나님과 인간의 관계를 이어주는 친교와 사랑과 축복과 응답의 코이노니아가 성령의 사역이다.

이 성령의 코이노니아는 하나님과 인간의 관계에서만 일어나는 것이 아니라 그보다 먼저 하나님 자신의 삼위일체 안에서 우선적으로 일어난다. 성령은 성부와 성자 사이의 친교이다. 성 어거스틴은 성령을 성부와 성자 사이의 사랑의 끈(bond of love)이라고 하였다. 그러니까 코이노니아는 삼위일체 안에서 성부와 성자 사이에 있었던 성령의 원초적인 코이노니아에서 근원하는 것이다. 이 원초적인 성령의 코이노니아로부터 하나님과 인간 사이의 코이노니아가 기원하며 이 하나님과 인간 사이의 코이노니아가 인간과 인간 사이의 코이노니아의 근원이다. 성령은 삼위일체 안에서 코이노니아일 뿐 아니라 야웨와 이스라엘, 그리스도와 교회 사이의 코이노니아가 되신다. 그리고 이 하나님과 인간사이의 코이노니아는 남편과 아내의 코이노니아의 근원이 된다. 즉 성령은 사랑의 관계(남자-여자)의 근원(하나님-인간)이요 그 근원의 근원(성부-성자)이 된다.

사도 바울은 에베소서 5장 22절에서 부부관계를 설명하면서 아내는 남편에게 복종하기를 교회가 그리스도에게 하듯이 하라고 하였다. 이것을 아내의 일방적인 복종을 강요하는 가부장적인 남녀 불평등관계라고 해석해서는 안 된다. 왜냐하면 5장 21절에서는 피차 복종하라고 하였기 때문이다. 그리고 더 나아가서 남편은 그리스도가 교회를 위해서 자기를 내어줌 같이 하라고 하였다. 자기를 내어줌은 구체적으로 그리스도가 교회를 위해서 십자가에 달려 죽는 것을 의미한다. 영어 성경에서는 give up for her라고 하였다. 그러니까 아내에게는 남편에게 복종하기만을 요구한 반면에 남편에게는 아내를 위해서 자기를 포기하고 죽어야 한다고 함으로써 남편에게는 더 큰 희생과 헌신을 요구하였다. 남편은 아내를 위해서 죽어야 한다. 이것이 결혼이다.

그리고 사도 바울은 남자가 여자와 둘이 합하여 한 육체가 됨이라(two become one flesh), 이 비밀이 크도다(profound mystery), 이것은 그리스도와 교회에 대해서 말하노라고 하였다. 그는 창세기 2장 24절을 인용하고 남편과 아내가 하나가 되는 이 깊은 신비는 곧 그리스도와 교회 사이의 코이노니아를 의미하는 것이라고 해석하였다. 그러니까 남편과 아내의 친교는 하나님과 인간의 친교를 우리에게 계시해 주는 깊은 신비요 비밀의 문이다. 남편과 아내의 코이노니아는 하나님과 인간의 코이노니아에 유비되는 깊은 의미를 가지고 있는 사건이다. 하나님의 삼위일체의 내적인 코이노니아와 하나님과 인간 사이의 코이노니아와 인간과 인간의 코이노니아 사이에는 유비가 있다. 즉 유사성(similarity)이 있으며 서로 상응(correspondence)하며 비슷한 점(resemblance)과 일치(agreement)가 있다는 것이다. 그런데 이들 관계 사이에 유비(analogy)가 있다는 것은 하나님의 사랑과 인간의 사랑 사이에 질적 유사성이 있는 것이 아니라 다만 그 관계에 유사성이 있다는 뜻이다. 이들 사이에는 주-객관계(subject-object relationship) 또는 "나와 너"(I-Thou)의 관계를 맺을 수 있는 인격적인 친교의 관계가 있는 점이 서로 유사하다는 뜻이다. 칼 바르트는 이것을 관계유비(analogy of relation)라고 하였다. 이것을 그림으로 그리면 다음과 같다.

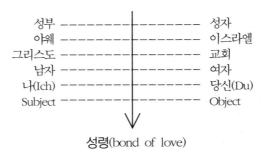

성령(bond of love)

하나님이 인간을 만드시고 그 인간과 계약관계를 맺으시는데 이 관계를 부부관계를 통해서 설명하였다. 그것은 역으로 말하면 인간의 관계들 중에서 부부관계가 하나님과 인간의 관계를 해명할 수 있는 계시의 도구(means of revelation)로 사용될 수 있는 지고의 관계라고 말할 수 있다는 것이다.

이러한 예수님과 나의 관계의 연장이 남자와 여자의 결혼에서 구현되어야 한다. 내가 예수님의 은혜와 사랑을 받았다면 나는 다른 사람에게 특히 나의 배우자를 이런 사랑으로 사랑해야 한다. 그를 위해 희생하고 헌신하고 포기해야 한다. 인간 안에 성령의 코이노니아의 능력이 분출된다면 우리의 배에서 생수의 강이 흘러나게 된다면 성령은 우리의 삶에 고갈되지 않는 친교의 능력을 공급해 줄 것이다.

노아의 홍수 후에 바벨탑을 쌓았을 때 그들은 스스로 이름을 내고 흩어짐을 면하기 위해서 노력했으나 언어가 혼잡하게 되어 결국 실패하였다. 그런데 오순절날 방언의 은사를 받았을 때 15개 지역에서 온 사람들이 자기들의 언어로 알아듣게 되었다. 인간의 교만과 죄는 언어를 단절시키지만 성령의 코이노니아는 인간의 언어를 회복시킨다. 성령만이 인간의 관계를 회복하고 소통하고 코이노니아가 이루어지게 할 수 있다는 증거이다.

그러므로 성령의 친교가 회복됨으로써 결혼이 회복되고 사랑의 친교가 이루어질 수 있다. 그렇게 함으로써 모든 관계들이 정상화 될 수 있다. 성령이 내 안에 내주(indwelling)하시는가? 그러면 하나님과 인간의 관계, 인간과 인간의 관계, 인간과 자연의 관계는 성령의 코이노니아에 의해 완성되어 갈 것이다. 우리의 결혼에 하나님 남편과 예수님 신랑이 임재해 계시는가? 성령의 코이노니아가 이루어지고 있는가? 그러면 그 결혼은 하나님의 형상이 이루어진 결혼, 작은 하나님의 나라, 가정 천국이 이루어지는 것이다. 그 사람은 결혼뿐만 아니라 무슨 관계에서든지 하나님의 향기, 그리스도의 편지, 성령의 천국 미리 맛보기의 삶을 살게 된다. 가정만이 아니라 직장과 사회에서 이런 코이노니아의 삶을 산다면 그것은 성공한 결혼이 될 것이다. 만약 나의 가족이 잘되고 행복한 것만으로 나의 결혼이 성공했다고 생각한다면 그것은 사실은 실패한 결혼일지도 모른다. 결혼이라는 작은 코이노니아는 더 큰 코이노니아를 이루어 가기 위한 연습의 과정이라고 할 수 있다.

8

기독론

기독교는 나사렛 예수를 그리스도로 믿는 종교이다. 그런데 성서에 의하면 예수 그리스도는 역사적 존재로서 이 땅에서 살았고 십자가에 죽으시고 사흘 만에 다시 살아나셨다. 이 예수 그리스도라는 존재의 역사적 사건은 우리에게 무슨 의미가 있는가? 그리고 그는 누구인가? 마지막으로 그는 무슨 일을 했는가? 이것이 기독론의 핵심적인 문제들이다. "너희는 나를 누구라 하느냐? 베드로가 대답하여 가로되 주는 그리스도시니이다" (막 8:29). 기독론의 원형인 이 말씀은 오늘 우리에게 대한 질문이요 우리의 대답이 되어야 한다.

그러나 예수에 대한 신앙은 예수에 대한 역사적(historische)[1] 연구를 넘어선다. 예수는 예수에 대한 연구 즉 기독론을 넘어서기 때문이다. 우리의 예수신앙은 예수에 대한 연구로부터 나오는 것이 아니라 예수 자신 즉 하나님

---

[1] 독일어로 역사는 Historie 와 Geschichte로 나누어진다. Historie는 일반적 역사, 과학적 역사이다. 반면 Geschichte는 해석된 역사, 주관적 역사이다. 따라서 기독교적인 역사 이해는 신앙적 관점에서 이해된 역사이므로 Historie일 수가 없다. 하나님이 이 세계 안에서 구원을 이루시는 역사를 구원사(Heilsgeschichte)라고 한다. 예수 그리스도가 시공간 안에 실재했던 역사적 존재라는 것은 Historie가 다룰 수 있다. 그러나 그의 생애 가운데서 순수이성으로 이해될 수 없는 초자연적 사건이나 초자연적 본성 등은 신앙인의 이성에 의해서만 이해될 수 있는 특수하게 해석된 역사(Geschichte)이다.

자신으로부터 성령을 통해서 나오기 때문이다. 여기에서 우리는 성서에 대한 역사적 비판적 연구를 넘어서야 한다는 것을 인식하게 된다. 우리가 이해하는 예수는 성서가 증거하는 그리스도 예수에 대한 신앙의 이해이지 성서에 대한 역사적 비판적 연구가 말하는 역사적 예수가 아니다.

Ⅰ. 예수 그리스도 사건

1. 동정녀 탄생(마 1:18~25; 눅 1:26~56)

예수는 B.C. 6년경(또는 4년경) 베들레헴에서 요셉의 약혼녀 마리아에게서 태어났다.2) 성서에 의하면 마리아는 처녀였고 예수는 성령에 의해 잉태되었

---

2) 예수의 탄생시기와 탄생장소 등에 대한 여러 가지 추측들이 있는데 성서의 증언을 받아들이는 것이 가장 좋다고 본다. 예수의 탄생에 대한 여러 기록들 가운데 성서보다 더 권위 있거나 신빙성이 있는 자료를 찾을 수 없다. 권위 없는 자료들에 기초하거나 억측으로 성서를 훼손하는 일을 경계해야 한다.
　　로마 황제 아우구스투스(Augustus)는 율리우스 카이사르(Julius Caesar)의 후계자 아우구스투스 옥타비아누스(Octavianus)이다. 이 아우구스투스 시대에 요셉과 마리아는 호적하기 위하여 고향 베들레헴으로 갔다가 거기서 예수를 출산하였다고 한다. 그러니까 그 당시 팔레스타인은 역사적인 대 격변기였다. 이미 유대는 B.C. 63년에 로마의 지배 하에 들어가 있었고 앞으로 유대에서는 로마에 대한 반란들이 일어나게 될 것이며 그로 인한 로마의 침략과 박해로 유대인 디아스포라(diaspora)가 로마의 여러 지역에 생기게 되고 이 디아스포라가 초기 기독교선교의 교두보가 되었다. 초대교회는 로마황제숭배를 거부하고 로마의 신들을 숭배하지 않았으므로 극심한 박해를 받았다. 그러나 이러한 박해를 이기고 로마 선교에 성공함으로써 기독교가 공인되고 마침내 로마의 국교가 되어 로마의 유일한 보편종교가 되었다. 로마는 황제의 정치적 권력을 확립하기 위해서 유일신종교인 기독교를 이용하려 하였으나 거꾸로 보면 기독교가 로마의 정치를 이용하여 당시 세계를 정복한 셈이다. 그러니까 예수의 출생과 기독교의 발생은 세계 역사와 긴밀하게 연관되어 있다. 시오노 나나미, 〈로마인 이야기〉 제8권 그리스도의 승리 (한길사, 2006) 참조.

다 (눅 1:35). 동정녀탄생은 과학적으로 설명될 수 없는 기적의 사건이다. 에밀 브룬너(E. Brunner)는 동정녀탄생을 부인하였다. 첫째로, 성서의 자료가 빈곤하기 때문이다. "모든 전통교리에는 어느 정도의 도케티즘이 눈에 띤다. 예수의 인간성은 진지하게 취급되지 않았다. 바울은 단순하게 다윗의 혈통 (롬 1:3)이라고 말했다. 오직 후기에서야 동정녀탄생의 개념이 나타나는데 그것은 진실로 예수의 인성을 의심스럽게 만든다. 그러나 동정녀탄생은 사도들의 (심지어 요한까지도) 설교의 내용이 아니다."[3] 브룬너에 의하면 보다 오래된 신약성서에는 나타나지 않았던 동정녀탄생이 나중에 쓰인 복음서에 등장하는 것은 문제가 있다는 것이다. 둘째로, 성육신의 위대한 신비가 감소되기 때문이라고 하였다. 오히려 정상적인 출생이 역사 속으로 뚫고 들어오시는 하나님의 말씀의 오심을 더욱 놀랍고 의미 깊게 만든다고 보았다.

그러나 첫째로, 동정녀탄생은 마태복음과 누가복음에 자세히 기록되어 있기 때문에 그 어떤 다른 이야기에 비해서 자료가 풍부하다고 할 수 있다. 따라서 자료가 빈곤하다는 말의 문자적인 의미에서는 타당한 주장이라고 할 수 없다. 그리고 만약 누가복음과 마태복음의 동정녀탄생 이야기들이 후기 (A.D. 80년경)에 기록되었기 때문에 그 이전에 기록된 초기의 서간문들이나 마가복음에 기록되지 않았으므로 신빙성이 없다는 주장에 대해서는 다음과 같이 논박할 수 있다.

우리는 계시론에서 신약성서의 기독론의 변천과정에 대해서 이미 상술하였다 (본서 제2장 계시론, Ⅲ. 계시의 내용, 2. 성자 하나님: 신약의 기독론 참조). 신약성서가 기록된 순서대로 살펴보면 최초의 그리스도인들은 예수가 부활함으로 말미암아 그리스도가 되었다고 생각하였다 (행 2:36, "너희가 십자가에 못 박은 이 예수를 하나님이 주와 그리스도가 되게 하셨느니라"). 사도 바울도 이러한 초대교회의 이해를 따랐으며 따라서 바울은 부활 이전의 예수의 지상생

---

3) E. Brunner, *Dogmatics* III, 181.

애에 대해서는 단 한마디도 언급하지 않았다. 그러다가 최초의 복음서인 마가복음에서는 예수가 세례 받을 때 하나님의 아들로 선포되었으며 예수의 공생애는 그리스도로서의 삶이었다고 주장하였다. 그 증거로서 마가는 2/3를 기적이야기로 채웠다. 즉 예수의 기적은 그가 메시아임을 증거하는 증거로서 제시된 것이다. 그 다음에 기록된 마태복음과 누가복음에서는 예수는 태어나면서부터 메시아로 태어났다. 그 증거로서 동정녀탄생을 제시하였다. 그리고 그의 유년시절의 이야기도 그의 메시아로서의 증거였다. 그리고 마지막으로 쓰여진 요한복음에서 예수는 이 지상에 태어나기 이전부터 메시아였으며 그는 이 세계의 천지창조에 참여하였다. 즉 예수의 선재설(pre-existece)을 주장하였다. 이렇게 신약성서 저자들의 메시아인식은 시간이 흘러가면서 거꾸로 거슬러 올라갔다. 부활로부터 세례로, 그 다음에는 탄생으로, 그 다음에는 선재로 점진적으로 역사를 거슬러 올라갔다. 이것을 그림으로 그리면 다음과 같다.

초대교회/ 바울	마가	마태/누가	요한
A.D. 60 $\longrightarrow$	A.D. 70 $\longrightarrow$	A.D. 80 $\longrightarrow$	A.D. 90
부활	세례	탄생	선재

이렇게 볼 때 누가복음과 마태복음에 처음으로 동정녀탄생 설화가 등장하는 것은 그 이전에는 존재하지 않았던 동정녀탄생 이야기를 후대에 가서 임의로 조작해내었다고 추측하는 것 보다는 신약성서의 기독론의 발전과정에서 자연스럽게 누가복음과 마태복음에 필요하였기 때문에 이미 교회 안에 회자되고 있었던 동정녀탄생 이야기를 신학적인 목적에 따라서 편집해서 사용했다고 보는 것이 더 타당하다고 본다. 동정녀탄생 이야기는 창작된 것이

아니라 신학적으로 해석된 것이다. 만약 초기에는 등장하지 않았던 이야기가 나중에 등장한다고 해서 신빙성이 없다고 한다면 누가복음과 마태복음 이후에 기록된 요한복음에만 나오는 기적이야기들은 믿을 수 없으며 버려야 할 것이다. 나사로가 살아난 이야기는 요한복음 이전의 성서에는 없으니까 우리는 그것을 믿을 수 없으며 성서에서 제거해야 한다고 말해야 할 것인가?

둘째로, 그의 탄생은 말씀의 성육신이요, 이 말씀은 창조자 하나님의 말씀으로서 그분은 태초에 무로부터 세계를 창조하신(creatio ex nihilo) 창조자요 세계의 근원이다. 그러므로 무로부터 유를 창조하신 창조자의 능력이 동정녀로 하여금 하나님의 아들을 잉태하게 하는 것은 논리적으로 정합성(consistency)이 있다. 구약의 창조자 하나님의 천지창조와 신약의 구원자 하나님의 동정녀탄생은 서로 조화로운(harmonious) 병렬적(parallel) 사건들이다. 창조자의 능력이 동정녀탄생으로 말미암아 극적으로 증거되기 때문에 동정녀탄생은 그 의미가 심중한 사건이다. 무로부터의 창조자가 왜 무로부터 (동정녀는 생물학적으로 무와 마찬가지다) 탄생하는 기적을 일으킬 수 없단 말인가?

우리는 예수 이야기에서 예수의 어머니 마리아에 대한 관심을 가져야 한다. 가톨릭교회에서 동정녀 무흠수태론이나 마리아 승천설이라는 비성서적인 주장으로 마리아를 신격화 하는 것을 방지하기 위해서 지나친 숭배를 하는 것은 경계해야 한다. 그러나 성서를 통해서 마리아의 공적을 정당하게 평가하는 것은 필요하다고 본다. 특히 여성으로서의 마리아의 역할은 교회 내에서의 여성의 지위 제고를 위해서도 중요한 전거가 될 것이다. 가톨릭은 지나치게 마리아를 높인 반면에 개신교회는 지나치게 마리아에 대해서 무관심하였다.

마리아가 동정녀로서 예수를 수태한 것은 무엇보다도 예언의 성취였다. "보라 처녀가 잉태하여 아들을 낳을 것이요 그의 이름을 임마누엘이라 하리라" (사 7:14). "보라 처녀가 잉태하여 아들을 낳을 것이요 그의 이름은 임마누엘이라 하리라" (마 1:23). 구약에 예언된 예수의 탄생은 때가 이르매 유대 땅 베들레헴에서 약속대로 성취되었다. 그러니까 마리아는 우연히 어떻게 하다 보니까 하나님의 구원사에 휩쓸려 들어간 행운아가 아니다. 이사야의 예언 이후 수백 년간 아니 창세전부터, 하나님의 구원의 역사의 중요한 모퉁이돌로서 사용되기 위하여 준비된 사람이었다. 모든 그리스도인 한 사람 한 사람이 귀하게 하나님으로부터 선택되고 부르심 받아 쓰임 받게 되는데 하물며 하나님의 아들을 잉태한 동정녀 마리아는 특별히 하나님의 선택된 자녀가 아닐 수 없다. 순수이성으로 이해할 수 없다고 해서 동정녀탄생을 부인하는 자유주의야말로 유치한 합리주의라고 하지 않을 수 없다.

더 나아가서 우리는 동정녀마리아 이야기를 통해서 하나님의 관심이 어디에 있는가를 살펴보아야 한다. 마리아는 나사렛사람이었다. 예루살렘도 아니고 가이사랴도 아니고 안디옥도 아닌 이름 없는 시골마을 나사렛에서 동정녀 마리아는 나왔다. 시골처녀 마리아는 그 당시 고관대작의 집안에서 귀하게 자란 고매한 인물이 아니었다. 전설에 의하면 마리아는 14살 어린 처녀였고 요셉은 30세가 된 홀아비였다고 한다. 그렇다면 마리아의 출신성분이 얼마나 하찮은 집안이었는지 짐작할 수 있다. 하나님의 은혜는 반드시 인간적인 안목과 조건에 일치하지 않음을 보여주는 대목이다. 하나님은 외모를 보지 않으시고 중심을 보시는 분이기 때문에 그 중심에 순결하고 정직한 영혼을 보시고 그를 하나님의 (아들의) 어머니로(Theo-tokos) 선택하신 것이다.[4]

---

[4] 마리아는 예수의 생애에 있어서 단지 그를 생산했다는 출생의 연결고리 이외에는 더 이상의 역할이 없었는가? 그렇지 않다. 마리아는 예수의 동정녀탄생의 유일한 증인일 뿐만 아니라 예수 생애의 중요한 고비마다 현장에 있었던 목격자였다. 예수가 동정녀 마리아에게서 탄생했다는 사실은 마리아만 알고 있는 비밀이다.
    마리아는 예수의 유년기의 양육자로서만이 아니라 12살의 성전에서의 사건에서도 증인이었다. 예수를 잃어버리고 삼일동안 찾아 헤매다가 마침내 성전에서 그를 찾아내었을 때 예수는 그 부모에게 이렇게 대답하였다. "내가 내 아버지 집에 있어야 될 줄을 알지 못하셨나이까" (눅 2:49). 그리고 마리아는 훗날 언젠가

2. 할례(눅 2:21)

하나님은 죄를 속하기 위해 그 아들을 죄있는 육신의 모양으로 보내어 그 육신에 죄를 정했다 (롬 8:3). 탄생에 의해 여자에게 나게 하시고 할례에 의해 율법아래 있게 했다. "때가 차매 하나님이 그 아들을 보내사 여자에게서 나게 하시고 율법 아래에 나게 하신 것은 율법 아래에 있는 자들을 속량하시고 우리로 아들의 명분을 얻게 하려 하심이라" (갈 4:4~5). 박윤선 박사는

필요할 때 증언하기 위하여 그 사실을 마음에 깊이 새겼다. "그 어머니는 이 모든 말을 마음에 두니라" (눅 2:51).

마리아는 예수의 최초의 기적인 물로 포도주를 만든 사건의 현장에 있었으며 (요 2:1ff.), 포도주가 모자란다는 사실을 예수에게 알리고 하인들에게 예수가 시키는 대로 하라고 이르므로써 최초의 기적이 일어나게 한 장본인이었다. 그리고 예수의 공생애 기간에는 예수의 형제들과 함께 예수를 방문하였고 (눅 8:19, 마 12:46, 막 3:31) 예수의 생애에서 가장 중요한 사건인 십자가 사건의 현장에 있었다. 아들이 십자가에 달려 피 흘리며 죽어가는 현장에서 마리아는 단장의 아픔을 체험하였으며 예수의 제자를 아들로 맞이하는 양자결연을 하였다. "예수께서 자기의 어머니와 사랑하시는 제자가 곁에 서 있는 것을 보시고 자기 어머니께 말씀하시되 여자여 보소서 아들이니이다 하시고 또 그 제자에게 이르시되 보라 네 어머니라 하신대 그 때부터 그 제자가 자기 집에 모시니라" (요 19:26~27). 이 본문은 어머니보다 먼저 가는 아들의 애절한 마음을 잘 표현하고 있으며 마리아는 양자된 제자와 함께 박해를 피해서 여러 교회를 다니면서 자신이 체험했던 역사적 예수에 관한 사실들을 간증하였을 것이다.

마지막으로 마리아는 예수의 승천사건에 참여하였을 것이다. 고린도전서 15장 6절에 의하면 부활하신 예수는 일시에 오백여 형제에게 보이셨는데 이것은 감람산에서 승천하시는 예수를 배웅하였던 환송객들의 숫자로 보여진다. 그런데 그들 중 약 120명이 마가의 다락방에서 열흘간 기도하였을 때 성령이 강림하였는데 그들 가운데 마리아도 포함되었다 (행 1:14). 즉 마리아는 예수의 승천의 증인이었으며 오순절 사건의 증인도 되었다. 오순절 이후 마리아는 역사의 뒤안길로 사라지고 이제부터는 성령의 증언의 시대가 시작되었다.

그러니까 마리아는 예수 사건의 가장 결정적인 증인이다. 그의 탄생의 비밀을 간직한 유일한 증인이요 그 이외의 중요한 유년기와 공생애의 증인이며 십자가와 승천과 오순절의 증인이었다. 이러한 마리아의 증언은 초대교회 케리그마의 중요한 요소들의 구체적이고 확실한 역사적 근거가 되었다. 그러므로 초대교회의 케리그마의 형성에서 마리아가 차지하는 비중은 엄청난 것이었으며 이것은 신약성서를 통해서 우리에게 증거되고 있다.

갈라디아서 4장 4절 '율법 아래 나게 하신 것'에 대해서 다음과 같이 주석하였다. "하나님과 같이 율법의 제재(制裁) 아래 있지 않는 자는 율법의 요구에 대처 관계를 가지지 못한다. 우리를 위하여 율법의 요구에 응해야 할 그리스도는 율법과 관계있는 위치에 오셔야 될 것이었다. 그는 그렇게 율법과 관계 있는 위치에 오신 후에 율법의 요구대로 의를 향하여 우리의 의가 되시고 또한 율법의 요구대로 인간의 죄 값을 대신 지불하시기 위하여 십자가 위에서 죽기까지 하셨다."[5]

예수가 할례를 받은 것은 그가 율법아래 있는 자들을 구원하기 위하여 스스로 율법 아래 있는 자들과 같이 되었다는 뜻이다. 그리하여 율법의 제재를 받는 피조물의 자리로 내려갔다. 이것은 예수가 율법의 제재를 받아야 하는 죄 있는 신분이 되었다는 뜻이 아니라 다른 피조물을 속량하기 위하여 우리로 하여금 아들의 명분을 얻기 위한 방편으로서 스스로 죄인의 자리로 내려갔다는 것이다. 그리하여 예수는 율법 아래 있는 다른 피조물과 같이 되어 스스로 한 사람의 죄인으로서(as a sinner) 한 사람의 죄인처럼 십자가에서 대속의 죽음을 죽어야 했다. 따라서 예수의 할례는 예수의 대속의 십자가를 향한 그의 생애의 첫걸음이었다.

그것은 피상적으로 보기에는 아무 특별한 의미도 없어 보인다. 모든 다른 유대인 소년들처럼 평범하고 일상적인 것으로 보인다. 그러나 인류구속의 대업이라는 관점(perspective)에서 보면 이 사건은 작지만 의미심장한 사건이다. 만약 그가 율법아래 있지 않다면 율법으로부터의 구속도 없을 것이다. 그러니까 철저하게 예수는 구속의 길을 걸어가신 것이고 이것은 전적으로 하나님의 구원의 경륜에 의해서 집행된 구원사의 맥락에서 이해되어야 할 사건이다. 마치 수백 개의 퍼즐이 전부 다 맞추어져야 전체 그림이 완성될 수 있는 것처럼 이 사건도 하나의 작은 퍼즐 조각처럼 예수 그리스도의 역사

5) 박윤선, 〈성경주석: 바울서신〉 (영음사, 1973), 49.

를 구성하는 큰 그림의 한 작은 조각이지만 이것이 없이는 전체 그림이 완전해 질 수 없는 것과 같은 그런 의미를 가진 사건이라고 할 수 있다.

3. 유년시대

소년 예수는 정상적인 생활을 하였으며 이것은 그의 공생애를 위한 준비기간이었다. 그는 나사렛의 회당에서 당시 유대 소년들처럼 율법과 시편을 배웠다. 그리하여 공생애 기간에 그는 자유자재로 구약의 말씀을 인용하여 적재적소에 사용하였다. 사탄의 시험을 받았을 때 그는 세 번 다 신명기의 말씀을 인용하여 방어하였으며 가버나움의 회당에서 이사야를 읽고 그 말씀이 오늘날 이루어졌다고 선포하였다 (눅 4:17). 그는 시편을 인용하여 자신이 하나님의 아들임을 증거하였다. "여호와께서 내 주에게 말씀하시기를 내가 네 원수들로 네 발판이 되게 하기까지 너는 내 오른쪽에 앉아 있으라 하셨도다" (시 110:1; 마 22:44; 행 2:34f.).

그는 그 지혜와 키가 자라가며 하나님과 사람에게 더 사랑스러워 갔다 (눅 2:52). 예수가 12살에 처음으로 예루살렘 성전에 가서 제사를 드렸을 때 부모와 헤어진 3일간 성전에서 선생들에게 듣기도 하고 묻기도 하였는데 듣는 자가 그 지혜와 대답을 놀랍게 여겼다. 이 광경을 보고 어머니가 나무라자 "어찌하여 나를 찾으셨나이까? 내가 내 아버지 집에 있어야 될 줄을 알지 못하셨나이까?"(눅 2:49)라고 대답하였다. 이것은 예수가 어렸을 때부터 서서히 자신이 메시아임을 깨달아 가고 있었음을 암시한다. 예수가 세례를 받기까지 그의 메시아 의식은 잠복된 상태였지만 그러나 그는 비상한 영적 지혜로 자신의 사명을 인식해 가고 있었을 것이다.

그의 아버지 요셉은 일찍 세상을 떠난 것으로 생각되며 홀어머니와 4명의 남동생들과 여동생들을 거느린 가장으로서 목수일을 하며 살림을 꾸려갔다. 한편 그는 민족의 장래와 자신의 사명에 대하여 오랫동안 심사숙고하였을 것이다. 예수의 공생애 이전의 사생애는 정상적이고 평범한 생활이었다. 그것은 인격의 정상적인 형성을 위해서 대단히 중요한 과정이다. 부모와의 유대와 형제들과의 친교는 원만한 인간성을 형성하는 결정적으로 중요한 요소들이다. 이러한 성장과정을 통해서 그의 인격은 성숙해져 갔다.[6] 왼쪽 뇌만 발달한 신동들이 건전한 인간관계와 사회생활에 실패하는 많은 경우들을 보는데 그것은 성장과정에 문제가 있기 때문이다. 비록 시간이 많이 걸리고 힘이 들어도 이 과정은 꼭 필요한 성장통으로서 모든 인간에게 요구되는 것이다.

4. 세례

성서에 의하면 세례를 받음으로써 예수의 공생애가 시작된다. 즉 세례는 메시아적 사역의 시작이다. 예수가 세례를 받고 물에서 올라올 때 하늘이 갈라지고 성령이 비둘기같이 임재하였으며 하늘에서 소리가 나기를 "너는

---

6) 톰 행크스(Hanks)가 주연한 "빅"(Big)이라는 영화가 있다. 14살의 소년이 마술의 힘을 빌려 30세의 청년이 되어 그가 원하던 모든 것을 얻었다. 집과 애인과 직장의 높은 지위와 명성을 얻어서 성공의 가도를 달렸다. 그러나 그는 어느 날 문득 잃어버린 어머니의 사랑과 친구들과의 우정과 어린 시절의 아름다운 추억을 되찾기 위해서 과거로 돌아가기로 결정을 하였다. 중간 과정이 없는 성취는 너무 많은 것을 상실해야 하는 것임을 깨달은 것이다. 이렇게 과거로 돌아가기로 작정을 하고 애인에게 같이 갈 것을 권유하였다. 그러나 애인은 과거로 되돌아가는 것이 끔찍하다고 거절하였다. 우리가 비록 과거를 반복해서 다시 사는 것이 끔찍할지라도 정상적인 성장의 과정이 없는 사람의 남은 생은 왜곡될 수밖에 없다. 정상적인 학창시절을 건너뛰어 대학을 입학한 신동들의 생애가 행복하고 바람직한 것이라고 보기 어려운 많은 사례들이 보고되고 있다. 인생은 결과보다 과정이 중요하다. 정상적인 과정이 없는 결과는 의미가 없다. 따라서 예수의 생애에 있어서 정상적 성장은 그의 생애 전체를 의미 있게 만드는 중요한 일부분이다. 이 과정을 통해서 그의 인격은 성숙되어 갔다.

내 사랑하는 아들이라"(막 1:10f.)고 하였다. 이것은 예수에 대한 하나님의 메시아 선포인 동시에 자신이 하나님의 아들 야웨의 종이라는 메시아 자각의 사건이다. 예수는 12살에 이미 성전이 자신의 아버지의 집이며 자신이 그의 아들로서 아버지의 집에 있어야 함을 자각하고 있다는 것을 암시하였다. 그러나 성서에서 더 이상의 자세한 언급이 없기 때문에 예수의 메시아 자각이 언제 일어났는지 정확하게 알 수 없다. 다만 예수가 세례 받을 때 하나님의 메시아선포가 있었으며 그 이후 그의 공생애 기간 동안 예수는 메시아로서 인식하고 메시아로서 사역했음을 알 수 있다. 따라서 세례사건은 예수의 메시아 인식이 명료화된 결정적인 계기였음을 부인하기 어렵다.[7]

나아가서 세례를 받고 물위로 올라오는 예수에게 하늘에서 성부의 음성이 들리고 성령이 비둘기같이 내려오는 이 사건은 성부, 성자, 성령이 인류구원의 역사를 개시하시는 팡파르를 울리는 사건으로서 대단히 의미심장한 일이다. 삼위 하나님이 동시에 특정한 공간에 임재하는 이런 삼위일체적인 사건은 성서 전체에서도 찾아보기 드문 일이다. 천지창조 사건에서도 삼위일체적인 사역의 모습을 묘사하고 있다. 구약의 천지창조는 성자 예수 그리스도가 말씀의 형태로 참여하였으며 (요 1:3), 성령이 수면에 운행하였으며 (창 1:2, 2:7) 이 세계의 창조의 주체였다.

그런데 신약의 인류구원의 역사가 개시되는 이 마당에 삼위일체 하나님이 현현하여 구원의 역사가 구체적으로 개시됨을 알리는 것은 이 사건의 중

---

7) 예수가 자신이 그리스도임을 인식한 증거는 복음서에서 찾을 수 있다. 가장 중요한 본문은 가이사랴 빌립보에서 베드로가 예수를 그리스도로 고백한 사건이다. "주는 그리스도시니이다" (막 8:29). 본문에서 예수는 스스로 자신이 그리스도라고 명시적으로 발언하지 않았지만 자신을 그리스도라고 인식하고 있음이 틀림없다. 마태복음의 병행구에서는 예수가 베드로에게 "바요나 시몬아 네가 복이 있도다. 이를 네게 알게 한 이는 혈육이 아니요 하늘에 계신 내 아버지시니라...이에 제자들에게 경고하사 자기가 그리스도인 것을 아무에게도 이르지 말라 하시니라"(마 16:17, 20)라고 함으로써 자신의 메시아 됨을 기정사실화 하고 있다.

대성을 극적으로 계시하는 것이다. 그러니까 인간의 안목으로 볼 때, 유대광야의 변두리인 요단강 가에서 벌어지고 있는 이 세례사건은 보잘 것 없는 이름 없는 촌부들의 주목받지 못하는 하찮은 사건일지 몰라도 하나님의 안목에서 볼 때는 천지창조에 비견될 정도의 중요성을 가진 대사건임이 증거되고 있다. 어쩌면 신문을 장식하는 대사건이라는 것들이 사실은 하나님이 보시기에는 보잘 것 없는 무의미한 사건들일지도 모른다. 그리고 신문에 보도되지 않은 이름 없는 사람들 사이에서 벌어지고 있는 영혼의 변화와 회복의 구원사건들이 사실은 하나님의 관심사의 중심에 있는 하나님의 큰 사건들일지 모른다. 우리는 하나님의 시각을 가지고 역사를 판단해야 할 것이다.

예수가 요단강에서 세례 받은 사건은 지나간 2000년간 그리고 지금 현재 전 세계 교회 안에서 일어나고 있는 모든 그리스도인들이 받는 물세례의 근거가 된다. 칼 바르트는 마태복음 28장 19~20절의 지상명령은 본질적으로 세례명령이라기보다는 선교명령으로 보아야 한다고 주장하였다. 그리고 삼위일체의 형식으로 되어 있는 세례형식은 나중에 변형된 것이며 최초의 교회는 오직 예수 그리스도의 이름으로만 세례를 베풀었기 때문에 이 본문은 후대의 첨가로 보아야 한다고 주장하였다.[8] 다시 말해서 마태복음 본문은 기독교세례의 근거가 될 수 없다고 보았다. 그리하여 바르트는 마태복음 3장 13절 이하에서 기독교세례를 제정했다고 보았다.[9] 그리고 마태복음 28장 19절은 이 실제적인 세례제정의 정당화요 강화라고 하였다. 이러한 입장은 크리소스톰, 암브로시우스, 토마스 아퀴나스, 보나벤투라, 마틴 루터의 전례를 따르는 것이다.[10] 그리스도인은 그리스도의 삶을 뒤따르는 사람들이다. 그

---

8) 행 2:38 "베드로가 이르되 너희가 회개하여 각각 예수 그리스도의 이름으로 세례를 받고 죄 사함을 받으라 그리하면 성령의 선물을 받으리니."

9) Karl Barth, *The Teaching of the Church Regarding Baptism* (London: SCM, 1948), 17.

10) 전성용, 〈칼 바르트의 성령론적 세례론〉, 215.

러므로 그리스도가 세례 받았던 것처럼 그리스도인은 세례를 받아야 한다. 이것이 이런 주장을 하는 사람들의 논리이다.

더 나아가서 예수의 세례에서 물세례와 성령세례는 결합되어 있다. 예수는 물세례를 받으면서 동시에 성령세례를 받았다. 즉 예수에게서 물세례와 성령세례는 분리되지 않는다. 예수는 성령세례 주는 분이다. 아버지로부터 나오는 성령을 받아 우리에게 부어주시는 분은 예수이다. 예수 그리스도는 성령세례의 주체이다. 그리고 예수는 또한 성령세례 받는 분이다. 물세례 받을 때 예수는 성령세례 받았으며 성령충만한 상태에서 광야로 나가 사탄의 시험을 받으셨고 그 시험을 이겼다. 그러므로 물세례와 성령세례는 분리되면 안 된다. 초대교회에서 물세례와 성령세례는 통일되었다. 물세례를 받은 사람은 성령세례를 받았고 성령세례를 받은 사람은 물세례를 받았다. 순서는 바뀔 수 있지만 이 양자는 분리되지 않았다. 그러다가 기독교가 로마에 의해서 공인되고 국교가 되면서 그리고 유아세례가 보편화 되면서 물세례와 성령세례는 분리되어 갔다. 성령세례 받지 않은 유아들이 강제적으로 무차별적으로 물세례 받게 되자 많은 기독교인들은 성령세례가 무엇인지 모른 채 명목적인 그리스도인이 되었다. 거기다가 교회 안에서 성령의 은사를 제한하는 조치들이 내려지면서 성령세례는 더 위축되어 갔다. 예컨대, 어거스틴은 방언의 은사를 부정하였다. 방언은 초대교회 박해시대에 필요해서 주셨으나 박해가 사라진 다음에는 필요가 없으며 사라졌다고 선언하였다. 이러한 교회의 현실에서 성령세례는 교회 안의 소수의 경건하고 신령한 수도사들의 전유물이 되어 교회의 소수집단 수도사들, 신비주의자들의 특이한 삶 속으로 위축되어 갔다.

이렇게 오랫동안 교회의 변두리로 밀려났던 성령세례가 웨슬리의 감리교 부흥운동 이후 교회의 주류 신앙행태로서 회복되기 시작하였으며 감리교회의 부흥운동이 미국으로 건너가 19세기의 대부흥운동의 원동력이 되고 20세기 오순절 운동의 뿌리가 되었다. 1738년 5월 24일 웨슬리의 올더스게이트 회심 사건 이후 지난 300년간 교회는 잃어버린 성령세례를 회복하는 운동을 일으켰으며 특히 20세기에 대성공을 거두었다. 그러므로 잃어버린 성령세례가 교회 안에서 회복되어야 한다. 성령세례와 물세례가 결합되어 예수 그리스도가 물세례 받을 때 성령세례 받은 것처럼 모든 그리스도인들은 물세례와 함께 성령세례 받아야 한다.

5. 시험 받으심(마 4:1~11; 눅 4:2~13)

예수는 세례 받은 후 성령이 충만한 상태에서 광야로 가서 40일간 금식하였으며 금식이 끝난 후 사탄의 시험을 받았다. 첫째 아담은 시험에 들었다. 아담은 사탄의 시험을 이기지 못하고 실패하였으며 선악과를 따먹고 범죄하여 온 인류로 하여금 죄인 되게 하였다. 둘째 아담 예수도 시험을 당했으나 그는 시험에 들지 아니하고 사탄의 시험을 이기고 승리하여 첫째 아담의 실패를 극복하였다. 그는 시험을 이긴 다음부터 복음을 전함으로써 모든 인간을 구원하는 구원사를 개시하였다. 예수가 사탄의 시험을 이기지 못했다면 그는 인류구원의 대업을 개시하지도 못했을 것이다. 첫째 아담이 실패하여 인류를 죄의 구렁텅이로 몰아넣은 것처럼 둘째 아담도 실패하였다면 인류는 영영 이 죄로부터 구원 받을 가능성을 상실하였을 것이다. 그러니까 한 번의 시험을 통과하느냐 마느냐 하는 것은 단지 그 시험을 통과하느냐 못하느냐의 문제가 아니라 그 이후 인류가 사느냐 죽느냐의 절체절명의 위기이다. 우리 개인의 삶에 있어서도 시험을 이기느냐 지느냐 하는 것은 단지 그 한 번의 사건으로 끝나는 문제가 아니라 그 이후의 삶을 결정하고 그 이후 세대와 자손들에게 엄청난 결과를 초래한다. 따라서 우리가 하나님 앞에 바로

서느냐 못서느냐 악의 시험에 빠지느냐 마느냐 하는 것은 엄중한 문제이다. 우리 그리스도인들은 항상 시험에 들지 않도록 깨어 있어야 한다.

예수는 구약성서 신명기의 말씀을 인용함으로써 시험을 이겼다. "사람이 떡으로만 살 것이 아니요 하나님의 입으로부터 나오는 모든 말씀으로 살 것이라" (신 8:3). "기록되었으되 주 너의 하나님을 시험하지 말라 하였느니라" (신 6:16). "주 너의 하나님께 경배하고 다만 그를 섬기라 하였느니라" (신 6:13). 에베소서 6장 11절 이하에 의하면 하나님의 전신갑주가 나오는데 다른 무기들은 다 방어용 무기이지만 오직 성령의 검 곧 하나님의 말씀만이 공격용 무기가 되어 마귀를 대적하여 이길 수 있게 된다. 예수는 사탄의 시험을 이 말씀을 무기로 하여 대적하였으며 이길 수 있었다. 하나님의 말씀은 살았고 운동력이 있어 악을 찔러 쪼갠다.

사탄의 시험은 세 가지였는데 첫째로, "네가 만일 하나님의 아들이어든 명하여 이 돌들이 떡덩이가 되게 하라." 즉 물질 문제이다. 둘째로, 예수를 성전 꼭대기에 세우고 뛰어내리라고 하였다. 성전 꼭대기에서 기드론 골짜기까지 높이가 약 140미터가 되는데 만약에 그렇게 높은 곳에서 뛰어내려도 다치지 않는다면 예수는 그가 가진 초인적인 권능을 과시함으로써 사람들의 선망, 영예, 인기, 명성을 얻게 될 것이다. 이것은 인간관계의 문제이다. 셋째로, "만일 내게 엎드려 경배하면 이 모든 것을 주리라." 이것은 하나님만 섬겨야 된다는 하나님 신앙에 대한 도전이다. 하나님, 인간, 물질(天地人) 문제로 시험한 마귀의 시험은 인간이 당할 수 있는 모든 시험을 함축한 것이다.[11]

---

11) 천지인의 구조는 예수의 주기도문에서 찾아 볼 수 있다. 첫째로, '이름이 거룩히 여김을 받으옵시고'는 십계명의 제3계명을 전용한 것이다. 십계명에서는 하나님의 이름이 망령되이 일컬어져서 안 된다고 부정적으로 표현했지만 주기도문에서는 이것이 긍정문으로 바뀌었다. 둘째로, '일용할 양식을 주옵시고'는 물질 문제이다. 셋째로, '우리가 우리에게 죄지은 자를 용서해준 것 같이 우리의 죄를 용서해 주옵시고'는 인간관계의 화해를 의미한다. 그러니까 주기도문에서 예수님은 우리가 드려야 할 모든 기도를 세 가지로 요약하였으니 천지인이며 이

예수는 이 모든 시험을 이기고 승리함으로써 사탄에 대해 치명적인 타격을 가하고 복음을 선포하기 시작하였다.

6. 십자가

십자가는 신약의 중심점이다. 십자가는 복음의 정점(頂點, climax)이다. 예수의 사역의 완성이다. 그는 십자가 위에서 "다 이루었다"(요 19:30)고 함으로써 그의 구원사역을 완성하였다. 하나님의 나라는 예수의 성육신으로 성취되었다. 하나님의 나라는 하나님이 지배하시는 곳이다. 예수가 이 세상에 오심으로써 하나님의 나라는 시작되었다. 그리고 하나님의 나라는 십자가 위에서 완성되었다. 그것은 예수의 사역의 완성이다. 그러나 십자가 위에서 완성된 하나님의 나라는 객관적이고 보편적인 원리(in principle)로서의 완성이지 아직 개개인의 중심에 내면적으로 주체적으로 실현된 것(realization)은 아니다. 하나님의 나라는 개개인의 실존 가운데서 믿어지고 수용되고 구체적인 삶으로 구현되어야 한다. 이것은 성령을 통해서 교회 안에서 이루어져야 할 미래적 사건으로 남아 있으며 지나간 2000년간 실현되어가고 있다. 그리고 이 하나님의 나라는 종말에 예수의 재림으로 비로소 완전하게 완성(consummation)될 것이다. 아직 미완성인 하나님의 나라는 재림하신 주님 안에서 문자적으로 완성되어 이 땅 위에 우뚝 서게 될 것이다. 따라서 하나님의 나라의 구현의 과정은 다음과 같이 3단계로 진전되어 간다고 할 수 있다.

기도는 모든 그리스도인들이 드려야 할 기도의 전형이다.

성취 (accomplishment)	→	완성 (completion)	→	완전한 완성 (comsummation)
= 성육신		= 십자가		= 재림

십자가 사건의 의미가 무엇인가? 예수 그리스도의 십자가 사건은 참으로 이해하기 어려운 문제임이 분명하다. 하나님의 아들이 십자가에 달려 죄수의 모습으로 사형당하여 죽는다는 것은 역사의 스캔들이라고 하지 않을 수 없다. 이 세상을 창조하신 창조자가 인간이 되어 힘없는 죄수의 몸으로 비참하게 처형당해서 죽어간다는 것은 설명하기 어려운 난제이다. 지금까지 등장한 다양한 십자가 사건에 대한 해석들 가운데서 중요한 몇 가지의 해석을 살펴보고자 한다.

첫째로, 대속의 죽음이다. 이것은 전통적인 십자가해석이다. 성서적이고 복음적인 해석이다. 베드로서에 의하면 예수는 친히 나무에 달려 그 몸으로 우리 죄를 담당하셨다 (벧전 2:24). 구약시대에 이스라엘백성들은 매년 속죄양을 죽여 하나님께 제사를 드림으로써 자기의 죄를 용서받았다. 그런데 예수 그리스도께서 친히 속죄양으로서 십자가에 죽으심으로 온 인류가 드려야 할 모든 속죄제사를 단번에(once for all) 다 이루신 것이다. 그러므로 이제 예수 그리스도의 대속의 죽음을 믿는 사람은 더 이상 속죄제사를 드릴 필요가 없고 더 이상 죄의 자녀가 아니며 의롭다함을 얻게 된 것이다.

고린도후서 5장 14~15절에서는 "한 사람이 모든 사람을 대신하여 죽었은 즉 모든 사람이 죽은 것이라. 그가 모든 사람을 대신하여 죽으심은...오직 그들을 대신하여 죽었다가 다시 살아나신 이를 위하여 살게 하려 함이라"고 하였다. 로마서 5장 8절에서는 "우리가 아직 죄인 되었을 때에 그리스도께서 우리를 위하여 죽으심으로 하나님께서 우리에 대한 자기의 사랑을 확증하셨느니라"고 하였으며 갈라디아서 3장 13절에서는 "그리스도께서 우리를 위하여 저주를 받은 바 되사 율법의 저주에서 우리를 속량하셨으니 기록된 바 나무에 달린 자마다 저주 아래에 있는 자라 하였음이라"고 하였다.

예수는 본래 죄가 없는 분이다. 고린도후서 5장 21절에서는 "하나님이 죄를 알지도 못하신 이를 우리를 대신하여 죄로 삼으신 것은 우리로 하여금 그 안에서 하나님의 의가 되게 하려 하심이라"고 하였으며 히브리서 4장 15절에서는 "우리에게 있는 대제사장은 우리의 연약함을 동정하지 못하실 이가 아니요 모든 일에 우리와 똑같이 시험을 받으신 이로되 죄는 없으시니라"고 하였다. 그러니까 죄 없는 예수는 죽을 이유가 없다. 왜냐하면 죽음은 죄의 값이기 때문이다 (창 2:17). 그런데 예수는 죽었다. 그것도 사형에 해당하는 십자가형으로 죽임을 당했다. 왜? 그것은 예수 자신의 죄가 아니라 다른 사람의 죄를 대신해서 죽은 죽음이었다. 예수의 죽음은 인류의 죄값을 대신하는 대속의(vicarious) 죽음이었다.

그런데 이 대속의 교리에 이의를 제기하는 사람들이 있다. 그들은 자유주의 신학자들이다. 대표적으로 19세기 독일의 신학자 알브레히트 리츨(Albrecht Ritschl)은 대속의 교리는 저열한 교리라고 하였다. 불트만은 대속의 교리를 원시적 신화라고 하였다. 우리나라의 어떤 자유주의자는 예수의 피가 다른 사람의 죄를 대속할 수 있다면 왜 예수의 피만 가능한가? 왜 돼지의 피는 안 되는가? 라고 주장하였다.

자유주의신학에서는 성서 안에 있는 예수를 역사적 예수로 보지 아니하고 초자연적인 신성화 과정의 산물로 본다. 부활이야말로 초자연적 유신론을 근거지은 후대의 산물로서 사적 예수와는 무관한 개념이라고 본 것이다.[12] 이러한 입장에서는 예수를 대속의 죽음을 죽은 성육신한 하나님의 아들이신 구세주가 아니라 사회 전체를 비판하고 대안을 만들고자 했던 카리스마적

---

12) 이정배, "토착화의 시각에서 본 에큐메니칼 선교," 〈신학사상〉 138집, 2007/가을 (한국신학연구소), 129.

지혜자, 사회적 혁명가로 이해하며 민중들의 삶의 자리에서 하나님의 나라 비전을 실현시키려 했던 비종말론적 현자로 본다.13) 그러므로 이런 입장에서는 예수의 삶을 모범으로 삼아서 우리도 그렇게 살아야 할 역할모델로 생각하지 예수가 나를 대신해서 십자가에 죽었다는 대속의 교리를 거부한다. 우리나라에도 이런 입장을 따르는 사람들이 있다. 함석헌, 홍정수 등이다. 함석헌은 이러한 사상을 자속적(自贖的) 기독교라고 명시화 하였다. 함석헌은 이렇게 말한다. "네 피 흘릴 맘 한 방울 없어 그저 남더러 대신 흘려 달래 살고 싶은가?"14) 이런 자속적 기독교는 현실의 기독교가 복음의 정신대로 살지 아니하고 믿음의 형식화에 만족하며 세상을 위한 기독교가 아니라 교회를 위한 기독교가 되어가는 나약한 교회를 비판하는데 설득력을 가지고 있다. 예수 그리스도의 제자라고 하면서 예수를 따르지 않는 교회는 이런 비판을 피할 수 없을 것이다.

그러나 비록 교회가 열매 없는 믿음을 보여주는 경우가 있다고 하더라도 그렇다고 해서 자유주의신학의 논리가 옳다고 할 수는 없다. 그것은 성서를 제대로 읽었다고 할 수 없다. 성서를 인간의 작품으로 보는 것이 아니라 성서를 통해서 말씀하시는 하나님의 말씀을 들어야 한다. 바르트의 표현대로 성서는 인간의 신학이 아니라 하나님의 인간학이다. 성서의 주어는 인간이 아니라 하나님이다. 자유주의는 인간중심주의로서 성서 안에 있는 휴머니즘만 보고 그것을 초월하는 하나님의 말씀을 듣지 못하기 때문에 비성서적인 신학이다.

그러면 대속의 교리는 여전히 우리에게 설명 가능한 것인가? 현대인에게는 대속의 교리를 해명할 수 있는 인식의 모티브가 없을까? 필자는 대속의 교리를 해명해 줄 수 있는 유비(analogy)가 아직도 우리의 삶 속에 널리 유포

---

13) Ibid., 131.
14) Ibid., 142.

되어 있다고 생각한다. 우리 주변에서 어렵지 않게 이런 유형의 사태를 경험하게 된다. 예컨대 강재구소령은 수류탄 투척훈련을 하던 중 어떤 미숙한 훈련병이 실수하여 수류탄을 사병들 가운데 떨어뜨렸을 때 자신의 몸을 던져 산화(散化)함으로써 주변에 있던 많은 사병들의 생명을 구하였다. 지금도 신문에서는 가끔 어린애기가 기찻길에서 놀고 있는데 멀리서 기차가 달려오는 것을 보고 어머니가 달려가서 아기를 던져서 구해내고 자기는 미처 피하지 못하고 기차에 치여 목숨을 잃었다는 기사를 읽을 수 있다. 이런 이야기들을 통해서 우리는 지금도 남의 생명을 구하기 위해서 내가 대신 희생하고 목숨을 버린다는 것이 이해불가능하지 않음을 알게 된다.15) 성서에서도 모세와 사도 바울이 동족의 구원을 위해서 자신이 하나님께 버림 받아도 좋다는 각오로 기도한 것을 증거하고 있다 (출 32:32; 롬 9:3). 사랑에 근거한 희생의 모티브들은 인류의 삶 속에 현존하기 때문에 대속의 교리는 여전히 유효한 십자가해석이라고 할 수 있다.

둘째로, 십자가사건은 화해의 사건이다. 예수의 몸은 인간의 죄로 말미암아 단절되었던 하나님과 인간의 관계를 회복시키기 위한 화목제물로 드려졌으며 (요일 2:2, 4:10; 롬 3:25), 그리하여 "전에 악한 행실로 멀리 떠나 마음으로 원수가 되었던 너희를 이제는 그의 육체의 죽음으로 말미암아 화목케 하사

---

15) 필자가 영국에 유학중에 우리 아이가 아픈 적이 있었는데, 2주 동안 치료를 하여도 차도가 없었다. 평소에는 며칠이 지나면 낫고 길어야 일주일이면 나았는데 필자는 걱정이 되어 기도로 치유하기로 작심을 하고 밤 12시부터 약 두 시간 동안 잠자는 아이 옆에서 간절히 기도하였다. 그리고 그 다음날 아침에 아이가 깨끗이 나아 있는 것을 보았다. 그 때 필자는 이렇게 기도하였다. "하나님 저 아이의 병을 나에게 옮겨 주시옵소서." 내가 대신 병을 짊어지고 고통을 당하겠다는 이 기도는 바로 사랑하는 인간을 대신해 십자가를 지겠다는 하나님의 심정의 반영이 아닐까? 나의 아들에 대한 사랑이 내가 아들을 대신하여 아프겠다는 기도로 표현되었듯이 하나님의 인간에 대한 사랑이 십자가로 표현된 것이다. 필자가 깨달은 것은 우리에 대한 하나님의 사랑은 나의 아들에 대한 사랑을 초월하는 어마어마한 크기라는 것이다. 내가 아들을 대신해서 죽을 수 없지만 하나님은 나를 대신해서 죽어주시는 사랑을 베푸셨다.

너희를 거룩하고 흠없고 책망할 것이 없는 자로 그 앞에 세우고자 하셨으니"
(골 1:21~22) 믿음으로 복음을 받는 자는 하나님과 화해하게 된 것이다.

그런데 인류역사상 모든 제사들은 인간이 신을 달래기(propitiation)였다. 전쟁, 가뭄, 질병, 홍수, 지진 등 인간이 감당하기 어려운 재난을 당했을 때, 그리고 전쟁의 승리, 재난의 극복, 풍년과 다산과 안녕을 기원하기 위해서 제단에 제물을 바치고 그들이 섬기던 신에게 간구하였다. 즉 인간이 신에게 제물을 드렸다. 중남미의 인디언들이 세웠던 피라미드는 바로 이런 목적을 위해서 세운 종교적인 제단(altar)이었다. 기록에 의하면 살아있는 처녀의 심장을 도려내어 제물로 드렸다고 한다. 이렇게 모든 제사들은 인간이 자신을 희생하여 제물로 바치는 것인데 십자가는 이것을 뒤집은 것이었다. 십자가 위에서 드려진 제물은 인간이 아니라 하나님이 스스로 자신의 몸을 찢어 바친 것이었다. 그러므로 십자가 위에서 지금까지의 인류의 제사는 그 방향이 역전되었다. 아래에서 위로(from below to above)가 아니라 위에서 아래로 (from above to below) 내려온 제사였다. 십자가는 하나님이 자신을 바치는 제사였다. 하나님이 인간을 위해서 스스로 자신을 희생한 제사가 십자가였으며 따라서 이후로 하나님은 더 이상 인간의 희생을 요구하지 않으며 인간은 하나님께 제물을 바칠 필요가 없게 되었다.

셋째로, 십자가 사건은 절대적인 복종의 사건이다. 아담은 하나님의 말씀에 불순종하여 선악과를 따먹고 범죄하였다. 그러나 예수는 "아버지여...이 잔을 내게서 옮기시옵소서. 그러나 나의 원대로 마옵시고 아버지의 원대로 하옵소서"(막 14:36)라고 기도함으로써 하나님의 뜻에 전적으로 순종하였다. 아담의 죄의 본질이 하나님과 같이 되고자 하였던 교만이라면 예수는 "근본 하나님의 본체시나...오히려 자기를 비어 종의 형체를 가져 사람들과 같이 되었고...자기를 낮추사 죽기까지 복종하셨으니 곧 십자가에 죽으심이라"(빌 2:6~8)는 말씀과 같이 겸손과 복종의 모범을 보이셨다. 이렇게 함으로써 아담에 의해 파괴된 하나님과의 관계가 회복되었다.

십자가에 대한 이런 도덕적인 해석은 자유주의 신학자들이 선호하는 이론이다. 대속의 교리를 부정한 리츨은 십자가의 의미를 모든 인간이 본받아야 할 도덕적 인격의 원형으로 해석하였다. 예수의 인격은 복종에 있어서 완전하며 십자가에서 그의 생명을 바치면서까지 하나님께 복종함으로써 도덕적인 복종의 모델을 우리에게 보여주었다고 해석하였다.[16]

넷째로, 십자가는 하나님께서 고통 받으신 사건이다. 하나님의 아들의 죽음은 하나님께서 인간의 고통을 외면치 아니하시고 그 고통에 참여하시며 그리하여 하나님께서 인간과 함께 고통 받으신다는 의미이다. 희랍의 신은 고통 받을 수 없는 존재(apatheia) 즉 피안의 세계에 있는 존재이다. 그러한 신은 고통가운데 신음하는 인간의 죄된 현실과 동떨어진 존재이다. 그러나 성서의 하나님은 인간과 함께 하시고 인간의 삶과 역사 안에 찾아오시며 인간의 고통에 동참하시는 살아계신 분이다. 이러한 하나님의 사랑의 극적인 표현이 바로 십자가사건이다.

20세기에 인류는 2차 세계대전을 통해서 유대인 대학살(Holocaust)이라는 전대미문의 대참사를 겪게 되었다. 그리고 이 참사를 통해서 새로운 진리를 깨닫게 되었다. 엘리 비젤(Elie Wiesel)의 소설 〈밤〉(*Night*)의 유명한 장면 아우슈비츠의 처형장면을 묘사하는 구절에 이러한 충격적인 일화가 나온다. 세 사람이 교수형을 당하는 것을 군중들이 보고 있을 때, 어떤 사람이 "하나님은 어디에 계신가?" 하고 질문한다. 이것을 보고 있던 또 다른 유대인이 이렇게 대답하였다. 하나님은 저기 계신다. 죽어가는 저 사람과 함께 계신다. 몰트만은 〈십자가에 달리신 하나님〉에서 하나님이 인류의 고난을 외면치 아니하시고 그 고통에 참여하시며 함께 고통당하신다는 사상을 예수의 십자

---

16) 예수는 지식에 있어서는 완전하지 않았다. "그 날과 그 때는 아무도 모르나니 하늘의 천사들도, 아들도 모르고 오직 아버지만 아시느니라" (마 24:36). 그러나 예수는 복종에 있어서 완전하였다.

가 안에서 해석해 내었다.[17]

십자가신학은 루터에 의해서 주장되었는데 루터에 있어서 그리스도의 고난과 죽음 속에서 신적 인격도 고난을 받으며 죽는다. "참으로 말한다: 이 사람이 세상을 창조하였으며, 이 하나님께서 고난을 당하였고, 죽임을 당하였으며 무덤 속에 묻히었다."[18] 몰트만은 루터의 십자가신학에서 한걸음 더 나아가 십자가를 삼위일체론적으로 해석하였다. 삼위일체론의 장소는 사고의 사고(Denken des Denkens)가 아니라 예수의 십자가이다. 삼위일체론의 내용적 원리는 그리스도의 십자가이다. 십자가의 인식적 원리는 삼위일체론이다. 십자가의 신학이 삼위일체론이며 삼위일체론은 십자가의 신학이 되어야 한다. 그러면 이 하나님과 그리스도 사이에 어떤 일이 십자가 위에서 일어났던가?

그리스도는 철저히 의도적으로 아버지에 의하여 죽음의 운명에 던져졌다. 하나님은 그를 사멸의 세력에로 추방하였으며 이 세력은 인간을 의미할 수도 있고 죽음을 의미할 수도 있다. 아버지께서 그의 아들을 십자가에서 내어주시며 그리하여 내어주시는 아버지가 되신다. 아들은 이 죽음에로 버림을 당하며 그리하여 죽은 자들과 산 자들의 주가 되신다. 아들을 버림으로써 아버지께서는 그 자신을 버린다. 아들을 내어 주심으로써 아버지께서는 그 자신을 내어주신다.[19]

그런데 여기에서 주의해야 할 것은 십자가사건은 성부가 직접 수난 받으신 것이 아니고 성부는 성령을 통하여 성자 안에서 고난 받으신 것으로 보아야 한다.[20] 즉 삼위일체 안에서 성부와 성자와 성령사이의 독자성이 확보되

---

17) 알리스터 맥그래스, 〈역사속의 신학〉, 336; 몰트만, 〈십자가에 달리신 하나님〉 (한국신학연구소, 1979), VI. "십자가에 달린 하나님."
18) WA 39, II, 93ff.; 몰트만, 〈십자가에 달리신 하나님〉, 245.
19) 몰트만, ibid., 253ff.
20) 터툴리안 당시의 이단 프락세아스는 성부가 예수 안에 성육신하였으므로 성부가 예수 안에서 고난당했다는 성부수난설을 주장하였다. 터툴리안은 프락세아

어야 한다. 그렇지 않으면 삼위일체론은 양태론으로 될 수 있다.

7. 부활

신약의 복음을 요약한다면 예수께서 우리 죄를 위해 죽으시고 장사되었다가 사흘 만에 다시 살아났다는 것이다 (고전 15:3~4). 신약의 복음은 부활에 의해 가능하다. 부활이 없으면 공허하고 빈 무덤밖에 남지 않는다. 십자가사건이 우리의 신앙의 내용이 될 수 있는 것은 그것이 단순한 죽음으로 끝나지 아니하고 부활의 사건으로 초월되었기 때문이다. 그리하여 절망에서 희망으로 죽음에서 생명으로 이르는 신앙의 능력의 근거가 될 수 있다. 그러므로 십자가와 부활은 두개의 별개의 사건이 아니라 하나의 통일된 사건이다. 부활 없는 십자가는 무의미하고 절망적인 사건이요 십자가 없이는 부활은 있을 수 없다. 나아가서 부활의 의미는 예수가 하나님의 아들이라는 증거요 계시이며 (롬 1:4; 행 3:13, 15), 인간의 부활에 대한 예증이다 (고전 15:20, 23). 부활의 신학적 의미가 무엇인가 살펴보고자 한다.

첫째로, 부활은 역사적 사실이다. 이 문제에 대해서는 신학적으로 대단히 많은 논란이 있어 왔다. 특히 자유주의 신학자들은 부활이 역사적 객관적 사실이 아니라 신앙 안에서 일어난 주관적 사건이라고 주장하였다. 여기에

스를 반대하여 하나님의 수난이라는 관념을 거부하였다. Tertullian, *Against Praxeas*, Chap. 29, 30. 그러나 터툴리안은 "엘리 엘리 라마 사박다니"라는 십자가 위에서의 예수의 탄식은 예수의 인성의 탄식이요 예수의 신성은 예수의 인성과 접촉하지 않는다고 함으로써 예수의 신성과 인성을 분리시키는 과오를 범하였다. 451년 칼케돈신조에서 예수의 신성과 인성은 분리될 수 없는 것으로 정리되었다. 사벨리우스(Sabellius)도 성부는 성자로서 고난당했다고 생각했다. 즉 십자가에 달리신 그리스도의 고난은 아버지의 고난으로 간주되어야 한다는 것이다. 성부와 성자는 양태가 다를 뿐 한 분이기 때문이다.

서는 불트만과 바르트를 중심으로 이 문제를 해명해 보고자 한다. 바르트는 그리스도의 역사, 그의 탄생, 수난, 죽음과 부활이 시간 안에서의 하나님의 화해하는 행동이라고 하였다. 특별히 부활은 예수 그리스도의 역사 안에서 궁극적인 하나님의 행동이다. 그것은 그 위에 모든 성서적인 증언들이 의지하고 있는 '아르키메데스의 점'이다.[21]

루돌프 불트만은 부활을 십자가의 실존적 의미로서 해석하였다. 그는 부활신앙을 십자가의 구원하는 효능에 대한 신앙과 동일화 하였다.[22] 불트만은 이렇게 선언한다: "그리스도의 부활을 말하는 것이 십자가의 의미의 표현이외의 다른 것이 될 수 있는가?"[23] 데이비드 퍼거슨에 의하면, 불트만의 입장은 다음과 같이 설명될 수 있다. "예수의 의미는 그의 가르침이나 그의 인격 안에 있지 않고 오직 그의 죽음 안에 있다. 왜냐하면 주님은 또한 십자가에 달리신 분이며 이것은 모든 인간적 욕구와 성취의 저주를 함축한다. 십자가는 그 안에서 모든 인간적인 자기-충족과 노력이 거짓과 부패로서 폭로된 사건이다...부활역시 이 똑같은 '그리스도 사건'의 일부분이다...십자가는 자기-의의 종말을 표상하지만 그러나 부활은 신앙 안에서 '십자가를 취하는' 자들을 위한 용서와 자유를 함축한다."[24]

불트만은 부활을 죽은 자가 그의 무덤으로부터 문자적으로 일어나는 것으로 이해할 수 없었다. 부활은 예수의 역사에 속하는 사건이 아니다. 부활절은 그러므로 죽은 예수 안에서 그를 위해서 일어난 하나님의 행동이 아니라, 사도들에게 일어난 사건으로서 그로 말미암아 그들의 신앙이 발생한 실

---

21) CD I/2, 117; Fr. Gerald O'Collins, S.J., "Karl Barth on Christ's Resurrection," *Scottish Journal of Theology* Vol. 26(1973), 87.

22) D. Fergusson, "Interpreting the Resurrection," *Scottish Journal of Theology* Vol. 38(1985), 288.

23) Bultmann, *Kerygma und Mythos* I (Hamburg, 1948), 478; Moltmann, *The Crucified God* (London: SCM, 1974), 199, n. 41 중인.

24) David A. S. Fergusson, *Bultmann* (London: Geoffrey Chapman, 1992), 35f.

존적인 사건이다.25) "그리스도의 부활이라는 부활절 사건은 역사적 사건이 아니다. 역사적 사건이라고 파악할 수 있는 유일한 것은 최초의 사도들의 부활절 신앙이다."26) 부활은 예수 자신을 위한 사건이라기보다는 신자를 위한 사건으로 더 잘 이해된다.27) 내가 신앙 안에서 십자가를 취하면 그리스도는 나의 삶 가운데서 부활하게 된다. 이것은 하나님의 행동이지만 그러나 그것은 역사적 조사에 의해 밝혀지는 것이 아니다. 그것은 신앙의 순간에 실존적으로 알려진다.

불트만에게 있어서, 빈무덤 설화들은 정확한 의미에서 기적설화가 아니라 변증적인 전설들로서 그 특징이 역사적이기보다는 종교적이고 교훈적이다.28) 그러므로 빈무덤은 기독교 신앙의 진리를 입증할 수 없다. 종말론적 사건으로서 부활은 오직 십자가의 의미와 그 안에서 그것이 인지되는 신앙의 기적에 연관될 수 있을 뿐이다. 그 결과 빈무덤과 예수의 현현은 이것을 위해서 필요하지도 적합하지도 않다.

그러면 왜 부활은 역사적 사건이 될 수 없는가? 불트만에게 있어서, 기적은 현대인에게 불가능하고 이해할 수 없기 때문이다. 우리의 시-공 세계의 인과관계 안으로 하나님이 개입한다는 관념은 철학적으로 유지될 수 없다. 그런 견해는 지성의 희생을 요구하는 것처럼 보인다.29) 불트만은 이렇게 논증한다:

---

25) J. Moltmann, *The Way of Jesus Christ*(London: SCM, 1990), 232.
26) Bultmann, ibid., 46f.; Moltmann, *The Theology of Hope*, 186 중인; 이것은 부활절 사건을 "부활하신 주님에 대한 신앙의 생성으로 해석하는 부활절 사건의 비신화화이다. 왜냐하면 사도적 설교에로 인도한 것이 이 신앙이었기 때문이다." Bultmann, *Kerygma and Myth* (N.Y.: Harper Torch Books, 1961), 42; CD III/2, 443 중인.
27) D. Fergusson, ibid., 112.
28) Ibid., 78; Bultmann, *History of the Synoptic Tradition*, 244.
29) Van Austin Harvey, *The Historian and the Believer: The Morality of Historical Knowledge and Christian Belief* (Philadelphia: Fortress, 1967), 155.

전기불과 라디오를 사용하고, 아플 때는 현대 의학과 의료장비들의 도움을 요구하면서 동시에 신약의 영들과 기적들의 세계를 믿는다는 것은 불가능하다. 이것을 다룰 수 있다고 생각하는 자는 누구든지 이 문제를 분명히 해야 할 것이다. 즉 기독교 신앙의 내용을 이런 방식으로 설명함으로써 그는 기독교의 선포를 현대에 이해할 수 없고 불가능하게 만든다는 것이다.[30]

더 나아가서 신약에 대한 역사비평에 의해서, 빈무덤 설화들과 현현 설화들의 역사적으로 진정한 개요의 재건을 위해 요청되는 그런 종류의 증거는 전혀 얻을 수가 없으며, 그리고 이것은 단지 기독교 신앙을 위한 경험적 증거를 우리에게 제공한다는 것이 저자들의 의도로부터 얼마나 멀리 떨어져 있는가를 강조할 뿐이라고 주장되었다.[31] 그 결과, 예수의 객관적 부활에 대한 신앙은 더 이상 가능하지 않다. 부활은 사도들의 주관적인 경험 안에서 발생하였다는 것이다.

비록 실존적 의미가 대단히 중요한 측면으로 간주되어야 하지만, 불트만의 실존적 해석은 부활의 의미를 실존적으로 억제하는 결과를 가져왔다. 성경의 케리그마는 실존적이고 개인적인 차원으로 축소되어서는 안 된다. 오히려 부활의 의미는 인간의 삶의 사회적, 역사적, 정치적인 차원으로 확장되어야 한다. 부활의 성서적 맥락은 유대인들의 묵시문학적인 희망 안에 놓여 있다. 이러한 맥락으로부터 부활을 실존적인 것으로만 제한하는 것은 그 안에서 사회나 역사가 더 이상 본질적인 중요성을 가지지 못하는 현실도피적인 종교에로 넘겨주는 것이다.[32]

---

30) Bultmann, "Neues Testament und Mythologie" in *Kerygma und Mythos* I (Hamburg, 1951), 18; ET *New Testament & Mythology and Other Writings*, Schubert Ogden (ed.) (London: SCM, 1985), 4f.; Alister McGrath, *The Making of Modern German Christology*, 128.

31) Fergusson, ibid., 290.

뿐만 아니라 기적과 지성 사이의 불트만의 양자택일은 잘못된 이분법이다. 기적과 지성 사이의 관계는 '이것이냐 저것이냐'(either-or)가 아니라 '이것도 저것도'(both-and)로 간주되어야 한다. 만약 인간의 지성이 성서에 대한 궁극적 판단기준이 된다면, 그것은 19세기의 자유주의신학으로 되돌아가는 것이 될 것이다.[33] 성서와 교회사 안에서, 구원사는 언제나 기적의 역사이다. 기적은 그 기적을 체험하는 자에게는 역사적인 사실이다 (요 14:11). 그러므로 성서의 기적들은 기적을 체험한 자들에게는 믿어질 수 있다. 더 나아가서 하나님을 신앙하는 것 자체가 기적이다.[34] 만약 불트만이 신앙을 하나의 기적이라고 간주한다면, 왜 하나님은 다른 기적은 행할 수 없는가? 만약 신앙이라는 내적 기적이 가능하다면 왜 부활이라는 외적 기적은 불가능한가? 그것은 불트만이 역사를 실존론적으로 축소한 결과이다. 불트만의 오류는 자연과학과 역사를 현대의 지성적인 정신을 위한 절대적이고 궁극적인 판단기준이라고 설정한 것이다. 그러나 역사와 과학 역시 상대적이며, 궁극적으로 참된 패러다임이 될 수 없다는 것이 분명하다. 그러므로 불트만의 전제는 이야기 신학[35]이나 종말론적 신학[36] 등의 사상에 의해서 극복되어야 할 것

---

32) Fergusson, *Bultmann*, 143.

33) 바르트는 불트만을 신-자유주의라고 비판하였다. "오늘날 특히 유럽에서 자유주의가 되돌아오고 있다. 루돌프 불트만을 보라. 그는 아버지 슐라이에르마허로부터 나온다!," Godsey (ed.), *Karl Barth's Table Talk*, 41.

34) Karl Barth, *The Epistle to the Romans* (London: Oxford Univ. Press, 1933), 121; 불트만의 기적이해에 대해서, Fergusson, ibid., 6f., 15f., 77f., 109f., 121f.을 참조하라. 불트만은 신자의 신앙을 기적이라고 본다.

35) Hans Frei, *The Identity of Jesus Christ* (Philadelphia: Fortress, 1967); H. Frei, *The Eclipse of Biblical Narrative* (New Haven: Yale University Press, 1974); James F. Kay, *Christus Praesens: A Reconsideration of Rudolf Bultmann's Christology* (Grand Rapids: Eerdmans, 1994), 126~142; Stanley J. Grenz & Roger E. Olson, *20th Century Theology* (Downers Grove: IVP, 1992), 271ff.; A. McGrath, *Christian Theology* (Oxford: Blackwell, 1994), 170ff.

36) J. Moltmann, *The Way of Jesus Christ* (London: SCM, 1990); James F. Kay, ibid., 157~172 cf.

이다. 불트만에서 예수의 부활은 역사적 비판적 방법에 의해서 다루어졌다. 그 결과 부활은 불트만에서는 바-역사적 사건이 되었다. 이것은 부활에 대한 역사적 비판적 연구의 귀결이다.

그러나 칼 바르트의 출발점은 인간의 역사적, 비판적 정신이 아니라 예수 그리스도의 계시하시는 신적 행동이다. 그것은 역사적 예수가 아니라 부활하신 그리스도인데, 부활하신 그리스도가 그의 신학의 중심이다.[37] 그리스도의 부활은 바르트에게 있어서 중심적 신학적 주제를 형성한다. 부활은 하나님의 궁극적인 자기-계시의 행동이다. 그것은 배타적으로 하나님의 행동이다. "부활은 계시이다: 예수를 그리스도로 드러내는 것이요, 예수 안에서 하나님의 나타나심이요 하나님을 파악하는 것이다."[38] 예수는 부활에서 처음으로 주님이 되신 것이 아니라 그의 삶 속에서 십자가 위에서 완성되었다.[39] 비록 그 때까지 이 신성이 감추어져 있었지만, 그는 언제나 그의 신성 안에서 그들 가운데 현재하였다.[40] 예수가 참으로, 전적으로 온전히 하나님이 아닌 때는 없었으며, 그의 신성은 그의 전체 삶의 진리이다.[41]

그러나 예수의 이전의 삶을 포함해서 십자가는 고양된(exalted) 인간으로서의 그의 존재의 진정한 특징을 숨김이요, 감춤이요, 또는 비밀이라는 것이 최선의 진술이 될 것이다.[42] 예수의 존재는 그의 죽음 안에서 우리로부터 고립되었다. 십자가에 달린 자로서 그는 자신을 우리자신으로부터 고립시킨다. 그러나 그의 승리를 거둔 삶의 개가는 부활 안에서 그 자체를 우리에게 폭로한다. 그것은 단순히 예수의 주장들을 확증하는 것이 아니라 이미 실재

37) McGrath, ibid., 98.
38) *Romans*, 30.
39) J. Thompson, *Christ in Perspective: Christological Perspective in the Theology of Karl Barth* (Edinburgh: St. Andrew, 1978), 94.
40) CD III/2, 448.
41) J. Thompson, ibid,. 92.
42) Ibid., 92; CD IV/2, 133, 154, 252, 285ff., 297.

하고 작용하는 신성을 계시한다. 그러므로 바르트에게 있어서 부활은 소급적(retroactive) 의미라기보다는 회상적(retrospective) 의미이다.[43] 부활은 예수의 삶과 죽음을 가까이 추적하며 그것들의 참된 의미와 함의를 드러낸다. "그러므로 그것은 십자가 위에서는 감추어졌던 참된 것, 즉 신적인 화해의 행동을 계시하며 그것이 계시의 모범적인 형태를 일깨운다는 사실이다."[44] 예수의 부활은 '그의 자기-계시'이며, 감추어짐으로부터 세계에 널리 알려짐으로 나오는 한 걸음이요, '단순히 베일을 치움'이다.[45] 그것은 예수의 자기선언이요, 선포요, 진정한 의사소통 내지는 자기-증언이다.[46]

물론 그리스도의 모든 존재와 행동 전체가 계시의 성격을 가지고 있지만, 부활은 계시의 중심이요, 계시로서의 그의 존재의 특성의 결정적이고 종합적이고 절대적으로 명백한 지수(指數, exponent)이다.[47] 부활의 역사에서 인간 예수는 하나님의 모습(mode)으로 나타났다.[48] 다른 말로 하면, 부활에서 하나님은 그리스도 안에 있었다 (고후 5:19).[49] 요컨대, 부활절은 예수 그리스도의 행동과 열정이 하나님으로부터 분리되거나 거역하지 아니하고 그의 거룩하고 은혜로운 의지와 일치하며, 우리 대신에 그가 죽은 것은 헛되지 않고

---

43) '소급적'(retroactive)이란 말은 우리가 부활의 시점으로부터 뒤돌아보고 그의 존재 전체의 진리를 볼 수 있다는 뜻이다. 그러나 판넨베르크는 '소급적'이라는 말을 가지고 부활이 그가 하나님과 하나라고 한 예수의 부활 이전의 주장을 확증하고 확립한다는 것을 의미하였다. 다른 말로 하면, 이 주장들은 부활 안에 존재적 근거와 실재를 가지고 있으며 그것이 없이는 그것은 참되지 않다는 뜻이다. Thompson, ibid., 92, 176f., n. 42; Pannenberg, *Jesus: God and Man*, 136f.

44) Berthold Klappert, *Die Auferweckung des Gekreuzigten: Der Ansats der Christologie Karl Barths in Zusammenhang der Christologie der Gegenwart* (Neukirchen, 1971), 299; J. Thompson., ibid., 90 중인.

45) CD IV/2, 133.

46) Ibid., 131, 133.

47) Ibid., 134.

48) CD III/2, 448.

49) Ibid., 449.

우리의 파괴가 아니라 우리의 구원을 위해서 유효하다는 것을 확증하고 확립하였다고 바르트는 이해한다.[50] 그것은 우리를 위한 예수의 희생이 전적으로 받아들여졌으며, 그분 안에서 우리에게 성공적으로 심판이 집행되었으며, 심판의 운반자로서의 죽음이 초월되어 더 이상 우리의 운명에 결정적이지 않다는 것을 확증하였다.[51] 이미 세계와 하나님의 화해가 십자가 위에서 성취되었다.[52] 그러나 모든 그의 행동의 왕관으로서, 부활은 하나님과 이 백성 사이의 계약의 실재의 폭로나 계시였으며, 이 잃어버린 백성들의 선택의 선언이었다.[53]

---

50) E. Busch, *Karl Barth*, 379; 바르트에게 있어서 부활은 부활절 이전의 행동과 열정의 존재론적 근거가 아니라 인식론적 근거이다.

51) J. Michele Graham, *Christ for Us: A Comparative Study of the Themes of Representation and Substitution in the Theologies of Dorothee Sölle, John Macquarrie and Karl Barth*, Ph. D. Thesis (University of Aberdeen, 1993), 248.

52) CD III/2, 474; 바르트는 소위 형벌대상이론을 수용한다. 이것은 십자가를 모든 사람들의 형벌의 대치로 간주하는 것이다. 바르트는 이렇게 논증한다: "예수 그리스도의 죽음은 물론 전적으로 전체로서, 하나님에 의해서 지명된 모든 다른 사람들의 대표 위에 성취된 죽음의 심판이라는 만큼 하나님의 사역이었다." CD IV/1, 300; Cf. C. Gunton, *The Actuality of Atonement* (Edinburgh: T. & T. Clark, 1994), 110ff.

53) CD III/2, 475; 바르트는 십자가와 부활의 관계를 다음과 같이 요약하였다. "예수 그리스도의 부활은 하나님의 위대한 평결이요, 십자가 사건에 대한 하나님의 결단의 성취와 선포이다. 그것은 우리의 대리자로 지명된 하나님의 아들의 행동으로서, 하나님의 진노를 성취한 행동으로서 받아들임이지만 그러나 그것은 하나님의 은총의 봉사 안에서의 진노이다. 그것은 세계를 심판하는 그의 복종의 행동으로서 받아들임이지만 그러나 그것을 구원하고자 하는 목표를 가진 심판이다. 그것은 언제나 그분이 사랑하신(그리고 그 안에서 우리도) 그의 아들의 행동으로 받아들임인데, 그의 순전한 선으로 거부하지 않으시고 그 자신에게로(그리고 그 안에서 우리도) 이끄신 행동이다. 여기에서 부활은 하나님 자신의, 성부의, 천지의 창조자의 정당화인데 그분이 이 사건을 뜻하고 계획하고 명령했다. 그것은 예수 그리스도, 그의 아들의 정당화인데, 그가 이 사건을 당하기로 뜻하였고 끝까지 그것을 당하였다. 그리고 그의 인격 안에서 그것은 모든 죄인들의 정당화인데, 그들의 죽음이 이 사건 안에서 결정되었고, 그들의 생명을 위한 더 이상의 자리는 없다. 예수 그리스도의 부활 안에서 그의 생명과 함께 그들의 생명은 사실상 죽음을 넘어가는 사건이 된다: '내가 살았고 너희도

만약 부활이 하나님의 자기-계시의 행동이라면, 그것은 실제적 사건, 시공간 안에서의 실제 역사적 사건이 되어야 한다. 그것은 신앙이나 신화적 조작 안에서의 실존적 사건이 될 수 없다. 바르트에게 있어서, 부활은 객관적이고 역사적인 사건이다. 그러나 그는 역사적, 비판적 방법을 통해서 부활에 접근하는 것을 거부한다. 하나님의 행동은 인간의 지성에 의해서 증명될 수 있는 것이 아니라 신앙 안에서 인정되어야 한다. 하나님 자신의 자기 계시는 인간의 신학적 사변과 질문이라는 기업에 앞선다.[54] "기독론은 종국적으로 도착하는 것이 아니라 시작부터 전제되어야 한다."[55]

처음에는 바르트는 부활을 역사적 사건으로 간주하기를 주저하였다. 〈로마서 강해〉 2판에서 그는 그것을 비-역사적 사건으로 보았다. "이 역전이나 변형은 다른 사건들과 나란히 설 수 있는 '역사적 사건'이 아니다. 오히려 그것은 '비-역사적(non-historical) 사건'인데, 그것에 의해서 모든 다른 사건들이 묶이며, 부활절 이전과 그 이후의 사건들이 그것을 가리키는 사건이다."[56] "부활은 예수의 전체 역사적인 삶과 하나님 안에 있는 그것의 기원에 비-역사적으로 연관된다."[57]

여기서 우리는 시간과 영원, 역사와 계시 사이의 변증법적 긴장을 보게 된다. 이 초기의 견해는 신학적 불가지론으로 인도하는 것같이 보이는데, 다시 말하자면 그것은 그리스도 안에 있는 하나님 지식의 독특한 계시를 진지하게 고려하지 않는 것이다.[58] 그러나 바르트의 후기 저작들은 그가 믿는 객관적인 하나님 지식은 진정한 역사적 사건 안에서 인간에게 주어진 것임

살겠음이라'" (요 14:19). CD IV/1, 309.
54) McGrath, ibid., 107.
55) Ibid.
56) *Romans*, 203.
57) Ibid., 195.
58) Van Harvey, ibid., 154.

을 밝히려고 시도한 것임을 나타내 준다.[59] 〈교회교의학〉에서, 부활의 중심성을 계속해서 주장하면서도, 부활은 역사적 실재라고 주장되었다. 부활은 예수의 역사의 시간적인 과정에서 특별한 사건을 구성한다. 바르트는 신약이 부활절 사건을 말할 때, 그것은 진정으로 부활절 역사와 부활절 시간을 의미한다는 것을 파악하는 것이 본질적이라고 주장하였다.[60] "예수는 그의 죽음 이후 제 3일에 시작하는 그 이상의 역사, 즉 그의 첫 번째 역사의 시간이 분명히 끝난 이후의 역사를 가진다. 시간적인 순서에 있어서 그것은 예수의 두 번째 역사-또는 두 번째 역사의 단편들-이다. 그것은 부활절 역사, 그의 부활과 승천 사이의 40일간의 역사이다."[61]

바르트가 부활이 역사적 사건이라고 주장할 때, 그것은 두 가지를 의미한다: (1) 그것은 역사적 비판적 방법에 의해서 증명될 수 없다는 뜻이거나 또는 역사적인 원인들이나 인간의 의지나 행동의 결과로부터 연역될 수 없다는 뜻이다.[62] "그것은 인간의 결단이나 행동의 실용적인 맥락 밖에서 일어난다."[63] (2) 그럼에도 불구하고, 그것은 특정한 시간과 장소에서 실제로 일어났으며 역사적으로 시간이 정해져 있으며 특정한 장소를 가지고 있다.[64] 바르트는 부활의 역사성의 근거는 잘-입증된 역사적 연구를 받아들이는 것이 아니라 신앙의 결단이라고 본다. 신앙은 역사적 연구에 의해서 획득될 수 있는 것이 아니다. 물론 부활은 역사 안에서 발생하지만, 그것의 인정은 성령

---

59) Ibid.
60) CD III/2, 442. 바르트는 사도들에게 있어서 부활절 사건은, 그것을 통해서 그들에 대한 그분의 관계의 모든 측면에서 그들이 인간 예수를 보았던 프리즘이었다고 논증한다.
61) Ibid., 441. 부활이 역사적 사건이라는 바르트의 논증에 대해서, ibid., 442f. cf.
62) CD IV/1, 300; J. Thompson, ibid., 175, n. 15.
63) CD IV/1, ibid.
64) Ibid., 298; D. M. Baillie, *God Was in Christ* (London: Faber and Faber, 1982), 220; Thompson, ibid.

의 사역을 통해서 일어난다.[65] 이 신앙은 예수의 부활에 대한 성서의 증언을 믿는 것이다. "사도들에게 이것은 자명한 진리도 아니었고, 그들 자신의 발견도 아니었으며, 그것은 확신이었다..."[66]

그리하여 바르트에게는 비록 빈무덤이 부활의 불가피한 표징은 아니지만 예수의 현현의 전제이며, 그것이 신앙의 충분조건은 아니지만 필요조건의 기능을 담당할 수 있었다.[67] 바르트는 이 문제를 매우 조심스럽게 그리고 삼가면서 다룬다: "빈무덤은 명백하게 매우 모호하고 논쟁의 여지가 있는 사실이다 (마 27:64, 28:11f).... 빈무덤은 부활과 같은 것이 아니다. 그것은 살아 있는 것의 현현이 아니다; 그것은 단지 그것의 전제이다. 그리스도인들은 빈무덤을 믿지 않고 살아계신 그리스도를 믿는다...그것은 모든 가능한 오해를 불필요하게 하는 표징이다. 그것은 그러므로 비록 전설로서라도, 우리의 동의를 요구할 수밖에 없다. 빈무덤 전설의 거부는 언제나 살아계신 예수의 사화(saga)의 거부를 동반하였으며 필연적으로 그렇다."[68] 빈무덤은 증명하는 기적으로서나 부활의 정당화로서가 아니라 오직 소극적인 조건으로서만 다루어져야 한다.[69]

여기에 하나의 문제가 제기된다. 한 편으로는, 부활의 인정은 역사적(historical) 연구에 의해 획득될 수 없다. 다른 한 편, 부활은 참된 역사적 실재(geschichtliche Wirklichkeit)로서의 지위를 누린다.[70] 이것은 모순이 아닌가? 여기서 바르트의 역사이해가 일반적인 역사와는 다른 종류라는 것이 지적되어야 한다. 비록 부활이 시공간 안에서의 역사적 사건이지만, 그것은 역사적으로 검증 가능한 사건은 아니다.[71] 그것은 검증 가능성(verifiability)의

---

65) Gerald O'Collins, ibid., 89.
66) CD III/2, 449.
67) Fergusson, "Interpreting the Resurrection," 293, 300, 301.
68) CD III/2, 453.
69) Fergusson, ibid., 301.
70) G. O'Collins, ibid., 90.

원리를 넘어간다. 부활이 검증될 수 없다는 사실은 불트만과 바르트 사이에 공통적인 이해이다.[72] 그러나 바르트는 오직 역사적으로 검증 가능한 사건만이 시간 안에서 일어날 수 있다는 견해는 미신이라고 비웃는다: "왜 그것은 일어나야 하는가? 오직 '역사적' 검증에 개방된 것들만이 시간 안에서 일어날 수 있다고 가정하는 것은 순전히 미신이다."[73] 바르트가 제시한 '전설'이나 '사화'(saga) 개념은 이 문제를 위한 중재적인 해결이 될 수 있다. 그는 부활절 이야기를 창세기 1~2장의 창조 이야기들과 아담의 타락 이야기와 마찬가지로 사화(史話)라고 간주한다.[74]

> 일반적으로 사화란 직관과 상상을 사용하는데, 그것은 사건들이 역사적 증명 같은 것을 더 이상 받아들일 수 없는 곳에 있을 때에 역사적 이야기를 받아들여야 한다. 그리고 특수한 성서적 사화의 경우는 그 안에서 직관과 상상이 사용되지만 그러나 역사적 증명이 있을 수 없는 영역에서 (역사적이든 역사 이전이든) 하나님의 말씀에 의해서 일어난 예언적 증언을 주기 위해서 사용된다.[75]

비록 사화 일반과 성서적 사화를 어떻게 구별하는가 하는 등의 난제들이 있긴 하지만, 바르트의 사화 이론은 부활 논쟁의 역사성에 잠정적인 대답을 줄 수 있을 것이다.[76] 기본적으로 바르트와 역사적 연구 사이에는 방법론적 간격이 있다. 그러나 만약 부활이 하나님의 계시적 행동이라면, 그것이 시공

---

71) CD IV/1, 336f., 334.
72) CD IV/1, 336. "예수 그리스도의 죽음은 확실히 현대적 의미에서 역사로 생각될 수 있다. 그러나 부활은 아니다."
73) CD III/2, 446.
74) Ibid.; CD IV/1, 335f.
75) Ibid., 508.
76) 비록 사화가 어느 정도의 역사성을 가지고 있지만, 사화가 역사적 연구를 위해서 얼마나 의미 있는지를 결정하기는 어렵다.

간 안에서 일어나는 것을 배제할 수 없다. 그것은 사도들에 의해서 경험된 역사적 사건이어야 한다. 만약 부활이 역사적 연구에 의해 접근될 수 없다면, 바르트의 기독론은 전-근대적 시대에 속하며 그 대화의 과정으로부터 이탈될 것이다.[77] 우리는 바르트의 입장이 역사적 요소들을 등한시 하는 경향이 있음을 발견할 수 있다. 바르트는 부활의 역사성의 개연성을 증진시키는 것으로서 역사적-비판적 조사를 피하지 말아야 한다. 그리고 불트만은 역사적 과학적 패러다임이 성서를 해석하는 궁극적인 지성적 프리즘이 될 수 없다는 것을 인식해야 한다. 요컨데, 부활은 신적인 행동이면서 동시에 역사적인 사건으로서 간주되어야 한다.[78]

77) McGrath, ibid., 115; 반 하비는 바르트의 두 가지 문제점을 지적하였다. 첫째로, 바르트는 부활에 대한 역사적 조사를 허락하기를 거부한다. 그 결과, 신앙을 위해서조차도 그 자체의 대상을 명료화하는 것이 불가능해진다. 둘째로, 모든 과거에 대한 논증들은—바르트 자신의 논증조차도—필연적으로 현재의 지식 안에 기초한 어떤 보증들을 함축적으로 사용한다. 그러나 바르트는 불트만에 반대해서 그리스도인은 현대적인 세계관을 의무적으로 취할 필요가 없다고 논증한다. Van Austin Harvey, *The Historian and the Believer: The Morality of Historical Knowledge and Christian Belief* (Philadelphia: Fortress, 1967), 158; 하비의 첫 번째 비판은 옳다. 바르트는 부활에 대한 역사적-비판적 조사를 반대할 필요가 없다. 그러나 하비의 두 번째 비판은 옳지 않다. 비록 바르트가 성서를 해석하기 위해서 현재의 지식을 사용하지만, 그것은 성서에 대한 궁극적인 판단기준이 될 수 없다. 바르트에게 있어서, 지식은 예수 그리스도의 계시를 인간의 언어로 설명하기 위한 복종적인 도구이다. 그러나 불트만에게 있어서, 역사적-과학적 지식은 성서가 참인지 거짓인지 판단하기 위한 우월한 기준이다. 만약 역사나 과학이 성서에 대한 주권적인 판단기준이 된다면, 기독교는 그들에게 복종해야 한다. 그렇게 되면, 성서는 궁극적인 권위를 가질 수 없으며 우리는 '오직 성서만으로'(sola scriptura!)를 포기해야 할 것이다.

78) 바르트의 역사가 신적인 수직적 차원 안에 있는지, 인간적인 수평적 차원 안에 있는지는 아직까지 문제로 남아 있다. 몰트만은 바르트의 부활이 인간의 역사 안에 있지 않다고 진술함으로 바르트를 비판하였다. "부활'은 하나님이 세계 안에서 하는 행동이 아니라 세계와 함께 하는 행동이다. 그리고 그것은 세계사의 수평적 특성에 속하지 않고 하나님의 역사의 수직적인 범주 안에 속한다." "인간 역사 안에서 실제로 일어난 것은 오직 그리스도의 죽음이다. 그의 부활에 대한 메시지는 이 역사적 사건을 하나님의 영원성의 빛 안에 설정한다...." Moltmann, *The Way of Jesus Christ*, 230~231. 그러나 몰트만의 비판은 바르트의

부활논쟁은 현대 기독론에서 계속되는 주제인 것으로 보인다. 그러나 우리는 이제 급변하는 세계 속에 살고 있다. 이 새로운 시대는 새로운 세계관을 가져오며 새로운 세계관은 새로운 신학적 전망을 요구한다. '역사'는 더이상 현대신학에서 그랬던 것처럼 모든 신학적 토론에서 움직일 수 없는 잣대가 될 수 없다. 몰트만 역시 "'역사적 사고'의 조건들 아래 있던 옛 형이상학적 사고를 또다시 우주론적 전망 안으로 접수하는 새로운 사고"를 제안하였다.[79]

이제 우리는 부활의 효과의 정도 문제로 넘어가고자 한다. 부활은 화해의 역사적 객관적 성취이다. 바르트에게 있어서 예수 그리스도 안에서 성취된 화해는 단지 가능성이 아니라 실제성이다. 인류는 모든 시대의 인간들의 상황의 변경의 근거인 그리스도의 죽음과 부활에 의해서 사실상 변화되었다.[80] "그분의 부활 안에서 그들에게 도래한 칭의의 덕분에 그들은 더 이상 과거의 그들로 머물러 있는 것이 아니요, 이미 그들은 그렇게 되어야 하는 자들이 되었다. 그들은 더 이상 하나님의 적이 아니라 그분의 친구들이요 그분의 자녀들이다...그들은 더 이상 죄인들이 아니라 의인들이다."[81]

더 나아가서, 하나님의 능력인 부활의 능력에 의해서, 화해의 효과는 전세계를 관통하며 영향을 주고 있다.[82] 부활은 시간적 공간적 세계 안에서 우주적 영향력을 가진다.[83] "우리는 그것이 우주적 결정임을 회상하는데 그것은 그것이 이미 전 우주와 모든 인간을 관통하고, 미치며, 영향을 주었고

초기 저술에 기초하였으며 그의 후기 저작에 기초하지 않았는데, 예컨대, CD III/2에서는 부활의 역사성을 강력하게 옹호하였다.

79) Moltmann, ibid., xvi.
80) G. O'Collins, ibid., 94.
81) CD IV/1, 316.
82) Ibid., 313. 바르트는 이렇게 지적한다: "그분은 모든 시대의 주님이 되었으며 하나님 자신이 영원하신 것같이 영원하시고, 그러므로 모든 시대에 현존한다."
83) 부활이 유일회적으로(once-for-all) 일어났기 때문에 그것은 그 이후와 그 이전의 모든 시대에 현재하며, 그리고 우주적으로 유효하다. CD IV/4, 24.

사로잡았다는 뜻이다...”[84] 부활에 의해서 예수의 계속적인 현존과 활동의 필요조건이 확보되었다.[85] 바르트는 하나님의 행동이 과거로부터 현재에로의 다리를 마련한다는 것을 명백하게 인식하고 있다. “부활 안에 기초하고 있는 예수 그리스도의 영원한 행동 그 자체가 한 때로부터(once) 언제나로 (always) 그리고 그의 시간 안에 있는 그 자신으로부터 우리의 시간 안에 있는 우리에게로의 참되고 직접적인 다리이다.”[86] 그분의 역사 안에서 일어난 변화는 모두를 위해서 일어났다. 고로 그 때 거기서 일어난 예수의 역사는 지금 여기에서 일어난다. 과거가 현재가 되고, 우리 밖이(extra nos) 우리 안으로(in nobis) 되며, 객관적 사건이 주관적 사건이 된다. “그의 역사는 죽은 역사로 되지 않았다. 그분 안에서의 역사는 그와 같이 영원한 역사가 되어야 한다 - 모든 시대의 인간들과 함께 하는 하나님의 역사는 그 때 그랬던 것처럼 지금 여기에서 일어나고 있다...그는 그 때 거기서처럼 지금 여기서도 마찬가지이다.”[87]

결론적으로, 바르트에게 예수의 부활은 하나님과 인간의 화해의 역사적 근거이다. 이 역사가 죽은 자로부터의 그의 부활 안에서 나타냈던 그 능력이 전 세계와 하나님의 화해를 성취하였다.[88] 그러면 어떻게 이 화해의 보편적

---

84) CD IV/3, 307.

85) 불트만에게 있어서, 부활은 예수 안에서의 역사적 사건이 아니라 신자 안에서의 주관적 실존적 사건이다. 그러나 바르트는 부활의 객관성과 실재성을 견지한다. 전자는 예수의 죽음에 집중하는 역사의 요약적인 부분에 부여된 배타적 중요성을 강조하는 반면에 후자는 신자에게 대한 계속적인 그분의 현존을 강조한다. David Fergusson, "Interpreting the Resurrection," 287. 바르트는 이렇게 지적한다. “그리스도의 부활이 몸의 부활이 아니라면 우리는 죽은 자로부터 부활한 자가 결정적으로 행동하는 주체인 예수 그분 자신이었다는 보증을 가질 수 없다.” CD III/2, 448.

86) CD IV/1, 315.

87) CD IV/1, 313f.

88) 바울에 의하면, 예수의 부활이 성령의 능력을 통한 것처럼(롬 8:11) 성령의 사역은 신자들의 부활의 근거이다. 성령은 부활의 원인일 뿐만 아니라 부활에 대한

실제성이 특정한 개인 안에서 일어나는가? 어떻게 이 객관적, 역사적, 보편적 사건이 주관적, 실존적, 구체적 사건이 될 수 있는가? 그것은 우리 안에서의 성령의 사역에 의해서이다. 성령의 사역 안에서, 그 보편적인 원리가 내적이고 현재적인 사건이 된다.[89]

　둘째로, 부활은 예수의 신성을 계시한 사건이다. 바르트는 부활을 첫 번째 파루시아요 재림을 두 번째 파루시아라고 함으로써 부활이 예수의 신성을 확실하게 계시한 최초의 사건이라고 주장하였다.[90] 최초의 교회인 예루살렘 교회는 오순절에 성령세례를 증거하면서 "너희가 십자가에 못박은 이 예수를 하나님이 주와 그리스도가 되게 하셨느니라"(행 2:36)고 선포하였다. 사도들에게 있어서 예수의 부활은 그동안 예수를 따르면서 목격하였던 수많은 기적들 가운데서도 미처 깨닫지 못하고 긴가민가했던 진리에 대하여 새로운 인식에 도달하게 하였다. 도마는 부활하신 예수를 만난 후 "나의 주님이시요 나의 하나님이시니이다"(요 20:28)라고 고백하였다.

　부활하신 주님을 만난다는 것은 그를 믿는다는 뜻이다. 부활하신 분을

확신의 근원이다. 오순절 날에 의심하던 사도들이 확신하는 담대한 신자가 되었다. 그 후 그들은 부활의 전파자가 되었다. 성령을 배제하면 부활에 대한 모든 논쟁이 비본래적이고 공허한 것이 될 것이다. 몰트만도 비슷한 생각을 암시하였다. "'죽을 몸에 생명을 주는' 미래는 (바울은 이것을 죽은자의 부활이라고 부른다) 존재론적으로는 그리스도의 부활에 기초하였으며 인식론적으로는 '생명을 주는 성령'의 경험을 통하여 파악된다." Moltmann, ibid., 241.

89) 건톤이 진술하는 바와 같이 화해는 단순히 그리스도 안에서 일어난 존재론적 화해 사건이 아니다. 그 존재론적 사건은 존재적 사건이 되어야 한다. "말씀 안에 기초하였으며 예수의 본체적 인간성 안에서 다시 질서를 잡은, 창조자와 창조된 자의 존재론적(ontological) 관계는...존재적(ontic)이 되어야 한다. 기독론은 보편화한다: 그러나 보편적 구원은 창조의 특정한 부분들 안에서 구체적 형태를 취해야 한다...보편적 구속을 종말론적 구속의 예기 속에서 특수화하는 것은 주님이시요 생명의 부여자이신 성령 하나님의 기능이다." C. Gunton, *The Actuality of Atonement*, 170; J. M. Graham, ibid., 247. 여기에서 존재론적 사건은 이론적 추상적 의미이고 존재적 사건은 현실적 구체적 의미로 생각된다.

90) 전성용, 〈칼 바르트의 성령론적 세례론〉, 150.

보고 그가 십자가에 달렸던 예수임을 알았다는 것은 그가 하나님임을 계시하신 인식론적 사건이면서 동시에 이제부터 그를 주님으로 믿고 따른다는 신앙적인 행동의 사건이다. 계시와 신앙과 행동은 불가분의 관계를 맺고 있다. 엠마오로 가던 두 제자가 길에서 예수를 만나 함께 걸어가면서 예수가 성경을 풀어주는 것을 들었으나 그가 예수인줄 알아보지 못하였다. 그러다가 목적지에 도착하여 예수가 떡을 떼어주는 것을 받는 순간 눈이 열려 예수인줄 알아보았으나 예수는 사라지고 말았다 (눅 24:13ff.). 그런데 그들은 그 밤에 거기서 자지 아니하고 즉시 예루살렘으로 돌아가 열한 제자들에게 예수의 부활을 증거하였다. 그리고 오순절 이후 제자들은 예수의 부활을 증거하는 공동체로서 새롭게 탄생하여 교회를 만들었다. 그러니까 부활하신 예수를 만나게 된 그리스도인들의 신앙은 인식으로 끝나는 것이 아니라 행동으로 승화되어야 한다.

8. 승천

예수는 부활한 지 40일 후 하늘로 올리어졌으며 하나님의 보좌 우편에 앉아계신다. 부활하신 예수님이 승천했다는 것은 부활하신 예수님은 중력의 법칙을 깨뜨리며 순간적인 공간이동을 하는 영체(spiritual body)로 변화(transformation)되었다는 뜻이다. 즉 부활은 예수에게만 일어난 유일무이한 사건이다. 나사로가 살아난 것은 부활이 아니라 시체의 소생이다.

성서에서 말하는 하늘은 자연적인 하늘(sky)이 아니라 영적인 하늘(heaven)이다. 우리가 볼 수 있거나 갈 수 있는 그런 지상적인 하늘이 아니다. 그러나 그렇다고 해서 예수가 계시는 하늘을 지나치게 영화(spiritualize)하여 이 지상세계와 동떨어진 세계, 죽음 이후에나 갈 수 있는 저 멀리 있는 세계라고 생각하는 것은 성서적이지 않다. 베드로가 욥바에서 환상 중에 하늘에서 보자기가 내려와서 거기에 있는 각종 부정한 짐승들을 잡아먹으라는 음성을 듣는 사건이 사도행전 10장에 기록되어 있다. 사도행전 11장에서 베드로는 이 사건을 사도들에게 보고한다. "내가 욥바에서 기도할 때에 황홀한 중에 환상을 보니 큰 보자기 같은 그릇이 네 귀에 매어 하늘로부터 내리어 내 앞에까지 드리워지거늘 이것을 주목하여 보니 땅에 네 발 가진 것과 들짐승과 기는 것과 공중에 나는 것들이 보이더라...또 하늘로부터 두 번째 소리 있어 내게 이르되 하나님이 깨끗하게 하신 것을 네가 속되다고 하지 말라 하더라" (행 11:5~9).

달라스 윌라드(Dallas Willard)에 의하면 본문에서 하늘, 공중, 하늘로 번역된 말은 희랍어 tou ouranou라는 똑 같은 말의 번역이다. 그런데 NASV(New American Standard Version)에서는 5절에서는 창공(sky), 6절에서는 공중(air), 9절에서는 하늘(heaven)로 번역되어 있다. 공중(air)이란 대기로 번역할 수 있으며 이것은 우리를 둘러싸고 있는 공기이다. 새들이 날아다니고 우리 손이 닿을 것 같은 가까운 하늘이다. 창공(sky)은 공중보다 훨씬 먼 곳이다. 그래서 우리 손이 닿을 수 없는 곳, 구름이 떠다니고 태양과 별들이 떠 있는 먼 하늘이다. 하늘(heaven)은 우리의 시각에서 완전히 벗어난 곳으로 달보다 먼 것은 분명하고 필경은 물리적 우주를 벗어난 곳이다. 죽은 다음에나 갈 수 있는 가장 먼 하늘 즉 하나님이 계신 곳이다.[91] 이렇게 우리말이나 영어에서 여러 가지로 구별되어서 사용되는 하늘은 희랍어 성경 원문에서는 이렇게 구별되지 아니하고 오직 하나의 단어인 tou ouranou이다. 여기에서 우리가 깨달을 수 있는 것은 무엇인가?

우리가 하늘을 세 가지로 구별하고 하나님이 계신 곳을 가장 먼 하늘(heaven)이라고 생각하게 되면 그리스도와 그의 현재적 통치에 대한 우리의

---

91) 달라스 윌라드, 〈하나님의 모략〉 (복있는 사람, 2000), 113.

실제적 믿음에 미치는 폐해는 엄청난 것이다. 물론 하나님은 거기에도 계신다. 그러나 하늘과 하나님은 예수께서 보여주신 대로 언제나 우리와 함께 있음에도 불구하고 우리는 하늘과 하나님을 저 멀리 딴 곳에, 여기도 아니고 지금도 아닌, 그것도 훨씬 나중에나 있을 대상으로 늘 생각하며 산다.[92] 하나님이 계신 하늘은 우리가 생각하는 것보다는 훨씬 더 가까울 수 있다. 공기가 내 안에 들어왔다 나갔다 하는 것처럼 하나님은 성령의 바람을 통해서 우리 안에 내주하고 계실 수 있다. 그러므로 승천하신 예수가 계신 곳을 공간적인 장소로 생각해서는 안 될 것이다.

승천은 예수의 지상생활의 마지막이며 중보자의 일을 계속하기 위해 새로운 영역으로 옮긴 것이다. 예수는 승천하여 성도들이 거할 처소를 예비하고 있다. 그는 지금도 우리를 위하여 말할 수 없는 탄식으로 기도하고 있으며, 아버지께서 일하시니 인자도 지금까지 일하고 계신다. 그는 하늘로 올라간 것과 똑같이 다시 올 것이다. 이것이 그리스도인들이 소망 중에 기다리는 재림이다. 재림에 대해서는 종말론에서 상술할 것이다.

II. 기독논쟁

예수가 누구냐에 대한 논쟁은 지나간 2000년간 계속되어 왔으며 지금도 계속되고 있다. 역사적 예수는 한 분이었으나 그에 대한 이해는 다양하다. 우리는 결코 예수 그리스도에 대하여 충족하고 완전한 이론을 가질 수 없다. 왜냐하면 예수는 기독론보다 앞서며 기독론 이상이기 때문이다. 지금까지 교회 안에서 정리된 중요한 교리들의 형성과정과 결정된 내용들을 고찰하고자 한다.

---

92) Ibid., 114f.

1. 교회사의 3대 회의

1) 니케아회의(Nicea, A.D. 325)

313년에 기독교를 공인한 콘스탄틴(Constantinus) 로마황제는 기독교가 공인된 이후 교회 안에 있는 신학적인 논란을 빨리 정리하여 제국의 평화를 기하고자 하는 정치적인 목적으로 교회회의를 소집하였다. 이 회의는 비두니아지방의 니케아에서 소집된 제 1차 세계교회회의였다. 전승에 의하면 318 명의 교회대표들이 참석했다고 한다.[93] 그 당시 아리우스(Arius)는 성부만이 하나님이요 성자는 최초의 피조물이요 성령은 그 다음의 피조물이라고 함으로써 성자와 성령의 종속을 초래하게 되었다. 그리고 성부와 성자의 본질은 같지 아니하고 비슷하다는 유사본질(homoiusia)론을 주장하였다. 이러한 아리우스의 종속설(subordinationism)을 반대하여 성부와 성자의 동일본질 (homoousia)을 주장한 알렉산드리아 주교의 수행비서였던 아다나시우스 (Athanasius)의 활약으로 아리우스를 이단으로 정죄하고 니케아신조(Nicean Creed)를 채택하였다. 니케아회의에서는 예수가 피조물이 아니요 하나님이며 성부와 비슷한 분이 아니라 본질이 동일한 분임을 결정함으로써 예수의 신성의 문제를 해결하였다. 니케아신조는 그 이후 서방교회에 의해 약간의 수정을 거쳐 다음과 같이 정리되었다. 서방교회에서는 니케아신조의 원문에 없었던 "그리고 아들로부터(filioque)"라는 단어를 성령의 출원을 설명하는 부분에 삽입함으로써 동방교회와의 갈등을 불러일으켰다. 동방교회는 성령은 성부로부터만 출원한다고 주장하였고 서방교회는 성령이 성부와 성자로부터 나온다고 함으로써 서로 다른 입장을 고수하였으며 결국 1054년에 있었던 동서방교회의 분열의 원인이 되었다. 필리오케(Filioque) 문제는 삼위일체론

---

93) 오톤 와일리, 폴 컬벗슨, 〈웨슬리안 조직신학〉 (도서출판 세복, 2002), 40.

에서 상술하였다. 니케아신조의 전문은 다음과 같다.

천지와 보이는 것과 보이지 않는 모든 것을 지으신 전능하신 아버지 유일하신 하나님을 내가 믿나이다.

유일하신 주 예수 그리스도, 독생하신 하나님의 아들, 만세 전에 그의 아버지가 낳으신 분, 하나님으로부터의 하나님, 빛으로부터의 빛, 참 하나님으로부터의 참 하나님, 낳으시고 창조되지 않으신 분, 아버지와 한 실체이신 존재, 만물이 그로 말미암아 지어졌으며, 그는 우리 인류와 우리의 구원을 위해 하늘로부터 내려오시고, 성령으로 동정녀 마리아에게서 성육신하시고, 인간이 되셨으며, 우리를 위해서 본디오 빌라도에 의해 십자가에 달리시고 고난 받으시고 장사되었으며, 성경대로 제 삼일에 부활하시고 하늘에 오르사 아버지 우편에 앉아 계시나이다. 그는 영광 중에 다시 와서 산 자와 죽은 자를 심판하실 것이요, 그의 나라가 영원할 것이니이다.

주님이시오, 생명을 주시며 아버지와 아들로부터 나오시는 성령을 내가 믿나이다. 그는 아버지와 아들과 함께 예배 받으시고 영광 받으실 분이요, 예언자들을 통해서 말씀하셨나이다. 하나의 보편적 사도적 교회를 믿사오며, 죄사함의 한 세례를 인정하오며, 죽은 자의 부활과 세상의 생명이 오실 것을 기다리나이다. 아멘.[94]

2) 콘스탄티노플회의(Constantinople, A.D. 381)

라오디게아교회의 감독 아폴리나리우스(Apollinarius)는 그리스도의 완전한 인성을 강조한다면 그의 무죄함은 보증될 수 없으며 그러면 그리스도

---

94) Ibid., 41f.

는 죄를 범하기 쉽고 변하기 쉬운 존재가 되어 구속 사업을 수행하는 데 적합하지 않게 될 것이라고 생각하였다. 그는 인간의 구성요소를 영혼(spirit), 마음(mind, nous), 육체(body)로 나누고 그리스도는 영혼과 육체와 함께 마음 대신에 로고스를 가졌다고 주장하였다. 이러한 입장은 인간을 육체와 영혼으로 구성되었다는 이분법의 입장에서 볼 때 그리스도가 인간의 영혼을 갖지 않았다고 가르치는 것과 동일하였다.[95] 이것은 그리스도의 신성을 높이는 것이기는 하였지만 예수의 진정한 인간성을 부인하는 결과가 되었다.

제2차 세계교회회의인 콘스탄티노플회의에서는 예수 그리스도의 인간성을 제한하는 아폴리나리우스의 주장을 이단으로 정죄하고 그리스도의 전면적이고 완전한 인간성의 문제를 해결하였다.

3) 칼케돈회의(Chalcedon, A.D. 451)

콘스탄티노플 부근의 수도원장 유티케스(Eutyches)는 신인양성의 연합을 강조한 결과 그리스도 단성론(單性論)을 주장하였다. 그는 그리스도가 두 본성으로 이루어졌지만 두 본성으로 있지 아니하다고 하였다. 이것은 두 본성으로 이루어진 그리스도는 한 분이라는 키릴의 말을 그릇되게 강조한 결과이다. 즉 처음에는 신인양성이었으나 나중에는 인성이 신성에 흡수되어 실제에 있어서는 신성만 가지고 있다고 하였다. 그러므로 하나의 몸인 그리스도의 몸은 우리의 몸과 동일한 것이 아니라고 하였다.

그러나 칼케돈회의에서는 유티케스를 파문하였으며 그리스도는 참 하나님이요 참 인간이라는 양성론을 결정하였다. 칼케돈신조에서는 예수의 신성과 인성의 관계에 대해서 최초로 정리하였는데 양성의 관계를 적극적으로 표현하지 못하고 소극적으로 즉 부정문으로 표현하였다. 예수의 신성과 인

---

95) Ibid., 231.

성은 서로 혼돈치 않으며(confuse, mix), 바뀔 수 없으며(immutable, change), 쪼갤 수 없으며(separate), 분리할 수 없다(divide). 예수 그리스도의 양성이 한 인격 안에 있다는 것은 인간의 이성으로는 이해할 수 없는 모순개념이다. 무한자가 유한자 안에, 영원이 시간 안에 있다는 것은 인간의 언어로는 설명 불가능하다. 따라서 이 양성의 관계는 위와 같이 표현할 수밖에 없었으며 이러한 부정적인 방법으로나마 겨우 양성의 관계를 어느 정도 표현할 수밖에 없었던 것은 신학의 한계요 고육지책이었다고 할 수 있다.[96] 칼케돈신조의 본문은 다음과 같다.

> 성스러운 교부들을 뒤따라서 우리는 한 목소리로 다음과 같이 가르친다. (하나님의) 성자와 우리 주 예수 그리스도는 동일한 분(인격)이라고 고백되어야 하며, 그는 신성에 있어서 완전하며, 인성에 있어서 완전하며, 참 하나님이요, 이성적인 영혼과 (인간적인) 몸을 가지고 있는 참 인간이다. 그의 신성은 성부와 같은 실체요, 그의 인성은 우리와 같은 실체이다. 오직 죄만 빼고는 모든 것이 우리와 같이 지어졌으며, 그의 신성에 있어서 성부가 세계보다 먼저 낳으셨다. 그러나 이 마지막 때에 우리 인간을 위해서 우리의 구원을 위해서 (세상 안으로) 그의 인성에 있어서 하나님의 어머니인 동정녀 마리아에게서 탄생하였다. 이 한 분 변함없는 예수 그리스도, (하나님의) 독생자는 두 본성 안에서 혼돈치 않으며, 변함이 없으며, 나누어지지 않으며, 분리될 수 없음이(결합되었으며) 고백되어야 한다. 그리고 그러한 결합에 의해서 본성의 구별이 제거되지 않으며, 오히려 각각의 특성이 인격으로 분리되거나 나누어지지 아니하고 하나의

---

96) 삼위일체론에서도 삼위의 관계에서 통일성(unity)과 구별성(particularity)을 동시에 만족시켜야 한다. 이 양자를 만족시키지 못하는 이단이 종속설과 양태론이다. 그런데 이 양자를 동시에 만족시킨다는 것은 모순이다. 피조 세계에는 동시에 하나이면서 셋인 것은 존재하지 않는다. 삼위일체론은 하나님에게만 적용될 수 있는 역설이다. 그러나 성서를 진리로 믿는 신앙인에게는 이것이 이해가 되기 때문에 이 이론은 신학적으로 타당하다.

변함없는 성자요 독생자요 말씀이신 하나님이요 우리 주 예수 그리스도의 한 인격과 본체 안에 보존되고 결합된다. 이것은 옛 선지자들이 그에 대해서 말한 바와 같으며, 그리고 주 예수 그리스도가 우리에게 가르친 바와 같으며 그리고 우리의 교부들이 우리에게 전해 준 신조와 같다.[97]

2. 기독론에 관한 이단들

1) 그리스도의 인성을 부정한 이단들

A. 가현설(假顯說, Docetism A.D. 70~170)

초대교회에 일어난 이단으로서 그리스도의 신성을 강조한 나머지 그리스도가 죄악된 인간의 몸을 입을 수 없다고 하여 눈에 보이는 예수의 몸과 모습은 환상(illusion)이라고 하였다. 에비온주의는 유대교의 영향의 결과였던 반면에 가현설은 이방철학의 영향의 결과였다.

B. 아폴리나리우스(Apollinarius, A.D. 4C)

아폴리나리우스는 제2차 세계교회회의인 콘스탄티노플회의에서 정죄된 분으로서 보통 사람이 육체와 마음과 영을 가진데 반해서 예수는 육체와 영과 로고스를 가지고 있다고 함으로써 그리스도는 인간의 마음(nous, mind)이 없다고 하였다.

---

97) 오톤 와일리, 〈웨슬리안 조직신학〉, 245.

2) 그리스도의 신성을 부정하는 이단들

A. 에비온주의(Ebionism, A.D. 70~305)

에비온주의는 교회의 초기에 발생한 최초의 이단집단으로서 그들은 철저한 율법주의자들이었다. 교회 내의 유대인 종파인 이들은 그리스도의 신성과 유대교의 엄격한 유일신론을 조화시킬 수가 없었기 때문에 예수의 신성을 거부하게 되었다. 그들은 바울을 배척하고 마태복음만 인정하였으며 그리스도의 동정녀탄생을 부인하였다. 그리스도는 세례받을 때 성령의 충만이 부어졌으며 그 때 메시아적 사명을 부여받았다고 함으로써 그의 본래적인 신성을 부정하였다.[98]

B. 아리우스(Arius)

아리우스는 4세기에 알렉산드리아의 장로였다. 그리스도는 선재하는 로고스 내지 말씀의 성육신이었다고 가르쳤다. 그러나 이 말씀은 중간적 피조물로, 피조물 가운데서 가장 높지만 신성의 밖에 있다고 하였다. 즉 성자는 하나님보다 낮고 인간보다 높은 최초의 피조물이며 반신반인이라고 하였다. 성자가 최초의 피조물이라고 한다면 성자는 존재하지 않았던 적이 있게되고 그렇게 되면 성자는 영원한 존재가 될 수 없다. 즉 성자의 신성에 문제가 생기는 것이다. 그리하여 아리우스는 성부와 성자의 본질은 동일하지 않고 유사하다는 유사본질(homoiusia)론을 주장하였다. 이러한 아리우스의 주장은 아다나시우스(athanasius)의 동일본질론(homoousia)에 의해서 거부되어 니케아회의에서 이단으로 파문되었다. 그는 초기 소치누스주의(Socinianism)

---

98) 오톤 와일리, 〈웨슬리안 조직신학〉, 230.

의 선구자였으며 현대의 유니테리언(Unitarian)의 이상이었다.

C. 양자설(Adoptionism, A.D. 2~3C)

이 이단은 데오도토스, 사모사타의 바울 등에 의해 주장되었는데 그 본성이 인간이던 예수가 양자가 됨으로써 하나님의 아들이 되었다고 하였다. 그가 세례를 받을 때 성령이 그에게 내렸다. 그리하여 그는 하나님의 힘을 얻은 그리스도로서 그의 소명을 성취하였다. 그러나 예수에게 성령이 임한 것을 가지고 그를 하나님이라고 부르는 것은 합당하지 않다고 하였다.

D. 소치누스주의(Socinianism, A.D. 16C)

이탈리아의 소치누스의 이름을 따서 종교개혁 이후에 16, 17세기에 폴란드에서 일어난 반삼위일체운동에 붙여진 이름이다. 라에리우스 소치누스(Laelius Socinus)와 파우스투스 소치누스(Faustus Socinus)는 삼촌과 조카 사이였는데, 초기의 아리우스주의와 밀접하게 연관된 일종의 유니테리언주의를 가르쳤다. 그들은 하나님만이 참된 유일의 신이요 그리스도는 인간이라는 것을 주장하였다. 그리스도는 비록 기적적으로 탄생하였지만 보통 사람으로 간주되었으며, 하나님은 그에게 특별한 계시를 주었고, 그가 죽은 후에는 그를 천국으로 고양시켰다. 그러므로 그는 단지 신격화된 사람이었다. 여기에서 오류는 그리스도의 신성을 부정한 것에 있으며, 그러므로 효과적으로 속죄의 근거를 파괴한다. 이 운동은 박해를 받아 폐쇄되었으나 그 후 유니테리언(Unitarianism)이라는 이름으로 영국과 미국 등지에서 발전하였다.

3) 신인양성의 연합을 부정하는 이단들

A. 네스토리우스(Nestorius, A.D. 4C)

　　콘스탄티노플의 감독이었던 네스토리우스는 알렉산드리아의 키릴 (Cyril of Alexandria)과 신학적으로 대립하다가 431년 에베소에서 열린 제 3차 교회회의에서 이단으로 정죄되었다.[99] 그는 고향인 안디옥 근교의 수도원에 감금되었다가 아라비아의 페트라와 이집트에 유배되어 451년에 사망하였다.

　　428년에 네스토리우스가 콘스탄티노플의 감독으로 왔을 때 거기에서는 이미 기독논쟁이 일어나고 있었는데 마리아를 '하나님의 어머니(Theo-tokos)' 라는 파와 '사람의 어머니(Anthropo-tokos)'라고 주장하는 파 사이의 논쟁이 었다.[100] 네스토리우스는 이 양파가 서로 그리스도의 인성과 신성을 부인하 지 않음을 알고 양파를 조정하여 '그리스도의 어머니'로 통일하도록 화해가 성립되었다.

　　그런데 이 때 어떤 사람들이 황제에게 키릴을 고소하였으며 황제는 이 고소사건의 판결을 네스토리우스에게 명하였다. 키릴파에서는 네스토리우 스의 재판을 거부하고 '하나님의 어머니'를 주장하는 파를 동원하여 '그리스

---

99) 김광식, 〈고대기독교교리사〉 (한들출판사, 1999), 169f. 키릴은 무자비한 교회 정치가였으며 독선과 뇌물로 세력을 키운 사람이었다. 네스토리우스가 이단 으로 정죄된 것은 정치적, 신학적인 주도권 다툼에 희생된 억울한 면이 있다. 그의 제자들은 중국으로 가서 경교(景教)라는 이름으로 기독교를 전파하였다. 중국의 시안(Xian, 西安)에 있는 비림(碑林)에는 대진경교중국유행비(大秦景教中 國流行碑)가 있어서 당시의 선교상황을 전해주고 있다. 경교는 기독교를 중국화 하여 만든 종교인데 너무 지나치게 토착화하여 기독교 고유의 복음의 특성을 견지하지 못하고 중국의 전통종교에 함몰(syncretism)되었으며 결국 소멸되고 말았다(A.D. 846). 경교는 황제를 신격화하고 황제에 의존하였으며 성서의 번 역이 없었고 불교와 도교의 요소를 받아들임으로써 복음의 순수성을 상실하 고 생존력을 잃어버렸다.
100) 한철하, 〈고대기독교사상〉 (대한기독교서회), 217.

도의 어머니'를 주장하는 네스토리우스를 이단으로 정죄하기 위한 책동을 전개하였다. 여기에는 콘스탄티노플과의 오래된 권력투쟁을 종결짓고 동방에서 자신의 우월한 통치권을 확보한다는 복선이 깔려 있었다.[101] 그는 황제와 황녀 황후 황태후를 선동하고 황제로 하여금 에베소회의를 소집하도록 하여 우여곡절 끝에 결국 네스토리우스를 제거하는데 성공하였다.

키릴은 두 본성이 그리스도 안에서 인격적으로(prosopon) 또는 위체적으로(hypostasis) 연합하였다는 입장을 취하였다. 그리하여 이 연합 이후 로고스는 육체와 하나의 본성을 이룬다는 단성론(monophysitism)으로 기울어지는 경향이 있었다.[102] 그는 "두 본성들이 혼돈이나 변화 없이 깨어지지 않는 연합 안에 결합되어 있으며(the joining of two natures in a unbroken union without confusion and unchangeably)," "하나님–말씀(God-Logos)의 한 본성이 육신을 만들었다(on nature of the God-Logos made flesh)," "두개의 본성으로부터 하나이고" 등의 표현들을 사용하였다.[103] 임마누엘은 한 분이지 양–인격적(di-prosopos)이 아니라는 것이다.[104] 이것은 신-인간의 두 본성의 인격적 결합을 강조한 것이다. 그러니까 성육신 이전에는 이론상으로 두 본성이 있었으나 성육신 이후에는 오직 하나의 본성 즉 신적인 동시에 인간적인 한 본성이 있을 뿐이다.[105]

키릴은 마리아가 낳은 육신은 로고스와 불가분리의 연합을 이루고 있다

---

101) 캄펜하우젠, 〈희랍교부연구〉 (대한기독교서회, 1984), 218.

102) Philip Schaff ed., *Nicene and Post Nicene Fathers*, vol. 15 (Eerdmans), 197f. 말씀의 본성이 변화되거나 육체가 된 것이 아니라 말씀이 인격적으로 합리적인 영혼에 의하여 육체와 연합하였다.

103) Adolf von Harnack, *History of Dogma* vol. 4 (New York: Russell & Russell, 1958), 176.

104) J. N. D. 켈리, 〈고대기독교교리사〉, 365.

105) Neve, 〈기독교교리사〉 (대한기독교서회), 215; 하르낙은 이 잘못된 공식에 의하면 결국 그리스도의 인간성은 성육신 이전에 존재했었다는 것이 되며 이것은 플라톤적 형이상학을 따르는 것이라고 하였다. Harnack, ibid., 177

고 보았다. 따라서 마리아가 낳은 예수는 이미 로고스와 결합한 육체이므로 마리아는 하나님의 어머니라고 할 수 있다는 결론에 이르게 된다. 그러나 네스토리우스는 당시의 민중들이 마리아를 여신으로 숭배하는 폐단을 제거해야 한다는 생각으로 이 칭호를 위험하게 생각하였으며 키릴의 사상에 함축되어 있었던 단성론에 대해서도 위험하게 생각하였다.

어쨌든 에베소 회의에서는 예수는 두 인격이 아니라 하나의 인격이라고 선언하였으며 네스토리우스는 이단으로 파문되었다.[106] 그러나 에베소회의 이후 교회의 분열을 해소하기 위한 노력이 경주되었다. 그리하여 키릴이 즐겨 쓰던 '하나의 본성'이니 '위체적 연합'이니 하는 표현들은 사라지고 그 대신 '하나의 인격'이니 '두 본성의 연합'이니 하는 안디옥의 언어들이 수용되었다. 반면에 '하나님의 어머니'가 교회의 정통적인 입장으로 선언되었다. 그이후 칼케돈회의(451)에서 양성론이 승인되고 그리스도의 단성론이 배척됨으로써 네스토리우스에 대한 정죄는 그 당위성을 상실하게 되었다. 마틴 루터조차도 네스토리우스에게서는 정통 교리와의 사이에 거의 차이가 없다고하였다.[107] 오히려 키릴과 네스토리우스가 종합되어 그리스도는 한 주로서 그리고 하나님의 말씀으로서 고백되는 동시에 그의 양성이 명확하게 인식되었다.[108]

B. 유티케스(Euthicianism, A.D. 5C.)

451년 칼케돈회의에서 정죄된 유티케스의 주장으로 그리스도의 단성론을 의미한다. 그는 그리스도가 오직 하나의 성품만을 지니며 두 성질의 상태로 있지 아니하다고 하였다. "우리 주님 예수 그리스도의 탄생 후에 나

---

106) 스탠리 그랜즈, 〈조직신학〉 (크리스찬 다이제스트, 2003), 438.
107) 김광수, 〈동방기독교사〉, 52.
108) 캄펜하우젠, ibid., 213.

는 한 본성, 즉 육신을 입고 사람이 되신 하나님이라는 본성을 예배한다."109)
유티케스는 그리스도의 성육신된 본성을 성육신된 하나님의 하나의 본성인
말씀이라고 표현하였다. 그러므로 인성은 신성에 흡수되었으며 그리스도의
육체는 우리의 육체와 같지 않다고 하였다. 예수의 성육신된 삶을 신적이지
도 않고 인간적이지도 않으면서 신성이 인성을 덮고 있는 제 3의 본성으로
인식하였다.110)

C. 단성론(Monophysitism, A.D. 5C)

칼케돈회의 이후 유티케스를 지지하는 단성론자들의 교리는 다양
한 형태로 발전하였다. 율리아누스는 그리스도는 성육신의 순간부터 그의
육체는 썩지도 죽지도 아니하는 것이라고 하였다. 그들은 이집트, 시리아,
아르메니아에서 교파를 형성하여 곱트교회(Goptic Church), 야곱당, 이디오
피아교회, 아르메니아교회 등이 되었다.

지금까지 교리사를 통해서 진행된 중요한 기독논쟁의 내용들을 살펴보
았다. 기독논쟁을 통해 결정된 핵심적인 내용은 첫째로, 그리스도의 참되고
정당한 신성이요 둘째로, 그리스도의 참되고 정당한 인성이며, 셋째로, 한
인격 안에서의 신성과 인성의 연합이라고 요약할 수 있다. 고대교회에서
수백 년에 걸쳐서, 수많은 이단을 생산해 가면서 교회는 예수 그리스도가
참 신이요 참 인간(real God, real man)임을 확립하였다. 하나의 존재가 두
본성을 가진다는 양성론은 칼케돈회의를 통해서 결정되었는데 양성론은 순
수이성에 의해서 이해될 수 있는 이론이 아니라 신앙이성에 의해서 이해될
수 있는 신앙의 이론이다. 신이 인간 안에 들어간다는 것, 무한자가 유한자

---

109) Kelly, *Early Christian Doctrines*, 332; 스탠리 그렌즈, 〈조직신학〉, 439.
110) 스탠리 그렌즈, ibid.

안에 들어간다는 것은 논리적으로 부당하다. 그러나 교회는 성서를 해명하기 위해서 성서를 진리로 믿는 교회의 신앙의 해명을 위해서 논리적으로 모순되는 이론도 만들어 낼 수 있다. 이것을 기독교에서는 역설의 논리라고 한다.111)

III. 속죄론

예수 그리스도가 누구냐에 관한 이론이 기독론이라고 한다면 예수 그리스도가 무엇을 했느냐에 관한 이론이 속죄론이라고 할 수 있다. 우리는 이미 앞에서 예수 그리스도의 십자가의 수난과 죽음의 의미를 해석하였다. 십자가에 대한 여러 가지 해석 가운데 대속의 죽음이 전통적인 십자가의 해석이라고 하였다. 속죄론은 대속의 죽음으로서의 십자가의 죽음의 의미에 관한 신학적 해석이다. 죄의 문제가 어떻게 해결되었는가 하는 대표적인 이론들을 고찰하고자 한다.

현대인들은 죄와 회개의 문제에 대해 거부감을 가진다. 성숙한 인간이 성숙한 인간으로서 우아하고 고상하게 대접 받고 싶은 것이 현대인의 마음이다. 좋은 집에서 고급차를 타면서 품위 있는 소비생활을 즐기고 살고 있는

---

111) 서양에서 만들어 낸 논리 가운데 대표적인 것들은 다음의 네 가지이다. 1. 연역법(演繹法, Deduction)-아리스토텔레스에 의해서 만들어진 것으로 대표적인 모델은 다음과 같다. 〈모든 사람은 죽는다. 소크라테스는 사람이다. 그러므로 소크라테스는 죽는다〉. 이것은 인문과학에서 많이 사용된다. 2. 귀납법(歸納法, Induction)-프랜시스 베이컨, 존 스튜어트 밀 등에 의해서 만들어진 것으로 대표적인 모델은 다음과 같다. 〈소크라테스는 죽는다. 플라톤은 죽는다. 그러므로 모든 사람은 죽는다〉. 이것은 자연과학의 방법론이 된다. 3. 변증법(Dialectic)-헤겔의 변증법이 유명한데 역사의 변천과정을 해명하는 논리로 사용된다. 4. 역설(Paradox)-이것은 키에르케고르의 실존철학이 대표적인데 기독교의 교리를 해명하는 논리로 많이 사용되어 왔다.

인간의 외형은 죄나 회개와는 거리가 멀어 보인다. 그런 것은 못살고 초라하고 절망적인 삶 가운데 살아가던 시대의 사람들에게나 어울리는 것처럼 생각된다. 축복과 번영의 시대에 죄는 낡은 개념, 시대에 뒤떨어진 의식이라고 생각되기 쉽다.

그러나 과연 현대의 소위 문화인들은 죄와 상관없는 삶을 살고 있을까? 겉모습은 고상하고 세련되어 보일런지 몰라도 보이지 않는 내면에서 인간을 침노하는 죄의 세력은 무시해도 될 정도로 그렇게 가벼운 문제일까? 하나님 앞에서 죄인된 자신의 모습을 발견하지 않고서도 현대인은 과연 자신의 진정하고 본래적인 모습을 발견할 수 있을까? 성서에서 규정한 죄인은 현대인을 규정하는 개념으로서 더 이상 기능할 수 없을 것인가? 아마도 죄인된 인간의 본래의 모습은 정신과 의사나 심리상담사 또는 재판정에 있는 법조인에게 물어보면 더 정확하게 드러날 것이다. 한계상황에 부닥친 인간의 절규하는 모습에서 죄인된 본성의 비참하고 절망적인 모습이 여실히 드러나게 될 것이다. 인간이 죄인이라는 것을 깨닫고 인정하고 회개하는 이외에 하나님의 구원으로 접근할 다른 길은 없다.

1. 성서에 나타난 속죄사상

첫째로, 속죄사상의 모티브는 타락이후 하나님께서 뱀에게 내리신 저주에 나타나 있다. "내가 너로 여자와 원수가 되게 하고 네 후손도 여자의 후손과 원수가 되게 하리니 여자의 후손은 네 머리를 상하게 할 것이요 너는 그의 발꿈치를 상하게 할 것이니라" (창 3:15). 이 말씀은 원복음(original gospel)으로 일컬어져 왔는데 여기서 여자의 후손은 예수 그리스도를 가리킨다고 해석되었다. 왜냐하면 '후손'이 단수(singular)로 사용되었기 때문이다.

그리고 더 나아가서 타락한 인간에게 가죽옷을 지어 입힌 사건에서 원시적인 형태의 속죄사상이 나타났다 (창 3:21). 아담은 범죄 후 무화과 나뭇잎을 엮어 치마를 하였으나 그것은 제대로 된 옷이 아니었다. 그러나 짐승을 죽여 만든 가죽옷은 부끄러움을 가릴 수가 있었다. 여기에서 피를 흘려 생명을 희생한다는 희생제사의 단서를 찾아볼 수가 있다. 그러나 이것은 아직 신학적으로 중요성을 가진 사건은 아니었다.

둘째로, 속죄사상이 구체화 된 것은 모세의 율법을 통해서 계시된 희생제사였다. 모든 이스라엘 백성은 소나 양이나 비둘기를 잡아 하나님께 제사드림으로써 그들의 죄를 용서받았다. 그러나 이 속죄제사는 매년 반복되어야 하는 불완전한 제사였다.[112]

셋째로, 속죄의 완성은 성육신하신 그리스도께서 십자가에 달려 죽으심으로 말미암아 모든 인간이 드려야 할 희생제사를 대신하신 것이다. 이것은 단 한번만에 드린 제사(once for all)요, 흠과 티가 없는 완전하신 주님의 죽음이기 때문에 모든 인류의 죄를 대신하고도 남음이 있다.

2. 교부배상설(Ransom Theory)

기독교 역사상 가장 오래된 속죄론은 교부들에 의한 교부배상설이다. 대표적인 이레네우스와 오리겐의 주장을 살펴보고자 한다.

첫째로, 이레네우스(Irenaeus)는 인간이 죄악 때문에 악마의 노예가 되었으며 이 악마의 지배로부터 인간을 구출하기 위해서 그리스도는 자신을 속금(贖金, Lutron)으로 악마에게 지불했다고 주장했다.

---

112) 지금도 매년 라마단 기간 동안 전 세계에서 사우디아라비아의 메카를 방문하는 무슬림들은 약 200만 마리의 양과 염소를 죽여서 희생제사를 드리고 있다.

둘째로, 오리겐(Origen)은 이레네우스의 사상을 더 발전시켜 다음과 같이 주장하였다. 그리스도의 신성은 그의 인간성 안에 감추인 채로 이 세상에 왔으며 악마는 그리스도를 속금으로 받고 죄인을 자신의 노예의 상태에서 해방하였지만 그리스도는 죽음으로부터 부활하여 악마의 장중에서 탈출하였으므로 결국 악마는 하나님의 술책에 빠졌고 그리스도에게 속았다. 이것이 오리겐의 대상위만설(對象僞瞞說)이다.

교부배상설에서는 인간이 악마의 노예이며 속죄의 대상이 악마라고 보았다. 그러나 이것은 성서적 근거가 없는 주장이며 더 나아가 그리스도가 악마를 속였다는 것은 허황된 생각이다. 어쨌든 우리는 고대교회의 이론들이 이러한 우여곡절들을 거쳐서 서서히 형성되어 가는 과정을 살펴봄으로써 신학의 개방성과 미래가능성을 인식하게 된다.

3. 배상만족설(Satisfaction Theory)

중세기 스콜라신학자 안셀름(St. Anselm)은 〈왜 하나님이 인간이 되었나?〉(*Cur Deus Homo*)에서 교부배상설을 반대하였다. 하나님은 악마에게 빚진 일이 없다. 오히려 악마가 하나님께 빚을 졌으며 형벌을 받아야 마땅하다. 악마가 하나님의 창조질서를 어지럽혔기 때문이다. 또한 인간 편에서 볼 때도 인간은 악마에게 속아서 범죄함으로 하나님께 빚을 진 것이다. 하나님은 인간의 범죄로 말미암아 그 권위와 영광이 손상을 입었으며 따라서 인간의 배상의무는 하나님께 있다.

그런데 공의로우신 하나님은 인간의 죄를 간과하지 않고 형벌하신다. 그리하여 죄인은 하나님의 영광을 회복해야 하며 그렇게 되면 하나님의 만족에 의해 죄사함이 부여될 것이다. 그러나 무능한 인간은 죄를 배상할 능력이 없다. 여기에서 하나님은 형벌이냐 배상이냐를 택해야 하는데 만약 하나님이 인간에게 형벌을 내린다면 인간은 멸망할 수밖에 없으며 이것은 하나님의 사랑의 경륜에 배치된다. 그래서 하나님은 형벌을 포기하고 배상의 길을 택했다. 그런데 인간에게는 배상할 능력이 없다. 죄를 배상할 수 있는 분이 있다면 하나님뿐이다. 그러나 하나님에게는 죄를 배상할 책임이 없으며 있다면 인간에게 있다. 바로 여기에서 하나님의 아들이 인간이 되어야 했던 것이다.

그리하여 성육신하신 그리스도는 전 생애를 통하여 완전한 복종과 헌신으로써 죄를 배상하였고 하나님의 명예를 회복하였으며 십자가의 죽음은 하나님께 대한 최상의 선물이요 배상이었다. 하나님은 이 배상(reparation)에 만족하여 보상(compensation)하려 하나 그리스도는 하나님의 아들인고로 보상이 필요 없고 그리스도 대신 인간이 사죄의 보상을 받게 되었다.

안셀름의 배상만족설은 교부배상설의 문제점을 수정보완 하였으나 형벌이냐 배상이냐에서 형벌 없는 배상을 주장하였다. 이것은 중세기의 참회배상제도를 신학화한 것이었다. 그러나 이 이론은 사회제도를 기초로 한 사변에 불과하며 성서는 이런 사상을 보증하지 않는다.

4. 도덕감화설(Moral Influence Theory)

안셀름이 객관적인 하나님의 명예를 강조하였다면 그에 반대한 아벨라드(Abelard)는 주관적인 하나님의 부성(父性)과 사랑을 강조하였다.

아벨라드에 의하면 죄는 별로 문제가 되지 않으며 나아가서 죄는 동정의 대상이지 형벌의 대상이 아니다. 그러므로 죄의 배상에 의해 죄사함을 받는다는 사상은 잔인하고 부당하다. 그리스도의 죽음은 죄값의 배상을 위한 것이 아니라 하나님의 사랑의 최고의 표현이다. 즉 죄인의 마음에 도덕적 감화를 주어 회개하고 하나님께 돌아와서 거룩한 뜻에 맞는 새 생활을 하게 하려는 것이다. 죄인은 회개하고 하나님께 돌아가기만 하면 사죄함을 받는다. 그러므로 그리스도가 죽은 것은 죄의 처리가 아니라 인간을 도덕적으로 개조하기 위해서이다.

도덕적주관설은 안이한 속죄관이다. 이것은 아벨라드의 신관과 죄관이 철저하지 못한데서 기인하였다. 그는 사랑의 하나님은 보았으나 공의의 하나님은 보지 못했다. 나아가서 도덕적인 변화는 사죄의 조건이 아니라 결과이며 죄의 배상 즉 죄의 철저한 처리가 없는 곳에 사죄가 있을 수 없고 사죄가 없는 곳에는 도덕적 감화는 있을 수 없다고 하겠다.

5. 형벌대상설(Vicarious Punishment Theory)

종교개혁자들의 속죄론은 철저한 죄관과 신관에서 기인한다. 마틴 루터의 속죄론은 그 자신의 신앙체험을 통하여 형성된 것이었다. 루터가 대학생이었을 때 친구와 같이 산책을 하다가 비가 와서 큰 나무 아래 피하였는데 벼락이 쳐서 친구가 즉사하였다. 이 사건의 충격 속에서 루터는 어떻게 해야 하나님 앞에서 의로워질 수 있는가의 문제를 가지고 고민하기 시작하였다. 그는 대학에서 공부하던 법학을 포기하고 수도원으로 들어가서 계속해서 이 문제와 씨름하였다. 그는 로마의 바티칸에 가서 무릎으로 돌계단을 오르는 고행을 하기도 하고 여러 가지 고행과 난행을 하였으나 마음의 평화를 얻지 못했다. 심지어 죄책에서 오는 공포와 절망으로 에르푸르트(Erfurt) 수도원에서 졸도하기까지 하였다.

그런데 마침내 그에게 평화를 준 것은 성서에 증언된 그리스도의 속죄에 의해 부여되는 하나님의 의였다 (롬 3:21~24). 이것은 믿음으로 말미암는 의이다 (롬 1:17). 이 의는 분노하고 심판하는 하나님의 의가 아니라 심판하고 속죄하는 하나님의 의, 즉 죄의 대속으로서의 하나님의 의이다. 그러므로 그리스도의 대속없이 구원의 길은 없다. 루터는 갈라디아 3장 13절 주석에서 분명히 예수 그리스도가 인간의 죄를 대속하기 위해 형벌을 받았다고 하였다. 그리스도는 범죄자 중 하나로 헤아림을 받았다 (사 53:12). 그는 인간의 죄 때문에 저주를 받을 뿐만 아니라 한 사람의 죄인이 됨을 강조했다. 만약 그리스도가 십자가에서 한 사람의 죄인이 되었다는 것을 부정하면 그것은 그리스도의 수난, 십자가의 죽음을 부정하는 것이 된다. 그리하여 루터는 형벌대상의 죽음만이 하나님의 공의를 만족시킬 속죄라고 하였다.

칼빈은 〈기독교 강요〉에서 하나님의 아들이 우리가 죄 때문에 받을 형벌을 자신에게로 옮겼으며 이 희생에 의하여 배상은 지불되고 우리는 하나님의 진노에서 해방될 수가 있다고 하였다. 제네바 교리문답에서는 "그리스도는 우리에게 대한 하나님의 저주를 몸에 받고 그 저주를 우리에게서 제거하기 위하여 나무에 달렸다"고 하였다. 물론 하나님이 직접 그리스도에게 적의를 품은 것은 아니었으나 그리스도는 인간을 죄에서 구원하기 위하여 죄인으로 취급되었고 죄인이 받을 형벌을 몸에 받고 하나님의 진노와 형벌의 모든 것을 경험했다고 함으로써 칼빈은 십자가에 있어서 그리스도의 형벌대상을 끝까지 주장하였다.

종교개혁자들은 안셀름의 형벌 없는 속죄론을 극복하고 형벌에 의한 속죄론을 수립하였다. 개혁자들의 속죄론은 성서와 일치하며 이것은 죄에 대한 깊은 이해와 함께 구원의 은혜의 기초 위에 수립한 성서적 신학이라고 하겠다.

9
성령론

Ⅰ. 성령의 이름[1]

1. 성서에 나타난 성령의 이름

구약에서 성령이란 칭호는 두 번밖에 사용되지 않았다 (시 51:11; 사 63:11). 378회 사용된 루아흐(ruah)는 구약성서에서 가장 많이 사용된 일반적인 성령의 이름이다. 구약성서에서 사용된 루아흐는 33회가 입김이나 콧김 같은 단순한 숨(breath)의 뜻으로 사용되었으며 117회가 자연적인 바람(wind)의 의미로, 76회가 생기나 활력과 관련된 정신으로, 25회가 육체 안에 살고 있는 생명체의 정신으로 사용되었다. 3회는 감정의 자리로, 9회가 정신적 활동의 자리로, 3회가 인간의 의지로, 18회가 도덕적 성품으로 그리고 94회가 하나님의 영의 의미로 사용되었다.[2] 그러니까 자연적인 바람이라는 개념이 하나님

---

1) 엘머 타운즈, 〈성령의 명칭들〉 (도서출판 알돌기획, 1995), 이 책에 의하면 성령의 이름이 126가지라고 한다. 그러나 성령의 본질적인 특징을 나타내는 이름뿐만 아니라 성령의 여러 가지 사역을 나타내는 이름들이 다 망라되어 있다. 예컨대 은혜의 영, 계시의 영, 진리의 영 등이다.
2) 황승룡, 〈성령론〉 (한국장로교출판사, 1999), 40. 루아흐가 하나님의 신이란 의미로 사용된 횟수에 대해서 학자들 간에 이견이 있다. R. Albertz와 C. Westermann 은 60회로 Leon Wood는 약 100회로 본다.

의 영을 표현하기 위해서 가장 그럴듯한 용어로 채택된 것이다. 눈에 보이지 않으면서도 그 존재가 느껴지고 그리고 강력한 운동력과 영향력을 가진 바람은 성령을 표현하기 위한 가장 적절한 언어라고 할 수 있다.[3]

루아흐의 용법을 세 가지로 요약하면 첫째로 자연적인 바람, 둘째로 인간에게 주어진 생명력 또는 감정을 나타내는 자리, 셋째로 하나님이 부리시는 하나님의 영이다. 즉 자연적인 바람과 인간 안에서 작용하는 정신적인 생명력 및 하나님이 직접 그의 영향력이나 능력을 부어 주어서 인간의 삶에 개입하는 이 모든 것이 루아흐의 작용에 포함된다. 그러므로 구약에서 성령은 하나님의 창조와 보존에 참여하는 하나님의 힘으로서 자연과 역사 안에서 신이 택한 그의 일군들을 통해서 수행되는 신의 사역의 도구로 이해되고 있다고 할 수 있다.[4]

구약에서 성령을 의미하는 용어가 좀 더 발전하게 되면 여호와의 신 (민 11:29; 삿 3:10, 6:34; 삼상 16:13; 왕상 18:12; 왕하 2:16) 또는 하나님의 신 (창 1:2, 41:38; 출 31:3; 민 24:2; 삼상 10:10; 대하 15:1; 겔 11:24) 등으로 표현된다. 이 하나님의 신은 거룩한 하나님의 영(시 5:11, 사 63:10, 11)이며 선한 영(시 143:10)이다.

구약에 나타난 성령의 이름은 대체로 성부 하나님과 관련되어 표현되었다. 구약에서는 아직까지 삼위일체론이 형성되지 않았지만 그러나 신약과의 연관에서 볼 때 우리는 성령을 성부와의 관계에서 이해할 수 있다. 즉 우리는 성령을 아버지의 영으로 이해해야 할 것이다. 대표적인 것으로 하나님의 신 (창 1:2), 나의 신 (창 6:3), 그의 신 (민 11:29), 주의 성신 (시 51:11), 주의 영 (시 104:30), 주 여호와의 신 (사 61:1) 등이 있으며 신약에서 성부와의 연관에서 표현된 성령의 이름들은 다음과 같다. 너의 아버지의 성령 (마 10:20), 주의

---

3) 성령을 바람이라고 할 때 그것은 자연적인 바람이 아니라 특수한 종교적 경험을 가장 유사하게 표현할 수 있을 뿐이다. 성령은 바람을 초월하면서도 바람이 가지고 있는 성질과 유사한 양면성이 있다. 이것이 종교언어의 제한성이요 한계이다.
4) 이종성, 〈성령론〉 (대한기독교서회, 1984), 55.

성령 (눅 4:18), 아버지의 약속하신 것 (행 1:4), 예수를 죽은 자 가운데서 살리신 이의 영 (롬 8:11), 우리 하나님의 성령 (고전 6:11), 살아계신 하나님의 영 (고후 3:3) 등이 있다. 신구약 성서에서 성령은 하나님 자신으로서, 영원부터 계신 창조자일 뿐만 아니라 특별히 아버지의 약속하신 것으로 예언된 분으로서 신약에서 성취되어야 할 성령세례를 강력하게 지시하고 있다.

구약의 루아흐가 신약에서는 프뉴마(pneuma)로 표현되었다. 히브리어 성경의 희랍어 번역인 70인역(Septuagint)에서 루아흐는 프뉴마로 번역되었으며 신약에서 성령은 프뉴마로 표현되었다. 예수는 니고데모에게 성령을 프뉴마라고 말했으며 그것은 바로 자연적인 바람을 가리키는 개념이었다.[5] 즉 구약에서와 마찬가지로 신약에서도 가장 원초적인 의미에서 성령의 이름은 자연적인 바람을 통해서 하나님의 영을 표현하도록 채택된 것이다. 구약과 신약이 공통적으로 바람이라는 개념을 성령의 이름으로 사용하였다는 것이 이채롭다.

신약에서 프뉴마는 379회 사용되었는데 그 중에서 하나님의 영 즉 성령의 의미로는 275회 사용되었다. 이 가운데 149회는 단독으로, 92회는 하기온 (hagion, 거룩한)과 함께, 1회는 여성명사 하기오쉐네스(hagioshenes, 성결)와 함께, 18회는 하나님의 영으로, 1회는 아버지의 영으로, 1회는 아들의 영으로, 3회는 그리스도의 영으로, 1회는 예수의 영으로 사용되었다.[6] 프뉴마는 다른 명사나 고유명사 또는 형용사와 결합하여 다양한 명칭으로 표현되었다. 예를 들면, 하나님의 성령 (마 3:16, 12:28, 고전 3:16, 6:11, 고후 3:3, 빌 3:3), 주의 성령 (눅 4:18), 아버지의 성령 (마 10:20), 살아계신 하나님의 영 (고후 3:3), 그리

---

5) 요 3:8 "바람이 임의로 불매 네가 그 소리를 들어도 어디서 오며 어디로 가는지 알지 못하나니 성령으로 난 사람은 다 이러하니라." "The wind blows wherever it pleases. You hear its sound, but you cannot tell where it comes from or where it is going. So it is with everyone born of the Spirit."

6) 성종현, "현대 서구 성서신학자들의 성령이해와 신약성서의 성령관," 〈교수논문집〉 (장로회신학대학교, 1996), 86.

스도의 영 (롬 8:9), 예수의 영 (행 16:7), 예수 그리스도의 성령 (빌 1:19), 주의 영 (행 5:9, 8:39), 그 아들의 영 (갈 4:6), 진리의 영 (요 15:26, 16:13), 믿음의 영 (고후 4:13), 은혜의 영 (히 10:29), 성결의 영 (롬 1:14), 생명의 성령 (롬 8:2), 영광의 영 (벧전 4:14) 등이다. 특히 요한복음에서는 성령을 보혜사(parakletos)라고 표현하고 있다 (요 14:16, 16:7).[7]

지금까지 살펴본 바와 같이 구약에서는 성령이라는 표현이 단 3회에 불과하며 성령을 의미하는 경우에도 루아흐는 오늘날과 같은 하나님 자신의 주체적인 인격이라는 의미가 아니라 하나님 자신의 사역의 도구로 이해되었다. 신약에서 프뉴마는 훨씬 더 많이 성령의 의미로 사용되었다. 하나님의 영이 거룩한 영이라고 표현된 것은 우리를 깨끗하게 하고 거룩하게 만들기 때문이다. 그러나 성령을 거룩한 영이라고 부르는 것은 이러한 성령의 사역 때문이 아니라 그의 본성에 의한 것이다. 하나님이 거룩한 분이기 때문에 그의 영도 거룩한 영 즉 성령이라고 부르게 된 것이다.[8] 거룩한 영에 반대되는 말은 더러운 영이다.[9] 성령과 더러운 영 또는 악한 영은 서로 적대적이다. 성령은 거룩하나 더러운 귀신은 더럽고 사악하다.[10] 더 나아가서 성령은 하나님의 선한 영이다. "주의 신이 선하시니(...your Spirit is good) 나를 공평한 땅에 인도하소서" (시 143:10). 하나님이 선하시니 하나님의 영도 선하다.[11]

---

7) 황승룡, 〈개혁교회와 성령〉 (성광문화사, 1986), 24. 성령에 관한 명칭은 신약성서에만 39개가 있다고 한다.

8) 사 40:25 "거룩하신 자가 가라사대," 합 1:12 "나의 하나님 나의 거룩한 자시여," 롬 1:4 "성결의 영으로는 죽은 가운데서 부활하여."

9) 막 3:29, 30 "누구든지 성령을 훼방하는 자는 사하심을 영원히 얻지 못하고 영원한 죄에 처하느니라 하시니 이는 저희가 말하기를 더러운 귀신(unclean spirit)이 들렸다 함이더라."

10) 존 오웬, 〈개혁주의 성령론〉 (여수룬, 1988), 50. 악령에 의해 지배를 받는 사람은 성령의 일을 거스른다. 삼상 16:14 "여호와의 신이 사울에게서 떠나고 여호와의 부리신 악신이 그를 번뇌케 한지라."

11) 마 19:17 "어찌하여 선한 일을 내게 묻느냐 선한 이는 오직 한 분이시니라."

그러므로 선한 영의 사역은 모두 선하다. 그래서 그의 사역은 모든 신자들에게 선한 영향을 끼친다.

구약에서 성령의 이름은 일반적으로는 하나님의 영 또는 주의 영이라고 칭한다. "하나님의 신은 수면에 운행하시니라" (창 1:2). 여기에서 하나님은 엘(El)의 복수형인 엘로힘(Elohim)이 사용되었다. 이 복수형 엘로힘은 삼위일체 하나님의 복수를 나타내는 복수형으로 볼 수 있다.[12] 그리고 구약에서 성령은 여호와의 영으로 불리었다. 그러므로 성령은 아버지의 영이라고 말할 수 있다.[13] 그는 영원토록 성부로부터 나오고(proceed) 발현(emanation) 한다.[14] 즉 구약에서 성령의 이름은 성부와의 연관에서 진술되었다고 볼 수 있다.[15]

신약에서 성령은 본질적으로 성자의 영이며 그리스도의 영이다.[16] 따라서 성령의 이름도 예수 그리스도와의 연관에서 진술되었다. 성령은 예수의 사역을 계승하는 다른 보혜사이며 (요 14:16; 요일 2:1), 그 아들의 영이요 (갈 4:6), 예수의 영이요 (행 16:7), 그리스도의 영이다 (롬 8:9). 그러므로 성자와 성

---

12) 존 오웬, ibid., 51. 칼 바르트는 창 1:26의 '우리'의 복수형을 삼위일체의 복수로 해석할 수 있다고 하였는데 구약에도 삼위일체론이 암시적으로 표현되어 있다는 것이 조직신학적으로 타당하다고 본다. 그러나 아직까지 구약에서는 삼위일체론적 인식이 명시적으로 표현되지 않았다.

13) 요 8:54 "내게 영광을 돌리시는 이는 내 아버지시니 곧 너희가 너희 하나님이라 칭하는 그이시라."

14) 요 15:26 "곧 아버지께로서 나오시는 진리의 성령이 오실 때에 그가 나를 증거하실 것이요."

15) 구약에 삼위일체론이 없는데 어떻게 성부와의 연관을 생각할 수 있느냐고 물을 수 있다. 즉 삼위일체론이 없는데 어떻게 삼위일체론적인 사고를 할 수 있느냐고 물을 수 있다. 이런 질문은 성서신학적인 사고이다. 조직신학은 이런 사고를 할 수 있다. 왜냐하면 삼위일체론은 교회의 산물이지만 삼위일체는 영원전부터 존재하기 때문이다.

16) 갈 4:6 "너희가 아들인고로 하나님이 그 아들의 영을 우리 마음 가운데 보내사 아바 아버지라 부르게 하셨느니라." 롬 8:9 "만일 너희 속에 하나님의 영이 거하시면 너희가 육신에 있지 아니하고 영에 있나니 누구든지 그리스도의 영이 없으면 그리스도의 사람이 아니라."

령은 동일한 본질을 가진 삼위일체 하나님의 제2, 제3위가 되신다. 그리스도 란 기름부음을 받았다는 뜻인데 이것은 구약의 세가지 직무 즉 예언자, 제사 장, 왕의 직무를 그리스도가 수행하며 나아가서 그리스도의 영인 성령도 이 세 가지 직무를 수행한다는 뜻이다. 성령이 하나님의 메시지를 인간에게 계 시해 주는 것은 예언적 직무이다 (벧후 1:20). 성령이 죄로 인해서 하나님이 받으시는 희생제사를 드리는 것은 제사장적 직무이다 (히 9:14). 그리고 성령 이 하나님의 나라를 다스린다는 것은 왕으로서의 직무이다 (롬 8:2).[17]

구약에서 성령은 성부와 연관되어 진술되었다. 성령은 아버지의 영이요 야웨의 영이다. 신약에서 성령은 성자와 연관되어 진술되었다. 성령은 그리 스도의 영이요 예수의 영이다. 그러므로 성령은 성부와 성자의 영이다. 이 성부와 성자와의 연관을 떠나서 성령은 생각될 수 없다. 그러므로 삼위일체 론 위에 서 있는 성령론만이 성서적이고 기독교적인 성령론이 될 것이다. 특히 성령은 예수 그리스도의 승천이후 예수의 사역을 계승하는 다른 보혜 사로서 오순절에 예루살렘의 다락방으로 보냄을 받았다. 이것이 성령세례이 다. 이 성령세례는 지금까지 구약에서 제한적이고 특수한 사람들에게만 주 어졌던 성령의 부으심과 구별되는 보편적인 성령의 구원사의 시작이다. 이 오순절의 성령세례는 예수 그리스도에 의해서 시행된 새로운 역사의 출발점 이 된다. 새 역사는 교회의 탄생을 통해서 이루어지는 하나님의 구원의 역사 이다. 교회는 성령의 강림에 의해서 탄생하였으며 성령은 교회의 창조자요 교회는 성령의 피조물이다. 성령은 교회의 영이 아니라 하나님의 영이다. 성령이 교회에 속하는 것이 아니라 교회가 성령에게 속한다. 성령은 예수 그리스도께서 보내신 그리스도의 영으로서 자기 동일성(identity, 정체성)을 확보하게 되며 더 나아가서 성령을 그리스도의 영이라고 부르는 것은 성령 과 성령 아닌 다른 영 사이의 판단기준이 된다. 예수 그리스도에게 속하는

---

17) 엘머 타운즈, 〈성령의 명칭들〉 (도서출판 알돌기획, 1995), 134.

영, 그리스도와 연결된 영만이 성령이며 예수 그리스도에게 연결되지 않은 영은 무엇이든지 성령이 아니요 악령이다. 종교다원주의나 타문화라는 이름으로 가장된 악령들이 성령의 가면을 쓰고 나타나지 않도록 우리는 주의를 게을리하지 않아야 할 것이다.

2. 보혜사

예수 그리스도의 수많은 이름 중에서 예수께서 가장 좋아하고 가장 많이 사용한 이름이 인자(Son of man)라고 한다면 성령의 이름들 가운데서 예수님이 가장 좋아한 이름은 보혜사(parakletos)라고 할 수 있다.[18] 이 용어는 '함께' 또는 '옆에'를 의미하는 para라는 전치사와 '부르다'라는 뜻을 가진 kaleo라는 어근이 결합해서 만들어진 합성동사 parakaleo에서 유래하였다. 원래는 "돕기 위해서 부름을 받은 자"라는 수동적 의미를 가졌는데 "남을 위해서 나타난 자"(one who appears in another's behalf)라고 할 수 있다.[19] 성령을 가리키는 의미로서 보혜사는 예수에 의해서 네 번 사용되었다 (요 14:16, 26; 15:26; 16:7). 이것은 성령의 사역을 가장 잘 나타내 주는 용어이다. 그리고 이 성령의 칭호는 예수에 의해서만 사용되었다. 보혜사는 그 직능에 따라서 중보자(mediator), 돕는 자(helper), 교사(teacher), 위로 자(comforter), 대언자(advocate), 상담자(counselor) 등의 의미를 지니고 있다. 보혜사의 직능을 살펴보면 다음과 같다.

첫째로, 중보자는 양자 사이의 관계를 연결해주는 중간자의 기능을 가리

---

18) 빈센트 테일러에 의하면 예수의 이름은 53개이다. Vincent Taylor, *The Names of Jesus*. 그런데 엘머 타운즈에 의하면 성령의 칭호 중에 예수가 가장 선호한 것이 보혜사이다. 엘머 타운즈, ibid., 22ff.

19) 박창환편, 〈성서헬라어사전〉 (대한기독교서회, 1972), 329.

키는 말이다. 구약성서에서는 모세에게 이 일이 처음으로 주어졌다. 하나님께서 모세에게 율법을 주실 때 "천사들로 말미암아 중보의 손을 빌어 베푸신 것"이다 (갈 3:19; 출 20:19 cf.). 모세는 야웨 하나님과 이스라엘 사이에서 중보자의 역할을 수행하였다. 출애굽기 3장과 6장에 의하면 야웨는 모세에게 최초로 계시된 하나님의 이름이다. 모세는 호렙산에서 계시 받은 야웨를 애굽에 있던 동족에게 소개하였다. 그리하여 야웨로 하여금 이스라엘의 하나님이 되게 하고 이스라엘로 하여금 야웨의 백성이 되게 하는 막중한 사명을 감당하였다. 신약에서는 예수 그리스도가 하나님과 인간 사이의 중보자가 되었다. 그는 세상 죄를 지고 가는 하나님의 어린양이 되었으며 세상은 그로 말미암아 하나님의 자녀가 되는 권세를 얻게 되었다. 이와 같이 하나님과 인간 사이에서 중보자의 역할을 수행한 모세와 예수 그리스도의 직능을 교회시대에는 성령이 이어받게 되었다. 그리하여 성령은 하나님과 인간, 그리스도와 교회, 인간과 인간의 관계를 이어주는 매개자로서의 독특한 기능을 수행하게 된다. 성 어거스틴은 성령을 성부와 성자를 연결하는 사랑의 끈 (bond of love)이라고 설명하였는데 이것은 성령의 중보자로서의 직능을 잘 표현한 말이다.

둘째로, 돕는 자란 성령께서 우리를 특별한 방법으로 도우시는 신적인 도움을 의미한다. 인간은 약하고 어리석기 때문에 하나님의 도우심을 절대적으로 필요로 한다. 창세기 2장에서 하나님이 아담을 창조하였을 때 아담이 독처하는 것이 좋지 못하므로 그를 위하여 돕는 배필을 주셨다 (창 2:18). 여기에서 사용된 돕는 자의 히브리어는 ezer로서 이것은 일상적인 도움이 아니라 특별한 신적인 도움을 의미한다.[20] 구약에서 20여회 사용된 이 단어는 하나님이 이스라엘을 기적적으로 도울 때 사용된 개념이다. 즉 하나님의 도움이

---

20) 모세의 아들들의 이름은 게르솜과 엘리에셀이다. 엘리에셀은 "나의 하나님은 돕는자이다"(My God is helper)라는 뜻이다.

없으면 이스라엘이 쓰러질 수밖에 없는 것처럼 여자의 도움이 없으면 남자는 쓰러질 수밖에 없는 강력한 도움을 의미한다. 보혜사란 이렇게 약한 인간을 도우시는 성령의 도움을 의미한다. 인간이 약해서 쓰러질 수밖에 없는 위급한 상황에서 성령은 우리 성도를 돕는다. 그리하여 천신만고 끝에 인간은 위기를 극복하고 승리할 수 있게 되는 것이다. 의인은 일곱 번 넘어질지라도 다시 일어난다 (잠 24:16).

셋째로, 교사란 성령님이 우리를 때를 따라 도우시되 특별히 지성적인 측면에서 우리를 도우시는 것을 의미한다. 우리가 미처 생각하지 못했던 것을 생각나게 하시고 참신한 아이디어가 떠오르게 하신다. 이렇게 새로운 아이디어가 떠오르는 것을 영감(inspiration)이라는데 우리는 신앙 안에서의 이러한 특별한 영감을 성령의 사역이라고 믿는다. 성도들이 경건한 생활을 하고 성령님과 깊은 영적 교제를 할 때 성령께서는 우리에게 지혜를 주시고 아이디어를 주신다. "너희 중에 누구든지 지혜가 부족하거든 모든 사람에게 후히 주시고 꾸짖지 아니하시는 하나님께 구하라 그리하면 주시리라" (약 1:5).

넷째로, 위로자는 성령님께서 하나님의 특별한 위로를 성도에게 부여하심을 의미한다. 우리가 세상에서 당하는 고통을 함께 나눌 사람이 있다면 그 고통은 훨씬 가벼워질 것이고 그렇게 되면 우리는 그 고통을 쉽게 극복할 수 있게 될 것이다. 그러나 조그마한 어려움을 당했을 때는 인간적인 위로가 효력이 있겠지만 워낙 엄청난 충격을 받게 되면 인간의 위로가 소용이 없는 경우가 있을 수 있다. 사랑하는 사람이 갑자기 죽는다든가, 일생동안 일구어놓은 재산이 하루아침에 잿더미가 된다든가, 평생 동안 쌓아올린 인생의 공든 탑이 무너질 때 우리는 상상할 수 없는 충격과 절망에 휩싸이게 된다. 그럴 때는 인간의 위로가 오히려 조롱처럼 들릴 수도 있다. 그리고 어떤 사람의 위로도 듣기 싫어질 수 있다. 그럴 때 우리를 위로할 수 있는

분이 성령님이다.[21]

다섯째로, 대언자란 성령님이 우리가 해야 할 말을 대신 해 주신다는 뜻이다. 변호사가 법정에서 대리인을 위해서 대언을 해 주듯이 성령님은 우리가 하나님께 해야 할 말을 대신해 주신다는 뜻이다. 이것은 방언기도를 통해서 이해할 수 있다. 방언은 성령님이 나를 대신해서 하나님께 기도하는 것이다. 나는 기도의 내용을 알 수 없다. 그러나 성령께서 기도하므로 방언기도는 어떤 인간의 말보다도 더 적합하고 권세 있는 기도가 되어 우리의 존재의 밑바닥에 있는 영혼의 부르짖음을 하나님께 상달하도록 대언하는 것이다. 그러므로 방언기도는 강력한 능력으로 우리의 문제를 해결하고 우리의 죄를 도말하며 우리의 소원을 하나님께 간구하고 우리의 질병을 치료하며 우리를 침노하는 모든 악의 세력을 척결하는 기도이다. 이렇게 성령님이 우리의 보혜사가 되심으로 성도는 성령님과 매일 매일 친교하고 그와의 친교 안에서 하늘의 신령한 것과 땅의 기름진 것으로 풍성한 삶을 누리게 되는 것이다.

여섯째로, 상담자는 보혜사 성령의 기능을 잘 나타내는 어휘이다. 상담자는 내담자의 말을 듣는다. 그러면 내담자는 상담과정을 통해서 스스로 문제를 진단하고 해결책을 구상하게 된다. 그리하여 상담이 끝나면 대부분의 경우 저절로 문제가 풀리게 된다. 상담자는 거기에 확신을 주고 내담자가 미처

---

21) 필자가 신학교에 입학하던 해, 봉사하던 교회의 중고등부 여름 수련회가 있었는데 3박4일의 일정이 끝나는 날 고등학생 한명이 익사하는 사고가 발생하였다. 그 학생의 부모는 불신자였기 때문에 모두 크게 근심하였다. 연락을 받고 달려온 부모님은 심한 충격에 휩싸여 있었다. 수련회를 하였던 그 교회에서 10여명이 둘러앉아 기도회를 하였고 전도사님이 안수를 하였는데 그 학생의 어머니가 입신을 하였다가 30분쯤 후에 깨어났다. 그 어머니의 얼굴이 환히 빛나면서 만면에 미소가 가득한 얼굴로 자기 아들이 예수님 품에 안겨있는 것을 보고 왔으니 여러분들은 아무 걱정하지 말라고 하였다. 일순간에 분위기가 180도 반전하게 되었으며 모든 걱정은 사라지고 모든 문제는 해결되었다. 그 후 그 학생의 아버지는 장로님이 어머니는 권사님이 되었다. 필자는 성령의 위로하심이 얼마나 위대한 능력이 있는지를 직접 체험할 수 있었다.

보지 못했던 문제점을 지적해주고 성서 안에서 새로운 길을 제시해 주게 된다. 우리가 성령님께 기도하면 기도의 과정을 통해서 우리는 날마다 성령님과 상담을 하게 되며 성령님께서 우리를 감동하셔서 우리자신의 적나라한 모습을 보게 만들어 주신다. 그리고 대부분의 경우 나 자신에게 문제가 있는 것을 발견하게 한다. 더 나아가서 성령은 우리에게 감추어져 있던 새로운 길을 발견하게 하신다. 그리고 성경말씀을 통해서 우리로 하여금 빛 가운데로 걸어가도록 용기를 주시고 지혜로써 인도하신다. 그러므로 성령보다 더 우수한 상담자는 없다. 성령께서 감동하실 때 기독교상담은 성공적인 상담이 될 수 있다. 따라서 세속적인 상담과 기독교상담은 크게 다르며 그 질적 차이가 명백하게 인식되어야 할 것이다.

요한일서에서는 예수를 가리켜서 이 보혜사라는 용어가 사용되었다 (요일 2:1).[22] 그러므로 예수와 성령은 똑같은 능력을 가진 동등한 보혜사로서 다만 그 직능상 구별될 뿐이다. 예수께서는 "내가 아버지께 구하겠으니 그가 또 다른 보혜사를 너희에게 주사 영원토록 너희와 함께 있게 하시리니"(요 14:16)라고 말씀하였다. 여기에서 '다른'(allos)이란 말은 같은 종류의 다른 것(another)이란 뜻이다. 희랍어에 '다른' 이란 뜻을 가진 말이 또 있는데 heteros 라는 어휘는 다른 종류의 다른 것(other)이란 뜻이다. 예컨대 heteros는 칼과 공책이 다르듯이 양자가 전혀 다르다는 의미인 반면에, allos는 두터운 공책과 얇은 공책이 서로 다르듯이 같은 종류이면서 서로 다르다는 의미라고 할 수 있다. 그러므로 예수 그리스도가 보혜사이듯이 성령도 보혜사이다. 예수 그리스도와 성령은 서로 질적으로 다른 이질적이고 차원이 다른 별개의 존재가 아니라 서로 동질적이고 서로 차원이 같고 서로 교통할 수 있는 관계임을 암시하고 있다. 따라서 성령을 보혜사라고 부른 예수의 마음 속에는 자신

---

22) "나의 자녀들아 내가 이것을 너희에게 씀은 너희로 죄를 범치 않게 하려 함이라. 만일 누가 죄를 범하면 아버지 앞에서 우리에게 대언자가 있으니 곧 의로우신 예수 그리스도시라" (요일 2:1).

의 구원사역을 계승하여 교회를 통해서 구원사를 이어 나가실 성령의 미래 사역에 대한 뚜렷한 비전이 있었다고 볼 수 있다. 그렇기 때문에 예수는 자신의 사역이 끝이 아니라 약속한 성령이 강림할 것을 기다리라고 강력하게 요구하였던 것이다. "예루살렘을 떠나지 말고 내게 들은 바 아버지의 약속하신 것을 기다리라. 요한은 물로 세례를 베풀었으나 너희는 몇 날이 못되어 성령으로 세례를 받으리라 하셨느니라" (행 1:4~5).

3. 성령의 상징들

하나님에 대한 일상적인 언어들은 상징적인 한계를 벗어날 수 없다.[23] 성서에서는 여러 가지 상징들을 통해서 성령의 특징들을 진술하고 있다. 이런 상징언어들을 통해서 우리는 성령의 특성을 더 잘 이해할 수 있게 된다. 성령의 상징이 성령의 이름은 아니지만 그러나 성령의 상징들은 성령의 속성을 잘 드러내기 때문에 성령의 이름과 유사한 기능을 가진다고 할 수 있다.

첫째로, 성령의 상징은 불이다 (행 2:1~4; 마 3:11; 사 6:6). 불이 더러운 것을 태우는 것처럼 성령의 불은 모든 더러운 죄를 소멸하며 그리고 뜨거운 불이 기계를 움직이는 원동력이 되고 뜨거운 태양이 모든 생명체를 살리는 것처럼 성령은 교회를 움직이고 우리의 삶을 변화시키고 살리는 원동력이 된다. 그리고 불이 타오를 때 밝은 빛이 나와 어두움을 몰아내는 것처럼 성령은 어두움과 같은 죄악의 세력을 물리친다. 죄악의 그늘이 드리울 때 개인의 삶이 실패하게 되고 가정이 파괴되고 교회가 침체하게 된다. 결국 그러한 사회와 국가는 멸망하게 된다. 이런 멸망의 세력을 물리치기 위해서 개인과

---

23) 종교언어의 상징적 특징에 대해서 존 힉, 황필호 역편, 〈종교철학개론〉 (종로서적, 1980), 117ff. cf.

가정, 교회와 사회는 성령의 불이 내뿜는 생명과 창조의 빛을 받아야 한다.

구약시대에 이스라엘 백성은 광야에서 구름기둥과 불기둥의 인도를 받았다. 이것은 40년간이나 계속되었다. 구름기둥은 한낮의 더위를 피할 수 있는 그늘을 제공하였으며 불기둥은 한밤의 추위로부터 이스라엘백성을 보호하였다. 이 구름기둥과 불기둥은 두개의 기둥이 아니라 한 개의 기둥이다.[24] 하나님과 인간 사이에 있는 이 기둥은 하나님의 임재하심을 상징하는 것이요 하나님의 보호하시는 능력의 상징이다. 이스라엘은 처음부터 성령의 불기둥의 인도를 받아 광야생활을 하였으며 처음부터 끝까지 이 불기둥은 이스라엘과 함께 하였다.

이스라엘 공동체뿐만 아니라 개인들에게도 자주 불이 나타나서 하나님의 임재하심을 증거하였다. 아브라함이 제사를 드릴 때 불이 나타났으며[25] 모세가 호렙산에서 야웨 하나님을 만나는 체험을 했을 때 불이 나타났다.[26] 기드온이 사사로 부르심을 받을 때에 불이 나타났으며[27] 엘리야의 갈멜산 제단시합에서도 불이 나타났다.[28] 오순절날 마가의 다락방에서 성령이 강림하였을 때에 "불의 혀같이 갈라지는 것이 저희에게 보여 각 사람 위에 임하여 있더니" (행 2:2) 저희가 다 성령의 충만함을 받았다. 필자는 대학에 재학 중일

---

24) 출 40:38 "낮에는 여호와의 구름이 성막 위에 있고 밤에는 불이 그 구름 가운데 있음을 이스라엘의 온 족속이 그 모든 행하는 길에서 친히 보았더라." 불이 구름 가운데 있다는 것은 낮에는 밝아서 불이 안보이고 구름만 보이다가 밤에는 어두워서 구름 속에 있는 불이 보인다는 뜻이다. 민 9:15 cf.

25) "해가 져서 어둘 때에 연기 나는 풀무가 보이며 타는 횃불이 쪼갠 고기 사이로 지나더라" (창 15:17).

26) "여호와의 사자가 떨기나무 불꽃 가운데서 그에게 나타나시니라. 그가 보니 떨기나무에 불이 붙었으나 사라지지 아니하는지라" (출 3:2).

27) "여호와의 사자가 손에 잡은 지팡이 끝을 내밀어 고기와 무교전병에 대매 불이 반석에서 나와 고기와 무교전병을 살랐고 여호와의 사자는 떠나서 보이지 아니한지라" (삿 6:21).

28) "이에 여호와의 불이 내려서 번제물과 나무와 돌과 흙을 태우고 또 도랑의 물을 핥은지라" (왕상 18:38).

때 기도원에서 기도하던 중 불이 떨어지는 체험을 하였다.[29] 이러한 체험은 하나님의 임재를 나타내며 강력한 확신과 변화를 가져오는 기능이 있다.

프랑스의 철학자 파스칼(1623~1662)은 그의 책 〈팡세〉 서문에 자신이 체험한 불에 대해 묘사하였으며 이 글을 종이에 적어서 평생 동안 가슴에 품고 다녔다. "밤 10시 30분부터 밤 12시 30분 무렵. 불! 오! 철학자들과 지혜로운 자들의 하나님이 아닌 아브라함의 하나님, 이삭의 하나님, 야곱의 하나님. 오직 복음을 통해서만 알 수 있는 예수 그리스도의 하나님. 든든한 마음, 감정, 평화, 기쁨, 기쁨의 눈물. 아멘."[30] 천재적인 학자 파스칼은 지극히 지성적인 사람이었다. 그러나 살아 계신 하나님은 인간적인 것, 지적인 것 그리고 철학적인 것을 초월하여 그를 바꾸어 놓으셨다. 하나님의 나타나심을 체험하고 감동한 그는 하나님의 나타나심을 '불'이라는 한 단어로 표현할 수 있었을 뿐이다.

불은 성령의 임재와 축복을 나타내는 적극적인 상징이기도 하지만 하나님의 심판을 나타내는 소극적인 상징이 되기도 한다. 세례 요한은 마지막에 있을 심판을 불로 받을 심판이라고 경고하였다.[31] 예수의 설교에서도 요한과 같은 맥락의 불심판에 대한 경고를 찾아볼 수 있다.[32] 그러나 전체적으로

---

29) 필자가 대학 3학년 때 기도원에서 열리는 집회에 참석하였다. 월요일 저녁부터 열심히 기도하였으며 그 다음날부터 산꼭대기에 올라가서 은혜받기를 간구하였다. 금요일 저녁 8시 15분쯤 되었을 때 갑자기 급한 소리가 나면서 불덩어리가 내 몸으로 떨어졌다. "급하고 강한 바람 같은 소리"보다도 더 급하고 강한 소리였다. 순간 두려움에 사로잡히고 온 몸이 떨렸다. 필자는 하나님이 무서운 분이라는 것을 알게 되었다. 그러나 그 두려움은 응답받았다는 기쁨과 함께하는 특수한 경험이었다.

30) A. W. 토저, 〈홀리 스피리트 성령님〉 (규장, 2006), 18.

31) "이미 도끼가 나무뿌리에 놓였으니 좋은 열매 맺지 아니하는 나무마다 찍혀 불에 던지우리라. 나는 너희로 회개케 하기 위하여 물로 세례를 주거니와 내 뒤에 오시는 이는 나보다 능력이 많으시니 나는 그의 신을 들기도 감당치 못하겠노라. 그는 성령과 불로 너희에게 세례를 주실 것이요 손에 키를 들고 자기의 타작 마당을 정하게 하사 알곡은 모아 곳간에 들이고 쭉정이는 꺼지지 않는 불에 태우시리라" (마 3:10~12). 눅 3:9, 16, 17 cf.

볼 때 성서에서 불은 하나님의 임재와 성령의 역사를 나타내는 적극적이고 도 강력한 상징으로 사용되었다.

둘째로, 성령은 물과 같다. 물이 더러운 것을 씻어내는 것처럼 성령은 우리의 죄를 씻어 정결하게 하고 물이 모든 생명체를 살리는 것처럼 성령은 우리의 생명력이 되고 우리의 삶을 풍성하게 한다.[33] 에스겔이 본 환상 가운데서 성전에서 흘러내리는 물이 점점 깊어져서 처음에는 발목까지 닿다가, 무릎, 허리, 마지막에는 발이 닿지 않을 정도로 강물이 창일한 모습은 성령이 충만한 단계로 점진적으로 성숙해가는 성도의 신앙의 성장단계를 잘 설명해주는 예화이다 (겔 47:1~12). 이것은 단순히 성도 개인의 성장뿐만 아니라 예수 그리스도를 통해서 주어질 전 세계적인 구원의 비전을 제시한다고 할 수 있다.[34] 왜냐하면 예수는 인류를 구원할 생명의 물이기 때문이다. 예수께서는 성령을 생수의 강이라고 말씀하였다.[35]

불이 심판의 상징으로도 사용된 것처럼 물도 심판의 상징으로 사용되었다. 창세기 7장에서의 노아의 홍수사건과 출애굽 당시 홍해에서 바로의 군대

---

32) "아름다운 열매를 맺지 아니하는 나무마다 찍혀 불에 던지우느니라" (마 7:19).
33) 구약에서 물을 뿌려 정결케 하는 의식이 있었으며 신약에서 물세례는 물로써 정결케 하는 의식의 결정체이다. 내적인 성령세례를 받은 사람이 외적인 물세례를 받음으로써 내적인 신앙을 외적으로 표현하는 것이다. "맑은 물로 너희에게 뿌려서 너희로 정결케 하되 곧 너희 모든 더러운 것에서와 모든 우상을 섬김에서 너희를 정결케 할 것이며 또 새 영을 너희 속에 두고 새 마음을 너희에게 주되 너희 육신에서 굳은 마음을 제하고 부드러운 마음을 줄 것이며 또 내 신을 너희 속에 두어 너희로 내 율례를 행하게 하리니 너희가 내 규례를 지켜 행할지라" (겔 36:25~27). "진실로 진실로 네게 이르노니 사람이 물과 성령으로 나지 아니하면 하나님 나라에 들어갈 수 없느니라" (요 3:5).
34) 〈톰슨 II 주석성경〉 (기독지혜사, 1989), 1227.
35) "이 물을 먹는 자마다 다시 목마르려니와 내가 주는 물을 먹는 자는 영원히 목마르지 아니하리니 나의 주는 물은 그 속에서 영생하도록 솟아나는 샘물이 되리라" (요 4:13~14). "누구든지 목마르거든 내게로 와서 마시라. 나를 믿는 자는 성경에 이름과 같이 그 배에서 생수의 강이 흘러나리라 하시니 이는 그를 믿는 자의 받을 성령을 가리켜 말씀하신 것이라" (요 7:37~39).

가 빠져죽은 사건 등은 물이 하나님의 심판의 도구가 됨을 상징한다. 세례 받을 때 물속으로 들어가는 것은 옛사람의 죽음을 상징한다. 죄의 사람, 부패한 인간성이 물속에서 죽고 장사지냄을 세례사건은 재연하는 것이다.[36]

성령이 불과 물로 상징되는 것은 매우 대조적이다. 불은 뜨겁고 물은 차다. 불은 위로 올라가고 물은 아래로 내려간다. 불은 모든 사람이 볼 수 있도록 활동적이고 물은 조용하고 소리 없이 부드럽게 움직인다. 불같은 사람은 외향적이고 물 같은 사람은 내향적이다. 이렇게 대조적인 성격임에도 교회 안에는 이 두 가지 요소가 다 필요하다. 마치 농사를 지을 때 뜨거운 태양도 있어야 하고 차가운 비도 있어야 하는 것과 같다. 교회 안에 활동적인 사람들이 있어서 열심히 일하고 전도하여 교회의 양적인 부흥을 가져올 수 있는 반면에 차분히 교육하고 봉사하는 물 같은 사람들이 있어야 교회는 내실 있게 성장할 수 있다. 어느 한쪽으로 치우치면 비정상적인 교회가 될 수 있다. 감정과 이성, 성령과 말씀 이 양면의 조화가 있을 때 교회는 건전하게 성장할 수 있다. 그러므로 불같은 성령과 물 같은 성령은 상호 배치되는 것이 아니라 상호 보완적인 관계이다.

셋째로, 성령의 상징은 바람이다. 이미 살펴본 바와 같이 성령의 히브리어와 희랍어 어원은 바람에서 유래하였다. 바람이 성령의 특성을 잘 나타내주는 말이기 때문일 것이다. 그러나 바람은 눈에 보이지 않기 때문에 언어가 주는 의미 전달력이 불과 물에는 못 미친다고 할 수 있다. 예수께서는 "바람이 임의로 불매 네가 그 소리를 들어도 어디서 오며 어디로 가는지 알지 못하나니 성령으로 난 사람은 다 이러하니라"(요 3:8)고 말씀함으로써 성령의 특성과 바람의 특성을 비교하였다. 이 말씀은 성령의 주권과 자유를 강조한 것이다. 바람은 아무도 막을 수 없으며 그가 불고 싶은 곳으로 불며 가고

---

36) 세례가 옛사람의 죽음을 상징하는 것에 대해서는 전성용, 〈칼 바르트의 성령론적 세례론〉, 233ff.; 칼 바르트, 〈로마서 강해〉 (한들출판사. 1997), 276.

싶은 곳으로 간다. 그러므로 이러한 성령을 받은 사람은 이 세상이 감당할 수 없으며 신적 자유와 권위를 가지고 하나님의 일을 할 수 있게 된다.

더 나아가서 바람은 생명력을 상징한다. 바람이 있어야 식물은 수정하여 열매를 맺을 수 있으며 바람이 불어야 봄에 나무는 새 생명을 피울 수 있게 된다. 또한 바람이 통해야 모든 생명체는 호흡을 하여 생명을 유지하고 성장할 수 있다. 에스겔 골짜기에 있던 마른 뼈들에게 생기가 들어가서 큰 군대가 되었다. 오순절에 성령이 강림했을 때 "홀연히 하늘로부터 급하고 강한 바람 같은 소리가 있어 저희 앉은 온 집에 가득하며" (행 2:2) 불의 혀같이 갈라지는 것이 저희에게 보여 각 사람 위에 임하여 있었으며 저희가 성령의 충만함을 받았다. 오순절 성령강림의 표징으로서 바람과 불이 중요하게 묘사되었다. 필자도 기도원이나 교회에서 기도하던 중 바람이 지나가는 것을 여러 번 경험하였다. 이것은 주로 혼자서 조용히 기도할 때보다 여러 회중들이 함께 통성으로 기도할 때 나타나는 현상이었다. 성령의 강력한 역사가 집단적으로 나타날 때 바람을 통해서 순식간에 모든 사람들을 관통하여 휩쓸고 지나감으로써 하나님의 강력한 임재를 나타내 주는 것이라고 할 수 있다.

넷째로, 성령의 상징은 비둘기이다. 성서에서 비둘기는 특별한 새이다. 노아가 방주에서 나오기 전 까마귀를 내보내었으나 돌아오지 않았고 비둘기는 새 감람나무 잎사귀를 물고 돌아옴으로써 홍수가 완전히 끝났음을 알고 방주에서 나올 수 있게 되었다. 그리고 이스라엘 백성들이 제사를 드릴 때 소와 양과 비둘기를 제물로 드렸다. 비둘기는 동물들 가운데서 가장 깨끗하여 하나님께 바칠 수 있는 동물로 선택된 특별한 동물이었다. 예수께서도 "뱀같이 지혜롭고 비둘기 같이 순결하라"(마 10:16)고 하심으로써 비둘기의 특성을 확인하였다.

예수께서 세례 요한으로부터 세례를 받고 물위로 올라올 때 성령이 비둘기의 형상으로 강림하였다. 특별히 이 사건은 사복음서에서 네 번 다 보고

되고 있는 만큼 대단히 중요한 사건이다.[37] 성령이 비둘기의 형체로 강림하였다는 것은 성서에서 사용되고 있는 비둘기의 특별히 구별된 거룩한 이미지와 상응하며 예수의 이미지와도 서로 상응한다. 예수는 강한 자보다는 약한 자, 높은 자보다는 낮은 자에게 친밀감을 표현하였다. 그는 온유하고 겸손하며 어린 나귀를 탔으며 부자들 보다는 가난한자와 병든 자와 여자와 사마리아인과 거지에 대해서 더 친근한 애정을 표현하였다.[38] 그러므로 성령이 독수리가 아니라 비둘기의 형상으로 강림한 것은 예수의 정체성과도 상응하는 것이다. 이것은 더 나아가서 물세례와 함께 성령세례를 받고 있는 성자에 대한 성부의 사랑과 관심을 표현한 것이라고 할 수 있다.[39]

다섯째, 성령의 상징은 기름이다. 특별히 구약의 성전제사에서 기름은 대단히 중요한 역할을 수행하는 도구였으며 이러한 유대교적 전통은 신약에서도 계승되었다.[40] 문둥병 환자의 정결케 되는 날의 규례에서 기름이 사용되

---

37) 마 3:16; 막 1:10; 눅 3:22; 요 1:32.

38) 예수는 부자와 거지 나사로의 천국에서의 지위역전 이야기를 통해서 가난한 자의 편을 지지하였으며 가난한 자가 복이 있다고 선포하였다. 그는 그 당시 사회에서 소외된 자들에게로 접근하여 갔으며 그들과 자신을 동일화(identify)하였다. 그는 본래 민중이 아니었으나 공생애 기간 동안에 스스로 민중이 되었다. "여우도 굴이 있고 새들도 깃들일 보금자리가 있지만 인자는 머리 둘 곳도 없다"라고 함으로써 자신의 정체성을 표현하였다. 교회는 예수가 걸어가신 방향을 뒤따라가야 된다. 만약 교회가 부자들만의 천국이 된다면 결국 교회는 민중의 저버림을 받게 될 것이다.

39) 예수가 세례 받을 때 하나님의 음성과 성령의 강림이 있었다는 것은 삼위일체 하나님이 동시에 한 특정한 공간에 현현한 대단히 드문 특별한 사건이다. 이것은 신약의 구원사가 개시되는 시점에 삼위일체 하나님이 동시에 현현하심으로써 하나님의 구원사가 구체적으로 실현됨을 선포하는 우주적인 사건이다. 성부는 성자의 메시아 선포의식에 성령을 파송하여 성자의 머리 위에 비둘기 형상으로 강림하게 함으로써 성자의 영광스러운 메시아 취임을 축하하였다. 그러나 이것은 인간적인 안목으로 볼 때는 대단히 초라하고 궁색한 장면이었을 것이다.

40) "너는 또 이스라엘 자손에게 명하여 감람으로 찧어낸 순결한 기름을 등불을 위하여 네게로 가져오게 하고 끊이지 말고 등불을 켜되 아론과 그 아들들로 회막 안 증거궤 앞 휘장 밖에서 저녁부터 아침까지 항상 여호와 앞에 그 등불을

었으며 (레 14:2ff.), 회막의 성별을 위해 기름을 발랐다 (출 40:9). 제사장을 세울 때 기름을 부었으며 (출 40:15), 왕을 세울 때 기름을 부었다 (삼상 10:1, 16:13; 왕상 1:39). 기름은 의약품으로 사용되기도 하였다 (막 6:13; 약 5:14). 예수께서는 열 처녀의 비유에서 기름을 준비한 처녀들과 기름을 준비하지 못한 처녀들을 대조하심으로써 기름이 미래를 준비하는 성도의 필수요건임을 강조하였다 (마 25:3ff.). 여기에서 기름은 성령을 의미한다고 해석된다.[41] 구약에서 기름부음이 왕과 제사장을 세우는 의식에서 중요한 도구였는데 신약에서는 기름을 붓는 것이 안수로 대치되었다.[42] 구약에서 짐승의 피를 흘리는 희생제사가 예수 그리스도의 대속의 죽음에 의해서 대치된 것과 같이 신약에서는 구약제사의 내적 의미를 계승하는 것으로 대치되는 경우가 있다. 오늘날 교회에서 목사안수와 선교사 파송을 할 때 머리에 손을 얹고 기도하는 안수가 구약의 기름부음을 대치하는 것이라고 할 수 있다. 따라서 구약의 기름부음은 오늘날은 안수행위를 통하여 계승되는 것으로 볼 수 있다. 그러므로 안수는 성령세례 받는 중요한 방법의 하나로서 인정된다.

여섯째, 성령의 상징은 인이다. 신약에서 성령은 구속의 인(seal)으로 표현되었다.[43] 하나님께서 우리 성도를 구원하시고 성령의 인을 치셨다는 것은

간검하게 하라 이는 이스라엘 자손의 대대로 영원한 규례니라" (출 27:20~21).

41) 이 비유에서 기름이 성령을 지시하는지에 대해서 이견이 있다. 이 비유의 전후에 나오는 종말에 대한 다른 비유들에서 예수는 착한 행실이 종말을 대비하는 성도들의 의무임을 교훈하였다. 따라서 이 일련의 비유들과의 연관에서 기름은 예수의 재림을 기다리는 성도들이 예수의 가르침에 끊임없이 맞추어 살아가는 윤리적 행실을 의미한다고 해석할 수 있다. 〈해설 관주 성경전서: 독일성서공회판〉 (대한성서공회, 1997), 62. 그러나 그럼에도 불구하고 이러한 선행을 위해서 성령의 기름부음은 반드시 필요하다고 보아야 한다. 성령의 기름부음이 없이 말세에 선을 행하면서 고난을 이길 수 없기 때문이다.

42) 사도를 세우고 파송할 때 안수하여 보내었으며 (행 13:2~3), 성령을 받기 위해서 안수하였다 (행 19:6).

43) "저가 또한 우리에게 인치시고 보증으로 성령을 우리 마음에 주셨느니라" (고후 1:22). "그 안에서 너희도 진리의 말씀 곧 너희의 구원의 복음을 듣고 그 안에서 또한 믿어 약속의 성령으로 인치심을 받았으니" (엡 1:13). "하나님의 성령을

우리의 구원에 대한 보장과 하나님의 성도에 대한 소유권을 의미한다.[44] 과거나 현재나 도장을 찍는다는 것은 법적인 의무를 나타내거나 권리를 보장받는 사회적인 규약이 된다. 예컨대 혼인신고를 통해서 혼인에 대한 의무를 법적으로 확인하며, 부동산에 대해서는 등기권리증을 소유함으로써 그 권리를 확보하게 된다. 이와 같이 인침은 법적인 의무나 보증 또는 소유권을 의미한다. 성도가 구원받았다는 것은 하나님의 소유된 바라는 표시이다. 하나님이 인치신 것을 아무나 손댈 수가 없다. 성도는 하나님의 소유된 백성으로서 하나님께서 그 구속을 보장하시고 확증하신다는 표시이다. 그러므로 성도는 이제부터 강하고 담대하게 세상을 이기고 살 수 있는 능력을 법적으로 보장받게 되는 것이다. 성령을 받으면 우리는 내적인 확신(assurance)을 가지게 된다. 내가 성령 받았다는 것은 하나님이 나를 구원하셨다는 증거로서 성도는 구원에 대한 확증을 가지고 확신과 기쁨을 가지고 살아갈 수 있게 된다.

II. 성서에 나타난 성령

1. 구약성서에 나타난 성령

구약에서는 성령이라는 용어가 별로 쓰이지 않았다. 구약에서 '성령'이라는 용어는 단 2회 사용되었을 뿐이다 (시 51:11; 사 63:10, 63:11). 그러나 루아흐(ruah)라는 히브리어가 70인역(Septuagint)에서 프뉴마(pneuma)로 번역되었으며 신약에서도 프뉴마가 성령을 가리키는 용어로 사용되었기 때문에 루아흐를 성령과 거의 같은 의미라고 생각할 수 있다. 구약에서 루아흐는 378회

근심하게 하지 말라. 그 안에서 너희가 구속의 날까지 인치심을 받았느니라'
(엡 4:30).
44) 황승룡, 〈성령론〉 (한국장로교출판사, 1999), 120.

사용되었는데 2/3가량은 자연적인 바람(wind)의 의미로 사용되었으며 나머지중의 일부가 하나님의 신 또는 하나님의 영으로 번역될 수 있다.

히브리어 루아흐가 자연적인 바람에서 기원하여 하나님의 영을 의미하게 되었는데, 희랍어에서도 프뉴마는 본래 자연적인 바람을 가리키는 말이었으며 이것이 하나님의 영을 의미하는 용어로 사용되었다 (요한복음 3장 니고데모와의 대화 참조). 고대인들은 하나님의 영을 표현하기 위해서 가장 적절한 말이 바람이라고 생각하였다. 바람이 가진 성질과 하나님의 영이 가진 성질이 가장 유사하다고 보았던 것이다. 그러면 구약성서에서 성령은 어떻게 역사(役事)하였는가?

첫째로, 성령은 창조 사역에 참여하였다. 성령은 세계창조와 인간의 창조에 적극적으로 참여하였다 (창 1:2, 2:7; 욥 26:13; 시 103:30). 태초에 하나님이 천지를 창조하실 때에 하나님의 신은 수면에 운행하였다.[45] 여기서 말하는 물은 혼돈과 무질서 즉 악을 상징하는 것이다. 성령은 첫 번째 창조에서부터 혼돈과 무질서와 무와 악을 몰아내고 질서와 충만을 가져왔다.[46] "구별이 없는 혼돈의 깊음에서 모든 존재의 가지가지의 형태가 부름과 응답에 의해

---

45) 구약성서학자들 가운데는 창 1:2의 하나님의 신(ruah elohim)을 성령으로 해석하는 것을 반대하는 사람들도 있다. 그들은 이것을 하나님의 영이라기보다는 눈에 보이는 바람을 상징하는 것이라고 본다. 즉 이 본문은 창조초기의 우울한 혼돈을 설명하는 것으로 이해하였다. 폰 라드는 '하나님의 폭풍'으로 번역하였으며 다른 신학자들은 '전능한 바람'으로 번역하였다. 이러한 주장은 성령을 위격화 하려는 시도와 이로 말미암아 창세기의 처음 부분에서 삼위일체론의 배아를 발견하려는 잘못된 해석학적 전망을 반박하고자 하는 의도를 가지고 있다. 그러나 구약성서 전반을 볼 때 창 1:2을 성령으로 해석하는 것이 타당하다고 본다. 싱클레어 퍼거슨, 〈성령〉 (IVP, 1999), 21.

46) 창세기 1장에서의 6일은 혼돈(chaos)과 공허(vacuum)와 흑암이 질서(cosmos)와 충만(fulness)과 빛으로 바뀐 창조의 과정이다. 첫 3일은 나눔으로써 혼돈으로부터 질서로, 후 3일은 첫 3일에 만들어진 공간 안에 구체적인 사물들을 채워넣음으로써 공허로부터 충만으로 바뀌었다. 6일간의 창조의 진행과정은 첫 3일과 후 3일의 2단계로 구성되었다. 이러한 문학적인 구조는 12세기 토마스 아퀴나스가 찾아낸 것이다.

서 존재로 나타나게 된다. 그러나 그 무시간적 순간에, 성령의 강하고도 귀한 사랑, 교류를 위한 불가항력적인 의지 외에는 아무것도 없었다."[47] 생명과 형체가 없던 이 세계 안에 여호와 하나님의 신이 때로는 바람으로, 때로는 입김으로 약동하심에 따라서 형체가 생기고 생명과 운동이 생기게 된 것이다. 이것이 천지창조의 최초의 모습에 대한 성서의 증언이다.

더 나아가서 인간을 지으실 때에도 아담의 코에 생기를 불어넣었더니 비로소 아담이 생령이 되었다 (창 2:7). 여기에서 우리는 하나님의 입으로부터 나오는 바람인 하나님의 호흡 즉 성령이 인간 안에 계실 때에만 비로소 인간은 진정하고 본래적인 존재가 됨을 알 수 있다. 창세기 1장 2절과 2장 7절 사이의 관계는 성서의 다른 곳에서 병행구들을 발견할 수 있다. 시편 104편 30절은 다음과 같이 말한다. "주의 영(ruah)을 보내어 저희를 창조하사 지면을 새롭게 하시나이다." 이것은 "주께서 낯을 숨기신즉 저희가 떨고 주께서 저희 호흡을 취하신즉 저희가 죽어 본 흙으로 돌아가나이다"(시 104:29)라는 구절과 병행구를 이룬다. 욥기 33장 4절은 위와 같은 입장을 지지하고 있다. "하나님의 신이 나를 지으셨고 전능자의 기운이 나를 살리시느니라." 이 구절의 하반절이 창세기 2장 7절을 반영하고 있는 반면, 상반절은 창세기 1장 2절을 반영하고 있다. 이런 해석상의 연관에서 볼 때에 창세기 1장 2절의 루아흐는 성령 하나님의 활동에 대한 근거 구절로 이해하는 것이 가장 바람직하다.[48]

창세기 6장 3절에 의하면 타락한 이후 인간은 육체가 되었다고 하였는데 이것은 성령충만하지 못한 죄된 인간의 모습을 나타낸다고 할 수 있다. 그러므로 창조자 성령은 첫 번째 창조인 '무에서 유를 창조'(Creation from Nothing)[49]할 뿐만 아니라 계속적인 창조 즉 하나님의 피조물이 계속해서

---

47) J. V. Taylor, *The Go-Between God*, (1972), 26; 이종성, 〈성령론〉 (대한기독교서회, 1984), 112에서 인용.
48) 싱클레어 퍼거슨, 〈성령〉 (IVP, 1999), 23.

본래적인 모습을 회복하고 유지하도록 역사하는 창조의 능력이요 창조자 자신임을 알 수 있다. "우리가 생명의 근원에서 단절되어 있다고 생각해서는 안 된다. 오히려 우리는 그 안에서 숨 쉬고 존재한다. 왜냐하면 그것이 우리에게 우리 자체를 주었다가는 물러가버리는 것이 아니라 언제든지 성장케 하고 결실케 한다"(플로티누스).[50] 그러므로 생명은 우리에게 자연법칙에 따라서 자동적으로 생겼다가 사라지는 것이 아니다. 자연과학을 신봉하는 사람들은 자연과학의 기술이 생명을 조작하고 심지어는 창조해 낼 수 있을 것으로 기대하는데 그것은 환상이다. 하찮은 미물일지라도 모든 생명과 존재의 근원은 하나님이다. 하나님이 창조하시고 보존하시는 계속적 창조의 사상이 인간과 이 세계를 보존할 수 있는 유일한 대안이다. 그렇지 않으면 인간의 이기심과 교만이 더 큰 재앙을 불러올 뿐이다. 왜냐하면 인간은 근본적으로 죄인이기 때문이다. 인간의 역사는 인간의 죄악의 역사이며 인간이 자신을 자랑하고 교만했을 때는 언제나 파괴와 죽음과 전쟁을 초래하였다.

여기에서 한 가지 더 언급해야 할 것은 천지창조가 삼위일체 하나님의 사역이라는 것이다. 구약성서에는 아직까지 삼위일체 하나님으로서의 성령의 구별된 인격에 대한 이해가 없다. 삼위일체사상은 A.D. 3세기 이후에 교회 안에서 발생했기 때문에 성서에는 아직 삼위일체 사상이 나타나지 않는다. 그러나 성자 하나님이 천지 창조에 참여했다면 (요 1:3), 성령 하나님이 천지창조에 참여했다는 것은 자연스러운 교회의 이해가 될 것이다. 창 1:2에서 언급된바 하나님의 신이 수면에 운행했다는 것은 삼위일체론적으로 대단히 중요한 의의가 있는 본문이다. 즉 하나님의 천지창조는 성부와 성자에 의해서만 이루어진 것이 아니라 성부와 성자와 성령이 함께 사역함으로써 이루어진 삼위일체적인 사건이라는 것이다. 그러므로 성령은 태초부터 성부와 성자와

---

49) 구약외경 마카비하 7:28.
50) 이종성, ibid., 113.

더불어 천지창조에 참여하였으며 계속해서 이 세계와 함께 운행하시고 인간의 구원과 세계의 역사의 종말에 이르기까지 함께하시기 때문에 성령론은 신학의 일부인 한 장(章, chapter)에서만 다루어 질 수 있는 것이 아니라 조직신학 전체를 관통하는 신학의 중심적인 코드(code)가 되어야 한다.

둘째로, 성령은 족장들의 역사에 참여하였다. 창세기 20장 7절에서 아비멜렉이 아브라함의 아내를 취하였을 때 하나님께서 꿈에 그에게 이르시되 "그는 선지자라 그가 너를 위하여 기도하리니 네가 살려니와..."라고 하였다. 구약에서 선지자(prophet)는 특별히 성령을 받은 특수집단으로 간주되었는데 본문에서 아브라함을 가리켜 '선지자'라고 표현한 것은 아브라함이 성령과 함께한 사람임을 나타내 준다.[51] 아브라함 이외에 이삭과 야곱 등도 하나님의 감동을 받은 사람들이며 성서에서 구체적으로 성령을 언급하고 있지 않지만 오늘날의 관점으로 보면 그들은 성령의 감동을 받은 사람들이라고 할 수 있다. 창세기 18장에서 아브라함이 소돔과 고모라를 멸망시키려는 여호와를 중재하여 의인 10명이 있으면 멸망시키지 않기로 타협한다. 이것은 아브라함의 영성이 하나님을 대면하여 협상과 중재를 할 정도의 높은 수준이었음을 증거한다. 이삭은 리브가를 아내로 맞이할 때 들에서 묵상(meditate)하고 있었으며 (창 24:63), 결혼 후 20년간 자식이 없자 하나님께 간구하니 하나님이 응답하여 리브가를 통하여 에서와 야곱을 낳았다. 이것은 이삭이 하나님과 깊은 영적 친교를 지속하였음을 증거한다. 야곱은 벧엘에서 꿈에 하나님의 임재를 보았으며 (창 28:13), 야곱이 그의 12아들에게 축복한 것은 12아들과 그의 자손들의 미래에 대한 예언이었다 (창 49:1~27). 이것은 성령의 영감이 충만한 예언자의 모습을 상기시킨다. 얍복강에서는 하나님을 대면하여 보고 브니엘이라고 하였다(I saw God face to face. 창 32:30).

---

51) 벧후 1:21 "예언은 언제든지 사람의 뜻으로 낸 것이 아니요 오직 성령의 감동하심을 입은 사람들이 하나님께 받아 말한 것임이니라."

야곱도 하나님의 감동 가운데 살아간 성령의 사람임이 분명하다. 그리고 창세기 41장 38절에서 바로가 요셉을 가리켜 "이와 같이 하나님의 신에 감동한 사람을 어찌 얻을 수 있으리요"라고 말한 것은 요셉이 성령의 사람이었음을 증거해 주고 있다.

셋째로, 모세가 이스라엘백성을 이끌고 출애굽한 사건에서도 성령은 함께 하였다. 민수기 11장 29절에서 모세는 완악한 이스라엘 백성을 향하여 탄식할 때 "여호와께서 그 신을 그 모든 백성에게 주사 다 선지자 되게 하시기를 원하노라"고 말했다. 이것은 모세 자신이 여호와의 신을 받았음을 증거해 주며 성령으로 말미암아 출애굽이 일어났음을 암시하는 말씀이다. 그리고 이사야 63장 11, 14절에서 "백성이 옛적 모세의 날을 추억하여 가로되 백성과 양무리의 목자를 바다에서 올라오게 하신 자가 이제 어디 계시뇨 그들 중에 성신을 두신 자가 이제 어디 계시뇨…여호와의 신이 그들로 골짜기로 내려가는 가축같이 편히 쉬게 하셨도다"라고 함으로써 옛적 모세의 출애굽 사건이 성령의 사건이었으며 특히 홍해사건에 성령이 역사하였음을 강조하고 있다. 그 다음에 모세의 후계자 여호수아를 가리켜서 "여호수아는 신에 감동된 자니 너는 데려다가 그에게 안수하고"라고 함으로써 모세의 후계자 여호수아가 성령의 사람임을 증거할 뿐 아니라 그의 스승 모세가 성령에 감동된 사람이었음을 강력하게 암시하고 있다.

넷째로, 사사시대에도 옷니엘 (삿 3:10), 드보라 (삿 4:4), 기드온 (삿 6:34, 6:12, 6:36f, 6:20f.), 입다 (삿 11:29), 삼손 (삿 13:25, 14:6, 14:19, 15:14) 등이 성령에 감동된 사람들이었으며 사무엘을 가리켜 '선견자' 또는 '선지자'라고 말한 것은 (삿 9:9) 사무엘이 초자연적인 통찰력과 분별력을 가진 성령의 사람이었음을 증거하고 있다.

그런데 사사시대에 가장 강력하게 성령에게 감동되어 가장 큰 일을 한 삼손을 통하여 우리는 성령의 능력과 성령의 열매는 비례하지 않는다는 점을 주목해야 한다. 삼손은 하나님의 신에 감동되어 나귀턱뼈로 1,000명의 적군을 쳐 죽이고 이스라엘의 위대한 사사로서 동족을 구원하였다. 그러나 그가 여자의 유혹을 이기지 못하고 나실인의 비밀을 누설했을 때 적의 포로가 되어 두 눈이 뽑히고 맷돌을 돌리는 짐승과 같은 처지에 빠지게 되었다. 우리는 성령의 능력을 받은 하나님의 사람이 하나님의 말씀 위에 온전히 서지 못하면 시험에 들게 되고 하나님의 영광을 가리게 될 수가 있다. 능력을 받는 것보다도 능력을 유지하고 지키는 것이 더 어렵다. 성령의 사람이 능력 받은 후에 하나님의 말씀을 순종하는 것이 능력 받는 것 자체 보다 더 중요한 것임을 성서는 우리에게 증거해 주고 있다. 그러므로 성령의 사람에게는 순종과 겸손이 가장 필요한 덕목임을 명심해야 한다.

다섯째로, 왕국시대에 성령이 사역하였다. 사울왕도 처음에는 성령이 충만한 사람이었다 (삼상 10:5, 11, 12, 19:23, 11:6).[52] 그러나 사울이 계속하여 여호와를 신뢰하지 아니하고 자기 뜻대로 제사를 드리는가하면 아말렉과의 전쟁에서 여호와의 목소리를 청종치 아니하여 아각왕을 죽이지 아니하고 양과 소를 살려주며 좋은 것을 남겨두어서 여호와께서 악하게 여기시는 것을 행하였다. 그 결과 여호와는 사울을 버려 이스라엘의 왕이 되지 못하게 하였다. 사무엘이 다윗에게 기름을 붓자 "여호와의 신이 사울에게서 떠나고 여호와의 부리신 악신이 그를 번뇌케 하였다 (삼상 16:13, 14, 16:16, 23, 18:10, 19:9). 이것은 한번 성령의 사람이 되었다고 할지라도 계속해서 성령 안에 거하지 아니하면 성령이 떠날 수 있다는 것을 교훈한다. 성령은 민감한 영이기 때문에 그를 환영하는 자에게 머무시고 그를 순종하지 아니하는 자에게는 오래 머물지 아니하신다. 성령을 훼방하는 죄는 용서받기 힘들다. 성령을 받은 자는 천국을 미리 맛본 것인데 이것은 성령을 받은 자가 배신하는 것으로서,

---

52) 삼상 10:12. "그러므로 속담이 되어 가로되 사울도 선지자들 중에 있느냐 하더라."

성령을 크게 근심케 하는 일이 된다. 따라서 성령 받은 사람은 성령님과의 교제를 지속하기 위한 부단한 노력이 요구된다.

한편 사무엘이 기름뿔을 취하여 다윗에게 기름을 부었더니 이날 이후로 다윗이 여호와의 신에게 크게 감동되었다 (삼상 16:13). 다윗은 성령이 충만한 사람이 되었다. 사울에게 악신이 임할 때 다윗이 수금을 타니 악신이 떠났는데 이것은 다윗에게 성령이 임재하였기 때문에 신유의 은사가 나타난 것이다. 다윗은 사울에게서 성령이 떠난 사람의 비참한 모습을 보았기 때문에 "주의 성신을 내게서 거두지 마소서"(시 51:11)라고 노래하였다. 시편 51편은 다윗이 밧세바와 동침한 후 선지자 나단이 저에게 왔을 때 지은 시이다. 다윗이 비록 불미스러운 죄를 범했을지라도 하나님과의 긴밀한 관계를 얼마나 간절히 희구하고 있는지 잘 나타나 있다. 그리고 다윗은 솔로몬이 지을 성전의 설계도를 이미 성령의 감동으로 깨달아 알고 있었다 (대상 28:12). 다윗이 위대한 지도자로서 이스라엘의 사랑을 받는 왕이 되었는데 그것은 그의 용맹과 지략뿐만 아니라 그의 영성에 기인한 것이었다. 그가 전쟁에 출전하는 일을 비롯한 중요한 일들을 하나님께 아뢰고 하나님의 지시를 따라서 처리하였기 때문에 승리할 수 있었으며 그의 철저한 하나님신앙 즉 성령의 영성이 그로 하여금 위대한 지도자가 되게 한 원동력이었음을 부인할 수 없다.

여섯째로, 예언자시대에 성령이 활발하게 사역하였다. 엘리야에게 직접 성령이 강림했다는 표현은 없지만 그러나 엘리야만큼 성령의 감동을 받은 사람은 찾아보기 어렵다. 아람의 궁내대신 오바댜는 엘리야에게 "여호와의 신이...당신을 이끌어 가시리니"라고 말하였고 (왕상 18:12; 왕하 2:16), 갈멜산에서 여호와의 불이 내렸을 때 백성들은 "여호와 그는 하나님이시로다"라고 소리쳤다 (왕상 18:36~39). 그리고 그의 후계자 엘리사는 "당신의 영감이 갑절이나 내게 있기를 구하나이다"라고 요구하였는데 이것은 엘리야에게 하나님의 성령이 강력하게 임재했음을 증거한다 (왕하 2:9, 15). 예수는 변화산에서 엘리야와 모세와 더불어 앞으로의 일을 의논하였는데 이들은 선지자와 율법을 대표한 것이었다. 즉 엘리야는 모든 선지자들 가운데 대표적인 선지자요 죽음을 맛보지 아니하고 승천한 위대한 영적 지도자였으며 이러한 사실들은 그가 위대한 성령의 사람이었음을 증거한다고 할 수 있다.

그 이후 이스라엘의 예언자들은 성령의 감동을 받아 예언하였다. 미가야 (왕상 22:17~28), 미가 (미3:8, 2:7), 이사야 (사 4:4~5, 11:1~5, 61:1~3, 48:16, 34:16, 40:7,8, 40:13, 44:3, 59:19, 63:10, 11, 14), 에스겔 (겔 1:3, 3:14, 24, 11:1, 1:12, 20, 21, 10:17), 다니엘 (단 4:8, 9, 18, 5:11, 14), 스가랴 (슥 4:6, 9), 호세아 (호 6:3), 요엘 (욜 2:28) 등이 성령의 감동으로 예언하였다. 특별히 예언자들 가운데 이사야를 중심으로 오실 메시아 즉 예수 그리스도의 성육신과 구원사역을 예언한 것은 구약 예언의 가장 찬란한 불꽃이라고 말할 수 있다 (사 11:1~5, 61:1~3). 그리고 요엘은 오순절에 이루어지게 될 성령의 강림을 예언하였는데 (욜 2:28, 23) 이 것은 바로 오순절 이후 우리가 지금 살고 있는 교회시대 즉 성령시대가 이루어질 것을 지시한다고 할 수 있다.[53] 신약에서도 구약의 예언이 성령의 감동으로 된 것이라고 증거하고 있는 것을 볼 때에 특별히 구약에서 예언자 집단에게 성령이 집중적으로 사역하였음을 알 수 있다.[54]

구약의 예언자들은 성령의 사역에 의해서 예언활동을 했는데 거기에는 몇 가지의 특징이 있다.[55] 1. 예언자들의 예언은 성령이 임재할 때에 나타나는 현상이다. 반드시 예언자가 아니더라도 갑자기 성령이 임재하게 되면 예

---

53) 물론 요엘 선지자가 3시대론적 사고를 했다고 볼 수는 없다. 그러나 예수 그리스도에 의해서 하나님의 구원사의 새로운 전기인 성자시대 내지 신약시대가 도래하였다고 본다면 예수 그리스도 이후에는 또 다른 제 3시대인 성령시대 내지 교회시대가 왔다고 보아야 할 것이다.

54) "먼저 알 것은 성경의 모든 예언은 사사로이 풀 것이 아니니 예언은 언제든지 사람의 뜻으로 낸 것이 아니요 오직 성령의 감동하심을 받은 사람들이 하나님께 받아 말한 것이라" 벧후 1:20~21.

55) 이 부분은 이종성, 〈성령론〉, 118ff.에서 주로 인용하였다.

언을 했다. 사울에게 성령이 임하자 사울도 예언자들과 함께 예언을 했다. "네게는 여호와의 신이 크게 임하리니 너도 그들과 함께 예언하고 변하여 새 사람이 되리라"(삼상 10:6).

2. 예언자들은 거짓예언과 참예언을 구별하는 능력이 있었다. 참예언자들은 백성들을 올바른 길로 인도했으나 거짓예언자들은 현실을 무조건적으로 긍정하고 지도자들의 잘못을 지적하지 않고 오히려 그들을 칭찬함으로써 그들을 오도했다. "내 백성을 유혹하는 선지자들은 이에 물것이 있으면 평강을 외치나 그 입에 무엇을 채워 주지 아니하는 자에게는 전쟁을 준비하는도다. 이런 선지자에 대하여 여호와께서 이르시되 그러므로 너희가 밤을 만나리니 이상을 보지 못할 것이요 어둠을 만나리니 점치지 못하리라 하셨나니 이 선지자 위에는 해가 져서 낮이 캄캄할 것이라"(미 3:5~6).

3. 예언자들의 예언은 궁극적으로 희망적이었다. 그들이 비록 이스라엘의 죄악을 책망하고 임박한 진노를 경고하였으며 무서운 심판과 수난을 예언했을지라도 그것은 어디까지나 이스라엘이 회개하고 돌아오게 하기 위함이었지 진실로 이스라엘이 멸망하기를 원한 것이 아니었다. 그리고 비록 이스라엘이 멸망했을지라도 미래의 회복을 예언하였다. 왜냐하면 성령은 생명의 영이며 여호와는 절망의 신이 아니라 희망의 신이기 때문이다. "또 새 영을 너희 속에 두고 새 마음을 너희에게 주되 너희 육신에서 굳은 마음을 제거하고 부드러운 마음을 줄 것이며 또 내 신을 너희 속에 두어 너희로 내 율례를 행하게 하리니 너희가 내 규례를 지켜 행할지라"(겔 36:26~27).

4. 이스라엘의 예언자들은 그들에게 예언이 임하였을 때 신비하고 황홀한 경지에 들어갔다. 그리하여 놀라운 하나님 나라의 비전을 보고 이스라엘 백성들에게 전할 수 있었다. 그러나 이런 종교적인 경지에 들어갔을지라도 그들은 정상적인 지적 기능을 상실하지 아니하고 여호와 하나님과 대화하였으며 하나님의 인정을 받았다. 즉 성령의 역사는 인간의 정상적인 기능을 마비

시키거나 비정상적인 기형적인 행동을 하게 하는 것이 아니다. 만약 예언자들의 행동이 기이하고 비정상적이어서 보통 사람들의 상식과 이성을 마비시키는 것이라면 그것은 하나님의 역사라고 보기 어렵다. 오히려 신뢰할 수 없는 혹세무민의 거짓예언자로 오해받을 수 있을 것이다. "여호와의 말씀이 또 내게 임하니라. 이르시되 예레미야야 네가 무엇을 보느냐 하시매 대답하되 내가 살구나무 가지를 보나이다. 여호와께서 내게 이르시되 네가 잘 보았도다. 이는 내가 내 말을 지켜 그대로 이루려 함이라 하시니라" (렘 1:11~12).

5. 예언자들은 여호와 하나님이 자비로운 아버지 되심을 선포하였다. 이스라엘의 하나님은 무섭기만 한 하나님이 아니라 사랑과 자비로우신 아버지로서의 하나님이다. 비록 이스라엘의 죄악 때문에 징계할지라도 그것은 이스라엘에 대한 사랑 때문이지 결코 이스라엘을 미워하시기 때문이 아니다. 여호와 하나님은 사람을 미워하실 때에도 사실은 사랑하신다 (루터). "내가 노하여 너를 쳤으나 이제는 나의 은혜로 너를 불쌍히 여겼은즉 이방인들이 네 성벽을 쌓을 것이요 그들의 왕들이 너를 섬길 것이며" (사 60:10).

6. 예언자들이 받은 하나님의 바람과 능력은 하나님의 영을 나타내는 말인데 이것은 단순히 초자연적인 기적을 행하는 능력이 아니라 도덕적 질서를 갖춘 능력이며 하나님의 뜻을 전하고 하나님의 피조물을 그 뜻에 맞추기 위해서 사용하시는 능력이다. 그렇기 때문에 여호와의 신과 여호와의 말씀을 자주 함께 사용하는 것이다. 하나님의 호흡과 하나님의 말씀은 분리될 수 없다.[56)]

구약시대의 예언자들은 성령을 받아서 예언을 했으며 그들은 하나님의 말씀을 받아서 예언을 했기 때문에 그들의 예언은 능력과 공의와 지혜와 사랑의 말씀을 이스라엘 백성들에게 전했다. 구약에서 성령의 사역은 단편적

---

56) 마이클 그린, 〈성령을 믿사오며〉 (서로사랑, 2006), 26f. 예언은 무아지경에서 말한 것이 아니라 하나님과의 만남에서 나오는 것이다.

이거나 간접적인 것이 아니다. 창조와 족장시대, 광야시대, 사사시대, 왕국시대, 예언자시대 등 구약시대 전체를 관통해서 직접적으로 그의 사역을 수행하고 있으며 성령은 성부 성자와 함께 구약성서 시대에 중심적인 하나님의 사역의 주체임을 알 수 있다. 단지 구약에서는 아직 삼위일체론적 인식이 등장하기 이전이기 때문에 야웨 중심으로 진술되었을 뿐이다. 현대적인 관점으로 본다면 성령은 구약에서도 처음부터 끝까지 하나님의 구원사에 직접적으로 그리고 강력하게 동참하고 있음을 알 수 있다. 그러므로 성령 없이 구약역사 없다. 구약은 성령의 사역의 장이다.

2. 신약성서에 나타난 성령

1) 예수 그리스도 사건과 성령

구약에서 성령의 사역이 처음부터 끝까지 일관되고 직접적이고 중심적임을 밝혔다. 그러나 구약에서 성령은 지도자들 즉 족장들, 모세와 여호수아, 사사들, 왕들 및 예언자들을 중심으로 사역하였다. 그중에서도 특히 선지자들의 예언활동이 성령의 중요한 사역의 장이었다고 할 수 있다. 이와 같이 소수의 지도자들에게 제한되었던 성령의 활동이 신약시대에 와서는 모든 예수 믿는 성도들에게 그리고 남종과 여종에게로 그 외연이 확대됨으로써 성령의 사역의 장이 보편적인 인류의 삶 속으로 침투 확장된다는 것이 특징이다. 즉 신약에서 성령의 사역은 공간적으로 보편화되었다. 사회적 측면에서 지위의 고하나 집단이나 종족의 구별이 없이 성령이 구원 사역을 수행하기 시작하였다. 이것은 교회시대에 더욱 더 명백하게 드러날 것이다. 그리고 신약시대의 중심적인 사역의 주체인 예수 그리스도와 성령의 관계가 특별히 강력하게 계시되었다. 여기에서는 신약에서 예수 그리스도의 생애 즉 예수 그리스도사건을 중심으로 성령의 사역을 고찰하고자 한다. 예수 그리스도가 신약의 중심적인 내용이라면 예수 그리스도와 성령의 관계를 밝히는 것은 신약의 핵심적인 내용에서 성령의 역할과 지위를 탐구하는 것이 될 것이다.

첫째로, 성령은 예수의 탄생에 참여하였다. 천지창조와 첫 번째 아담의 창조에 성령이 활동하였을 뿐만 아니라 새창조자요 두 번째 아담인 구속자 예수 그리스도의 탄생에도 성령은 직접 개입하였다. "그 모친 마리아가 요셉과 정혼하고 동거하기 전에 성령으로 잉태된 것이 나타났더니...다윗의 자손 요셉아 네 아내 마리아 데려오기를 무서워 말라. 저에게 잉태된 자는 성령으로 된 것이라"(마 1:18-20). 마태복음에서는 성령의 사역이 직접적으로 묘사되었으나 누가복음에서는 보다 완곡하게 표현되어 있다. "천사가 대답하여 가로되 성령이 네게 임하시고 지극히 높으신 이의 능력이 너를 덮으시리니 이러므로 나실 바 거룩한 자는 하나님의 아들이라 일컬으리라" (눅 1:35).

그러나 누가복음에서 예수의 탄생과 성령의 관계는 훨씬 더 강력하고 치밀하게 진술되어 있다. 특별히 누가복음에서는 예수의 탄생과 세례 요한의 출생의 내적 연관성이 상세히 묘사되어 있는데 예수가 성령으로 말미암아 잉태되었을 뿐만 아니라 세례 요한도 모태에서부터 성령의 충만함을 입었으며(눅 1:15), 심지어 예수를 잉태한 마리아의 방문을 받은 엘리사벳이 마리아의 음성을 듣고서 성령의 충만함을 입고 있다 (눅 1:41). 이것은 예수가 성령세례 받는 자일 뿐만 아니라 성령세례 주는 자이기 때문이다. 누가복음 1장과 2장에서만 예수의 탄생과 연관하여 '성령'이 일곱 번이나 사용되고 있는 것은 예수의 탄생과 성령의 긴밀한 연관성을 나타내 주는 강력한 증거라고 할 수 있다.

예수의 동정녀 탄생은 구약의 예언의 성취이다. "보라 처녀가 잉태하여 아들을 낳을 것이요 그 이름은 임마누엘이라 하리라" (마 1:23; 사 7:4). 더 나아가서 예수의 탄생은 하나님의 아들의 오심이었다 (롬 8:3; 갈 4:4). 예수의 동정 녀탄생과 성령의 직접적인 작용은 복음의 중요한 요소이다. 하나님께서 다시 한 번 친히 인간의 삶과 역사 안에 들어오셔서 자기의 계획을 성취하고 구원을 가져다주실 특별한 행동을 취했다는 것은 인간에게 복된 소식이 아닐 수 없다.

둘째로, 예수의 세례 받으신 사건에 성령이 강림하였다. 예수의 세례는 기독교 세례의 근거이다. 예수는 물로 씻어 용서받아야 할 죄가 있었기 때문에 세례를 받은 것이 아니라 그렇게 함으로써 하나님의 의를 이루고 모든 그리스도인들이 그를 본받아서 세례 받아야 할 모범을 보이신 것이다. 예수께서 세례를 받고 물에서 올라올 때 "하늘이 열리고 성령이 비둘기같이 내려 자기 위에 임하심을 보더니 하늘로서 소리가 있어 말씀하시되 이는 내 사랑하는 아들이요 내 기뻐하는 자라" 하였다 (마 3:16-17). 성령이 비둘기처럼 예수에게 강림하신 사건은 4복음서에 모두 기록되어 있다. 4복음서에 네 번 다 기록된 사건은 매우 드문데 이것은 그만큼 중요한 사건임을 의미한다. 누가복음에서는 성령이 비둘기의 형체로 강림하였다고 묘사되어 있다. 노아홍수 때에 비둘기는 육지가 있음을 알려 주었다 (창 8:8-12). 비둘기는 순결을 상징하였기 때문에 (마 10:16) 옛날부터 하나님께 드리는 제물로 많이 사용되었다 (창 15:9; 레 12:6, 14:22; 눅 2:24; 요 2:14). 예수가 물세례 받을 때 동시에 성령세례 받았다는 것은 물세례와 성령세례의 긴밀한 연관성을 의미한다. 사도행전에 의하면 초대교회에서는 물세례 받은 자는 성령세례 받지 않을 수 없었으며 성령세례 받은 자는 반드시 물세례를 받았다. 즉 물세례와 성령세례는 분리되지 않았다. 단지 그 순서가 다를 수 있을 뿐이었다.

예수가 물위로 올라올 때 성령이 비둘기와 같이 강림하였고 아버지의 음성이 들렸다는 것은 삼위일체 하나님의 동시적인 현현의 사건으로서 대단히 희귀한 사건이다. 창세기 1장에서 삼위일체 하나님이 천지창조에 참여한 것에 견줄 수 있을 정도의 최대의 사건이다. 이것은 성자의 구원사역의 시작을 성부가 선포하는 것이요 동시에 예수 자신의 메시아 인식의 사건이라고 할 수 있다. 구약의 천지창조가 창조자 하나님의 사역이라고 한다면 신약의 예수세례는 구원자 하나님의 사역의 개시를 알리는 우주적인 사건이다. 그리고 이 장엄한 삼위일체 현현의 사건이 사람들이 없는 요단강가 광야에서 벌어졌다는 것은 하나님의 관심사가 어디에 있는가를 암시한다. 하나님의 관심은 인간이 만든 도시의 찬란한 문명 가운데 있는 세련되고 교양 있는 지식인이나 권력자들 가운데가 아니라 시골의 변두리 힘없는 민중들이지만 하나님께 가까이 나아오는 자들에게 있다는 것을 교훈하고 있다.

셋째로, 예수는 세례 받은 후 성령의 인도를 받아 광야로 나갔으며 40일간의 금식이 끝난 후 사탄의 시험을 받았다 (마 4:1; 눅 4:1). 누가복음에서는 예수께서 요단강에서 돌아왔을 때 성령이 충만했다고 기록하였다. 즉 그는 성령이 충만한 상태에서 마귀의 시험을 이길 수 있었다는 것이다. 그러나 마가복음에서는 더 강력한 표현을 사용하였다. "성령이 곧 예수를 광야로 몰아내신지라" (막 1:12). 이것은 "쫓아 내었다" "억지로 밀어내었다"는 뜻이다. 즉 성령이 예수를 강력하게 이끌고 가셨다는 것을 강조하고 있다. 예수는 성령이 충만하였으며 성령이 그를 움직였고 인도하였기 때문에 40일간 금식을 하는 동안에 아무것도 잡수시지 아니하였으나 배고픔을 몰랐다 (눅 4:2; 마 4:2). 그리고 마귀가 예수를 시험하였을 때 예수는 하나님의 말씀으로 마귀를 물리쳤다 (신 8:3, 6:13, 6:16). 하나님의 말씀은 곧 눈에 보이지 않는 성령의 검으로서 (엡 6:17) 마귀를 무찌르는 공격무기이다. 첫째 아담은 마귀의 유혹에 넘어갔으며 인류를 죄와 사망으로 이끌고 갔으나 둘째 아담 예수는 우리를 위하여 완전한 승리를 거두었다.

넷째로, 예수의 사역에 성령이 함께 하였다. 그는 시험 받은 후 성령의 권능으로 구원 사역을 시작하였다 (눅 4:14). 사람들은 그의 말씀을 듣고 그 권세에 놀랐다 (눅 4:32). 지금까지 성서해석의 권위자로 자처하던 서기관들과는 비교할 수 없는 신적인 권위가 있었다. 그것은 성령의 권능으로 말미암은 권위였다. 귀신들린 자들이 깨끗함을 받았으며 각색 병든 자들이 나음을 입었다 (눅 4:35, 40, 41; 마 12:15). 그 이후 그의 사역에는 각종 기적의 행동이 수반되었는데 이것은 예수가 성령충만하여 그 안에 계신 성령의 능력으로 말미암은 것이었다. 혈루병에 걸린 여인이 예수의 옷가를 만졌을 때 예수로부터 능력이 나와서 그의 병이 나은 사건이 이 사실을 증명한다 (막 5:30; 눅 6:19).

다섯째로, 예수가 십자가에 달려 돌아가신 대속의 죽음이 성령으로 말미암은 것이다. 그것은 예수의 제사장직의 수행이었다. 그리스도의 제사장직이 다른 종교나 구약의 제사와 다른 점은 예수의 제사는 자신이 제사장인 동시에 제물이 되어 드린 제사였다는 것이다.[57] 모든 고대종교에서 제사는 인간이 신에게 무언가를 드리는 것이었다. 주로 그것은 인간이 자신의 이익이나 행복을 위해서 신들을 '달래기'(propitiation)하는 것이었다. 그러나 십자가 위에서는 하나님이 오히려 인간을 위해서 자신을 제물로 드렸다. 그리고 예수는 자신만이 제사장이 된 것이 아니라 우리를 제사장으로 만들어 천국의 전당(성전)에 들어가게 하였다. "우리를 나라와 제사장으로 삼으신 그에게 영광과 능력이 세세토록 있기를 원하노라" (계 1:6). 그런데 이 예수 그리스도의 제사는 성령을 통해서 드린 제사였다. "하물며 영원하신 성령으로 말미암아 흠없는 자기를 하나님께 드린 그리스도의 피가 어찌 너희 양심으로 죽은 행실에서 깨끗하게 하고 살아계신 하나님을 섬기게 못하겠느뇨?" (히 9:14). 이와 같이 예수의 십자가의 대속의 죽음은 성령으로 말미암은 것이다.

여섯째로, 예수의 부활사건에 성령이 함께 하였다. 예수의 십자가의 죽음이 철저하고 완전한 죽음이었다면 예수가 스스로 다시 살아날 수는 없다. 누군가 제3자에 의해 부활해야 한다. 바울은 로마서 8장 11절에서 "예수를 죽은

---

57) 칼빈, 〈기독교 강요〉 II, 15, 16.

자 가운데서 살리신 이의 영이 너희 안에 거하시면 그리스도 예수를 죽은 자 가운데서 살리신 이가 너희 안에 거하시는 그 영으로 말미암아 너희 죽을 몸도 살리시리라” 라고 증거하였다. 이와 같이 성령은 예수의 부활에 직접적으로 참여함으로써 중보자와 구속자로서의 사명을 수행하였다. 예수는 “성결의 영으로는 죽은 가운데서 부활하여 능력으로 하나님의 아들로 인정되셨으니” (롬 1:4) 성령의 능력이 아니면 예수를 무덤에서 해방할 자가 없다.

이와 같이 예수의 생애는 처음부터 끝까지 철두철미하게 성령의 사역에 의해서 가능하였다. 성자의 계시는 성자 홀로 걸어간 외로운 고투가 아니라 성령과 함께 이루어진 연합의 산물이었다. 그러므로 예수 그리스도사건은 기독론적-성령론적 사건이었다. 더 나아가서 성부와 성자와 성령의 합작으로서 삼위일체적인 사건이었다. 따라서 예수 그리스도 사건에서의 성자와 성령의 코이노니아는 구원사를 직조해낸 씨줄과 날줄의 이중 코드였다. 성자가 하나님의 계시의 역사적 현현으로서 구원사의 객관적 계시였다면 성령은 그것이 가능하도록 내면적으로 역사하는 주관적 계시의 현실이다. 그는 계시의 실존적이고 내적인 동인(動因)이요 그 시행자(agent)로서 성자를 통해서 구원사를 현실화한 하나님의 인격(Person)이다. 성자가 없이는 계시의 역사적 객관적 근거를 확보할 수 없고 성령이 없이는 계시의 주관적 실존적 근거를 확보할 수 없다. 그러므로 예수 그리스도와 성령의 역사는 두개의 별개의 사건이 아니라 한 사건의 양면이라고 할 수 있다.

2) 바울

바울은 성령을 새로운 시대가 이를 때까지 성도들에게 사역하는 하나님의 영으로 보았다. 그리하여 성령으로 말미암아 현재와 미래, 영과 육 사이에 긴장이 조성된다고 보았다. 첫째로, 성령은 현재와 미래의 긴장상태를 야기한다. 이것은 이미와 아직 사이의 긴장이다(The already-not yet tension). 성령으로 말미암아 마지막 날에 이루어질 양자됨이 오늘 우리에게 이미 주어졌다 (롬 8:15, 23). 성령은 장차 이루어질 하나님의 지배의 강력한 표현이며 (롬 14:17, 고전 4:20) 성령을 체험하는 것은 양자권의 승계의 시작이며 성령은 마지막에 받을 것의 처음 익은 열매이며 (롬 8:23) 선금이요 보증금이다 (고후 1:22, 5:5; 엡 1:14).[58] 즉 성령은 미래의 축복의 부분적인 현재화라고 할 수 있다. 그러나 바울에게 있어서 미래에 이루어질 종말론적인 완성을 향한 인간 속에 있는 죄를 버리고 진정한 하나님의 사람이 되라는 요구 가운데서 현재와 미래 사이의 긴장은 계속되며 성령은 우리에게 윤리적인 변화를 일으키는 새시대의 능력이 된다.

둘째로, 바울은 성령의 임재에서 야기되는 또 하나의 긴장관계를 영과 육의 관계에서 보았다. 신자는 그리스도 안에서 살고 있으면서 동시에 육을 가지고 이 세상에서 살고 있다 (롬 6:19). 이것은 내 안에 있는 육체의 소욕(evil desire) 즉 죄의 세력과 성령 사이의 전쟁상태이다. 이러한 긴장관계를 갈라디아서 5장 16절에서는 이렇게 말한다. "너희는 성령을 좇아 행하라 그리하면 육체의 욕심을 이루지 아니하리라. 육체의 소욕은 성령을 거스리고 성령의 소욕은 육체를 거스리나니 이 둘이 서로 대적함으로 너희 원하는 것을 하지 못하게 하려 함이니라." 이러한 바울의 성령관은 초대교회의 신앙을 대변하는 것이며 앞으로 교회시대의 성령이해의 기초가 되었다. 그러나 바울의 영과 육의 이분법은 희랍철학의 이원론의 영향을 받은 것으로서 이후 기독교의 삶에 지대한 영향을 끼쳤다. 결과적으로 육체에 대한 오해를 초래

---

58) "…set his seal of ownership on us, and put his Spirit in our hearts as a deposit, guaranteeing what is to come" (2 Cor. 1:22). "저가 또한 우리에게 인치시고 보증으로 성령을 우리 마음에 주셨느니라" (고후 1:22). 성령은 미래에 올 하나님의 나라의 선수금, 선취, 맛보기이다. 성령을 맛보고 너무나 좋아서 하나님의 나라 백성으로 살도록 만들기 위한 하나님의 모략이다.

하여 육체를 악으로 육체적 욕구를 억압해야 할 것으로 간주하여 금욕주의적인 기독교를 창출해 내었다. 성서적인 기독교 윤리는 중용과 절제의 덕을 요구하지 금욕주의를 요구하지 않는다.[59]

3) 요한

바울이 현재와 미래, 영과 육 사이의 긴장관계에서 성령을 이해했다면 요한은 현재적인 성령이해를 했다고 말할 수 있다. 바울에게 있어서 성령의 사역은 아직 미완성으로서 미래에 이루어질 하나님의 나라의 첫열매 내지는 선금(先金)에 불과하였으나 요한은 현재의 성령의 사역의 적극적 의미를 강력하게 제시하였다.

요한은 처음부터 분명하게 말한다. "요한이 증거하여 가로되 내가 보매 성령이 비둘기 같이 하늘로서 내려와서 그의 위에 머물렀더라" (요 1:32). 성령이 예수 위에 머물러 있었다는 것은 성령이 잠깐 왔다가 떠난 것이 아니라 예수의 전 생애를 통해서 계속된 성령의 임재를 의미하는 것이다. 그리고 요한복음 7장 37절 이하에서는 "누구든지 목마르거든 내게로 와서 마시라 나를 믿는 자는 성경에 이름과 같이 그 배에서 생수의 강이 흘러 나리라 하시니 그를 믿는 자의 받을 성령을 가리켜 말씀하신 것이라"고 함으로써 성령의 내적인 사역의 현재성을 강조하였다.

더 나아가서 요한은 예수와 성령이 동등한 하나님의 보혜사로서 사람들에게 보내심을 받고 (요 3:16f. 14:16, 26) 있다고 보았다. 즉 성령은 아버지로

---

59) 바울의 의도는 육체(sarx, evil desire)를 견제하는 것이지 몸(soma, body)을 진압하는 이원론이 아니었다. 그러나 이런 이분법은 결국 몸을 억압하는 결과를 초래하였다. 이러한 이원론적 영향은 바울뿐만 아니라 고대교회 전반에 나타나는 보편적 현상이었다.

부터 보내심을 받아 예수 대신에 구속사역을 담당하시는 하나님의 '다른 보혜사'(*allos parakletos,* 요 14:16)이다. 그리하여 "그가 너희를 모든 진리 가운데로 인도하시리니...장래 일을 너희에게 알리시리라"는 말은 희랍어로 '선포한다'는 뜻이다. 이것은 성령이 절대적 권위를 가지고 가르친다는 의미이다.

요한은 예수가 승천하신 후에 예수가 하시던 모든 구속사역과 가르침과 은사를 성령의 사역 안에 집중시켰다. 바울은 성령의 사역을 미래의 완성을 향한 과정에서 보았다고 한다면 요한은 현재적인 성령이해 즉 예수의 구속사역을 현재에 대행하는 대리자로서 이해하였다. 이렇게 초대교회의 종말론은 미래적 종말론으로부터 현재적 종말론으로 점진적으로 발전되는 과정 안에서 이해해야 한다. 요한의 성령이해는 삼위일체론을 위한 신학적 기초가 되며 신약성서 안에서 성령신학의 큰 진전이라고 할 수 있다. 예수의 승천 이후 교회는 오고 있는 미래의 하나님의 나라를 대망하였으며 이것은 미래적 종말론(not yet)으로 출발하였다. 그러나 예수의 재림이 지연되고 사도들은 하나 둘 사라지고 교회는 재림지연에 대해서 의문을 가지게 되었을 때 미래와 현재의 긴장(not yet-already tension)은 사도 바울과 초대교회의 목회적 지혜였다. 즉 하나님의 나라는 이미 너희 안에 있다는 하나님 나라의 현재성이 초대교회 성도들의 질문에 대한 신학적인 응답이 되었다. 그런데 사도 요한은 여기에서 한걸음 더 나아가 결정적으로 성령론적인 해석을 제시하였다. 그는 성령을 예수를 대치하는 다른 보혜사로서 해석함으로써 미래적인 전망은 현저히 약화되었고 성령이 지배하는 하나님의 나라의 현재성을 강력하게 주장하였다. 그러므로 요한의 신학은 성령론적인 하나님의 나라론으로서 그는 이미 이루어진 성령시대를 우리에게 선포하고 있다.

III. 교회사에 나타난 성령

교회는 그리스도의 몸이요 그리스도는 교회의 머리이다. 바울의 이 비유는 지금까지 교회를 설명하기 위해 가장 많이 사용한 신학적 도구가 되었다. 그러나 성령론적으로 교회를 설명함으로 우리는 교회를 더 잘 이해할 수 있게 된다. 교회는 성령의 전이다. 교회는 성령을 모시는 거룩한 집이요 성령이 그의 뜻을 실현하는 활동의 장이다. 즉 성령은 교회의 영이다.[60] 교회는 성령의 피조물이요 성령은 교회의 창조자이다. 즉 교회는 성령이 사역하는 중심적인 장이다. 따라서 교회의 역사는 곧 성령의 역사라 할 수 있다. 그러나 지나간 2000년간의 교회사는 성령운동의 확장의 역사인 동시에 침체와 퇴보의 역사이기도 하였다. 그러므로 우리는 교회의 역사를 통하여 앞으로의 성령운동의 모델을 찾아가야 하며 역사적인 오류를 피하는 지혜를 배워야 할 것이다.

1. 오순절 사건

예수가 부활한지 오십일 만에 그리고 그가 승천한지 열흘 만에 그러니까 유월절 이후 오십일 째 되는 날 즉 오순절 날에 성령이 강림하였다.[61] 이것

---

60) 이 말은 오해의 소지가 있다. 성령이 교회의 영이라는 말은 성령이 교회에 속한 영이란 뜻이 아니고 교회의 주님이라는 뜻이다. 성령이 교회에 속하는 것이 아니라 교회가 성령에게 속한다. 그러나 구약시대에 야웨가 이스라엘의 하나님이었듯이 신약시대에 그리스도가 교회의 신랑이듯이 교회시대에 성령은 교회의 영 교회의 주님이시다. 우리는 섣불리 교회의 울타리를 제치고 성령을 세계의 영이나 우주의 영 또는 만물의 영이라고 해서는 안 된다. 성령이 세계의 창조자이지만 이 세계는 타락한 피조물이기 때문에 성급한 보편주의는 대단히 위험하다.

61) 오순절 사건의 시기에 대해서 여러 가지 견해가 있지만 부활이후 첫 번째 오순절이라는 것이 정설이다. James Dunn, *Jesus and the Spirit* (Westminster, 1975),

은 구약에 예언된 사건이었으며 (요엘 2:28~30), 신약의 사도행전에서 이 예언의 성취라고 증거하였다 (행 2:1~4, 2:16~19). 뿐만 아니라 오순절 성령강림은 예수에 의해서 예언된 사건이었다. "볼지어다 내가 내 아버지의 약속하신 것을 너희에게 보내리니 너희는 위로부터 능력을 입히울 때까지 이 성에 유하라 하시니라" (눅 24:49). "예루살렘을 떠나지 말고 내게 들은 바 아버지의 약속하신 것을 기다리라. 요한은 물로 세례를 베풀었으나 너희는 몇 날이 못되어 성령으로 세례를 받으리라 하셨느니라" (행 1:4~5). 그러면 오순절 사건은 무슨 의미를 지니고 있는가.

첫째로, 오순절 사건은 성령시대가 개시되는 사건이다. 오순절 사건으로 말미암아 성자의 시대를 이어 성령의 시대가 개시되었다. 신약시대는 끝나고 교회시대가 시작되었다. 이날은 교회가 탄생한 교회의 생일이다. 이렇게 구약의 성부시대와 신약의 성자시대와 교회의 성령시대로 시대와 경륜을 셋으로 나누는 것은 하나님의 사역을 구별하고 하나님의 구원사를 명확하게 이해하기 위한 것이지 성자시대와 성령시대를 나눈다고 해서 성자가 세상을 떠난 이후 이 세상과 아무 상관이 없다는 뜻으로 오해하면 안 된다. 그렇게 생각하는 것은 삼위일체론에 대한 무지에서 나온 억측이다. 성부와 성자와 성령은 영원부터 영원까지 함께 하시며 분리되지 않는 한 분 하나님이시다. 다만 삼위의 인격이 각 시대마다 각각 중심적인 주체적 행위자(subjective agent)가 된다는 것을 설명하기 위해서 시대와 경륜을 셋으로 구별하는 것이다. 그러므로 성령시대가 되었다고 하더라도 여전히 성부와 성자는 성령 안에서 우리에게 관심을 가지고 우리와 친교하며 우리를 사랑하고 보호하는 주님이요 창조자요 구원자 하나님이시다. 우리는 성령을 통해서 아버지께 기도하고 아들의 이름으로 기도하고 그분은 성령을 통해서 우리에게 응답하고 우리에게 구원과 복을 내리신다.

142.

오순절이 성령강림의 사건이라고 한다면 성령은 오순절에 처음으로 강림하였는가? 성령은 태초부터 이 세계를 품고 이 세계 안에 운행하였으며 이 세계를 창조한 창조자이다. 그러므로 성령은 창조자로서 온 세계 안에 충만하며 어디에나 임재해 계신다. 그리고 구약시대에도 성령은 지속적으로 각각의 소시대마다 역사하였으며 성령을 통해서 하나님은 이스라엘을 구원하였다. 그러나 구약시대에는 아버지 하나님이 전면에 등장하여 창조자로서 그리고 이스라엘의 구원자로서 역사하였다. 신약시대에는 아들 하나님이 하나님의 구원사의 중심적인 행위자가 되어 성육신하여 복음을 전하고 인류구원을 위한 대속제물로서 십자가를 지시고 그의 사역을 다 이루었다. 그리고 성자가 승천한 이후 약속대로 보내심 받은 다른 보혜사가 강림하여 그리스도가 완성하신 그 구원사역을 구체적인 개인과 교회 안에서 현실화하고 내면화하고 실존화하는 사역을 집행하게 된 것이다. 그러므로 이제 오순절 이후 예수의 재림까지 교회시대는 성령시대라고 해야 할 것이다. 오순절은 교회의 탄생일이며 성령강림으로 말미암아 교회가 탄생했으니 교회는 성령의 피조물이요 성령은 교회의 창조자라고 할 수 있다. 성령이 교회의 영이 아니라 교회가 성령의 피조물이다.

둘째로, 오순절 사건은 보편적인 영적 은사 체험의 사건이다. 구약시대에도 특정한 사람들에게 하나님의 능력이 임하여 기적을 행하고 예언을 말하고 초자연적 능력을 나타내었다. 때로는 꿈을 꾸기도 하고, 이적을 행하기도 하고, 전쟁을 승리하기도 하였다. 특히 성령은 예언자들의 예언활동에 적극적으로 참여하였다. 그러나 구약시대에 성령은 예언자 집단의 특정한 예언활동 사역에 집중적으로 역사(役事)하였다. 즉 구약시대에 성령의 사역은 특수한 사람들에게 특수한 일을 위해서 제한적으로 부분적으로 일어났다는 것을 알 수 있다. 그러므로 구약에서는 성령이 특별히 역사하는 특정한 집단의 사람들을 통해서 이스라엘 백성들은 하나님의 뜻을 알 수 있었으며 이러한 예외적인 사람들을 제외한 보통 사람들은 하나님과 밀접한 영적 관계를 맺는 것은 매우 드문 일이었다.

그러나 오순절 이후 이런 제약은 해제되고 하나님의 영의 보편적인 역사로 말미암아 누구든지 성령을 받으면 특수한 은사를 받아 하나님과의 긴밀한 영적 교류 안으로 들어가는 것이 용납되었다. 그러므로 오순절 사건은 교회 안에서 성령의 사역을 통해서 누구든지 하나님과의 직접적인 영적 친교 안으로 들어가는 영적 해방의 공간이 마련되었다는 것이다. 구약시대에도 기적을 행하고 병을 고치고 예언을 한 경우가 있지만 오순절 사건처럼 수백 명 수천 명에게 집단적으로 이적과 기사와 능력이 나타난 적은 없었다. 출애굽 사건 당시 수많은 이스라엘 백성들이 기적을 목격하였으나 그것은 객관적인 기적의 사건이었지 백성들 안에서 주관적으로 일어난 내면적인 사건은 아니었다. "말세에 내가 내 영으로 모든 육체에게 부어 주리니" (행 2:16), 이제는 충만한 성령의 시대가 되었기 때문에 제사장이나 예언자를 통하지 아니하고 하나님의 백성은 직접 영적 세계로 들어갈 수 있게 되었다. 종교개혁자들의 만인사제설에 의해서 신학적 근거를 확보하게 된 바에 의하면 교회 안에서 사제의 도움이 없이도 모든 평신도는 직접 하나님께 회개하고 죄사함을 받게 된 것과 같이 오순절로 말미암아 교회 안에서는 누구든지 직접 예수 그리스도에게 기도하여 성령을 선물로 받고 성령의 사람이 되고 성령세례를 받을 수 있게 되었다. 성령세례를 통해서 체험한 성령의 은사는 은사 받는 그 자체가 목적이 아니라 하나님의 임재체험을 통하여 하나님의 살아 계심을 인식하고 하나님과의 깊은 영적친교와 더불어 그의 사역을 감당하는 능력을 받게 된다. 하나님의 사역은 선교와 삶의 승리이다.

셋째로, 오순절 사건은 선교의 사건이다. "오직 성령이 너희에게 임하시면 너희가 권능을 받고 예루살렘과 온 유대와 사마리아와 땅 끝까지 이르러 내 증인이 되리라 하시니라"(행 1:8). 예수가 부활한 이후 여러 차례 제자들에게 나타나 보였으며 사도들은 예수 앞에 그들의 신앙을 고백하였다. 그러나 아직까지 선교는 이루어지지 않았으며 오히려 갈릴리로 돌아가 물고기를 잡았다. 예수의 부활에도 불구하고 부활을 증언할 수 없었던 제자들이 어떻게 대범하게 군중들 앞에 나서서 복음을 전하고 예수의 증언자가 되었는가? 그것은 오순절에 강림한 성령의 권능을 받았기 때문이었다. 그러므로 오순절 없이 교회 없고 성령의 권능 없이 선교 없다. 역사적 계시인 예수 그리스도 사건이 실존적 사건이 되게 하고 객관적 사건이 주관적이고 내면적인 사건이 되게 하는 능력은 오직 성령을 받을 때만이 가능한 것이다. 그리하여 오순절에 120명으로 시작된 초대교회는 당일에 3,000명으로 불어났으며 그 이후 5,000명으로, 수만 명으로, 그 다음에는 수를 셀 수 없는 성도로 불어났다. 이것은 선교의 확장과정이며 교회의 성장사이다. 오늘날 전 세계 20억의 그리스도인에 도달할 때까지의 지나간 2000년 기독교역사가 오순절에 시작된 것이다.

오순절이 단지 교회의 선교와 확장이라는 역사적 사건의 근거가 될 뿐만 아니라 그보다도 더 깊은 의미는 성령세례 받은 각각의 개인들이 삶의 현장에서 실패자가 승리자로 약자가 강자로 병든 자가 건강한 자로 변화된다는 것이다. 나이어린 계집종 앞에서 주님을 부인하고 닭의 울음소리를 듣고 통한의 눈물을 흘려야 했던 베드로가 목숨을 걸고 복음을 증거하는 위대한 지도자로 변화할 수 있었던 것은 성령의 능력 때문이었다. 그러므로 오순절은 성령 받은 사람을 변화시켜 잃어버린 하나님의 형상을 회복하고 본래 하나님이 지으신 모습으로 살아갈 수 있게 하는 위대한 역사의 출발점이 되었다. 오순절 사건은 오늘날도 계속해서 일어나고 있으며 모든 사람들이 이 위대한 변화의 역사에 참여할 수 있도록 복음을 전해야 하는 사명이 교회에 부여되어 있다.

2. 몬타누스주의

몬타누스(Montanus)는 소아시아지방 프리키아 출신으로서 156년경부터 자기가 보혜사의 대표적 예언자라고 하면서 교회의 마지막 단계인 성령의 시대를 시작하려 한다고 주장하였다. 그는 추종자인 브리스길라(Priscilla)와 막시밀라(Maximilla)와 함께 예언과 방언을 하면서 자기들이 초대교회의 예언적 전통을 잇는다고 하면서 세계의 종말이 곧 온다고 하였으며 자기들과 함께 종말에 대비할 것을 촉구하였다. 세계에 종말이 오면 하늘의 예루살렘이 페푸자(Pepuza) 인근에 도래하여 천년왕국이 건설된다고 하였다. 또한 그들은 매우 엄격한 금욕생활을 강조하였다. 그 중에는 재혼을 금지하였으며 엄격한 금식과 금욕을 요구하였다. 그들은 자신들이 가르치는 모든 것이 신약의 기록만큼 권위가 있다고 하였으며 다른 그리스도인들은 육적이라고 비난하고 자기들만이 성령으로 충만하다고 하면서 말씀으로 자신들의 가르침을 시험해보기를 거부하였다.

몬타누스주의의 핵심적 주장은 1세기에 있었던 종말론적 열정을 회복하는 것이었다. 그리고 그들은 성령의 감동과 계시를 받았기 때문에 자기가 말하는 것이 곧 성령이 말하는 것이라고 주장하였으며 성령의 은사와 환상을 강조하였다. 그러나 그들이 주장한대로 종말이 오지 않게 되자 그 세력이 점점 약화되어 4세기 이후에는 사라졌다. 교회는 교회사상 최초로 몬타누스를 이단으로 정죄하고(A.D. 200) 단호하게 배척하였다.[62] 그들의 문제점은 성령의 사역을 지나치게 강조함으로써 건전하고 균형있는 성서적 신앙을 상실한 것이다. 그리고 자기가 성령의 직접적인 대언자인 것처럼 주장하는 것은 교회를 혼란하게 하는 것이었다. 교회는 성서를 진리의 최고 표준으로 공인하기 때문에 성령의 직접계시를 주장하는 것은 오늘날도 대단히 위험하

---

62) 마이클 그린, 〈성령을 믿사오며〉 (서로 사랑, 2006), 285.

다. 교회사상 최초의 이단이 종말론적 성령운동에서 발생한 것은 오늘날 우리에게 시사하는 바가 많다. 역사적으로 많은 성령운동이 이단으로 변질된 것은 성령의 주관적이고 신비한 역사에 몰두한 나머지 건전한 성서적 신앙을 상실하고 개인의 체험에 집착한 결과라고 볼 수 있다. 오늘날 한국에서 일어나는 예수재림시기 결정론 내지는 시한부 종말론도 바로 이러한 오류의 반복이라고 할 수 있다.

3. 어거스틴

어거스틴은 성령론의 발전과정에서 대단히 중요한 영향을 끼친 신학자이다. 그는 삼위일체론에서 성부와 성자와 성령의 관계를 정립하였으며 그것이 오늘까지 서방신학의 성령이해의 근간을 이루고 있다. 그런데 성령을 성부와 성자를 연결하는 사랑의 끈(bond of love)이라고 정의한 어거스틴의 사상은 사실은 마리우스 빅토리누스(Marius Victorinus)로부터 나온 것이었다. 빅토리누스의 찬양에서 이 사상을 찾아볼 수 있다.

> 우리를 도우소서, 성령이여,
> 아버지와 아들의 끈(copula)이시여,
> 당신이 머물러 있을 때, 당신은 아버지이시고,
> 당신이 나올 때, 당신은 아들이시고,
> 모두를 하나로 묶을 때, 당신은 성령이십니다.[63]

---

63) Alister McGrath, *Christian Theology* (Oxford: Blackwell, 1994), 244. "Help us, Holy Spirit, the bond (copula) of Father and Son, When you rest, you are the Father; when you proceed, the Son; In binding all in one, you are the Holy Spirit."

어거스틴의 삼위일체론에서 강조되는 원리는 세 인격들의 공통적인 기원(common source)이다.[64] 즉 삼위의 동일성과 통일성(unity)에 대한 강조이다. 이러한 강조는 3위의 본질의 통일성 즉 하나님은 한분이고 세 인격의 본질은 하나라는 것을 강조하는 서방교회의 전통이 되었다. 동방교회가 삼위의 구별성과 독자성을 강조하는 것이 특징이라고 한다면 서방교회는 삼위의 통일성을 강조하는 대신 삼위의 독자성에 대한 강조는 상대적으로 약하였다. 따라서 어거스틴이 성령을 성부와 성자를 연결하는 사랑의 끈이라고 할 때 이것은 성령이 성부와 성자와 공통되는 어떤 것이라고 보는 그의 의도를 나타내는 것이다. 성부와 성령은 공통적이고 성자와 성령은 공통적인 것이다. 그러므로 성부와 성자는 성령을 통해서 하나가 된다. 그런데 여기에서 중요한 문제점이 발생하게 된다. 성령이 성부와 공통되고 성령이 성자와 공통된다면 성령은 마치 성부와 성자 하나님의 술어(predicate)에 불과한 존재가 된다.[65] 이렇게 되면 성부와 성자는 독자적이고 인격적인 주체가 될 수 있지만 성령은 이 양자를 연결해주는 부속장치에 불과하게 되는 것이다. 결과적으로 성령은 제 3의 독자적인 인격이라고 말할 수 없게 된다. 이러한 성령의 약화는 이미 필리오케 이론에서부터 기원하는 것이었으며 어거스틴에 의해서 더 강화된 것이다.

어거스틴은 성령을 사랑의 끈이라고 함으로써 사랑의 개념으로 성령을 해명한 신학자가 되었다. 성서에서 성령을 사랑이라고 말한 곳은 없지만 그러나 하나님이 사랑이고 또 성령이 하나님인 점에서 성령이 사랑이라는 것은 자연스럽게 도출될 수 있다고 보았다. "성서는 그가 아버지만의 영도 아니고 아들만의 영도 아니라 아버지와 아들의 영이라고 가르친다. 이것은 우리에게 아버지와 아들간의 사랑을 보여준다...그러나 성서는 '성령이 사랑이

---

64) Augustine, *On Faith and the Creed*, 17; Gary D. Badcock, *Light of Truth & Fire of Love: A Theology of the Holy Spirit* (Eerdmans, 1997), 67.
65) Badcock, ibid., 67.

다'라고 말하지 않는다."[66]

4. 중세교회

교회는 성령의 피조물이요 교회사는 성령의 역사이다. 그러나 지나간 2000년간 성령이 교회를 지배하였던 시대가 있었던 반면에 성령이 교회를 떠났던 시대도 있었다. 성령이 교회를 떠난 것이 아니라 오히려 교회가 성령을 소홀히 하고 푸대접하였기 때문에 성령이 강력하게 사역할 수 없었던 시대였다고 해야 할 것이다. 그것이 바로 중세기이다.

초대교회의 오순절적 성령의 사역은 점점 약화되어 갔다. 특히 313년에 기독교가 공인되고 391년에 로마의 국교가 된 이후 기독교는 더 이상 선교할 필요가 없게 되었다. 로마의 국교가 된 기독교는 기득권세력이 되고 사회의 지배세력이 되었으며 순수한 복음의 정신이 아니라 기독교의 세력에 편승하려는 자들에 의해서 사이비기독교로 변질되어갔다. 본래적인 복음의 정신과 활력은 약화되고 점점 더 기성종교의 형식주의와 교권주의로 변질되어 갔다. 기독교신학의 수립에 크게 공헌한 위대한 신학자 어거스틴은 오순절에 있었던 방언에 대해서 그것은 초대교회가 박해를 받을 때를 위해서 주어진 은사이며 이제는 더 이상 필요하지 않기 때문에 사라졌다고 보았다. 그는 외적인 방언의 은사 대신에 내적인 형제사랑으로 대치하였다. "사람들이 성령을 받도록 안수함으로써 우리는 그들이 방언을 말하는 것을 볼 수 있는가?...만약 그리하여 성령의 임재의 증언이 이 기적들을 통해서 이제 주어지지 않는다면 무엇에 의해서 그는 그가 성령 받은 것을 알 수 있는가? 만약 그가 그의 형제를 사랑한다면 하나님의 영은 그 안에 거하신다." 그러나 어거스틴은

---

66) Alister McGrath, 〈역사속의 신학〉, 372.

신유의 은사에 대해서는 자신이 목격한 많은 사례들을 예시함으로써 여전히 당시에도 일어나고 있는 성령의 은사라고 증언하였다.

중세교회에서 오순절적인 성령의 은사들은 점점 약화되어 갔다. 중세기에는 사제들을 중심으로 하는 교권이 강화되고 신학이 발전함에 따라 이에 대한 반동으로 내적인 경험과 성령의 사역을 강조하는 신비주의 운동이 일어났다. 중세 신비주의는 크게 스콜라적 신비주의와 비스콜라적 신비주의로 나눌 수 있다. 스콜라적 신비주의는 버나드(Bernard of Clairvaux, 1091~1153)에 의해서 시작되었다. 그는 클레보의 수도원장이었는데 어렸을 때부터 경건에 불타는 성격을 가지고 있었다. 그는 기독교가 말하는 지혜의 시작을 주의 사랑이라고 생각하고 그리스도 안에서 하나님과 합일(合一)될 수 있는 것은 고난당하시는 예수를 정열적으로 동경함으로써 가능하다고 하였다. 사랑에 대해서 그는 "하나님은 사랑이다. 성령은 특별히 사랑이란 이름으로 표시된다. 그 자신이 아버지와 아들의 사랑이다. 성령은 사람의 영에 생명을 부여해 준다. 그리고 하나님을 사랑하도록 가르치고 훈련한다"[67]고 말했다. 그는 하나님과의 합일을 갈구하면서 성령을 통하여 그리스도 안에서 그 목적을 달성할 수 있다고 하였다.

리처드(Richard of St. Victor, 1173 c.)는 성령의 사역에 관심을 가졌다. 그는 성령을 우주의 창조적 원리라고 하였다. 성령을 통해서 모든 것이 나온다. 그분이 태초에 천지를 창조했다. 성령이 없이는 아무것도 만들어지지 않는다. 그러므로 이 성령은 성부와 같고 성자와 같은 것이다. 성부 성자 성령이 한 하나님이요 한 본체요 한 본성이요 한 위엄이다. 리처드는 삼위일체 전체가 성령을 통해서 창조와 질서유지를 한다는 것을 강조하였다. 특히 그는 성령이 다른 위격보다도 더욱 더 인간과 관계를 맺고 있다고 하였다. "같은 영이 이성적 존재에만 현존한다. 악인이나 의인이나 행복한 사람이나 불행

---

67) Bernard of Clairvaux, *Tractatus de Charitate*, cap. 10; 이종성, 〈성령론〉, 198.

한 사람이나 모든 사람과 관계를 가진다. 성령을 통하지 않고는 아무도 '주 예수'라고 말을 할 수 없기 때문이다."[68]

요아킴(Joachim of Fiore, c. 1132~1202)은 이태리 Fiori의 수도원장이었으며 성령론의 발전과정에서 독특한 지위를 차지하고 있다. 그는 최초로 3시대론을 주장한 세대주의(dispensations)자이며 사위일체론을 주장한다는 명목으로 이단으로 정죄되었다. 그는 구약시대를 성부시대, 신약시대를 성자시대로 규정하고 임박한 미래인 1260년경에 성령시대 즉 성령의 나라가 올 것이라고 주장하였다. 그는 지금까지 삼위일체론에서 희랍의 철학을 동원하여 삼위의 내적 본질과 그 관계를 해명하는 것에 집중해 온 것에 반하여, 삼위일체론을 역사적으로 해명한 최초의 신학자가 된 것이다. 그에 의하면 첫 번째 세대(dispensation)는 성부에게 둘째 세대는 성자에게 그리고 셋째 세대는 성령에게 배당되었다. 셋째 세대는 이미 시작되었다. 성령은 예언자들을 통해서 말했고 방언의 은사가 성령에 의하여 안수함으로써 주어진다. 성령은 그리스도의 성육신 사건에서 사역했다. 그렇다고 해서 그리스도가 성령의 아들이 된 것이 아니다. 오히려 그로부터 성령이 출원했다. 그러나 성령이 없이는 성자가 일할 수 없고 성자가 없이는 성령이 일할 수 없다. 그리스도의 몸이 성령에 의해서 비옥하게 되었으며 교회도 성령에 의해서 많은 결실을 얻게 되었다. 그의 생전에 그의 영향이 프란시스칸 수도원에 미쳤으나 그의 예언대로 1260년에 성령의 시대가 이루어지지 않자 그의 영향은 약화되었다.

요아킴의 3시대론은 그 이후 서양사상사에서 계속해서 역사해석의 패러다임으로 영향을 끼쳤으며 그의 삼위일체론은 20세기에 들어와서 몰트만, 맥긴, 이브 콩가르 등 여러 신학자들에 의해서 지지되고 있다. 서방교회의 삼위일체론이 기독론 중심적인 반면에 성령이 성자에게 종속되는 문제점을

---

68) H. Watkin-Jones, *The Holy Spirit in the Mediaeval Church*, 1922, 134; 이종성, ibid., 199.

안고 있는바, 요아킴의 사상은 이런 서방신학의 단점을 해결할 수 있는 대안으로서 적극적으로 연구되어야 할 것이다.

에크하르트, 타울러, 로이스브렉 등에 의해서 창도된 반스콜라주의적 신비주의는 14세기 독일을 중심으로 일어났다. 에크하르트(Meister Eckhart, 1260~1327)는 신을 자연과 동일시하는 경향이 있었고, 타울러(Johann Tauler, 1300~1361)는 성령을 다른 신비주의자들과 같이 사랑으로 이해했다. 로이스브렉(Jan van Ruysbroek, 1293~1381)은 화란 출신으로서 사람과 하나님이 하나가 되는 경험을 강조하면서 주로 명상을 통해서 그 경지에 들어가려고 하였다.

신비주의의 특징을 살펴보면 스콜라적 신비주의에서는 스콜라신학의 영향으로 정통적인 삼위일체론의 구도 안에서 성령을 이해하려고 했다. 그들은 대체로 성령을 성부와 성자를 결합하는 사랑의 끈(bond of love)으로 이해하였다. 반스콜라주의적 신비주의 역시 정통적인 삼위일체론의 범위 안에서 성령을 이해하려고 하였으나 하나님을 자연과 동일시하려는 범신론적 경향을 보이고 있다. 그러나 이 양자는 하나님과 인간의 신비적인 합일을 추구한다는 점에서 공통점을 가지고 있다. 중세기 신비주의에서는 오순절적 성령의 사역이 강력하게 일어나지는 않았다. 중세기의 성령관은 종교개혁자들에게 계승되었으며 강력한 성령운동은 18세기 웨슬리로부터 시작되는 복음주의 부흥운동이 일어날 때까지 기다려야 했다.

5. 종교개혁시대

1517년에 시작된 종교개혁은 기독교회사 뿐만 아니라 세계 역사에서도 크나큰 전환점이 되는 사건이다. 그것은 1,000년간 계속된 중세기가 끝나고 새로운 근대역사가 시작되는 사건일 뿐만 아니라 교황을 정점으로 한 교권에 도전하여 승리한 위대한 성서적 신앙의 승리의 사건이었다.

종교개혁의 3대표어는 '오직 신앙(sola fidei),' '오직 성서(sola scriptura),' '오직 은총(sola gratia)'인데 이것은 사랑의 실천에 의한 구원이 아닌 오직 신앙에 의한 구원, 교회의 권위가 아닌 성서의 권위, 인간의 노력이 아닌 하나님의 은총을 강조하는 성서적 기독교의 수립이 종교개혁 사상의 중심임을 잘 나타내 주고 있다. 이와 같이 종교개혁자들이 성서적 신앙을 확립하는데 크게 기여하였으나 그러나 그들의 성령에 대한 이해는 아직까지 미약한 단계였으며 중세기적인 이해에서 크게 벗어난 것이 아니었다.

마틴 루터는 성령은 신앙을 창조하고 우리를 그리스도와 결합하게 하고 그리스도의 의(義)에 의해서 우리가 의롭게 되도록 하며 이러한 일을 하는 것이 성령이라고 하였다. 신자들의 성화는 일시적인 것이 아니라 계속되는 신앙생활의 과정인데 이 과정에서 성령은 우리에게 새로운 용서와 평안을 체험하게 한다는 것이다. 그러나 루터는 이 성령의 사역은 반드시 말씀과 성례전이라는 표지(sign)를 통해서만 이루어진다고 보았다. 성령은 이 두 가지 표지를 통하지 아니하고는 구속적 사역을 수행하지 않는다고 하였다. 이러한 루터의 입장은 말씀의 우월성을 강조한 나머지 성령의 자유를 제한하게 되고 성령이 결국 말씀에 예속되는 결과를 가져오게 되었다고 할 수 있다.

칼빈(J. Calvin)은 루터보다 훨씬 더 강하게 성령의 사역을 강조하였다. 칼빈은 특별히 성서와 그리스도인의 삶 및 성례전에서의 성령의 사역을 강조하였다.

첫째로, 성서가 하나님의 말씀이 되는 것은 성령의 내적인 증거라고 보았다. 성서가 하나님의 말씀이 되는 것은 교회의 권위 위에 서 있지도 아니하고 인간의 이성의 증거도 아니며 성령의 내적인 설득에 의존할 때에만 성서는 하나님의 구원의 지식을 효과적으로 생산한다고 하였다. 태양이 모든 물체에 비치는 것처럼 하나님의 말씀이 모든 사람에게 선포된다. 그러나 태양이 맹인에게 아무것도 도와줄 수 없는 것처럼 말씀은 우리에게 아무 도움이 될 수 없다. 따라서 만약 내적인 교사인 성령이 우리에게 비추지 않으면 말씀은 우리 속에 들어올 수 없다고 하였다.

둘째로, 성령은 우리를 그리스도에게 실제로 결합시켜 주는 줄이라고 보았다. 성령은 그리스도의 모든 것을 우리에게 전달해 주고 우리와 하나로 만드신다고 하였다. 그리고 칼빈은 특별히 신앙과 회개가 성령의 사역이라는 점을 강조하였다.

셋째로, 성례전은 성령의 사역이 없이는 하나의 인간적인 행사에 지나지 않는다고 하였다. 그는 세례를 죄의 용서와 의의 전가(轉嫁)의 사건일 뿐만 아니라 성령의 은총이 삶의 갱신을 위하여 우리를 새롭게 하는 일이라고 하였다. 그리고 칼빈은 성만찬에 사용되는 떡과 포도주가 예수 그리스도의 실제 살과 피라고 주장하는 가톨릭의 화체설뿐만 아니라 성만찬의 떡과 포도주 안에 그리스도가 실재한다는 루터의 공재설도 반대하였다. 그 대신 그는 그리스도는 영적으로 떡과 포도주 안에 임재하는 것이며 그 임재를 가능하게 하는 것은 성령의 능력이라고 함으로써 성령론적 성찬론을 확립하는 데 크게 기여하였다.

종교개혁자들의 성령론은 성령의 내적 증거의 측면에서 강조되었으나 아직까지 성령의 외적 증거와 객관적인 성령의 사역에 대해서는 무지하였다. 특별히 성령은 예수 그리스도와 말씀에 예속되어 있다고 봄으로써 어거스틴 이후 계속되어온 예수 그리스도 중심의 성령이해 즉 성자에게 종속된 성령이해를 벗어나지 못하고 있다고 본다. 그러므로 성령론적인 관점에서 볼 때 종교개혁자들은 아직까지 어거스틴 이후 서방교회의 성자중심의 성령이해라는 성령의 소외의 질곡에서 벗어나지 못했다고 할 수 있다. 성령의 해방은 웨슬리이후 부흥운동을 통해서 나타난 성령의 강력한 객관적 역사를 기다려야만 하였다.

6. 재세례파

재세례파운동은 종교개혁으로부터 싹텄으며 루터의 종교개혁이 너무나 미온적이라고 비판하고 보다 철저한 개혁을 성취하기 위해서 그것으로부터 분리되었다. 그들은 현재의 종교개혁은 사회경제적인 문제들에 대해 지나치게 보수적이라고 생각했으며 종교개혁은 사회개혁을 동반해야 한다고 믿었다.[69] 이 운동은 근본적으로 성서보다도 성령의 직접적인 사역을 강조하는 성령운동이었으며 임박한 종말을 기다리는 과격한 종말론적 성령운동이었다. 그들은 가톨릭으로부터 받은 유아세례의 유효성을 부인하고 재세례를 주장했으며 그 세례도 약식세례가 아닌 침례라야 한다고 주장했다.

재세례파운동은 스위스 취리히의 콘라드 그레벨(Conrad Grebel)일파에 의해서 시작되었다.[70] 1523년 발타자르 휘브마이어(Balthazar Hubmeier)는 유아세례에 대해서 츠빙글리와 논쟁하였다. 그러나 취리히 의회는 재세례파의 주장을 거부하고 츠빙글리의 입장을 받아들였으며 모든 부모들로 하여금 자녀들에게 유아세례를 주라고 명령하였다. 재세례파들은 이 명령에 불복하다가 극심한 박해를 받았으며 박해를 피해 모라비아, 오스트리아, 보헤미아, 폴란드 등으로 도피하였고 나중에는 미국으로 건너가게 되었다. 그리고 가는 곳마다 그들의 신념을 전파하였다. 일부 과격한 혁명주의자들도 있었지만 대부분은 평화로웠다. 특히 메노나이트(The Mennonites)들은 경건하고 평화로운 삶을 추구하였다.

토마스 뮤처(Thomas Muntzer)는 루터가 교황을 떠나서 성서로 돌아갔다. 그러나 성서를 떠나서 성령의 음성을 듣는 경지에까지 가지 못했다. 그러므로 성령의 능력에 의해서 초대교회의 상태로 돌아가야 한다고 주장하고 뮤

---

69) 전성용, 〈칼 바르트의 성령론적 세례론〉 (한들출판사, 1999), 252.
70) J. D. Weaver, "Radical Reformation" in *Evangelical Dictionary of Theology* (Grand Rapids: Eerdmans, 1984), 903.

스터(Munster)를 순결한 하나님의 자녀만으로 구성된 천국으로 건설하기 위해서 폭력을 사용하여 점령하고 많은 시민들을 살해하고 일시적으로 지배하였다. 그러나 루터는 왕의 군대와 합세하여 재세례파세력을 격파하고 뮨스터시를 탈환하였다.[71]

재세례파운동은 종교개혁의 한 분파로서 부패한 기독교를 개혁하고 진정한 기독교를 건설하고자 했다. 그들은 이 공동체운동을 예전적인 유아세례가 아니라 신자세례의 자유로운 결단 위에 기초하여 성취하려고 진지하게 시도하였다. 이 운동은 순수한 기독교를 교회의 이상적인 목표로서 성취하려는 노력이었다. 그러나 성령의 직접적인 계시를 강조하는 대신에 성서를 등한시하고 과격한 폭력혁명을 시도함으로써 다수의 지지를 얻지 못하였으며 종교개혁의 주도권을 확보하는데 실패하였다. 재세례파운동은 몬타누스주의 이후 가장 큰 규모의 실패한 성령운동의 사례라고 할 수 있다.

7. 존 웨슬리

존 웨슬리(John Wesley, 1703~1791)의 부흥운동은 현대 기독교 복음주의 운동의 진정한 뿌리라고 할 수 있다.[72] 그는 18세기 영국에서 감리교를 창설하였으며 신학적으로는 종교개혁의 완성자라고 할 수 있다. 더 나아가서 미국으로 건너간 감리교운동은 19세기 미국에서 일어난 대부흥운동의 모체가 되었고 20세기 오순절운동의 신학적 토양이 되었다.

웨슬리의 복음운동의 출발점이 되는 사건을 올더스게이트(Aldersgate)사건이라고 부른다. 미국 조지아 주에서 선교 사업에 실패하고 영국으로 돌아

---

71) 이종성, 〈성령론〉, 206f.
72) D. Dayton, *Theological Roots of Pentecostalism* (Francis Asbury Press, 1987).

와서 낙담해 있던 웨슬리는 1738년 5월 24일 저녁 8시 45분경 런던의 올더스게이트 거리에 있는 교회의 수요예배에 참석하였다가 사회자가 낭독한 루터의 〈로마서 강해〉 서문을 듣고 있던 중에 가슴이 뜨거워지면서 예수 그리스도의 구원의 도리를 깨닫고 구원의 확신을 체험하게 되었다. 이것은 웨슬리를 변화시킨 중대한 사건일 뿐만 아니라 현대교회 안에 일어난 위대한 신앙체험운동의 결정적인 계기가 되는 사건이었다. 웨슬리에게 있어서 올더스게이트의 경험은 죄사함을 받고 중생한 회심의 사건이었다. 물론 이 중생은 성령의 사역에 의한 사건이다.

그러나 웨슬리에게 있어서 성령의 적극적인 역할은 중생에 머무르지 아니하고 성화(聖化) 또는 성결(聖潔)에 이르는 두 번째 은혜에서 강력하게 제기되었다. 그가 말하는 성화는 중생 다음에 오는 두 번째 은혜인데 이것은 그리스도인의 2차적인 경험이다. 웨슬리는 사도행전 1장 5절에 약속된 오순절 성령세례가 바로 이 성화의 사건이라고 가르쳤다. 성화는 그리스도인의 완전(Christian Perfection)이라고도 부른다. 그것은 죄 없는 순수한 동기와 사랑의 상태라고 할 수 있다. 비록 우리가 하나님의 완전에 도달할 수는 없지만 성령세례를 받고 성령의 충만함에 이르게 되면 동기의 순수성을 가지고 사랑의 충만함을 경험할 수 있게 될 것이다.

웨슬리 자신은 1739년 1월 1일에 페터레인(Fetter Lane)에서 송구영신을 위한 애찬을 겸한 기도회에서 기도하던 중에 하나님의 권능이 강하게 임하는 경험을 하였는데 이것은 오순절적인 성령체험이었다.[73] 조지 휫필드(G. Whitefield)는 "그 때는 참으로 오순절이었다"고 하였다. 웨슬리 자신의 일기에는 이렇게 기록되었다.

---

73) 한영태, "존 웨슬리의 성령론," 〈신학과 선교〉 vol. 34 (서울신학대학교, 2008), 298.

60여명의 다른 형제들과 함께 페터레인에서 모인 애찬식에 참석하였다. 새벽 3시경이었다. 우리가 끊임없이 계속 기도하고 있을 때, 하나님의 능력이 우리 위에 매우 강하게 임하였다. 그 권능아래 많은 사람들이 넘쳐흐르는 기쁨으로 소리쳤고, 많은 사람들이 땅바닥에 쓰러졌다. 경외와 놀라움으로 전능하신 하나님의 현존에 사로잡힌 우리들은 한 목소리로 소리쳤다: '오! 하나님 우리는 주님을 찬양합니다. 우리는 당신이 주님 되심을 깨달았습니다.'[74]

웨슬리는 성령세례라는 용어의 사용을 주저하였다. 그 이유는 성령의 열매를 강조하는 대신에 성령의 은사를 지나치게 강조할 위험성이 있기 때문이었다. 그러나 그는 그의 제자 플레처(Fletcher)가 성화를 성령세례로 설명하는 것을 반대하지 않았으며 성령세례를 성화의 한 면으로 인정하였다. 성화와 성령세례를 동일시하는 견해는 웨슬리에게 암시적이었던 것이 플레처에게 명시적(明示的)이 되었다.

웨슬리에게 있어서 성화가 곧 성령세례라고 한다면 성령세례는 중생 다음에 오는 두 번째 경험이고 따라서 물세례 다음에 오는 2차적인 경험이 된다. 이것은 지금까지의 기독교신학의 성령세례 이해에 있어서 획기적인 변화이다. 지금까지 신학자들은 중생과 성령세례를 엄밀하게 구별하지 않았다. 그리고 많은 신학자들은 중생과 성령세례를 동일시하였다. 루터는 죽은 다음에 성화한다고 보았으며 칼빈은 중생을 성화와 같은 의미로 사용하였으며 칼빈에게는 칭의론 이외에 별도의 성화론이 없다. 그러므로 칼빈에게 있어서 중생은 오늘날의 성화와 거의 같은 의미이다. 그러나 웨슬리 이후 중생 다음의 2차적인 경험으로서의 성화, 성령세례, 그리스도인의 완전, 성령충만 등의 구별을 분명히 할 수 있게 되었다. 이것은 현대 오순절운동의 성령세례

---

74) *The Works of John Wesley*, ed., by Thomas Jackson (Baker Book House, 1979), vol. I, 170; 한영태, ibid. 재인용.

이해에 중요한 모티브를 제공한 것이다. 한국교회 안에서 감리교회, 성결교회, 순복음교회 등은 성령세례 이해에 있어서 웨슬리의 입장을 공유하고 있다고 볼 수 있다. 장로교회에 속한 사람들 가운데서도 자신의 체험을 통하여 웨슬리안적인 성령세례 이해를 받아들이는 경우가 있다. 마틴 로이드 존스도 장로교인이면서 이런 입장을 수용한다.[75] 그러므로 성령세례를 중생과 동일시하고 중생 이후의 2차적인 성령세례사건을 거부하는 장로교회와의 신학적 차이점을 구별하고 양자간의 대화와 토론을 통해서 성령세례에 대한 온전하고 성서적인 이해를 정립할 필요가 있다고 본다.

8. 19세기 부흥운동가들

18세기에 영국에서 일어난 감리교회 부흥운동이 미국으로 건너간 이후 19세기 미국에서는 대부흥운동이 일어나서 미국을 크게 변화시켰다. 많은 부흥운동가들 중에서 대표적인 세 사람을 소개하면 찰스 피니, 무디, 토레이 등이 있다.

첫째로, 찰스 피니(Charles G. Finney, 1792~1875)는 19세기에 부흥운동을 일으킨 유명한 부흥사이다. 그는 1832년 오벌린(Oberlin)대학 교수가 되었고 1851~1866년에는 총장으로 봉직하였다. 1871년 80세가 되었을 때 그는 전국 회중교회 총회에서 순결과 능력으로 구성된 성령세례의 공식을 공표하였다. 그는 자서전에서 다음과 같이 말했다. "나는 강력한 성령세례를 받았다. 그 것에 대한 기대도 하지 않았고 내 마음 속에 그런 것이 있다는 생각을 해본

---

75) 마틴 로이드 존스, 〈성령세례〉 (기독교문서선교회, 1985), 12. 존스는 중생을 성령의 기본세례요 오순절사건을 성령의 능력세례라고 구별하였다. 그러나 그는 성화와 성령세례를 동일시하는 것은 반대하였다.

적도 없었고 세상에서 어떤 사람이든지 그런 것에 대해 말한 것을 들어본 기억도 없이 성령은 나의 몸과 영혼을 뚫고 지나가는 것과 같은 방식으로 내 위에 내려왔다. 어떤 말도 내 가슴 속에 넓게 퍼진 놀라운 사랑을 표현할 수 없다. 나는 기쁨과 사랑으로 크게 울었다. 나는 말로 표현할 수 없는 내 가슴의 용솟음으로 부르짖었다. 이 물결이 끊임없이 내 위로 밀려 왔으며 마침내 나는 '이 물결이 계속 내 위를 지나가면 나는 죽겠습니다. 주여 나는 더 이상 견딜 수 없습니다' 하고 소리쳤다."[76]

찰스 피니는 이런 체험을 바탕으로 순회 전도 부흥집회를 개최하여 큰 성공을 거두었다. 그러나 그는 성령세례를 능력과 정화(순결, 성결, purification)로 해석함으로써 건전한 조화를 추구하였다. 그는 성령세례를 다음과 같이 규정하였다. "그리스도가 그의 사도들에게 가서 전파하라고 위임했을 때 그는 그들이 위로부터 능력을 입히울 때까지 예루살렘에 머무르라고 말했다. 이 능력은 오순절날 그들에게 퍼부어진 성령세례였다. 나는 이 세례가 단순히 기적행하는 능력이라고 생각하지 않는다. 기적행하는 능력과 방언 은사는 그들의 신적 위임의 실재에 부가된 표지들(signs)로서 준 것이다. 오히려 성령세례 그 자체는 신적인 정화로 평화와 능력으로 신앙과 사랑으로 그들을 충만케 하는 기름부음이다." 피니는 성령세례를 기적이나 방언과 같은 외적인 표지들 배후에 있는 정화와 능력주심(purifying and empowering)의 요소를 포함하는 성령의 사역으로 보았다.

둘째로, 무디(Dwight L. Moody, 1838~1899)는 그의 전도사역을 통해서 성령세례라고 부르는 특수한 성령체험에로 인도하였다. 그가 죽기 직전인 1899년 12월 무디는 그의 인생의 두 번의 중요한 영적 경험을 돌이켜 보았다.

"내 생애에 두 번의 명백한 계기가 있었다. 첫 번째는 내가 성령으로 태어난 때이다. 사람이 지상에서 위로부터 거듭나는 것 즉 하나님의 본성이 그에

---

76) 이종성, 〈성령론〉 (대한 기독교서회, 1984), 231.

게 주어지는 것보다 더 큰 축복은 있을 수 없다. 하나님은 나에게 선하셨다. 그는 나에게 거듭 거듭 축복을 내려 주셨다. 그러나 내가 거듭난 이후 가장 큰 축복은 16년 후에 왔는데 내가 성령으로 충만해 진 것이요 그것은 결코 나를 떠나지 않았다."

무디는 중생과 성령충만을 구별하였다. 이 둘 다 성령으로 말미암는다고 하였으나 그는 성령세례와 성화의 관계에 대해서 성령세례가 성결에 이르는 지름길이라고 말했고 언제나 그는 성령세례의 결과는 봉사를 위한 능력이라는 점을 강조하였다. 따라서 중생 다음에 오는 제 2의 성령충만의 경험으로서 성령세례를 강조한 것이 분명하다.

셋째로, 무디의 후계자로서 무디성서학교(Moody Bible College)의 교장을 역임한 토레이(R. A. Torrey)는 성령론 신학의 수립에 노력한 성령운동가이다. 그는 성령론에서 성령세례, 성령충만, 성령의 은사, 성령 받음, 위로부터 능력입음, 아버지의 약속하신 것 등은 다 같은 뜻을 가진 말로서 서로 통용될 수 있다고 주장하였다. 즉 하나의 경험을 여러 가지 다른 말로써 표현했다고 보았다.

토레이는 성령세례는 성령의 중생사역과는 분명히 다르며 중생사역에 뒤이어 부가적으로 나타나는 성령의 사역이라고 하였다. 어떤 사람이 성령에 의해 중생할 수 있다. 그러나 그가 성령세례 받은 것은 아니다. 중생할 때 생명의 부여가 나타나고 그것을 받은 자는 구원을 얻는다. 그러나 성령세례 받을 때에는 능력이 부여되며 그것을 받은 자는 봉사에 적합하게 된다는 것이다. 토레이는 중생과 성령세례가 분명히 다른 사건임을 가장 강력하게 주장하였으며 성령세례의 본질은 능력과 봉사 즉 봉사를 위한 하나님의 능력으로 보았다.

9. 오순절운동

20세기 미국에서 일어난 현대 오순절운동은 전 세계적으로 그 세력이 확장되고 있을 뿐만 아니라 특별히 오순절운동에 자극과 영향을 받은 기성교회에서도 이러한 운동이 일어나고 있기 때문에 오순절운동에 대한 신학적인 관심이 높아지고 있다.

현대 오순절운동의 근원은 1906년 12월 미국 로스엔젤레스의 아주사거리 (Azusa Street)에 있는 감리교회에서 흑인목사 윌리엄 세이무어(W. Seymour)가 성령세례를 설교하면서부터 시작된 것으로 간주된다.[77] 그러나 이미 1901년 캔사스 주 토페카의 성서대학에서 찰스 폭스 파르함(Charles Fox Parham)이 아그네스 오즈먼(Agnes Ozman)양에게 안수했을 때 방언을 말한 사건이 발생하였다.

오순절주의자들이 말하는 성령세례는 성서에서 여러 다른 방법으로 말하고 있는 것 즉 충만하다 (행 2:4), 영접하다 (행 2:38), 인침을 받다 (엡 1:13), 성령으로 기름부음을 받다 (고후 1:21) 등의 의미를 갖고 있다. 그러므로 성령세례는 단순히 성령을 충만하게 영접하는 것이다. 미국의 가장 큰 오순절 교단인 하나님의 성회(Assemblies of God)에서는 성령세례를 다음과 같이 정의하였다.[78]

"아버지의 약속": 모든 신자들은 우리 주 예수 그리스도의 명령에 따라 아버지의 약속 즉 성령세례와 불세례를 받을 자격이 있고 또한 그것을 열심히 사모해야 하며 열렬히 간구해야 한다. 이것은 초대 기독교회 안에 있던 모든 사람들의 공식적인 체험이다. 그와 함께 생활과 봉사를 위한 능력을 덧입는 사건이 나타나고 성령의 은사가 나타나며 또한 목회사역 속에서 그

---

77) 하비 콕스, 〈영성 음악 여성〉 (도서출판 동연, 1996), 107, 18, 41.
78) 프레드릭 데일 브루너, 〈성령신학〉 (나눔사, 1989), 61.

은사들을 사용할 수가 있게 된다 (눅 24:49, 행 1:4, 8, 고전 12:1~13). 이 놀라운 체험은 중생의 체험과는 다른 것이며 중생체험 이후에 나타나는 것이다.

"성령세례의 증거": 신자들의 성령세례는 하나님의 영이 그들에게 말하게 하심을 따라 다른 방언으로 말하게 되는 물리적인 첫 징조로 그 증거가 나타나게 되었다 (행 2:4). 이렇게 방언을 대표로 하는 성령의 은사를 강조하는 것이 오순절운동의 가장 두드러진 특징이다.

위의 정의에서 알 수 있듯이 오순절운동에서 주장하는 성령세례의 특징은 첫째로, 일반적으로 그 사건은 중생과 분명히 다른 것이며 중생 이후에 나타난다. 둘째로, 성령세례의 증거로 방언의 징조가 우선적으로 나타난다. 셋째로, 성령세례를 열렬히 사모해야 한다는 것 등이다.

오순절운동에서는 물세례와 중생 다음에 신자들이 2차적으로 받는 세례가 성령세례라고 이해한다. 그들은 이것을 보다 더 세밀하게 구분하기 위하여 성령세례를 두 가지로 말했는데, 첫째는 성령의 세례(Baptism of the Holy Spirit)요, 둘째는 성령 안의 세례(Baptism in the Holy Spirit) 또는 성령이 함께 하는 세례(Baptism with the Holy Spirit)라고 하였다. 첫 번째 성령의 세례에서는 모든 그리스도인들이 믿을 때 성령의 감동으로 신앙을 가지게 되었으나 (고전 12:3) 그러나 아직까지 그들은 그리스도에 의한 이 행위의 내용적 요소인 성령 안에 거하거나 성령과 함께 하는 세례를 받지 못했기 때문에 그들은 오순절적인 성령세례를 받아야 한다고 주장한다. 이러한 오순절운동의 입장은 이미 존 웨슬리 이후 19세기 미국의 부흥운동가들에 의해서 주장되어 왔음을 이미 앞에서 밝혔다.

19세기 부흥운동가들은 중생이후 두 번째 경험으로서 성령세례를 강조하였으나 인간의 체험과 개인적 은사보다는 하나님의 능력과 교회봉사를 강조함으로써 성령운동의 건전한 방향정립을 추구하였다. 20세기 오순절운동은 아직 체계적인 신학화의 단계에 이르지 못하였으나 교회의 폭발적인 성장을 이룩하였으며 동시에 은사운동의 부작용도 문제로 대두되었다. 대체로 오순절운동의 성령세례는 19세기 부흥운동과 그 궤를 같이하고 있다고 볼 수 있다. 앞으로 오순절운동의 신학적 체계화를 통해서 기독교 신학은 성령신학의 풍성한 열매를 기대할 수 있을 것이다.

결론: 성령론은 아직 미완성이다. 성령이 누구인지 교회는 다 알지 못한다. 하나님의 계시는 동시에 하나님의 자기 숨기심이기 때문이다. 교회는 성령의 사역을 통해서 성령의 옷자락을 겨우 만질 수 있었을 뿐이며 성령 자체를 안다고 할 수 없다. 그러나 구약과 신약 그리고 교회사를 통해서 드러난 성령의 사역은 교회로 하여금 삼위일체론을 만들어내게 하였다. 삼위일체론은 아직까지 미완성이지만 성령에 대한 교회의 이해는 점점 더 명백해져 가고 있으며 18세기 이래로 성령의 강력한 사역을 통해 교회는 성령을 더 분명히 인식하게 되었다. 21세기에는 기독론적 신학을 극복하는 성령신학의 수립이 기대되고 있으며 이 일을 이루고자 하는 하나님의 부르심이 있다고 생각한다.

IV. 성령세례와 성령충만

성령세례가 무엇인가에 대한 논의는 대단히 첨예한 논쟁의 주제이다. 특히 20세기에 일어난 오순절운동이후 이 문제는 신학적으로 뜨거운 논쟁거리가 되었다. 전통적으로 중생과 성령세례를 동일한 사건으로 보는 경향이 있었으나 오순절운동에서 성령세례를 중생 이후의 별도의 두 번째 사건으로 주장하였으며 여기에서 신학적인 대립이 일어나게 되었다. "아마도 최근 수십 년 동안에 우리가 '회심'이라 부르는 하나님과의 만남과 신약성서가 '성령세례'라 부르는 체험의 관계를 둘러싼 논쟁보다 더 치열하게 견해 차이를 보인 문제는 없었을 것이다."[79] 그런데 오순절운동의 신학적 뿌리는 19세기의 성결운동이었으며 이 성결운동은 18세기 존 웨슬리의 부흥운동으로 거슬러 올라가게 된다.[80] 그러므로 이 문제는 역사적으로 상당히 오래된 문제이며 쉽게 해결될 것 같지 않다. 양쪽의 주장을 고찰함으로써 이 문제에 대한 성서적이고 유용한 대답을 찾아보고자 한다.

1. 성령세례에 대한 성서적 이해

성령세례란 무엇인가? 이것은 물세례와 연관된 말이다. 세례 요한이 "나는 너희에게 물로 세례를 베풀었거니와 그는 너희에게 성령으로 세례를 베푸시리라"(막 1:8)고 말한 것에서 처음으로 언급되었다. 세례 요한의 세례는 회개의 세례이며 새로운 사람으로 살아가겠다는 회심의 표시였다.[81] 요한의 세례는 죄 사함을 가져다주지는 못했지만 죄 사함의 길을 제시했다.[82] 요한의

---

79) 스탠리 그랜즈, 〈조직신학〉 (크리스챤 다이제스트, 2003), 602.
80) Ibid., 603.
81) 요한의 세례 이전에 이미 이방인이 유대교로 개종할 때 물세례를 받는 풍습이 있었다. 그러므로 요한의 세례는 유대인들에게 그리 낯선 장면은 아니었다. 그러나 요한의 세례와 유대교 개종세례 사이에는 다음과 같은 차이점이 있다. 1. 요한이 그의 세례를 행할 때 그는 능동적으로 세례를 주었다. 반면에 유대교 개종자들은 자기들이 스스로 물에 들어갔다. 2. 요한은 일차적으로 유대교 개종세례를 받은 적이 없는 유대인들에게 세례를 주었다. 전성용, 〈칼 바르트의 성령론적 세례론〉, 214. 더 나아가서 외프케에 의하면 유대교 세례는 정치적이고 예전적인 반면에 요한의 세례는 윤리적이고 종말론적이었다. 만약 요한의 동시대인들이 그의 세례가 새로운 것이라고 간주하지 않았다면 그들이 그를 '세례자'라고 부르지 않았을 것이다. D. S. Dockery, "Baptism" in *Dictionary of Jesus and the Gospels*, 56 cf; Edmund Schlink, *The Doctrine of Baptism* (St. Luis: Concordia, 1972), 19 cf.
82) 마이클 그린, 〈성령을 믿사오며〉 (서로사랑, 2006), 204

세례는 요한보다 더 크신 이를 통해 다가올 하나님의 나라를 고대하는 의미를 담은 것이었다.[83] 세례 요한은 자신의 세례는 준비절차일 따름이며 예수께서는 성령으로 세례를 주실 것이라고 분명히 말했다. 그리고 이 약속은 오순절에 성취되었다. 그러나 예수 그리스도의 세례는 창조자 하나님의 영을 부어주심으로써(outpouring) 성령세례에 의해 예수가 하나님이 보내신 메시아임을 증거하게 될 것이며 더 나아가서 그리스도를 믿는 자들에게 하나님의 능력이 임할 것임을 예언한 것이다. 이것은 이미 요엘에 의해서 예언된 바와 같이 오순절을 가리키는 것이다. 그리고 예수 그리스도는 요한으로부터 물세례 받으실 때 성령세례를 받았다 (막 1:10). 예수의 세례에서 물세례와 성령세례는 결합되어 있다. 이것은 초대교회에서도 마찬가지였다. 사도행전에 의하면 물세례와 성령세례는 순서가 바뀔 수는 있었으나 언제나 물세례 받은 사람은 성령세례를 받았고 성령세례 받은 사람은 물세례를 받았다. 이렇게 처음에는 물세례와 성령세례가 결합되어 있다가 점차로 분리되어 갔다. 교회가 비대해지고 기독교가 국교가 되면서 신앙적인 회심이 없이도 형식적으로 세례 받는 경우가 생기게 되면서 물세례와 성령세례가 분리되어 갔다. 여기에서 오늘날 일어나고 있는 성령세례 논쟁이 발단되게 되었다.

예수의 세례에서 우리가 특별히 주목할 것은 예수가 세례 받고 물에서 올라오실 때 하늘이 갈라짐과 성령이 비둘기 같이 자기에게 내려오심을 보았으며 하늘로부터 소리가 나기를 "너는 내 사랑하는 아들이라. 내가 너를 기뻐하노라"(막 1:11)고 하였다는 것이다. 이것은 성부, 성자, 성령 삼위일체 하나님의 세 인격이 동시에 한 특정한 장소에 임재한 사건이다. 이것은 대단히 드문 사건이다. 창세기 1장에서 천지창조를 할 때 하나님이 말씀으로 창조하였으며 하나님의 신이 수면에 운행하였다. 요한복음 1장에 의하면 천지

---

83) Ibid., 203. 하나님의 나라가 자신의 삶 속에서 이루어지도록 준비했던 이들은 요세푸스(Josephus)가 기록한 대로 '세례 안에서 함께 모였다' (유대고사, 18:116 이하).

를 창조하였던 하나님의 말씀은 성육신하기 이전의 그리스도 즉 성자 하나님이었다. 그러므로 천지창조는 성부 성자 성령이 함께 역사하였던 삼위일체적인 사건이다. 이렇게 예수의 물세례사건은 삼위일체 하나님이 동시에 함께 역사하신 천지창조에 비견될 수 있는 사건이다. 하나님의 천지창조에 삼위일체 하나님이 역사하였으며 예수 그리스도를 통해서 인류구원의 사역이 시작될 때 삼위일체 하나님이 함께 역사하였던 것은 이 사건의 심원한 중대성을 상징하는 것이다. 하나님은 창조자 하나님이며 또한 구원자 하나님이심을 의미한다.

예수는 자신이 아버지께로 가면 아버지로부터 성령을 받아서 보내주겠다고 말씀하였다. 그리고 오순절에 이 약속을 실천하였다. 그러므로 오순절 성령강림 사건은 삼위일체 하나님께서 함께 역사하신 삼위일체적인 사건이다. 그리고 이것은 세례 요한이 예언하였으며 예수가 약속했던 바로 그 성령세례이다. 그러니까 성령세례 주시는 분은 예수 그리스도이다. 예수는 물세례 받을 때 성령세례 받았으므로 그는 성령세례 받는 분이면서 동시에 성령세례 주시는 분이다. 이렇게 성자와 성령은 서로 돕고 보완하는 관계이다. 성자는 성령으로 말미암아 잉태되었으며 성령은 성자에 의해서 보내심을 받게 된다. 그리고 이 성령세례는 오순절 이후 교회 안에서 계속해서 일어나는 사건이다.[84]

오순절에 성령이 강림한 사건이 성령세례의 원형이다. 성령이 강림한 사건은 오순절이 처음이 아니다. 구약시대에도 예언자들을 포함한 이스라엘의 지도자들에게 성령이 강림하였으며 예수도 성령세례를 받았다. 그리하여 그들은 자신의 사명을 수행할 수 있는 초자연적인 능력을 하나님으로부터 받았다. 그러나 오순절 성령강림 사건은 이전의 성령강림과 구별되어야 한다.

---

84) 오순절의 단회성의 문제에 대해서는 차영배, 〈성령론〉 (경향문화사, 1990), 7ff. cf.

이전의 성령강림은 개인적이고 부분적이었으며 잠정적인 것이었다. 그것은 특별한 계층의 사람들에게만 주어지는 특별한 사건이었다. 그러나 오순절 사건은 공동체적이고 보편적이고 전체적인 사건이다. "하나님이 말씀하시기를 말세에 내가 내 영을 모든 육체에 부어 주리니 너희의 자녀들은 예언할 것이요 너희의 젊은이들은 환상을 보고 너희의 늙은이들은 꿈을 꾸리라. 그 때에 내가 내 영을 내 남종과 여종들에게 부어 주리니 그들이 예언할 것이요...누구든지 주의 이름을 부르는 자는 구원을 받으리라" (행 2:17, 18, 21). 남자와 여자, 늙은이와 젊은이를 구별하지 아니하고 모든 육체가 주의 영을 받아 새사람이 될 것이며 구원의 문은 누구에게든지 개방되었다. 그러므로 이제 유대인이나 이스라엘이나 선민이라는 제한은 무너지게 될 것이요 복음은 이스라엘이라는 민족의 한계를 넘어서서 모든 인류에게로 확장될 것이다. 그리고 이스라엘 민족을 넘어선 교회라는 새 이스라엘이 이 사역에서 중심적인 역사적 주체가 될 것이다.

하나님의 구원사가 오순절을 계기로 새로운 국면을 맞게 되며 이것은 성령의 제 3시대가 될 것이다. 이러한 하나님의 구원사의 새로운 전기라는 측면에서 성령세례를 이해해야 한다. 즉 이스라엘을 중심으로 한 구약의 성부 시대와 예수 그리스도에 의한 신약의 성자시대를 이어서 하나님의 새 창조와 구원의 새 시대가 교회를 중심으로 시작되며 이러한 새로운 성령시대가 오순절 성령세례로부터 출발하기 때문에 성령세례는 단지 어떤 개인이 성령의 강림을 체험한다는 개인적인 차원의 문제가 아니다. 오순절 성령세례는 아버지로부터 나온 성령을 성자가 받아서 교회에 보내주시는 삼위일체적 사건이다. 오순절은 삼위일체 하나님의 세 인격이 동시에 역사하신 천지창조의 사건과 인류구원의 대업이 시작되는 예수 그리스도의 세례사건에 비견될 수 있는 우주적 사건이다. 그러므로 우리의 논의는 단지 성령세례가 중생과 동일한 사건이냐 아니냐 하는 수준에 머물러서는 안 될 것이다.

2. 전통적 성령세례 이해

전통적으로 가톨릭교회와 개혁교회의 신학자들은 중생과 성령세례를 구별하지 않았다. 이것은 성서적으로 사도 바울의 입장을 지지하는 노선이라고 할 수 있다. 사도 바울은 믿는 자들에게 확신을 주고 이들의 삶을 변화시키는 성령의 내적인 역사에 더 관심을 기울이고 있는 반면, 누가는 교회에 임하시는 성령, 예언과 방언을 통한 성령의 외적인 현현, 그리고 그리스도인의 사명에 대한 인도 등과 같은 포괄적인 부분에 더 많은 관심을 기울이고 있는 것을 알 수 있다.[85] 그러니까 성도들의 내적인 측면에 관심을 가지고 있었던 사도 바울의 입장을 따르는 것이 전통적인 성령세례 이해였는데 20세기 오순절운동에 의해 외적인 성령의 역사에 관심을 가진 누가의 입장이 강조되면서 신학적인 논쟁이 일어나게 되었다.

마이클 그린은 "하나님의 역사가 퍼져나가는 데 의미가 있다고 생각되는 다양한 모습을 보여주기 위한 목적으로 누가가 기록한 사도행전의 구절을 신학적 교리의 근거로 삼는 것은 큰 실수다"[86] 라고 말함으로써 사도 바울의 사변적인 이론의 우월성을 주장하고 누가의 기록인 사도행전을 신학적 근거로 삼는 것에 대해서 폄하하였다. 그러나 필자는 신학적 이론을 수립하기 위해서 사도 바울의 입장이 더 우월한 지위를 확보해야 한다고 주장하는 것은 지나치게 편향된 생각이라고 본다. 우리는 성서를 전체적으로 조망하고 한쪽으로 치우치지 않는 균형 잡힌 이해를 함으로써 신학이 편협해 지거나 극단적으로 되는 것을 방지해야 한다. 종교개혁자들이 사도 바울의 이신칭의 사상을 극단화 하여 교리화한 나머지 오직 믿음으로만 구원받는다고 주장하였고 행위를 강조한 야고보서를 지푸라기라고 홀대한 결과가 무엇인가?

---

85) 마이클 그린, ibid., 216.
86) Ibid.

개신교회는 믿음은 풍성한 반면에 행위는 초라하고 교회는 품위 없는 집단으로 전락할 위험에 처하게 되지 않았는가? 성경에는 오직(only) 믿음으로만(sola fidei)이라는 말이 없다. 그러므로 사도 바울의 주장에만 귀를 기울이는 신학자들은 결국 성서의 보화를 놓치는 우를 범하게 될 것이다. 사도 바울의 서간서들보다 수십 년이 지난 후에 씌어진 누가복음과 사도행전은 그동안에 축적된 교회의 지혜의 보고가 될 수 있다.

전통적 입장에 의하면 사도 바울은 성령이 그리스도인들 가운데 보편적으로 임재해 계신다고 생각한다. 신약성서의 모든 서신서들 속에서 성령세례를 언급하고 있는 유일한 구절에서 바울은 그리스도의 몸의 모든 지체에게 성령세례라는 실체가 존재한다고 주장한다. "우리가 유대인이나 헬라인이나 종이나 자유인이나 다 한 성령으로 세례를 받아 한 몸이 되었고 또다 한 성령을 마시게 하셨느니라" (고전 12:13). 바울은 결코 실제로 성령세례를 받지 못한 신자들이 존재한다는 것을 암시하고 있지 않다.[87] 반대로 바울에게 있어서 성령을 지니고 있지 않은 것은 그리스도에게 속하지 않았다는 것과 동일한 것이었다. "만일 너희 속에 하나님의 영이 거하시면 너희가 육신에 있지 아니하고 영에 있나니 누구든지 그리스도의 영이 없으면 그리스도의 사람이 아니라" (롬 8:9).

이러한 전통적 입장에서는 바울은 그리스도인들에게 성령으로 세례를 받으라고 명하지 않았다고 본다. 오히려 그는 모든 신자들은 이미 성령을 공유하고 있는 것으로 전제하고 있다는 것이다.[88] 그러므로 성령세례는 우리가 믿음으로 받아들이는 완료된 현실이다. 따라서 우리는 추가적인 성령체험을 기다리거나 기대할 필요가 없다. 추가적인 성령과의 만남을 구하기보다는 우리는 회심 때에 우리에게 주어진 성령의 축복을 자신의 것으로 만들고 누

---

87) 스텐리 그랜즈, 〈조직신학〉, 610.
88) Ibid.

리는 일에 집중해야 한다고 한다. 심지어 어떤 신학자는 성령세례는 우리가 중생하는 순간 자연적으로 받게 되는 것이기 때문에 그리스도인은 성령세례를 받으려고 애쓰고 노력해서는 안 된다고 주장하기도 한다.[89] 신자는 중생으로 말미암아 성령세례 받았는데 왜 이미 자기 자신 안에 가지고 있는 것을 또다시 달라고 구하느냐는 말이다.

사도 바울의 서간서들을 근거로 하여 해석한 전통적인 해석에 의하면 성령세례를 물세례와 다른 사건으로 보지 않는다. 물세례는 예수 그리스도를 구세주로 영접하고 하나님의 자녀가 된 중생을 교회 안에서 고백하고 증거하는 성례전이다. 그것은 죄인이 물속에서 예수 그리스도와 함께 죽고, 부활하신 예수 안에서 새로운 피조물이 된 구원사건의 상징적인 형상화이다. 그런데 내적인 신앙의 외적인 표현인 물세례는 내적인 신앙적 회심에서 일어난 성령의 사역을 전제한다. 왜냐하면 성령이 아니면 예수를 주라 시인할 수 없기 때문이다. "그러므로 내가 너희에게 알리노니 하나님의 영으로 말하는 자는 누구든지 예수를 저주할 자라 하지 아니하고 또 성령으로 아니하고는 누구든지 예수를 주시라 할 수 없느니라" (고전 12:3). 따라서 성령세례는 물세례의 근거이다. 성령세례가 없이는 신앙이 생길 수가 없으며 신앙이 없이는 물세례 받을 수 없기 때문에 논리적으로 성령세례는 물세례에 앞선다.[90]

이와 같이 성령세례를 중생과 동일한 사건으로 보며 물세례의 근거로 이해하는 전통적 입장에서는 모든 그리스도인들은 이미 성령세례 받은 사람이다. 따라서 그리스도인이 두 번째 사건으로서의 성령세례를 체험해야 한다고 주장하는 오순절주의자들의 주장을 받아들일 수 없는 것이다. 그러나 현실적으로 전통적 입장에는 문제가 있다. 특별히 유아세례를 시행하는 교파

---

89) 황승룡, 〈성령론〉 (한국장로교출판사, 2003), 352.

90) 성령세례와 물세례의 관계에 대한 칼 바르트의 입장에 대해서 전성용, 〈칼 바르트의 성령론적 세례론〉, 159ff.

나 개인의 경우 그 문제가 심각해진다. 유아들은 의식이 없는 상태에서 중생의 체험이나 신앙의 결단이 없는 채로 세례를 받았기 때문이다. 여기에서 물세례와 성령세례가 분리되는 문제가 발생하게 되었다. 신앙적 결단과 신앙고백이 없는 유아세례제도 하에서는 물세례를 받았으나 성령세례를 받지 않은 채로 남아있는 사람들이 생기게 되었다. 그들은 외형적으로는 그리스도인이지만 중생의 체험이 없는 명목적 그리스도인인 경우가 많다. 그들은 성령세례의 경험도 없으며 성령이 있는지도 모르는 채로 살아간다. 교회사적으로 볼 때 어거스틴을 비롯한 많은 신학자들은 사도행전에 나오는 방언의 은사를 부정하고 그런 은사는 교회가 박해를 당했을 때 교회의 필요를 위해서 주어진 은사이지 이제 기독교가 공인되고 박해가 사라진 교회에는 더 이상 필요 없다고 주장하였다.[91]

우리는 사도 바울이 편지를 쓸 당시의 교회의 상황과 기독교에 대한 박해가 끝나고 로마의 황제에 의해서 종교의 자유가 공인되고 기독교가 로마의 국교가 된 이후의 교회의 상황을 동일시해서는 안 된다. 초대교회 시대에는 유아세례가 시행되지 않았으며 (신약성서에는 유아세례가 시행되었다는 기록이 없다) 그 당시 기독교는 박해받으면서 목숨을 걸고서 예수를 믿는 위기상황 하에 있었다. 이러한 위급한 상황에서는 신앙의 확실한 체험이 없는 사람이 물세례를 받을 수가 없었다. 따라서 초대교회 상황에서는 모든 그리스도인들은 이미 성령세례를 받은 사람들이었으며 사도 바울의 표현은 전혀 무리가 없이 이해될 수 있었다. 그러나 기독교에 대한 박해가 끝나고 더 이상

---

91) 아다나시우스, 어거스틴, 안셀름, 마틴 루터, 존 칼빈, 조나단 에드워즈, 찰스 스펄전 등 교회사의 위대한 지도자들은 방언을 했다는 증거가 없다고 보고 있다. 황승룡, 〈성령론〉, 346. 월부어드는 방언은 사도시대에 주어진 일시적인 영적 은사이며 구원받은 사람에 대한 일반적 사역으로 나타나는 것이 아니라고 주장하였다. 이것은 어거스틴 이후의 서방교회의 전통을 따른 것이다. J. F. Walvoord, *The Holy Spirit* (1954), 145. 이종성, 〈성령론〉 (대한기독교서회, 1984), 336에서 인용.

교회의 회원이 되는 것이 위험하거나 부담이 없게 되었을 때 심지어는 기독교인이 되는 것으로 말미암아 오히려 사회적인 이익이 기대될 때 내적 신앙의 확신이 없이도 외적인 세례의 형식을 받아들일 수 있게 되었다. 더구나 아무런 의식이 없는 채로 받게 되는 유아세례의 경우는 더욱 더 이런 가능성이 높아지게 된다. 여기에서 물세례와 성령세례의 분리가 발생하게 되었다. 그리고 이러한 상황에서는 오히려 사도행전의 성령세례이해가 더 체험적으로 설득력이 있는 이론의 근거가 될 수 있다. 기독교 가정에서 성장한 사람이 어느 날 자신의 형식적이고 확신이 없는 신앙에 대해서 회의를 하게 되고 성서 안에서 새로운 세계를 발견하게 되고 말씀과 성령으로 새로운 신앙적 체험을 하게 된다면 그 사람에게는 오순절주의의 성령세례 이해가 더 가슴에 와 닿는 이론이 될 수가 있는 것이다.

3. 웨슬리안-오순절운동의 성령세례 이해

존 웨슬리는 믿는 이들에게 일어나는 첫 번째 단계의 구원의 역사를 칭의(justification)라고 하였고 칭의 다음에 일어나는 두 번째 단계의 역사를 성화(sanctification)라고 하였다. 전통적으로는 칭의와 성화를 별개의 사건으로 구별하지 아니하고 칭의는 곧 성화와 같은 사건으로 보았으며 칭의 이후에 성화는 점진적으로 이루어지는 것으로서 죽은 다음에 성화는 완성된다고 보았다. 전통적인 이해에 의하면 성화는 점진적인 성화만 있을 뿐이었다. 그러나 웨슬리는 칭의를 초기의 성화라고 보았고 칭의 이후에 두 번째 사건으로서 성화가 일어나야 한다고 주장하였다. 그러니까 칭의와 성화는 전혀 다른 별개의 사건이라고 할 수 있다. 그리고 웨슬리는 점진적인 성화의 과정 이후에 순간적인 성화의 체험이 있어야 한다고 하였다. 웨슬리는 죽은 다음에 천국에서 성화가 이루어지는 것이 아니라 이 지상에서 성화가 이루어진다고 본 것이다. 이 성화를 웨슬리는 "그리스도인의 완전"이라고 하였으며 이것을 웨슬리안들은 "성령세례"와 동일한 것으로 보게 되었다.

웨슬리 이후 영국의 케직사경회(Keswick Convention), 찰스 피니(Finney), 무디, 토레이(R. A. Torrey), 앤드류 머레이(Andrew Murray), 워치만 니(Watchman Nee)와 같은 영향력 있는 인물들까지 포함한 전 세계적인 성결운동에서도 그리스도인이 되기 위해서 두 단계를 거쳐야 한다고 주장하였다. "완전한 성화," "은사," "축복," "두 번째 축복," "성령세례" 등 명칭은 다양하지만 두 번째 단계에 경험하는 것들에 대한 아주 세세한 부분을 제외하고 모두 동일한 것을 이야기하고 있다.[92] 그들이 공통적으로 주장하는 것은 두 번째 경험이 회심과는 전혀 다른 그리스도인의 새로운 경험이라는 것이며 이전에 살았던 그리스도인으로서의 삶을 보잘 것 없는 것으로 느끼게 할 만한 경험이라는 것이다. 웨슬리안들이 말하는 성화는 거룩한 삶에 강조점이 있는 반면에 오순절운동에서는 성령체험의 증거로서 방언을 비롯한 은사와 능력을 강조한다는 것이 차이점이라고 할 수 있지만 근본적으로는 별 차이가 없다.[93]

성령세례와 중생이 서로 다른 사건이라고 생각하는 입장에서는 다음과 같이 주장한다.

첫째로, 오순절 성령세례 이전에 살았던 사람도 중생하였으며 그들도 구원 받았다고 한다. 즉 성령세례와 중생은 직접 상관이 없다는 것이다. 예컨대 구약시대에 살았던 아브라함은 믿음의 조상으로서 하나님의 권속에 속해 있다. 그러므로 아브라함도 그리스도를 믿었다. 비록 아브라함은 구원의 도를 완전히 이해하지는 못했지만 그리스도의 날을 바라보고 즐거워하였다는

---

92) 마이클 그린, 〈성령을 믿사오며〉, 202.
93) Ibid., 203.

것이다.[94]

세례 요한도 아직 성령세례를 받지 못했지만 하나님의 자녀이고 여자가 낳은 자 중에 세례 요한 보다 큰 이가 없다 (마 11:11). 그런데 마틴 로이드 존스는 "천국에서는 극히 작은 자라도 저보다 크니라"(마 11:11)는 예수의 말씀을 세례 요한이 선지자들 중의 최종 선지자요 하나님의 자녀이며 특이한 하나님의 종이고 그리스도인 같이 구원받은 사람이지만, 그는 그리스도께서 주실 성령세례를 받은 사람들이 즐길 수 있는 은총들을 향유하지 못한다는 의미라고 해석하였다.[95] 이것은 성령세례의 의미가 막중하다는 것을 강조하는 해석이라고 할 수 있다.

그 다음에 예수의 제자들도 성령세례 받기 전에 이미 중생하였다고 본다. 예수께서 제자들의 발을 씻기실 때에 "이미 목욕한 자는 발밖에 씻을 필요가 없느니라 온몸이 깨끗하니라"(요 13:10)고 하신 말씀은 제자들의 중생을 의미한다고 해석할 수 있기 때문에 성령세례 이전에 이미 성령의 역사하심으로 제자들은 구원받았다고 볼 수 있다는 것이다. 그 외에도 "너희는 내가 일러준 말로 이미 깨끗하였으니 내 안에 거하라"(요 15:3, 4)고 하였으며 요한복음 17장에서도 사람들이 이미 중생하였다는 것이다.[96]

부활하신 후 주님은 다락방에서 제자들에게 숨을 내쉬며 가라사대 성령을 받으라고 하셨다. 이것은 예수님이 제자들에게 성령을 부어주신 것이라고 해석한다. "예수께서 또 가라사대 너희에게 평강이 있을지어다. 아버지께서 나를 보내신 것 같이 나도 너희를 보내노라. 이 말씀을 하시고 저희를 향하사 숨을 내쉬며 가라사대 성령을 받으라" (요 20:21, 22). 이 사람들은 신자

---

94) 마틴 로이드 존스, 〈성령세례〉 (기독교문서선교회, 1986), 24. 마틴 로이드 존스는 영국의 복음주의 설교가로서 20세기 복음주의 운동의 중심적인 인물인데 그는 장로교회의 목회자였으면서도 중생과 성령세례를 별개의 것으로 분리하는 입장을 견지였다.

95) Ibid., 25.

96) Ibid., 25f.

들일 뿐만 아니라 거듭난 사람들이고 성령이 그들에게 부은 바 된(breathed) 사람들이지만 아직 그들은 성령세례를 받지는 못했다는 것이다.[97]

둘째로, 오순절 이후 사도행전에서 보고된 여러 사건들에서 성령세례는 중생과 구별된다고 본다. 먼저 사도행전 2장의 오순절 사건의 경우를 예로 들어보면 오순절에 성령세례 받은 사람들은 이미 예수 그리스도를 믿는 사람들이요 따라서 그들은 이미 중생하고 구원받은 성도들이라는 것이다. "예루살렘을 떠나지 말고 내게 들은 바 아버지의 약속하신 것을 기다리라. 요한은 물로 세례를 베풀었으나 너희는 몇 날이 못되어 성령으로 세례를 받으리라 하셨느니라"(행 2:4, 5). 특이한 것은 사도 베드로는 아직 오순절 성령강림이 있기 전에 이미 성령에 대해서 언급하고 있다는 것이다. 그는 가룟 유다를 대신할 다른 사도를 선택하는 과정에서 다윗의 시편을 인용하면서 "성령이 다윗의 입을 의탁하사 예수 잡는 자들을 지로한 유다를 가리켜 미리 말씀하신 성경이 응하였으니 마땅하도다"(행 2:16)라고 말하고 있다. 그러니까 베드로는 이미 중생한 사람으로서 부활하신 예수를 만났고 그분의 말씀을 들었고 예수님의 승천을 목격하였다. 그는 이제 성령세례를 받는 일만 남겨두고 있다. 심지어 부활하신 예수께서 다락방에서 숨을 내쉬면서 "성령을 받으라"고 말씀하면서 성령을 부어주시는 체험도 하였다 (요 20:21, 22). 그러므로 베드로는 이미 성령을 받았다. 그는 성령을 알고 있었다. 다만 오순절 성령강림의 체험을 하지 못했을 뿐이다. 그는 이제 오순절에 강력한 증거들과 더불어 임하는 능력세례를 받게 될 것이다.

사도행전 8장에 기록된 사마리아의 개종자들의 경우를 살펴보자. "빌립이 사마리아 성에 내려가 그리스도를 백성에게 전파하니 무리가 빌립의 말도 듣고 행하는 표적도 보고 일심으로 그의 말하는 것을 좇더라…. 빌립이 하나님 나라와 및 예수 그리스도의 이름에 관하여 전도함을 저희가 믿고 남녀가

---

97) Ibid., 26.

다 세례를 받으니 시몬도 믿고 세례를 받은 후에 전심으로 빌립을 따라 다니며 그 나타나는 표적과 큰 능력을 보고 놀라니라 예루살렘에 있는 사도들이 사마리아도 하나님의 말씀을 받았다 함을 듣고 베드로와 요한을 보내매 그들이 내려가서 저희를 위하여 성령 받기를 기도하니...이는 아직 한 사람에게도 성령 내리신 일이 없고 오직 주 예수의 이름으로 세례만 받을 뿐이러라 이에 두 사도가 저희에게 안수하매 성령을 받는지라" (행 8:5~17). 사마리아에서 빌립이 전도하여 사람들이 예수를 믿었고 빌립으로부터 예수 그리스도의 이름으로 세례를 받았다. 그러나 아직 그들에게 성령이 임하지 않았다. 그리하여 사도들이 사마리아로 내려가서 기도하고 안수하니 사마리아 사람들이 성령을 받았다. 그러니까 이 사건에서 사마리아 사람들은 예수를 믿고 세례를 받았지만 아직까지 성령세례를 받지 않았으므로 중생과 성령세례는 별개의 사건이라고 주장한다. 아마도 이 본문이 오순절주의자들의 주장을 뒷받침하는 가장 강력한 성서적 근거가 될 것이다.

이러한 주장에 대해서 마이클 그린은 다음과 같이 반박한다. 한 마디로 그린은 사마리아의 성령세례 사건은 예외적인 경우라고 해석한다. 그는 유대인들과 사마리아인들 사이에 지속되어 왔던 수백 년 간의 갈등에서 그 원인을 찾으려고 한다. 요한이 기록한 대로 유대인과 사마리아인들은 상종치 않았으며(요 4:9) 서로 적대시 하면서 지내왔다. 그러므로 만약에 사마리아인들이 믿음의 고백을 하고 세례를 받았을 때 바로 성령님께서 임하셨다면 이 오랜 분열이 계속되면서 두 개의 별개의 교회가 생겨 서로 교제조차 하지 않았을 것이다.[98] 예루살렘에서 교회를 대표하는 이들이 내려와 사마리아의 개종자들을 위해 기도하고, 이들에게 손을 얹어 연합을 표현하기 전까지 하나님은 그의 성령을 사마리아인들에게 주시지 않았다는 것이다. 그리고 나서 사마리아에 있는 믿는 자들이 성령을 받았다. 결국 사마리아의 성령강림

---

98) 마이클 그린, 〈성령을 믿사오며〉, 223.

의 지체는 그리스도인의 교제와 태동하는 교회 가운데 분열이 다시 흘러 들어오는 것을 막으시려는 하나님의 개입이라고 해석할 수 있는 예외적이고 특이한 사건이라는 것이 전통적인 입장에 서 있는 신학자들의 해석이다.[99] 그러나 이러한 해석은 왜 하나님은 유독 사마리아교회의 분열만 염두에 두시고 예방하였으며 그 이후의 수많은 교회의 분열들에 대해서는 침묵 내지 방관하셨는가 하는 질문에 대해서는 답변하기 어려운 논증이다. 그리고 심지어는 오순절운동 이후 성령운동 하는 교회들도 분열하는 경우들이 있으므로 성령세례와 교회의 분열이 특별한 예외적 관계를 맺고 있는 것 같지 않다는 것이 필자의 생각이다.

그 다음으로 사도행전 19장에 나오는 에베소교회의 경우가 많이 다루어진다. "아볼로가 고린도에 있을 때에 바울이 윗지방으로 다녀 에베소에 와서 어떤 제자들을 만나 가로되 너희가 믿을 때에 성령을 받았느냐 가로되 아니라 우리는 성령이 있음도 듣지 못하였노라 바울이 가로되 그러면 너희가 무슨 세례를 받았느냐 대답하되 요한의 세례로라 바울이 가로되 요한이 회개의 세례를 베풀며 백성에게 말하되 내 뒤에 오시는 이를 믿으라 하였으니 이는 곧 예수라 하거늘 저희가 듣고 주 예수의 이름으로 세례를 받으니 바울이 그들에게 안수하매 성령이 그들에게 임하시므로 방언도 하고 예언도 하니 모두 열 두 사람쯤 되니라" (행 19:1~7). 오순절주의자들에 의하면 에베소에 있던 제자들은 이미 요한의 세례를 받았고 믿음이 있었지만 성령세례를 받지 못하였다가 바울로부터 세례를 받고 안수를 받은즉 성령세례를 받았다는 것이다. 마틴 로이드 존스는 사도행전에서 제자라고 말한 경우는 하나도 예외가 없이 예수 그리스도를 믿는 신자를 의미한다고 함으로써 에베소에 있던 제자들이 이미 예수 그리스도를 믿고 있었다고 논증한다.[100] 그래서 사도

---

99) 그린에 의하면 람페도 이와 유사한 해석을 한다. Lampe, *St. Luke and the Church at Jerusalem*. 마이클 그린, ibid., 427 cf.
100) 마틴 로이드 존스, 〈성령세례〉, 29ff.

바울은 그들의 믿음을 확인하고 기쁜 마음으로 그들에게 예수 그리스도의 이름으로 세례를 베풀었다는 것이다.

그러나 마이클 그린은 에베소에 있던 제자들은 세례 요한의 세례만 알고 있었고 따라서 그들은 절대로 그리스도인들이 아니었으며 바울의 설교를 듣고 나서야 비로소 그리스도께로 인도되었다고 주장한다.[101] 이들은 주 예수의 이름으로 세례를 받았고, 사도 바울이 손을 얹고 기도했으며 이들은 방언과 예언을 하면서 성령을 받았다. 이들도 단번에 그리스도인이 되었다는 것이다. 이렇게 에베소제자들의 사건에 대한 양쪽의 해석이 팽팽하게 맞서 있기 때문에 우리는 어느 쪽이 옳다고 판단하기가 매우 어렵다.

마지막으로 오순절주의자들이 주장하는 증거를 살펴보고자 한다. 에베소서 1장 13절에 의하면 바울은 이방인 그리스도인들이 어떻게 그리스도인들이 되었는가를 회상시키고 있다. "그 안에서 너희도 진리의 말씀 곧 너희의 구원의 복음을 듣고 그 안에서 또한 믿어 약속의 성령으로 인치심을 받았으니 이는 우리 기업에 보증이 되사 그 얻으신 것을 구속하시고 그의 영광을 찬미하게 하려 하심이라." 마틴 로이드 존스는 이 구절에서 믿음과 성령의 인치심과의 관계를 주목하였다. 그는 믿음과 인치심 사이에는 언제나 믿음이 먼저이고 그 다음에 성령세례의 순서로 표현된다는 것이다. 믿는 일과 성령세례는 같이 일어날 수도 있고 같이 안 일어날 수도 있다. 그러나 양자는 분명하게 구별되고 분리된 것이며 필연적으로 동시에 일어나는 일은 아니라고 주장 하였다.

결론: 성령세례와 중생의 관계에 대한 양측의 논쟁은 대단히 치밀하며 어느 쪽이 옳다고 판정하기가 어려운 주제이다. 사도 바울의 경우에는 내적인 신앙과 성령세례를 긴밀하게 연관시키고 있기 때문에 전통주의자들이 바

---

101) 마이클 그린, 〈성령을 믿사오며〉, 219.

울에 의지하여 그들의 입장을 견지할 때 논파하기가 쉽지 않다. 그러나 오순절주의자들의 주장은 사도행전에 기록된 초대교회의 체험들에 근거하고 있기 때문에 역사적 사실들에 대해서 우리는 간과할 수 없다. 그리고 사도행전에서 증거되고 있는 초대교회의 체험들이 현대 오순절운동에서 일어나고 있는 체험들과 결합될 때 그것이 주는 확신은 심대한 것이다. 만약에 교회 안에서 물세례와 성령세례가 분리되지 아니하고 모든 믿는 자들이 성령세례를 체험하였다면 성결운동이나 오순절운동은 일어나지 않았을 것이다. 습관적이고 명목적인 생명 없는 신앙생활에 환멸을 느끼고 나를 변화시키고 교회와 가정과 사회를 변화시키는 하나님의 능력을 체험하기를 원하는 신자들에게 성령세례 없는 물세례는 아무 의미 없는 종교적 관행에 불과하다. 성서 안에 기록된 교회사의 역사적 사실들에 대해서 그것이 오늘 우리에게도 일어날 수 있고 일어나야 한다는 요청에 대해 과감히 응답할 자세가 되어 있는 신자들에게는 오순절운동에서 일어나는 성령세례의 파격적인 현상이 사도행전에 기록된 초대교회의 성령세례와 동일한 것으로 받아들일 수밖에 없다. 오순절운동이 일어난 것은 전통적인 기성교회의 무기력한 신앙형태에 그 원인이 있음을 부정할 수 없다. 따라서 필자는 다음과 같이 이 문제에 대하여 결론을 내리고자 한다.

1. 초대교회 시대에는 물세례 받은 사람은 성령세례 받았다. 선교 초기에 예수 믿는다는 것은 생명을 잃을 수도 있는 위기이며 박해를 받는 것은 피할 수 없는 상황이었으므로 예수 믿지 않으면서 세례 받을 수 없었다. 그러나 지금은 초대교회 시대가 아니다. 기독교가 기성종교(established church)가 되었고 많은 명목적인 그리스도인들이 있으며 유아세례 받은 후 성령세례 받지 않은 사람들이 많이 있다. 그러므로 사도 바울의 주장을 근거로 물세례와 성령세례가 동일하다거나 중생이 성령세례라는 것은 현실적으로 무리가 있다. 물세례 받은 것으로 만족하지 말고 성령세례 받기 위해 힘써야 하고 교회

는 이것을 강조해야 한다.

2. 전통적인 성령세례 이해는 사도 바울의 주장을 성서적 근거로 제시하고 있다. 앞으로도 계속해서 이 입장을 견지하기 위해서는 물세례와 성령세례가 분리되지 아니하는 신앙형태를 구축해야 할 것이다. 확실한 중생의 체험과 복음에 대한 헌신을 확인하는 신앙훈련이 수반되어야 할 것이다. 그리하여 교회사에서 경험한 물세례와 성령세례의 분리라는 오류를 반복하지 않도록 해야 할 것이다. 그래야만 이 입장은 계속해서 신학적인 설득력을 확보할 수 있을 것이다.

3. 우리는 경험적으로 중생 이후 제 2의 축복이나 성결 또는 성령세례를 받음으로써 신앙의 획기적인 변화와 교회의 부흥을 가져온 많은 사례들을 볼 수 있다. 20세기 오순절운동은 전 세계에서 약 5억의 지지자를 획득하였다고 알려지고 있다. 사도행전을 근거로 한 웨슬리안-오순절운동에서 성령세례를 통한 능력과 은사를 강조하는 것은 결코 비성서적이거나 교회질서에 무리를 가져오리라고 생각되지 않는다. 따라서 사도행전적 부흥을 기대하는 교회가 중생 이후의 2차적 사건으로서 성령세례를 강조하는 것은 긍정적인 의미가 있다. 웨슬리안-오순절운동의 입장은 초대교회의 역사에서 경험된 사실을 근거로 하고 있는 성서적인 이론일 뿐만 아니라 오늘날 현실교회의 침체를 부흥으로 바꾸어 갈 수 있는 보다 더 유용한 이론이라고 생각된다.

중생의 믿음이 진정으로 성령세례의 결과라고 한다면 중생한 사람이 살아야 하는 진정한 삶의 모습을 보여주어야 한다. 성령세례 받은 교회가 침체하고 성령세례 받은 신자가 성령의 열매를 맺지 않는다면 과연 그런 사람이 성령세례 받았다고 할 수 있을까? 그렇게 된다면 전통적인 입장은 설득력을 잃어버리게 될 것이고 그런 교회의 교인들은 새롭고 신기한 경험의 세계를 동경하여 떠나게 될 것이다. 반면에, 오순절운동에서는 자기들의 경험만이 우월하거나 성서적인 은혜라고 생각하는 영적 교만에서 벗어나야 한다. 성령세례의 현상에 집착한 나머지 기도 소리만 시끄럽고 삶의 열매는 빈약한 오순절운동은 성령의 불은 꺼지고 연기만 자욱한 교회라는 비판을 피할 수 없게 될 것이다.[102]

4. 성령세례 받는 방법

예수 그리스도를 주라 시인하는 것이 성령으로 말미암는 것이라면 성령은 믿는 자의 중생에 역사한다고 할 수 있다. 그런데 성령의 역사는 중생으로 끝나지 아니하고 중생한 자의 성화에도 역사한다. 이것을 이루는 것이 성령세례이다. 물론 중생이 성령의 역사이긴 하지만 아직 충만한 단계가 아니기 때문에 중생을 성령세례와 구분할 수 있으며 성령세례로 말미암아 비로소 그리스도인의 완전에 이르는 성령충만한 삶을 살 수 있다. 여기에서는 토레이가 그의 〈성령론〉에서 말하는 성령세례 받는 방법을 간략하게 정리하고 필자의 생각을 제시하고자 한다.[103] 토레이는 7단계로 성령세례 받는 법을 말하고 있으며 필자는 이것을 4단계로 압축하고자 한다.

첫째, 회개이다 (행 2:38). 회개(metanoia)는 마음의 변화요 삶의 방향전환이다. 죄를 향한 길을 버리고 하나님께로 돌아오는 것이다. 둘째, 죄와 인연을 끊어야 한다. 회개하고 중생한 사람은 죄된 삶을 청산하고 의로운 삶을 지향해야 한다. 셋째, 예수 그리스도를 영접했다는 것을 공공연하게 간증해야 한다. 세례는 그리스도를 주님으로 모신다는 공적인 고백이다. 넷째, 순종해야 한다 (행 5:32). 교회의 가르침과 하나님의 뜻에 순종하는 것이 영적인 성장의 중요한 과제이다. 다섯째, 갈망해야 한다. 목마른 사슴이 시냇물을

---

102) 마틴 로이드 존스, 〈성령 하나님〉, 345.
103) R. A. 토레이, 〈성령세례〉 (나단, 1988), 44ff.

찾듯이 갈급한 사람에게 하나님은 성령세례를 주신다. 여섯째, 하나님께 구해야 한다 (약 5:2; 마 7:7). 하나님은 기도하는 자의 편이요, 기도는 지상에서 가장 큰 힘이다. 일곱째, 구하여 받은 줄로 믿어야 한다 (막 11:24; 마 21:22). 믿음의 기도는 산을 들어 옮길 수도 있으며 하나님은 말세에 성령을 부어 주겠다고 약속하였다. 그리고 이미 오순절 이후 교회는 성령세례를 체험해 오고 있다. 그러므로 모든 신자는 성령세례를 받아야 하고 성령충만한 삶을 살아야 한다.

필자는 다음과 같이 성령세례 받는 방법을 정리하였다. 내용상 토레이의 그것과 별로 차이가 없지만 필자의 경험을 통해서 정리된 생각이므로 나름 대로 의의가 있을 것이다.

첫째로, 회개해야 한다 (행 2:38). 회개는 죄 문제를 처리하는 과정으로서 기독교 신앙의 중요한 단계이다. 죄로 말미암아 사망이 왔으며 본래 성령충만한 상태로부터 성령을 상실한 상태로 떨어지게 되었다. 이것은 에덴동산의 타락 이야기에 묘사된 바와 같이 모든 인간이 실존적으로 경험하고 있는 현실이다. 그러므로 예수 그리스도께서 내 죄를 대속했다는 것을 인정하고 나의 모든 죄를 철저하고 완전하게 고백하여 하나님께서 용서했다는 것을 믿을 때까지 회개해야 한다. 성령은 거룩한 영이기 때문에 더러운 곳에 임할 수 없다. 그러므로 철저한 회개가 없는 곳에 성령이 임재할 수 없다. 그리고 철저하게 죄를 회개할수록 성령은 더욱 크게 역사하실 것이다.

그런데 우리가 죄를 회개하지만 사실상 우리 인간이 회개하는 것에는 한계가 있다. 인간이 회개할 수 있는 것은 인간적인 차원의 죄만 회개할 수 있을 뿐 하나님과의 관계에 대한 회개는 우리의 양심과 죄의식만으로 충분하지 않다. 왜냐하면 우리는 아직 영적으로 하나님의 깊은 세계를 잘 알지 못하며 하나님께 회개할 능력조차도 없기 때문이다. 알지 못하는 하나님께 대한 죄를 회개하는 것은 한계가 있다. 그러므로 하나님께 회개할 때는 하나님께 회개의 영을 구해야 한다. 회개의 문을 열어 달라고 기도해야 한다. 하나님께 대한 회개의 능력은 하나님이 주셔야 한다. 그래야 우리 영혼 깊은 곳에서 죄에 대해 한탄하고 죄를 미워하고 하나님께 죄지은 사실에 대해서 뼈저리게 느끼고 인식할 수 있게 된다. 하나님께서 회개의 영을 주시면 우리 뱃속 깊은 곳에서부터 회개가 용솟음쳐 올라오게 된다. 뜨거운 눈물이 쏟아지게 되고 내가 처절한 죄인임을 뼈저리게 느끼게 되고 죄인중의 괴수임을 인식하게 된다. 이러한 깨달음은 하나님의 은혜로 말미암아 가능한 것이다. 이러한 회개 자체가 성령의 감화에 의해 가능한 것이다.

둘째로, 사모하는 마음을 가져야 한다. 성령은 대단히 민감하고 섬세한 영이며 인격적인 분이다. 그분은 무질서하거나 파렴치한 분이 아니다. 그러므로 성령이 싫어하는 것은 모양이라도 버려야 한다. 술, 담배, 마약, 도박, 게임 등 세속적이고 향락적인 것들을 자제해야 한다. 그 대신 하나님이 기뻐하시는 방향으로 모든 관심사를 집중해서 생활의 분위기가 전체적으로 하나님 중심주의의 지배를 받도록 해야 한다. 음악도 천박하고 세속적인 음악보다 고상한 음악을 듣는 것이 좋으며 영화도 내용이 건전한 것을 골라서 보아야 한다. 독서도 영성을 높여줄 수 있는 경건서적들을 읽어야 한다. 평소에 이러한 생활을 하지 않으면 우리의 영성은 퇴보하게 될 것이고 하나님과 점점 멀어져서 영적인 것을 싫어하게 되고 세속적이고 타락한 문화를 더 즐기게 되며 결국 이런 것들은 성령이 싫어하는 방향으로 우리의 삶을 이끌어 가게 될 것이다. 그러므로 성령님을 가까이 하려는 자세가 대단히 중요하다. 그분을 사모해야 한다. 그분을 사모해야만 그분께 가까이 가는 길을 찾을 수 있다. 세속에 몰두하지 아니하고 하나님께 몰두해야 한다.

셋째로, 구체적으로 성령세례 받는 방법을 실천해야 한다. 기도, 말씀읽기, 찬송, 부흥회, 수련회, 안수기도, 철야기도, 금식기도, 큐티, 예배 등 여러 가지 다양한 방법들이 있다. 각자 개인의 형편과 개성에 맞는 방법들을 사용할 수 있는데 무슨 방법을 사용하든지간에 온 마음을 집중해서 초점을 맞추어야 한다. 볼록렌즈의 초점이 맞을 때 불이 붙는 것처럼, 시속 28,000Km의 속도를 낼 수 있는 추진력이 있어야 로켓이 지구의 대기권을 벗어나서 우주의 세계로 날아갈 수 있는 것처럼, 우리가 한 가지 또는 몇 가지 방법으로 집중해서 온 중심이 하나님께 몰두하게 되면 영적인 차원을 돌파하고 성령님이 역사하게 된다. 필자는 몇 년 전에 병원에 입원한 적이 있었는데 그 당시 입원한 병원에서 혼자서 금식하면서 하루 종일 성경 읽고, 기도하고, 찬송 부르다가 환상이 보이고 예언이 들리는 경험을 한 적이 있었다. 하나님께서 멀리 계신 것이 아니라 우리의 눈이 어두워서 하나님을 보지 못할 뿐이다. 우리의 관심이 너무나 세속적이기 때문에 하나님을 간절히 찾지 않았을 뿐이다.

넷째로, 전적으로 하나님을 의지하고 믿어야 한다. 내가 아무리 노력하고 힘을 쓴다 할지라도 그 노력 때문에 성령세례 받는 것이 아니다. "나는 무익한 종입니다. 나를 불쌍히 여기소서"라는 절대의존의 신앙, 마음을 비우는 자세가 있을 때 성령은 역사한다. 내가 완전히 깨어지고 낮아질수록 그만큼 더 성령은 강하게 역사할 수 있다.

옛말에 "정신일도 하사불성" 또는 "지성이면 감천"이라는 말이 있다. 내가 있는 힘을 다해 하나님을 찾으면 하나님을 만날 수 있을 것이라는 것이 인간적인 생각이다. 우리는 전심을 다해서 하나님을 찾아야 한다. 그러나 그렇게 하고 난 다음에 마지막 단계에 가서는 그러한 마음조차도 하나님 앞에서 버려야 한다. 왜냐하면 내가 목숨을 걸고 창자가 끊어질 정도로 극렬하게 기도하면서 하나님을 찾았기 때문에 그러한 나의 노력과 수고 때문에 하나님이 나를 만나 주시는 것이 아니라는 것이다. 나의 노력과 정성 때문에 그것에 대한 대가로서 하나님이 나를 만나 주신다면 그런 하나님은 무조건적이고 절대적인 하나님이 아닐 것이다. 그러므로 마지막으로 우리는 하나님 앞에서 나를 포기해야 한다. "하나님 나는 아무것도 아닙니다. 나는 죄인입니다.

당신의 뜻대로 하십시오"라는 완전히 자기를 비우는 자세가 필요하다. 예수님이 감람산에서 "내 뜻대로 마시고 아버지의 뜻대로 되기를 원하나이다"라는 기도가 바로 그것이다. 내 목숨을 내어 놓는 기도, 절대적인 순종의 기도, 하나님이 나에게 원하시는 것은 절대적인 순종과 헌신이다. 그러한 자세를 가질 때 하나님은 우리를 만나 주시고 한없는 성령의 은혜를 쏟아 부어 주실 것이다.

5. 성령충만

성령세례와 함께 자주 사용되는 성령충만이라는 용어를 고찰하고자 한다. 성서에서는 성령세례 사건이 일어났을 때 성령충만이 일어났다고 기록하고 있다. 사도행전 2장 4절에 의하면 오순절에 성령충만이 일어났다. "저희가 다 성령의 충만함을 받고 성령이 말하게 하심을 따라 다른 방언으로 말하기를 시작하니라." 사도행전 4장 31절에서는 이것이 반복되고 있다. "빌기를 다 하매 모인 곳이 진동하더니 무리가 다 성령이 충만하여 담대히 하나님의 말씀을 전하니라." 그들은 예수의 제자들과 사도들이었는데 이미 오순절에 성령이 충만하였으나 그로부터 며칠이 지난 후에 또다시 충만하게 되었다. 사도행전 6장 3절과 5절에서는 성령충만한 사람 7명을 집사로 선택하였다. "형제들아 너희 가운데서 성령과 지혜가 충만하여 칭찬 듣는 사람 일곱을 택하라 우리가 이 일을 저희에게 맡기고...온 무리가 이 말을 기뻐하여 믿음과 성령이 충만한 사람 스데반과 또 빌립과 브로고로와 니가노르와 디몬과 바메나와 유대교에 입교한 안디옥 사람 니골라를 택하여." 사도행전 13장 9절에서는 사도 바울이 박수 엘루마를 공격하였다. "바울이라는 사울이 성령이 충만하여 그를 주목하고," 그리고 에베소서 5장 18절에서는 "술 취하지 말라 이는 방탕한 것이니 오직 성령의 충만을 받으라"고 말하고 있다. 이렇게 성령충만은 성령세례 받은 사람의 상태를 묘사하기 위해서 사용되었다.

오순절주의자들은 성령세례 받기 이전의 상태는 성령이 내주하고 성령의 감동으로 예수 그리스도를 믿고 중생하였지만 아직까지 성령충만한 상태가 아니라고 본다. 그러므로 성령충만한 신자는 특별한 그리스도인이요 성령충만하지 않은 신자는 그보다 열등한 그리스도인으로 보게 된다. 여기에 대해서 전통적 입장에 있는 신학자들은 반발한다.[104] 마이클 그린은 성령충만이란 성령의 지배를 받는 것을 의미하는 것이지 특정한 경험 때문에 이런 상태에 도달한다는 의미는 성서에서 찾아볼 수가 없다고 주장하였다.[105] 왜냐하면 성서에서는 오순절 이전에도 성령이 충만한 경우들이 제시되어 있기 때문이다. 예컨대, 세례 요한은 모태로부터 성령이 충만하였으며 (눅 1:15), 엘리사벳과 사가랴도 성령이 충만하였기 때문이다 (눅 1:41, 67). 그러므로 오순절이 성령세례의 최초의 사건이며 성령충만이 성령세례 받은 상태를 묘사하는 것이라는 오순절주의자들의 입장은 너무 지나치게 주장되지 않아야 할 것이다. 우리는 구약시대에도 성령이 충만한 많은 지도자들을 알고 있다. 그들이 성령의 능력이 아니라면 어떻게 그런 놀라운 하나님의 구원을 이룰 수 있었겠는가.

그러면 성령충만이 성령세례와 함께 고려되어야 하는 구체적인 이유는 무엇일까? 그것은 성령세례는 반복될 수 없기 때문이다. 물세례가 한번이듯이 성령세례도 한번이어야 한다. 물세례는 그리스도인이 교회공동체에 입회하는 입회식(initiation)이다. 그러므로 물세례는 한번만 받아야 한다.[106] 그와

---

104) 마이클 그린, 〈성령을 믿사오며〉, 238ff.
105) Ibid., 241.
106) 삼위일체의 이름으로 세례 받았다면 그리고 거기에 물이 적용되었다면, 어느 교단에서 받았든지 그것은 기독교의 세례로 인정되어야 한다. 따라서 재세례는 신학적으로 문제가 있는 세례방식이다. 성결교회에서는 가톨릭의 세례도 인정하고 있다. 이것이 에큐메니칼정신이라고 할 수 있다.

같이 성령세례는 최초의 성령충만의 경험이기 때문에 성령세례는 반복될 수 없다. 그러나 성령세례 받은 사람도 계속해서 성령충만을 기대하고 구해야 한다. 한번 성령세례 받은 사람도 지속적으로 하나님의 도우시는 은혜가 필요하기 때문이다. 특히 하나님의 복음을 위한 사역을 위해 필요할 때 성령의 능력을 받아야 하기 때문에 성령충만은 반복되어야 한다.107) 물론 한번 성령충만 받은 사람이 하나의 사건을 위해서 그 능력을 사용하고 난 다음에는 그 능력이 다 소진되어서 재충전해야 된다는 의미는 아니다. 그러나 그리스도인들도 육신을 지닌 인간인지라 때로는 영적으로 고갈될 수가 있으며 영적으로 새로운 변화가 필요할 때가 있다. 하나님은 필요할 때에 다시 성령으로 충만하게 하신다. 그러므로 성령충만은 반복될 수 있으며 성령세례는 반복되는 것이 아니기 때문에 성령세례는 최초의 성령충만이라고 할 수 있다.

성령충만은 무엇을 위해서 필요한가? 성령충만은 무엇을 의미하는가? 한마디로 성령충만은 섬김과 증거를 위한 능력과 권위를 발생시키는 것이다.108) 성서에 의하면 사도들은 성령충만 받은 후에 방언을 말하고, 설교를 하였으며, 담대하게 복음을 전할 수 있었다. 그러므로 성령충만은 참된 섬김을 위하여 절대적으로 필요하다. 예수께서도 공생애를 시작하기 위해서 성령충만할 때까지 기다려야 했다. "예수께서 성령의 충만함을 입어 요단강에서 돌아오사 광야에서 사십 일 동안 성령에게 이끌리시며" (눅 4:1). 그리고 그는 제자들에게 성령께서 그들에게 주어질 능력을 받기 전까지는 그들이 있는 곳에 계속해서 머물러 있으라고 명령하셨다. "예루살렘을 떠나지 말고 내게서 들은 바 아버지의 약속하신 것을 기다리라" (행 1:4). 사도 바울도 자신의 지혜의 말로 전도하지 아니하고 "다만 성령의 나타나심과 능력으로 하여" (고전 2:4), 복음전도를 위해서 성령의 충만함이 필수적임을 증거하

---

107) Ibid., 247; 마틴 로이드 존스, 〈성령 하나님〉 (기독교문서선교회, 2000), 345.
108) 마틴 로이드 존스, 〈성령 하나님〉, 342.

고 있다.[109]

그러면 왜 우리는 복음전도를 위해서 성령의 충만함을 받아야 하는가? 마틴 로이드 존스는 세 가지로 논증하고 있다. 첫째로, 예수 그리스도를 우리의 구주로서 믿도록 하기 위해서는 반드시 성령의 감동이 필요하기 때문이다. 성령이 아니고는 예수를 주님으로 믿을 수가 없다. 따라서 성령이 충만할 때만이 전도자는 확신가운데서 복음을 전할 수 있고 그리고 전도자를 감동하시는 성령께서 그 말을 듣는 사람을 감동하고 믿음을 주실 수가 있기 때문에 복음증거를 위해서 성령이 충만해야 한다.

둘째로, 성령충만은 우리 그리스도인들의 참된 삶을 유지하기 위해서 필수적이기 때문이다. 이것이 성령의 충만을 받으라고 명령하는 이유이다. "술 취하지 말라 이는 방탕한 것이니 오직 성령의 충만을 받으라" (엡 5:18). 우리의 은혜가 자라기 위하여 또한 성령의 열매가 우리 안에서 자라서 모든 이들에게 보일 수 있게 하기 위해서 성령충만해야 한다. 그래야만 그리스도인의 산 예배를 통해서 복음이 증거될 수가 있다. 우리의 전도의 말만 듣고 사람들은 복음을 받아들이지 않는다. 오히려 우리의 삶과 행동의 열매를 통해서 복음은 증거될 수가 있다.

셋째로, 성령충만함으로 우리는 감사의 생활을 할 수가 있다. "시와 찬미와 신령한 노래들로 서로 화답하며 너희의 마음으로 주께 노래하며 찬송하며 범사에 우리 주 예수 그리스도의 이름으로 항상 아버지 하나님께 감사하며" (엡 5:19, 20). 우리가 항상 성령으로 충만한지 아닌지 시험할 수 있는 기준은 우리에게 찬송과 감사가 충만한지 묻는 것이다. 우리의 생활에서 삶의 열매는 어느 정도 과장과 위선이 가능할 수 있다. 우리는 신앙과 상관없이 생활 속에서 친절하고, 겸손하고, 정직하고, 성실한 사람들을 얼마든지 만나볼 수 있다. 그러나 감사와 찬양의 삶은 가장하기가 어렵다. 우리 속에서

---

109) Ibid., 343f.

성령이 역사하지 않는데 하나님께 대한 감사와 찬양이 흘러나온다는 것은, 그것도 한 두 번이 아니고 수년간 또는 수십 년간 계속해서 그렇게 산다는 것은 불가능하기 때문이다. 따라서 성령충만한 삶의 가장 확실한 증거는 감사와 찬양의 삶을 사는 것이라고 할 수 있다. 이런 삶의 모습이야 말로 성령충만의 증거이며 이것이 결국 복음을 증거하는 도구가 될 것이다. 그리고 때로는 성령이 충만했던 사람들도 인생의 위기가 찾아 왔을 때 슬럼프에 빠질 수 있고 신앙이 위축될 수가 있지만 성령충만은 반복될 수 있기 때문에 또다시 성령충만을 위해서 노력하고 기도하여 성령충만한 삶을 회복해야 할 것이다. 그것이 그리스도인의 승리의 삶의 모습이 되고 복음을 증거하는 길이 될 것이다.

V. 성령의 은사

성령세례는 성령의 부으심(outpouring)인데 이 성령세례의 결과 내적으로는 성령의 열매를 맺게 되고 외적으로는 성령의 은사가 나타난다. 그러니까 성령의 은사와 열매는 성령 받은 사람에게 주시는 성령의 선물(gift)이다. 사랑하는 사람들이 만나게 되면 사랑의 표현으로 선물을 주고받게 되는데 하나님의 성령께서 성도 안에 들어오실 때 그에 대한 한없는 사랑으로 부여하시는 아름다운 하나님의 선물이라고 할 수 있다. 오순절에 예루살렘 교회에서는 방언과 신유와 능력 행함 등이 나타났으며 이런 현상을 보고 사람들은 성령이 강림하였음을 알게 되었다. 그러나 성령의 은사는 단지 성령이 강림했다는 표지로서 주어지는 것이 아니라 성령 받은 사람이 교회를 섬기고 봉사하기 위해서 주시는 능력이다. 목사와 교사 같은 직분이 은사가 아니라 그 직분을 감당할 수 있는 능력이 은사이다. 이 능력은 자신을 위해서 주는 것이 아니라 교회를 위해서 주시는 것이다. 따라서 이 은사를 어떻게 사용해야 할 것인가 하는 문제가 대두된다.

어떤 사람들은 성령의 은사는 모든 사람에게 주어지지 않고 일부에게만 주어진다는데(*Westminster Dictionary of Christian Theology*) 그렇지 않다. 말세에 성령을 물 붓듯이 부어 준다고 했는데 하나님이 왜 특정한 사람에게만 은사를 주시겠는가? 그리고 예수를 주시라 고백할 수 있는 믿음조차도 성령으로 말미암은 것이라면 모든 신자는 이미 성령 받았고 믿음의 은사를 받았다고 할 수 있다. 그러니까 예수 믿는 모든 사람은 각자 나름대로 하나님의 은사를 받았다고 보아야 한다. 다만 각자 받는 은사의 종류가 다를 뿐이다.

성서에 기록되어 있듯이 성령의 은사에는 여러 가지 다양한 종류가 있다(고전 12:8~10, 28~37, 13:1~3, 14:6, 26; 롬 12:6~8; 엡 4:11; 고전 7:7 등). 신약성서에는 약 25가지의 은사가 제시되어 있다. 오순절파에서는 은사가 고린도전서 12장 8~10절에 기록된 아홉 가지뿐이라고 주장하는데 그것은 잘못된 것이다.[110] 성령의 은사는 크게 나누어 사적인 은사와 공적인 은사로 구별할 수 있다.[111] 사적인 은사는 고린도전서 12장 8절 이하에 나오는 아홉 가지 은사가 대표적이다. 그리고 공적인 은사는 에베소서 4장 11절에 나와 있는 여러 가지 직분들이다. 고린도전서 12장 28절 이하에 의하면 사도 바울은 더욱 큰 은사를 사모하라고 하였는데 대체로 사적인 은사보다 공적인 은사가 더 큰 은사로 묘사되어 있다. 은사의 목적은 주님을 섬기고 교회에 봉사하는

---

110) 마이클 그린, 〈성령을 믿사오며〉, 260; 조용기, 〈성령론〉 (영산출판사, 1979), 203ff.

111) 한스 큉은 고린도전서 12장의 9가지 은사를 사적은사라고 하였고 에베소서 4장의 직분들을 공적 은사라고 하였다. 한스 큉, 〈교회란 무엇인가〉 (분도출판사, 1978), Hendrikus Berkhof, 〈성령론〉 (성광문화사, 1985), 143. 벌콥은 은사를 일반은사(롬 12:6~8)와 특수은사(고전 12:8~10)로 구별하였는데 일반은사는 한스 큉이 말한 공적 은사에 해당하며 특수 은사는 큉이 말한 사적은사에 해당한다.

것이기 때문에 개인적인 은사에 치중하는 것보다는 교회에서 공식적인 직분을 받아 봉사는 것이 건전하게 은사를 살리고 교회의 덕을 세우는 길이라고 할 수 있다. 지나치게 사적인 은사에만 치중하다보면 신비주의적인 신앙으로 변질되는 경우가 많이 있다.

그런데 여러 가지 은사가 있지만 그 모든 것은 전부 다 한분 성령의 은사라는 사실을 유의해야 한다. 은사는 성령의 선물이지 은사 자체가 성령이 아니다. 은사는 선물로 받았기 때문에 잠정적으로 우리가 소유할 수 있을지 몰라도 성령을 소유할 수는 없다. 오히려 그 반대로 성령이 우리를 소유할 수 있다. 그러므로 은사를 받으면 받을수록 성령과 올바른 관계를 가지도록 해야 한다. 그러면 은사들을 종류별로 고찰해 보고자 한다.

1. 사적 은사들

고린도전서 12장에 제시된 아홉 가지 은사들은 사적인 은사의 대표적인 종류들이다. 이것들은 다시 세 종류로 나눌 수가 있다. 말의 은사, 행함의 은사, 지식의 은사 등이다.

1) 말의 은사들: 방언, 방언 통역, 예언

방언은 인간의 언어가 아니라 속사람으로부터 흘러나오는 자유함 가운데 깊은 곳으로부터 하나님을 경배할 수 있게 해주는 성령의 언어이다.[112] 오순절에 120문도가 방언했을 때 15개 지역에서 온 사람들이 자기들의 언어로 알아들었다. 이런 경우에는 방언은 인간의 언어라고 생각될 수

---

112) 마이클 그린, ibid., 261.

있으나 그러나 그 경우에도 방언을 말한 사람이 방언을 알아듣는 사람의 언어를 알고 말 한 것이 아니라 그 당시에만 그렇게 알아들을 수 있는 방언으로 말했다고 보아야 한다. 왜냐하면 그 이후에도 계속해서 그 지역의 언어로 방언을 말했다는 증거가 없기 때문이다. 그러므로 알아듣는 방언을 하는 것은 특별히 선교적인 목적을 가진 예외적인 경우에만 일어나는 희귀한 사건이고 대부분의 경우 방언은 알아들을 수 없는 말이다. 사도 바울도 방언을 알아들을 수 없는 말이라고 하였다. 따라서 방언은 교회의 덕을 위한 것이 아니라 방언을 말하는 개인의 덕을 위한 것이다. 교회에서는 방언 통역하는 사람이 있는 경우에만 공개적으로 방언을 해야 하고 그렇지 않은 경우에는 예언을 해야 한다. 그러므로 방언은 주로 개인기도를 위해서 주신 은사이다. 공적인 자리에서 방언을 하면 아무도 알아듣지 못하기 때문에 이런 일은 삼가야 할 것이다.

방언기도는 대단히 유익이 많은 은사이다. 방언은 성령님이 내 대신 하나님께 기도해 주시는 하나님의 언어이다. 방언의 은사를 주신 것은 기도를 많이 하라고 주신 은사이다. 방언으로 기도하면 우리가 기도할 때 무슨 말을 해야 할지 고민하거나 아름다운 미사여구를 생각해 내려고 애쓸 필요가 없다. 그러므로 기도하는 일이 대단히 쉬워지게 된다. 그리고 얼마든지 말을 할 수 있기 때문에 오랫동안 기도를 할 수 있다. 우리말로 기도하면 금방 기도할 말이 소진되어서 오래 기도하기가 어렵다. 물론 기도훈련이 잘 된 사람은 묵상기도를 할 수도 있고 한두 마디의 기도문을 가지고 몇 시간씩 기도할 수도 있다. 성 프랜시스는 "하늘에 계신 하나님 당신은 누구시오며 땅에 있는 나는 누구입니까?" 라는 한 문장으로 밤새도록 기도하였다고 한다. 그러나 보통 사람들의 경우에는 오래 기도하는 것이 쉬운 일이 아니다. 그런데 방언기도는 무궁무진한 하나님의 언어가 공급되기 때문에 깊은 기도의 경지에 들어갈 수가 있다. 어떤 사람은 방언기도를 언어학적으로 분석해 보고 불과 몇 개의 단어밖에 없는 이런 것이 무슨 언어인가 말하기도 하는데 우리는 어린 아이가 옹알이 할 때 단어가 몇 개 안되어도, 단어 같지도 않은 어설픈 소리를 내어도 아이가 얼마든지 다양한 자기의 감정과 요구를 표현할 수 있으며 엄마는 그것을 알아듣고 반응할 수 있다는 것을 알고 있다. 따라서 방언을 언어학적으로 분석해서 이해한다는 것은 어불성설이다. 하나님의 성령께서 만들어내는 다양하고 깊은 영적 언어를 인간의 언어학이 분석해 낼 수는 없을 것이다.

방언의 은사를 받으면 기도하고 싶은 욕구가 생기게 되고 결과적으로 방언의 은사를 받으면 기도생활이 활성화되고 깊어진다. 그러니까 방언기도를 통해서 그 외의 다양한 은사들을 받을 수 있는 통로가 되기 때문에 방언이 중요하다. 방언을 계속하게 되면 많은 영적 체험을 하게 되고 점점 신앙이 깊어져서 장부의 신앙에 이르게 되기 때문에 방언의 은사는 대단히 유익한 은사이다. 그리고 방언기도는 성령님께서 내대신 하나님께 기도하는 것이기 때문에 방언기도만큼 강력한 기도가 없다. 방언으로 기도하면 성령의 날선 검으로 악의 세력을 대적하여 이기게 된다. 따라서 방언기도는 악을 이기는 승리의 원동력이 된다. 이런 강력한 영적 무기로 무장하게 되면 성도는 영적 전쟁에서 승리할 수 있게 된다.[113)]

기독교의 예언이란 다른 종교의 예언과 다르다. 예언이란 말의 뜻은 미래의 일을 미리 말한다는 것인데 성서에서는 이런 의미보다는 하나님의 뜻을 대언한다는 의미가 강하다. 구약의 예언자 나비(nabi)는 하나님의 뜻을 대언하는 사람이다. 즉 하나님의 뜻(message)을 인간에게 전달해 주는 전령자(messenger)이다. 신약에서도 이러한 구약의 전통은 계승되었다. 그러니까 점치는 사람에게 앞으로의 길을 물어보는 자세로 예언을 구해서는 안 될 것이다. 하나님의 뜻을 복종하는 겸허한 자세로 하나님의 말씀을 받아야 한다.

---

113) Ibid., 266.

성서에서 하나님의 뜻은 일반적으로 고난을 동반하는 어려운 길이지 화려하고 찬란한 길이 아니다. 미래에 이루어질 영광은 반드시 십자가의 고난을 전제함을 잊어서는 안 된다. 그러나 구약의 예언은 이스라엘 전체 더 나아가서 이방나라 전체에 보편적으로 적용되는 광범위한 것이었던데 비해서 신약의 예언은 교회 내의 특정한 상황을 위해서 적용되는 특수한 범위의 예언이었다. 그리고 구약의 예언의 초점은 심판이었던데 반해서 신약의 예언은 권고와 격려가 대부분이었다.[114] 다만 요한 계시록에서는 이러한 신약예언의 특징을 넘어서는 차이가 있다.

사도 바울은 방언보다 예언의 은사를 더 존귀한 것으로 여겼다 (고전 14). 예언은 성령의 지배를 받는다는 것을 의미하기 때문이다. 선지자는 계시의 전달자가 된다는 측면에서 사도와 같은 역할을 하지만 예수님에 대한 사도들의 간증을 넘어서지 않았고 그럴 수도 없기 때문에 사도보다 낮은 위치에 있었다. 예언자들은 사도들과 달리 예수를 직접 보지 못했기 때문이다.[115] 예언은 여러 곳에서 나타났다. 예루살렘, 가이사랴, 안디옥 (행 11:27, 13:1), 로마 (롬 12:6), 고린도, 데살로니가 (살전 5:19, 20), 소아시아 (계 1:3) 등에도 선지자들이 있었다.

예언에 대한 오해 중에는 이것이 무아지경에서 이루어진다는 생각이 있는데, 사실은 예언자들은 의식을 가지고 예언하였으며 인간의 의지에 의해서 지배를 받기도 하였다.[116] 고린도전서 14장 29절에 의하면 바울은 한 모임에서 두 세 명만 예언하라고 제한하고 있다. 초대교회 시대에 이미 거짓 예언자들이 등장하였으며 디다케(Didache)에서는 자신의 사리사욕을 채우기 위한 선지자들을 예리하게 지적하였다.[117] 그리고 2세기 말에 몬타누스

---

114) Ibid., 279.
115) Ibid., 278.
116) 마틴 로이드 존스, 〈성령 하나님〉, 387.
117) 마이클 그린, ibid., 284.

주의가 일어나면서 예언의 은사는 약화되었다. 몬타누스주의자들이 거짓예언을 하면서 이단으로 정죄가 되었는데 몬타누스주의자들의 몰락과 함께 예언의 은사도 사라지게 된 것이다. 참으로 안타까운 일이다. 질서를 따르지 않는 예언은 개인주의로 흐르게 되고 결국 종교적 파벌을 형성하게 되어 이단이 될 수 있다. 그러나 예언을 배제하고 질서만을 고집하게 되면 하나님의 인도하심을 외면하고 생명력 없는 평안에 안주하게 된다. 그러므로 예언의 은사가 사라지지 않도록 교회의 질서 안에서 자유로운 성령운동이 계속될 수 있는 분위기를 조성하는 것이 필요하다.

2) 행함의 은사들: 신유, 믿음, 능력행함

20세기 오순절운동에서 나타난 성령의 은사 가운데 방언 다음으로 유명한 은사가 신유(divine healing)의 은사라고 할 수 있다. 순복음교회에서도 축복 다음으로 강조한 메시지가 신유이다. 신약성서 이외에도 초대교회에서는 신유의 은사가 기록되어 있다. 저스틴, 이레네우스, 어거스틴, 유세비우스, 오리겐 등이 신유에 대해서 기록하고 있다. 어거스틴은 방언은 사라졌다고 보았으나 신유에 대해서는 기록하고 있다. 어거스틴은 히포(Hippo)에서 일한지 2년 동안 약 70건의 신유가 일어났다고 기록하고 있다.[118]

그러나 신유는 교회 안에서 항상 일어나는 것은 아니며 사도들도 모든 병을 고친 것은 아니었다. 바울은 병든 친구 드로비모를 밀레도에 두고 떠나야 했으며 (딤후 4:20), 에바브로디도의 병을 치유하기 위해 할 수 있는 일이 아무것도 없었다 (빌 2:25ff.). 그는 디모데에게 위장병을 위해서 포도주를 마시라고 권고하였으며 (딤전 5:23), 자기 자신도 눈병으로 고생하였다 (갈 4:15) 심지어는 자신의 몸에 있는 가시를 제거하여 달라고 하나님께 세 번씩이나

---

118) Ibid., 288.

간구하였으나 "내 은혜가 네게 족하다"는 응답만 받았다 (고후 12:7~9). 그러므로 질병은 저주이고 건강은 축복이라는 식의 극단적인 이분법은 성숙한 신앙을 위해서 바람직하지 않은 태도이다. 오히려 질병과 약함을 통해서 역사하시는 하나님의 깊은 뜻을 발견하는 것이 성서적인 성숙한 신앙의 자세라고 할 수 있다 (고후 12:9~10).

더 나아가서 신유의 기적은 신유를 행하는 개인을 맹목적으로 숭배하게 하는 위험성이 도사리고 있기 때문에 대단히 조심해야 한다. 그리고 신유의 은사에 의해서 병을 고치는 것 보다는 의료기관을 통해서 병을 고치는 일이 압도적으로 많다는 사실을 인정해야 한다. 하나님께서는 신유를 통해서 병을 고치기도 하지만 정상적인 의술을 통해서 병을 고치는 것이 훨씬 많기 때문에 의술의 과학을 배척하는 일을 해서는 안 된다. 의술을 만든 인간의 이성도 하나님의 피조물이다. 그러므로 의술을 통해서도 하나님께서는 병을 고쳐주신다는 것을 인정해야 한다. 기도원에 찾아온 환자에게 약봉지를 버리고 기도만 하라고 지도하는 것은 대단히 위험한 일이다. 이미 의학적으로 사형선고를 받아 더 이상 생존의 가능성이 없는 극단적인 경우가 아니라면 신유와 의술을 병행함으로써 건전하게 최선을 다하는 성실한 자세가 필요할 것이다. 하나님께서는 의술과 함께 필요하면 신유의 은사를 사용하신다. 어떤 방법으로 고치든 고치는 분은 하나님이기 때문에 하나님께 궁극적인 영광을 돌려야 할 것이다.

능력행함은 성서에서는 일반적으로 귀신을 쫓아내는 사건을 가리키고 있다. "권세와 능력으로 더러운 귀신을 명하매 나가는도다" (눅 4:36). 저스틴은 이렇게 썼다. "눈 앞에서 일어난 일을 목격했으니 이제는 이것을 알게 되었을 것이다. 많은 그리스도인들이 본디오 빌라도로 인해 십자가에 못박히신 예수 그리스도의 이름으로 전 세계에서 그리고 이 성에서 수많은 귀신들린 자들에게서 귀신을 쫓아냈다. 다른 모든 퇴마사도, 마법사도, 약도 실패했지만 그리스도인들은 귀신을 무력하게 하고 쫓아냄으로써 귀신들린 자들을 고쳤고 지금도 고치고 있다"(변증 II, 6).[119] 축귀의 은사는 매우 영적인 은사인 동시에 위험한 은사이기도 하다. 경험이 부족한 사람이 경솔하게 축귀사역을 하려고 하다가 심각한 결과를 초래하는 경우가 있으므로 조심해야 한다. 그리고 잘못된 귀신론을 가지고 축귀행위를 함으로써 교회 안에 혼란을 야기하는 경우도 있다. 우리나라에서는 전통적으로 저승에 가지 못한 한 맺힌 사람의 영혼이 귀신이 된다는 귀신론이 있는데 이것을 도입하여 귀신은 천국에 가지 못한 일가친척들의 영혼이며 이들을 쫓아내어야 한다는 사람들이 있다. 그러나 이것은 귀신이 우리를 속이는 거짓말이기 때문에 귀신의 말에 속아서 만들어낸 잘못된 귀신론을 선전하는 일은 잘못된 것이다. 성서에 의하면 모든 죽은 사람의 영혼은 이 세상을 떠나서 음부로 가게 되어 있다. 거기에서 하나님의 심판을 받아야 한다. 따라서 스스로 자신의 일가친척이라고 주장하는 귀신의 거짓말에 미혹되어서는 안 된다. 악한 영은 예수 그리스도의 이름으로 대적하고 물리쳐야 하고 예수의 이름과 성령의 검으로 척결해야 한다. 예수의 이름을 이길 귀신은 없다.

믿음의 은사는 모든 믿는 신자에게 주어진 것이다. 예수 그리스도를 나의 주님으로 믿고 그분의 은혜로 말미암아 죄와 사망으로부터 구원받아 영원한 하나님의 나라의 시민이 되었다는 진리를 믿게 되는 것은 인간의 이성으로 이루어지는 것이 아니다. 이것은 성령에 의한 내적인 기적이다. 그러나 기독교의 역사에서는 이런 기초적인 믿음이 아니라 보통 사람들이 상상하기 어려운 믿음의 위대한 발자취를 남긴 선배들이 있다. 이분들의 믿음은 특별히 성령께서 부여하신 은사라고 할 수 있다. 예컨대 영국 브리스톨에서 믿음의 기도로 3,000명의 고아들을 길러낸 조지 뮬러의 이야기는 너무나 신기하고 기적적이다. 그는 고아들을 위해서 오직 기도만 하였으며 아무런 인간적인

---

119) Ibid., 298.

모금활동을 하지 않았다. 중국 내지선교회의 창립자인 허드슨 테일러도 세계 최대의 선교회를 세우고 유지해 나갔으나 모금활동이나 재정요청을 하지 않고 이 일을 이루어 내었으니 이것도 믿음의 은사라고 할 수 있다. 예수께서는 믿음의 기도는 산을 들어 바다로 옮기우라 하여도 옮길 것이라고 하였으며 네 믿음대로 되리라고 하였다. 믿음의 위대한 힘을 통해서 우리는 하나님의 위대한 손길을 조금이나마 더 깊이 느낄 수가 있게 된다. 그리고 우리의 믿음 없음을 다시금 깨닫게 된다.

3) 지식의 은사들: 지식의 말씀, 지혜의 말씀, 영분별

사도 바울이 말하는 지식은 이방인의 지식이 아니다. 세속적인 지식은 인간을 자랑하게 하고 교만하게 만든다. 바울이 말한 성령의 은사는 예수 그리스도를 통해서 알게 되는 하나님지식을 말한다. 예수 그리스도의 성령으로 말미암아 우리는 영계에 눈을 뜨게 되고 구원의 도리를 깨닫게 되고 새로운 세계관, 새로운 인생관, 새로운 가치관을 가지게 된다. 이러한 새로운 지식은 인간의 노력과 공부로 얻어지는 것이 아니라 하나님의 말씀을 통해서 하나님께서 우리에게 주시는 신령한 지식이다. 예수 그리스도를 믿는 믿음과 예수 그리스도를 하나님의 아들로서 우리의 구세주로서 깨닫는 계시는 별개의 사건이 아니다. 하나의 사건 즉 하나님과 인간의 만남의 사건인데 우리는 구원론적으로는 믿음으로 구원받는다고 말하고 계시론적으로는 계시로 말미암아 알게 된다고 말한다. 그러니까 하나님지식이란 바로 이 계시론적 측면을 가리키는 말이다. 인식론적으로 우리는 예수 그리스도를 믿음으로 하나님을 알게 되고 영적인 세계를 알게 되는데 바로 이 앎과 깨달음과 지식이 성령의 은사에 의해서 주어지는 것이다.

필자가 성령세례 받은 이후에 전도를 위해서 사람들과 대화를 하다가 기독교를 공격하는 여러 가지 어려운 질문들을 받게 되는 일이 많았다. 전도를 받은 사람들은 전도를 받지 않기 위해서 기독교를 공격함으로써 피할 길을 찾는 것 같았다. 아니면 자기가 왜 기독교인이 아닌지를 정당화하기 위해서 그렇게 반론을 펴는 것 같았다. 그런데 한 번도 들어보지 못한 질문을 받을 때 순간적으로 당황이 되면서 동시에 그 질문에 대한 적절한 답변이 마음에 떠올라서 위기를 모면한 적이 많았다. 이것은 성령의 지식의 은사라고 할 수 있다. 성령님께서 기독교의 진리를 깨닫게 하셨기 때문에 순간적으로 그 것을 논리적으로 정리해서 적절한 답변을 할 수 있게 해 주신 것이었다. 그런 데 지식의 은사는 복음을 위해서 사용되어야지 자신의 자랑을 위해서 사용 되어서는 안 된다. 그렇게 되면 오히려 분쟁이 생기고 복음의 장애가 될 수 있다. 예컨대 다른 종교를 가진 사람들과 종교논쟁을 하게 되면 서로 싸움이 되고 전도의 문이 막힐 수가 있기 때문에 이런 점은 조심해야 할 것이다. 전도자는 오직 복음만 전해야지 남을 비방하거나 쓸데없는 논쟁을 하는 것 은 삼가야 할 것이다.

지혜의 은사는 지식의 은사와 달리 좀 더 폭이 넓은 개념이라고 보아야 한다. 지식은 어떤 사태에 대한 지성적인 태도를 가리키는 말이지만 지혜는 좀 더 범위가 넓어서 우리의 삶의 전반적인 문제에 해당된다고 본다. 그러니 까 어떤 지적인 질문에 대한 답변을 하는 능력이 지식이라면 다양한 삶의 여러 가지 문제에 대한 처리 방식을 잘 이끌어 낼 수 있는 능력이 지혜라고 할 수 있다. 우리가 복음을 위해서 여러 가지 일을 하게 되는데 어떻게 하는 것이 그 상황에 가장 알맞은 행동이 될 것인가를 결정해야 할 때 지혜가 필요하다. 하나님께서는 성령을 통해서 우리에게 지혜를 주신다. "너희 중에 누구든지 지혜가 부족하거든 모든 사람에게 후히 주시고 꾸짖지 아니 하시 는 하나님께 구하라 그리하면 주시리라" (약 1:5). 성령님이 주시는 지혜는 세상의 지혜가 아니다. 세상 사람들은 세속적인 삶의 성공을 위해서 필요한 지혜를 구하지만 성령님이 주시는 지혜는 오히려 세상의 지혜와 정반대의 길을 가는 것이다. "내가 지혜 있는 자들의 지혜를 멸하고 총명한 자들의 총명을 폐하리라" (고전 1:18). 하나님은 어리석은 자들을 들어서 지혜로운 자들을 부끄럽게 하시는 분이다. 진정한 지혜는 위로부터 내려온 지혜 즉 예수 그리스도를 아는 것이다. 복음이 세상 사람들에게는 미련하게 보일지라도 하나님께는 복음이야말로 세상의 모든 지혜를 능가하는 것이다. 성경에서 우리에게 지혜가 어떠한 모습으로 나타나는지 보여주는 본문을 찾아보면 다음과 같다.

> 너희 중에 지혜와 총명이 있는 자가 누구뇨 그는 선행으로 말미암아 지혜의 온유함으로 그 행함을 보일지니라 그러나 너희 마음속에 독한 시기와 다툼이 있으면 자랑하지 말라 진리를 거스려 거짓하지 말라 이러한 지혜는 위로부터 내려온 것이 아니요 세상적이요 정욕적이요 마귀적이니 시기와 다툼이 있는 곳에는 요란과 모든 악한 일이 있음이니라 오직 위로부터 난 지혜는 첫째 성결하고 다음에 화평하고 관용하고 양순하며 긍휼과 선한 열매가 가득하고 편벽과 거짓이 없나니 화평케 하는 자들은 화평으로 심어 의의 열매를 거두느니라
>
> 야고보서 3:13~18

분별의 은사는 영들의 출처를 확인하여 성령인지 악령인지를 구별하는 능력을 의미한다. 교회 안에는 진정한 하나님의 사람들이 있는 반면에 하나님의 이름으로 사람들을 속이고 거짓 예언자노릇을 하는 사람들이 있어 왔다. 특히 많은 사람들이 따르는 지도자가 거짓된 사람일 경우 그 피해는 이루 헤아릴 수가 없다. 우리는 기독교에서 파생된 사이비종교 지도자들의 폐혜를 많이 보아왔다. 그러므로 영들을 분별하는 능력은 대단히 중요한 은사이다. 데이비드 왓슨은 〈성령 안에서 하나됨〉에서 영분별의 기준을 세 가지로

제시했다.[120] 첫째로, 예수께서 그 사람의 삶의 주인이 되는가? 둘째로, 예수를 완전한 인간이요 완전한 하나님으로 인정하는가? 셋째로, 그 사람에게 진정한 경건과 거룩함이 있는가?

〈12사도 교훈집〉(*Didache*)에는 거짓 예언자를 구별하는 기준이 있는데 음식대접받기를 요구하는 것과 이틀 이상 숙박하기를 요구하는 경우를 제시하고 있다.[121] 거짓 선지자와 참 선지자를 구별하는 기준은 예언의 성취이다.[122] 그의 예언이 성취되느냐 안 되느냐가 거짓 선지자인지 아닌지 판별해 줄 것이다. 대부분의 사이비 집단에서는 임박한 미래에 이루어질 굉장한 사건을 예언한다. 그러므로 그 예언이 거짓으로 판명나면 그러한 집단은 자연히 소멸하게 될 것이다.

2. 공적 은사들

지금까지 진술한 아홉 가지의 은사는 가장 많이 언급되고 인용되는 대표적인 성령의 은사들이다. 이 외에도 구제, 사랑, 찬송시, 계시, 섬기는 일, 권위, 긍휼, 독신 등의 은사가 언급되어 있다. 이미 언급한 바와 같이 이러한 사적 은사 외에 성서에서는 공적인 은사들이 진술되었는데 고린도전서 12장 28절 이하와 에베소서 4장 11절에 있는 것들이 대표적이다. 공적인 은사에는 사도, 선지자, 교사, 돕는 자, 다스리는 자, 복음 전하는 자, 목사 등이 있다. 공적인 은사란 교회 안에서 주어지는 직분을 감당할 수 있는 성령의 능력을

---

120) Ibid., 315f.
121) The Teaching of the Twelve Apostles, ch. 12. "주님의 이름으로 오는 자는 누구나 영접하라...그러나 그를 필요한 2, 3일 이외에는 너와 함께 머물러 있게 말지니라." 이것은 이미 2세기 초에 교회 안에 민폐를 끼치면서 돌아다니는 사이비 예언자 내지 거짓 지도자들이 있었다는 사실을 증거해 준다.
122) 마이클 그린, ibid., 321.

의미한다. 그러니까 목사나 교사의 직분 자체가 은사가 아니라 그 직분을 감당할 수 있는 능력을 성령께서 주실 때 그 능력을 은사라고 말한다. 은사가 없는 사람이 자기에게 맞지 않은 직분을 욕심으로 맡게 되면 그것은 교회를 섬기는 것이 아니라 교회의 훼방거리가 될 수 있으므로 삼가야 할 것이다. 교회에서 직분을 맡길 때에도 그 사람이 그 일에 적합한지를 신중히 검토하여 부작용이 일어나지 않도록 주의해야 한다. 직분을 맡기는 것은 쉬운 일이지만 잘못 맡은 직분이 초래하는 폐해를 수습하는 것은 대단히 어려운 일이 될 것이다. 성령의 은사들이 다 귀중한 것이긴 하지만 그중에서 가장 큰 은사는 사랑의 은사임을 명심해야 한다 (고전 12:31, 13:1f.). 교회를 섬기는 사람들이 사랑으로 은사를 사용해야 교회를 세우는 순기능을 담당하게 된다. 그렇지 아니하고 경쟁심이나 교만으로 은사를 발휘하다가는 교회가 무너지게 될 것이다. 그러므로 모든 은사들은 결국 하나님의 영광을 위해서 사용되어야 하며 교회를 섬기는 도구가 되어야 한다.

한스 큉에 의하면 은사는 다음과 같은 질서의 원리를 따르는 것이 좋다. 첫째로, 각자 자기의 은사를 가지는 것이 좋다. 다양성이 평준화됨으로써 일치와 질서가 이루어지는 것이 아니다. 각자 자기의 은사를 가지는 것이 교회의 일치와 질서에 기여한다. 누구도 자기를 남보다 높이고 모든 것을 장악하여 자기에게 종속시키려 해서는 안 된다. 둘째로, 은사는 남을 위한 것이지 자기의 지위와 권력을 위한 것이 아니다. 성령의 열매들(갈 5:22)이 개인의 성화와 결부되는 것이라면 은사는 교회의 건설을 지향한다. 은사는 남과 전체에 봉사하기 위한 은혜로 삼아야 한다. 따라서 사랑이 성령의 첫열매요 최고의 은사다. 셋째로, 모든 은사는 주님께 순종해야 한다. 은사는 하나님 자신이 그리스도를 통해서 성령 안에서 부여하신다. 모든 은사를 지배하는 법은 동일하다. 즉 모든 은사는 사랑의 법 아래에 있다. 모든 은사는 공동체의 건설이라는 목표를 지향한다. 따라서 한 성령 안에서 각자의 은사를 가지고 주님께 순종하면서 서로 사랑의 봉사를 하는 것이 은사 받은 사람이 나아가야 할 방향이다.[123]

결론: 성령은 누구인가?

이제 이 장을 마무리하고자 한다. 필자는 지금까지 성령에 대해서 포괄적이고 체계적으로 이해하기 위해서 연구해 왔으며 앞으로 생각이 정리 되는 대로 더욱 더 발전된 성령이해를 제시하고자 한다. 제 9장 '성령론'뿐만 아니라 이 책 전반을 통하여 성령에 대해 진술한 것을 종합하면 다음과 같이 요약할 수 있을 것이다.[124]

첫째로, 성령은 삼위일체 하나님이다. 성령은 삼위일체의 제 3위로서 성부와 성자와 동일한 신성(divinity)을 가지고 계신 하나님 자신이다. 니케아신조에서 발표한 동일본질(homoousia)론은 성령에게도 똑같이 적용되어야 할 것이다.[125] 우리는 성령을 성부나 성자보다 열등한 위격으로 생각하는 종속설(subordinationism 또는 Arianism)을 배격해야 한다. 니케아회의에서 종속설을 정죄했음에도 불구하고 서방신학에는 종속설적인 요소가 지속적으로 나타났다. 이 점은 서방신학이 극복해야 할 과제로 남아있다. 그러나 성부와 성자와 성령의 관계에 대해서는 서방교회가 고수해 왔던 filioque이론을 앞으로도 계속 유지해야 한다고 본다. 동서교회의 대화를 위해서 성서에 없는 filioque를 포기하자고 하는 일부의 주장이 있지만 그러한 주장을 받아

---

123) 한스 큉, 〈교회란 무엇인가〉 (분도출판사, 1978), 140ff.
124) 성령론에 관해서 이 장에서 논술하지 않은 부분은 전성용, 〈성령은 누구인가〉 (도서출판 세복, 2007), 375ff. 참조하라.
125) 성부와 성자와 성령의 본질이 하나라는 사상은 카파도키아 교부들에 의해서 처음으로 주장되었으며 나중에는 어거스틴에 의해서도 주장되었다. 니이브, 〈기독교 교리사〉 (대한기독교서회, 1976), 192, 196.

들이는 것은 대단히 경솔한 결정이 될 것이다. 삼위의 관계를 filioque로 규정함으로써 성령과 다른 영을 구별하는 결정적인 판단기준을 확보하기 때문에 이 이론은 심중한 가치를 함축하고 있으며 앞으로도 계속해서 유지해야 하는 신학적인 보화이다. 성령의 종속의 문제는 나름대로 다른 방법을 모색해서 해결해야지 경솔하게 위대한 신학적 유산을 내버리는 것은 결코 현명한 방법이 아니다. 성자와 연결되지(connected) 않은 영은 성령이 아니다. 예수 그리스도의 영만이 성령이다.

둘째로, 성령은 인격이다. 그분은 성부와 성자와 마찬가지로 삼위의 관계에서 독자성(particularity)을 가지고 있는 인격적 주체가 되며 자신을 나(I)라고 부르는 인격자이다. 그러므로 성부와 성자는 인격(person)이라고 부를 수 있어도 성령은 제 3의 인격이나 주체(Subject)가 될 수 없다고 주장한 칼 바르트의 생각은 비성서적이요 잘못된 것이다.[126] 바르트의 주장은 결국 이위일체론이 될 수 있기 때문이다. 성서에서는 성령이 제 3의 인격으로서 인격적인 지위를 가지고 있음을 여러 곳에서 증거하고 있다. 우리는 성령을 인격자로서 섬기며 대화하고 기도하고 사랑하고 도움을 받을 수 있다. 성부도 영이요 성령도 영이지만 성부는 하늘의 보좌에 계시는 영이요 성령은 아버지로부터 나와서 성자에 의해서 보냄을 받은 다른 보혜사로서 우리 안에 들어와 내주하시는 하나님의 영이요 교회를 일깨우고 세우고 성장시키는 교회의 주님이다.

---

126) 칼 바르트는 성부와 성자는 현대적 의미의 인격이라고 할 수 있지만 성령은 제 3의 인격, 제 3의 나(I), 제 3의 영적 주체, 제 3의 주님(Lord)이 될 수 없다고 하였다. 그러나 사도행전 13:2에 의하면 성령은 자신을 가리켜 나(I)라고 불렀으며, 사도행전 15장에 의하면 예루살렘교회회의의 주체가 성령이라고 하였다. 따라서 바르트의 주장은 비성서적이다. Karl Barth, CD I/1, 469. 이 문제에 대해서 전성용, 〈칼 바르트의 성령론적 세례론〉, 93f. 참조할 것. 성령의 실재(reality)와 인격에 대해서 베니 힌, 〈안녕하세요 성령님〉 (열린책들, 1991) 특히 제 4장 "인격대 인격"을 참조하라.

셋째로, 성령은 보혜사이다. 성자도 보혜사이지만 성자가 떠난 이후 성령은 예수 그리스도를 대신하여 지역의 제한을 받지 아니하고 전 세계적으로 그의 구원사역을 수행하시는 다른 보혜사이다. 보혜사는 중보자(mediator)라는 의미이다. 중보자는 양자 사이를 연결해 주는 역할을 한다. 그는 하나님과 인간, 예수 그리스도와 교회, 인간과 인간의 관계를 연결해 주는 매개자로서 독특한 기능을 수행한다. 어거스틴이 말한 사랑의 끈(bond of love)은 이러한 의미를 잘 표현하는 개념이다. 보혜사는 돕는 자(helper)이다. 성령은 우리를 도우시는 하나님의 도움을 수행하는 하나님의 영이다. 우리는 약하기 때문에 성령의 도움은 우리의 한계를 초월하게 한다. 보혜사는 교사(teacher)이다. 이것은 특별히 지적인 면에서 우리를 도우시는 성령의 역할을 나타내는 개념이다. 우리에게 특별한 하나님의 도우심이 필요할 때 성령께서는 우리에게 비상한 방법으로 우리를 가르치신다. 보혜사는 위로자(comforter)이다. 작은 슬픔은 인간이 위로해 줄 수 있으나 엄청난 고통은 성령님만이 위로해 줄 수 있다. 그의 위로를 통해 우리는 혼자 일어설 수 없는 어려운 고비를 쉽게 극복할 수 있게 된다. 보혜사는 대언자(advocate)이다. 우리가 할 말을 성령께서 대신 해 주신다. 방언기도는 우리의 기도를 성령이 대신 해 주심으로써 우리는 쉽게 하나님께 나의 모든 문제를 아뢰고 그의 응답을 받아낼 수 있게 된다. 보혜사는 상담자(counselor)이다. 우리의 어려운 문제를 하나님께 아뢸 때 성령께서는 우리의 기도를 들으시고 우리에게 올바른 길을 가도록 감동하시고 깨닫게 하신다. 그러므로 성령님께 기도하는 것이야말로 가장 위대한 상담이 된다.

넷째로, 성령은 코이노니아 즉 친교의 영이다.[127] 고린도후서 13장 13절

---

127) 여의도 순복음교회의 조용기 목사가 1960년대에 서대문에서 목회할 당시 교인 10,000명을 달성하기 위하여 온갖 방법을 다 동원하면서 노심초사하고 있었다. 그는 하나님께 간절히 기도하였다. 그 때 하나님은 조 목사에게 "성령과 친교하라"고 말씀하였다. 그러자 그는 "저는 이미 성령을 체험하였습니다. 방

에서 성령은 친교하시는 분이다. 어거스틴에 의하면 성령은 성부와 성자 사이의 사랑의 끈이다. 성령은 성부와 성자를 연결하는 친교와 사랑의 고리요 사랑 자체이다. 성령이 삼위일체 안에서 사랑의 끈일 뿐 아니라 그는 하나님과 인간의 관계에서도 사랑의 끈이 되며 인간과 인간 사이의 사랑의 끈이 되신다. 하나님과 인간을 연결해 주는 것은 성령이다. 왜냐하면 성령이 아니면 우리는 하나님을 알 수 없고 믿을 수 없기 때문이다. 그리고 이 하나님과 인간의 사랑은 더 나아가서 인간과 인간의 사랑의 근원이 된다. 하나님이 인간을 사랑하신 것처럼 우리 인간은 서로 사랑해야 하며 이 사랑의 원동력은 성령으로부터 나온다. 성령이 아니면 우리는 서로 사랑할 수 없다. 이것을 칼 바르트는 관계유비(analogy of relation)이론으로 설명했다. 삼위일체 안에서의 성부와 성자의 사랑의 관계와 야웨와 이스라엘, 그리스도와 교회, 남자와 여자 사이의 관계는 사랑의 끈 즉 성령에 의해서 연결되며 따라서 이 관계들은 그 관계의 형태에 있어서 유사하다는 것이다. 하나님의 사랑과 인간의 사랑이 질적으로 유사하다는 것이 아니라 그 관계에 있어서 유사하다는 것이다. 그것을 가능하게 하는 것이 성령이다. 그러므로 성령은 하나님 안에서의 모든 관계를 가능하게 하는 코이노니아의 영으로서 사랑의 관계의 근원이요 그 근원의 근원이라고 할 수 있다.

다섯째로, 성령은 교회시대의 주님이시다. 요아킴 피오레에 의해서 주장된 3시대론은 그 당시에는 받아들여지지 않았지만 그 이후 서양역사에서 끊

언도 하고 신유의 은사도 있고 여러 가지 성령체험을 하였는데 무슨 친교를 또 한단 말입니까?" 하고 반문하였다. 그러자 하나님은 "체험이 아니야, 친교를 하라!"고 명령하였다. 그 때부터 그는 성령님을 인정하고 환영하고 모셔 들이기 시작하였다. 그리고 설교하기 위해 강대상으로 걸어가는 동안 마음속으로 "성령님 같이 가십시다"(Let's go dear Holy Spirit!) 하고 기도하였다. 이렇게 성령과의 친교를 강화하자 드디어 10,000명을 달성하고 계속해서 성장하여 여의도로 이전하게 되었고 수십만 명이 모이는 교회로 부흥하게 되었다. 성령과의 친교는 단지 친교로만 끝나지 아니하고 선교사역의 승리로 이어지기 때문에 대단히 중요한 개념이다.

임없이 수용되고 변형되어 갔던 창조적인 역사이해의 패러다임이다. 특히 부르크하르트의 역사이해와 연결하여 보면 구약시대, 신약시대, 교회시대를 성부시대, 성자시대, 성령시대라고 할 수 있다. 요아킴의 삼위일체론은 유용한 역사이해요, 삼위일체론을 설명하는 새로운 패러다임이 될 수 있다. 그렇게 되면 교회시대는 성령시대로서 삼위일체 하나님의 제 3위이신 성령이 주도적인 하나님의 구원과 계시의 시행자(agent)라고 할 수 있다. 이렇게 되면 성령의 종속의 문제도 해결되고 성령의 인격의 문제의 해결을 위한 실마리가 될 수 있다. 그리하여 filioque이론을 포기하지 않고도 지금까지 설명하지 못한 많은 신학적 난제를 해결할 수 있는 길이 열리게 된다. 앞으로 이 문제에 대한 많은 토론이 있어야 할 것이다. 필자는 새로운 성령신학이 정립되기 위해서는 많은 수고와 긴 시간이 소요될 것으로 예상한다.

여섯째로, 성령세례에 대해서 전통적인 이해와 웨슬리안-오순절운동 사이에 심각한 괴리가 있다. 전통적 입장은 중생과 성령세례를 동일한 것으로 보며 중생하는 순간 성화가 시작되어 점진적으로 성장하다가 죽은 다음에 성화가 완성된다고 한다. 그러므로 이 세상에서의 성화는 미완성인 채로 머문다고 보았다. 그러나 웨슬리 이후 중생은 성화의 시작이며 점진적 성장의 과정을 지난 후에 제 2의 축복, 두 번째 순간적 경험으로서 성화 또는 성령세례가 있다고 주장한다. 대체로 사도 바울은 전통적 입장에 선 사람들의 주장의 근거가 되고 있으며 사도행전은 웨슬리안-오순절주의자들의 성서적 근거가 된다. 그런데 우리는 성서적으로 어느 쪽이 옳다고 판정하기가 쉽지 않다. 다만 다음과 같은 점을 유의해야 할 것이다. 사도 바울 당시에 초대교회에서는 물세례와 성령세례가 분리되지 않았다. 물세례 받은 사람은 이미 성령세례 받고 예수 그리스도를 믿는 진실한 신앙인들이었다. 그러나 그 이후 기독교가 공인되고 로마의 국교가 된 이후 유아세례가 무차별적으로 시행되는 상황에서 물세례와 성령세례는 분리되어 갔으며 신앙이 없는 사람들도 형식적으로 세례 받게 되었기 때문에 사도 바울의 본문과 현실의 교회 사이에는 그 정황이 서로 괴리되었다는 점을 고려해야 한다. 20세기 오순절 운동을 통해서 침체한 교회 안에 성령의 새로운 바람을 불러일으키고 선교지에서 혁명적인 성령의 역사를 경험하게 될 때에 그것은 초대교회의 상황을 기록한 사도행전의 성령의 역사의 재연이라고 받아들이게 되었으며 자연히 사도행전적 성령세례 이해가 친숙하게 되었다는 점을 유의해야 한다. 이러한 사도행전적 이해는 앞으로의 교회의 부흥을 위해서도 더 유용한 성령 세례론이라고 할 수 있을 것이다. 그러나 그렇다고 해서 전통적인 성령세례 이해가 틀렸다고 한다든가 비성서적이라고 말할 수는 없다. 양쪽 다 성서적인 근거를 가지고 있으며 다만 사회적 상황이 함께 고려되어야 한다는 점을 지적하고자 한다.

일곱째, 성령은 오순절 이후 성령시대에 교회 안에 임재하여 모든 육체로 하여금 성령의 사람이 되도록 변화시킨다. 즉 성령으로 말미암지 않고는 예수를 주라 고백할 수 없으며 더 나아가서 성령의 사람은 성령으로 변화되어 성령이 충만한 사람으로 살아가게 된다. 그러니까 성령시대에 우리 몸은 성령이 거하시는 성전(temple)이 된다. 성령이 우리 몸 안에 들어와서 내주(indwelling)하게 되는 것이다. 물론 오순절 이전에도 창조자 성령은 이 세계 안에 내주하면서 하나님의 창조질서를 보존하고 하나님의 섭리를 운행하였다. 구약시대에도 이스라엘 백성들 가운데서 성령은 그의 구원과 창조의 역사를 시행하였다. 신약시대에도 성령으로 말미암지 않고는 그리스도의 구원의 역사가 시행될 수 없었다. 그러나 오순절 이후 그 이전의 어떤 시대보다도 더 성령은 모든 육체 안에 모든 남종과 여종 안에, 그리고 우리 몸 안에 들어와서 우리와 동행하고 내주하는 긴밀한 관계를 맺게 되었다.

이것은 성령과의 코이노니아라는 관념을 넘어서는 것이다. 성령과 나와의 친교라는 것은 인격적인 주객관계라는 인격주의적인 개념인데 여기에서

한 걸음 더 나아가 성령이 우리 몸 안에 들어와서 내주한다는 것은 우리의 몸의 지위와 역할을 강조하는 몸신학(The Theology of the Body)을 지향하는 개념이다.128) 성령이 우리 몸 안에 들어와서 내주하심으로써 우리의 몸은 성령의 성전(temple)이 된다. 그러므로 성령은 눈에 보이지 않는 영으로서 우리의 영이나 혼과 관계하는 것이라는 신령주의를 극복해야 한다. 그동안 우리는 성령을 지나치게 영적인 것으로 간주하고 우리의 몸과 무관한 어떤 눈에 보이지 않는 정신적인 작용으로 생각한 반면에 우리의 몸의 가치에 대해서 충분히 고려하지 못한 감이 있다. 우리의 몸이 소외되지 않는 몸과 마음의 통합체로서의 전인적인 인간이해를 통한 성령이해를 수립해 가야 할 것이다.

성령론은 성령운동이 계속되는 한 계속해서 발전되어 가야 한다. 새로운 운동은 새로운 신학적 정리를 요청한다. 그리고 기독론적 신학을 극복하기 위한 대안으로서 "기독론적-성령론적" 신학은 앞으로 그 발전의 여지가 심대하다고 할 수 있다. 이러한 성령신학의 과제는 우리 세대에서 끝날 수 없으며 다음 세대가 계속해서 도전해 가야할 광야가 될 것이다.

---

128) Mary Timothy Prokes, FSE, *Toward a Theology of the Body* (Edinburgh: T. & T. Clark, 1996).

10

구원론

Ⅰ. 예정론

칼빈은 〈기독교 강요〉 제 3권 "그리스도의 은혜를 받는 길"의 마지막 부분에서 조심스럽게 예정론을 다루었다. 칼 바르트는 예정론을 신론에서 다루었는데 하나님의 주권에 대한 강조가 그 배경이라고 생각된다. 그러나 예정은 인간의 구원에 연관되기 때문에 구원론의 문제이기도 하다. 필자는 대표적인 신학자들의 주장을 통해서 이 문제를 살펴보고자 한다.

1. 성서적 근거

예정론은 신학자들에 의해서 주장된 교리이지만 성서에 그 근거가 되는 구절들이 많이 있다. 대표적으로 요한복음 15장 16절에서는 "너희가 나를 택한 것이 아니요, 내가 너희를 택하여 세웠나니 이는 너희로 가서 과실을 맺게 하고..."라고 하였다. 에베소서 1장 4~5절에서는 "창세전에 그리스도 안에서 우리를 택하사...그 기쁘신 뜻대로 우리를 예정하사 예수 그리스도로 말미암아 자기의 아들들이 되게 하셨으니..."라고 하였다. 구약에는 이스라엘 백성이 하나님의 선택받은 백성, 곧 선민이라는 사상이 있는데 이것은 신약의 선택사상의 원천이라고 할 수 있다. 즉 "너는 여호와 네 하나님의 성민이라. 네 여호와께서 지상 만민 중에서 너를 자기 기업의 백성으로 택하셨나니"(신 7:6)라는 공동체의 선택사상이다.[1]

2. 어거스틴

처음으로 예정론을 신학적으로 체계화한 사람은 성 어거스틴이다. 어거스틴은 하나님의 은총은 보상이 아니라 선물이라고 생각했다.[2] 만약 은총이 보상이라면 인간은 선행을 통해서 자신의 구원을 구매할 수 있을 것이다. 그리고 그 선물은 모든 이들에게 주어지는 것이 아니다. 은총은 특별하다. 만약에 은총이 모든 사람에게 주어진다면 그것은 선물이 아니라 자비이다. 이렇게 어거스틴은 은총의 특수성을 주장하였다.

어거스틴에 의하면 하나님의 은총은 불가항력적이고 예정된 것이다. 그러나 이것은 인간의 의지를 무시하는 것이 아니고 인간은 선행적 은총(prevenient grace)에 의해 옛 속박으로부터 해방되어 선을 택할 수 있는 자유의지가 회복되었으며 따라서 의지는 자유를 가지고 영적인 것을 선택할 수 있다. 즉 하나님은 우리의 의지를 통해서 역사하시므로 그 결과는 우리의 의지가 선한 것을 자유롭게 자발적으로 의욕하도록 하신다는 것이다. 하나

---

1) 김명용, 〈칼 바르트의 신학〉 (이레서원, 2007), 169ff. 김명용은 로마서 9장의 토기장이비유가 전통적으로 예정론을 위한 성서적 근거로 해석되어 왔는데, 사실은 이 비유는 야곱을 사랑하고 에서를 미워할 수 있는 하나님이 그의 주권으로 이방인들을 사랑하시기로 작정했다고 해서 누가 감히 하나님을 힐문할 수 있느냐는 의도의 비유로 해석되어야 한다고 주장하였다.
2) 알리스터 맥그래스, 〈역사속의 신학〉, 585.

님의 은총은 거역할 수 없기 때문에 예정된 사람은 하나님의 예정에 의해 자유의지를 통하여 구원받고 예정되지 않은 사람은 자신의 의지로 타락하게 되며 따라서 하나님에게는 책임이 없고 단지 그들을 내버려두는데 지나지 않는다.

그러면 왜 부르심을 받은 모든 사람들이 은총에 순종하지 않는가? 그 이유는 하나님의 예정이 아니라 인간의 자유의지의 사용에 달려 있다는 것이다. 어거스틴은 자기의 주장이 또 다른 어떤 이들은 저주받도록 미리 운명지어졌음을 뜻하지는 않는다는 것을 강조하였다. 이것은 하나님이 타락한 인류가운데서 어떤 이들을 선택하셨다는 것을 뜻하며 그 선택받은 소수의 사람들은 진정으로 구원을 예정 받았다. 그러나 그 나머지 사람들은 저주를 받도록 운명지어진 것이 아니라 구원을 위한 선택을 받지 못했을 뿐이다. 그러므로 이것은 이중예정론이 아니다. 그러니까 구원받는 사람들은 하나님의 예정에 의해서 구원받고 예정되지 않은 사람들은 자신의 의지로 구원을 받아들이지 않기 때문에 구원받지 못한다는 것이다. 즉 하나님의 은총은 구원받기로 예정된 사람들에게만 미친다는 것이다. 이러한 어거스틴의 주장에 대해서 비평가들은 지적하기를 어떤 이들을 구원하기로 결정하는 것은 다른 어떤 이들을 구원하지 않으려는 결정이라고 하였다.[3]

어거스틴은 이중예정론을 말하지 않음으로써 저주받은 사람들의 멸망에 대해 하나님이 책임을 져야 하는 문제를 피해갔다. 그리고 처음으로 선행적 은총을 말함으로써 존 웨슬리의 선행적 은총론을 예비하였다. 웨슬리는 선행적 은총론을 확장하여 은총으로 자유의지가 회복될 뿐만 아니라 원죄의 죄책이 제거된다고 하여 유아구원의 가능성을 제시하였다.

---

3) Ibid., 586.

3. 칼빈

9세기 베네딕트회 수도사였던 오르바이스의 고데스칼크(Godescalc of Orbais, 804~869)는 칼빈과 유사한 예정론을 발전시켰다. 그는 하나님의 예정이 어떤 사람들은 영원한 저주에 들어가도록 하였으며 그리스도의 죽음이 그런 사람들을 위한 것이 아니며 그리스도는 오직 선택받은 자들만을 위해 죽었다고 주장하였다. 그의 사상은 제한된 속죄(limited atonement)와 이중예정론을 예비하는 것이었다.

예정론을 신학의 핵심 주제로 정립한 사람은 종교개혁자 칼빈(John Calvin)이다. 칼빈이 예정론에 관심을 가지게 된 것은 교회의 현장에서 부딪치게 된 현실 때문이었다. 왜 어떤 사람은 그렇게 열심히 전도를 해도 끝끝내 복음을 거부하고 구원을 받지 못하는가? 왜 어떤 이들은 복음을 믿고 어떤 이들은 믿지 않는가? 그는 이 문제에 대한 해답을 예정에서 찾았다. 그리하여 칼빈은 어떤 사람은 구원으로 어떤 사람은 멸망으로 예정되었다고 보았다. 이것을 이중예정이라고 한다. 예정은 하나님의 영원한 선언이며, 하나님은 모든 사람으로 만들고자 하는 바를 이 선언으로 결정했다. 왜냐하면 하나님은 모든 사람을 동일한 조건 안에서 창조하지 않았으며, 어떤 이들에게는 영원한 생명을, 또 어떤 이들에게는 영원한 저주를 운명으로 정하셨다.[4]

칼빈에 의하면 하나님은 창조 전에 모든 것을 계획하였다. 하나님은 최초 인간이 타락할 것과 그의 후손이 멸망할 것을 미리 아셨을 뿐만 아니라 자기의 뜻대로 모든 것을 그렇게 결정해 놓으셨다. 이것은 하나님의 계획과 섭리에 의해서 결정되었다는 뜻이다. 찰스 하지(C. Hodge)는 칼빈의 사상을 다음과 같이 해석하였다. "하나님은 그 자신의 영광을 위해서 다시 말하면 그의 본성의 완전을 드러내기 위하여 맨 처음에는 세계를 창조하기로, 그 다음에

---

4) 칼빈, 〈기독교 강요〉 제3권 21~24장.

는 인간의 타락을 허용하기로, 그리고 셋째로는 타락한 인간의 무리 가운데서 자비의 그릇으로 인간이 헤아릴 수 없는 일정한 수효의 사람들을 선택하기로 결정하였다." 하나님께서 인간이 타락할 것을 미리 아시고 타락을 허락하신 후 구원받을 자를 예정하셨다는 이러한 칼빈의 입장을 예지예정론 또는 타락 후 예정설(Infralapsarianism)이라고 한다. 그런데 칼빈의 제자들은 타락 전 예정설 또는 절대예정론(Supralapsarianism)을 주장하였는데 그것은 하나님께서 아담의 타락 이전에 인간 개개인을 선택받은 자와 그렇지 않은 자로 구별하기로 섭리하셨다는 교리이다. 타락 전 예정설은 칼빈의 주장을 더 강화하여 하나님의 절대적 주권과 무조건적인 결정을 강조하는 철저한 예정론이라고 할 수 있다.

칼빈의 제자들은 1619년 도르트회의(Synod of Dort)에서 칼빈주의 5대강령을 결정하였다. 이것은 개혁교회의 구원론의 다섯가지 중심적인 원칙을 가리킨다.

T: 전적 타락(Total depravity of sinful human nature)−인간은 전적으로 타락하여 구원에 이르는 선을 행할 능력이 없다.

U: 무조건적 선택(Unconditional election)−예정은 전적으로 하나님의 결정에 의한 것이지 인간의 공로, 자질, 성취에 근거한 것이 아니다.

L: 제한된 속죄(Limited atonement)−예수 그리스도는 구원 받기로 예정된 자만을 위해서 십자가에서 죽었다.

I: 항거할 수 없는 은총(Irresistible grace)−구원받기로 예정된 자는 하나님의 은혜를 항거할 수 없다. 선택된 자들은 오류 없이 부르심을 받고 구원된다.

P: 성도의 견인(Perseverance of the saints)−한 번 예정된 자는 결코 그 부르심에서 이탈하지 않으며 어떻게 해서든 구원받게 되고야 만다.

이상의 다섯 가지 강령은 타락 전 예정설과 이중예정을 그 내용으로 하는데 영어 머리글자를 따서 TULIP이라고 부른다. 칼빈의 예정론은 현대인들에게 대단히 설명하기 어려운 주제이다. 첫째로, 예정론은 일종의 결정론, 운명론, 숙명론이라고 할 수 있다. 어떤 과정을 거쳐서라도 결국 하나님의 예정에 따라 구원받을 사람은 구원에 이르고 멸망 받을 사람은 멸망 받는다는 것은 인간의 자유의지를 부정하고 하나님의 절대적인 결정을 주장하는 이론이다. 칼빈은 예정이 하나님 측에서 볼 때는 예정이고 인간 측에서 볼 때는 자유의지라고 말하지만 이것은 논리적으로 불가능한 말이다. 하나님의 결정을 인간의 자유의지가 뒤집을 수는 없기 때문이다. 그러므로 인간의 자유를 부정하는 예정론은 성서와 부합하지 않는다. 성서에서는 누구든지 예수를 믿는 자에게 개방된 구원을 제시하고 있으며 복음은 인간의 자유의지를 전제하고 있다. 둘째로, 예정론은 확신보다는 공포와 불확실성을 강조하는 이론이다. 아무도 자신의 예정에 대해 알 수 없다. 오직 죽은 다음에야 예정의 실체를 파악할 수 있다. 그렇다면 죽을 때까지 예정되었는지 유기되었는지 알지 못하는 것에 기인한 불안을 극복해야 하는 또 다른 과제가 주어진다. 그러나 성서에서는 성령에 의해 주어지는 내적 확신(assurance)에 대해서 강조하고 있다. 성령이 내주하시면 누구든지 평안 가운데서 기쁨으로 살아갈 수 있으며 누구든지 예수 그리스도를 믿으면 구원받는다. 이런 이론으로 그리스도인들을 불안과 고통가운데 살게 하는 것은 성서적인 근거가 없다. 셋째로, 예정론은 하나님의 사랑의 경륜에 배치된다. 하나님은 사랑의 하나님인데 왜 어떤 사람들에게는 아무 이유 없이 영원한 지옥의 형벌을 부여하기로 예정하신다는 말인가? 이것은 성서의 하나님에 대한 무지에서 기인하였다. 하나님의 주권을 지나치게 강조한 결과 하나님의 모습의 한쪽 면만을 본 이론이다. 자신의 아들까지 내어 주시는 아버지의 사랑은 결코 이유 없이 지옥으로 몰아넣는 무자비하고 잔인한 하나님이 아니다. 성서에 이런 사상이 없는

데 왜 이런 터무니없는 사상을 만들어서 하나님을 욕되게 하는가? 하나님의
사랑은 예수 안에서 모든 사람을 사랑하는 것이므로(요 3:16), 하나님의 은총
과 사랑을 제한해서는 안 된다고 본다.

4. 알미니우스와 웨슬리

17세기 초 네덜란드의 알미니우스(Jakob Arminius, 1560~1609)는 칼빈주의
예정론을 반대하여 전국적인 논쟁을 불러 일으켰다. 그는 그리스도가 선택
받은 사람들만을 위해서가 아니라 모든 사람을 위해서 죽었다고 생각하였다.
이러한 견해는 그의 제자들에 의해 1610년에 발표된 〈항의〉(*Remonstrance*)에
나타났다.[5] 그 내용은 다음의 5개 조항으로 요약될 수 있다. 그러니까 1619
년에 발표된 도르트회의의 TULIP은 알미니우스주의의 5개조항을 반박한 것
이며 첫 번째 조항을 제외한 나머지 4개항은 칼빈주의와 일치하지 않는다.

1. **전적타락 인정**(Total depravity)—이것은 칼빈주의와 일치한다.
2. **조건적인 선택**(Conditional election)—하나님은 모든 사람을 구원하기
   를 원하신다. 그러나 성령의 부르심에 응답하는 사람을 구원하기로
   예정하셨다.
3. **보편적인 속죄**(Universal atonement)—예수 그리스도의 십자가는 모든
   사람을 위한 보편적인 속죄를 위한 죽음이다.
4. **항거할 수 있는 은총**(Resistible grace)—인간은 하나님의 은총을 받아들
   일 수도 있고 거부할 수도 있다.
5. **성도의 타락가능성 인정**—구원 받은 성도라도 계속해서 믿음 안에 거

---

5) 알리스터 맥그래스, ibid., 591.

하지 아니하면 다시 범죄하여 타락할 수 있다.

18세기 감리교회의 창시자인 영국의 웨슬리는 알미니안주의에다 전도의
열정과 영적인 뜨거움을 첨가하여 강력한 부흥운동을 일으켰다. 웨슬리는
칼빈주의 예정론을 거부하고 알미니우스의 예정론을 지지하였다. 웨슬리는
특히 어거스틴의 선행적 은총의 개념을 더욱 더 강조하여 발전시켰다. 최초
인간의 범죄로 말미암아 모든 인간이 타락하였으나 하나님께서는 예수 그리
스도의 대속의 은혜로 말미암아 모든 인간에게 선행적 은총을 부여하여 자
유의지를 회복하였기 때문에 인간은 하나님의 구원의 은혜를 받아들일 수
있는 능력이 은총으로 주어졌다고 보았다. 그러므로 하나님의 은혜를 거부
하는 것은 인간의 책임이요, 하나님의 은혜를 받아들이는 것은 선행적 은총
으로 주어진 자유의지의 결단에 의한 것이라고 하여 은총과 자유의지 사이
의 조화를 확보하게 되었다. 그는 알미니우스주의 입장을 취하면서도 동시
에 종교개혁의 은총을 강조하는 전통을 계승하였다. 그러므로 웨슬리는 철
저하게 은총의 신학자였다.

존 웨슬리의 동생 찰스 웨슬리는 많은 찬송가를 지어서 보급하였는데 그
의 찬송 '예수가 죄인을 죽게 할 것인가'에 보편적인 인류 구원을 위한 대속의
교리가 강하게 나타나 있다.[6]

당신의 사랑 나의 마음을 강권하시며
당신의 사랑 모든 죄인 자유케 하시니
인간의 모든 죄악된 영혼 내가 맛본 그 은총 맛보게 하사
인류 모두가 당신의 주권, 그 영원한 사랑 증거케 하소서

6) Ibid.

5. 칼 바르트

현대신학자들은 대체로 칼빈의 이중예정설을 거부한다(K. Barth, E. Brunner, O. Weber, H. Ockenga, R. Schank 등). 하나님께서 어떤 사람은 선택하시고 어떤 사람은 버린다는 사상은 하나님의 사랑의 경륜에 배치되기 때문이다. 대표적인 바르트의 입장을 살펴보고자 한다.

바르트에 의하면 하나님의 영원한 존재가 예정론의 근거가 될 수 없다. 영원하신 하나님의 존재 자체는 예수 그리스도 안에 나타나며 우리는 예수 그리스도의 계시에서 하나님의 영원한 존재 자체를 보기 때문이다. 따라서 예수 그리스도의 계시가 예정론의 근거가 되어야 한다. 그런데 칼빈의 예정론에 의하면 예정은 전적으로 하나님의 두려운 결정이며 뜻이기 때문에 결국 하나님과 예수 그리스도를 분리시켜 놓아서 칼빈의 하나님은 계시되어진 하나님이 아니고 그 자체 상 숨어 계신 하나님 즉 영원하신 하나님이지 계시된 하나님이 아니라고 바르트는 비판하였다.

바르트에 의하면 예정론은 복음의 총화(sum)이다. 왜냐하면 예정은 예수 그리스도 안에서 일어나기 때문이다. 예수 그리스도는 선택하시는 하나님이요 선택받은 인간이다. 즉 선택은 예수 그리스도에 의하여 예수 그리스도로 말미암아 그리고 예수 그리스도한테 일어난 선택이다.

바르트는 이중예정을 긍정한다. 그러나 그것은 칼빈의 선택된 자와 버림받은 자의 이중예정이 아니다. 하나님은 예수 그리스도의 선택 안에서 인간에게는 선택과 축복 및 생명을 허락하셨고 하나님 자신에게는 저버림과 형벌 및 죽음을 돌리셨다는 의미에서 이중예정이다. 하나님은 우리가 받을 저버림을 선택하셨다.

공동체의 선택에 있어서는 이스라엘은 하나님의 심판에 대한 증인으로 선택되었고 교회는 하나님의 자비하심에 대한 증인으로 선택되었다고 하였으며 개인의 선택에 있어서는 예수 그리스도는 불경한 자를 위해 오셨다. 그러므로 그들마저도 약속이 있는 덕분으로 예수 그리스도 안에서 선택되었을 뿐 아니라, 하나님의 선택된 자로서 살고 있다. 그들은 하나님의 약속을 듣고 믿는 자이다. 그러므로 교회는 개인에게 선포해야 한다. "예수 그리스도 안에서 여러분은 저버림을 받지 않았습니다. 그분이 당신 대신 저버림을 받았으나 당신은 도리어 택함을 받았습니다." 이렇게 그리스도가 하나님에 의해 거부의 형벌과 고통을 당하셨기에 이제 거부는 다시는 인간의 몫이 될 수 없다. 여기에 보편구원(Universal salvation)의 문제가 등장하게 된다. 바르트 자신은 한 번도 명시적으로 보편구원을 주장하지 않았지만 비평가들은 바르트의 표현에서 보편구원론의 단서들을 찾아내고 있다. 이들 가운데 대표적인 사람이 에밀 브룬너이다.

'예수가 진정으로 거절당한 오직 한 사람'이라는 진술이 인간의 상황을 위해 의미하는 바는 무엇인가? 그것은 명백히 저주의 가능성이 없다는 것이다. 그 결정은 이미 예수 그리스도 안에서 모든 사람을 위해 이루어졌다. 사람들이 그것을 알든 모르든, 믿든 믿지 않든, 그것이 중요한 것이 아니다. 그들은 폭풍의 바다 속에서 멸망당하는 사람들과 같다. 그러나 사실 그들은 익사할 만한 바다에 있는 것이 아니라 얕은 물가에 있는 것이며, 그 곳에서는 익사가 불가능하다. 그들이 그것을 모르고 있을 뿐이다.[7]

그러나 명시적으로는 바르트는 보편주의를 부인하였다.[8] "은혜로운 하

---

7) 알리스터 맥그래스, ibid., 592. 바르트와 브룬너 사이에는 1934년에 자연계시논쟁이 있었다. 브룬너가 쓴 〈자연과 은총〉에 대해서 바르트는 〈아니오!〉라는 논문으로 응답하였다. 브룬너의 자연계시론에 대해서 바르트는 단호하게 거절하였다. 그 당시 큰 충격을 받은 브룬너는 바르트에 대한 비판자가 되었으며 바르트를 보편구원론자라고 비판하였다. 에밀 브룬너, 칼 바르트, 〈자연신학〉(한국장로교출판사, 1997)에 위의 논문들이 번역되어 있음.
8) 이 입장은 다음과 같은 학자들에 의해서 지지되고 있다. G. W. Bromiley,

나님이 어떤 한 사람을 선택하거나 부르실 필요가 없는 것처럼, 그는 모든 인류를 선택하거나 부르실 필요가 없다.[9] 성령세례는...그 안에서—모든 사람이 아니라—어떤 특정한 사람들이 그리스도인들이 되는 특별한 운동과 행동이다."[10]

그러나 바르트를 보편주의자로 해석하려는 학자들은 브룬너 이외에도 많이 있다. 그들은 바르트가 명시적으로 보편주의를 반대했음에도 불구하고 암시적으로는 보편주의로 해석될 수 있는 단서들을 남겼다고 주장한다.[11] 콜웰조차도 이 가능성에 동의하고 있다: "그는 확실히 모든 남자와 여자들이 궁극적으로 구원받을 수 있다는 가능성을 거부하지 않는다."[12] 이 입장에 의하면, 모든 남자와 여자들의 구원은 바르트의 선택론의 특유한 개념의 논리적 귀결이 틀림없다. 바르트에게는 모든 사람들이 그리스도 안에서 선택되었다. 선택은 기쁨과 공포가 뒤섞인 메시지가 아니라 모든 인류를 위한 명백한 찬양의 메시지이다.

Introduction to the Theology of Karl Barth, 95; John Colwell, "The Contemporaneity of the Divine Decision: Reflections on Barth's Denial of 'Universalism'" in Nigel M. de S. Cameron (ed.), *Universalism and the Doctrine of Hell: Papers Presented at the Fourth Edinburgh Conference in Christian Dogmatics*, 1991 (Carlisle: Paternoster Press, 1992), 139~160; J. D. Bettis, "Is Karl Barth a Universalist?" SJT Vol. 20 (1967), 423~436.

9) CD II/2, 417.

10) Barth, *The Christian Life: Church Dogmatics IV/4, Lecture Fragments* (Grand Rapids: Eerdmans, 1981), 90, 89 cf.

11) 이 입장은 다음의 학자들이 지지한다. G. C. Berkouwer, *The Triumph of Grace in the Theology of Karl Barth* (Grand Rapids: Eerdmans, 1956), 290ff.; Nigel Biggar, *The Hastening That Waits: Karl Barth's Ethics*, 5, 150f.; John Macken, *The Autonomy Theme in the Church Dogmatics: Karl Barth and His Critics* (Cambridge: Cambridge University Press, 1990); D. Fergusson, "Predestination: A Scottish Perspective," SJT Vol. 46 (1993), 457~478; John O'Donell SJ, *Hans Urs von Balthasar* (London: Geoffrey Chapman, 1992), 5.

12) Colwell, ibid., 141.

그것은 기쁨과 공포, 구원과 저주가 뒤섞인 메시지가 아니다. 본래적으로 그리고 종국적으로 그것은 변증법적이 아니고 비변증법적이다. 그것은 선과 악이, 도움과 파괴가, 생명과 죽음이 같은 숨을 쉬는 선포가 아니다...그러므로 본질적으로, 처음과 마지막 말은 예이지 아니오가 아니다 (Yes and not No).[13]

만약 모든 것이 영원부터 그리스도 안에 선택되었다면, 이것은 모두가 종말에 모여야 한다는 것을 의미하지 않는가?[14] 바르트의 이론이 종말론적으로는 보편주의의 방향으로 움직이지만, 그러나 그는 그가 보편적 회복(apokatastasis)을 주장한다는 것을 부인한다.[15] 바르트는 이렇게 논증한다: "그들은 '우리 아버지' 하고 부르짖을 것이다...모든 창조에 대한 예수 그리스도의 주되심이 드러날 때, 그리고 그것과 함께 그 안에 일어난 하나님에 대한 세계의 화해가 드러날 때, 그들은 최종적으로 그렇게 하는 것에 실패하지 않을 것이다."[16] 이것은 아직은 감추어져 있지만 불신자들에 대한 예기적인 구원의 확장이다. 즉 보편적 구원은 미래에 대한 종말론적 희망으로서 기대되어지고 희망할 뿐이지 그렇게 결정된 것이 아니다. 모든 것의 목표와 목적으로서의 보편적 화해에 대한 기대이다.

만약 바르트의 생각이 보편구원론이라면 그것은 윤리적 결정론으로 인도할 것이다. 그렇게 되면 하나님에 대해서 '예' 또는 '아니오'라고 말하는 결단 안에 포함된 자유는 전적으로 환상이다. 왜냐하면 하나님은 저 결단이 무엇이 될 것인지 이미 결정했기 때문이다.[17] 나이젤 비가는 이렇게 논평하였다:

---

13) CD II/2, 12f.
14) D. Fergusson, ibid., 474.
15) CD II/2, 417.
16) Barth, *The Christian Life*, 101.
17) D. Fergusson, ibid., 476. CD IV/3, 478. "우리는 이 최종적 가능성을 해명하도록 희망하고 기도하도록 명령을 받았다. 우리가 이 가능성에 개방되지 않아야 할

"그는 마치 인간 존재들이 하나님의 화해하시는 은총의 주권에 의해서 궁극적으로 결정되었다고 말하는 것 같다. 그는 그가 모든 인간 존재들을 화해의 질서 안에 놓을 때 이렇게 한다."[18] 존 매캔은 바르트가 인간 존재가 그리스도 안에 확립되었다고(constituted) 하는 그의 주장을 통해서 하나님의 화해하시는 은총에 대한 저항의 가능성을 부인한다고 논증한다.[19] 그러므로 오직 한 종류의 자유만 있다:올바른 선택을 하는 자유이다. 비가는 이렇게 결론을 내린다: "그 안에서 그가 이것을 하도록 선택하는 방식의 불가피한 함축은 인간 존재들이 하나님의 은총에 의해서 궁극적으로 결정된다는 것이며, 그들의 해방은 마침내 가차없는 필연성 안에 있다는 것이다."[20]

바르트의 보편주의적 경향은 결과적으로 하나님과 인간 사이의 상호성과 상응에 그늘을 드리우게 될 것이다. 하나님과 인간 사이의 진정한 동반자관계는 윤리적 결정론 안에서 논리적 타당성을 잃어버릴 것이다. 만약 신학이 운명론에 빠지지 않으려면, 자유의 신학적 의미를 상실하지 않으면서도, 근본적인 선택이라는 선언적(選言的, alternative)인 개념이 주어져야 할 것이다.[21] 어떻게 하나님의 주권을 보호하면서도 인간의 자유를 확보하느냐 하는 것은 어떻게 동시에 두 마리의 토끼를 잡느냐 하는 문제이다. 바르트의 보편주의의 명시적인 부인과 그러한 경향의 암시적인 논리적 귀결 사이의 갈등은 계속되는 토론의 주제이다.

예수 그리스도 안에서 선택받은 개방적인 다수가 폐쇄적 소수가 되어 그 밖에 다른 사람을 버림받은 자로 보면 안 된다. 그리고 나아가서 예수 그리스도 안에서 선택받은 다수를 만인 전체로 보아서도 안 된다. 세상이 선택받았

이유가 없다."

18) N. Biggar, ibid., 5.
19) Ibid., 3.
20) Ibid., 5.
21) D. Fergusson, ibid.

다는 말은 성서 어디에도 없다. 바르트가 문제 삼은 것은 은혜의 자유이지 만인구원의 법칙이 아니다. 즉 교회는 은혜의 초강대 세력과 인간적인 악의 무력을 설교하되 양자의 대립을 약화시켜서도 안 되지만 이원론적인 독자세 력으로 보아서도 안 된다. 택함 받은 공동체가 많은 사람에게 해야 할 위임사항은 살리는 복음을 설교하는 것, 즉 전적으로 복음을 선포하는 것이다.

지금까지 예정론에 대한 대표적인 신학자들의 견해를 살펴보았다. 하나님의 예정은 하나님의 권세아래 있기 때문에 우리가 알 수 없는 비밀의 영역에 속한다. 그리고 성서에서는 이 문제에 대한 완성된 이론이나 근거를 제시하지 않는다. 그러므로 우리가 지나치게 예정론에 얽매여 교리의 노예가 되는 것은 피해야 할 것이다. 복음은 자유하게 하는 능력이다.

6. 예정론의 의의

우리나라에는 장로교인이 많아서 예정론을 금과옥조처럼 생각하는 사람들이 있는데 칼빈 자신도 예정론을 신학의 중심적인 교리가 아니라고 하였다. 그는 〈기독교강요〉의 뒷부분에서 조심스럽게 이 문제를 다루었다. 지나간 500년간 근대사회에서 예정론은 사회발전에 공헌을 했다고 할 수 있다. 막스 베버(Max Weber)는 〈프로테스탄트 윤리와 자본주의의 정신〉(*The Pro-testant Ethic and the Spirit of Capitalism*)에서 예정론이 자본주의의 형성에 영향을 끼쳤다고 주장하였다.[22] 칼빈주의자들은 자신이 선택 받았음을 증명하려는 압박이 현세에서의 성공에 대한 활발한 추구를 이끌어내었다는 것이다.[23] 즉 장로교인들은 자신이 예정되었는지 안 되었는지 알 수 없기 때문에

---

22) 막스 베버에 대한 비평서로 Robert W. Green (ed.), *Protestantism and Capitalism: The Weber Thesis and Its Critics* (Boston: D.C. Heath and Company, 1959)을 참조하라.

자신의 구원에 대해서 확신을 가지고 성실하게 일하고 검소하게 살면서 재산을 축적하게 되고 이런 생활이 계속되면 결국 언젠가는 성공을 누리게 되며 그러한 결과가 하나님이 자신을 예정했다는 증거로 믿게 된다는 것이다. 그리고 이 과정에서 형성된 자본이 은행을 통해서 자본주의 발전에 일조했다는 것이다.

이러한 해석은 자본주의 형성의 한 원인에 대한 해석으로서 의의가 있으며 예정론이 근대사회 형성의 한 요인이 되었다는 사회학적 해석이라고 할 수 있다. 그리고 자본주의의 근본정신은 근검절약이라는 건강한 기독교 윤리 위에 서 있다는 것을 인식하게 된다. 우리나라 자본주의는 이런 기독교정신에 대해 성찰해야 할 것이다.

그러나 20세기 이후 성숙한 사회에서 예정론은 더 이상 시대정신과 조화하기 어렵다고 생각된다. 인간의 자유의지와 책임성에 대한 강조는 예정론과 조화하기 어렵다. 하나님의 주권은 강제적이고 폭군적인 것이 아니라 인간의 자유와 조화하는 주권이며 성숙한 시대의 신학은 인간의 존엄성이 말살되거나 무시되지 않는 성숙한 인간성에 대한 배려가 필연적으로 요구된다. 필자가 영국 유학중에 "칼빈의 신학"(Theology of Calvin)이라는 강의를 수강하였는데 담당교수(Gary Badcock)[24]에게 스코틀랜드 장로교회(Church of Scotland)의 입장을 물어보았더니 공식적으로는 아직까지 예정론을 지지하고 있다고 하였다. 그래서 당신의 입장은 무엇인가 물었더니 자신은 칼빈이 틀렸다고 생각한다고 대답하였다. 이중예정론은 이제 신학적으로 그 효용이 다하지 않았나 생각된다.

---

23) 알리스터 매그래스, 〈역사속의 신학〉, 597.
24) 스코틀랜드 장로교회목사이며 영국 아버딘대학교와 에딘버러대학교 교수를 거쳐 캐나다에서 사역하고 있으며 *Light of Truth & Fire of Love: A Theology of the Holy Spirit* (Grand Rapids: Eerdmans, 1997) 등의 저서가 있다.

II. 칭의론

예수께서 니고데모에게 거듭나지 아니하면 하나님의 나라를 볼 수 없다고 하였다 (요 3:3). 구원에 이르는 길은 거듭남 즉 중생이다. 그런데 중생은 주관적인 내면의 변화를 나타내는 표현이요, 칭의는 하나님과의 객관적인 법적 관계의 변화를 나타내는 말이다. 그리고 이것을 가족관계에 비추어서 양자됨이라고 말한다. 하나님과 인간 사이에 벌어지는 구원이라는 하나의 사건을 어떤 방법으로 설명하느냐에 따라서 다양한 표현이 가능하다.

1. 칭의(稱義, Justification)

의인(義認), 득의(得義), 선의(宣義)라고도 하는데, 예수 그리스도의 대속의 공로를 받아들이는 신자에게 선언하시는 하나님의 법적 선언적 행위로서 그로 하여금 죄에서 용서함을 받고 죄책에서 놓임을 받고 하나님에 대하여 의롭다고 선언하시는 것이라고 할 수 있다. 칭의의 성서적 근거로서는 로마서 3:21~28에 의하면 예수 그리스도의 피로 인하였으며 믿음으로 말미암는다고 하였다. 이것은 값없이 주시는 하나님의 은혜이다. 로마서 1장 17절에서는 오직 의인은 믿음으로 산다고 하였다. 종교개혁자들은 이러한 성서적 근거 위에서 오직 믿음으로(sola fidei)라는 표어를 제창하였고 믿음으로 말미암는 칭의(以信稱義, justifcation by faith)를 강조하였다. 그리하여 가톨릭교회에서 믿음과 함께 선행(Charitas)을 강조한 나머지 면죄부를 판매하면서 돈을 주고 면죄부를 사면 죄사함을 받는다는 것에 대해 강력하게 항거하였다.

칭의의 은혜를 받기 위한 조건은 회개하고 믿는 것이다 (막 1:15). 회개는 자기 자신을 아는 것, 믿기 전에 깨닫는 것이다. 회개란 무엇을 회개하는 것인가? 죄를 회개하는 것이다. 죄의 어원적 의미는 과녁을 벗어나는 것이다. 하나님께서 원하시는 삶을 살지 못하고 잘못된 방향으로 가는 것이 죄이다. 회개란 잘못된 방향으로 가는 길로부터 돌아서는 것이다. 자신이 죄인임을 깨닫고 고백하고 돌아서는 것 즉 자신의 죄를 인식하고, 시인하고, 돌아서는 것 즉 인식과 인정과 윤리적 결단의 행동이다. 이러한 다단계의 행위전체가 회개이다. 이 회개는 단순히 도덕적 양심으로만 가능한 것이 아니라 성령의 감동으로 이루어진다.

그러면 믿음이란 무엇인가? 첫째, 믿음은 하나님에 대한 믿음이다. 하나님은 영이시라 우리 눈에 보이지 않는다. 믿음은 보이지 않는 것을 믿는 것이다(히 11:1). 그러므로 믿음은 보이지 않는 하나님을 신뢰하고 의존하고 복종하는 것이라고 할 수 있다.

둘째, 믿음은 예수 그리스도의 대속의 은혜를 믿는 것이다. 인간의 죄는 죽음에 이르게 하는 것이지만 예수 그리스도께서 십자가에 달려 죽으심으로 인간의 죄값은 지불되었고 인간은 죄와 죽음으로부터 해방되었다. "내가 곧 길이요 진리요 생명이니 나로 말미암지 않고는 아버지께로 올 자가 없느니라"(요 14:6)는 예수의 말씀은 예수 그리스도의 유일절대성을 표현한 말씀이다. 따라서 예수 그리스도를 믿음으로써만 구원에 이를 수 있다.

셋째, 믿음은 성령의 산물이다. 칸트(Kant) 이후 인간은 이성으로 경험한 것만을 알 수 있다고 생각하게 되었다. 그런데 하나님은 인간이 경험할 수 없는 존재이다. 그러나 하나님께서 우리에게 믿음을 주시면 우리는 하나님을 믿어서 알게 된다. 이것은 신앙적인 체험이요 성령의 역사(役事)에 의해서 가능한 일이다. 성령으로 말미암지 아니하고는 예수를 주시라 할 수 없으며(고전 12:3), 성령의 9가지 은사 가운데 믿음의 은사가 포함된다(고전 12:9). 믿음은 성령의 감동으로 하나님께서 우리에게 주시는 은혜의 선물이라고 할 수 있다. 따라서 누구든지 죄를 회개하고 하나님께 나오면 하나님은 믿음을 선물로 주시며 누구든지 믿는 자는 멸망치 않고 구원에 이를 수가 있다. 그러니까 성령의 감동이 없으면 회개도 불가능하며 성령의 은총이 아니면 예수 그리스도를 믿을 수 없다. 우리는 선행적 은총으로 회복된 자유의지로써 말씀 앞에서 겸손하게 하나님의 부르심을 받아들이고 그 앞에 나가야만 구원의 은혜 안으로 들어가게 된다.

2. 중생(重生, Regeneration)

신생(新生, New Birth)이라고도 하는데 이것은 칭의와 동시에 일어나는 하나의 사건이며 한 사건의 다른 측면이다. 논리적인 순서에서만 칭의가 중생에 앞설 뿐이다. 하나님께서 사람을 의롭게 하시며 동시에 사람 안에서 역사하시는 일이 중생이다. 칭의가 객관적이고 상대적인 변화를 의미한다면 중생은 실제적인 내적 변화를 의미한다. 칭의가 죄책(guilt)을 제거하는 것이라면 중생은 죄의 세력을 제거시키는 것이다. 이 중생을 성화의 단계에서 본다면 성화의 시작(Initial Sanctification)이라고 할 수 있다.

칭의가 법률적인 설명이라면 중생은 생물학적인 출생에 비유한 설명이라고 하겠다. "중생은 회개하고 믿는 신자의 도덕적인 성품을 영적으로 깨우치고 영적 생명을 주어 그가 믿고 사랑하고 순종하게 하는 하나님의 은혜로운 역사를 말한다"(W. T. Purkiser). 그리고 죄와 허물로 죽은 인간에게 생명을 주는 것이다. 나아가서 중생은 하나님께서 인간을 생명으로 이끄시는 것이요 인간의 영 안에서의 변화이다. 그 때 죄의 사망에서 의의 생명으로 옮겨지며 이것은 능력 많으신 성령에 의해 영혼 안에서 이루어지며 이를 통하여 그리스도 안에서 새로워지며 하나님의 형상이 회복된다 (존 웨슬리).

중생의 본질은 첫째로, 도덕적인 변화를 의미한다. 이전의 죄악된 상태에서 죄 없는 새로운 존재에로의 변화이다. 죄의식과 죄책감 나아가서 죄에 대한 욕망을 제어할 수 있는 상태를 의미한다. 중생한 사람도 죄에 대한 욕구가 있고 죄를 지을 수도 있다. 그러나 현저히 죄를 싫어하고 죄를 이길 수 있는 성령에 속한 사람이 된다.

둘째로, 중생은 어린아이의 출생과 비교되는데 출생이란 성장을 전제한 것이며 동시에 그 자체가 완전한 인간의 탄생을 의미한다. 어린아이가 비록 약하고 불완전하고 미숙한 존재이지만 그러나 동시에 그는 완전히 독립된 하나의 인격적 실체이다. 나아가서 그는 점진적으로 성장해야 할 미완성의 존재이다. 이와 같이 중생한 인간이 비록 불완전하지만 그는 하나님 앞에서 완전히 구원받은 한 개체로서 실존하며 그리고 동시에 그는 점진적으로 성숙하여 성화의 단계를 지향해야 하는 가능성의 존재이다.

3. 양자됨(Adoption)

"너희는 다시 무서워하는 종의 영을 받지 아니하였고 양자의 영을 받았으므로 아바 아버지라 부르짖느니라" (롬 8:16). 예수 그리스도를 믿으면 그리스도 안에서 하나님을 아버지라고 부를 수 있게 되며 하나님의 자녀의 사귐 안으로 받아들여져서 하나님의 상속자 곧 그리스도와 함께 하는 상속자가 된다. 그리하여 잃어버렸던 아들의 특권을 회복하였으며 (눅 15:11~32), 마치 탕자가 돌아왔을 때 아들로 받아들여져서 아들의 영화로운 자리에 들어가는 것과 같이 우리가 예수 그리스도 안에서 하나님의 아들의 특권을 다시 부여받게 된다는 하나님의 선언적 행위이다.

양자됨의 특징은 첫째로, 하나님과 격리된 상태에서의 구출, 즉 양자의 특권회복이다. 둘째로, 옛날의 두려움에서의 해방이다. 셋째로, 하나님 나라의 권리와 특권의 향유이다 (롬 8:18~23). 즉 예수 재림의 영광의 후사로서의 소망이 있게 된 것이다. 이것이 아들된 자로서의 표적이라고 할 수 있다.

맺는말: 중생은 초기의 성화라고 할 수 있는데 성화의 단계에서 볼 때는 출발점이라는 뜻이다. 이제부터 성화의 단계에 이르기까지 점진적 성장과 순간적인 은혜가 있어야 하기 때문에 중생은 결코 신앙의 완성된 상태가 아니라 초기의 불완전한 상태, 미숙한 상태임이 분명하다. 그러나 중생하지 못한 사람은 결코 구원을 받을 수가 없으므로 이것은 기독교 신앙과 교리에 있어서 대단히 중요한 단계가 아닐 수 없다.

III. 성화론

필자는 18세기 감리교회의 창시자인 존 웨슬리와 20세기 개혁주의 신학자 칼 바르트를 중심으로 성령과 성화의 관계를 탐색해 보고자 한다. 웨슬리 신학의 백미인 구원론 특히 성화론을 중심으로 한 구원론은 감리교회와 성결교회 등 웨슬리안 신학의 전통과 특징을 가장 명료하게 표상하고 있으며, 칼빈과 칼빈주의 전통 위에 서 있는 칼 바르트의 성화론은 그리스도 중심적 성화론을 제시하게 될 것이다. 비록 신학적 전통과 특징이 서로 다르지만 그러나 양자 사이에 있는 공통적인 요소들을 살펴봄으로써 성서적이고 복음적인 신학의 수립을 위한 귀중한 공동지반을 발견하게 될 것이다. 그리고 양자 사이의 차이점들에 대한 대화는 앞으로 우리의 나아갈 길을 모색하는데 귀중한 통찰을 제공하게 될 것이다. 그러므로 이 절은 서술적이기보다는 변증적이 될 것이다.

1. 존 웨슬리의 성화론

1) 웨슬리신학의 배경

　　종교개혁자들의 배경이 당시 가톨릭교회의 신앙과 신학이었듯이 웨슬리 신학은 18세기 영국교회를 그 배경으로 하고 있다. 그리고 개인적으로는 그 부모의 경건한 신앙교육의 영향이 적지 아니하였으므로 이 양대 배경을 통해 그가 처했던 상황을 파악하고자 한다.

　　당시 영국교회는 하나님의 은총과 인간의 책임과의 관계에 있어서 인간 편을 주로 강조하였다. 영국교회의 감독 조지 불(George Bull, 1634~1710)은 칭의라는 것은 이미 거룩한 생활을 하고 있는 사람들을 하나님께서 사랑으로 받아들여 그리스도 안에서 영생을 받을만한 사람으로 인정하는 것을 의미한다고 하였다. 따라서 영국교회는 교인을 지도함에 있어서 성례전을 강조하였다. 이는 성례전을 인간이 의롭다함을 받기 위한 조건이 되는 중요한 선행의 하나로 보았기 때문이다.[25] 예수 그리스도의 대속은 만인을 위한 것이나 개인이 구원을 받느냐 못 받느냐 하는 것은 개인의 자유의지에 달려 있다. 곧 믿음을 하나의 선행으로 보았던 것이다.

　　웨슬리 부모의 입장은 영국 알미니안주의였다고 말할 수 있다.[26] 그들은 인간의 자유를 강조하고 칼빈주의의 무조건적 예정을 말하는 이중예정론을 반대하였다. 영국교회의 교리에 입각하여 믿음과 선행에 의해 의로워질 수 있다고 주장하였으나 실상은 사람의 순종 곧 인간의 선행을 더 강조하였다. 따라서 그들은 믿음을 하나님의 선물이라고 보는 대신에 인간의 도덕적 노력으로 이루어지는 선행의 하나라고 생각하여 인간의 행위라고 보았다. 이

---

25) William R. Cannon, *The Theology of John Wesley* (New York: Abingdon Press, 1946), 42.
26) 조종남, 〈요한 웨슬레의 신학〉 (대한기독교서회, 1984), 22.

런 입장에서 그들은 목회에서 성례전을 강조하고 교인들의 훈련에 역점을 두었으며 자녀들을 교육할 때도 순종을 위시한 훈련에 치중하였다.

이상과 같은 웨슬리신학의 시대적, 가정적 배경은 웨슬리의 신앙을 인간 중심적 신앙으로 형성하였다. 1738년 이전의 웨슬리는 사람은 선행을 함으로써 구원을 받는다고 믿고 자신의 의를 세우기 위해 노력하였다. 그가 옥스퍼드에서 신성클럽(Holy Club) 운동을 하였고 그 후 미국 선교사로서 선교를 하였으나 이런 모든 수고들은 결국 자신을 구원하기 위한 노력의 일환이었다.[27] 웨슬리는 이 시절을 가리켜서 자기는 아들로서의 신앙이 아니라 노예로서의 신앙을 가지고 있었다고 술회하였다.[28] 이러한 웨슬리의 생애에 결정적인 변화를 가져온 것이 1738년 5월 24일 올더스게이트에서의 체험이었다.

2) 올더스게이트 체험이 웨슬리 칭의론에 끼친 영향

웨슬리가 미국 조지아에 있을 때 스판겐베르그(Spangenberg)가 "당신은 예수 그리스도를 알고 있습니까?" 하고 물었다. 그 때 그는 "나는 그가 이 세상의 구주이심을 알고 있습니다" 하고 대답하였다. 그러나 "정말로 그가 당신의 구주이심을 아십니까?" 라는 질문에 "그렇다면 오죽이나 좋을까?" 라

---

27) Ibid., 24; 그러나 당시의 분위기가 웨슬리에게 끼친 영향이 반드시 부정적인 것만은 아닌 것 같다. 그는 종교개혁 이전의 고전인 토마스 아 켐피스의 〈그리스도를 본받아〉, 칼빈주의 경건을 대표하는 스코틀랜드인 헨리 스쿠갈의 〈인간 영혼 속에서의 하나님의 삶〉에서 깊은 영향을 받았으며, 1728년에는 성서를 그의 제1의 연구로 삼기로 하였다. 1738년 이후에도 그는 조지 휫필드의 "무죄적 완전"의 개념을 받아들였다. 디모데 L. 스미스, "웨슬리 신학의 역사적, 현대적 평가," 찰스 W. 카터 (엮음), 〈현대 웨슬리 신학〉 I (대한기독교서회, 1998), 137, 140. 그는 언제나 주변으로부터 긍정적인 영향을 받았으며 창조적으로 재생산하였다고 보아야 할 것이다.

28) Cannon, ibid., 65.

고 대답하였을 뿐이다. 1736년 4월 6일 피터 빌러(Peter Bohler)목사와의 대화 중에서 "나 자신이 신앙을 갖지 못한 상태에서 내가 어떻게 남에게 설교할 수 있겠는가? 나는 믿음이 생기기 전에는 설교하지 않겠다"고 고백하였다.

이러한 웨슬리 자신의 고백을 통해서 올더스게이트 이전의 웨슬리는 내적 갈등을 지닌채 형식적이고도 율법주의적인 목사로 머물러 있었다는 것을 알 수 있다.[29] 이러한 생활에 종지부를 찍은 것이 올더스게이트이다. 그것은 1738년 5월 24일 런던의 올더스게이트 거리에 있는 교회당에서 수요예배에 참석한 웨슬리가 사회자가 루터의 〈로마서강해〉 서문을 읽는 것을 듣고 있는 도중에 마음이 뜨거워진 체험을 가리키는 것이다. 이것은 그 동안 'almost Christian'의 상태에 있던 웨슬리가 온전한 크리스천으로 변화된 것이다. 과거에는 믿음을 '지적인 동의'로 보았으나 이제는 '신뢰(trust)'로 보게 되고 비로소 "믿음으로 의롭다 인정받게 된다는 진리 자체와 믿음에 대한 올바른 이해를 하게 되었다."[30] 이것은 "참된 복음적 회심"이었다.

그는 올더스게이트 체험 이후 18일 만에 (1738년 6월 11일) "믿음에 의한 구원"이라는 유명한 설교를 하였다. 웨슬리는 1725년 7월 29일에 모친에게 쓴 편지에서 믿음이란 "합리적인 어떤 근거에 동의하는 것이며 이성으로 해결될 수 있는 것"이라고 하였었다.[31] 그러나 그는 "믿음에 의한 구원(Salvation by Faith)"이라는 설교에서 다음과 같이 말한다. "믿음이란 머릿속에만 맴도는 생명 없는 차디찬 동의이거나 어떤 이론과 같은 사변적이고 합리적인 것이 아니고 마음의 상태이다. 그러므로 믿음은 그리스도의 보혈에 전적으로 의지하는 것이다. 곧 그리스도의 생애와 죽음과 부활의 공로에 대한 신뢰이다. 다시 말해 그리스도는 우리를 위해 세상에 오셨고 우리 가운데 살아계신 우리의 구속이 되시고 우리의 생명이 되시는 분으로 알아 의지하

---

29) 조종남, ibid., 43.
30) J. Wesley, *Works* III, 290.
31) J. Wesley, *Letters* I, 32.

는 것이다."[32] 더 나아가서 믿음은 하나님의 선물이요 인간이 이루는 것이 아니라 하나님이 하시는 일로 이해하게 되었다.

이러한 믿음에 대한 이해의 변화는 그의 칭의론에도 변화를 가져왔다. 당시 영국교회와 웨슬리는 율법주의적인 칭의사상을 취하여 인간은 스스로 두려움과 떨림으로 자기의 구원을 성취한다고 주장하였다. 그러나 올더스게 이트 이후의 웨슬리는 "칭의는 하나님께서 인간을 향하여 사역하시는 행위이며, 인간에게 값없이 주시는 믿음의 선물이며 죄인을 죄의 권세에서 해방시키는 것이며 예수 그리스도 안에 나타난 하나님의 형상대로 인간을 새로 짓는 것이다"라고 생각하였다. 캐논(Cannon)은 이러한 변화를 가리켜 "웨슬리의 칭의론은 다른 모든 것들의 척도와 결정 요소가 되었다. 지금 웨슬리의 사상은 그의 종교를 탈피하였다"라고 설명하였다.[33]

올더스게이트의 체험은 웨슬리의 칭의론에 결정적인 변화를 가져다 주었다. 지금까지 구원에 대한 확신이 없이 선행으로 구원에 이르려고 하였던 그에게 있어서 구원이 오직 믿음으로 말미암는다는 이신칭의의 종교개혁자적인 이해는 영국교회의 이해를 일신시키게 되었다. 이제 믿음은 지적인 것이 아니라 체험적인 것으로 바뀌게 되었다.

3) 인간의 타락과 선행적 은총

웨슬리는 사람은 하나님의 형상을 따라 지음을 받았으므로 아담의 원상태는 죄 없는 하나님의 사랑 가운데서 살고 있는 모습으로 생각했다. 그는 하나님의 형상을 세 가지로 설명하였다.

---

32) J. Wesley, *Sermons* I, 40.
33) Cannon, ibid., 80.

(1) 자연적 형상—사람은 영원한 존재로서 이해력과 의지의 자유를 가지고 있는 영적 존재다.
(2) 정치적 형상—사람은 다른 피조물을 관리하는 능력을 가지고 있다.
(3) 도덕적 형상—사랑, 정의, 자비, 진리, 순결을 가지며 의롭고 거룩한 존재이다.

그런데 인간의 타락으로 말미암아 인간은 전적으로 죄인이 되었다. 웨슬리는 종교개혁자들과 같이 아담의 타락의 결과로 온 인류도 타락하게 되었다고 주장한다.[34] 그는 나면서부터 부패된 인간의 상태를 악한 뿌리라고 불렀다. 이러한 철저한 인간의 타락을 주장하게 된 것은 그의 올더스게이트의 체험을 통한 것이라고 할 수 있다. 신앙체험을 통해서 종교개혁자들과 같이 현실적인 죄인으로서의 인간이라는 심오한 인간관에 도달한 것이다.[35]

웨슬리는 아담의 범죄로 인한 인류의 타락을 믿는 동시에 하나님께서는 그 타락한 인간을 위하여 사역하고 계신다는 것을 믿었다. 이는 인간의 상태를 하나님과의 관계에서 보는 가운데서만 통찰할 수 있는 것이다. 이 사역을 웨슬리는 선행적 은총(Gratia Prevenius)의 개념으로 설명해 나간다. 웨슬리에 의하면 이 선행적 은총은 사람이 의롭다 함을 얻기 이전에도 모든 인류에게 사역하고 있었다. 그러므로 타락이후 자연적인 그대로의 상태로 머물러 있는 인간은 현실적으로는 존재하지 않는다. 인간이 타락으로 인하여 하나님과의 사이에 완전한 간격이 생겼음에도 불구하고 하나님 편에서 먼저 값 없이 모두에게 은혜를 주심으로 인간은 구원받을 수 있는 예비적 은혜를 받고 있다는 것이다.[36] 그러므로 웨슬리신학에서는 사람이 은혜를 못받아서 구원을 못 받는 것이 아니라 은혜를 받고 있음에도 불구하고 인간이 반역하

---

34) Wesley, *Works* VI, 271~272.
35) 조종남, ibid., 98.
36) J. Wesley, *Works* VII, 373.

기 때문에 그렇게 된다고 본다.[37]

웨슬리는 하나님의 은총이 모두 예수 그리스도의 대속에 근거하고 있다고 본다. 그 대속의 첫 번째 결과로서 하나님께서는 선행적 은총을 모든 사람에게 값없이 주셨다고 말한다. 이 결과 타락으로 인하여 전적으로 파괴된 하나님의 형상이 부분적이나마 어느 수준까지 회복되었다고 보았다. 이런 관점에서 인간의 양심이라고 불리어지는 것도 하나님의 은혜에서 나온 것이다. 웨슬리에 의하면 인간이 하나님의 부르심에 응답할 수 있는 어느 정도의 자유의지를 가지고 있다면 이것도 이 선행적 은총 때문이다.[38] 그러므로 실존적 인간은 모두 죄인임에도 불구하고 하나님의 은혜 아래에 있는 것이다. 하나님의 보편적인 사역아래 있는 인간은 부패성을 가지고 있으나 원죄의 죄책에서 해결되어 있으며, 자유의지가 부분적이나마 회복되어 있어서 하나님의 구원의 사역에 협동할 수 있으므로 자기 구원을 위해 일해야 할 책임이 있다고 보았다. 그러므로 구원에 있어서도 인간은 전적으로 하나님의 은총에 의지하고 있으며, 동시에 그럼에도 불구하고 인간에게 책임이 있다. 또한 이 구원은 모든 사람을 위한 것이므로 우리는 전도를 해야 한다.[39] 스타키(Starkey)는 이러한 웨슬리의 입장을 특징지어 '복음적 협동설'(Evangelical Synergism)이라고 명명하였다.

웨슬리의 이러한 이해는 은총과 자연의 관계에서 양극화되어 고민하는 오늘의 신학계에 그 해결의 실마리와 통찰력을 제공하고 있다. 또한 이것은 선교에 있어서 교회의 책임을 올바르게 찾게 해 준다. 즉 하나님의 은총의 사역에 근거하여 낙관적인 소망을 가지는 동시에 교회가 선교할 책임을 짊어지고 있음을 분명하게 밝혀주고 있다.[40]

---

37) Ibid., 512.
38) Wesley, *Works* IX, 265; 조종남, ibid., 101.
39) 조종남, ibid., 102.
40) 조종남, ibid., 105.

4) 구원론의 특징과 순서

웨슬리의 신학은 그 중심이 구원론이라고 할 수 있다. 그의 신학은 전도와 설교의 현장에서 수립되었기 때문이다. 그리고 그의 설교의 강조점이 성화에 있었듯이 그의 구원론이 성화론에 강조점을 두고 있는 것이 그 특색이다. 웨슬리는 구원이라는 말을 두 가지 의미로 사용하였다. 현재의 구원과 궁극적인 구원이다. 그러나 흔히 웨슬리는 이 구원을 현재의 구원에 국한시켜 칭의와 성화를 의미하고 있다. 그리고 성화에 그의 강조점을 두어 구원론을 전개하였다. 또한 웨슬리는 넓은 의미에서 구원을 인간에게 사역하시는 하나님의 은총의 사역 전반을 포함하여 설명하기도 한다. 이 경우에 구원은 선행적 은총으로 시작하여 영화의 사건으로 종결된다. 이렇게 구원을 이해하게 될 때 구원의 순서는 다음과 같다.

1. 선행적 은총(preventing grace)
2. 깨우치고 책망하는 은총(convincing grace)
3. 의롭게 하는 은총(justifying grace)
4. 성화하는 은총(sanctifying grace)
5. 영화롭게 하는 은총(glorifying grace)으로 연속되면서 사역한다고 보았다.

인간에게는 이와 같이 사역하시는 하나님의 은총에 호응하여 회개하고 믿는 것뿐이다. 그러나 이 구원의 시작과 마지막에는 하나님의 은총만이 홀로 사역한다. 선행적 은총과 영화롭게 하는 은혜는 사람의 호응의 여지가 없다. 이 점으로 보아 웨슬리는 구원론에 있어서 종교개혁자들과 그 출발점을 같이 하고 있다.[41]

---

41) Ibid., 124.

이상에서 살펴본 구원의 순서는 죄에 대한 이해와 함께 고찰할 때 보다 더 잘 이해될 수 있다. 웨슬리는 죄의 종류를 모든 인류에게 미친 아담의 죄인 원죄와 개인이 스스로 짓는 자범죄(personal sin, actual sin)로 구별하며 이 자범죄를 편의상 내재적 죄와 외적인 죄로 구분한다. 한편 유의적 죄와 무의적 죄(involuntary sin)로 나누기도 한다.

어쨌든 모든 죄는 객관적인 결과와 주관적인 결과가 있는데 전자는 하나님과의 율법적인 관계에서 설명된 것으로 죄책(guilt)이라고 하며 후자는 죄의 부패성(depravity)이다. 인간은 죄책에서 용서를 받아야 하고 부패성은 범죄하게 하는 세력이다. 위에서 진술한 구원의 단계를 죄문제와 연결하여 다음과 같이 이해할 수 있다.

1. 원죄로 인한 죄책은 모든 사람에게 주신 선행적 은총 곧 예수 그리스도의 대속의 공로로 해결되었다. 그러므로 선행적 은총 아래 있는 실존적인 인간은 원죄의 부패성만을 가지고 있을 뿐이다. 이 부패성 때문에 실존적 인간은 자범죄를 짓게 된다.[42]

2. 자범죄로 인한 죄책은 칭의에서 용서를 받아야 한다.

3. 그리고 누적된 죄의 부패성은 성화의 과정에서 씻김을 받는 것으로 풀이 된다. 웨슬리는 이 성화가 신생의 사건으로 시작되어 성화의 과정에서 온전한 성화로 그 성장이 계속되어 마침내 영화로 완결된다고 보았다.

4. 이 영화의 사건에서는 죄로 인한 모든 제약성과 허약성에서도 해방을 받는다고 보았다. 전술한 바와 같이 웨슬리의 중요한 관심사는 현재적 구원에 있었다.

---

42) Wesley, *Works* VIII, 277.

5) 칭의

칭의는 죄책에서 용서를 받고 하나님의 사랑을 받는 자리로 회복되는 것을 의미한다. "이는 하나님께서 화목제물로 인하여 지난날의 죄를 용서함으로 자기의 의를 나타내시는 하나님의 행위이다. 사망의 선고를 받은 죄인을 생명으로 옮겨놓는 하나님의 선언이다"[43] 웨슬리는 칭의에 있어서 다음의 세 요소가 관련된다고 말한다. 즉 하나님에게서는 그의 위대한 자비와 은혜, 그리스도에게서는 하나님의 공의를 충족시킨 대속 그리고 우리 인간에게 있어서는 그리스도의 공로를 믿는 참된 산 믿음, 이 세 가지가 함께 있어야 한다는 것이다.[44]

칭의의 은혜를 받기 위한 조건은 "회개하고 믿는 것이다. 회개는 자기 자신을 아는 것, 믿기 전에 깨닫는 것이다." 그는 "잠자는 자여 깰지어다. 네가 죄인인 것, 어떤 죄인인 것을 알라"고 하였다. 웨슬리에 의하면 회개에는 두 가지가 있다. 첫째로 율법적인 회개는 죄에 대한 철저한 깨달음이다. 둘째로 복음적인 회개는 깨달은 나머지 모든 죄에서 거룩한 것으로 마음을 바꾸는 것이다.[45] 이와 같이 믿음에 선행하는 것으로 회개를 강조한다는 점에서 칼빈과 대조적이며 보다 실존적인 경향이 있다고 보겠다.[46]

칭의의 사건에 동반되는 사건으로 웨슬리는 신생(중생)과 양자됨(adoption)을 말한다. 이 사건들은 시간적으로는 동시적이다. 한 사건의 다른 측면이다. 구원이라는 하나의 사건을 법률적인 개념으로 설명하는 것이 칭의라고 한다면, 생물학적인 출생에 비추어 설명하는 것이 신생이며 똑같은 구원을 양자 입양이라는 관습에 비추어서 설명하는 것이 양자됨이다. 논리적인 순서에서

---

43) Wesley, Notes on Rom. 5:18.
44) Wesley, *Works* VIII, 361f.
45) Notes on Matt. 3:8.
46) 조종남, ibid., 127.

만 칭의가 신생에 앞설 뿐이다.[47] 하나님께서 사람을 위하여 의롭게 하시며 동시에 사람 안에서 사역하시는 일이 신생이다. 칭의가 하나님과의 관계에서 상대적인 변화를 의미한다면 신생은 실제적인 내적 변화를 의미한다. 칭의가 인간을 하나님의 사랑을 받는 자리로 회복시키는 것이라면 신생은 하나님의 형상으로 회복시키는 것이다. 칭의가 죄책을 제거하는 것이라면 신생은 죄의 세력을 제거시키는 것이다. 이 둘은 시간적으로 동시에 일어나는 것이나 그 성격에서 구분된다. 이 신생을 성화의 단계에서 볼 때는 성화의 시작(Initial Sanctification)이다.

위의 사건을 다른 각도에서 볼 때 양자되는 사건이 된다. 즉 하나님의 자녀의 사귐으로 받아들여져서 하나님의 상속자 곧 그리스도와 함께 하는 상속자가 된 것이다. 한편, 단절되었던 하나님과의 관계의 회복이라는 점에서 볼 때 화목이라고 부를 수 있다. 신생에서와 마찬가지로 이 양자의 화목은 칭의에 자동적으로 수반되는 것으로 칭의와 분리해서 생각할 수 없다.

6) 성화

A. 칭의와 성화

존 웨슬리는 어거스틴이나 종교개혁자들과 비견해도 좋을 만큼 하나님의 은총을 강조한 은혜의 신학자이다. 그는 성화론을 통하여 하나님의 구속의 은총이 현재 여기에서 얼마나 깊이 사역하느냐 하는 것을 어느 종교개혁자보다도 명백하게 통찰하였고 중요시하였다. 구원은 죄인이 의롭다함을 받는데 그치지 아니하고 실제로 변화를 받는 것이라고 웨슬리는 주장한다. 전자를 칭의, 후자를 성화라고 구분한다. 칭의는 하나님과의 관계를 객관

---

47) J. Wesley, *Sermons* I, 299~300.

적 또는 율법적으로 보아 우리가 죄책에서 용서를 받는 상대적인 변화를 말하며 성화는 주관적으로 보아 우리 속에 있는 죄의 성질에서 자유를 얻는 실제적인 변화를 말한다. 전자가 하나님과의 수직적인 관계를 언급한다면 후자는 하나님의 사역을 시간성에서 본 것이다. 웨슬리에게 있어서 칭의와 성화는 하나님의 똑 같은 은총에 대한 다각적인 이해라고 할 수 있다. 나아가서 칭의는 성화의 과정의 시작이요 성화는 칭의 받은 사람이 더욱 성장하여 이루게 될 목표라고 할 수 있다. 그러므로 칭의가 없이 성화가 있을 수 없으며 성화가 없이 칭의는 미완성이라고 할 수 있다.

B. 성화론의 특징

웨슬리의 성화론은 다음 세 가지의 견해가 종합되어 독특한 특징을 이루고 있다.

1) 당시 모라비안의 극단적인 것을 지양하는 점진적 성장의 개념이다. 몰터(Molther)를 중심으로한 모라비안은 당시 사람은 거듭나는 순간에 완전히 성화되어 더 이상 성장의 여지가 없다고 주장하였다.
2) 웨슬리의 성화론은 점진적인 성장의 개념과 순간적인 요소가 종합되어 있다. 이것은 당시의 칼빈주의자들의 성화론과 구별되는 것이기도 하다. 칼빈은 사후의 성화를 주장함으로써 점진적인 성화의 과정을 말했지만 웨슬리는 생전의 성화를 말함으로써 점진적인 요소와 순간적인 요소를 통합하였다.
3) 웨슬리의 성화는 점진적인 과정에 하나님의 직접적인 사역으로써 순간에 보다 고차적으로 끌어올려지는 단계가 있다고 하였다.

다시 요약한다면 1) 회개와 믿음으로 신생과 함께 성화가 시작하며(initial sanctification) 2) 신자로서의 회개와 믿음으로 온전한 성화(entire sanctification)곧 성결에 이르며 3) 마침내 영화하는 순간적 단계에 이른다고 보았다. 웨슬리가 성화의 과정에 순간적인 단계가 있다고 주장하는 것은 성화가 인간의 수양으로서 가능한 것이 아니라 체험을 통하여 하나님의 은혜와 믿음으로 말미암는 것임을 확신했기 때문이다. 나아가서 성화는 하나님의 역사로서 인간이 죽은 후 연옥에서 이루어질 것이 아니라 이 땅 위에 있는 동안 성취될 수 있는 것임을 깨닫게 되었다. 웨슬리에 의하면 성화는 하나님께서 하시는 일이다. 그러나 그는 인간의 책임을 결코 도외시 하지 않았다. 이러한 그의 견해는 하나님은 사람과 더불어 역사하신다는 복음적 협동설과 일치한다.[48]

C. 성화의 단계

성화의 과정이 점진적인 개념에 순간적인 요소가 결합되어 있다는 점을 고찰하였다. 그런데 이 성화의 개념은 두 가지 뜻을 내포하고 있다. 소극적인 면과 적극적인 면이다. 소극적인 면에서 성화는 죄의 세력에서 자유케 되며 죄의 성질로부터 씻김을 받는 것이다. 그리고 적극적인 면으로는 하나님의 사랑이 우리에게 부어지는 것이며 이 생명이 은총 안에서 성장하는 것이다.

1. **초기의 성화**: 사람이 거듭날 때 성화가 시작된다는 것이 웨슬리의 견해인데 이를 흔히 초기의 성화라고 한다. 거듭남으로 인하여 성화의 단계에 들어갔으나 온전한 성화에 이르기 전까지의 신자의 상태를 말한다. "그는 겸손하나 온전히 겸손하지 못하며 그의 겸손은 자만과 섞여 있다. 그는 온유

---

48) J. Wesley, *Works* IV, 511f.

하나 때때로 분노가 그의 온유를 부수어버린다. 그의 의지는 하나님의 뜻에 전적으로 융해되지 못했다."[49]

2. **온전한 성화**: 웨슬리에게는 두 개의 순간적인 체험이 있다. 하나는 중생과 동시에 일어나는 초기의 성화요 다른 하나는 그 후에 오게 되는 또 하나의 순간적인 체험 곧 온전한 성화이다. 전자를 불신자가 회개하고 믿음으로 얻는 순간적인 체험이라고 한다면 후자는 신자가 자기 안에 남아 있는 죄를 깨닫고 믿음으로 받는 신앙 체험이다. 이것을 웨슬리는 "제 2의 축복," "두 번째 변화," "온전한 구원," "그리스도인의 완전" 이라고 하였다. 그리고 이것의 본질은 "온전한 사랑" 혹은 "순수한 사랑," "동기의 순수성" 이라고 할 수 있다.

이 순간적인 체험을 통해서 신자는 마음속에 남아 있는 죄성으로부터 씻김을 받으며 사랑과 봉사에 더 큰 힘을 얻어 승리하는 생활의 계기가 된다는 것이다. 그러나 온전한 성화의 체험이 그리스도인의 생활의 최종목표는 아니다. 성화의 은혜를 받은 사람도 성도로서 승리할 때까지 계속 전진해야 한다.

웨슬리의 성화는 신자의 마음속에 남아 있는 죄성의 씻음이라고 이해되는데 이것을 웨슬리안들은 원죄의 부패성의 제거라고 해석하고 있다. 그러니까 칭의는 자범죄(실제적 죄)의 죄책을 제거하는 것이고 성화는 원죄의 부패성을 제거하는 것이기 때문에 성화의 단계에 이른 사람들은 죄를 짓지 않게 된다고 말한다. 물론 성화에 이르렀다고 해서 인간의 연약성과 유혹으로부터 자유하게 된 것은 아니다. 인간의 연약성 때문에 무의지적인 죄를 지을 가능성이 남아있고 유혹을 받아서 죄에 이를 가능성은 남아 있다고 한다. 그렇다면 무의지적인 죄를 지을 수 있는 근원으로서의 연약성은 원죄의 쓴뿌리와 무슨 차이가 있는가? 웨슬리가 말하는 성화가 원죄의 부패성을 제거한 것이며 그

---

49) Wesley, *Works* VI, 489.

래서 죄를 짓지 않는 것이라고 하면서도 무의지적인 실수를 범할 수 있는 근원으로서의 연약성을 인정한다면 그런 성화는 무슨 의의가 있을 것인가? 원죄의 쓴뿌리 또는 원죄의 부패성이 남아 있는 것과 인간의 연약성으로부터 나오는 무의지적인 실수의 근원이 남아 있다는 것 사이에는 무슨 차이가 있는지 묻고 싶다. 필자는 이 양자 사이의 차이를 구별하기 어렵다.

따라서 필자는 성화가 원죄의 부패성을 제거한다는 이론을 납득하기 어렵다. 필자가 경험한 바에 의하면 성령세례를 받고 나 자신이 천사가 된 것 같은 '순수한 사랑'과 '동기의 순수성'이라는 성화의 체험을 한 다음에도 내 속에 원죄의 뿌리가 있어서 마음속으로부터 죄가 올라오는 것을 피할 수가 없었다. 이것을 날마다 기도하는 가운데 예수 그리스도의 피로 씻고 용서함 받고 새로운 존재로 변화된 삶을 살아가는 것이지 아무리 성화의 경험을 하였다고 할지라도 그것이 원죄의 부패성을 제거했다는 것은 지나친 주장이라고 본다. 오히려 이러한 주장은 견실한 영적 훈련을 등한히 하게 할 위험이 있다고 본다. 마틴 로이드 존스도 성령세례를 통해서 우리는 결코 다시는 죄를 범할 수 없다고 느끼게 되는데 그것은 그렇게 느낀 감정이지 실제로 그렇다는 것은 아니라고 주장하였다.[50] 그러므로 성화는 원죄의 문제를 완전히 해결했다는 문자적인 의미의 완전이라고 하기 보다는 오히려 부단히 계속해서 우리 삶 속에서 일어나야 하는 신앙의 목표와 이상으로서 강조되어야 할 것이다. 그러나 성화의 경험에 대한 기억이 우리를 끊임없이 채찍질하여 우리로 하여금 성화의 삶을 지향하도록 하는 근거가 되기 때문에 성화의 경험은 대단히 의의가 있는 사건이라고 본다. 한번 성화의 체험을 하고

---

50) 마틴 로이드 존스, 〈성령세례〉 (기독교문서선교회, 1986), 139. "성령세례를 체험하는 동안 그는 결코 다시는 죄를 범할 수 없다고 느낍니다...그래서 사람들은 이 성령세례와 성화를 동일시하려는 경향이 있다는 것은 전혀 놀라운 사실이 아닙니다...그와 같이 느낀다 할지라도 그것이 죄를 전적으로 근절시켰다는 것을 의미하는 것은 아닙니다. 그것은 사람이 그 때에 그같이 느낀 감정이지 실제로 그렇다는 것은 아닙니다."

한번 천국의 맛을 미리 맛본 사람은 그 맛을 잊을 수가 없고 그 아름다움을 포기할 수 없다. 왜냐하면 성령님이 내 안에 내주하시기 때문이다. 그래서 성화의 상태를 지향하며 긴장된 투쟁을 계속할 수 있게 되는 것이다. 이런 성화의 경험을 한 것과 하지 않은 것은 큰 차이가 있다고 본다.

D. 성화론의 의의

많은 신학자들은 구원론을 말할 때 칭의의 교리에 그치고 만다. 여기서 우리는 악한 인간을 변화시킬 하나님의 해결책은 없는가 하고 묻게 되며 하나님의 은총은 겨우 의롭게 하는 데까지만 행동하는 값싼 것인가라고 반문하게 된다.

이 문제에 대한 해답으로서 웨슬리의 성화론은 의의가 있다. 웨슬리는 죄의 깊이를 그들 못지않게 보는 동시에 그보다 더욱 깊게 구속의 은총을 투시함으로써 신자에게 소명을 안겨 주고 있는 것이며 이것은 바로 값비싼 은혜를 천명한 것이다.[51] 은총의 사역을 미래에 남겨놓고 체념하고 있는듯한 종교개혁자들에 비하여 웨슬리는 보다 실존적인 관점에서 현재 여기에서 하나님의 구속의 역사를 봄으로써 은총의 낙관론을 천명했다는데 큰 의의가 있다. 이 성화론은 오늘의 교회생활에 활력을 주는 원동력으로서 그 교리의 강조가 요청된다고 하겠다.

7) 결론

웨슬리는 종교개혁자들의 입장에 서서 은총에 의한 믿음을 통한 칭의를 주장하였다. 이 믿음은 단순한 지적 동의가 아니라 성령에 의한 체험으로

---

51) 조종남, ibid., 143.

주어진다. 그리고 칭의는 선행적 은총과 성화에 연결되어 전체 구원론을 형성한다. 그러므로 성화는 우리의 내면에서 일어나는 체험적인 사건이다. 이러한 웨슬리의 성화론은 주관적 성화론(The subjective doctrine of sanctifica-tion)이라고 할 수 있다. 웨슬리신학에서 구원론이 강조되는 것은 그가 강단 신학자가 아니라 전도자와 순회설교가로서 부딪쳤던 그의 삶의 자리에서 이해되어야 할 것이다. 이러한 역동적인 선교현장과 연관하여 웨슬리의 성화론은 진정으로 이해되고 평가될 수 있다. 이것이 그의 성화론의 특성과 독창성이라고 할 수 있다.

웨슬리신학에 의하면 인간은 하나님의 은혜의 울타리 안에 갇힌 피동적 존재가 아니라 은총으로 말미암아 회복된 자유의지로 응답해야 하는 책임적 존재이다. 그러므로 여기에 인간의 결단과 행동을 촉구할 신학적 근거가 있다. 이것은 성결의 현재성을 강조하는 웨슬리 성화론의 특징이다. 다만 선행적 은총에 대한 성서적 근거가 빈약한 것이 극복되어야 할 과제라고 본다.

2. 칼 바르트의 성화론

1) 머리말

20세기의 위대한 신학자 칼 바르트는 개혁교회의 신학적 전통을 따라서 성화론을 전개하였다.[52] 그러므로 점진적인 성화와 지상에서의 성화의 미완성을 주장하는 개혁신학의 전망 안에서 바르트의 성화론을 고찰하고자

---

[52] K. Barth, *Church Dogmatics* IV/2 (Edinburgh: T. & T. Clark), 499~613, §66 "The Sanctification of Man" 참조. 김광식 교수는 바르트의 성화론이 루터의 영향을 받고 있다고 하였다. 그러나 전반적으로 칼빈의 영향이 강하다고 본다. 김광식, 〈조직신학〉 III (대한기독교서회, 1997), 316 참조.

한다. 더 나아가서 바르트 신학의 특징인 그리스도중심주의(christocentrism)가 그의 성화론에서 어떻게 나타나고 있는지 살펴보고자 한다. 그리고 〈교회교의학〉 IV/1-4 화해론에서 성령론적인 강조가 점점 더 강화되고 있는데 이런 관점에서 성화론을 고찰하고자 한다.[53]

2) 성화의 정의

일반적으로 성화는 칭의(justification)와 함께 또는 중생(regeneration)과 함께 관계개념으로서 사용된다. 개혁교회는 객관적이고 법적인 상태의 변화인 칭의와 이에 대해 주관적으로 우리 안에서 일어나는 변화를 가리키는 성화를 말함으로써 칭의와 성화를 구별하였다. 즉 하나의 구원이라는 사건을 어느 각도에서 보느냐에 따라서 칭의와 성화를 나눈 것이다. 반면에 웨슬리안에 의하면 성화는 그리스도인으로 거듭난 이후에 새 생명이 성장하여 장성한 분량에 이르는 것을 뜻하며 이것은 그리스도인의 삶의 성숙 내지는 완성을 의미한다. 그런데 웨슬리안은 내적인 변화를 초기단계와 후기단계로 구별하기 때문에 중생 다음에 성화의 단계가 별도로 와야 한다고 본다. 그러나 개혁주의에서는 칭의와 함께 성화가 시작하며 이 성화는 완성되는 것이 아니라 다만 계속해서 성장해 갈 뿐이라고 본다. 여기에서 성화 이해의 차이가 발생하게 된다. 그러므로 개혁교회의 성화는 웨슬리안에서 말하는 중생과 거의 같은 함의를 가진다고 볼 수 있다. 예컨대, 칼빈의 〈기독교 강요〉에는 별도의 장(章)으로서의 성화론이 없다. 〈기독교 강요〉에서 말하는 회개와 중생은 오늘날의 성화와 같은 의미로 사용되고 있다. 그러므로 칼빈의 구원론에서 성화를 나타내는 내용을 추출해서 그의 성화론을 구성할 수 있을 뿐

---

53) 칼 바르트신학의 성령론적 강조에 대해서, 전성용, 〈칼 바르트의 성령론적 세례론〉(한들출판사, 1999), 48ff.

이다. 따라서 바르트가 말하는 성화 역시 웨슬리안에서 말하는 중생과 거의 같은 의미로 사용되고 있다.

그리고 성화(sanctification)와 성결(holiness)이 혼용되고 있는데 거의 동일한 의미이나 약간의 뉘앙스의 차이가 있을 수 있다. 성화는 성결에 이르는 과정을 포함하는 개념이요 성결은 성화를 이룩한 상태라고 구별할 수 있다. 하나님은 성결하신 분이지 하나님이 성화한다고 말할 수는 없다. 하나님은 성화할 수가 없다. 그는 본래부터 성결하다. 그러나 인간은 성화되어야 하는 존재이다. 인간은 성결하기 위하여 성화의 과정을 거쳐야 한다. 개혁교회는 지상에서의 완전한 성화를 부인하고 성화되는 과정을 강조하기 때문에 성결 보다는 '성화'를 선호하는 반면에 웨슬리안은 지상에서 완전한 성화를 이룰 수 있다고 보기 때문에 '성결'을 선호하게 된다고 본다.

성화에 대한 정의들을 소개하면, 후크마는 "우리는 우리의 책임 있는 참여를 포함하여 하나님의 형상에 따라서 죄의 오염으로부터 우리를 건지시며 우리의 본성 전체를 새롭게 하시어서 우리가 주님을 즐겁게 하는 삶을 영위할 수 있도록 하시는 성령의 은혜로운 역사를 성화라고 한다"[54]고 하였고 이것을 더욱 더 줄여서 "우리를 거룩하게 하시는 하나님의 사역을 가리켜 우리는 성화라고 한다"[55]라고 정의하였다. 벌코프는 "성령의 자비로우시고 끊임없는 역사로 죄의 부패에서 죄인의 전 성품을 정결케 하여 줌으로써 선한 일을 할 수 있게 하는 것이다"라고 하였다.[56] 존 웨슬리에 의하면 온전한 성화는 신자가 다시 자기의 무능과 자기 안에 아직도 남아 있는 죄를 깨닫고 믿음으로 받는 신앙체험으로서 이 순간적인 체험을 통해서 신자는 마음속에 남아 있는 죄성으로부터 씻김을 받으며 사랑과 봉사에 더욱 큰 힘을 얻어

---

54) 안토니 A. 후크마, 〈개혁주의 구원론〉(서울: 기독교 문서선교회, 1991), 316.
55) 안토니 후크마, "개혁주의 입장" in 멜빈 디어터외 저, 〈성화에 대한 다섯 가지 견해〉(한국기독학생회 출판부, 1991), 77.
56) 루이스 벌코프, 〈신학개론〉(서울: 세종문화사, 1976), 246.

승리하는 생활의 계기가 된다고 하였다.[57)

3) 칼빈의 성화론

칼빈의 성화론은 칭의와의 밀접한 연관에서 이해해야 할 것이다. 칼빈에 의하면 그리스도인의 삶에는 두 개의 초점이 있는데 그 하나는 죄사함을 받아 의롭다 함을 받는 칭의요 다른 하나는 성화라는 윤리적인 재생이다. 칭의와 성화는 예수 그리스도 안에 있는 한 실재요 한 은총으로서 성령을 통하여 믿음으로 동시에 받는 은총의 두 면인데 이 양자는 결코 분리될 수 없고, 구별되어야 하며, 하나가 될 수 없다. 칼빈의 성화론의 특징을 약술하면 다음과 같다.

첫째로, 성화의 주체는 인간의 신앙이 아니라 예수 그리스도의 객관적 계시이며 신앙의 주체는 나의 종교적 능력이 아니라 성령이다. 즉 인간을 초월하는 하나님의 주권과 은총을 강조하였다. 그러므로 성화는 성령의 능력에 의하여 인간에게 부여되는(imputation) 것이다.

둘째로, 성화는 칭의와 함께 주어지는 하나님의 이중은총(double grace)이다. 그런데 성도의 지상생애에서 이 성화는 완성되는 것이 아니다. 칼빈은 우리가 성화되어 성령의 인도아래 주의 법도를 따라 행한다 할지라도 우리가 자신을 잃어버리고 교만하지 않기 위하여 여전히 불완전한 것의 흔적(trace of imperfection)을 남겨 두어 우리로 하여금 겸손히 될 기회를 주는 것이라고 하였다. 그러므로 우리는 점진적으로 성화되어 갈 뿐이지 완전한 성화는 죽음 이후의 일로 남겨두었다.[58)

셋째로, 성화의 열매인 선행은 구원의 공적과 관계가 없으며 구원은 행함

---

57) 조종남, 〈요한 웨슬레의 신학〉 (대한기독교서회, 1984), 135f.
58) Calvin, *Institutes*, III. 3. 10; Ibid., III. 17. 15; 조종남, 〈요한 웨슬레의 신학〉, 143 참조.

과 관계가 없이 믿음으로 받는 것이다. 그러나 칼빈은 선행을 통해서 구원의 완성에 이른다고 보았다. 즉 성화는 하늘나라에 들어가는 길이 아니라 선행을 통해서 하나님의 영광을 나타내고 하늘나라로 인도하는 단계로서 필요한 것이다.59) 그리스도인은 하나님의 자녀로서 성화되어 율법에 순종하여 선행을 실천하는 생활의 거룩함을 나타내야 한다. 그러나 이 선행도 성령의 도우심으로만 가능한 것이다. 그러므로 믿음으로 말미암는 칭의(justification by faith)라는 종교개혁의 가장 중요한 가르침과 함께 성화도 믿음으로 말미암는 것이지 인간의 노력으로 말미암는 것은 결코 아니다.60)

넷째로, 성화는 자기를 부정하고(renunciation), 십자가를 지는 삶이다.61) 이것은 칼빈의 성화론의 핵심적인 내용이라고 할 수 있다. 우리는 우리 자신의 주인이 아니고 하나님께 속하였으며 하나님의 것이다. 칼빈은 하나님을 향한 헌신을 통해서 자기를 부정해야 하며 자기 부정은 이웃을 향한 우리의 태도를 바르게 해 준다고 하였다.62) 그리고 자기 부정의 일부로서 우리는 그리스도를 따르는 자로서 각각 우리의 십자가를 져야 한다고 주장하였다. 십자가에는 아픔이 있지만 십자가를 지는 동안 우리는 영적인 기쁨으로 충만해지며 감사하게 된다고 하였다.63)

칼빈은 칭의를 하나님의 은혜의 객관적인 측면으로, 그리고 성화를 주관적인 측면으로 구별함으로써 하나님의 은혜의 이중성을 말했다. 그리고 성화는 완성되는 것이 아니라 단지 성장하여가는 것이라고 보았다. 마지막으로 성화는 자기를 부정하고 십자가를 지는 삶으로서 이것은 그리스도에게 참여하는 것이라고 하였다. 그러면 이러한 칼빈의 성화론이 바르트의 성화

---

59) 예컨대, 대학입시에서 수석으로 입학하여 장학금을 받는 학생이 있는 반면에, 겨우 합격하는 자의 영광이 다른 것과 유사하다고 할 수 있다.
60) 후크마, ibid., 84 cf.
61) *Institutes*, III. 7; Ibid., III. 8.
62) 칼빈, 〈기독교 강요〉 III(서울: 로고스, 1991), 194ff.
63) Ibid., 220.

론에 어떻게 반영되었는지 그리고 바르트의 성화론이 어떻게 발전적으로 전개되었는지 살펴보고자 한다.

4) 칼 바르트의 성화론

바르트의 성화론은 그의 화해론 CD IV/2에서 진술되었다. 바르트의 구원론이라고 할 수 있는 화해론의 체계 안에서 그의 성화론이 해명되고 있다. 그러므로 바르트의 화해론의 근본도식이 그의 성화론을 정초하고 있다. 바르트에 의하면 계약은 창조의 내적 근거이고 창조는 계약의 외적 근거이다.[64] 하나님의 창조의 의도는 하나님과 인간의 계약을 위한 것이며 창조는 이 계약을 성취하기 위한 하나님의 행동이다. 그러면 하나님과 인간의 계약의 구체적인 실현은 무엇인가? 그것은 하나님과 인간의 화해이다. 화해는 계약의 목표이다. 그리고 이 화해의 내용은 하나님과 인간의 친교(fellowship) 즉 하나님과 인간의 사랑의 관계의 수립이다. 하나님은 인간의 남편이 되고 인간은 하나님의 아내가 되는 이 동반자관계(partnership)야말로 하나님의 우주창조와 구원역사의 궁극적인 목적이다. 그리고 이 장엄한 우주적 드라마의 완성이 십자가와 부활을 통해서 예수 그리스도 안에서 펼쳐진 것이다. 그러므로 이러한 기독론적 구도는 그의 성화론을 지배하게 될 것이다.

그런데 칼 바르트의 신학이 〈로마서 강해〉에서의 변증법적 방법으로부터 〈교회 교의학〉에서는 아날로기아방법(*analogia fidei, analogia relationis*)으로 변천하면서, 계시된 하나님의 말씀이신 예수 그리스도를 축(axis)으로 하여 전개되는데 일반적으로 이 시대의 바르트의 신학을 기독론적 신학 내지는 그리스도 중심주의(christo-centerism)라고 일컫는다.[65] 그러나 필자의 연구에 의하면

---

64) "계약은 창조의 목표이며 창조는 계약에 이르는 길이다." CD III/1, 97.
65) 이 시대의 바르트의 신학을 그리스도 일원론(christomonism)이라고 평가하는 것은 편파적인 감이 있다. 바르트는 자신의 신학을 그리스도 중심주의라고 할

CD IV/1-4에서, 특히 CD IV/4에서는 일방적인 기독론적 신학이라고 하기보다는 기독론적-성령론적 신학(christological-pneumatological themes)이라고 불러도 좋을 정도로 성령의 지위와 역할이 크게 강조되고 있는 것을 알 수 있다. 화해의 사건에서 성령은 단지 예수 그리스도의 부속물이나 그의 그림자가 아니다. 성령은 예수 그리스도 안에서 과거에 거기에서(there and then) 보편적인 역사적 사건으로 일어난 화해의 사건이 현재 여기에서(here and now) 특정한 사람들 안에서 실현되게 하는 실존적인 실현의 시행자(agent)로서 묘사되고 있다. 따라서 그의 성화론에서도 이러한 성령론적 강조가 어느정도 관찰될 수 있을 것이며 그렇다면 그의 성화론이 "기독론적-성령론적" 성화론으로 규정될 수 있을 것이라고 본다. 그러면 〈교회 교의학〉 IV/2에서 진술된 순서를 따라서 바르트의 성화론을 고찰하고자 한다.

A. 칭의와 성화

바르트의 성화론은 기독론적이다. 칭의와 성화의 관계는 신-인(God-man)이신 예수 그리스도 안에서 드러난 하나님과 인간의 본래적인 관계로부터 해명된다. 바르트는 인간에게로 향하시는 하나님의 전향(turning to man)이 칭의요 하나님을 향한 인간의 전향(conversion)이 성화라고 말한다.[66] "나는 너희의 하나님이 될 것이다"(I will be your God)는 인간의 칭의요 "너희는 나의 백성이 될 것이다"(You shall be my people)는 성화이다.[67] 하나님의 약속의 실현은 칭의요 하나님의 명령의 실현은 성화이다. 여기에서 우리는

수 있다고 말했다. CD III/3, xi.

66) CD IV/2, 500.

67) Ibid., 499. 하나님의 직설법(indicative)은 하나님의 명령법(imperative)이다. 그러므로 이 말은 단순한 미래의 사실이 아니라 하나님의 윤리적인 명령이기도 하다.

하나님이 성화의 사건에서 주체가 되신다는 것을 확인하게 된다. 인간의 칭의가 하나님의 사건이듯이 인간의 성화 역시 하나님의 일이다.

더 나아가서 바르트는 예수 그리스도의 신성과 인성에 대한 칼케돈신조(Chalcedon)의 규정을 따라서 칭의와 성화의 관계를 해명하고 있다.[68] 예수 그리스도의 신성과 인성이 혼합되거나 섞일 수 없듯이 칭의와 성화도 하나가 될 수 없다. 그리고 그리스도의 신성과 인성이 분리되거나 나누이지 않듯이 칭의와 성화는 서로 다른 두 개의 행동이나 사건이 아니다. 칭의와 성화는 하나님의 하나의 사건, 하나의 행동의 두 계기(moments) 내지는 두 국면(aspects)이다. 이것은 예수 그리스도와 성령의 사역(work)이 두 사건이나 두 행동이 아니고 하나님의 한 행동의 두 요소(elements)와 두 국면(factors)인 것과 마찬가지이다. 따라서 바르트의 삼위일체론의 틀은 여기에서도 유효하다.

그 다음에 바르트는 구원의 순서(ordo salutis)를 말한 정통주의를 반대한다.[69] 구원의 순서는 시간적으로 구별할 수 없으며 이러한 구별은 심리적인 구별에 불과하다. 이러한 구별은 기독론과 구원론 사이에 이원론을 초래하며 구원의 은혜를 인간의 심리적인 상태로 해소할 위험이 있다. 그리하여 객관적 구원의 성취와 주관적 구원의 획득의 이원론은 극복되고 칭의와 성화의 동시성이 확보된다.[70] 칭의와 성화는 한 사건의 다른 국면이기 때문이다. 살아계신 예수 그리스도가 동시에 참 하나님이요 참 사람이신 것처럼, 그리고 그가 동시에 낮아지신 분이요 높아지신 분인 것처럼(the Humiliated and the Exalted) 칭의와 성화는 동시에 일어나는 한 사건의 양면이다. 오토 베버에 의하면 바르트는 성화는 칭의가 아니라고 말함으로써 불트만에 반대

---

68) CD IV/2, 503.
69) CD IV/2, 507; vocatio-illuminatio-iustificatio-sanctificatio-regeneratio-conversio-unio mystica-glorificatio
70) CD IV/2, ibid.

한다. 불트만은 신앙을 전적인 순종 안으로 해소하였다. 그리고 바르트는 칭의는 성화가 아니라고 말함으로써 젊은 루터와 진첸돌프를 반대한다. 초기 루터는 로마 가톨릭과 투쟁하는 과정에서 칭의에 중점을 두었기 때문이다.[71] 바르트가 구원의 순서를 반대하고 칭의와 성화가 동시적인 사건으로 보는 것은 성화를 칭의 이후의 제 2의 사건으로 보는 웨슬리안의 입장과도 배치되는 것이다.

그러면 칭의와 성화의 관계는 무엇인가? 칭의와 성화는 아무런 관계도 없는 독립적인 것이 아니라 상호 종속적인 관계를 가진다. 바르트는 칭의와 성화의 구별은 시간적인 질서가 아니라 내용적인 질서에서 보아야 한다고 생각했다. 목적에서 본다면 성화는 칭의보다 우월한 상위질서라고 할 수 있다. 그러나 발생의 순서에서 본다면 칭의는 성화에 앞선다. 칭의는 기초로서는 첫째요 전제로서는 둘째이며 성화는 목적으로서는 첫째요 결과로서는 둘째이다. 따라서 이 양자는 둘 다 우월하며 둘 다 종속적이기도 하다.[72] 어쨌든 이 양자는 한 분 예수 그리스도의 한 은혜로서 분리될 수 없으며 서로 연결되어 있다. 이렇게 바르트가 칭의와 성화를 구별하면서도 연관시키는 것은 루터와 칼빈을 따르는 것이다. 칼빈은 이 양자를 병립시키면서도 양자가 그리스도 안에서 결합되어 있다고 보았던 것이다. 이 점에서 바르트는 철저하게 칼빈의 〈기독교 강요〉를 뒤따르고 있다.

B. **거룩하신 분과 성도들**(The Holy One and the Saints)

성화는 절대적으로 하나님의 일이다. 성화의 주체는 인간이 아니라 하나님 자신이다. 법적으로(de jure) 성화는 예수 그리스도 안에서 일어났으

---

71) Otto Weber, 〈칼 바르트의 교회교의학〉 (대한기독교서회, 1976), 375.
72) CD IV/2, 508.

며 실제적으로(de facto) 성화는 성령 안에서 일어난다. 법적으로 성화는 세계를 위해서 모든 사람들을 위해서 일어났으나, 실제적으로는 신자에게만 인식되고 주어지고 고백된다.[73] 여기에서는 성화의 주체이신 예수 그리스도의 성화의 성취와 그리스도 안에서 완성된(completed) 성화를 인간 안에서 실제로 구현하는(realization) 성령의 사역을 고찰하고자 한다.

성화의 능동적인 주체이신 거룩하신 분은 단수이지 복수가 아니다. 하나님의 거룩하심은 다른 어떤 것이 비교될 수 없는 절대적으로 우월한 것이다.[74] 그는 창조자, 화해자, 구속자로서 성부, 성자, 성령 하나님의 자비와 계시에 의해서 거룩하신 분이다. 그의 자비 안에서 언제나 거룩하신 하나님의 행동으로서의 성화란 하나님의 계약상대(covenant-partner)로서 새로운 실존양식의 창조를 의미한다. 이 하나님의 계약상대로서의 새로운 실존양식 안에서 인간의 지위는 무엇인가? 인간은 여기에서 두 번째 하나님이 되는 것이 아니라 충성되고 기뻐하며 복된 삶을 사는 자유로운 존재인 하나님의 참된 계약상대로서 살 수 있는 인간이 되는 것이다.[75]

따라서 성화는 하나님의 일이지 인간의 일이 될 수 없다. 본래적으로 그리고 합당하게 성화는 예수 그리스도의 것이지 인간들의 것이 아니다. 예수 그리스도 안에서 하나님 자신이 인간이 되시고 하나님의 아들이 인간의 아들이 되신 것은 인간을 자신에게로 전향시키기 위해서였다. 즉 죄와 그 결과로서의 비참의 나락으로부터 인간을 고양시키고(exalted) 거룩하지 않은 인간을 해방하고 성화하기 위해서였다. 이것은 본래적인 성화의 신적 행동이며 유일회적인(once-for-all) 사건이다. 이스라엘과 교회의 성화는 이 형식 안

---

73) Ibid., 511. 바르트에게 있어서 성화의 인식론적 측면이 아직까지 남아있다. 그러나 실제로 인식론적 측면에 대한 강조는 점점 약화되고 윤리적 측면이 점점 강조된다.
74) Ibid., 513.
75) Ibid., 514.

에 포함되었다. 이렇게 함으로써 하나님의 우선권을 확보하고 그에게 영광을 돌릴 수 있게 된다.

그러므로 하나님의 행동으로서의 인간의 성화는 인간에 의해서 완성되어야 할 불완전한 것이 아니다. 바르트는 "내 너를 위해 이 모든 것을 하였는데, 너는 나를 위해 무엇을 할 것인가?"[76) 라고 말하는 것은 성화에 적합하지 않다고 지적한다. 우리에게 남겨진 것은 단지 그분의 성화 안에서 우리의 성화가 마찬가지로 성취되었다는 것을 감사하면서 인정하고 존중하는 것이라고 바르트는 주장한다. 우리는 이러한 인정과 존중에 의해서 성화되는 것이 아니라 우리는 이미 그리스도 안에서 성화되었으며 이미 성도이다. 우리는 모방에 의해서 그것을 성취해야 하는 것이 아니다.[77) 우리가 우리 자신을 의롭게 하도록 요구받지 않았던 것과 마찬가지로 우리는 우리 자신을 거룩하게 하도록 요구받지 않았다. 우리의 성화는 예수 그리스도의 은혜의 효용과 계시 안에서 근거되어진 그분의 성화에 우리가 참여하는 것(participation)이다.[78) 이것은 바르트가 칼빈의 성화론을 따르고 있는 것이다.[79) 이와 같이 인간은 성화의 성취를 위해서 미리 또는 뒤따라(prior or subsequent) 공헌을 할 수 있는 여지가 전혀 없다. 성도는 그리스도의 거룩성(sanctity)에 참여함으로써 그분 안에 이루어진 인간의 성화를 입증하는 것이다. 성화는 이미 예수 그리스도 안에서 성취되었으므로 우리에게는 복종과 최상의 사랑이 요

---

76) Ibid., 516; 찬송가 185장 참조. "너 위해 몸을 주건만 날 무엇 주느냐?" 그러나 찬송가 185장을 반펠라기우스주의(semi-Pelagianism)로 해석하기 보다는 예수 그리스도의 소명으로 해석해야 할 것이다.

77) 토마스 아 켐피스, 〈그리스도를 본받아〉(*The Imitation of Christ*). 바르트는 경건주의가 인간의 노력을 강조하게 되면 하나님의 은총의 객관주의 즉 하나님의 주권과 우선권이 손상될 우려가 있다고 본다.

78) CD IV/2, 517.

79) Ibid., 518; *participatio christi*라는 칼빈의 공식을 바르트는 여기서 인용하고 수용하였다.

구되어질 뿐이다.[80] 성화는 인간의 감정, 이해력, 양심으로 생기는 것이 아니라 인간에게로 오는 지시의 능력에 그 기원을 가지고 있다 그것은 인간 안에서 발생하는 것이 아니라 하나님의 선물이다. 그리스도만이 우리를 성화시킬 수가 있는 것이다. 그러므로 그의 이름을 믿는 자들은 "혈통으로나 육정으로나 사람의 뜻으로 나지 아니하고 오직 하나님께로 난 자들이다" (요 1:12f.). 그들의 행동은 주님과 죄악된 인간을 연합하신 생명을 주시는 성령의 신비에 의해서 양육된다(nourished).[81]

지금까지 바르트는 성화가 하나님의 일로서 그리스도 안에서 성취되었으므로 인간이 그것의 완성을 위해서 어떤 공헌도 할 수 없으며 단지 그리스도의 성화에 참여함으로써 인간의 성화는 이루어진다고 하였다. 그렇다면 우리는 어떻게 실제로 그리스도의 성화에 참여할 수 있는가? 이것은 전적으로 성령의 사역에 의해서 가능하다. 이것은 그리스도에의 참여로서의 성화의 두 번째 국면이다. 이것은 성령론적 성화론이다.

성도들은 여전히 부패하고 비참한 죄인이다. 그러면 어떤 의미에서 그들은 거룩한가? 그들의 거룩성을 설명하기 위해서 바르트는 성도는 훼방 받은 죄인들(disturbed sinners)이고 하나님과 화해하지 않은 죄인들은 훼방 받지 않은 죄인들(undisturbed sinners)이라고 구별하였다.[82] 성도는 동시에 죄인이기 때문에 죄로 말미암은 내적 갈등이 있으며 성도들에게도 제약과 동요가 있으며 심각한 불안도 있다. 그리고 이러한 훼방은 극복될 수 없는 것이 아니고 극복될 수 있는 것이다. 그런데 여기 지상에서의 그들의 활동 안에서 그들을 훼방하는 것은 바로 예수 그리스도이다. 성화란 이렇게 제한된 의미에서라고 할지라도, 그것은 진정한 변화인데 왜냐하면 그것은 인간이 하나

---

80) Ibid., 516.
81) Ibid., 529.
82) CD IV/2, 524.

님의 참된 계약상대가 된다는 새로운 실존양식의 창조이기 때문이다. 훼방받지 않은 죄인은 하나님과 화해하지 않은 자인데 그는 계약파괴자요 하나님께 쓸모없는(unusable) 자이다.[83]

성도는 스스로 부패하였다는 것을 발견하는 것만이 아니라 각성하여 자신을 고양시켜 예수 그리스도를 바라보고 성화되어야 한다. 그러나 그에게는 이것을 할 수 있는 수용력(capacity)과 능력(ability)과 자유(freedom)가 필요하다.[84] 그것은 여기 아래에서, 육신 안에서 그리고 이 세계 안에서 일어나야 한다. 그러나 이 영역에서는 그것을 위한 자유가 없다. 구원을 위해서 인간은 전적으로 무능하기 때문이다. 그는 죄의 노예(prisoner of sin)이며 계속해서 새로운 죄를 짓는다. 그런데 바르트에 의하면 하나님의 지시는 단순한 가능성이 아니라 진정으로 자유하게 하시는 새로운 현실(actuality)이다. 그가 이것을 할 수 있는 것은 해야 하기 때문이 아니라 허락되었기 때문이다(He can do this, not because he should, but because he may).[85] 이 수용력의 부여가 인간의 해방이며 그의 성화이다. 이 수용력 안에서 그는 죄인으로서의 그의 존재에 대한 주권적인 반립(antithesis)이 된다. 그리하여 그는 계속해서 새로운 죄를 범하도록 강제되지 않게 된다. 그는 이제 죄를 짓지 않을 수도 있고 그 반대를 행할 수도 있다. 그에게 부여된 수용력 안에서, 그에게 주어진 허락의 기초 위에서 그는 그 반대를 할 수가 있다. 이 자유와 이 허락은 성령에 의해서 주어진 것이다. 이 자유의 부여가 성령의 부으심이다. 비록 그들이 모든 다른 사람들처럼 여전히 이 세계 안에 있을지라도 그들에게는 성령의 전체적이고, 무제한적이고 주권적인(total, unlimited, sovereign) 자유가 주어졌다.[86] 다시 말하거니와 이 자유는 인간의 수용의

---

83) Ibid., 525.
84) Ibid., 530.
85) Ibid., 531.
86) Ibid.

능력이나 위엄 안에 근거된 것이 아니고 이 은사의 수여자이신 예수 안에 근거된 것이다. 성도들은 성령에 의해서 그분과 연합함으로 지금 여기에서도 자유한 것이다.

바르트의 그리스도에의 참여는 이와 같이 성령에 의해서 주어진 자유 안에서 인간이 죄를 극복하고 거룩한 삶을 살 수 있는 능력이 있다는 적극적인 성령론적 성화론으로 귀결된다. 그것은 이미 죄 없는 완전한 성도가 되었기 때문에 그래서 그것을 수동적으로 지켜야 된다는 정적인 자세가 아니라, 우리 안에 있는 죄와 계속해서 싸워가면서 예수 그리스도 안에서 성취된 성화를 성령의 능력을 통해서 수용해 가야 된다는 긴장과 투쟁의 삶을 지향하는 동적인 성화론이다. 결론적으로, 그리스도에 의한 객관적인 성화의 성취와 성령에 의한 주관적인 성화의 실현을 말함으로써 바르트의 성화론은 기독론적-성령론적 성화론으로 발전하였다고 말할 수 있다.

C. 제자직에로의 부르심(The Call to Discipleship)

성화란 역사적 정치적 현실을 떠난 개인들의 내적인 경건의 한 단계로 생각되기 쉽다. 그러나 바르트에게 있어서 신앙은 인간 사회의 현실을 떠난 개인적이고, 내적이고, 비현실적인 사건이 아니다. 그것은 추상적이거나 일반적인 것이 아니며, 우주공간 속으로의 위험한 여행을 하려는 경솔한 신념이 아니다. 예수 그리스도에 대한 신앙은 그분에 대한 복종을 포함한다. 즉 신앙이란 이론만이 아니라 실천을 요구하는 종합적인 것이다. "나를 따르라"가 예수가 인간들(men)을 그의 성도들(saints)로 만드시는 부르심의 실체(substance)이다.[87] 즉 예수 그리스도를 따르는 것, 제자직의 복종이란 추상적인 것이 아니고 일반적인 것이 아니다. 그것은 단순한 복종을 의미한다.

---

87) Ibid., 533.

이것은 본회퍼가 말하는 단순한 복종이다.[88] 복종은 우리가 들은 것을 실천할 때 단순하다. 그 복종 이상도 그 이하도 다른 것도 아니다. 구체적으로 단순한 복종이란 자기 부정(self denial)과 예수를 믿는 신앙의 용감한 행위(brave act of faith in Jesus)이다.[89] 그것은 느낌도, 생각도, 고려(consider)도, 명상도 아니고 단지 용감하게 행동하는 것이다.

그리하여 예수 그리스도의 부르심은 예수에 대한 단순한 복종을 요구할 뿐만 아니라 이 세상의 파괴(break)를 일으킨다. 이 파괴는 복종하는 인간에 의해서가 아니라 예수 그리스도의 부르심에 의해서 생기는 것이다. 이 부르심 안에서 하나님의 나라가 계시되는데 그 나라는 이 세상의 나라들 가운데(among) 있지만 이 나라는 세상나라들과 대치하고, 모순되고, 반대한다. 즉 이것은 하나님의 쿠데타이다.[90] 하나님의 쿠데타는 인간 예수의 실존 안에서 이미 선포되고 성취된 것이다. 하나님의 나라는 하나님이 깨뜨리시는 혁명이며 예수는 그들의 정복자(conqueror)이다. 정복자 예수는 하나님과 인간, 인간과 그의 동료들 사이의 중보자요 신적 실재(divine reality)이다. 우리는 이 사실을 증언해야 하는 그의 제자이다. 예수 안에서 되어진 하나님의 파괴는 [구체적인] 역사가 되어야 한다. 이것이 예수가 그의 제자들을 부르시는 이유이다. 그리고 그의 제자들이 거짓된 절대들의 상대화에 관한 단순한 이론이나, 단순한 마음의 태도나, 내적 자유만으로 만족할 수 없는 이유는 바로 이 때문이다.

그러므로 우리가 예수의 제자가 될 때, 만약 우리에게 맡겨진(assume) 공적 책임(public responsibility)을 받아들이지 않는다면 우리는 우리의 영혼을 잃어버리게 되고 영원한 구원도 위험하게 된다.[91] 그런 사람은 하나님의 나

---

88) Ibid., 540.
89) Ibid.
90) Ibid., 543.
91) Ibid., 545.

라의 증언자로서 전혀 쓸모가 없게 될 것이다. 하나님의 나라에 단지 조용히 참가하는 자는(quiet participant) 어느 누구도 공격하지 않겠지만, 그것은 그에게 요청되어진 복종역시 기피하는 것이 될 것이다. 왜냐하면 이 복종은 반드시 공적으로 그의 주변세계에 대해서 불가피하게 공격적이 되어야 하기 때문이다. 사자굴 속에 있는 다니엘과 같이 그는 사자의 꼬리를 잡아당기지 않도록 조심해야 한다. 그러나 그는 견뎌야 할 것을 견디어야 하며 부닥칠 것에 부닥쳐야 한다. 그를 전사(warrior)라고 묘사하지 않는 것이 좋다. 그러나 그는 그리스도의 전쟁(*militia christi*)이 일어나 다른 사람들에 의해 공격을 당하기도 하고, 추방되기도 한다.[92] 우리는 그들과의 전투에서 이미 승리하였으며 그들의 힘은 이미 분쇄된 것이다. 세상의 폭력왕국에 대한 하나님의 나라의 대립은 원수 사랑의 계명 안에 나타났는데 이 사랑의 계명은 친구와 원수관계의 종식 즉 폭력사용의 종식을 의미한다. 그러므로 성화의 본질은 사랑에 있다.

결론적으로, 바르트에 의하면 우리는 일반적으로 인정되고 육성된 권위들과 신성들에 대한 존경과 복종을 거부하며 옛 세계와 싸워야 하지만 그러나 그것은 참된 하나님의 승리가 우리 가운데 이미 와 있다는 사실을 증언하는 우정어린 행복한 공격이라고 말함으로써 비폭력적인 사랑의 삶을 주장하였다. 그리스도인의 거룩한 삶이란 하나님께서 성령을 통하여 주신 그리스도의 사랑과 자유 안에서 행동하는 삶이다. 그리고 이 삶은 개인의 내면으로 물러가는 정적주의가 아니라 사회적 정치적 책임을 다하는 공적인(public) 행동 안에서 비로소 이루어진다.

---

92) Ibid., 546. 1935년 바르트는 히틀러에 대한 충성구호를 거부함으로써 본(Bonn) 대학교의 교수직이 박탈되고 독일에서 추방되어 고국 스위스로 돌아가서 바젤 대학교의 교수가 되었다.

D. 십자가의 존엄성(The Dignity of the Cross)

이제 마지막으로 바르트 성화론의 가장 중심적인 내용으로 들어가고자 한다. 바르트에 의하면 십자가를 지는 삶은 기독교 성화론의 불가결한 요소이다. 그러면 왜 십자가를 지는 것이 성화의 삶인가? 성화론에서 십자가를 다루어야 하는 이유는 그것이 나태한 인간을 예수 그리스도의 부활의 능력 안으로 끌어올리는 것으로서의 성화의 한계를 표시하기 때문이다.[93] 다시 말해서 예수 그리스도가 재림하고 육체의 부활과 최후의 심판이 있게 되면 성도들은 있는 그대로의 모습이 드러나게 될 것이며 그들의 과거와 현재의 상태 및 앞으로 영생하게 될 모습 사이의 모순이 끝나게 될 것이다. 즉 현실세계에서 살고 있는 성도들의 삶의 불완전성과 한계가 십자가를 통해서 해명될 수 있다고 바르트는 보았던 것이다. 더 나아가서 십자가를 다루어야 하는 이유는 그리스도에의 참여로서의 그리스도인의 삶이란 인간의 성화가 저 그리스도를 향한 성도의 운동이 되어야 하며 그러므로 위대한 기독교의 소망의 빛 안에 자리매김한다는 것이 십자가에 대한 관련(reference)과 더불어 있는 것이기 때문이다.

성화된 그리스도인들은 십자가를 지도록 명령받고 있다. 십자가는 예수 그리스도와 그리스도인 사이의 친교의 가장 구체적인 형태이다.[94] 그런데 예수 그리스도, 주님의 십자가 없이는 그의 제자들의 십자가도 없다. 그들이 성화되고 제자로 부르심을 받고 회심하며 선행을 하도록 자유가 부여된 것은 그분이 그분의 십자가를 지고 고통을 당했다는 사실에 의한 것이다. 그러므로 우리의 십자가는 예수 그리스도의 십자가에 근거한다.

그러나 우리의 십자가는 예수 그리스도의 십자가와 다르다. 그리스도의

---

93) Ibid., 598.
94) Ibid., 599.

십자가와 그리스도인의 십자가는 간접적으로 연결되었을 뿐이다. 예수 그리스도의 십자가는 그분 자신의 십자가이며, 그분 혼자만이 지신 것이지 그리스도인들의 십자가와 동일한 것이 아니다. 그러므로 그리스도인들이 십자가를 지더라도 그것은 또다시 하나님에 의해서 거부되는 것이 아니며 예수 그리스도께서 이미 받으신 그 고통을 또다시 인간이 받아야 하는 것은 아니다. 여기에서 바르트는 예수 그리스도와 성도들의 구별성 내지는 그리스도의 초월성을 강조하였다.[95] 더 나아가서 예수 그리스도의 십자가의 고통 속에서 완성된 인간의 높임 즉 성화는 예수 그리스도에 의한 것이지 인간에 의한 것이 아니다. 성화는 그분 안에 근거를 가지며 인간의 높임은 하나님이 예수를 높임에서 나오며 예수 그리스도의 높임 없이 인간의 높임은 있을 수가 없다. 그러므로 예수 그리스도의 성화와 인간의 성화는 동일한 것이 아니며 인간의 높임과 성화는 오직 예수 그리스도의 높임과 성화에 참여함으로써만 가능한 것이다.

어쨌든 그리스도에의 참여는 십자가를 견딤이다. 십자가는 단지 곤고, 고뇌, 슬픔, 고통, 죽음 자체(itself) 내지는 그러한 것들 일반(in general)의 문제가 아니다. 그것은 인간의 삶에 대한 의문이요 파괴이며 그리고 마침내 그것을 부정하는 것이다. 그리스도인들은 그러한 고통, 고난, 죽음 같은 것들을 사랑할 수 없다. 그는 거기서 즐거움을 찾을 수 없다. 그는 그것을 원하거나 추구할 수도 없다. 그럼에도 불구하고 그리스도인들은 이러한 부정적인 상황가운데서 긍정적인 해결책을 찾는다.[96] 그가 십자가를 긍정하는 것은 그것이 그에게 삶의 문제 이상이기 때문이다. 문제는 하나님의 뜻이 행해져야 한다는 것이고 그것이 성화인 것이다 (살전 4:3–하나님의 뜻은 이것이니 너희의

---

95) Ibid., 바르트는 신비주의자들이 그리스도인의 십자가와 그리스도의 십자가를 동일시하는 관념을 거부한다. 그리스도인들은 각자 자신의 십자가를 져야할 것이다.
96) Ibid., 602.

거룩함이라). 그리스도인이 그리스도와 특별한 친교를 맺는 것은 그분의 십자가의 수난에 참여하는 것을 포함한다. 그리하여 "우리가 살아도 주를 위하여 살고 죽어도 주를 위하여 죽나니 그러므로 사나 죽으나 우리가 주의 것이로라"(롬 14:8)는 십자가의 삶이 이루어지게 되는 것이다. 우리는 그의 소유이며 그의 소유가 되기 위해서는 그의 뜻 즉 성화를 행해야 하는데 그것은 죽음 이상이다. 그리스도인에게는 죽음조차도 십자가를 지는 것이 된다. 그리고 이 죽음은 하나님께 대한 복종 안에서 견디는 것이며 그것은 예수 그리스도와의 친교 안에 있는 그의 성화의 행동으로서 생명의 부정이 아니라 오히려 생명의 긍정(affirm)이다. 왜냐하면 그리스도인의 긍정은 십자가에 달리신 그리스도 안에서 일어난 하나님의 긍정으로부터 오기 때문이다.[97] 따라서 자연적인 죽음조차도 예수 그리스도와의 친교 안에 놓여있는 긍정의 빛에서 보아야 한다.[98]

지금까지 그리스도인의 십자가는 예수 그리스도의 십자가에 근거되었으며 그것은 그리스도의 십자가와 동일한 것이 아니라 상응(correspond)하는 것으로서 십자가에 달린 예수 그리스도가 부활에 의해서 고양된 것과 같이 그리스도인이 그리스도의 소유로서 그리스도와 함께 십자가를 짐으로써 성화된다고 보았다. 십자가는 성화의 완성이다.[99] 그러면 성도들에게 십자가는 어떠한 유익이 있는가? 바르트는 다음과 같이 십자가의 유익을 진술한다.[100]

---

97) 오토 베버, 〈칼 바르트의 교회교의학〉, 383.

98) CD IV/2, 603.

99) 오토 베버, ibid.; 왜 성도는 십자가를 져야하는가? 십자가 없이는 부활이 없듯이 부활에 상응하는 성화를 위해서 십자가의 삶은 필수적이다. 그리스도와 연합된 그리스도인의 삶은 자연적인 죽음을 넘어가며 죽음조차도 그리스도로부터 우리를 끊을 수 없다. 그러므로 성도는 죽음을 넘어서는 부활의 소망 가운데서 십자가의 삶을 살게 된다.

100) CD IV/2, 607ff.

첫째로, 십자가를 짐으로써 우리는 겸손하게(humility) 된다. 우리는 아무도 자연적으로 겸손하지 못하지만 계속해서 그것에로 부르심을 받으며 십자가에 의해서 그것을 견디게 된다. 둘째로, 그리스도인이 십자가와 함께 형벌(punishment)을 받아들여야 한다는 것은 성화에 유익하다. 예수 자신은 세상을 위해서 큰 형벌을 받았으며 예수를 따르는 자는 작은 형벌을 받아야 한다. 왜냐하면 우리는 그에게 속했기 때문이다. 십자가를 통해서 우리는 큰 형벌을 기억하게 되고 그의 감사를 새롭게 하고 그의 전환에 새로운 자극과 진지함을 줄 것이다. 셋째로, 십자가는 우리의 믿음과 복종과 사랑을 훈련하고 강화하는 강력한 능력이 된다. 이 점에 있어서 십자가는 성령에 의한 충동과 더불어 공동의 동인이 된다. 그리고 이 성령의 충동은 인간의 영의 충동으로 번역되어서는 안 된다. 십자가가 올 때 비로소, 인간자신의 영은 성령에 의해서 올바르게 지시를 받게 된다. 마지막 네 번째로, 우리의 십자가를 짐으로써 우리가 그리스도인이라는 검증이 가능하게 된다. 좋은 시절에 즉 상황이 조용하고 호의적일 때 하나님을 기쁘게 하는 믿음과 사랑의 선행이라는 것은 주관적인 것이다. 그러나 상황이 어려울 때 즉 심각한 공격을 받을 때 십자가는 그리스도인의 실존을 검증하고 정화하고 심화시킨다.

마지막으로 바르트는 십자가의 의미를 다음과 같이 논증한다. 첫째로, 십자가는 그리스도인들이 그들에게로 보냄을 받은 세상과 유대인과 이방인들에 의해서 받는 박해이다.[101] 신약성서와 그 이후의 수세기 동안 그리스도인의 실존과 고백과 삶은 억압의 위협과 신체적 폭력아래 서 있었다. 그 이후 그리고 우리의 시대에는 박해는 드물게 되었고 우리는 유비들의(analogies) 빛 안에서 박해를 말하게 되었다. 그럼에도 불구하고 여전히 그리스도인은 소수이며 때로는 개인주의자로 때로는 집단주의자로 간주되기도 하고, 한편으로는 권위주의자로 다른 한편으로는 자유주의자로, 때로는 부르주아로 때

---

101) Ibid., 609.

로는 무정부주의자로 비난받기도 한다. 확실히 그들은 대체로 다수가 아니며 주류가 아니다. 그리스도인들은 이러한 참견과 비방을 견뎌야 한다. 그리스도인들은 다수에 의한 따돌림, 고립, 수치 등을 피할 수 없다. 그리스도인들은 거부의 십자가를 넘어갈 수 없다.

둘째로, 십자가는 우리가 피조물로서의 존재와 삶에서 경험하는 압도적인 힘으로 다가오는 불행들, 사고들, 질병과 노쇠, 가장 사랑하는 사람과의 이별, 인간관계의 단절과 적개심, 일용할 양식에 대한 염려, 굴욕감, 무능력, 자신이 무가치하다는 느낌, 그리고 마지막으로 우리 모두를 기다리고 있는 죽음 등이다.[102] 만약 예수자신이 고통 받는 피조물이었다면, 그와 같이 모든 피조물들의 주님이었다면, 우리는 모든 인간의 고통은 그와의 친교 안에서 그와의 고통으로 간주하도록 허락되고 명령받았다. 그래서 그 고통을 이 친교의 표지로서, 그리스도인의 최고의 위엄의 발현으로서 이해해야 한다.

마지막 세 번째로, 십자가는 죄의 유혹아래 있는 것이라고 바르트는 해석하였다.[103] 그리스도인이 아무리 나이가 많고, 성숙하고, 진지한 성취를 이룩했더라도 믿음과 사랑과 소망 안에서, 예수의 대속의 죽음 안에서 완전히 회복된 하나님과의 관계의 성취 가운데서도 유혹을 받게 된다.

그런데 바르트에 의하면 지적이거나 이론적인 의심은 상대적으로 무해한 형태의 십자가이다. 그런 것은 올바른 연구와 반성에 의해서 질서 있게 답변될 수 있기 때문이다. 참으로 문제가 되는 유혹은 점진적으로 또는 갑자기 기독교의 진리가 삶의 진리인가? 그것이 그리스도인에게 권위가 있으며 유효하며 조명하는 진리인가? 라는 의심이다. 이것은 가장 극심한 형태의 십자가이다. 마가복음 15장 34절에서 예수는 마지막으로 그리고 최고조로 이러한 형식으로 십자가를 경험하였다. 하나님의 독생자가 이렇게 물어야 했다:

---

102) Ibid., 611.
103) Ibid., 611f.

"나의 하나님 나의 하나님 어찌하여 당신은 나를 버리셨나이까?" 이것은 우리에게 위로가 된다. 그분이 우리를 대신해서 우리의 자리에서 의심과 실망의 고통을 당하신 것이기 때문이다. 그리하여 우리는 예수 그리스도와의 친교 안에서 그분이 버림을 받았든지 아니든지 간에 그의 질문에 답하시고 그를 들어 올리신 분에 의해서 우리가 버림을 받지 않는다는 것이 확실하다.

십자가는 우리가 원하지 않지만 우리에게 오는 것이다. 십자가는 그 자체가 목적이 아니요 궁극적인 것이 아니다. 그것은 임시적이며 그리스도인의 실존의 임시적인 특징을 가리킨다. 생명의 면류관은 그 이상이다. 그러므로 우리가 십자가를 지는 가운데서도 기쁨을 미리 맛보게 된다고 하였다. 바르트에 의하면 십자가는 영원한 면류관에 의해 극복될 것이다. 이러한 소망가운데서 십자가를 지고 가는 삶을 사는 것이 바로 그리스도인의 삶의 완성과정 즉 성화라고 보았다.

5) 결론

A. 바르트 성화론의 특징과 문제점

바르트 성화론의 특징을 요약하면 다음과 같다. 첫째로, 칭의와 성화는 동시에 일어나는 한 사건의 양면으로서 서로 분리되지 않는다. 칭의 다음에 다른 사건으로서 성화가 일어나는 것이 아니다. 이것은 칼빈에게 있어서도 마찬가지이다. 그리고 성화는 점진적으로 완성을 향해서 성장하는 것이지 순간적으로 지상에서 완성될 수 있는 것이 아니다. 따라서 성화란 죄 없는 상태가 아니라 죄 있는 상태이다.

둘째로, 성화의 주체는 하나님이지 인간이 아니다. 성화는 예수 그리스도 안에서 완성되었으며 성령은 인간 안에서 이것을 성취하신다. 인간을 성화시키는 것은 성령의 일이다. 그러므로 인간은 성화를 위해서 어떤 공헌도 할 수 없다. 단지 그리스도의 성화에 참여하며 그리스도에 대한 복종과 사랑이 요구되어질 뿐이다. 이러한 바르트의 성화론의 특징은 객관적 성화론(The objective doctrine of sanctification)이라고 표현할 수 있다.

셋째로, 바르트는 거룩한 삶이란 이 세계를 떠난 비현실적인 개인의 내면에서 일어나는 것이 아니라 공적이고, 사회적인 현실 가운데서 악한 세력과의 투쟁 가운데서 일어나는 것이라고 주장하였다. 이것은 분명히 전통적인 성화론과의 차별성을 나타낸다. 그리고 이것은 자본주의와 싸웠던 사회주의자로서의 그리고 히틀러와 대결하였던 바르트 자신의 삶의 반영이기도 하다.

넷째로, 바르트에 의하면 그리스도인의 삶이란 십자가를 지는 삶이다. 십자가를 지는 삶이란 예수 그리스도에게 복종하는 삶이며 이 세상에서의 고통을 견디는 삶이다. 이때 그리스도의 십자가와 그리스도인의 십자가는 구별되어야 한다. 왜냐하면 그리스도인의 십자가는 그리스도의 십자가에 근거하는 하위개념이기 때문이다. 이것은 신비주의를 반대하는 것이다.

바르트의 성화론은 칼빈주의신학의 영향을 받은 개혁신학의 범주 안에 있다. 이것은 성화가 점진적인 성장을 의미하며, 칭의와 별개의 사건이 아니라 객관적인 칭의 사건의 주관적인 측면을 말하는 것이라는 것 등에서 잘 나타난다. 그리고 성화를 예수 그리스도 안에서 완성된 사건으로서 그리스도인은 그리스도에 참여하는 것이라는 기독론적 성화론을 살펴 볼 수 있었다. 더 나아가서 역사적으로 성취된 예수 그리스도의 사건이 그리스도인 안에서 이루어지게 하는 성령의 사역을 강조함으로써 기독론적 성령론적 성화론을 전개하였다. 그러나 아직까지 성화론에서는 나중에 쓰여진 CD IV/4 (1967) 세례론에서만큼 강력하게 성령의 기능과 역할이 강조되고 있지는 않은 것 같다. 이것은 그의 신학의 성령론적 발전과정의 맥락에서 이해해야 할 점이다.

지금까지 바르트 성화론의 특징을 살펴보았는데 이제 바르트의 성화론이 안고 있는 문제점들을 다음과 같이 지적하고자 한다.

첫째로, 바르트는 20세기에 삼위일체론의 부흥을 가져온 신학자이다. 19세기 자유주의 신학자들에 의해서 100년간 무시되어 왔던 삼위일체론을 조직신학의 기본틀로서 재확립한 것이다. 그러나 바르트의 삼위일체론은 예수 그리스도에 대한 성령의 종속 내지는 그리스도와 성령의 동일화(identify)로 말미암아 사실상 성령은 예수 그리스도의 부속물에 지나지 않게 되었다.[104] 그리하여 바르트의 삼위일체론은 이위일체론이라는 비판을 면하기 어렵게 되었다.[105] 이와 같이 존재론적으로 성자에 대한 성령의 종속이 계속되면서 성령의 사역론에서 성령의 기능과 역할을 강조하는 것은 모순된다. 로사토는 이러한 바르트를 기만적(deceptive)이라고 비판하였다.[106] 삼위일체론의 문제점이 해결되지 않은 채로 성령의 사역만 강조하는 것은 극복하기 어려운 논리적인 난점을 야기하게 된다. 앞으로 이 문제가 적극적으로 연구되어야 할 것이다.[107]

둘째로, 바르트의 성령이해는 웨슬리안에 비해서 역동성이 떨어지는 것으로 보인다. 물론 바르트는 성령을 삼위일체의 한 존재양식으로 말하고 있지만 성령은 하나님의 계시의 주관성으로서 하나님의 객관적 계시가 인간 안에서 실현되게 하는 시행자(agent)로 묘사되고 있다. 그 결과 성령은 개인의 내면에서 예수 그리스도의 계시가 받아들여지게 하는 그리스도의 능력으

---

104) Hendrikus Berkhof, T*he Doctrine of the Holy Spirit* (John Knox, 1982), 29; CD IV/2, 522. "The Holy Spirit is the living Lord Jesus Christ Himself in the work of the sanctification of His particular people in the world, of His community and all its members."

105) Moltmann, 〈삼위일체와 하나님의 나라〉 (대한기독교서회, 1982), 176.

106) P. Rosato, *The Spirit as Lord* (Edinburgh: T. & T. Clark, 1980), 115.

107) 전성용, ibid., 297ff.

로, 더 나아가서 인간으로 하여금 선을 행할 수 있도록 자유를 부여하시는 분으로 이해되고 있다. 바르트의 초기신학에서 찾아볼 수 있었던 세계와 역사와 자연을 창조하는 창조자로서의 위엄과 능력에 대한 강조는 사라지고 단지 어떤 특정한 사람들로 하여금 예수 그리스도를 영접하게 하는 능력이라고 한다면 그는 주권적이고 삼위일체적인 성서의 주님이 될 수 없을 것이다.108) 전반적으로 바르트신학에서 기독론적 강조의 위세에 가려 성령론적 강조는 그 빛을 선명히 드러내지 못하였다. 바르트에게는 성령이 이 세계의 창조자일 뿐만 아니라 교회를 변혁시키는 원동력을 공급하는 주체라는 확신과 이해가 부족하다. 특히 18~20세기에 일어난 부흥운동과 오순절운동에 대한 이해와 관심이 부족하다. 그는 웨슬리의 경건주의운동을 하나의 주관주의라고 하여 비판하였다. 그 결과 바르트의 후기 저술에 나타난 성령의 사역에 대한 강조에도 불구하고 과연 바르트의 성령이 교회를 변혁시킬 원동력으로서의 감동과 영향력을 발휘할 수 있을 것인지 의심스럽다.

셋째로, 바르트는 기존의 성화론에서 거의 등한시하였던 성도의 공적인 책임성에 대해서 강하게 주장하였다. 거룩한 삶이란 사회적 현실 가운데서 악한 세력과의 투쟁 가운데서 일어나는 것이라는 그의 주장은 성화론의 지평을 확장하였다. 그럼에도 불구하고, 바르트의 성화론은 웨슬리안에 비해서 소극적이라는 인상을 지울 수 없다. 개혁신학의 전통을 따르는 바르트가 말하는 성화는 웨슬리안의 중생과 거의 동의어라고 할 수 있다. 웨슬리안이 주장하는 성화는 중생의 단계를 넘어서서 그리스도인의 완전, 동기의 순수성, 순수한 사랑, 원죄의 소멸까지 포함하는 강력하고 철저한 변화를 주장한다. 비록 성화의 단계에서 다시 떨어지는 경우가 있다고 하더라도 이런 급격한 변화에 대한 강조는 그리스도인의 삶과 교회 안에서 엄청난 성과를 거둘 수 있게 되었다고 본다. 그 증거가 20세기의 오순절운동이라고 할 수 있다.

---

108) Ibid., 169.

그러므로 점진적인 성장과 함께 순간적인 변화를 강조한 웨슬리안의 성화론에 의해서 바르트의 성화론은 보완되고 극복되어야 할 것이다.

B. 웨슬리와 바르트

필자는 18세기의 순회 전도자요 복음 설교가였던 존 웨슬리와 20세기의 신학자 칼 바르트 사이에 대화의 여지가 있다고 생각한다. 이것은 변증법적인 대화가 되어야 할 것이다.

첫째로, 웨슬리의 신학은 종교개혁자들의 전통을 따라 하나님의 은총과 믿음을 통한 칭의를 강조하는 은총의 신학이다. 그의 신학은 오늘의 관점에서 볼 때는 근본주의라고 볼 수 있을 정도로 정통주의적이다. 바르트의 신학은 그리스도 중심주의 내지는 하나님 중심주의라고 할 수 있는 그의 신학의 대전제 위에 서 있다. 성화는 인간의 수행이 아니라 그리스도에 의해서 완성되었으며 성령을 통해서 우리에게 주어지는 것이라는 바르트의 성화론은 은총의 신학을 강조한 웨슬리안의 입장과도 괴리되지 않는다. 그러므로 바르트의 성화론은 복음주의 신학의 범주 내에서 웨슬리안과 연대할 수 있다고 본다. 바르트의 신학이 기독론중심주의로 기울기 때문에 성령의 지위가 약화되어 온전한 삼위일체론적 신학을 수립하는데 한계가 있는 점은 앞으로 극복되어야 할 과제이다. 그러나 웨슬리와 바르트가 둘 다 인간의 행동에 대한 하나님의 행동의 우선권과 이니셔티브(initiative)를 강조하는 은총의 신학자라는 관점에서 성서적 삼위일체론적 신학의 수립을 위해서 유용한 레퍼런스가 될 수 있다고 본다.

둘째로, 바르트의 성화는 칭의의 내면적 측면으로서 칭의와 별개의 사건이 아니다. 오히려 중생과 성화는 거의 같은 의미로 사용되고 있다. 그러나 웨슬리가 주장하는 중생 다음의 2차적인 은혜로서의 성화는 분명히 칼빈이

나 바르트와는 다른 급진적인(radical) 성화론이라고 할 수 있다.[109] 이러한 철저한 성화론은 그 체험에서 우러나오는 것이기 때문에 체험을 통한 삶의 변화가 있을 때 그것은 큰 감동과 변화를 유발할 수가 있다. 그러나 현실적으로 이러한 성화의 모델이 없을 때 현실의 교회는 깊은 감동이나 강력한 설득을 하기가 어렵게 된다 (성 프랜시스, 주기철, 손양원, 이명직, 이성봉, 한경직, 마더 테레사 같은 인물이 계속 배출되어야 한다). 이것은 오늘날 교회가 당면하고 있는 현실적인 과제이다. 급진적인 변화와 점진적인 성화의 과정을 함께 강조하고 훈련하는 영성훈련 프로그램을 개발함으로써 새로운 상황에 응답하는 것은 시대적인 요청이라고 본다. 그리하여 우리의 전통에 대한 찬양에 파묻힌 과거회상형 교회를 지양하고 새로운 모델을 제시하는 현실적 대안이 마련되어야 할 것이다. 앞으로 실천신학분야를 중심으로 다양한 측면에서 이런 통합적 모델이 제시되어야 할 것이다.

셋째로, 웨슬리는 당시 교회가 직면하였던 사회적 현실을 외면하지 않았다. 그는 고아와 과부들을 위하여 구체적인 사회사업을 전개하였으며 많은 성과를 이루었다. 그러나 18세기 당시에는 사회주의도 사회학도 사회참여라는 개념도 없었다. 따라서 웨슬리안들은 사회적인 문제에 대한 사회주의적인 접근법에 대해서 무지할 수밖에 없었다. 그러나 바르트의 성화론에서 가장 두드러진 특징 중 하나인 성화의 사회적 해석은 주목할 가치가 있다. 성화가 개인의 내면의 차원에 머무르지 아니하고 공적인 생활에서 표현되는 용

---

109) 마틴 로이드 존스, 〈성령세례〉 (기독교문서선교회, 1998), 134, 138. 개혁파 신학자 존스는 중생하는 순간 성화는 시작되었고 성화는 진보한다는 전통적인 입장을 따랐다. 그런데 그는 성령세례와 성화는 직접 상관이 없으며 성령세례의 목표는 성화가 아니라 능력세례요 증언이라고 하였다 (행 1:8). 그리고 성령세례를 받을 때 굉장한 체험을 하게 되는데 그 때 성화되었다고 느끼는 것은 단지 그렇게 느낄 뿐이지 실제로 성화된 것이 아니라고 주장하였다. 필자에게 있어서 성령세례가 가져다 준 성화의 느낌은 단지 감정에 불과한 일시적인 현상이 아니었다고 본다. 그것은 진정하고, 실제적이고, 진실한(real, actual and sincere) 것이었으며 실제로 삶의 변화가 일어났다.

기 있는 복종의 행동이 될 때 교회는 이 사회에서 빛과 소금이 될 수 있다는 것이다. 웨슬리안을 포함한 복음주의진영의 문제점으로 지적되고 있는 사회적, 정치적 무책임성은 앞으로 극복되어야 할 과제인데 바르트가 그의 삶을 통해서 보여준 악에 대한 투쟁과 불복종의 모델은 우리가 다시금 곱씹어 보아야 할 신학적인 과제라고 하겠다. 그 동안 등한시하였던 성화의 사회적 차원에 대한 연구와 현실적인 대처가 필요하다고 본다.

넷째로, 웨슬리의 믿음은 단순한 지적 동의가 아니라 체험에서 우러나온 것이다. 그에게서 성화론은 전도자와 설교가로서 사역의 현장에서 역사하는 성령의 역사에 대한 체험의 바탕 위에서 의식화 된 것이었다. 그러므로 웨슬리의 성화론은 성결의 현재성, 내재성에 대한 경건주의적인 강조를 함축하고 있다. 이에 반해 바르트 성화론의 기독론적 강조는 하나님의 은총의 객관주의에 대한 강조이며 이것은 경건주의의 은총의 주관주의와 거리가 있다고 할 수 있다. 웨슬리와 바르트가 하나님의 은총의 객관성과 성령의 사역의 주관성을 조화 있게 주장하고 있으나 웨슬리에게는 경건주의적인 주관주의가 상대적으로 더 우세하고 바르트에게는 정통주의적인 객관주의가 더 강조된다고 할 수 있다. 그러면서도 주관주의와 객관주의를 극복하고자 노력하고 있는 것으로 보인다.

그러나 바르트가 말하는 성령은 예수 그리스도에게 종속된 그리스도의 능력(power) 내지는 에너지에 불과하다. 그러므로 성령에 의해서 주어진 자유를 가지고 인간이 하나님께 복종할 수 있다는 정도의 성령의 사역은 성경에서 묘사된 역사적인 성령의 사역에 비해서 너무나 미미한 것처럼 보인다. 순간적인 변화를 가져오는 성령의 사역에 대한 강조는 웨슬리안의 고귀한 전통으로서 계승되고 더욱 더 강조되어야 한다. 삼위일체신학은 구호나 뼈대로서가 아니라 실제로 교회 안에서 살아 움직이는 실체로서의 삼위일체 하나님에 관한 인식에 근거한 신학이 되어야 한다. 웨슬리의 성화론의 다이나믹이 함축되는 그런 삼위일체신학이 수립되어야 하며 이를 위해 웨슬리와 바르트는 연대할 수 있다고 본다.

다섯째로, 웨슬리신학에서 보완되어야 할 것은 일관된 방법론 위에서 체계적으로 수립된 조직신학을 구축하는 것이요, 더 나아가서 사회적 현실에 대한 적절한 신학적 응답이라고 할 수 있다. 바르트 신학에서 보완되어야 할 부분은 성령이 성자와 대등한 지위와 역할을 확보하는 삼위일체론적 성령론이 수립되어야 하며, 이론으로서가 아니라 구체적이고 개인적인 내면의 체험의 바탕 위에 수립된 생명력 있는 성령신학이 요청된다는 것이다.

웨슬리와 바르트가 만날 수 있는 공동의 신학적 지반은 무엇인가? 웨슬리의 주관주의와 바르트의 객관주의를 통합할 수 있는 통일의 장이 마련될 수 있을 것인가? 웨슬리와 바르트 양자가 하나님의 초월성과 은총, 성서와 믿음, 성령과 자유를 강조하고 있는 것은 우리에게 시사하는 바가 크다. 즉 자유주의신학의 인간중심주의를 극복하고 하나님의 은총의 주도권(initiative)을 강조하며 예수 그리스도 안에서 성취된 은총의 객관성과 성령에 의해서 인간 안에서 실현(realization)되는 은총의 주관성에 대한 강조는 우리의 신학이 나아갈 길을 제시하고 있다. 그것은 성서적이고, 삼위일체론적이고, 기독론적·성령론적(christological-pneumatological)인 복음주의 신학의 길이라고 할 수 있다. 웨슬리와 바르트는 성령을 통해서 만날 수 있다. 삼위일체론적 성령신학이 앞으로의 신학의 미래의 방향이 될 것이다.

C. 맺는말

전쟁, 혁명, 쿠데타, 대재난 등 급격한 사회변동의 시기에 과격한 종교적 체험에로 탐닉하는 경향을 역사적으로 찾아볼 수 있다. 그럴 경우 개신교회의 신앙지상주의는 매력적이다. 그러나 사회적으로 안정되고 경제적으로 번영할 때 종교적인 수련의 고통은 많은 사람들에게 덜 매력적인 것처럼 보인다. 이것은 우리나라 개신교회의 성장사에서 검증될 수 있고 필자가 수년간 체재하였던 영국에서도 살펴볼 수 있었다. 2차세계대전 당시 영국의 교회출석률은 60%를 상회하였으나 지금은 7.5%정도에 머무르고 있다, 지나간 10년간 교회출석률이 22%감소하였으며 앞으로 40년 후에는 0.5%만이 교회에 출석할 것이라는 암울한 미래가 예상되고 있다. 그런데 복음주의 교단인 침례교회만이 이 기간에 2%가 성장하였다고 한다 (〈목회와 신학〉, 2000. 6월호 참조). 그리고 이런 번영의 시대에는 급진적이거나 과격한 개신교회보다는 온건하고 덜 엄격한 가톨릭교회가 보다 쉽게 호응을 받는 것 같다. 따라서 개신교회는 21세기의 시대상황에 맞는 새로운 신학적 패러다임을 창출해야 할 것이다. 바울의 신학이나 루터의 신학이 지나치게 신앙일변도를 지향한 것으로 해석된 것이 깊이 반성되어야 하며 신앙과 행위를 포괄하는 제3의 신학이 제시되어야 할 것이다.[110]

우리가 성결해야 하는 이유는 하나님의 명령이기 때문이다. "내가 거룩하니 너희도 거룩하라"(레 11:44~45; 19:2; 20:7)고 말씀하시는 하나님의 명령을 따라서 우리는 성결한 삶을 살아야 한다. 그러나 하나님의 무서운 명령이기 때문에 억지로 복종하기 위해서 성결해야 한다는 것은 너무나 구약적이고 율법적이다. 그보다는 하나님이 우리의 아버지이시고 우리는 그의 아들이기 때문에 아들인 우리는 아버지이신 하나님을 닮아가야 할 것이다. 그리고 인간은 하나님의 형상이기 때문에 하나님을 닮아가야 할 것이다. 따라서 우리는 성결해야 한다. 더 나아가서 그리스도인은 그리스도를 본받는 자이기 때문에 우리는 거룩하신 예수 그리스도를 본받아 성결해야 할 것이다. 성화의 본질은 참되신 하나님과 같이 되는 것이요 성화의 유일한 자원은 예수 그리

---

110) 전성용, "디다케(Didache)의 구조연구 2," 〈신학과 선교〉 제25집 (서울신학대학교, 2000), 361~382 참조.

스도 안에 있다. 그리스도를 성화의 창시자이자 근원으로 보며 성령을 그 시행자(agent)로 볼 때 우리는 성화의 올바른 근거를 가지게 된다.111) 전 세계가 테러와의 전쟁으로 인한 불안과 공포에 휩싸여 있는 지금이야말로 21세기가 무엇인지 우리로 하여금 느끼게 만들고 있다. 이러한 시대에 우리가 성화해야 한다는 것은 무엇인가를 신학적으로 다시금 새롭게 물어야 할 것이다.

---

111) 싱클레어 퍼거슨, 〈성령〉 (한국IVP, 1998), 164.

11

교회론

칼 바르트는 신학의 목적은 교회를 섬기는 것이라고 하였다. 신학은 지적
호기심을 충족시키기 위한 인간학이 아니다. 신학은 교회로 하여금 성서를
기준으로 올바른 말을 하게 하기 위한 교회의 일이다. 따라서 신학이 교회의
자리로서의 세계에 대해서 관심을 가지고 할 말을 해야 하지만 교회를 떠나
서 사회개혁이나 정치참여에 몰두한다면 그것은 신학 본연의 모습과 거리가
있는 신학이 될 것이다.

신학의 자리는 교회이다. 교회가 없으면 신학이 무슨 소용인가? 그러므로
교회를 허물어뜨리는 신학은 지적 즐거움을 추구하는 신학적 에피큐리아니
즘(Epicurianism)에 불과하다. 그런 일은 신학이 아닌 다른 인간학이 할 수
있다. 그러나 교회를 세우는 일은 다른 인간학이 할 수 없다. 따라서 우리는
교회를 귀중히 여기고 교회를 세우는 신학을 추구해야 한다.[1]

Ⅰ. 교회의 정의

---

[1] 교회가 건강하지 못하면 결국 신학도 설 자리가 없어질 것이다. 자유주의신학은
성서의 권위와 교회를 무너뜨리는 결과를 가져왔다.

1. 교회의 어원

교회의 뜻으로 사용되는 영어 Church는 비잔틴 희랍어 Kyrike에서 나온 말인데 '주님께 속하는'이라는 뜻이다. 즉 '주님의 공동체'라고 할 수 있다. 그리고 희랍어 에클레시아(ekklesia)는 신약성서에서 사용된 어휘인데 왕의 명령을 받은 전령관의 부름을 받고 모인 사람들이라는 뜻을 가지고 있다. 그러므로 교회란 하나님의 부르심을 받고 세상으로부터 나온 사람들의 모임이며 백성들의 집회이다.

이것은 구체적인 '집회'와 '회합'을 의미한다. 그러나 교회는 단순히 여러 사람이 모인 것만을 가리키는 정적(靜的)인 의미가 아니다. 예컨대 시내버스를 탄 사람들의 경우 특정한 장소와 특정한 시간에 모인 사람들의 무리이지만 그들은 각자 목적지에 도착하면 흩어진다. 그들의 모임은 반복되지 않으며 각자 목적지도 다르다.

그러나 교회는 구체적인 모임의 끊임없는 반복에 의한 공동체로서 항상 어떤 특정한 목적을 가지고 특정한 장소에서 특정한 시간에 모이는 사람들의 단체이다. 이렇게 볼 때 교회는 눈에 보이는 건물이 아니라 사람들로 구성되는 것이며 그 사람들은 예수 그리스도를 믿는 신앙인들이다. 우리는 교회를 눈에 보이는 건물이나 그 건물을 구성하는 여러 가지 시설로 생각하기 쉽다. 〈XX교회〉라고 말할 때 우리는 쉽게 어떤 교회의 교회당을 생각하기 쉽다. 그것이 우리의 기억 속에 강하게 각인되어 있기 때문이다. 교회당 건물은 크고 웅장하고 감동적이고 강렬한 인상을 주기 때문일 것이다.

그러나 교회는 건물이 아니라 사람으로 구성된다. 건물이 아니라 사람이 교회이다. 건물은 교회가 아니라 교회당이다. 교회당은 교회의 집회를 위해 필요한 공간을 마련하기 위한 건축물에 불과하다. 그것은 낡고 좁아지면 허물고 새로 지으면 되는 물질에 불과하다. 그러므로 교회는 예수 그리스도를 믿는 사람들이 모여 이룩한, 사람들의 공동체라고 할 수 있다. 루터는 교회를 하나님의 백성, 그리스도의 몸 그리고 성령의 전이라고 하였다. 칼빈은 하나님에 의해 선택된 무리라고 하였으며, 웨슬리는 성도의 모임(communion of Saints, communio sanctorum)이라고 하였다.

2. 교회의 본질과 비본질

한스 큉은 교회를 보는 두 가지의 잘못된 시각을 비판한다.[2] 첫째로 교회의 역사를 무시하고 교회를 이상화, 추상화하는 입장이다. 이들은 무비판적으로 과거를 이상화하여 과거의 노예가 되는 전통주의자들과 현재의 문화를 무비판적으로 추종하는 현대주의자들이다. 큉은 교회가 서 있는 역사의 한계와 제약 안에서 교회를 이해해야 한다고 주장하였다. 둘째로 하나님과의 관계를 무시하고 교회를 인간적으로만 파악하는 비신앙적인 시각이다. 교회의 참모습은 비신앙인의 눈에는 드러나지 않는다. 교회는 믿는 자들의 공동체이며 신앙인의 눈에만 그 참모습이 나타난다. 큉은 이러한 오류를 피하기 위해서 교회의 본질과 비본질을 파악해야 한다고 주장하였다.

큉은 교회의 본질은 변하는 역사적 형태 속에 나타난다고 보았다. 이런 점에서 본질도 변한다. 이 본질은 교회의 근원으로부터 나오는 것이며 비영속적인 역사적 형태 가운데서 교회를 교회답게 하는 영속하는 것이다.[3]

그런데 큉에 의하면 교회가 역사적 제약 가운데 있다는 것은 단순히 역사

---

2) Hans Kung, *The Church* (New York: Doubleday, 1976), 34f. 46ff.
3) Ibid., 22. 큉은 교회의 본질과 형태를 구별하였는데, 본질은 가변성을 가진 영속적인 것이며 형태는 가변성을 가진 비영속적인 것이다. 즉 본질은 변할수 있으나 잘 변하지 않는 것이다. 그러나 다양한 교회의 형태들은 항상 변할 수 있는 것이다.

적 상황 아래 있다는 것이 아니라 역사적으로 악의 영향을 받는다는 의미이다. 즉 교회는 본질과 함께 비본질 즉 악과 더불어 현존한다. 교회는 본질과 비본질이 공존하고 있다.

> 교회의—지속적이면서도 변할 수 있는—선한 '본질'만이 나타나는 것도 아니다. 여기서는 오히려 교회 내에 존재하는 '악,' 즉 교회에 좋지 않은 '비(非)본질'(Un-Wesen)이—실제적이면서도 비실제적으로—나타난다. 교회의 비본질은 교회의 본질과—분리될 수는 없지만—모순 속에 있다. 교회의 비본질은 교회의 정당한 본질이 아니라 부당한 본질이며, 본래적인 본질이 아니라, 왜곡된 본질이다. 이러한 비본질은—차후에 자세하게 설명하겠지만—하나님의 거룩한 의지가 아니라 교회를 형성하는 인간의 거부에 의해 생겨난 것이다. 이러한 비본질은 모든 역사적 형태를 통해 교회의 본질을 그림자처럼 따라 다닌다. 교회의 실제적인 본질은 비본질 속에서 나타난다.[4]

그리하여 교회의 이 부정적인 비본질을 통하지 않고서는 교회의 긍정적인 본질을 식별할 수 없으며 선과 악, 긍정적인 것과 부정적인 것, 참된 본질과 비본질은 교회 안에서 상호의존적이 된다. "가장 본질적인 것도 비본질을 창출해 낼 수 있으며, 가장 거룩한 것에서도 죄가 나타난다."[5]

이러한 교회 이해는 교회를 이상적이거나 추상화 된 교회가 아니라 있는 그대로의 교회 즉 현실로서의 교회를 파악하고자 하는 큉의 관심의 반영이다. 교회는 하나의 개념이 아니라 하나의 실재이다. 교회는 인간으로 구성되며 인간을 위해 존재하기 때문에 가시적이며 또 가시적이어야 한다. 그러므로 언제나 교회는 현실적인 교회이며 이런 의미에서 비가시적인 교회라는

---

4) 한스 큉, 〈교회〉 (한들출판사, 2007), 35f.
5) Ibid., 36.

개념은 제한적으로 사용되어야 한다.[6]

II. 교회의 근원

1. 예수와 교회

　교회는 예수 그리스도를 구주로 고백하는 그리스도인들의 공동체이다. 그러므로 예수 그리스도는 교회의 머리요, 교회의 근원이며 그리스도가 없다면 교회도 없다. 그런데 예수는 그의 생애 가운데 교회를 가르치지 아니하고 하나님의 나라를 가르쳤다. 복음서에서 '교회'(에클레시아)는 마태복음에서만 2회 사용되었을 뿐이다 (마 16:18, 18:17). 반면에 '하나님의 나라'는 공관복음에서 100여회 사용되었다. 예수의 설교의 중심개념은 하나님의 나라였다. 하나님의 나라는 공간적, 지역적 개념이 아니라 하나님의 지배(rule)와 다스림(reign) 및 하나님의 주권(sovereignty)을 의미하는 개념이다. 즉 하나님께서 다스리시는 곳이 하나님의 나라이다. 하나님이 지배하는 개인, 가정, 사회가 하나님의 나라이다. 예수는 귀신들린 자로부터 귀신이 쫓겨나고 성령이 지배하게 되었을 때 그 사람에게 하나님의 나라가 이루어졌다고 선언하였다 (마 12:28).

　그런데 이 하나님의 나라는 아직 완성되지 않은, 미래에 이루어질 가까이 오고 있는 나라이다. 그러니까 하나님의 나라는 현재성(already)과 미래성(not-yet)이라는 이중성을 가지고 있다. 예수 그리스도가 종말에 재림함으로

---

6) 가시적 교회와 비가시적교회의 두 교회가 있는 것이 아니다. 가시적 교회(지상적이고 물질적인 교회)가 비가시적교회(영적이고 천상적인 교회)의 반영이라고 생각해서도 안 된다. 하나의 교회가 그 본질과 형태에 있어서 언제나 가시적이면서 동시에 비가시적이다. Hans Kung, *The Church*, 64.

써 이루어지게 될 하나님 나라의 완전한 완성은 미래적 차원으로 남아 있으면서도, 예수의 성육신 이후 이 땅에서 성취되어 가고 있는 하나님의 나라는 이미 이 땅에서 이루어진 현재성이라는 차원을 동시에 가지고 있다. 특히 오순절 이후 성령의 강림으로 말미암아 성령세례 받은 자는 하나님의 나라를 미리 맛본 자(fortaste)이다. 성령세례 받은 자 안에서 미리 이루어진 하나님 나라의 선취(先取)는 하나님의 나라가 단지 미래에 이루어질 희망 가운데 있는 것이 아님을 우리에게 증거한다. 우리는 성령 안에서 하나님의 나라를 맛보고 누리면서 의와 평강과 희락의 삶을 살게 되고 이 복음을 전할 수 있는 능력을 받게 된다. 그러나 그렇다고 해서 미래의 하나님 나라에 대한 소망을 포기하거나 등한시해도 되는 것은 결코 아니다. 기독교신앙은 철저하게 미래에 이루어질 완전한 하나님 나라의 차원에 대한 소망 가운데 살아가는 미래공동체, 희망공동체, 종말론적 공동체이다. 이 희망을 상실하게 되면 기독교는 현재의 쾌락에 함몰되어버리고 말 것이다. 그리고 이 하나님의 나라의 백성이 되기 위한 조건은 오직 회개하고 복음을 믿는 것 뿐이다 (막 1:15).

나아가서 예수는 특별히 의롭고 경건한 사람들을 구별하려 하지 않고 온 이스라엘을 모으려고 보내심을 받았다고 의식하였다. 그의 12제자들은 소수의 남은 자(Remnant, 엘리야의 7,000명 등 하나님을 배신하지 않은 소수의 무리)가 아니라 온 이스라엘의 소명을 나타내며 그들은 어디까지나 복음선교를 위한 존재였다. 이와 같이 예수 자신은 미래에 이루어질 종말론적인 하나님의 나라를 가르쳤을 뿐이고 스스로 교회를 조직하지도 않았다. 그는 순수하게 복음을 가르치고 종말을 기다리도록 촉구하였을 뿐이다. 그리고 교회는 부활 이후에 말해지고 사도의 설교에서 하나님의 백성과 옛 백성이 구별되었다.

그러나 예수가 없었다면 교회도 없다. 왜냐하면 예수 그리스도의 생애에서 공동식사와 전도여행 등을 통하여 형성된 그와의 인격적인 유대를 가진 일단의 무리들이 기초가 되어 예수 그리스도의 부활을 믿으며 모여 영광의 출현을 기다린 이래 교회는 존재하였기 때문이다. 그러므로 교회의 근원은 단순히 부활 이전의 예수의 의도와 사명에만 있는 것이 아니라 그리스도사건 전체 즉 예수의 탄생과 활동, 십자가와 부활 및 성령의 부으심에 이르기까지 예수 그리스도의 행동 전체에 있다. 특별히 예수 그리스도 사건 가운데서도 예수의 육체적 부활 없이는 그리스도교의 메시지도 없고 신앙도 없으며 교회도 무의미하다. 교회는 처음부터 예수의 제자들이 하나님에 의하여 생명에로 부활한 예수를 실제로 만나보았다고 주장하는 거기에서 출발하였다. 개인의 주관적인 상상이나 신념이 아니라 수백 명의 사람들이 여러 차례에 걸쳐서 살아나신 분을 만나는 현실적인 체험에 근거하여 교회는 시작되었다. 따라서 여기에는 기쁨과 감사가 넘치게 되었고 재산을 팔아서 헌납하는 등 공동체적인 생활 가운데 감격이 흘러넘치게 된 것이다.

2. 하나님의 나라와 교회

신약성서 안에는 하나님 나라의 미래성(not-yet)과 하나님 나라의 현재성 (already)이 공존하고 있다. 재림하실 예수에 의해서 이루어질 하나님 나라의 완성은 미래에 있게 될 것이지만 그러나 초대교회는 예수의 부활 이후 교회 안에 임재한 하나님의 나라의 현재성을 이야기하기 시작하였다. 한스 큉은 예수의 부활 이후 초대교회가 자신을 하나님의 통치와 동일시하기 시작하였다고 보았다.[7] 그러나 하나님의 나라와 교회는 결코 동일시 될 수 없다.

큉은 하나님의 나라와 교회의 동일성과 연속성을 거부하였다. 동일성이 있을 수 없는 이유는 하나님의 통치는 최종적, 결정적인 바실레이아이기 때

---

7) Hans Kung, ibid., 124ff.

문이다. 연속성(교회에서 하나님의 나라가 나타난다)이 있을 수 없는 이유는 하나
님의 통치가 조직적인 발전이나 성숙 또는 침투의 과정에 의해서가 아니라
온전히 새롭고 즉각적인 하나님의 완성행위에 의하여 이루어지는 것이며 여
기서 인간이 할 일이란 마음을 열고 순종하는 것이요 정신을 차리고 기다리
는 것이며 믿고 회개하는 것이기 때문이다.[8]

신약성서에 있는 하나님 통치를 교회에 적용한다면 부당한 교회찬양론
(ecclesiologia gloriae)을 피할 수 없게 된다. 그것은 교회를 목적으로 삼는
이론이다. 마치 하나님의 지배의 권능과 영광이란 아직 기다려야 할 것이
아닌 양! 마치 모든 약속이 교회 안에서 이미 성취된 양! 마치 교회는 순례대
신에 안식을 누릴 수 있는 양! 마치 교회가 인간의, 죄인들의 교회가 아닌
양! 교회는 스스로 교만에 빠져 하나님을 섬기는 대신에 자신을 섬기게 될
것이다. 이것이 중세교회의 타락한 모습이었다. 그러므로 오히려 하나님의
나라와 교회, 바실레이아와 에클레시아 사이에 있는 차이점이 더욱 더 강조
되어야 한다.

> 에클레시아는 본질적으로 현재의 것이요 미래에는 지양될 것인 반면에,
> 바실레이아는 현재에 돌입해 있는 것이면서도 동시에 결정적으로 미래
> 의 것이다. 에클레시아는 마지막 시대의 중간시기를 순례하는 어떤 잠정
> 적인 것인 반면에, 바실레이아는 마침내 모든 시대의 마지막에 결정적으
> 로 영광이 나타날 어떤 확정적인 것이다. 에클레시아는 죄인과 의인을
> 동시에 안고 있는 반면에, 바실레이아는 의인과 성인들의 나라다. 에클
> 레시아는 아래로부터 자라나고, 현세적으로 조직화 할 수 있으며, 발전,
> 진보, 변증법의 소산이다. 요컨대 인간의 일이다. 그러나 바실레이아는
> 위로부터 돌입하고, 즉각적인 활동이며, 측량할 수 없는 사건이다. 요컨
> 대 하나님의 일이다.[9]

---

8) 한스 퀑, 〈교회란 무엇인가〉(분도출판사, 1978), 94.

그러나 이렇게 에클레시아와 바실레이아가 현저한 차이를 가지고 있다고 해서 양자가 서로 무관한 것으로 분리되어서는 안 된다. 교회는 하나님의 나라는 아니다. 그러나 에클레시아는 부활과 재림 사이의 중간시대에 이미 돌입한 하나님의 지배 하에 있다. 따라서 하나님의 나라와 교회의 관련성이 강조되어야 한다. "교회는 하나님의 나라가 아니다. 그러나 교회는 하나님의 나라를 내다보고 기다린다. 아니, 그 나라를 향하여 순례하며, 전령으로서 세상에 그 나라를 선포한다."[10]

교회는 이 주님의 지배하에 있다. 은연중에 온 세계도 지배하는 이 그리스도의 지배는 교회 안에서 지금 이미 효과를 내고 있다. 즉, 지금 이미 말씀의 전파로 죄가 사해지고 새로운 인간이 이루어지며 그리하여 만물의 완성이 예고되고 있다. 지금 이미 세례의 집행으로 인간들이 가시적인 상징행위에 의하여 마지막 시대의 공동체에 입회함으로써 낡은 인간을 참회의 무덤에 묻고 신앙에 의해서 새 인간으로 부활하며 새로운 피조물이 되고 있다. 지금 이미 성찬의 잔치로 하나님 나라의 상속자들이 성부의 영광 중에 나타날 종말의 구원의 잔치를 주께서 오실 때까지 선포하고 재현하며 참여하고 있다. 교회에는 지금 이미 성령이 주어져 있다. 이리하여 교회는 종말론적 구원공동체로서 그리스도의 지배하에 살고 기다리며 순례하고 있다.

그러므로 하나님의 나라와 교회의 관계는 서로 다르면서도 분리되지 않는 이중적인 관계이다. 교회가 스스로를 하나님의 나라라고 주장해서도 안 되지만 그렇다고 교회 없이 미래에 홀연히 하나님의 나라가 이루어질 수도 없다. 그렇다면 교회는 어떤 교회가 되어야 하는가? 한스 큉은 교회는 결정적인 하나님의 지배의 전단계(Vor-Stufe)가 아나나 가히 그 전조(Vor-Zeichen)라고 하였다.[11] 교회는 이미 예수 그리스도 안에 현존하는 하

---

9) Ibid., 95.
10) Ibid., 97.
11) Ibid., 99.

나님의 지배라는 실재의 표징이요, 아직 미래의 일인 하나님의 나라의 완성을 가리키는 전조다. 따라서 교회는 다음과 같은 교회의 한계와 사명을 인식해야 한다.

첫째로, 교회는 지나가는 교회이다. 교회는 자신을 설교의 중심으로 삼아서는 안 된다. 교회는 그리스도 안에서 성취된 하나님의 지배에서 출발하며, 교회 자신의 과업의 결정적인 완성으로서 교회 자신이 기다리고 있는 하나님의 지배를 지향해야 한다. 교회는 따라서 교회 자신을 목적으로 내세워서는 안 된다. 마치 교회가 세계사의 목적이요 완성이며 확정적인 것인 양 해서는 안 된다.

둘째로, 교회는 신뢰하는 교회가 되어야 한다. 교회는 아무리 큰 노력으로 하나님의 지배에 봉사할지언정 스스로 하나님의 나라를 세우려 해서는 안 된다. 하나님이 교회를 위하여 그 나라를 세운다. 전적으로 신뢰해야 할 것은 하나님의 행동이지 교회의 행동이 아니다. 교회는 하나님의 나라를 실현한 일도 없었고, 앞으로도 없을 것이며, 오직 그것을 증언할 수 있을 뿐이다.

셋째로, 교회는 봉사하는 교회가 되어야 한다. 교회는 어떤 경우에도 신정체제(theocracy)로 등장할 수 없다. 교회가 할 일은 영적 봉사이다. 즉 인간을 섬겨 하나님을 섬기고 하나님을 섬겨 인간을 섬길 교회이다. 세속 권력을 장악 유지하고 정책적 계략과 음모를 꾸미는 그런 수단에 안주해서는 안 된다.

넷째로, 교회는 죄인들의 교회이다. 예수는 하나님의 지배를 죄인들을 위한 구원사건으로 설교했다. 교회에도 완전한 것이란 아무것도 없고, 모두가 위태롭고 연약하고 불안스런 것들이며, 모두가 거듭 개선, 광정을 요하는 것들이다. 이 마지막 시대에 자신이 죄인들로 구성되어 있고 죄인들을 위하여 존재한다는 것을 인식하지 아니하는 교회는 냉혹하고 독선적이며 무자비한 교회로 화한다. 그런 교회는 하나님의 자비도 인간의 신뢰도 받을 자격이 없다.

다섯째로, 교회는 순종하는 교회가 되어야 한다. 교회는 거듭 회개하면서 세상의 메시지에서 돌아서야 하고 다가오는 하나님의 지배하에 서 있어야 한다. 그럼으로써 사랑으로 세계의 인간을 되돌아보아야 한다. 그것은 세상을 등진 금욕적 고립이 아니라 세상의 일상생활에서의 하나님의 뜻에 대한 철저한 사랑의 순종이요 세상에서의 도피가 아니라 세상에의 활동이어야 한다.

교회가 형언할 수 없이 큰 자신의 과업을 나날이 기도함으로써만 수행할 수 있다는 것은 새삼 강조할 필요가 없다. 열두 사도의 교훈(Didache)의 말씀처럼,

> 주여, 주의 교회를 기억하시와
> 온갖 악에서 구하시고
> 주의 사랑으로 완성하소서.
> 사방에서 주의 교회를 모으시와
> 그 교회를, 그 성도들을
> 주께서 미리 마련해 두신
> 주의 나라로 인도하소서 (10. 5).

교회가 이미 이루어진 하나님 나라의 성취와 아직 이루어지지 않은 하나님의 나라의 완성 사이에서 교회다운 교회가 되어가야 할 사명은 모든 그리스도인에게 주어진 사명이기도 할 것이다. 이것은 긴장 가운데서 깨어 있는 진정한 그리스도인이 잊지 말아야 할 과제이다.

III. 교회의 본질

지금까지 교회의 근원에 대해서 고찰하였다. 지금부터 다루고자 하는 교회의 본질은 교회의 근원으로부터 교회가 무엇인가를 해명하는 것이다. 하나님의 백성, 그리스도의 몸, 성령의 피조물은 모두 교회를 가리키는 은유이며 이것은 교회를 삼위일체론적으로 해명하겠다는 것이다. 즉 교회는 삼위일체 하나님의 소유임을 증거하고자 한다.

1. 하나님의 백성

하나님의 백성은 구약시대로부터 유래하는 것이며 가장 오래된 교회의 개념이다. 본래 유대교적인 이 개념이 메시아 대망사상에 의해서 종말론적인 개념으로 발전하였다. 이 종말론적인 소망이 이스라엘이라는 국가의 한계를 넘어서 모든 사람에게 열려지게 되었다.[12] 교회는 자신을 이러한 종말론적인 소망의 성취로 인식하게 된 것이다. 그것은 이 종말론적인 희망이 예수 그리스도 안에서 성취되었음을 믿는 것이다. 그리하여 교회는 자신을 새 이스라엘 새 하나님의 백성으로 인식하였다.

이스라엘이 하나님의 옛 백성이라면 교회는 하나님의 새 백성이다. 그러므로 모든 신앙인은 하나님의 백성이다. 여기에는 교회의 제도와 직분에 의한 구별이 있을 수 없다. 평신도와 성직자의 구별은 3세기 이후에 일어난 것인데 이것은 교회를 섬기는 직능의 구별이지 성직자를 특권계급 내지는 지배계급으로 생각하는 것은 잘못된 것이다. 루터에 의해 주장된 만인사제설은 개신교회의 기본적인 입장으로 정립되었다. 신부들만이 하나님 앞에

---

12) Hans Kung, *The Church*, 161.

직접 나아가 회개할 수 있고 평신도들은 신부에게 고해성사를 하면 신부가 예수 그리스도를 대신하여 죄사함을 선포하는 것은 비성서적이고 교권주의적인 폐단이 있다. 평신도가 직접 하나님께 회개하고 죄사함을 확신할 수 있다는 사상은 교회가 평신도 중심으로 개혁되어야 함을 주장하는 근거가 된다.

나아가서 교회는 개개의 개인이 아니라 집단적인 공동체이다. 교회는 하나님의 자유로운 선택과 부르심을 전제한다. 이것은 결정적으로 하나님의 주도행위이다. 이 때 하나님과 교회의 새 계약은 동등한 계약이 아니다. 하나님의 주권적인 선택과 부르심에 의한 불평등한 계약이다. 따라서 교회의 출발점은 신자 개인이 아니다. 만약에 신자 개개인이 예수 믿고 구원 받은 그 자체를 교회의 근원이나 본질로 생각한다면 그것은 개인주의적인 교회관이다. 교회의 근원과 본질은 하나님의 부르심이요 예수 그리스도사건이며 하나님과 교회와의 계약은 어디까지나 교회공동체와의 계약이다. 하나님이 남편이요 이스라엘이 아내이듯이(호세아) 그리스도는 신랑이요 교회는 신부이다. 그리고 세례는 개인의 구원에 대한 표시 즉 내적인 신앙의 외적인 표시일 뿐 아니라 더 중요한 의미는 하나님의 백성의 공동체에 받아들여졌다는 표시 즉 입회식(initiation)이다. 신자 개인은 결코 혼자서가 아니라 공동체 내에서 존립한다. 왜냐하면 교회의 출발점은 신자 개인이 아니라 하나님이기 때문이다.

2. 그리스도의 몸

성만찬은 그리스도의 살과 피를 상징하며 이 의식을 통하여 교회는 그리스도의 몸임을 확인한다. 교회가 모여서 함께 식사를 한다는 것은 가장 깊은 친교에 이른다는 뜻이다. 이 식사는 계약과 친교의 식사이므로 교회는 성만찬을 통해서 그리스도에 대한 신앙과 사랑을 재확인하며 더 나아가서 이 식사는 종말의 잔치를 미리 맛보는 것이므로 교회는 종말을 기다리는 공동체가 된다. 그리고 바울은 떡이 하나이듯이 우리는 한 몸이라고 하였다 (고전 10:17). 즉 본질적으로 성만찬은 그리스도와의 친교요 그리스도인들 사이의 친교이다. 성만찬을 통해서 몸으로서의 공동체가 구체화 된다. 음식을 함께 나누어 먹지 않는 곳, 분열이 있는 곳, 저마다 자기 음식을 먹는 곳, 그리하여 어떤 사람은 주리고 어떤 사람은 취해 있으며 아무도 남을 기다리지 않는 그런 곳에서는 진정한 친교가 이루어질 수 없다.

그러면 누가 그리스도의 몸인가? 바울이 말하는 그리스도의 몸은 구체적인 지방교회와 이상적인 전체교회이다.[13] 십자가에서 죽은 예수는 부활한 주님으로서 교회에 현존한다. 교회 없이 그리스도 없고 그리스도 없이 교회 없다. 그는 만인의 주님으로서 온 인류를 지탱하고 있으며 교회 안에 현존하고 있다. 교회의 생명은 그리스도가 과거에 행한 업적 안에 있는 것이 아니라 현재에 활동하고 있는 그리스도의 생생한 현존에서 나온다. 복음의 선포는 그리스도 안에서 이루어진 과거의 구원행위를 보고하는 것이 아니라 그 말씀 안에서 그리스도 자신이 일하고 있다. 그리스도는 교회의 생활 전체에 현존하지만 특별히 두드러지게 예배의 모임에 현존한다. 여기서 하나님은 당신의 말씀을 통해서 교회와 이야기하고 교회는 기도와 찬송가의 응답에 의해서 하나님과 이야기 한다. 여기에서 한 그리스도의 몸으로서 한 주님과의 친교와 일치를 통해서 서로 친교와 일치를 이룬다.

그리스도와 교회는 머리와 몸의 관계이며 머리가 없이는 몸이 있을 수 없다. 이것은 교회의 생명의 근원이 그리스도에게 있음을 의미하며 동시에 그리스도와 교회의 내적 일치와 동화를 나타내는 표현이다. 그러나 그리스

---

13) 한스 큉, 〈교회란 무엇인가〉, 147.

도와 교회의 일치는 자주와 자율성 위에 서 있는 실제적인 일치가 아니라 지배와 의존의 관계에 서 있는 인격적 상호관계를 의미한다. 교회의 자율성은 타율성 안에 있으며 교회가 그리스도로부터 생명과 약속과 지지를 받는 한의 자율성이며 상호관계이다.

큉은 교회를 그리스도의 몸이라고 할 때 그리스도와 교회의 관계에서 다음과 같은 점을 강조하려고 한다. 첫째로, 그리스도와 교회와의 관계는 끊어질 수 없다. 둘째로, 머리로서의 그리스도가 몸인 교회의 성장의 근원이며 목표이다. 셋째로, 머리로서의 그리스도가 교회를 통치하는 분이며 교회는 몸으로서 이에 순종해야 한다. 즉 교회가 그리스도의 몸이 아니라 그리스도가 교회의 머리임을 강조하고자 하는 것이다.[14]

몸이 머리를 향해 자라듯이 (엡 4:15) 교회는 그리스도를 목표로 성장하여야 한다. 그리스도는 성장의 근원이며 목표이다. 이 성장에는 내적 성장(질적 성장, 신앙과 인식과 사랑의 성장)과 외적 성장(양적 성장, 전도에 의한 지체들의 성장)이 있으며 몸의 성장은 오직 머리에 순종함으로써만 가능하다. 불순종의 성장은 불구의 성장이다. 우리는 최근의 교회성장신학의 개념에 의해 그리스도의 지배가 약해지거나 등한시되지 않도록 해야 한다. 그리스도와 교회를 동일시하고 교회 자신이 그리스도로 행세하고 교회가 그리스도의 전권대리자가 되어 그리스도는 실권 없는 존재가 되는 교회가 되어서는 안 된다. 그런 교회는 믿는 대신에 아는 교회요, 아쉬운 대신에 넉넉한 교회요, 순종하는 대신에 권위를 관철하는 교회가 되어 스스로 주인으로 나섰으니 더 이상 주인이 필요없게 된다. 오늘날 무분별하고 파행적인 방법에 의한 교회성장의 추구는 그 오류가 지적되어야 할 것이다.[15] 그리고 그 오류의 결과가 교회의 지속가능한 성장의 장애요인이 되고 있음을 인식해야 할 것이다.

14) H. Kung, *The Church*, 306f.
15) 오늘날 교회의 비본래적인 성장의 행태에 대해서 A. W. 토저, 〈홀리스피리트 성령〉 (규장, 2007); A. W. 토저, 〈이것이 성령님이다〉 (규장, 2005) 참조할 것.

3. 성령의 피조물

　교회는 성령의 집이요 성령의 피조물이다.[16] 성령은 교회의 영이 아니라 하나님의 영이다. 성령의 근본 자유의 근거가 여기에 있다. 이 성령이 교회를 지배한다. 성령과 교회를 구별해야 한다. 그리함으로써 교회는 신성한 존재가 아니라는 진리를 확보할 수 있다. 신자 개인이 성령으로 충만하고 성령의 지배를 받는다고 해서 신성한 존재가 되는 것은 아니다. 성령의 지배를 받는 그리스도인이 되었다고 해서 완전히 죄로부터 해방될 수 있는 것이 아니다. 여전히 원죄의 쓴뿌리가 성도 안에 내재해서 언제든지 자범죄(actual sin)로 표출될 수 있다. 루터는 신자를 동시에 의인이며 동시에 죄인이라고 하였다(simul justus simul peccator). 이것을 한스 큉은 교회론에 적용하여 교회는 동시에 거룩하고 동시에 죄악되다고 하였다. 따라서 교회 안에도 죄가 있을 수 있다. 인간적인 면모인 과오와 실패 및 죄를 시인할 수 있다. 그리고 교회에는 성장과 발전이 있으며 퇴보와 위축이 있다.

　나아가서 성령은 그의 자유로 어디서나 언제나 활동한다. 성령의 활동은 교회에 의해 제한될 수 없다. 가톨릭과 개신교 그리고 온 세상에서 활동한다. 교회는 성령을 장악할 수 없으며 성령을 소유할 수 없다. 교회는 성령을 지배, 제한, 조종, 지휘할 수 없다. 하나님이 성령을 통하여 교회의 말씀과 성례전에 스스로 속박을 받는 근거는 교회의 법이 아니라 하나님의 자유요, 교회의 권위가 아니라 하나님의 자유로운 은총이다. 교회는 성령에게 명령하고 성령을 규제해서는 안 된다. "오소서 성령이여"(veni spiritus)라고 기도하고 요청할 수 있을 뿐이다. 그러나 성령은 자유로운 영이지만 혼란과 모순의 영이 아니라 질서와 평화의 영이다. 하나님은 무질서가 아니라 평화의 하나님이다(고전 14:33). 교회의 질서를 무시하는 고린도교인들은 영적 교만에 빠졌다.

---

16) 한스 큉, 〈교회란 무엇인가〉, 129.

IV. 참교회의 속성

위의 절에서는 교회의 본질에 대하여 살펴보았다. 그런데 현실적으로 본질에 맞는 교회와 본질에 반하는 교회가 있다. 본질에 맞는 교회는 참교회요 본질에 반하는 교회는 거짓교회이다. 참교회의 표징 또는 속성이 4가지가 있는데 단일성, 거룩성, 보편성, 사도성이다. 이것은 '니케아-콘스탄티노플 회의'가 고백하고 채택한 참된 교회의 표징 또는 속성이다. "우리는 하나의 거룩하고 보편적이며 사도적인 교회를 믿습니다." 종교개혁자들도 이 네가지 표징들을 부인하지 않았으나 참된 교회를 결정하는 보다 더 중요한 것은 순수한 복음전도와 진정한 성례전의 시행이라고 하였다.

1. 단일성(Oneness)

교회는 하나이다. 교회는 하나님의 교회요, 하나님은 한분이기 때문이다. 즉 교회의 단일성 또는 통일성의 근거는 그 자체에 있는 것이 아니라 성령 안에서 그리스도를 통해서 활동하시는 하나님 자신의 단일성에 있다. 동일한 하나님이 만방에 흩어진 만민을 한 하나님의 백성으로 모은다. 동일한 그리스도가 말씀으로 만민을 모아 성령을 통하여 친교를 이룬다. 동일한 세례로 만인이 같은 그리스도의 몸의 지체가 되며 동일한 성만찬으로 만인이 그리스도와 일치하고 서로가 일치하기를 계속한다. 성령 안에서 그리스도를 통하여 활동하시는 하나님은 삼위일체 하나님이요 유일하신 하나님이다. 따라서 교회의 통일성은 교회 구성원들이 인위적으로 만들어내는 것이 아니라 모든 공간과 시간 속에서 그들 모두와 함께 하시는 그리스도가 이루는 것이며 그리스도가 교회의 통일성의 토대이다.[17] 그러므로 교회의 말씀, 세례,

성찬, 신앙고백 및 희망과 사랑과 봉사는 동일하다. 교회는 하나이고 하나라야 한다. 그러나 교회의 단일성은 다양성 속에서의 단일성이다. 단일성이 획일성으로 되어서는 안 된다.

교회의 예배는 그 언어, 의식, 기도, 노래, 예복, 예술에서 다양하다. 교회의 신학은 그 체계, 논리, 개념, 학파, 전통, 연구 분야에서 다양하며 교회의 질서는 그 생활규칙, 법, 행정체계, 전통, 관습, 풍속에서 다양하다. 그러나 이 모든 다양성 가운데서 영적인 일치와 평화의 끈은 겸손과 온유와 인내를 다하여 사랑으로 서로 너그럽게 대함으로써 보존될 수 있다 (엡 4:2~4).

더 나아가서 교회의 분열을 정당화 하거나 영속화하려고 해서는 안 된다. 교회의 분열을 정상적인 교회의 발전이라고 말하고 교회의 화해는 종말에 가서야 가능하다고 하거나 교회분열의 결과인 대립된 교회들을 한 나무에 달린 서너개의 가지로 설명하는 것 등은 교회의 일치를 저해하고 분열을 고착화 할 수 있는 사고로서 교회의 단일성에 배치된다. 죄를 합리화해서는 안 되듯이 교회분열을 합리화해서는 안 된다.[18]

2. 보편성(Catholicity)

참교회의 두 번째 속성은 보편성이다. 보편성은 특수한 것, 부분적인 것, 개별적인 것이 아니라 일반적인 것, 모든 것과 연결된 것을 의미한다. 그러므로 교회의 보편성과 통일성은 상관적인 개념이다. 교회의 통일성이 수렴적인 보편성을 의미한다면 교회의 보편성은 교회의 확장적인 통일성을 의미한다.[19] 교회의 보편성은 필연적으로 그리스도의 몸으로서의 교회의 정

---

17) 몰트만, 〈성령의 능력 안에 있는 교회〉 (한국신학연구소, 1980), 360.
18) 한스 큉, 〈교회란 무엇인가〉, 171.

의에서 나온다. 즉 예수 그리스도가 교회 안에 계시기 때문에 교회는 보편적이다.[20]

처음에 이그나티우스와 폴리캅은 지역교회와 구별되는 온 교회, 전체교회의 의미로서 가톨릭교회라는 용어를 사용했다. 물론 각 지역교회도 전체교회의 발현 및 실현으로서 온전한 교회이지만 그러나 온교회(전체교회)는 아니다. 온 교회는 어디까지나 모든 지역교회들이다. 그리고 이것이 외적인 집합과 연결이 아니라 같은 하나님, 주님, 성령님 안에서 같은 복음, 세례, 성찬, 신앙에 의하여 내적으로 일치된다. 그러므로 각 지역교회도 이 온 교회를 실현하는 한 역시 가톨릭이라고 불릴 수 있다. 따라서 비가톨릭이라면 그것은 다른 교회와 분리되고 그럼으로써 전체교회와 분리되어 자기 교회의 신앙과 생활에만 집착, 몰두, 자족하려는 분리주의와 이단 및 배교자들의 교회이다.

그러면 어떤 교회가 가톨릭적인가? 보편성이란 세계성이다. 가서 온 백성을 제자로 삼으시오(마 28:19). 세상 끝까지 (마 28:20), 땅 끝까지 증언하시오(행 1:8) 등의 말씀이 이러한 사상의 근거가 된다. 즉 사람이 사는 온 지상에 해당되는 에큐메니칼(ecumenical)이라는 말로 표현할 수 있다. 그러므로 가톨릭교회란 세계적 보편교회(에큐메니칼 가톨릭교회)이다. 우리가 일상적으로 사용하는 '가톨릭교회'는 하나의 지역교회요 하나의 교단(denomination)에 불과하다.[21] 따라서 모든 교회는 예수 그리스도와 그의 복음 안에서 전체교회로서 내적인 일치와 화해와 연합을 추구해야 한다.

---

19) 최영, 〈칼 바르트의 신학이해〉 (민들레책방, 2005), 230.
20) 몰트만, ibid., 370f.
21) 한스 큉은 가톨릭교회와 개신교회의 관계를 어머니와 딸의 유비로 설명하였다. 어머니가 딸의 근원이듯이 역사적으로 가톨릭교회는 개신교회의 근원이다. 그러나 딸이 장성하여 독립적인 삶을 살듯이 개신교회는 가톨릭교회와 독립적인 교회이다. Ibid., 182.

3. 거룩성(Holiness)

우리는 거룩한 교회를 믿는다. 그러나 현실교회는 죄 많은 교회이다. 교회는 모든 인간과 구별되는 이상적이거나 실제적인 순수 실재(reality)가 아니라 믿는 사람들의 공동체이므로 죄 많은 교회이다. 이것은 하나의 괴로운 진리이다. 교회사는 죄악의 역사이다. 그러면 어째서 거룩한 교회인가? 교회의 거룩성은 그리스도 안에서 성령에 의해서 거룩함을 받기 때문이다. "여러분은 주 예수 그리스도의 이름과 우리 하나님의 성령으로 씻어주심을 받고, 거룩하게 하여 주심을 받고, 의롭게 하여 주심을 받았습니다" (고전 6:11). 따라서 교회의 거룩함은 신자들의 종교적 윤리적 행위에서 나오는 것이 아니다. 교회가 거룩한 것은 교회가 하나님의 부르심을 받고 스스로 하나님을 섬길 자세를 갖추어 세상과 구별되는 동시에 하나님의 은총의 보호와 지탱을 받고 있다는 점에서 그렇다.

그래서 인간들로 구성되었으면서 동시에 하나님의 은총으로 이루어진 이 교회는 죄가 많으면서도 동시에 거룩한 공동체이다. 교회는 하나의 죄인 공동체(communio peccatorum)이면서 동시에 하나의 성인 공동체(communio sanctorum)이다. 거룩함과 죄성은 교회의 양면이다. 그러나 결코 동등한 양면은 아니다. 교회의 거룩함이 빛이라면 죄성은 그늘이다. 바로 이 사실을 인식하고 언제나 그리스도를 통하여 의롭게 된다는 것을 믿는 바로 그곳에서 교회는 거룩하다.[22] 교회를 인간 편에서만 보면 너무나 인간적인 종교단체에 불과하다. 한편 교회를 위로부터만 즉 하나님의 거룩함에서만 보면 교회 안에도 항상 인간적인 위험과 유혹이 도사리고 있음을 보지 못한다. 교회는 하나님의 영과 악의 세력의 전쟁터이다. 그러나 죄악은 교회의 본질에서 나오는 것이 아니라 교회를 침입한다. 교회는 선발된 공동체요, 세상의 다른

---

22) Hans Kung, *The Church*, 328.

공동체와는 구별된 공동체이다. 그렇다고 격리되거나 고립되어서는 안 된다. 이와 같이 교회는 교회의 길이 있다. 일상생활 중에 하나님의 은총과 사랑의 말씀을 받아들여 믿고 순종하면서 자기가 받은 사랑을 다시 다른 사람들에게 나누어 주고 있는 곳이면 거기에는 거룩한 교회가 있다. 그리고 이 교회는 거듭 새로이 사죄 받아야 하는 교회이다.

4. 사도성(Discipleship)

교회가 사도적 교회라는 것은 무슨 뜻인가? 사도직은 일회적이며 반복 불가능하다. 사도는 직접 부활한 주님을 만났으며 주님의 사자로서 임무를 받았으며 그리하여 최초의 증인이 되었다. 그리고 후계자가 대신하거나 대리할 수 없다. 사도들에게 있어서 결정적으로 중요한 것은 그들이 주님을 직접 만났다는 것이다. 예수 그리스도의 부활을 직접 목격했다는 것은 그 후 교회에서 계속 나타난 것이 아니고 단지 사도들의 증언의 전승에 의해 거듭 선포된 것에 불과하다. 그러므로 이것은 일회적인 사건이다.

그렇다면 사도적 계승은 무슨 뜻인가? 사도들은 죽었다. 따라서 사도직은 사도들의 죽음과 더불어 사라졌다. 그러나 그 과업과 직분은 남아있다. 사도성은 일종의 계승과 뒤따름을 뜻하고 그것도 사도들의 모범적인 면에 관계된 것, 즉 사도들의 증언의 질책과 봉사를 뜻한다.[23] "사도적인 교회는 구약성서의 증언을 함축하고 있는 신약성서의 사도적 증언을 듣고, 그 증언이 교회의 근원과 규범임을 인정하며 그것이 실제적으로 교회에 대하여 이런 권위를 가지고 있다는 것을 받아들이는 교회이다."[24] 그러므로 사도적 직분

---

23) CD IV/1, 718.
24) CD IV/1, 722; 최영, ibid., 233.

은 종말까지 계속된다. 사도적 과업은 땅 끝까지 이르러 만민을 주의 제자로 삼는 것이기 때문이다. 그러므로 사도적 봉사라는 사도적 사명의 존속에 사도적 계승이 있다. 이것은 법적 사회적 승계가 아니라 사도들에 대한 순종에 의한 사도직의 계승이다.

그러면 누가 사도들을 계승하는가? 그것은 교회이다. 소수의 개인이 아니라 온 교회가 사도들을 계승한다. 교회는 사도들을 통해서만 주님을 알 수 있다. 그러므로 이 사도들의 증언은 교회의 존재의 근원이요 규범이다. 성서는 사도들의 본래의 메시지를 훌륭하게 증언하고 있다. 사도적 계승은 신약성서의 증언과 생생하게 마주치는 곳, 성서의 증언에 언제나 충실하면서 설교하고 믿고 행동하는 곳 즉 사도적 신앙과 고백이 계승되는 거기에 있다.

종교개혁자들은 이상의 전통적인 교회의 네 가지 속성을 거부하지 않았다. 그러나 그들은 진정한 교회의 속성을 순수하고 성서에 적합한 복음의 선포와 성례전의 올바른 집행으로 보았다. 교회를 교회되게 하는 것은 이러한 교회의 속성이다. "교회는 그 안에서 복음이 순수하게 선포되고 성례전이 바르게 집행되는 성도들의 모임이다."[25] 칼빈도 하나님의 말씀이 순수하게 선포되고 또 듣고, 그리스도께서 제정하신대로 성례전을 지킬 때에 거기 하나님의 교회가 있다는 것은 의심의 여지가 없다고 하였다.[26]

V. 성령과 교회의 자리

예수는 귀신들린 자를 고치면서 이 사람이 성령으로 고침을 받았으니 이 사람 안에 하나님의 나라가 임하였다고 하였다.[27] 귀신이 지배하던 사람

---

25) Confessio Augustana 7조; H. J. Kraus, 〈조직신학〉, 446; 최영, ibid.
26) Institutes, IV, 1, 9; 최영, ibid., 233.
27) 마 12:28 "그러나 내가 하나님의 성령을 힘입어 귀신을 쫓아내는 것이면 하나님

안에는 하나님의 나라가 없었다. 그러나 귀신이 나가고 성령이 임하여 하나님의 지배와 통치가 이루어지게 되면 그 사람과 가정과 교회와 사회에는 하나님의 나라가 이루어진다. 미래에 예수의 재림으로 이루어질 하나님의 나라는 미래적이고 보편적이고 역사적이고 객관적인 하나님의 나라이고 지금 교회 안에서 성령을 통하여 이루어지는 하나님의 나라는 현재적이고 실존적이고 개인적이고 주관적인 하나님의 나라이다. 즉 그것은 미래에 예수 그리스도 안에서 이루어질 하나님의 나라의 미리 맛보기(foretaste)이다. 신약성서 안에 표현된 하나님의 나라의 이미(already, 현재성)와 아직 아니(not yet, 미래성) 사이에 있는 하나님의 나라의 현재성이다. 예수 그리스도의 성육신으로 하나님의 나라는 이미 시작 되었고 예수의 재림으로 하나님의 나라는 완성될 것이다. 이것은 성령으로 말미암아 교회 안에 주어진 하나님의 나라의 선취이다. 그런데 교회 안에서 성령의 사역으로 말미암아 주어지는 하나님의 나라의 현재성은 시간적, 공간적인 양대 축을 중심으로 일어나는 사건이다.

첫째로, 교회는 시간적으로 첫 번째 파루시아와 두 번째 파루시아 사이의 중간시대(Zwischenzeit)에 그 자리를 가지고 있다.[28] 예수의 첫 번째 파루시아인 부활과 예수의 두 번째 파루시아인 재림 사이에 교회는 자리한다. 바르트는 이 두 파루시아의 특징들을 구별한다. "첫 번째의 경우에는 그것이 잠정적이고 일시적이고 특수한 형태로 나타나는 반면에, 두 번째의 경우에는 완전하고 최종적이고 우주적인 형태로 나타난다."[29] 이 양자 사이에는 새로운 시간의 영역이 있다. 그것은 교회의 시간이다. 그리스도는 성령에 의해서 그의 몸된 공동체 안에 살아 있는 머리로서 보이지 않게 현재한다. 이 중간시대는 공동체의 모음과 실존과 선교를 위해서 남겨지고 갖추어진 시간이다.

의 나라가 이미 너희에게 임하였느니라."

28) K. Barth, CD IV/1, 725.
29) Ibid., 735.

그러면 이 시간의 목적은 무엇인가. 하나님의 은총은 응답이나 감사나 상응이 없는 것이 아니다. 하나님의 말씀은 인간의 응답, 인간적인 긍정, 인간적인 감사나 찬양이 들려질 때까지 완성되지 않는다. 그러므로 하나님은 성령의 사역을 위해서 그리고 인간들의 응답을 위해서 우리에게 중간시대를 주신 것이다. 그러니까 첫 번째 파루시아인 부활절과 두 번째이자 마지막 파루시아인 재림 사이에 성령은 준 종말적(準 終末的)인 파루시아로서(penultimate parousia) 교회시대에 교회에 임재하여 교회의 주님이 되신다.30) 즉 성령의 부으심은 하나님의 현현의 사건으로서 하나님의 파루시아 사건이다. "부활절 사건에서 그의 사도들에게 그 때 거기에서의 그의 오심이나, 산자와 죽은 자의 심판자로서 최종적이고 결정적인 형태로서 어느 날 그의 오심 못지않게, 그것은 진정으로 그분 자신의 직접적이고 인격적인 오심, 그의 파루시아, 현존과 계시이다."31)

둘째로, 교회는 공간적으로 교회의 머리이신 천상의 그리스도와 그리스도의 몸으로서의 지상의 교회로 구별된다. 즉 천상적 실존과 지상적 실존으로서 구별된 이 양자는 성령에 의해서 통일된다. 공동체의 머리와 몸으로서의 그리스도의 이 전체성(totus Christus) 안에서 성령은 예수 그리스도와 그의 교회를 연합하는 중재자가 된다.

칼 바르트는 CD IV/2에서 이 문제를 진술하였다.32) 그는 준 종말적인 파루시아로서의 성령의 중간시대에 교회의 과제를 몸으로부터 머리에로의 공동체의 성장이라고 하였다. 그런데 참교회의 성장은 머리와 몸의 연합이 진정으로 이루어지는 것이다. 예수는 부활 승천하여 천상에 계신다. 교회의

---

30) K. Barth, CD IV/3, 295. 로사토는 성령의 부으심을 끝에서 두 번째 파루시아 (penultimate parousia)라고 표현하였다. Philip J. Rosato, *The Spirit as Lord: The Pneumatology of Karl Barth* (Edinburgh: T&T Clark, 1981), 117. "The Spirit's very presence in the Church is the penultimate coming of Jesus Christ."

31) CD IV/3, 356.

32) CD IV/2, 614ff.

머리이신 예수 그리스도는 천상에 계시고 그의 몸인 교회는 이 지상에 있다. 이 양자를 어떻게 연결하고 연합할 것인가? 이것은 예수 그리스도의 내재적인 작용에 의하여 이루어질 수 있다. 그리스도는 그의 공동체 안에 내재적이고 내주하며 가까이 있다. 천상적 그리스도가 지상적 역사 안에서 일한다면 그것은 어디까지나 성령의 능력에 의해서이다. "그는 천상적-역사적 실존과 마찬가지로 지상적-역사적 실존양식을 가질 수 있다. 그는 머리와 몸 양쪽 다인 분이다."[33] 공동체의 머리와 몸으로서의 그리스도의 이 전체성 안에서, 성령은 예수 그리스도와 그의 교회를 연합하는 중재적인 능력이다.[34] 그러므로 성령은 그리스도와 공동체 사이의 중재하는 원리 내지는 연합하는 힘이다. 공동체는 성령에 의해서 머리와 몸의 연합에로 자란다. 교회의 세움은 예수 그리스도의 첫 번째 파루시아의 시간 안에서, 머리와 몸 사이에 성령의 능력 안에서 이루어진다. 따라서 예수 그리스도와 공동체는 머리와 몸 또는 전체 그리스도(totus Christus)로서 한 몸이 된다. "그것의 존재와 예수 그리스도와의 이 연합, 그의 단독성 안에 있는 예수 그리스도의 실존뿐만 아니라 그의 전체성이 그것의 실존의 근거와 비밀이다."[35] "성령이 양자 사이의 평화의 끈인 것처럼, 화해의 역사적 사역 안에서 그는 전체 그리스도, 즉 높은 곳과 깊은 곳, 그의 초월과 그의 내재 안에 계신 그리스도의 연합을 제정하고 보증하는 분이다."[36]

지금까지 논술된 성령과 교회의 관계를 다음과 같이 요약할 수 있다. 첫째로, 시간적으로 그리고 수평선적으로 성령은 교회 안에서 그리스도의 준 궁극적인(penultimate) 파루시아이다. 교회의 시간은 그리스도의 첫 번째와 두 번째 파루시아 사이에 있다. 준 궁극적인 파루시아로서 성령의 사역에

---

33) Ibid. 653.
34) 전성용, 〈칼 바르트의 성령론적 세례론〉, 153.
35) CD IV/3, 757.
36) Ibid., 760.

의해 그리스도는 공동체의 이 역사 안에 실존할 수 있다. 그러니까 교회의 시대는 첫 번째와 두 번째 파루시아 사이의 중간시대이고 예수 그리스도의 부활과 재림 사이에 있는 교회를 지배하는 성령은 하나님의 역사적 계시의 제 3시대를 주관하는 삼위일체의 세 번째 인격이신 것이다. 둘째로, 공간적으로 그리고 수직선적으로 교회는 그리스도의 몸이다. 성령은 천상에 계시는 교회의 머리와 지상에 있는 그리스도의 몸을 연합하여 그리스도와 공동체를 전체 몸, 전체 그리스도(totus Christus)로 만든다. 교회론에서 성령은 그리스도와 공동체 사이의 중재자 내지는 연합의 시행자(agent)요 주체이다. 그리고 그는 그리스도의 첫 번째와 두 번째 파루시아 사이의 준궁극적인 파루시아이다. 따라서 성령의 사역과 역할은 교회론에서 구성적으로 되었다.[37] 성령의 중재에 의해서 시간적으로 부활과 재림은 연결되며, 공간적으로 천상의 그리스도와 지상의 그리스도인 교회가 연결된다. 그리하여 성령론적으로 교회의 좌표는 구체화된다. 성령이 아니면 교회의 과거와 미래, 지상과 천상을 어떻게 통합할 수 있겠는가. 따라서 성령은 단순히 예수 그리스도의 대리자나 능력(power)이 아니라 하나님의 구원사에서 하나님의 계시와 구원의 제 3의 시행자로서 성령의 제 3시대의 주체가 된다.

VI. 교회의 봉사

이제 마지막으로 교회의 봉사에 대해 살펴보고자 한다. 교회의 봉사는 교회의 주님이신 예수 그리스도로부터 나온다. 예수 그리스도는 유일한 신약의 대제사장이며, 유일한 하나님의 백성의 대리자요, 유일한 중보자이다.

---

37) 전성용, ibid., 158. 바르트에게 있어서 성령은 제 3의 주체가 될 수 없다. 그러나 우리는 바르트를 극복해야 한다. 성자에 대한 성령의 종속을 극복함으로써 우리는 비로소 성령의 제 3시대를 개시할 수 있게 될 것이다.

그러므로 모든 신앙인은 예수 그리스도를 통하여 제사장의 임무를 띠고 있다. 여기에서부터 모든 신앙인의 만인제사장직이 나온다.

1. 만인제사직(일반사제직)

만인제사직이란 마틴 루터에 의해 주장된 것인데 지금까지 가톨릭 신부들만이 하나님께 나아갈 수 있다고 하였던 성직주의에 반발하여 모든 신앙인들은 예수 그리스도를 통하여 하나님께 나아갈 수 있으며 직접 회개하고 기도할 수 있다는 이론이다. 그러면 만인제사직의 구체적인 내용을 살펴보자.

첫째로, 하나님께 직접 나아감이다. 유대교와 이교도의 종교의식에서는 사제들만이 성전의 가장 안쪽 즉 지성소에 접근할 수 있었다. 그러나 기독교에서는 인간적인 중개자를 필요로 하지 않는다. 예수 그리스도 안에서 이루어진 완전한 제사 때문에 하나님과의 친교를 회복하였으며 예수의 운명시 성소의 휘장이 찢어진 것은 바로 이러한 의미를 상징한다.

둘째로, 영적 제사이다. 예수 그리스도에 의해 구약의 사제적 속죄제사는 성취되었고 더 이상 필요하지 않게 되었다. 그러므로 이제부터 물질적인 제사보다 더 훌륭한 제사 즉 기도, 찬송, 감사, 회개, 정의, 친절, 사랑, 하나님 지식 등의 영적 제사가 드려져야 한다.

셋째로, 말씀전파이다. 하나님의 말씀의 전파는 몇 몇 소수인의 임무나 특권이 아니라 모든 신앙인의 임무이다. 그러므로 평신도 신학과 평신도의 설교는 원칙적으로 바람직한 것이다.

넷째로, 세례와 성찬의 수행이다. 세례와 성찬은 본래 몇 몇 소수의 선택된 자만이 아니라 온 교회가 받은 명령이다. 초대교회에서는 사도들 이외에 평신도들에 의해서 이것이 집행되었다. 즉 온 교회가 세례를 줄 권한이 있으며 모든 그리스도인들은 원칙적으로 세례를 줄 권한이 있다. 물론 오늘날 교회의 질서를 위하여 일반적으로 성직자에 의해서만 성례전이 집행되고 있지만 우리는 만인제사직의 근본적인 의도가 모든 신앙인들의 능동적인 참여를 추구하는데 있음을 인식하고 교회가 생명력 있게 발전하기 위해서는 모든 지체들인 평신도들의 조직화와 활성화에 박차를 가해야 할 것이다.

2. 교회의 봉사구조

봉사(diakonia)란 말은 본래 식사시중을 의미한다. 즉 굴종과 열등함을 나타내는 말이다. 교회의 자세는 군림과 권위주의와 특권의식이나 위엄과 지배가 아니라 섬김과 겸손에 있음을 나타낸다. 예수는 남을 위한 존재였다. 처음부터 온전히 자기 인격을 다 바쳐 남을 위해 봉사하였다. 그러므로 예수의 제자는 남을 섬김으로써 이루어지는 인간이다. 따라서 교회의 봉사의 뿌리와 목표는 사랑이라고 할 수 있다.

그런데 교회의 봉사구조를 살펴보면 첫째로, 봉사의 근거는 카리스마(은사)이고 카리스마의 목표는 봉사라고 할 수 있다. 교회 내의 모든 봉사가 하나님의 부르심을 전제한다는 점에서 카리스마에 근거하며 교회 내의 모든 카리스마가 봉사에 의해서만 그 의미를 찾을 수 있다는 점에서 봉사를 목표로 하고 있다. 둘째로, 봉사는 사적 봉사와 공적 봉사로 나눌 수 있다. 사적 봉사는 충고, 위로, 신앙, 지혜, 지식 등으로서 개인적으로 하나님으로부터 받은 자질과 덕행으로 남에게 봉사하기 위해 사용된다. 공적 봉사는 사도, 예언자, 교사, 전도사, 집사, 장로, 목사 등으로서 하나님이 세우신 교회에서 공적인 역할을 계속적으로 그리고 규칙적으로 수행하는 것이다. 사적 봉사는 대개 그 은혜와 효과로 표시되고 공적 봉사는 인물로 표시된다. 여기서

한 가지 유의하여야 할 것은 교회의 공적 봉사를 맡은 직무담당자들이 자기들만 하나님의 영을 소유하고 있다고 자처하거나 다른 사람들 안에 있는 영은 억제하거나 교회 내의 자유로운 카리스마를 제한, 통합, 독점하는 것은 비성서적인 직무의 절대화라는 것이다. 이러한 폐단은 가톨릭교회의 성직정치로 나타나는데 오늘날 개신교회에서도 이러한 조짐이 보이는 것은 크게 경계해야 할 일이다. 하나님이 유대인을 버리고 이방인을 택하신 것처럼, 가톨릭을 버리고 개신교회를 택하신 것처럼, 개신교회도 저버림을 받을 수 있다는 것을 명심해야 한다.

12

성례전론

Ⅰ. 성례전이란 무엇인가?

가톨릭에서는 일곱 가지 성례전을 시행하고 있다.[1] 반면에 개신교회에서는 세례와 성만찬 두 가지만을 성례전으로 인정한다. 이 두 가지만이 성서적인 근거를 가지고 있기 때문이다. 예수께서 몸소 세례를 받으셨고 세례를 베풀라고 명령하였다 (마 28:19). 그리고 최후의 만찬시에는 이것을 앞으로도 행하라고 명령하였다. 먼저 '성례전' 개념에 대하여 고찰하고자 한다.

성례전이란 무엇인가? 성례전 토론의 난점은 성서에 성례전에 대한 결정적인 표현이 없다는 사실이다. 신약에서의 희랍어 μυστηριον(mysterion)은 나중에 라틴어 sacramentum으로 번역되었는데, 예수 그리스도 안에서 알려진 하나님의 현존과 목적으로 간주되었다 (엡 1:9~10).[2] 그러나 이 개념은 나중에 교회에서 성례전들로 불리게 된 교회의 활동들을 결코 언급하지 않았다.[3] 융엘은 성례전을 이렇게 정의하였다: "성례전은 예수 그리스도의 역사 안에서 실행된 죄인들을 위한 하나님의 구원의 법의 종말론적 신비 이외

---

1) 세례성사, 견진성사, 성체성사, 고해성사, 혼인성사, 신품성사, 병자성사.
2) D. Migliore, *Faith Seeking Understanding: An Introdtction to Christian Theology* (Grand Rapids: Eerdmans, 1993), 212.
3) O. Weber, *Foundations of Dogmatics* Vol. 2 (Grand Rapids: Eerdmans, 1983), 586.

의 다른 것이 아니다."[4] 융엘의 정의는 성례전(신비)의 본래 성서적 의미에 초점이 맞추어져 있다. 고로 그의 삶과 죽음 및 부활 안에서 구원하는 하나님의 법을 계시한 예수 그리스도의 인격이 원초적 성례전이다. 그 안에 하나님과 피조물적 생명의 결정적인 구속적 만남이 일어난다.[5]

그러나 교회의 교부들에 의해서 '성례전'이 숭고하고 영적인 것들을 우러러서 표상하는 표지(sign)로 간주되었다.[6] 그래서 일반적인 개념으로, 성례전은 외적인 예식이나 표지로서 은총을 신자들에게 날라다 주는 것으로 생각되었다.[7] 가장 유명한 성례전의 정의는 어거스틴에 의해서 만들어졌다: "거룩한 것의 보이는 표지" 또는 "보이지 않는 은총의 보이는 형식"이다.[8] 칼빈의 정의는 그 의미에 있어서 어거스틴과 다르지 않다: "그것은 그것에 의해서 우리의 신앙의 연약함을 유지하기 위하여 주님이 우리의 양심에 인치시는 외적인 표지이다. 그리고 우리는 그에 보답하여 주님과 그의 천사들과 인간들 앞에서 그에 대한 우리의 경건을 증언한다."[9] 어거스틴과 칼빈의 정의는 교회에 의해서 시행되는 성례전들의 의미에 초점이 맞추어져 있다. 어원적으로는 예수 그리스도만이 성례전(신비)이며, 일반적으로는 성례전은 교회의 예전이나 표지(세례와 성만찬)를 의미한다.

예수가 성례전의 근원이요 실체임을 부정하는 것은 있을 수 없다. 어거스틴은 그리스도의 십자가를 우리의 성례전들의 원천이라고 불렀다.[10] 칼빈 역시 그리스도가 모든 성례전들의 질료 내지는 실체라고 말했다.[11] 그러나

---

4) E. Jüngel, "The Church as Sacrament?" in *Theological Essays* (Edinburgh: T. & T. Clark, 1993), 191.

5) D. Migliore, ibid., 213.

6) John Calvin, *Institutes of the Christian Religion*, IV, 14, 2(Philadelphia: Westminster Pr, 1960), 1278.

7) McGrath, *Christian Theology,* 427.

8) Calvin, *Institutes*, 1277.

9) Ibid.

10) Augustine, *John's Gospel* 15:8, *Institutes,* 1298 재인용.

교회에 의해서 시행되는 성례전을 어떻게 이해하느냐 하는 관점들 사이에는 엄청난 차이가 있다. 그것은 실재론과 상징주의 또는 객관주의와 주관주의 사이의 대결이며,[12] 더 나아가서 성례전주의(sacramentalism)와 비-성례전 주의(sacramentarianism) 사이의 대립이다.[13] 로마 가톨릭교회는 전자를 대표한다. 그리고 츠빙글리는 후자를 지지하는 입장이다. 쉴레벡스와 라너는 전자에 가담하였고 바르트와 융엘은 후자에 가담하였다.[14] 성례전주의에 의하면 세례와 성만찬은 성례전이다. 루터와 칼빈은 성례전주의자로 분류해야 한다. 물론 그들은 성례전이 구원의 능력을 가지고 있지 않다고 주장했지만, 그것들은 은총의 수단이며 우리의 신앙을 강화한다. 그러나 비-성례전주의 는 세례와 성만찬을 성례전이 아니라 상징적 표지 내지는 '성례전적 표지'로 간주한다.[15]

그러면 성례전주의의 본질은 무엇인가? 바르트에 의하면, 성례전주의는

---

11) *Institutes*, 1291.

12) Migliore, ibid., 212f. 전자는 성례전들 안에, 성례전들을 통한 객관적인 하나님의 은총의 실재를 강조한다. 후자는 우리의 신앙의 응답의 함의(significance)를 강조한다. 그리하여 성례전들은 그 자체가 유효한 것이 아니라 그것이 신앙에 의해서 수용됨으로써 유효하다고 주장한다.

13) Sacramentarian이라는 개념은 루터와 다른 사람들이 성례전에 대한 츠빙글리의 입장을 특성화한 말이다. 그러나 츠빙글리는 이 개념을 '우리의 영혼 안에서 직접적으로 사역하는 신적 능력과 성령에게만 속하는 것이 상징들에 기인하는 것이라는' 사람들을 묘사하기 위해서 그들에게 답변하면서 사용하였다. W. P. Stephens, *Zwingli: An Introduction to His Thought* (Oxford: Clarendon Press, 1992), 82.

14) Jüngel, "The Church as Sacrament?," ibid., 212f.; G. Wainwright, "Church and Sacrament(s)," ibid., 99; 제임스 던은 바르트를 지지하였다. 그는 신약성서 기자 들은 결코 '(세례의) 표지를 그것이 지시하는 것이거나(is) 그것에 영향을 준다 (effect)'고 말하지 않을 것이라고 주장했다. "'하나님이나 그리스도의 행동'으로 서 세례는 오직 그가 성령세례를 의미하는 한 옳다. 만약 그가 물세례를 의미한 다면 그것은 틀리다." James G. Dunn, *Baptism in the Holy Spirit* (Philadelphia: The Westminster Pr., 1970), 227f.

15) Jüngel, ibid., 206, 212; 비록 쯔빙글리는 세례를 성례전이라고 불렀지만, 그것의 의미는 성례전주의와 다르다.

성례전들(세례와 성만찬)을 하나님과 예수 그리스도의 직간접적 행동으로 간주한다.[16] 어거스틴의 ex opere operato(事效的 이해)는 성례전주의의 원형적인 구절이다.[17] 로마 가톨릭의 성례전주의는 세계와 평신도에 대한 교회와 성직자의 우월성 위에 기초하였다.[18] 그리하여 교회의 대표로서의 성직자만이 다른 그리스도(alter Christus)로서 예전적 행동을 집행할 수 있다. 융엘은 이렇게 논증한다: "예수 그리스도의 표상은 사제의 희생의 행동을 통해서 행동의 동일성의 의미로서 명백하게 이해된다: 일차적인 행동 주체인 예수 그리스도는 그 자신을 사제의 행동과 동일화한다."[19] 따라서 교회의 예전적 행동들은 그리스도의 행동과 사역이 되어야 한다.

쉴레벡스는 기독론적 기초 위에 현대 가톨릭 성례전주의를 확립했다. 그는 성례전의 근거를 인간 예수의 신-인간 만남 위에서 찾았다. 그는 이렇게 성례전을 정의한다: "우리의 삶 속에서 역사적으로 실현된 모든 초자연적인 실재는 성례전적이다."[20] 다른 말로 하면, 성례전들은 하나님과의 만남의 적합한 인간적 양식이다. 그렇게 되면 성례전이란 일차적으로 그리고 근본적으로 그리스도 자신의 인격적 행동이다 왜냐하면 인간 예수의 구원행동들은 신적 인격에 의해서 수행되기 때문이다.[21] 만약 예수 그리스도 자신이 성례전 즉 본래적(original) 성례전이라면, 교회는 원초적(primordial) 성례전이다

---

16) Karl Barth, *Teaching of the Church Regarding Baptism* (Baptism으로 약어표기함) (London: SCM, 1947), 17.

17) 도나티스트의 ex opere operantis(행위하는 자의 행위 때문에, 人效的 이해)에 따르면 성례전의 효력은 성직자의 개인적 자질에 의존한다고 이해된다. 어거스틴의 ex opere operato에서는 성례전의 효력은 성례전이 표상하고 전달하는 그리스도의 은총에 의존한다. A. McGrath, ibid., 433; 알리스터 맥그래스, 〈역사 속의 신학〉 (대한기독교서회, 1998), 654.

18) Jüngel, ibid., 198.

19) Ibid., 201.

20) Edward Schillebeeckx, *Christ the Sacrament of the Encounter with God* (London: Sheed and Ward, 1963, 1977), 5.

21) Ibid., 15, 53.

왜냐하면 교회 자체는 주님의 신비적 몸이기 때문이다. "그러므로 교회는 단지 구원의 수단이 아니다. 그것은 그리스도의 구원 자체요 이 구원은 가시적으로 이 세계 안에 실현된 것이다."[22]

쉴레벡스는 성례전 일반을 위한 근거를 확보하였다. 만약 교회가 원초적 성례전이라면 교회의 행동은 성례전적이 된다. 그는 교회의 성례전을 이렇게 정의했다: "성례전이란, 원초적인 성례전인 교회의 행동인데, 구속하는 기관으로서 교회로부터 나오는 보이는 행동이다."[23] 원초적 성례전이라는 교회의 정의로부터, 그는 일곱 가지 성례전들의 근거를 확보하였다. "각각의 성례전은 부활하신 그리스도 자신의 인격적인 구원행동이다, 그러나 교회의 공식적 행동의 가시적 형식 안에서 실현된다."[24]

나중에 쉴레벡스의 사고에서 성례전들은 우리의 이 세계 안에서의 희망과 해방의 상징들로 발전하였다. 성례전으로서 교회는, 예수의 하나님 나라의 메시지를 우리의 삶 속에 실현하는 것에 우리 자신을 헌신하는 곳은 어디에서나 발견된다.[25] 교회와 성례전 안에서 우리는 아직 온전히 실현되지 않은 것을 살아있게 한다: "성례전들은 예기하고 중재하는 구원의 표징들이기 때문에...구원과 평화가 아직도 실제적인 현실이 아닌 한, 그들을 위한 희망은 증언되고 무엇보다도 배양되고 살아있어야 하며 그리고 이것은 오직 예기적 상징들 안에서만 가능하다."[26]

쉴레벡스는 성례전을 교회와 세계 안에 있는 예수 그리스도의 계속적인

---

22) Ibid., 48.
23) Ibid., 52.
24) Ibid., 54.
25) Susan A. Ross, "Salvation in and for the World: Church and Sacraments" in *The Praxis of Christian Experience: An Introduction to the Theology of Edward Schillebeeckx* (San Francisco: Harper & Row, 1989), 115.
26) Schillebeeckx, *Christ: The Christian Experience in the Modern World* (London: SCM, 1980, 1990), 836.

행동으로 본 반면에, 칼 라너는 이 세계 안에서의 보편적인 은총으로부터 시작한다. 이것은 현대 성례전론에서의 '코페르니쿠스적 전환'이다.[27] 성례 전과 결합된 은총은 세속과 전적으로 반대되는 전통적이고 기계적이고 초 자연적인 방법으로 볼 수 있는 것이 아니라, 우리의 매일의 삶 가운데 인간 의 의식을 거룩한 신비에로 철저하게 개방하는 하나님의 자기-부여로서 보 여진다.

라너는 두 가지를 지적한다. 첫째로, 은총은 세계와 인간사의 맨 안쪽의 (inmost) 원초적이고 신적으로 심겨진 생명력(entelechy)으로 어디에나 있 다.[28] 인간 존재의 자유가 인류 그 자체에 대해 저항할 수 있는 것처럼, 은총 이란 인간 존재의 자유가 그것에 대해서 죄스럽게도 거부할 수 있음에도 불 구하고 언제나 현존한다. 이 은총의 내재성은 구원사를 중지하게 만들지는 않는데 왜냐하면 이 역사는 인간 존재의 자유에 의한 은총의 수용의 역사이 기 때문이다. 둘째로, 성례전은 은총을 부여한다. 이것은 하나님 자신을 인간 존재에 부여하는 하나님의 은총이다. "인간 존재들은 무엇이든지 자유와 선 택 안에서 경험한다...그들은 하나님의 불가해한 신비 안으로 들어가는 인간 존재의 근본적인 초월을 경험한다."[29] 이것은 모든 인간 존재가 은총을 받아 들이고 의로워지는 것을 의미하지는 않는다. 고로 성례전은 그리스도에 의 해서 제정된 표징들 아래, 그것에 의해서 은총을 수여하기 위해서 하나님이 시공간 안에 도달하시는 단독적인 행동이라고 생각되어야 한다. 이것이 예 수 그리스도가 원초적인 구원의 성례전이라고 불리는 이유이다. 기본적인 성례전으로서 교회의 표징들은 그리스도의 현존을 세계 안에 영속시킨다. 성례전들은 세계 안에서 언제나 어디서나 사역하는 은총의 역사적 표현이다.

---

27) Geffrey B. Kelly (ed.), *Karl Rahner: Theologian of the Graced Search for Meaning* (Edinbugh: T. & T. Clark, 1993), 282.
28) Ibid., 284.
29) Ibid.

그것들이 그리스도의 원초적 성례전과 교회의 기본적 세례에 참여하는 한 그것들은 의심할 것 없이 은총의 역사적 표현이다.[30]

쉴레벡스와 라너는 전통적인 로마 가톨릭의 성례전주의를 적극적으로 해석하였고 성례전의 지평을 예전적 제의로부터 세속세계의 인간의 삶에로 확장하였다. 그 결과 신-인간의 만남으로서의 성례전과 세계 안의 인간의 삶으로서의 성례전 사이의 거리가 극복되었다. 그럼에도 불구하고, 그들은 교회의 인간적 행동을 신적 행동으로 간주하는 성례전주의의 문제를 극복하지는 못했다. 그들은 명백하게 그리스도를 원초적(primordial) 또는 근원적 성례전으로, 그리고 교회를 기본적(basic) 성례전으로 간주한다.[31] 융엘은 현대 로마 가톨릭의 성례전주의에서 교회를 그것의 주님과 동일화하는 것을 강력하게 논박하였다.[32] 로마 가톨릭의 성례전주의는 교회와 사제가 각각 세계와 평신도들보다 우월하다는 기초 위에 있다는 융엘의 논평은 적절하다.[33]

종교개혁자들은 가톨릭의 성례전주의에 항거하였다. 루터에게 있어서 예전적 행동은 하나님의 행동과 철저하게 구별되어야 하는데, 왜냐하면 무엇보다도 그의 수난과 죽음 안에서 예수 그리스도의 갸륵한 사역은 결정적으로 성취되었기 때문이다. 예수 그리스도의 사역은 교회의 예전적 행동에 의해서 완성되어야 하는 것이 아니다.[34] 성취된 구원행동은 그리스도에 의해서 인간들에게 분배된다. 그리스도의 사역으로서 일어나는 이 분배는 그의 말씀을 통해서 표상되고 현존한다. 루터에게는 말씀이 성례전 위에 있다.

---

30) Ibid., 288.

31) 쉴레벡스와 라너의 개념 사용에 차이가 있음을 유의해야 한다. 쉴레벡스는 그리스도를 본래적(original) 성례전, 교회를 원초적(primordial) 성례전이라고 한 반면에 라너는 그리스도를 원초적(primordial) 성례전, 교회를 기본적(basic) 성례전이라고 하였다. 어쨌든 그 의미에는 차이가 없다.

32) Jüngel, ibid., 193.

33) Ibid., 198, 201; 융엘에 의하면, 교황 비오(Pius) 12세는 사제가 백성들보다 우월하다고 불렀다.

34) Ibid., 204.

말씀이 없이는 성례전은 아무것도 아니다.[35] 만약 이 말씀이 부재하거나 만약 그 구성적 기능이 등한시되면, 성례전적 사건은 인간적 행동으로서의 표지에 의해서 지배된다.[36]

더 나아가서, 루터는 성례전과 신앙 사이의 관계에 대해서 이중적 입장을 제시하였다. 한 편으로 루터는 로마 가톨릭에 대항해서 성례전에 대한 신앙의 우선성을 주장하였다. 신앙은 성례전들 특히 세례가 없이도 가능하다. 신앙은 성례전에 너무나도 필연적이기 때문에 그것은 성례전이 없이도 인간을 영원한 구원에 보존할 수 있을 정도다.

다른 한 편, 루터는 성례전에서 하나님의 활동이 신앙에 앞선다는 재세례파와 신령파들에 대항하였다. 신앙은 구원을 만드는 것이 아니라 그것을 받아들인다. 성례전은 하나님의 행동으로서 신앙에 앞서서 인간에게 주어졌다는 것이다.[37] 루터는 인간의 외적이고 예전적인 행동이나 내적 신앙보다도 하나님의 활동의 우선성을 확보하고자 하였다. 그럼에도 불구하고 루터의 입장은 성례전주의로 간주되어야 한다. 그는 성례전이 죄사함을 주는 하나님의 행동임을 받아들인다.[38] 그의 공재설은 화체설과 유사한데, 성만찬의 떡과 포도주 안에 그리스도가 실재적이고 육신적으로 현존한다고 주장하였다.

칼빈의 성례전이해는 어거스틴에 기초하였으며, 루터는 칼빈주의 입장의 형성에 기여하였다.[39] 칼빈은 로마 가톨릭의 객관주의와 츠빙글리의 주관주의를 공격하였다.[40] 칼빈은 성례전이 아무것도 약속에 더하지 않으며 단지 우리가 그것을 믿게 하는 수단이라고 보았다. "우리는 예정되었다. 그러므로

35) P. Althaus, *The Theology of Martin Luther* (Philadelphia: Fortress, 1966), 346.
36) Jüngel, ibid., 195.
37) Althaus, ibid., 350f.
38) Ibid., 400, 402.
39) F. Wendel, *Calvin*(London: Collins, 1972), 313.
40) *Institutes*, IV, 14, 7, 13, 17, 26 등.

저 성례전들은 참으로 하나님의 은총의 증언이요 그가 우리에게 대해 느끼는 선한 뜻의 인(seal)과 같다. 우리에 대한 저 선한 뜻을 증언함으로써 우리의 신앙을 배양하고, 확증하며 증대시킨다."41) 성례전의 능력은 은총이지 성례전 그 자체가 아니다. 그럼에도 불구하고, 성례전들은 하나님의 말씀과 같은 직무가 있는데, 그리스도를 우리에게 보여 주며 그 안에 있는 천국의 은총의 보화를 보여 준다. 두 가지 성례전들은 그리스도의 사역을 요약하는데, 죄의 제거와 구속을 표상한다.42) 그의 입장은 로마 가톨릭의 객관주의와 츠빙글리의 주관주의 사이에서 중도적인 길을 제시하였다고 할 수 있다.

칼빈의 성례전론의 가장 중요한 요소는 성령의 사역에 대한 강조이다.43) 성례전에서 진정한 행위자는 말씀이 아니라 성령이다. 성령이 없이는 성례전은 열매가 없으며 무용지물이다. 월레스에 따르면, 칼빈에게 있어서 성례전들의 모든 유용성은 성례전들을 통한 그의 작용 안에서 주권적이고 자유하신 성령에게 의존한다.44) 그리스도는 성례전 안에서 성령을 통해서 우리에게 진정으로 주어진다. 성령이 없이는 예수 그리스도와의 연합이 없다. 성령의 역할을 강조함으로써, 칼빈은 어거스틴과 루터를 훨씬 넘어 간다. 그럼에도 불구하고, 칼빈은 성례전주의에 속하는데 왜냐하면 그는 세례와 성만찬을 우리의 신앙을 강화하는 보이지 않는 은총의 보이는 표지로 간주하기 때문이다. 칼빈은 하나님이 우리에게 공허한 표지를 주지 않는다는 것을 강조하는데 관심이 있었다. 비록 그는 결코 명시적으로 성례전이 하나님

---

41) Ibid., 1282.

42) F. Wendel, *Calvin,* 317.

43) Cf. Bryan D. Spinks, "Calvin's Baptismal Theology and the Making of the Strasbourg and Genevan Baptismal Liturgies 1540 and 1542," *SJT* Vol. 48(1995), 55ff. 스핑크스는 월레스(R. Wallace)와 토렌스(T. F. Torrance)가 우리에게 칼빈의 세례 신학 안에서 기독론적이고 삼위일체론적이고 교회론적인 주제들을 회상시킨다고 논증하였다. Ibid., 75.

44) Ronald S. Wallace, *Calvin's Doctrine of the Word and Sacrament* (Edinburgh, 1953), 169.

의 행동이라고 말하지는 않았지만, 그는 그것이 그리스도의 제정에 의해서 수립된 표지임을 받아들인다. 벌카우어에 의하면, 칼빈은 '표지와 인'을 하나님의 행동들의 살아있고 역동적인 연결 안에서 보는데, 그것들은 신앙을 포함하며 성례전의 참된 사용 안에서 구원의 은사들을 허락한다.[45] 그것은 신앙이 그것을 지향하는 하나님의 행동이요 그리고 칼빈이 그렇게 강조하여 말하는 것의 풍성함을 받기 위해서 그것은 그것에 부착한다(adhere).[46]

츠빙글리는 희랍어 성례전(mysterion) 보다는 라틴어 성례전(sacramentum)의 어원적 의미를 강조하였다. 고로 츠빙글리는 일반적인 '성례전' 개념에 관해서는 침묵하였다. 그는 그 개념을 거부하였는데 왜냐하면 첫째로, 그것이 사람들에 의해서 오해되었기 때문이요, 둘째로는 그것이 개별적으로 더 잘 이해될 수 있는 예전들을 한데 묶기 때문이다. 그럼에도 불구하고, 츠빙글리는 만약 그 의미가 '순수한 표지나 인'이라면 그리스도의 살과 피를 위해서 '성례전' 개념을 사용하는 것을 받아들인다.[47]

루터는 우리가 성령과 신앙을 받아들이는 것은 말씀을 통해서라고 주장했다. 그러나 츠빙글리에 의하면 성령에게 경로(channel)나 수레가 필요하지 않다. 신앙을 주는 것은 외적인 말씀이 아니라 성령이다. 루터는 말씀과 성례전 안에 있는 하나님의 주권을 강조한 반면에, 츠빙글리는 말씀과 성례전 위에 있는 하나님의 주권을 강조하였다.[48] 칼빈에게 있어서 성례전은 우리의 신앙을 강화한다. 그러나 츠빙글리에게 있어서는 만약 그것이 단순히 교회의 입회나 공적인 개시라면 성례전은 양심을 해방하는 아무런 능력도 없

---

45) Cf. Confession, Art, 33; Berkouwer, "The Sacrament as Signs and Seals," in *Major Themes in the Reformed Tradition*, 219.

46) Berkouwer, ibid.

47) W. P. Stephens, *The Theology of Huldrych Zwingli* (Oxford: Clarendon, 1986), 180; O. Weber, ibid., n. 17.

48) W. P. Stephens, *Zwingli: An Introduction to his Thought* (Oxford: Clarendon, 1992), 79.

다.49) 그것들은 한 인간이 교회에 대해서 그가 그리스도의 병사임을 증명하는 표지들이다.50)

츠빙글리는 성례전이 '거룩한 것의 표지'라는 어거스틴과 피터 롬바르드의 전통적 정의를 받아들였다. 그러나 그는 표지와 그것이 지시하는 것 사이를 날카롭게 구별하였다. "그에게 성례전은 그것이 지시하는 것을 현존하게 하지 않는다. 그 대신 그것은 그것이 지시하는 것이 저기에 있다고 증언하고 보여준다."51) 요컨대, 츠빙글리의 성례전이해는 명백하게 비-성례전주의이다. 성례전들은 그것으로써 하나님이 우리를 확신시키는 계약의 표지들이다. 그것들은 그것으로써 우리가 다른 사람들에게 교회 안에서 우리가 그들과 하나라는 것을 확신시키는 표지들이다.52) 그것은 상징적인 표지로서 실재를 표상(represent)하는 것이 아니라 증언(attest)한다.53) 그것은 신앙을 강화하거나 주지 않는다. 그것은 그리스도인의 삶을 살겠다는 공적 서약일 뿐이다.

바르트는 츠빙글리의 비-성례전주의를 따랐을 뿐만 아니라 그것을 강화하고 더욱 명료화하였다. 그는 성례전의 성서적 의미(mysterion)를 수용하여 오직 예수 그리스도의 역사와 성령의 부으심만이 하나님의 행동으로서 성례

---

49) 처음에 츠빙글리는 세례가 신앙을 강화할 수 있다고 믿었다. 그러나 그는 성례전을 용서의 확신과 신앙의 강화라고 보는 처음의 견해로부터 전환하였다. W. P. Stephens, ibid., 80, 86.

50) Ibid., 80. 츠빙글리는 스위스 군대의 군목이었다. 그래서 그는 성례전을 군대의 충성서약으로 보는 생각을 견지하였다. A. McGrath, *Reformation Thought* (Oxford: Blackwell, 1988), 171.

51) Stephens, ibid., 81.

52) Ibid., 84.

53) 츠빙글리는 마 26:26은 마치 그리스도가 이렇게 말한 것 같다고 썼다: "내가 나의 넘겨줌과 언약의 상징을 너희에게 맡기노니, 나와 너희에 대한 나의 선함의 기억을 너희 안에 일으켜서 너희가 이 떡과 잔을 볼 때 이 기념 식사를 생각하여 마치 너희가 지금 너희와 식사하는 나를 보는 것처럼 너희가 너희 앞에서 나를 보는 듯이 너희를 위해서 넘겨준 나를 너희가 기억할 수 있을 것이다." A. McGrath, *Reformation Thought*, 172.

전이라고 하였다. 그 대신 교회의 성례전으로서의 세례와 성만찬은 더 이상 성례전이 아님을 명백히 주장하였다. 전통적으로 성례전이 은총의 수단(means of grace)과 계시의 수단(means of revelation)으로 간주되어 왔는데, 바르트에 의하면 세례와 성만찬은 은총의 수단으로서 성례전이 아니다. 즉 세례와 성만찬은 성례전으로서 하나님의 행동이 아니다. 이것들은 단지 하나님의 명령에 복종하는 인간의 윤리적 행동일 뿐이다. 하나님의 행동이 아니라 인간의 행동이다. 이것은 하나님의 행동과 인간의 행동의 날카로운 구분의 선언이다. 그리하여 바르트는 비성례전주의를 전통적 성례전주의로부터 결정적으로 분리하였다.

츠빙글리를 따르면서, 바르트는 이 세계 안에 있는 교회는 그의 선포 안에서 그러므로 세례와 성만찬에서 예수의 현실성을 오직 증언하거나 증거할수는 있지만, 교회가 그것의 설교나 세례와 성만찬 안에서 저 현실성을 표상하거나 반복할 수는 없다고 주장하였다.[54] 그러므로 세례는 신앙을 강화할수 있는 은총의 수단이 아니라 내적 신앙을 표현하는 인간의 행동이다. 바르트는 세례를 오직 서약이나 충성의 맹세라는 의미에서만 라틴어 성례전(sacramentum)이라고 부르는 것에 동의한다. 따라서 그가 자기 자신을 '신-츠빙글리파'(Neo-Zwinglian)라고 분류한 것은 당연하다.[55]

융엘의 입장은 루터와 바르트 사이에 있다. 그는 예수 그리스도를 하나의 유일한 성례전이라고 부르고 세례와 성만찬을 성례전이 아니라 '성례전적 표지'라고 부른다. 따라서 융엘의 입장은 비성례전주의로 보아야 한다. 그는 성례전과 성례전적 표지, 유비된 대상(analogue, 그리스도)과 유비하는 것(analogate, 교회의 행동)을 구별하였다. 그러나 그는 신앙을 일으키고 강화하

---

54) CD IV/2, 55; Jüngel, ibid., 198; 바르트는 자신의 초기의 성례전주의 시기에는 세례가 본질적으로 인간의 갱신의 표상이라고 진술했었다. Karl Barth, *The Teaching of the Church Regarding Baptism*, 9, 20f.

55) CD IV/4, 128ff.

는 하나님의 말씀으로서 예수 그리스도는 인간의 말과 행동 안에 표상
(represent)하고 현존(present)한다고 하였다. 반면에 바르트는 '표상'이나 '현
존'이 아니라 '증언'이나 '증거'라는 말을 사용하였다. 고로, 바르트는 이 점에
서 융엘보다 더 철저한 츠빙글리안이라고 할 수 있다. 그럼에도 불구하고
융엘은 그가 그리스도를 '하나의 유일한 성례전'이라고 부름으로써 바르트를
따른다. 그는 교회가 세례 안에서 성례전으로서의 예수 그리스도를 증언하
고 찬양한다고 진술하였다.[56]

결론: 바르트는 세례와 성만찬을 신적 행동이 아니라 인간의 행동으로,
성례전(신비)이 아니라 인간의 윤리적 복종으로 간주하였다. 그 대신, 오직
그리스도의 역사와 성령의 사역만이 하나님의 행동으로서 성례전이다. 특히
성례전으로서 성령은 그리스도와 인간 사이에서 그들을 연합하는 중재자이
다. 그러므로 성령의 역할과 지위가 크게 강조되었다. 따라서 그의 성례전론
은 성령론적 성례전론으로 부를 수 있으며, 보다 더 정확히 말하자면 기독론
적-성령론적 성례전론이라고 할 수 있다. 바르트의 기독론적-성령론적 전망
은 그의 성례전론에서 명백하게 드러났다. 비성례전주의는 성령론적 주제들
의 가장 과격한 모습이다. 따라서 바르트의 기독론적-성령론적 전망이 그의
세례론, 성령론 및 성례전론 등의 여러 부분들을 일관되게 관통하고 있다.
　바르트의 성례전론에 대해서 다음과 같은 질문이 제기될 수 있다.
　첫째로, 성례전 개념을 예수 그리스도와 성령의 행동으로 제한함으로써
바르트는 하나님의 행동과 인간의 행동을 날카롭게 구분하고자 했다. 그렇
게 함으로써 그는 성례전주의 특히 로마 가톨릭교회의 오류인 인간의 행동
이 하나님의 행동으로 되는 것을 방지하고자 했다. 바르트에게 물세례는 순
수한 인간의 행동이다. 그러나 바르트의 비성례전주의는 세례를 객관적인

---

56) Jüngel, "The Church as Sacrament?," ibid., 212f.

하나님의 계시로부터 분리하는 주관주의로 되는 경향이 있다. 만약 물세례가 성령세례에 대한 신자의 응답이라면, 물세례는 성령세례로부터 분리될 수 없다. 그것은 성령세례를 전제하거나 그 안에 포함한다. 다시 말해서, 성령은 이미 세례 받는 신자 안에 존재하거나 내주한다. 그러므로 물세례는 순수하게 인간의 행동이 될 수 없다. 물세례와 성령세례는 철저하게 분리될 수 없다. 신약에서도 거의 언제나 이 두 세례는 빈틈없이 연결되어 있다. 물세례가 있는 곳에는 즉시 성령세례가 있었다. 그리고 어떤 사람이 성령세례를 받으면 그는 물세례 받지 않은 채로 있을 수가 없었다.[57]

둘째로, 만약 예수 그리스도와 성령만이 성례전이고 하나님의 행동이라면, 하나님과 인간은 무엇으로 중재할 수 있는가? 바르트는 성령이 예수 그리스도와 인간 사이의 중재자라고 하였다. 그러나 이 세계의 구체적 도구가 없이 어떻게 성령이 그리스도와 인간을 중재하는가? 인간적 말, 역사 또는 자연적 사물 등은 때때로 유용한 계시의 도구가 될 수 있다. 인간적 도구는 비록 그 자체가 계시의 힘(capacity)이나 능력을 가지고 있지는 않지만 은총의 수단으로 사용될 수 있다. "하나님은 외적인 수단을 통해서 일하신다."[58] 하나님은 이런 표징들을 사용하신다.[59] "성례전에서 하나님은 이 세계의 자연적인 옛 창조의 요소들을 사용하며, 그리고 그것들을 통해서 우리에게 새로운 삶의 맛을 부여한다."[60]

---

57) 성령을 보내고 받는 것이 세례와 연결되어 있지만(cf. 행 2:38, 8:16f., 9:17ff., 19:1ff.) 그러나 그것에 메여있지는 않았다 (cf. 행 10:44ff., 18:25). O. Weber, *Foundations of Dogmatics* Vol. 2, 601; 개혁자들에게 있어서 물과 성령의 연합에 대해서, Hughes O. Old, *The Shaping of the Reformed Baptismal Rite in the Sixteenth Century* (Grand Rapids: Eerdmans, 1992), 284; 필슨은 마르쿠스 바르트에게서 하나님의 사역과 인간의 행동 사이의 분리를 지적하였다. Floyd V. Filson, Book Review on M. Barth, *Die Taufe ein Sakrament?* in *Theology Today* Vol. X (1953~1954), 131

58) *Institutes*, 1315.

59) B. Spinks, ibid., 72.

덧붙여서, 그의 초기 사상에서 바르트는 설교와 성서가 선포되고 기록된 하나님의 말씀이라고 하였다. 그것들은 하나님의 말씀이면서 인간의 말이다. 그런데 만약 세례와 성만찬이 더 이상 성례전이나 은총의 수단이 아니라면, 설교와 성서를 더 이상 하나님의 말씀, 은총의 수단, 계시의 도구라고 말할 수 있을까?[61] 만약 그렇다면, 그것을 위한 논리적 근거는 무엇인가? 만약 그렇지 않다면, 어떻게 성서가 계속해서 하나님의 말씀이 될 수 있는가? 만약 우리가 우리의 언어를 사용하지 않는다면 어떻게 일상생활에서 하나님의 말씀을 들을 수 있는가?[62] 만약 우리가 우리의 문자를 사용하여 성서를 인쇄하지 않으면, 우리는 어떻게 하나님의 말씀을 읽을 수 있는가?

명백하게 바르트는 이 문제에서 너무 멀리 나아갔다. 성서와 설교는 하나님의 말씀으로서의 권위를 확보해야 한다. 하나님은 은총의 수단으로서 인간적 방법을 사용한다. 그것은 성서적으로 역사적으로 정당화된 기본적 인식이다. '성례전'은 '삼위일체'와 마찬가지로 성서적 개념이 아니다. 그러나 교의학은 해석의 연습이지 반복이 아니다. 따라서 그러한 개념을 사용하는 것은 불가능하지 않다. 유일한 문제는 그 개념이 해석을 위해서 얼마나 적합하고 유용한가 하는 것이다.[63]

---

60) T. F. Torrance, ibid., 41.
61) 바르트는 이전에 신적 행동으로서 계시는 인간적이고 자연적인 도구로서 보이는 표징을 통해서 집행될 수 있다고 말했다. Barth, *The Knowledge of God and the Service of God*, 1938, 201.
62) 1965년에 쓴 편지에서 바르트는 세례와 마찬가지로 설교가 응답하는 인간의 말이라고 암시하였다. "나는 그러한 헌신(commital)을 오직 하나님 자신의 사역 안에서, 그의 말씀과 성령 안에서 볼 수 있다. 그것에 대해서 공동체와 세례받은 자는 그들의 선포일반에서와 같이, 그들의 전 믿음과 소망과 사랑을 가지고, 그들의 세례와 성만찬의 찬양과 마찬가지로 응답해야 한다." Barth, *Letters 1961~1968*, 183.
63) O. Weber, ibid., 592.

II. 세례

세례는 성만찬과 함께 개신교회의 두 가지 성례전 가운데 하나인데, 기독교회의 회원으로 입회하는 공적인 입회식이다. 세례를 받은 사람은 교회의 정회원이 되는 것이다. 신앙적으로는 이것은 내적인 신앙의 외적인 표현인데 세례를 받는 다는 것은 자신이 기독교 신앙을 받아들였다는 것을 공식화하는 행위이다. 그러므로 세례를 받는 것은 기독교의 가르침에 자신의 전 존재를 바치는 헌신의 표시로서 존재론적으로 심중한 사건이 된다. 즉 그의 신분에 철저하고 전적인 변화가 일어났음을 의미하는 사건이다. 따라서 세례를 받기 전에 충분한 교육과 훈련을 통하여 진실하게 그리고 진지하게 세례를 받도록 인도되어야 할 것이다.

세례의 원어인 baptizo는 물로 씻는다는 뜻에서 유래하였다. 불트만은 세례 없는 교회는 처음부터 존재하지 않았다고 주장하였다.[64] 세례 없는 교회에 대해서는 아무것도 알려진 것이 없다. 초대교회에서는 예수의 부활이후 세례가 베풀어졌다. 오순절날 베드로의 설교 이후 3,000명이 세례를 받았으며 (행 2:41), 바울이 회심한 뒤 세례를 받았다 (행 9:18). 이 절에서는 개신교회의 성례전 가운데 처음 교회에 입회하는 의식인 세례의 본질 즉 세례의 근거, 의미, 목표를 다루고자 한다. 바르트는 예수 그리스도와 성령을 물세례의 근거로 주장하였다. 예수의 부활이 객관적인 물세례의 근거이며 이 예수 그리스도의 역사적 사건이 개인의 내면에서 일어나는 실존적인 사건이 되게 하는 것이 성령이다. 성령에 의해서 주어진 자유의지로 예수 그리스도를 영접하는 것이 그리스도인의 신앙이며 내적인 신앙의 외적인 표현이 물세례이다. 그런데 그리스도의 부활과 성령은 초월적이고 신적인 차원에서의 세례의 근거이고 역사적이고 인간적인 차원에서의 세례의 근거는 예수 자신의

---

64) 한스 큉, 〈교회〉 (한들출판사, 2007), 289.

세례 받으심이다.[65]

1. 세례의 근거

1943년의 첫 번째 세례론에서 바르트는 루터를 따라서 예수 그리스도가 마태복음 3장 13절 이하에서 기독교 세례를 제정했다고 보았다.[66] 이 세례에 의해서, 그리스도는 자신을 세례의 주님으로 만들었다. 기독교 세례는 그분의 죽음의 행동적인 비유이며 그리스도의 세례의 반복이다. 그리고 그는 마태복음 28장 19절은 이 실제적인 세례제정의 정당화요 강화라고 하였다.[67] 그리고 바르트는 CD IV/4에서 그의 이전의 입장을 확증하고 강화하였다. 그는 마태복음 28장 19절을 기독교세례의 성서적 근거로서 받아들이기를 거부

---

65) 이러한 주제들을 다루기 전에 바르트는 기독교세례의 특징들을 다음과 같이 요약하였다. 1. 형식적으로, 기독교세례는 몸을 물로 씻는 것이다. 2. 기독교 세례에서 물을 사용하는 것은 몸을 씻는다는 형식적인 특징일 뿐이다. 3. 기독교세례는 명백하게 유대교의 개종세례라는 비-기독교 세례와의 역사적 평행이 있다. 4. 기독교세례는 신약교회에서 자명한 관습이다. 5. 한 번의 예외를 제외하고, 세례는 신약에서 결코 주요주제가 아니었다: 세례 요한. 6. 신자는 신적인 구원의 말씀과 사역의 자유로운 결의에 전적으로 빚지고 있다. 그리고 그는 그것을 위해서 그가 해방된 그것을 위한 그 자신의 결의와 사역의 행동에 빚지고 있다. Barth, *Baptism*, 44~50; 우리는 요한의 세례와 유대교 개종세례 사이의 차이점을 지적할 필요가 있다. 1. 요한이 그의 세례를 행할 때 그는 능동적으로 세례를 주었다. 반면에 유대교 개종자들은 자기들이 스스로 물에 들어갔다. 2. 요한은 일차적으로 유대교 개종세례를 받은 적이 없는 유대인들에게 세례를 주었다. Cf. B. Witherington III, "John The Baptist" in *Dictionary of Jesus and the Gospels* (Leicester: IVP, 1992), 386; 외프케에 의하면, 유대교세례는 정치적이고 예전적인 반면에 요한의 세례는 윤리적이고 종말론적이었다. D. S. Dockery, "Baptism" in *Dictionary of Jesus and the Gospels*, 56cf.

66) Baptism, 17; 루터는 크리소스톰, 암브로시우스, 토마스 아퀴나스, 보나벤투라 등을 따랐다; Cf. E. Schlink, *The Doctrine of Baptism*, 11.

67) *Baptism*, 18.

하였다. 첫째로, 마태복음 28장 19절은 문학적으로 고립되어 있다.[68] 아마도, 마태복음 28장 19절의 삼위일체적인 세례 공식은 후기 교회의 예전적 형식일 것이다.[69] 둘째로, 그것은 세례명령이라기 보다는 선교명령이다. 바르트는 세례를 주라는 이 명시적인 명령은 예수 그리스도의 역사 안에서, 즉 그가 세례 요한으로부터 세례를 받았던 요단강세례 안에서 이전에 유효하게 된 세례제정의 설명이요 선포라고 보았다.[70]

바르트는 마태복음 28장 19절에서 나중에 선포되고 공식화 된 예수 자신의 세례 안에서 기독교 세례의 진정한 근거를 찾았다. 예수 자신의 세례는 기독교 세례의 유일한 성서적 근거이다. "만약 기독교 세례가 이 사건 안에서 사실적인 근거를 가지지 못하면 그것은 신약 안에서 결코 근거를 가지지 못한다."[71] 더 나아가서 이 사건은 기독교 세례의 근거를 넘어간다. 그것은 결정적인 방향과 특수한 목표를 가진 예수 그리스도의 전체 역사의 서곡이다. 예수의 세례가 신적 변화와 인간적 결단의 교차점이다. 이 직접적인 통일안에서, 예수는 모든 인간을 위해 살았던 구원사의 주체이다. "왜냐하면 여기에서 한 인간 위에 초래된 신적 변화의 전형(epitome)으로 간주될 수 있는 성령세례가 그 신적 변화를 따르고 상응하는 인간적 결단의 첫 번째

---

68) 비즐리-머레이에 의하면, 마28:19의 위임의 진정성에 네 가지 문제점이 있다. (1) 이 전승은 오직 마태복음에서만 발견된다. (2) 원본에는 아마도 세례에 대한 언급이 없을 것이다. (3) 삼위일체적인 공식은 나중에 사용되었다. 바울과 사도 행전에서는 세례는 일관되게 '주님 예수의 이름으로' 시행되는 것으로 표상된다. (4) 이방선교에 대한 초대교회의 태도는 초대교회가 모든 나라에 복음을 전파하라는 부활하신 주님으로부터의 위임을 보유한다는 것과 조화되기 어렵다. Beasley-Murray, *Baptism in the New Testament*, 78~92.

69) 마28:19을 제외하고 신약에서는 세례가 예수 그리스도의 이름으로 시행되었다. 롬6:3, 고전1:13, 행2:38, 8:16, 10:48, 19:5.

70) CD IV/4, 52; 베버는 세례의 근거를 구약이나 (골 2:1) '신약의 세례제정의 말씀' (마 28) 안에서가 아니라 살아계시고 현존하는 주님 안에서 찾고자 하였다. O. Weber, *Foundations of Dogmatics* Vol. 2, 600.

71) CD IV/4, 53.

구체적인 발걸음을 표상하는 물세례를 만나기 때문이다."72)

바르트는 예수의 세례의 의미를 세 가지로 상술하였다. 만약 예수의 세례가 신-인간의 교차점이라면, 그것은 하나님과 인간들을 향한 한 인간의 행동이다. 세례는 (1) 그 안에서 예수가 하나님께 복종하고 자신을 드린 행동이다. (2) 그는 자신을 인간들의 친교 안에 두었다. (3) 종합으로서, 이스라엘의 메시아와 세계의 구주로서의 그의 삶과 죽음 안에서 사실상 행한 하나님과 인간에 대한 봉사 안에서 [그넘 수행하였다. 고로 예수의 요단강 세례는 단지 표지가 아니라 이 역사를 개방하는 행동의 실제적인 성취이다.73) 이 세 가지 요점을 자세히 살펴보자.

첫째로, 예수가 요한에게 세례를 받았을 때, 그는 하나님과 인간을 화해시키는 그의 아버지의 아들로서의 그의 사명을 시작했다. 그러나 예수의 세례는 부수적이거나 자의적인 또는 스스로-계획한 것이 아니라 명령되고 요구된 행동이었다. 그는 그의 아버지의 뜻에 대한 무조건적이고 항거할 수 없는 복종의 행동 안에서 메시아, 구주 그리고 중재자로서의 그의 직무를 감당하였다. 요한은 '하나님으로부터 보냄을 받은' (요 1:6) 사람이었다. 이스라엘인으로서, 예수는 모든 이스라엘과 함께 (눅 3:2) 요한에게 임한 하나님의 말씀을 들었다. 그는 요한의 선언을 받아들였으며 그리고 하나님이 그것에 따라서 하시고자 하는 것에 자신을 복종시켰다.74) 이 선언을 받아들이고, 그것에

---

72) CD IV/4, 53. 이 사건의 중심내용은 한 위대한 성령세례의 집행자, 즉 성육신하신 하나님의 아들이 요한에 의해서 물세례 받았다는 것이다. 그러므로 예수의 한 세례 사건 안에서 성령세례와 물세례가 동시에 일어났다. 이 두 세례들은 한 사건의 두 면 내지는 두 차원이다. 바르트에게 예수의 세례는 신적 변화와 인간적 결단 즉 성령세례와 물세례의 교차점인 기독교 세례의 원형이다.

73) Ibid., 54. 그러므로 바르트의 입장은 단순한 상징주의가 아니다. 세례는 내적 신앙과 복종을 표현하는 현실성이다.

74) Ibid. 55. 바르트는 요한의 세례를 받아들임으로써, 예수는 자신을 하나님의 명령에 복종시켰다고 주장하였다. 고로 요한의 세례는 예수의 세례에 결정적인 함의를 가진다. 만약 요한의 세례가 하늘로부터라면 이것은 예수 자신의 권위

따라서 일어나게 될 것에 미리 복종하며, 스스로 그것에 대비하고, 이미 준비한 다음에, 예수는 스스로 요한에게 세례를 받았다.

그러면 무엇이 요한의 요구인가? 요한의 설교의 내용은 이스라엘과 이스라엘백성의 상황을 철저하게 변화시킬 새롭고 직접적으로 임박한 하나님의 행동의 선언이었다.[75] 요한에 의해서 선포된바 미래 사건에 의해서 요구된 준비성은 모든 독립적인 인간적 주권들의 엄격한 종속이었다. 누가 이 종속을 위해서 준비되었는가? 누가 그것을 할 수 있는가? 새로운 인간이 요구된다. 철저하게 변화된 인간 즉 인간의 갱신 내지는 회심이 요구된다. 회심과 회개는, 요한이 요단 광야에 있던 그에게로 와서 그의 메시지를 들은 자에게 요구한 것이다. 요컨대, 예수의 세례는 하나님의 뜻과 명령에 대한 복종의 행동이다.

둘째로, 자신이 요한에게 세례를 받았을 때, 예수는 인간들과의 연대에 스스럼없이 위임(commit)하였다. 그는 전적으로 그리고 절대적으로 그들과 하나가 되었다. 그는 영원토록 그들을 형제라고 부르는 것을 부끄러워하지 않았는데 왜냐하면 그는 영원 전부터 (히 2:11) 그들의 형제였기 때문이다.

예수의 요단강 세례는 죄인들의 회개의 세례였다.[76] 예수는 타인들과 함

의 증거이다 (마 11:11, 눅 1:15). 그러므로 예수 그리스도의 역사와 세례 요한의 역사는 분리될 수 없다. 두 사람과 그들의 이야기의 연동(interlocking)은 전혀 잘못된 것이 아니다.

75) Ibid., 55; 요한의 세례의 종말론적 의미에 대해서 Moltmann, ibid., 232ff. 몰트만은 요한의 세례가 멍에로부터의 새로운 출애굽과 하나님 나라의 약속된 땅으로의 종말론적인 들어감을 의도하였다고 주장하였다. 이 세례는 "회개의 표현이며 심판으로부터의 구원을 보증한다. 그것은 회개의 종말론적 성례전이다." Moltmann, ibid., 233; 유사한 견해에 대해서, Beasley-Murray, ibid., 48, n. 4; 토렌스는 요한의 세례의 종말론적 차원의 기원을 요한의 예언전승에서 찾았다. T. F. Torrance (Convener), *The Biblical Doctrine of Baptism: A Study Document issued by the Special Commission of Baptism of the Church of Scotland* (Edinburgh: The Saint Andrew Press, 1958), 14.

76) 이 문제에 대해서, cf. O. Cullmann, *Baptism in the New Testament*, 13ff.; Beasley-Murray, ibid., 49ff.; James D. G. Dunn, *Baptism in the Holy Spirit*, 36.

게 그분의 죄들을 고백했다. 우리는 예수의 세례가 그에게 진실도 아니고 필요도 없는 것의 과시였다고 말할 수 없다. 그것은 연극적인 쇼가 아니었다.[77] 그는 '세상 죄를 지고 가는 하나님의 어린양(요 1:29)으로서, 고린도후서 5장 21절의 거의 참을 수 없을 정도로 가혹한 표현에 따르면 하나님이 죄로 삼으심과, 그것과 동일화하심을, 갈라디아서 3장 13절에 따르면 저주를 받은바 되심을 준비하여 요단강으로 간다. 예수는 타인들의 죄와 그것의 저주로부터 떨어져서 서 있을 수 없었다. 그는 그것을 제거하기 위해서 그리고 그것의 저주를 세계 밖으로 보내기 위해서 그것을 그 자신의 것으로 담지한다. 이것은 예수의 동료인간성의 근거이다.[78] 이것은 예수가 요한의 세례를 받았을 때 행하기 시작한 것이다. 이것은 모든 동료 인간 존재들의 구원사로서 그의 역사의 개시였다.

셋째로, 그가 요한의 세례를 받았을 때, 예수는 그에게 지정되고 명령된 복무를 착수하였다. 메시아와 구주로서의 그의 삶은 전적으로 하나님을 위하고 전적으로 인간들을 위한 것이었다.[79] 예수의 세례는 하나님과 인간들을 위한 행동이었다. 인간을 위한 하나님과 하나님을 위한 인간은 성취된 계약, 성취된 화해, 예수 그리스도의 사역이다. 이 이중적 직무는 세례 안에서 세례와 함께 그 안으로 예수가 들어간 미래인데, 그것은 이미 그의 세례와 함께 시작되었고, 그것들의 목적과 과제에 의해서 그의 세례는 이미 그렇게 결정되었다. 그 안에서 세계를 하나님께로 화해하는 사역이 일어나기 시작했다. 고로 우리는 예수의 세례가 하나님과 인간들 사이의 중재자로서의 그의 자기-선포의 첫 번째의 기본적인 행동임을 볼 수 있다.

---

77) CD IV/4, 59.
78) CD III/2, 212. 예수의 동료인간성의 근거는 사실상 그가 동료-인간들을 위해서 죽는다는 것이다. 세례는 죽음의 강력한 상징이다 (롬 6:3); Cf. Cullmann, ibid., 16.
79) 하나님과 인간들을 위한 예수의 인간 본성에 관해서, cf. CD III/2, 56ff, 208ff.

지금까지 예수의 세례의 의미에 대해서 살펴보았다. 예수의 세례는 그 안에서 성령세례와 물세례가 만나는 기독교세례의 원형이다. 그것은 하나님의 명령에 대한 복종의 행동이며 동료 인간들과의 연대의 행동이다. 그의 세례는 십자가 위에서 완성될 화해의 첫 걸음이었다. 속죄의 죽음에 의해서 성취될 예수의 메시아적 삶의 시작으로서, 예수의 세례는 구원사 전체의 함의를 암시한다.

우리는 예수의 세례 그 자체를 이해하는 것에서 한걸음 더 나아가야 한다. 만약 예수의 세례가 하나님의 명령에 대한 복종이었다면, 그것은 예수 그리스도의 명령에 대한 복종으로서의 모든 새 신자의 세례의 근거가 될 수 있다. 예수의 복종은 우리의 복종을 대표하는 행동이다.[80] 예수 그리스도에 대한 복종은 동시에 성령에 대한 복종이다. 왜냐하면 이 복종은 성령세례에 의해서 주어진 자유 안에 있기 때문이다. "그는 다른 것이 아니라 예수 그리스도의 역사의 성령에 복종한다. 그리하여 그는 그분 안에서 그 자신의 것으로 된 자유 안에서 복종한다. 그의 이 자유 안에서 그는 성령에게 복종한다."[81] 바르트에 의하면, 초대 공동체는 그들의 주님의 세례에 대하여 중립적이거나 수동적일 수 없었다. "그것은 필연적으로 그들의 새 삶의 시작의 형식적인 측면에서 모범적이고, 규범적이고, 의무적인 것으로 되었다. 그분에 대한 신앙 안에서 그분과의 친교의 삶의 시작이 문제가 되었을 때, 그것은[공동체] 그분의 복종의 행동을 따라야 했다...그것[공동체]은 그분이 인간으로서 그의 사역을 시작하면서 했던 똑같은 인정과 가담의 행동을 수행해야 했다...그의 구체적 행동이 물세례였기 때문에 그것은 똑같은 구체적 형식으로 이 행동을 수행해야 했다."[82]

---

80) J. B. Webster, "The Christian in Revolt: Some Reflection on The Christian Life" in N. Biggar (ed.), *Reckoning with Barth* (Oxford: Mowbray, 1988), 126.
81) CD IV/4, 154.
82) Ibid., 68.

따라서 공동체는 사실상 세례 받도록 명령을 받았으며, 그리고 자신들을 그분과 그것(공동체)에 참가시키고자 하는 모든 사람들은 자신들이 세례 받도록 명령을 받은 것이라고 할 수 있다. 바르트는 이 논증이 성경에서 발견될 수 없는 연역(deduction)임을 인정하였다. 왜냐하면 그 내용이 신약 공동체에게는 너무도 자명하였기 때문이다. 덧붙여서, 만약 예수의 세례가 기독교 세례의 제정이라면, 마태복음 28장 19절의 세례명령은 공중에 매달려 있지 않게 된다. 세례가 교회 안에서 시행되었다는 사실은 단지 현상이 아니라 예수 그리스도에 의해서 필연적으로 확립된 제도였다. "세례는 계율의 명백한 필연성의 강제 아래서, 그것의 주님의 명령, 즉 하나님의 명령에 대한 복종 안에서 실행되어야 한다."[83]

비슬리-머레이는 예수의 세례복종은 자유롭게 행해진 것이었다고 지적하였다. 비록 예수의 세례가 하나님에 대한 복종이라고 하더라도, 그것은 사랑과 자유로운 헌신 안에서의 완전한 복종이다.[84] 만약 세례가 인간적 결단의 행동 즉 '그 자신의 결의의 자유로운 행동'이라면, 어떻게 그것이 동시에 '무조건적'이거나 '취소할 수 없는' 또는 '강제'(compulsion)일 수 있는가?[85] 나이젤 비가(Nigel Biggar)는 하나님께 대한 인간의 응답에서는 중립적이거나 단지 형식적인 자유는 없다고 논증한다. 그것은 영적인 중립성의 입장으로부터 선택하는 자유의 개방적인 개념이다. 만약 신적 질서로부터 떨어지거나 하나님께 대한 복종으로부터 분리된 자유가 있다면, 그것은 초보적인 무정부 상태나 주인없는 힘이다. 따라서, 자유는 인간본성으로부터 기원하는 자의적이거나 우연적인 것이 아니라, 인간으로 하여금 하나님의 명령에 복종하게 만드는 은총의 선물이다.[86] '명령'이라는 단어는 어느 정도의 강제

---

83) Ibid., 54.
84) Beasley-Murray, ibid., 66f.
85) CD IV/4, ibid., 바르트는 다른 곳에서는 세례는 "강제적으로 행한 의무적인 행동이 될 수 없다"고 인간의 자유를 강하게 강조한다. Ibid., 132, 48, cf.

를 내포한다: 즉 명령은 강요한다. 물론 바르트가 자유롭고 책임적인 인간의 행동을 강조하는 성숙한 세례론을 확립하고자 하지만, 그것이 하나님의 주권을 제거하거나 감소할 수는 없다. 하나님의 은총에 의해서 주어진 자유는 하나님의 명령에 복종하는 자유이다. 하나님 앞에서의 인간의 자유는 불순종의 자유가 아니라 순종하는 자유이다. 하나님의 명령에 대한 불순종은 자유가 아니라 방종이다.[87]

2. 세례의 목표

세례의 근거는 요단강에서 하나님의 명령에 복종한 예수의 명령이다. 그러면, 기독교 공동체가 그분에 대한 신앙을 고백하는 사람들에게 물로 씻는 똑 같은 행동을 집행할 때 무엇을 목표로 하는가? 세례 후보자들이 공동체의 신앙을 그들 자신의 것으로 고백하고 예수 그리스도에게 속하고자 하는 그들의 자발성을 표현할 때 그들은 무엇을 목표로 하는가? 이 행동에서 공동체와 세례 후보자들의 의도와 방향은 무엇인가? 세례의 행동에서, 그들은 세례 그 자체 너머의 그 무엇을 바라본다. 이것은 세례의 목표의 문제이다.

세례의 목표는 내재적인 것이 아니라 초월적이다. 요한의 세례의 목표는 미래, 임박한 하나님의 나라, 도래하는 심판, 죄의 제거 안에 있는 하나님의 은총의 도래, 성령으로 세례주기 위해 오는 요한보다 더 큰 자였다. 도래하는 이 분을 데려오거나 대리하는 것이 아니라 그분을 향한 회심을 설교하였

---

86) N. Biggar, *The Hastening that Waits: Karl Barth's Ethics* (Oxford: Clarendon, 1993), 4f.
87) '자유' 개념의 의미의 현대사에서 볼 때, 비종속을 자유의 상태라고 말할 수도 있다. 그러나 그러한 용법은 신학적 윤리를 오도할 수 있다. N. Biggar, ibid., 5.

다.[88] 요한의 세례는 회개와 용서를 가져다주는 종말론적 예식이었다.[89]

요한의 세례와 마찬가지로, 기독교 세례는 결코 어떤 식으로든지 그 자체 안에서 신적으로 성취되었거나 스스로 성취되는 자족적인 행동이 아니다.[90] 칼빈은 요한의 세례와 기독교세례가 똑같다고 하였다: "요한과 사도들은 하나의 원리에 동의하였다: 양쪽 다 회개의 세례를 받았으며, 양쪽 다 죄사함의 세례를 받았고, 양쪽 다 그로부터 회개와 죄 사함이 오는 그리스도의 이름에로 세례를 받았다."[91] 바르트는 기독교 세례의 목표는 아래로부터가 아니라 위로부터 온다고 선포하였다. 그것은 미래를 겨냥하며, 그것은 앞을 가리키며, 그리고 그것의 목표는 위에 있다. 즉 신적 변화이다. "세례의 목표는...위로부터, 그리스도인의 삶을 기초하는 신적 변화로서, 따라서 성령세례로서 온다. 그것의 첫 번째 모범적인 형식으로서의 인간의 결단과 기독교세례는 그것을 만나고, 그것에 응답하고, 그 자체를 그것에 관계하는데―이것이 아래로부터의 그리스도인의 삶의 기초이다."[92]

그러나 오순절 이후, 기독교세례와 그 목표와의 관계는 요한의 세례와 똑 같지 않다. 오순절로부터, 기독교세례는 그 자신의 장소와 차원을 가진다. 바르트는 기독교세례와 그 목표와의 관계의 특징들을 이렇게 진술하였다.[93]

---

88) CD IV/4, 70.

89) E. Schlink, ibid., 18, n.22. 세례 요한의 제자들 가운데는 요한이 메시아라는 생각이 있었다. 그러나 이 생각은 마침내 사라졌다. Cf. B. Witherington III, ibid., 389.

90) CD IV/4, 71. 바르트는 요한의 세례와 기독교 세례는 기본적으로 동일한데, 그 이유는 예수가 요한의 세례를 받았으며, 그가 성령세례를 주는 자가 될 것이며 하나님의 아들이라고 하늘로부터 알려졌고, 인정되었으며, 확증되었기 때문이라고 하였다. 한스 큉은 세례는 세례 요한의 창작이라고 보았으며 기독교는 세례 요한의 세례를 수용하여 새로운 의미를 부여했다고 해석한다. 한스 큉, 〈교회〉 (한들출판사, 2007), 290f.

91) *Institutes*, 1308.

92) CD IV/4, 72. 만약 요한의 세례가 하늘로부터라면, 그것의 근원은 기독교세례와 마찬가지로 위로부터일 것이다: "요한의 세례가 하늘로부터냐 사람으로부터냐?" (막 11:30).

1. 오순절로부터 요한의 세례와 달리, 기독교세례는 보다 긴박하고 위협적인 관점을 가지고 일어났다. 하나님의 나라는 더 이상 문 앞에 있지 않다. 그것은 뚫고 들어왔으며 문지방을 넘어섰다.

2. 오순절 이후 요한의 세례와 달리, 기독교세례는 오순절에 첫 번째로 그리고 그 때 이후 반복하여 일어났던 성령의 부으심과 나누어주심으로부터 기원한다. 요한이 미래에 성령세례 주시는 자의 오심을 지시한 반면에, 기독교세례는 그의 과거의 오심과, 그의 현재의 성령 주심, 분배하심, 부어주심을 전제한다.[94]

3. 오순절 이후 요한의 세례와 달리, 기독교세례는 하나님의 심판을 강조한다. 심판자가 왔으며 심판이 지금 일어난다. 미래의 하나님의 진노(마 3:7)는 현재가 되었다. 이것은 사도들이 회심하도록 소환하였으며 세례에서 구체적으로 성취된 심판이다.

4. 오순절 이후 요한의 세례와 대조해 볼 때, 기독교세례는 죄의 제거를 강조한다. 비록 요한의 세례는 이스라엘에게 복음이었으나 그것은 하나님의 오고 있는 심판에 대한 기대에 의해서 그늘졌다. 기독교세례에서 하나님의 은총은 더 이상 그의 심판에 의해서 그늘질 수 없다. 그의 아니오는 단지 그의 예 안에 포함될 수 있을 뿐이다.[95]

5. 오순절 이후 요한의 세례와 대조해 볼 때, 기독교세례는 명백하게 모으고 연합하는 특징이 있다. 비록 요한의 세례도 백성들을 분리하고 모으는데 연관이 있지만, 그들이 함께 머물렀다는 증거는 없다.[96] 기독교세

---

93) Ibid., 76~84.
94) 요한이 아니라 그 뒤에 오시는 자가 성령을 통한 종말론적 씻음과 갱신을 수행할 것이다. 고로 오순절은 예수 그리스도가 성령세례 주는 자라는 요한의 선포의 성취이다 (막 1:8; 마 3:11; 눅 3:16; 행 1:5); Cf. E. Schlink, ibid., 19.
95) 이것은 바르트의 일관된 하나님의 은총의 낙관론이다. Cf. *Romans*, 94f.
96) 만약 세례 요한의 제자들이 그렇게 오랫동안 존재했다면, 비록 그렇게 강력하지는 않았을지라도 요한의 추종자들의 공동체가 있었다는 사실의 증거가 될 수

례는 집단적인 행동이 아니라 예수 그리스도에 의해서 소환된 개인의 일이다. 그러나 기독교세례는 그들이 기독교 공동체의 주님에 대한 개인적 관계 안에 서 있다는 공적인 선언이다. 세례는 그들이 하나님에 의해서 예수 그리스도와 그의 백성에게 더해졌다는 사실의 확증이었다 (행 2:41, 47).

6. 오순절 이후 요한의 세례와 대조하건대, 기독교세례는 이스라엘과 세계의 메시아인 예수 그리스도의 이름으로 주어진다. 예수 그리스도의 교회는 예수와 이방인들의 연합 안에 존재한다 (롬 11:16f.). 만약 이 연합이 깨어지면 그것은 더 이상 예수 그리스도의 교회가 아니다.

요컨대, 요한의 세례와 기독교세례와의 관계는 두 가지로 요약될 수 있다. 첫째로, 두 세례의 목표는 하나요 같은 것이다. 왜냐하면 그들은 예수 그리스도 안에 있는 하나의 신적인 구원과 계시의 행동의 근거에 결합되어 있기 때문이다. 둘째로, 요한의 세례에서는 세례의 목표 즉 하나님의 행동은 와야 했다. 그러나 오순절 이후 기독교세례에서는 그는 이미 왔으니: 한 분 참 하나님의 아들이며 사람의 아들이다.[97]

더 나아가서, 물세례가 기대하는 성령세례는 오순절과 그 이후에 이미 일어났다. 그러므로 성령세례는 그리스도인의 삶의 위로부터의 기초인 신적 변화이다. 그리고 그것은 물세례가 거기에 응답하는, 물세례의 내적 목표이다. 융엘에 따르면, 물세례는 성령을 위한 기도이다.[98] 그것은 성령의 부으심을 위한 청원의 형식이다.[99]

있다. Cf. B. Witherington III, ibid., 389.

97) CD IV/4, 87; Cf. D. S. Dockery, ibid., 57.

98) K. Barth, *Christian Life*, 92 cf.; Jüngel, "Preface" in *Christian Life*, ix; Jüngel, *Theological Essays*, 159. 융엘은 바르트의 화해론에서 하나님과 인간 사이의 상응의 공식을 제시하였다. 그에게 세례는 인간으로부터 하나님께로의 운동이다. Jüngel, *Karl Barth: A Theological Legacy*, 49.

결론적으로, 예수 그리스도는 기독교세례의 유일의 목표이다. 그의 역사는 그의 죽음에서 완성되었고 그의 부활에서 드러났으며(manifested) 성령의 부으심에서 전해졌다(delivered). 기독교세례는 그분 안에서 초래된 신적 변화에 대한 인간적 답변의 첫 번째 형식이다. 그것은 거기에 상응하는 인간적인 신앙과 복종의 결단의 첫 번째 구체적인 발걸음이다.

지금까지 세례의 근거와 목표를 논구하였다. 바르트는 이 주제들을 기독론적 성령론적 체계 위에 세우려고 했다.[100] 예수 그리스도 자신의 세례는 세례받으라는 명령으로서 기독교세례의 원형이요 근거이다. 더 나아가서, 그리스도와 성령은 기독교세례의 목표이다. 예수 그리스도는 물세례의 객관적 목표요 성령은 물세례의 주관적 목표이다. 성령세례는 물세례의 내적 목표와 과녁이다.[101] 기독교세례는 예수 그리스도의 명령의 근거 위에 서며 그리고 그것은 예수 그리스도와 성령 안에서의 신적 행동이라는 목표를 지향한다. 기독교세례는 예수 그리스도의 근거로부터 시작하여 똑 같은 자의 목표에로 되돌아가는 운동이다. 세례의 근거와 목표는 동일하다. 그것은 성령을 통한 예수 그리스도와 인간 사이의 순환운동이다.

3. 세례의 의미

세례의 근거와 목표는 예수 그리스도와 성령이다. 다른 말로 하면, 예수

---

99) CD IV/4, 77: Barth, *Christian Life*, 262. cf.
100) 여기서 예수 그리스도는 세례의 유일한 목표로 간주되고 성령의 부으심은 이 중심행동에 수반된다. 그럼에도 불구하고 성령은 물세례의 목표인 주관적인 신적 변화이다.
101) 마르쿠스 바르트는 물세례 안에서 세례 받는 자와 세례 주는 자는 성령세례를 갈망하며 그들은 성령세례가 일어나리라고 희망하고 믿는다고 주장하였다. M. Barth, *Die Taufe ein Sakrament?*, 524f; Filson, 마르쿠스 바르트의 책에 대한 Book Review, *Theology Today* Vol. X (1953~54), 130 cf.

그리스도와 성령은 거기에 물세례가 응답하는 신적인 변화이다. 이제 우리가 탐구하고자 하는 세 번째 요점은 인간의 행동으로서의 세례의 의미이다. 세례의 의미는 "저 근거로부터 나오며 저 목표를 향해 서두르는 인간적 행동"으로서 보고 이해하고 찬양해야 한다.[102] 세례의 의미는 성령세례에 응답하고 그것을 위해 부르짖는다. 고로, 세례의 의미는 내재적인 신적 사역 안에서가 아니라 인간적 행동 안에서 추구되어야 한다.

바르트는 세례의 의미의 형식과 내용을 구별하였다. 첫째로, 세례의 의미의 형식적 측면은 다음과 같이 요약될 수 있다.

1. 기독교세례는 구체적이고 인지 가능하고 가시적인 형식을 가진다: 즉 물로 씻음이다.[103] 그것은 다른 형식으로는 할 수가 없을 것이다.

2. 기독교세례는 사회적 성격을 가지고 있다. 그리스도인의 삶은 기독교 공동체의 삶에 참여하는 것이다. "세례는 세례 주는 자와 세례 받는 자 양쪽 다 연루된다."[104] 칼빈의 유사한 세례 정의가 이 점을 조명해 준다: "세례는 그것에 의해서 우리가 교회 공동체 안으로 받아들여지는

---

102) CD IV/4., 101.

103) Ibid., 130. 물로 씻음은 몸을 물로 씻는 신체적인 씻음을 상징한다. 그것은 전세계적으로 보편적인 종교적 예식이다. 그러므로 기독교세례는 그 형식에 있어서 보편성을 가지고 있다. 그러나 기독교세례의 구별성이 이 일반성에 의해서 극복될 수는 없다. 비록 그들 사이에 형식적 유사성이 있긴 하지만, 기독교세례의 독특성은 그 내용과 의미에 의해서 유지되어야 한다; Cf. D. S. Dochery, ibid., 55. 희랍어 bapto는 신약에서 세 번 사용되었는데 문자적인 의미로 '잠그다' '적시다'라는 의미이다. 한 편, 강한 형태인 baptizo는 77회 사용되었는데 씻는다는 종교적 의미이다.

104) CD IV/4, 131. 바르트는 계속해서 기독교세례의 사회적 성격을 논증한다. Cf. ibid., 68, 83, 131, 135f., 148. 기독교세례는 개인의 결단에 의한 개인적 행동일 뿐만 아니라 공동체에 의해서 집행되는 사회적 행동이다. 고로 기독교세례는 자기-중심적인 예식도, 집단적 제의도 될 수 없다. Cf. David A. S. Fergusson, "Against Individualism and Collectivism: A Comparison of John MacMurray and Karl Barth," (Unpublished).

입회식인데, 우리가 하나님의 자녀들 가운데 [있는 것으로] 간주되기 위해서 그리스도에게 접붙인바 되어야 한다."[105]

3. 세례의 형식에서 결정적으로 중요한 측면은, 연관된 모든 인사들 측에서 볼 때 그것이 자유로운 행동이어야 한다는 것이다. "그것은 그것의 자발성 내지는 책임성을 제한하거나 파괴하는 강제 하에서 행해진 의무적 행동이 될 수 없다. 의무적이고 강제된 복종은 하나님께 대한 복종이 아니다. 하나님께 대한 복종은 오직 자유로운 복종이다."[106]

기독교세례는 물로 씻고, 사회적이고, 인간의 자유로운 행동이라는 형식적인 특징들을 가지고 있다. 이제 우리는 세례의 질료적인 측면으로 옮겨가고자 한다. 근거의 빛에서 보면, 세례는 예수 그리스도의 명령에 대한 복종의 행동이다. 다른 한 편, 세례의 목표의 빛에서 보면, 그것은 그분에 대한 희망의 행동이다. 그러면 무엇이 이 세례에서 발생하는 진정한 것인가? 하나님에 의해서 주어진 자유 안에서의 세례에서 무엇이 발생하는가?

둘째로, 인간의 행동으로서 세례의 의미의 질료와 실재는 '회심'이다. 다른 말로, 세례의 근거와 목표 즉 복종과 희망은 '회심'이라는 개념 안에서 명백하게 연합되고 이해될 수 있다.[107] 밀라드 에릭슨은 기독교신학에서 회심의 위치를 잘 규정하였다.

회심과 중생은 그리스도인의 삶의 시작의 주관적 측면들이다; 그것들은

---

105) *Institutes*, 1303.
106) CD IV/4, 132; 자유로운 행동은 외부적인 강제로부터의 자유를 암시한다. 인간적 복종은 강제된 행동이 아니라 자유로운 복종이다. 그러나 이 자유는 중립적이거나 형식적 자유가 아니다. 체계적 윤리는 하나님의 의지와 특정한 원리 내지는 일단의 원리들을 동일화 한다. 그것은 명령된 것을 명령하시는 하나님의 인격으로부터 분리한다. N. Biggar, ibid., 9.
107) CD IV/4, 135.

우리의 내적 본성, 우리의 영적 상태 안에서의 변화를 다룬다. 회심은 인간적 관점으로부터 본 이 변화이다; 중생은 하나님의 관점으로부터 본 이 변화이다. 반면에 그리스도와의 연합, 칭의, 양자됨 등은 그리스도인의 삶의 시작의 객관적 측면들이다; 그것들은 우선적으로 개인과 하나님 사이의 관계를 언급한다.[108]

그러므로 회심은 중생에 뿌리를 두고 있다. "중생에 뿌리를 두지 않은 회심은 참 회심이 아니다."[109] 세례는 다른 것이 아니라 신앙의 사건이다. 그것은 내적 신앙의 외적 표현이다.[110] 그것은 회심의 표현 내지는 귀결이다.[111] 회심은 도덕재무장이나 이데올로기를 위한 어떤 다른 인간적 결단과 혼동되어서는 안 된다. 그것은 지적이거나 윤리적이거나 종교적인 마음의 변화가 아니라 하나님께 대한 전적인 전향이다.[112] "인간 자신이 그의 전체성 안에서 주저함이 없이 하나님께 전향하는 것이다."[113]

신약에서 신자는 회심하는 사람 즉 그의 죄에 등을 돌리는 사람이다.[114] 그는 그의 옛 길을 멈추고 새 길로 향하도록 명령을 받았다. "그의 이전의 운동은 정지하였다; 그리고 그는 반대 방향으로 나아가라는 말을 들었다."[115]

---

108) Millard J. Erickson, *Christian Theology* (Grand Rapids: Baker Book House, 1991), 929f.
109) L. Berkhof, *Systematic Theology*, 485.
110) 벌콥에 따르면, 회심은 회개와 신앙으로 구성되며, 그래서 신앙은 회심의 일부이다. 회개는 소극적 요소이고, 신앙은 적극적 요소이다. L. Berkhof, ibid., 492; 신앙과 세례의 관계에 대해서, H. Küng, *Justification: The Doctrine of Karl Barth and a Catholic Reflection* (Philadelphia: Westminster, 1964, 1981), 257f. 그는 신앙과 세례는 서로에게 속한다고 논증하였다. 신앙이 없이는 세례가 없다. 신앙은 세례를 부르고, 그리고 세례는 신앙에 의존한다.
111) Erickson, ibid., 1099.
112) John Thompson, *Christ in Perspective*, 66.
113) CD IV/1, 500.
114) O. Weber, *Foundations of Dogmatics* Vol. 2, 342.
115) CD IV/1, 561.

벌콥에 의하면, 회심은 우선적으로 마음의 변화를 지시하는데, 그 때 행한 잘못에 대한 후회를 포함하고 보다 나은 것을 위한 삶의 변화에로 나아간다.[116] 이 점에 있어서 세례에는 이전과 이후가 있는데 이 양자는 서로 구별되어야 한다. 신자는 자기-의지로부터 하나님께 대한 복종에로, 그분 앞에서의 두려움으로부터 그분에 대한 소망에로 변화하도록 소환되었다. 베버는 회심에서의 직설법과 명령법을 구별하였다. 그는 신자란 회심에로 부르심을 받은 자일뿐만 아니라 그 부르심을 따르는 자이다: 직설법이 명령법으로 되었다. "회심이 성화의 본질적 측면이라는 것, 즉 그것이 인간이 하나님에게로 돌아서는 것이라는 것은 확실히 참되다."[117]

바르트에게 있어서, 회심은 세례를 요청하는데 그 유일한 이유는 그것이 하나님께 대한 회심이기 때문이다. "세례는 단지 유일하신 주님으로 불리어야 하는 자가 아니라, 그 무엇보다도 유일하신 주님이 되어야 하는 자라고 칭하는 분에 대한 회심이다."[118] 이 회심은 하나님의 명령을 따르며 그의 약속을 붙잡는다. 더욱 결정적으로, 이 회심에서 예수 그리스도의 명령에 복종하면서, 그의 약속을 붙잡으면서 그는 세례를 원한다. 만약 그가 진정으로 회심했다면 그리고 만약 그가 진정으로 신자가 되었다면, 어떻게 그가 세례 받지 않고 남아 있을 수 있겠는가? 만약 세례가 예수 그리스도의 그의 추종자에 대한 명령이라면, 어떻게 옛 길로부터 이제 막 회심한 새 신자가 예수 그리스도의 명령에 불복종할 수 있겠는가? 세례는 회심하였고 그리스도인의 삶을 막 시작한 신자의 첫걸음이다. 세례는 모든 다른 것들이 뒤따라야 하는 첫 걸음이다.

그러면 왜 신자는 세례 받고 싶어 하는가? 어떤 사람이 세례를 원한다면, 이것은 아마도 그의 마음과 양심의 요구일 것이다. 그는 명령을 듣고 받아들

---

116) L. Berkhof, ibid., 481.
117) O. Weber, ibid., 343.
118) CD IV/4, 142.

이며 그 명령에 복종하고자 할 것이다. 그 명령은 예수 그리스도의 세례 명령인데, 그것은 그가 세례를 원했으며 요단강에서 요한의 손에 세례를 받았을 때 적합하게 공표되었다.[119] 이 기독교세례의 근거 위에서 세례 행동은 명령되었으며, 그것은 그리스도인의 삶의 시작으로서 지속적으로 새롭게 명령된다. 고로 세례는 예수 그리스도의 명령에 대한 신자의 복종이다. 더 나아가서, 세례는 성령에 대한 복종이다. 세례에서 신자는 성령에 의해서 부여된 자유 안에서 성령에게 복종한다. 다시 말하자면, 회심에서 그리스도인은 기적적으로 그리고 아주 견고하게 성령에 의해서 그의 발을 세운다.[120] 그러나 성령은 복종의 외적인 대상이 아니라 인간 안에 자유를 줌으로써 복종할 수 있게 하는 주관적 행위자이다. 바르트에 의하면 성령은 신-인간 상응관계에서 신적인 파트너가 아니라 오히려 그들 사이의 중재자이다. "그들은 예수 그리스도의 역사의 성령에 의해서 그들의 가슴 위에 쓰여진 명령을 복종한다...그는 예수 그리스도의 역사의 성령에게 복종하지 그 외의 다른 것이 아니다. 그리하여 그는 그분 안에서 그 자신의 것이 된 자유 안에서 복종한다. 그의 이 자유 안에서 그는 성령에게 복종한다."[121]

요컨대, 회심한 신자에게 세례는 회심의 표현이다. 예수 그리스도의 명령에 대한 복종으로서, 세례는 옛 길로부터 새 길로 변화된 그리스도인의 삶의 첫 행동이다.

이제 세례의 의미의 내용 안으로 마지막 걸음을 내딛고자 한다. 인간의 신앙적 행동으로서의 세례는, 회심의 표현이며 그것은 특수한 포기 및 서약의 행동이다.[122] 물세례에서의 포기와 서약은 전적으로 그리고 철저하게 예수 그리스도 안에서의 하나님 자신의 포기와 서약과 연관되어있다. "세례에

---

119) Ibid., 153.
120) J. B. Webster, ibid., 125.
121) CD IV/4, 154.
122) Ibid., 158.

서 확증된 것은 인간에 대한 하나님의 아니오와 하나님의 예이다: [그것은 사망선고 받아야 할 낡고 부패한 인간성에 대하여 예수 그리스도 안에서 승리롭게 수행된 하나님의 전쟁이다; [그것은 예수 그리스도 안에 있는 모습으로 나온 새 인간성과 하나님의 평화라는 결론이다...]"[123] 포기와 서약에 대한 바르트의 논증은 이렇게 요약할 수 있다:

1. 로마서 6장 4절과 골로새서 2장 12절은 세례를 옛사람의 엄숙한 장사지냄으로 묘사한다. 장사지냄은 죽은 자의 포기를 의미한다. 세례는 공동체와 후보자에 의한 죽은 자의 장사지냄이다. "예수 그리스도가 십자가 위에서 준법적(legalistic)이거나 방탕한 죄인의 자리에서 죽었을 때 그는 죽었다."[124] 예수 그리스도는 그의 죽음과 장사지냄에서 그의 화해의 대속 사역을 성취하였다. 이러한 근거 위에서, 우리의 세례는 이미 우리를 위해서 실행된 예수 그리스도의 죽음과 장사를 증언한다...오직 이 근거 위에서만 우리의 세례는 예수 그리스도 안에서의 우리 자신의 죽음과 장사지냄을 가리킨다.[125] 세례에 의해서, 우리는 그리스도의 죽음에의 참여자가 되었다. 본회퍼는 그리스도인의 매일의 죽음은 단지 한 세례적인 죽음의 귀결이라고 하였다.[126]

2. 세례는 신앙의 고백이다.[127] 그것은 예수 그리스도가 그의 주가 되었으며, 그를 새로운 삶으로 이끌었다는 사실에 대한 고백이다. 세례후보자는 공동체와 함께 세례 안에서, 그의 옛 삶을 예수 그리스도 안에서 대리적으로

---

123) Ibid.
124) Ibid., 160; 예수 그리스도 자신도 그의 죽음을 세례라고 언급했으며, 그리고 그의 제자들도 이 죽음의 세례를 나눌 것이라고 약속했다 (막 10:39; 눅 12:50). D. Bonhoeffer, *The Cost of Discipleship* (London: SCM, 1948, 1993), 207, n. 1.
125) G. W. Bromiley, "The Meaning and Scope of Baptism" in McKim (ed.), *Major Themes in the Reformed Tradition*, 238ff.
126) Bonhoeffer, ibid., 209.
127) Bromiley, ibid., 235.

죽었을 때 새 삶이 똑 같은 예수 그리스도에 의해서 그를 위해서 대리적으로 살았다고 고백한다.[128] 그것은 인간적인 결단이며, 신적 변화에 대해 상응하는 기쁘고 자발적인 답변이다. 바르트는 이 서약 안에서는, 세례가 라틴어 sacramentum의 원래 의미가 될 수 있다고 동의한다.[129] 서약의 의미에서, 바르트는 츠빙글리를 따른다. 입회표지 내지는 서약으로서, 병사가 그의 군대에 대해 충성을 맹세하듯이, 세례는 공동체에 대한 개인의 충성 선언이다.[130] 그러나 츠빙글리는 신적인 삶을 살겠다는 우리의 서약보다는 하나님의 계약과 약속을 강조하였다. 츠빙글리의 하나님의 서약에 대한 강조는 유아세례를 위한 근거를 제공한다.[131] 다른 한 편, 바르트는 하나님과 인간 사이의 강조의 균형을 유지한다.[132] 인간의 서약으로서 물세례는 하나님의 서약 즉 성령세례에 상응한다. 고로 바르트는 여기에서 신자세례를 위한 논리적 근거를 확보하게 되었다.

> 이것은 그리스도인이 그에 대한 하나님의 서약에 대한 대답 안에서 세례에서 한 서약이다...그것은 상응하는 포기와 서약이다. 고로 물세례는...인간을 위해서 초래된 신적 변화를 따르는, 그리고 예수 그리스도의 역사와 성령세례에 상응하는 인간의 결단이다.[133]

---

128) Cf. W. P. Stephens, ibid., 92.
129) 라틴어 sacramentum은 군대의 충성서약에 연관된다. O. Weber, *Foundations of Dogmatics* Vol. 2, 587; 츠빙글리는 성례전이 맹세나 서약의 의미라는 생각을 보유하였다. 츠빙글리는 스위스연방의 군목이었다. McGrath, *Reformation Thought,* 171.
130) McGrath, ibid.
131) Stephens, ibid., 80, 91. 1524년에 츠빙글리는 하나님의 맹세보다 우리의 맹세나 서약을 강조하였다. 그러나 1525년에 그의 강조는 신적 서약으로 옮겨갔다. 이것은 유아세례의 논리적 근거를 확보하기 위한 것이었다.
132) 그럼에도 불구하고, 바르트는 하나님의 주권을 놓치지 않는다. 하나님의 행동의 우선성은 이 신-인간의 상응에서도 유지된다.
133) CD IV/4, 161f.

바르트는 세례가 인간의 복종의 행동이라고 주장하였다. 그것은 인간의 책임적인 행동이다. 이것은 펠라기우스주의가 아니라 그의 초기의 사고에서의 신적 주도권에 대한 일방적인 강조의 극복이다.[134] 세례의 의미에 대한 바르트와 다른 신학자들의 생각은 결국 유아세례 문제에 대한 상이한 입장으로 귀결될 것이다. 이 문제는 다음 절에서 상술하고자 한다.

III. 유아세례

이 절에서는 유아세례 논쟁을 집중적으로 다루고자 한다. 먼저 유아세례의 역사를 약술한 다음, 유아세례에 대한 주석적인 비판과 신학적인 비판을 고찰하고, 유아세례의 정치적-교회적 함의를 비판적으로 고찰함으로써 이 문제를 논구하고자 한다. 세례는 하나님의 은총과 인간의 복종 사이의 상호 응답적인 사건이다. 따라서 인간의 결단과 복종의 행동으로서 성인세례가 보다 더 적합한 세례시행으로 제시될 것이다.

1. 유아세례의 역사

여기서는 반유아세례론을 중심으로 유아세례의 역사를 약술하고자 한다. 왜냐하면 유아세례의 역사는 유아세례 논쟁사에 의해서 형성되어 왔기 때문이다. 요아킴 예레미야스에 따르면, 유아세례의 첫 번째 위기는 터툴리안과

---

134) 바르트의 신학은 초기의 변증법적 신학에서 후기의 아날로기아신학으로 변천하면서 하나님의 일방적인 은총과 주권에 대한 강조로부터 하나님과 인간의 상응과 유비에 대한 강조로 변천하였다. 이 문제에 대해서는 전성용, 〈칼 바르트의 성령론적 세례론〉, 29ff. 참조하라.

나지안주스의 그레고리에 의해서 4세기에 일어났다. 그리고 두 번째 위기는 16세기에 종교개혁자들에 반대하는 재세례파에 의해 야기되었다. 20세기에는 바르트가 유아세례 논쟁을 촉발함으로써 다시 한 번 유아세례가 신학적인 논쟁의 주요 주제가 되었다.

1) 이레네우스(Irenaeus A.D. 180이후)

기독교의 가장 오래된 문헌들인 〈12사도 교훈〉(*Didache*)과 저스틴의 첫 번째 〈변증〉(*Apology*)에는 유아세례에 대한 언급이 없다.[135] 디다케는 오직 성인세례만 언급하고 있다. 세례후보자는 세례받기 전에 하루나 이틀 동안 금식하도록 요구되었다.[136] 저스틴은 어린아이 때부터 그리스도의 사도가 된 여성들에 대해서 언급했으나 세례에 대해서는 말하지 않았다.[137] 학자들 가운데서는 이레네우스의 다음의 말이 때때로 유아세례를 지지하는 것으로 해석되었다. "그는 모든 사람들을 구원하기 위해 왔다. 모든 사람이란 그에 의해서 하나님께로 중생한 자들이다: 유아들과 어린이들 그리고 청소년들과 나이 많은 사람들이다."[138]

4세기부터 '하나님께로 중생한'이라는 구절이 비록 명시적으로 세례를 언급하지는 않았지만, 일반적으로 최초의 유아세례에 대한 참고자료로서 간주되기 시작하였다. 초대 교부들은 세례와 중생을 너무나 긴밀하게 연결하였기 때문에, 그들은 '중생'을 '세례'와 동의어로 사용하였다.[139] 이레네우스가 이 구절에서 '중생'을 세례적인 의미로 사용하고 있는가는 확실하지 않지만,

---

135) E. Schlink, *The Doctrine of Baptism* (St. Louis: Concordia, 1978), 134.

136) J. Stevenson(ed.), *A New Eusebius* (London: SPCK, 1992), 10.

137) L. Berkhof, *Systematic Theology* (Grand Rapids: Eerdmans, 1972), 635.

138) Irenaeus, *Adv. Haer.*, III, xxii, 4, *The Ante-Nicene Fathers*, I, 455; Paul K. Jewett, *Infant Baptism & The Covenant of Grace* (Grand Rapids: Eerdmans, 1980), 25.

139) Berkhof, ibid., 635; Jewett, ibid., 26.

그러나 그가 여기서 세례를 말하고 있다고 보는 것은 의심스럽다. 폴 킹 쥬엣은 이레네우스가 세례를 중생의 지렛대로 간주하지만, 그는 언제나 세례를 신앙과 연결한다고 논평한다. 위의 구절에서는 신앙이나 세례에 대한 언급이 전혀 없다. "'하나님께로 중생한'이라는 공식은 세례에서 일어나는 것을 포함하는 것으로 보이지만 그러나 세례가 '하나님께로 중생한'이 의미하는 모든 것을 다 포괄하지는 않는다."[140] 고로 이 양자는 단순히 동일화 될 수 없다. 그러니까 이레네우스가 유아세례를 간접적으로 언급했다고 주장하는 것은 추측에 불과하다.

2) 터툴리안(Tertullian, A.D. c.160~c.220)

터툴리안은 유아세례를 명시적으로 언급한 최초의 교부이다. 따라서 "터툴리안은 유아세례 논쟁에서 별과 같은 증언자이다."[141] 그런데 그의 증언이 유아세례를 지지하는 것이 아니라 반대하는 것이라는 사실은 놀라운 일이다. A.D. 200년에서 206년 사이에 쓰여진 세례론에서 그는 유아세례에 문제를 제기하고 그 시행의 연기를 주장하였다. 그는 세례를 연기하는 것이 보다 안전하고 유익하다고 생각했다.[142]

그러므로 모든 사람들의 조건과 입장 및 나이에 따라서 세례를 연기하는 것이 보다 유익한데, 특히 어린아이들의 경우에 그렇다. 왜냐하면 후견인이 위험에 빠질 수가 있기 때문이다. 그들이 죽음으로써 약속을 지키지 못할 수도 있으며 그 어린아이의 사악한 성질(disposition) 때문에 그들이 어떻게 할 수 없는 경우도 있게 된다.

---

140) Jewett, ibid.
141) Ibid., 20.
142) Berkhof, ibid., 635.

우리 주님께서는 진실로 '그들이 내게 오는 것을 막지 말라'고 말씀하신다. 그러므로 그들이 자랐을 때 오게 하라; 그들이 이해할 때 오게 하라; 그들이 올 때인지를 알게 될 때 오게 하라; 그들이 그리스도를 알 수 있을 때 그들이 그리스도인이 되게 하라.[143]

터툴리안은 유아세례에 대한 최초의 명시적 증언자이면서 동시에 최초의 반유아세례론자이다. 그는 우리의 죄가 세례에 의해 제거된다는 생각을 거부하였다. 요아킴 예레미야스는 터툴리안이 진정으로 유아세례를 승인하였으며 그가 그 시행의 연기를 요청한 것은 단지 교회에 들어오는 이교도들의 자녀들에게만 해당된다고 주장하였다.[144] 예레미야스는 터툴리안이 세례연기 풍조를 날카롭게 반대하였던 최초의 인물이었다고 논증하였다.[145] 그러나 그의 확신은 쿠르트 알란트의 비판 이후에는 약화되었다.[146]

터툴리안의 입장은 충분히 명백하다: 세례 시에 자기가 고백하는 대로 살게 될 때까지 기다리는 것이, 이후의 인생의 사악함에 의해서 그 고백을 부인하게 되는 것보다 더 낫다는 것이다. 바르트는 터툴리안이 이미 2세기말에 나타나기 시작하였던 유아세례를 반대했다고 논평했다. "그는 여기서 우리가 자기 결단과 책임으로써 세례를 요청해야 한다고 논증한다. 그는 스스로 예수 그리스도를 아는 자로서 그 자신의 신앙으로써 그것을 받아야 한다. 이것은 2세기말 적어도 칼타고에서 이미 나타나고 있었던 유아세례 경향과

---

143) Tertullian, *De Baptismo,* ch. xviii; Jewett, ibid., 20f. 중인.

144) J. Jeremias, *Infant Baptism in the First Four Centuries,* 57, 81ff.

145) Ibid., 87. 따라서, 예레미야스에 의하면 3세기에는 유아세례의 위기가 없었으며 4세기에 유아세례의 위기가 있었다.

146) Kurt Aland, *Die Söuglingstaufe im Neuen Testament und in der Alten Kirche: Eine Antwort an Joachim Jeremias, Theologische Existenz Heute* N. F. 86(1961); ET *Did the Early Church Baptize Infants?* (London: SCM, 1963); Dale Moody, *Baptism: Foundation for Christian Unity* (Philadelphia: Westminster, 1967), 150f.; Jewett, ibid., 22; O. Weber, *Foundations of Dogmatics* Vol. 2, 605.

분명하게 싸우는 명백하고 강력한 논증이다."[147]

3) 나지안주스의 그레고리(A.D. 330~390)

카파도키아 교부 중 한 사람인 나지안주스의 그레고리는 A.D. 381년 콘스탄티노플에서 행한 설교에서 3살 정도 된 어린아이에게 세례 주는 것을 선호하였다. 그렇게 하면 그들은 그들에 대한 질문을 듣고 대답할 수 있을 것이며 따라서 그들은 후견인이 필요 없게 된다.

> 나는 세 살이나 그 전후까지 기다리도록 충고하고자 한다. 그러면 그들은 성례전에 대한 어떤 것을 듣고 대답할 수 있을 것이다. 비록 그들이 그것을 완전하게 이해하지는 못해도 어느 정도 그들은 윤곽을 알 수 있을 것이다...이성이 성숙해지면 언젠가 그들은 그들의 삶에 책임을 지게 되기 시작할 것이다.[148]

나지안주스의 그레고리는 3년 정도 세례를 연기하여 그들이 성례전에 대해서 어느 정도 이해할 수 있도록 하자고 제안한 것이다. 세 살 된 어린이가 종교적인 문제를 풀 수 있는 책임적인 의식을 가질 수는 없다. 비록 그레고리의 주장을 성인세례나 신자세례라고 부를 수는 없지만, 어쨌든 그것은 명백하게 유아세례의 연기이다.

예레미야스는 터툴리안과 나지안주스의 그레고리 때문에 4세기에 유아세례의 연기풍조가 일어났다고 주장한다.[149] 맥닐(J. McNeill)은 세례 이후의

---

147) CD IV/4, 187.

148) Gregory of Nazianzen, "The Oration on Holy Baptism" in *A Select Library of Nicene and Post-Nicene Fathers of the Christian Church*, Second series, Vol. VII (Grand Rapids: Eerdmans, 1980), 370.

149) 예레미야스는 늦게 세례 받은 사례들을 열거하였는데, 나지안주스의 그레고리

죄가 그것의 유익을 파괴하지 않도록 하려는 신중한 배려로서의 세례연기는 터툴리안과 같은 사람의 엄한 참회이론에 의해서 고무되었다고 논증하였다.[150] 고로 4세기의 유아세례 연기 풍조는 나지안주스의 그레고리보다는 터툴리안의 주장에 주로 기인하였다고 결론을 내릴 수 있다.

4) 어거스틴(A.D. 400)

어거스틴이 387년에 회심하였을 때, 유아세례는 교회 안에서 일반적인 것이었다. 그는 신적인 권위와 사도적인 권위를 가지고 유아세례를 주장하였다. 그는 이스라엘의 유아들이 할례 받은 것과 같이 유아들이 세례 받을 수 있다고 생각했다. 어거스틴은 교회가 '처음부터', 언제나 유아세례를 가르쳤다고 논증하였다. 그러나 그는 키프리안(A.D. 251) 보다 앞서는 유아세례를 가르치는 사람의 이름을 인용한 적이 없다. 그리고 그는 세례 받지 않은 어린이는 구원받을 수 없다고 주장하였다.

> 아프리카의 그리스도인들은 세례 그 자체, 그의 구원, 그리고 그리스도의 몸의 성례전 및 그의 생명을 요청하는 것이 잘 하는 것이다. 고대의 사도적인 전승으로부터라고 나는 생각하는데, 그것에 의해서 그리스도의 교회들은 세례와 성찬참여가 없이는 아무도 하나님의 나라나 구원이나 영생으로 올 수가 없다고 자연스럽게 생각하고 있는 이것은 언제부터인가?... 만약 그렇다면, 그렇게도 많은 신적 증언들이 동의하는 바와 같이 세례와 우리 주님의 몸과 피가 없이는 아무도 구원이나 영생을 희망할 수 없으며, 그것들이 없이는 유아들에 대한 약속도 헛된 것이다.[151]

자신도 30세 이전에는 세례 받지 않았다. Jeremias, ibid., 88f.
150) *Institutes*, 1305, n. 5.
151) Augustine, *De Peccatorum Meritis* I, xxxiv; Jewett, ibid., 17f. 중인.

예레미야스에 의하면, 4세기에 발생한 유아세례 연기풍조는 첫 번째 유아
세례의 위기였는데, 어거스틴의 지배적인 인격에 힘입어 극복되었다.[152] 이
위기는 펠라기우스파와의 논쟁을 통하여 극복되었으며, 그 이후 유아세례는
동서방교회의 예전으로 확립되었다.[153]

5) 재세례파

재세례파운동은 종교개혁으로부터 싹텄으며 보다 철저한 개혁을 성취
하기 위해서 그것으로부터 분리되었다. 마가복음 16장 16절 "믿고 세례를
받는 사람은 구원을 얻을 것이요"에 따라서, 그들은 유아세례를 거부하고
재세례를 주장하였다. 이 운동은 단순히 유아세례를 거부한 것이 아니다.
그들에게 외적인 성례전은 2차적인 의미를 가질 뿐이요, 내적이고 직접적인
경험이 우선적인 의미를 가진다. 더 나아가서 그들은 현재의 종교개혁은 사
회 경제적인 문제들에 대해 지나치게 보수적이라고 생각했으며, 종교개혁은
사회개혁을 동반해야 한다고 믿었다.[154]

재세례파운동은 스위스 취리히의 콘라드 그레벨(Conrad Grebel) 일파에

---

152) Jeremias, ibid., 97. 그는 첫 번째 현저한 유아세례 연기의 사례는 329/30년에
    있었다고 생각한다. ibid., 95.
153) Ralph G. Wilburn, "The One Baptism and the Many Baptisms" in *Theology
    Today* Vol. XXII(1965), 71; 어거스틴은 반유아세례론자들을 심판하도록 요청
    하였다. Jeremias, ibid., 97.
154) 재세례파운동에 대해서, George H. Williams, *Radical Reformation* (Philadelphia:
    Westminster, 1962); Franklin H. Littell, *The Origins of Sectarian Protestantism*
    (N.Y., 1964); Walter Klassen, *Anabaptism in Outline* (Scotdale, Pennsylvania:
    Herald Press, 1988); H. W. Pipkin & John Y. Yoder, *Balthasar Hübmeier:
    Theologian of Anabaptism* (Scotdale, Pennsylvania: Herald Press, 1989); Werner
    O. Packuff, *Mysticism and the Early South German-Austrian Anabaptist Move-
    ment 1525~1531* (Scotdale, Pennsylvania: Herald Press, 1977); J. M. Stayer,
    Anabaptism and the Sword (Lawrence, Kansas, 1976)를 참조하라.

의해서 시작되었다.[155] 1523년 발타자르 휘브마이어는 유아세례에 대해서 츠빙글리와 논쟁하였다. 그러나 취리히 의회는 츠빙글리의 입장을 받아들이고 모든 부모들로 하여금 자녀들에게 유아세례를 주라고 명령하였다. 재세례파들은 모라비아, 오스트리아, 보헤미아 그리고 폴란드로 도피하였으며 가는 곳마다 그들의 신념을 전파하였다. 일부 과격한 혁명주의자들도 있었지만, 대부분은 평화로웠다. 특히 메노나이트교도(The Mennonites)들은 경건하고 평화로운 삶을 추구하였다. 재세례파의 공통적인 사상은 다음과 같이 요약될 수 있다.

1. 그들은 유아세례를 반대하였으며, 유아세례 받은 자들에게는 재세례를 시행하였다.
2. 그들은 명목적 그리스도인이 되기를 거부하고 진정한 기독교 공동체를 건설하기 위해 노력하였다.
3. 그들은 성령에 의한 내적인 경험을 외적인 성례전보다 더 중요하다고 간주했다. 고로 그들은 성서보다도 직접적인 계시를 강조했다.

재세례파운동은 종교개혁의 한 분파로서 부패한 기독교를 개혁하고 진정한 기독교를 건설하고자 했다. 그들은 이 공동체 운동을 예전적인 유아세례가 아니라 신자세례의 자유로운 결단 위에 기초하여 성취하려고 진지하게 시도하였다. 이 운동은 순수한 기독교를 교회의 이상적인 목표로서 성취하려는 노력으로 출발하였으나 결국 정통 종교개혁운동으로부터 배제되었다. 그러나 재세례파운동은 성령에 의해 주어진 인간의 책임과 자유를 강조하는 성령운동에서는 유아세례보다 성인세례가 보다 더 잘 부합되는 세례제도임

---

155) J. D. Weaver, "Radical Reformation" in *Evangelical Dictionary of Theology* (Grand Rapids: Eerdmans, 1984), 903.

을 깨우쳐주고 있다.

6) 루터

유아세례를 지지하면서 루터는 로마 가톨릭과 재세례파 사이의 중간적인 입장을 취했다. 로마 가톨릭의 견해에 의하면 교회의 신부들이 유아세례를 정당화하는 반면에, 재세례파는 객관적인 말씀보다도 성령의 직접적인 사역을 강조하였다. 그의 기본적인 개인의 '이신칭의' 이론 위에서, 루터는 교회의 우선성을 강조하는 로마 가톨릭의 성례전주의를 지지할 수 없었다. 다른 한 편 말씀의 우선성을 주장하면서, 루터는 말씀에 대한 성령의 우선성을 주장한 재세례파와 양립할 수가 없었다. 루터는 재세례파를 날카롭게 비판하였는데, 자신이 그들의 열광주의나 적대자들을 무자비하게 다루는 태도 등과 혼동되기를 원하지 않았기 때문이다.

비록 루터가 외적인 성례전에 대한 신앙의 우선성을 주장했지만, 그는 로마 가톨릭의 입장에 보다 더 가깝다. 그는 세례가 우리의 신앙이 아니라 하나님의 말씀에 매여 있다고 주장했다. 성례전에서 하나님의 활동은 신앙에 앞선다.[156) 유아세례가 무용지물이라거나 그것을 부당하다고 하는 것은 하나님의 말씀에 불순종하는 것이다. 그는 유아들은 다른 사람들의 신앙의 도움을 받는다고 보았다.[157) 세례는 신적인 권위로써 제정되었으므로 그것은 인간에 의해서 파괴될 수 없다. 이 논증은 유아세례 받은 자에 대한 재세례에 대하여 제기된 것이다.

---

156) Paul Althaus, *The Theology of Martin Luther*, 351.
157) 처음에는 루터는 후견인의 신앙을 언급했다. 그러나 나중에 그는 어린이들이 자신의 신앙을 가졌다고 주장했다. Kerr, *The Compend of Luther's Theology* (Philadelphia: Westminster, 1960), 168; Althaus, ibid., 365

7) 칼빈

칼빈의 유아세례론은 재세례파들과의 논쟁을 통해서 풍성하게 되어갔다. 그는 〈기독교 강요〉 IV xvi 17~23에서 발타자르 휘브마이어의 논문 "기독교 신자세례에 관하여"에 응답하였다.[158] 그는 유아세례론을 할례와 세례의 연속성 위에 세우고자 하였다. 그는 할례를 계약약속의 표지로 간주하였다. 이스라엘의 족장들이 할례 받았을 때, 우리가 세례 받을 때와 똑같은 영적 약속을 받았다.[159] 비록 외적인 형식, 경륜, 집행 등은 바뀌었을지 몰라도 옛 계약의 본질은 새 계약에서 바뀌지 않았다.[160] "계약의 동일성의 이론으로부터 옛 계약의 자녀들이 거룩한 씨였으므로 그리스도인들의 자녀들도 거룩하다고 간주된다. 그러므로 그들은 새 계약의 표지인 세례를 빼앗기지 말아야 할 것이다."[161] 고로 만약 계약이 여전히 견고히 서 있다면, 구약시대에 그것이 유대인 자녀들에게 속했듯이 오늘날 그리스도인 자녀들에게도 그것은 적용되는 것이다.

칼빈은 예수가 어린이들을 자기에게 데리고 오라고 명한 것이 (마 19:14) 유아세례의 성서적 근거라고 제시했다. 만약 어린이들을 그리스도에게 데리고 오는 것이 옳다면, 왜 그들을 세례에로 받아들이는 것이 옳지 않겠는가? 만약 천국이 그들에게 속한다면, 왜 교회 안으로 들어가는 문을 여는 표지가 그들에게 거부되어야 하는가? 그리스도가 자신에게로 부르는 자들을 우리가 쫓아내는 것이 얼마나 부당한가![162]

칼빈은 다음과 같이 재세례파에 대항하여 유아세례를 변호하였다.

---

158) *Institutes*, 1339~1346; ibid., 1339 n. 30.
159) Ibid., 1336.
160) E. Schlink, *The Doctrine of Baptism*, 139.
161) Ibid.
162) *Institutes*, 1330.

1. 세례가 할례와 일치해야 된다면 여자는 세례 받지 않아야 한다는 주장에 대해서 칼빈은 다음과 같이 주장한다: "만약 이스라엘 자손의 성화가 할례의 표지에 의해서 입증된 것이 확실하다면, 그것으로부터 남자와 여자가 똑같이 성화되도록 의도되었다는 것은 의심의 여지가 없다…세례와 할례 사이의 유사성에 매달리면 우리는 내적 신비, 약속들, 관습 및 효용성 등에 있어서 가장 완전한 일치를 보게 된다."163)

2. 유아들은 믿을 수가 없다는 논증에 대답하면서, 칼빈은 하나님의 사역이 비록 우리의 인식을 넘어서지만 여전히 무효화되지 않는다고 응답한다. "구원받아야 할 저 유아들은 (그 나이에도 어떤 사람들은 확실하게 구원받는 것과 같이) 주님에 의해서 미리 중생되었다는 것이 이제 완전하게 명백하다."164) 그는 세례 요한으로부터 증거를 찾는데, 그는 그의 모태로부터 성화되었다 (눅 1:15). 다른 곳에서는 칼빈은 유아들의 구원 가능성에 대해서 논증하였다: "하나님은 우리의 아이들이 태어나기도 전에 그들을 그 자신의 자녀로 받아들이신다. 왜냐하면 그는 우리의 하나님이 되시며 우리 뒤의 우리 자손들의 하나님이 되실 것이라고 약속하시기 때문이다 (창17:7). 그들의 구원은 이 말씀 안에 함축되어 있다."165)

3. 유아들은 회개할 수도 없으며 믿을 수도 없다는 주장을 반박하면서, 칼빈은 이렇게 대답한다: "유아들은 미래의 회개와 신앙 안으로 세례 받는다. 그리고 비록 이것들이 그들 안에 아직 형성되지 않았지만, 이것들의 씨가 성령의 비밀한 사역에 의해서 그들 안에 숨겨져 있다."166)

비록 칼빈의 유아세례의 옹호가 구약의 외형주의(externalism)의 누룩을

163) Ibid., 1339.
164) Ibid., 1340.
165) Ibid., 1321
166) Ibid., 1343.

함유하고 있긴 하지만, 그는 논리적 일관성을 가지고서, 계약의 자녀들이 진실로 전적인 신약의 내재성의 의미에서 하나님의 구원하시는 자비와 갱신하시는 은총의 주제들이라고 주장하였다.[167] 그는 세례에 대한 신약의 가르침과 유아세례 시행 사이의 간격에 다리를 놓았다. 그럼에도 불구하고, 우리의 자녀들이 실제로 죄인들이고 그들이 진실로 '아담 안에' 있다는 것이 부인될 수는 없다. 세례 받은 모든 자녀들이 결국 다 구원받을 수는 없다. 칼빈에게 있어서 이 모순은 예정론에 의해서 해결될 수 있다. 그러나 만약 칼빈의 예정론이 그 신학적 정당성을 상실하게 된다면, 그의 유아세례론 역시 그 근거를 상실하게 될 것이다.[168]

지금까지 간략하게 유아세례논쟁의 역사를 살펴보았다. 첫 번째 유아세례의 위기는 터툴리안과 나지안주스의 그레고리를 통하여 발생하였으며 이것은 어거스틴에 의해서 극복되었다. 재세례파에 의한 두 번째 위기는 종교개혁자들에 의해서 분쇄되었다. 칼 바르트는 20세기에, 유아세례에 대한 가장 심각한 도전을 야기하였다.[169] 이제부터 칼 바르트의 주장을 중심으로 유아세례론의 문제점들을 집중적으로 고찰하고자 한다.

2. 성서적 고찰

신약성서 안에는 유아세례를 금지하거나 명령하는 표현이 아무데도 없다. 이 침묵으로부터, 그 당시에 유아세례가 너무나 일반적으로 시행되고 있었기 때문에 특별한 언급이 필요 없었다고 추론하는 것은 매우 위험하다.

---

167) P. K. Jewett, ibid., 145.
168) 칼빈의 예정론에 대해서는 D. Fergusson, "Predestination: A Scottish Perspective," *Scottish Journal of Theology* Vol. 46(1993), 459~478 cf.
169) Cullmann, *Baptism in the New Testament*, 8.

왜냐하면 신약시대에는 아무도 이런 종류의 세례에 대해 생각해 본 적이 없기 때문이라고 결론을 내릴 수도 있기 때문이다. 유아세례론자들이 주장하는 성서적인 근거들에 대해서 다음과 같이 비판할 수 있다.

첫째로, 사도행전 16장 15, 33절, 18장 8절, 고린도전서 1장 16절 등의 구절들은 모든 가족들의 세례를 말하고 있으므로 거기에 유아들이 포함되었을 것이라는 주장이 있다. 바르트는 이 논증이 하나의 '연약한 밧줄'이라고 논평하였다. 왜냐하면 이런 본문들에서조차도 설교 → 신앙 → 세례(preaching → faith → baptism)의 순서로 되어 있기 때문이다. 사도행전 2장 37절 이하, 8장 12, 38절, 10장 44절 이하, 16장 14절 이하, 32절 이하 그리고 22장 16절 등에서도 우리는 다음과 같은 순서를 발견할 수 있다. 사도적 설교 → 설교를 들음 → "우리가 어찌할꼬"라는 반응 → 죄의 고백, 신앙 및 회심에 대한 요구 → 복종의 행동으로서 그들은 세례를 요청하였고 그리고 세례 받았다.[170]

예레미야스에게 있어서 이 가족-공식(oikos-formula)은 유아세례를 위한 가장 강력한 성서적 기초이다.[171] 가족 세례에 유아들이 포함되었을 가능성이 있다는 것은 부인할 수 없다. 그러나 그것은 하나의 유비적인 추론에 불과하다. 만약 우리가 사도행전에 나오는 세례의 순서를 고려한다면, 가족 세례의 논증은 상당히 취약한 이론인 것처럼 보인다.

둘째로, 마가복음 10장 13절 이하, 마태복음 18장 1절 이하, 누가복음 18장 17절 등에서 사람들이 어린아이들을 예수에게로 데려왔다. 예수는 제자들에게 이렇게 말했다. "누구든지 하나님의 나라를 어린아이와 같이 받들지 않는 자는 결단코 들어가지 못하리라"(막 10:15). 그는 어린아이들을 안고 그들을 축복하였다. 이것은 유아세례를 위해서는 하나의 '연약한 실!'이라고 할 수 있다.[172] 예수는 그 아이들을 품에 안고 그들에게 안수하시고 축복하였다.

170) CD IV/4, 180.
171) Jeremias, ibid., 19ff.
172) CD IV/4, 182. 이것은 쿨만에 대한 바르트의 응답이다.

그러나 축복과 안수 이상의 다른 것은 없었다. 그것이 요청되었고 주어졌을 뿐이다. 따라서 이것은 세례적인 성서 본문이라고 볼 수 없다.

셋째로, 사도행전 2장 39절의 말씀, "이 약속은 너희와 너희 자녀들에게 하신 것이라"는 때때로 유아세례를 지지하는 것으로 사용된다. 베드로의 오순절 설교에서의 이 구절은 하나님의 백성에 대한 성령의 부으심의 약속이다. 이 약속은 유대인과 예루살렘에 살고 있는 자들 (14절) 및 "우리 하나님이 얼마든지 부르시는 자들"에 대한 보편적인 약속이다. 따라서 이 명백한 사고의 고리 안에서 유아세례의 관념이나 그것의 허락이나 명령을 위한 자리를 찾는 것은 어려운 일이다.[173)]

마지막으로, 자주 인용되고 있는 고린도전서 7장 14절의 불신자와의 결혼 문제가 언급되어야 하겠다: "믿지 아니하는 남편이 아내로 인하여 거룩하게 되고 믿지 아니하는 아내가 남편으로 인하여 거룩하게 되나니 그렇지 아니하면 너희 자녀도 깨끗지 못하니라. 그러나 이제는 거룩하니라." 유아세례론자들은 그리스도인의 자녀는 이미 거룩하므로 교회의 일원이 될 수 있다는 근거를 들어 유아세례를 주장한다.

그러나 이 구절은 그리스도인이 믿지 않는 배우자와 헤어지지 말아야 할 이유라고 보아야한다 (12절). 바울은 여기서 믿는 배우자에 의한 믿지 않는 배우자의 성화(sanctification)에 대해서 언급하고 있다. 이 질문의 배후에는 이런 종류의 결혼 안에 있는 그리스도인의 실존은 비록 그것이 믿지 않는 배우자를 지식, 회심, 신앙 및 세례로 이끌지는 않는다고 하더라도, 비록 믿지 않는 자가 믿지 않는 자로 머물러 있다고 할지라도 그것이 믿지 않는 배우자를 위한 진정하고 사실적인 중요성이 없다고는 할 수 없다. 이런 종류의 결혼에서 믿지 않는 자는 모든 일에서 그리스도의 몸인 교회의 회원과 직접적이고 피할 수 없는 접촉을 갖는다. 이와 같은 배우자 사이의 원리가

173) Ibid., 184.

그리스도인의 자녀에게도 똑같이 적용되는 것이다. 왜냐하면 그리스도인들은 그들을 "주의 교양과 훈계로 양육하기" 때문이다 (엡 6:4). 사도 바울의 이 구절의 함축적 의미는 그리스도인의 믿지 않는 배우자와 그 자녀들에 대한 광범위한 영향을 언급한 것이다. 그러므로 이러한 관계가 그를 그리스도인으로 만들며 따라서 그가 세례 받아야 한다고 해석되어서는 안 된다. 바르트는 이 구절에 대한 유아세례론자들의 해석을 비상식적인 연역이라고 통박하였다.[174]

유아세례의 성서적 근거들은 기껏해야 연약한 밧줄, 연약한 실 내지는 비상식적인 연역에 불과하다. 그것들은 주석적 정당성을 확보하지 못했다. 유아세례를 가리키는 모든 증거들은 2세기 후반기의 속 사도시대에 속하는 것이지 신약성서 그 자체의 시대에 속하지 않는다.[175] 이제 우리는 유아세례론의 교의학적 논증으로 넘어가고자 한다.

3. 신학적 고찰

지금까지 유아세례론자들이 제시한 성서적 근거들에 대해서 주석적으로 반박하였으며 더 나아가서 유아세례론의 신학적인 문제들을 분석 비판하고자 한다. 유아세례론의 대표적인 논증들을 살펴보면 다음과 같다.

첫째로, 유아세례론자들은 세례를 할례와 동일시한다.[176] 오스카 쿨만은 유아세례가 할례의 기능을 대신한다고 주장하였다.[177] 바르트는 칼빈이 〈기독교 강요〉 제 4권 16장에서 기독교 세례와 할례를 동일화하는 신학을 수립

---

174) Ibid., 185.
175) A. McGrath, *Christian Theology: An Introduction*, 443.
176) L. Berkhof, *Systematic Theology*, 632~34; M. Erickson, *Christian Theology*, 1092.
177) Cullmann, *Baptism in the New Testament*, 56~69.

했다고 논평하였다.[178] 칼빈의 논증에 따르면, 할례는 이미 중생의 성례전 내지는 교회의 입회(ingressus in ecclesiam), 즉 하나님께서 그의 백성과 맺으신 계약의 회원이 되는 성례전이었다.

그러나 바르트에 의하면 구약의 할례의 정의와 의미는 신약의 세례의 그 것들과 서로 바뀔 수가 없는 것이다. 구약에서 은혜의 계약의 백성은 이스라엘 12지파의 나라였다.[179] 이 국가의 육체적인 후손이 계약의 회원이요 약속을 받는 자였다. 그들은 하나님과 그의 백성 사이의 계약의 표지로서 할례를 실시하였다.

신약에서 새 계약의 백성은 나라가 아니다. 그들은 이스라엘과 모든 나라들로부터 자유롭고 새롭게 부름 받아 모인 백성이다. 거기에 들어가는 자들은 "혈통으로나 육정으로나 사람의 뜻으로 나지 아니하고 오직 하나님께로서 난 자들이다"(요 1:12~13). 교회의 회원이 되는 유일한 길은 자연적인 출생이 아니라 거듭나는 것이다.[180] 비즐리-머레이는 이렇게 지적한다: "보다 낮은 할례가 보다 높은 것에 의해서 대치되었다. 옛 계약 아래서 약속된 영적인 할례가 새 계약 아래서 세례를 통하여 현실로 되었다."[181] 바르트는 칼빈이 이스라엘 소년들과의 평행을 통해서 그들의 세례가 유아세례일 수 있으며 이어야 한다는 것을 증명하지도, 증명할 수도 없었다고 하였다.[182] 그러나 바르트는 이 두 가지 경륜의 차이점들은 옛 계약과 새 계약의 통일성 안에서 고려되어야 한다고 지적하였다.[183]

---

178) CD IV/4, 177.
179) Ibid., 178.
180) Jewett, ibid., 223.
181) George Beasley-Murray, *Baptism in the New Testament*, 341.
182) CD IV/4, ibid.
183) 비록 옛 계약 백성이 이스라엘의 후손이었지만 신앙은 야웨와 이스라엘 사이의 계약의 조건으로서 전제되었다. 이스라엘이 이 신앙을 지키고 하나님의 명령에 복종하면 계약은 존속되었다. 그러므로 옛 계약과 새 계약 사이에는 연속성이 있다. 그럼에도 불구하고 신약의 교회는 그것의 새로운 공동체 안에

둘째로, 바르트는 부모나 후견인이나 회중 또는 전체 기독교회의 대리적 신앙이 유아세례의 근거가 될 수 없다고 논증하였다.[184] 쿨만은 비록 회중의 신앙을 대리적 신앙이라고 할 수는 없지만, 그것은 세례의 행위 안에 포함된 중요한 요소라고 주장한다.[185] 바르트도 많은 사람을 돕고, 지원하고, 유지해 주는 다른 사람의 신앙이 있다고 본다.[186] 예컨대 막 2:3에서 네 사람의 신자들이 중풍병자를 예수에게 데리고 왔다. 우리 모두는 우리를 향하고 우리를 위해 중재하는 다른 사람들의 신앙에 의해서 살고 있다.

그런데 우리를 위해 중재하는 다른 사람들의 신앙은 예수 그리스도가 '믿음의 주'(히 12:2)로서 우리 모두를 위해서 확립한 신앙의 형태 안에서만 대리적일 수 있다. 그분의 신앙을 통해서 우리는 감동을 받을 뿐만 아니라 우리 자신을 위해서 믿을 수 있도록 해방된다. 그러므로 어떤 사람이 실제로 믿는다는 것은 그가 믿을 수 있도록 자유하게 되었으며, 따라서 예수 그리스도의 신앙에 의해 그렇게 믿을 수 있도록 되어졌고 각성되었지만 그것은 오직 그 자신의 결단만이 그렇게 할 수 있다. 여기서 아무도 그를 대리할 수 없다.

바르트가 대리적 신앙을 거부하는 것은 그의 성령론적 세례론의 당연한 귀결이다. 성령세례에 의해 인간은 하나님의 은혜에 응답할 수 있는 자유를 회복하였으며 이 자유 안에서 결단한 그리스도인의 첫 번째 외적 행위가 물세례이다.[187] 내적 신앙의 외적 표현으로서 물세례는 신자의 의식적이고 자유로운 행위이어야 한다. 더 나아가서 만약 개신교 신학이 대리적 신앙의 교리를 수용한다면, 그것은 성서적 근거를 발견할 수 없는 중세기 가톨릭교

___

서 할례를 중지하였다. 그리스도와의 새 계약의 표지로서 세례가 시행되었다. 따라서 기독론적 세례론에 의해서 옛 계약과 새 계약 사이의 불연속성이 확보될 수가 있다.

184) Ibid., 185; M. Erickson, ibid., cf.
185) Cullmann, ibid., 54.
186) CD IV/4, 186.
187) Ibid., 34.

회의 면죄부판매의 오류를 반복할 수 있다. 죄와 구원의 문제에서는 예수 그리스도 외에는 우리를 위해서 아무도 아무 것도 할 수 없다. 오직 예수 그리스도만이 우리를 위해서 무엇인가를 대리할 수 있다. 유아세례론자들 역시 세례를 회개와 신앙의 성례전으로 규정한다. 그러면서도 그들은 복음을 믿을 수도, 회개할 수도 없는 유아들에게 세례를 준다. 쥬엣(Jewett)은 이것이 논리적인 모순이라고 논박하였다.[188] 따라서 대리적 신앙이론은 유아세례를 위한 가장 허약한 논증이라고 할 수 있다.

셋째로, 유아세례론자들의 가장 강력한 신학적 논증은, 유아세례는 모든 인간적인 생각과 의지, 신앙과 불신앙으로부터 독립적인 자유하고 전능하신 하나님의 은총의 묘사로서 현저하게 생생하다는 것이다.[189] 바르트는 이것이 루터의 유아세례론의 핵심이라고 본다. 그는 만약 하나님의 은혜가 세례에 대한 후보자의 인간적인 태도에 선행하는 자유로운 은혜로 보여져야 한다면, 이 은혜는 자동적으로 사역하는 은혜요 세례 받는 그 사람 위에 단순히 부어지기만 하는 것으로 변형될 것이라고 논평하였다.[190]

칼빈에게 있어서 세례는 인간의 행위가 아니다. 그것은 세례의 집례자이신 그리스도의 행위이다. 그리스도는 세례에서 우리를 죄로부터 씻으신다.[191] 이것은 세례의 객관적인 정당성이다. 쿨만은 세례가 우선적으로 신적인 행위이며 인간은 하나님의 은혜의 피동적인 수납자라고 논증한다. 따라서 쿨만에게 있어서, 인간의 신앙은 세례 사건의 구성적인 요소가 아니다.[192] 이 수납자의 신앙은 본질적으로 세례 사건의 첫 번째 행위가 아니라 두 번째 행위에 속한다. 바르트와 쿨만은 하나님의 은혜의 우선성에 대해서 동의하

---

188) Jewett, ibid., 8.
189) CD IV/4, 189.
190) Ibid., 190.
191) *Institutes*, 1314.
192) Cullmann, ibid., 52.

였다. 그러나 쿨만은 유아세례에서의 하나님의 무조건적인 은혜를 강조하는 반면에, 바르트는 신자세례에서의 하나님의 은혜와 인간의 응답 사이의 상호성을 강조하였다.

여기에 덧붙여서, 바르트는 만약 이 논증이 유아세례를 위한 정당한 이유라면 왜 유아들은 성만찬에 참여하도록 요청되지 않는가라고 묻는다. 쥬엣은 유아로서 세례라는 계약의 표지를 받은 자가 개인적인 신앙고백을 할 때까지 성만찬 참여가 보류된다는 것은 또 다른 문제점이라고 지적하였다.[193]

넷째로, 하이델베르크 요리문답에서 주장하는 바와 같이, 만약에 외적인 물로 씻음이 우리를 모든 죄로부터 씻기는 예수 그리스도의 피와 성령의 씻음과 연관되었다면 (문답 72), 물세례는 성령의 능력을 통하여 그리스도의 피와 성령의 씻음이 인간에게 전해지는 신적 약속과 보증의 선언 및 그 전달로 이해되어야 한다 (문답 74).[194] 물세례가 약속과 보증의 전달로 간주되기 때문에, 후보자의 신앙이 없이도 세례는 집행될 수 있으며 그의 신앙은 그의 세례 이후에 첨가될 수도 있다.

이 논증은 매력적으로 보인다. 왜냐하면 이 이론은 물세례가 성령세례와 동일하지 않으며 그것의 의미는 성령에 의해서만 성취될 수 있고 성취될, 신적 약속과 보증을 받아들임 안에서만 발견된다는 자신의 세례론과 상응하는 것처럼 보이기 때문이다.[195]

그러나 이 논증의 문제점은 다음과 같다. 성령의 교통하심이 세례의 의미인바, 이 성령의 약속과 보증은 어떤 경우에나 또는 미리 일반적으로 그리고 본래적으로 주어진다. 성령은 그들의 신앙과 별개로 그리고 그들의 세례와도 별개로 적용되는데, 구체적으로 특정한 개인들에게 주어진다. "진정으로

---

193) Jewett, ibid., 9.
194) CD IV/4, 191; Barth, *Heidelberg Catechism* (Grand Rapids: Eerdmans, 1981), 101f.
195) CD IV/4, ibid.

필요한 것은 오랫동안 안전하고 힘을 가지고 있는 이 약속을 보완하는 것이 아니라, 그 약속을 듣고 붙잡을 준비가 된 자들 또는 이미 그렇게 하고 있는 자들이다."196) 그러므로 이 논증은 유아세례를 정당화 할 수 없다.197) 이런 이론은 결국 칼빈주의적 예정론을 위해 유용한 도구가 될 수 있을 뿐이다. 만약에 세례가 책임적으로 주어졌다면 그것을 책임적으로 받아야 할 것이다.

마지막 다섯 번째로, 유아세례론자들은 때때로 신자세례의 위험에 대해서 언급하는데 즉 위선적이고 상상적인 회심들, '세례 받은 신자들'의 바리새적 종파들의 등장, 그리스도인과 비그리스도인 사이의 더 큰 분리 등의 위험이다.

우리는 이러한 위험들에 대해서 동의해야 한다. 그러나 이것은 기독교회와 신학의 일반적인 문제들 가운데 하나일 뿐이다. "교회와 신학에서 수행될 수 있고 수행된 모든 것들은 위험하다."198) 세례 후보자의 책임적인 자발성과 준비성 및 자유로운 결단을 전제하는 세례에서 양과 염소, 신자와 불신자, 의로운 자와 불의한 자, 참 기독교인과 명목적인 기독교인들을 분리해내려는 노력은 문제가 될 수 없다. 그와 반대로, 이들 후보자들의 자유로운 자발성은 기본적으로 양쪽 모두에게 임하는 하나님의 심판과 양쪽 모두에게 전해진 하나님의 은혜의 빛 안에서 불신자와 회심하지 않은 자들과의 연대성의 인식 안에 놓여 있을 것이다. 바르트는 세례 공동체가 후보자의 신앙, 중생, 회심 또는 영적 재능이 아니라 그의 자유로운 결단과 고백의 분별 있는 성실성을 아주 냉정하게 확신해야 한다고 촉구하였다.

지금까지 유아세례의 주석적, 교의학적 문제들을 비판적으로 고찰하였다. 유아세례론의 모든 논증들은 반대편에 의해서 논박될 수 있다. 따라서 유아세례론의 신학적 정당성을 확립하기가 어렵다는 것이 명백하게 되었다.

196) Ibid.
197) Ibid., 192.
198) Ibid.

4. 교회적-정치적 함의

이제 마지막으로 유아세례의 교회-정치적인 배경과 문제점을 다루고자한다. 이 논증이 유아세례에 대한 결정적인 비판은 아닐는지 몰라도 이 시론을 통하여 신자세례의 전망이 확장될 수 있을 것이다.

1943년, 바르트는 유아세례의 정치적인 함축의 부정적인 측면에 대해서비판하였다. 그는 콘스탄틴 황제의 '기독교 사회'(corpus christianum) 이래로종교개혁자들과 현대교회에서 조차도 유아세례가 국민교회(Volks Kirche)의형성과 연관되어 왔다고 논증하였다. 바르트에 따르면 그리스도 교회는 그것의 지배적인 사회적 구조를 유아세례를 통해서 유지하였다. "만약 교회가유아세례와 결별한다면 교회는 더 이상 쉽사리 국가교회 내지는 대중들의교회라는 의미에서 백성들의 교회가 될 수 없을 것이다."[199] 바르트는 이렇게 묻는다. "교회가 현대적인 의미에서 국민교회로 남기 위하여 진정으로필요한 것이 있다면, 그것은 국민을 위한(for the people) 교회가 아니라 국민의(of the people) 교회라고 할 것이다."[200] 그리하여 바르트는 상처받고, 약하고, 전도된 유아세례 대신에 신자세례를 지지하였다.[201]

1948년에 쓴〈하이델베르크 요리문답 해설〉(*Heidelberg Catechism*)에서 바르트는 유아세례의 정치적 의미를 또 다시 진술하였다. 화란교회의 계약신학을 언급하면서 바르트는 교회를 corpus christianum 즉 기독교 사회와 동일시하는 관념을 거부하였다.[202] 그는 유아세례에 대한 끈질긴 집착의 진짜이유는, 그것이 없으면 교회는 갑자기 상당히 당혹스러운 위치에 처하게 될

---

199) *Baptism,* 53.
200) Ibid.
201) Ibid., 54.
202) K. Barth, *Heidelberg Catechism*, 103. 바르트는 화란교회가 하나님이 교회와
    체결한 것이 아니라 기독교 국가들과 체결한 계약을 말한다고 지적한다.

것이며 국민교회라는 개념 자체가 흔들릴 것이라는 단순한 사실 때문이라고 주장하였다. 유아세례에 대한 집착은 교회가 생명력이 없고 담대하지 못하다는 여러 증후군 가운데 하나라고 지적할 수 있다. 그 결과 무관심과 세속주의의 물결이 우리 교회에 흘러넘치고 있다.

1967년에 바르트는, 비록 그 어조가 부드러워지기는 했지만 다시금 이 문제를 지적하였다. 그는 이 비판이 하나의 역사적 추론이라는 사실을 수긍하고 있다. "어쨌든 이것은 하나의 역사적 추론에 불과하기 때문에 나는 그것을 강조하지는 않겠다."[203] 그럼에도 불구하고 그의 논지는 더욱 명백해졌으며 더욱 설득력이 있다고 하겠다.

[유아세례는] 기독교가 경험해 온 가장 큰 역사적 변형의 과정 안에서 종교개혁 교회들도 받아들인 일반적 법칙이 되었다. 이 변형의 과정은 콘스탄틴 1세의 이름과 결합되어 있으며 그 때부터 교회가 국민, 사회, 국가 및 제국과의 존재론적 통일성 안으로 들어가게 된 것이다...오늘날도 국민교회 또는 몇몇 국가교회의 형태로 제국의 몰락의 와중에서 어쨌든 성공적으로 살아남았는데, 교회는 일반적인 유아세례의 시행과 더불어 서기도 하고 넘어지기도 한다...그들은 이 형식의 종국적인 퇴장은 교회와 소위 기독교의 파괴를 의미할 것이라고 두려워한다.[204]

이러한 추론은 단지 하나의 추론으로만 머무를 필요가 없다. 맥그래스(A. McGrath)는 취리히의 츠빙글리에게서 적합한 역사적 근거를 찾아내었다.[205] 세례를 할례에 대한 기독교의 대응으로 보는 오래된 관념을 받아들이면서,

---

203) CD IV/4, 168. 바르트는 이 문제를 본문에서 다루지 않고 간주에서 다루고 있다.
204) Ibid.
205) A. McGrath, *Reformation Thought: An Introduction* (Oxford: Blackwell, 1993), 177f.

츠빙글리는 이 관념을 발전시켰다. 그에게 있어서 할례가 할례 받은 어린이가 계약 공동체에 소속하는 것을 밝히는 표지이듯이, 세례는 공동체에 소속한다는 표지이다. 세례는 기독교 공동체의 회원 됨을 공적으로 밝히는 것이다.

중세기말 특별히 취리히와 같은 도시국가에서, 국가의 삶은 교회의 삶과 결코 다르지 않다.[206] 자연적으로 그리고 필연적으로, 츠빙글리는 스스로 그 도시의 사건들에 능동적으로 개입하게 되었다. 그는 국가와 교회를 거의 동격으로 취급하였다. "기독교 도시는 기독교 교회와 다른 것이 아니다."[207] 따라서 성례전들은 단지 교회에 대한 충성뿐만 아니라 도시국가 공동체에 대한 충성을 표시하는 것이다. 자기 자녀들에게 세례 주기를 거부하는 것은 취리히 도시 공동체에 대한 불충성의 행위였다. 판사들은 자기 자녀들에게 세례주기를 거부하는 자는 누구든지 취리히에서 추방할 수 있는 권한을 부여받았다. 그것의 종교적 정치적 견해들 때문에, 교회적이면서 도시적인 사건으로 보는 츠빙글리의 세례이해는 일치성을 강화하는 뛰어난 수단을 제공하였다.[208]

취리히에서 츠빙글리의 후계자였던 불링거(John Heinrich Bullinger)는 츠빙글리의 입장을 따라갔다. 1566년에 불링거가 쓴 〈제2차 스위스 신앙고백〉(*Second Helvetic Confession*)에서 그는 구약성서와 신약성서의 통일성을 확립하기 위하여 애썼다. 그는 할례가 유대인들에게 그랬던 것과 마찬가지로, 세례는 그리스도인을 이 세계와 분리시키는 성례전이라고 보았다. "더 나아가서, 세례 성례전에 의해서 하나님은 모든 다른 종교들, 국가들로부터 우리

---

206) W. P. Stephens, *Zwingli: An Introduction*, 136. 스티븐스는 루터와 츠빙글리 사이의 차이를 지적한다. 루터는 수도사로서 그의 개인적인 삶에 대한 하나님의 심판에 관심이 있었다. 그러나 츠빙글리는 교구목사와 군목으로서 하나님의 자기 백성에 대한 심판에 관한 감각을 지녔다.

207) McGrath, Ibid., 178.

208) Robert C. Walton, "The Institutionalization of the Reformation at Zürich," *Zwingliana* 13 (1972: 497~515); McGrath, ibid., 270, n. 6에서 재인용.

를 분리시키며 우리를 하나의 특별한 백성으로서 그 자신에게로 성별시킨
다."209) 취리히에 살고 있는 모든 자들은 하나님께로 구별되었으며 따라서
모든 사람들은 태어나면서 세례 받아야 한다. 그리하여 구약시대에 우상숭
배자들이 거룩한 계약의 땅에서 추방되어야 했던 것과 마찬가지로, 최초의
스위스 재세례파들은 그들의 자녀들에게 세례를 주거나 자기 나라(canton)를
떠나도록 명해지게 되었다.

19세기에 키에르케고르(S. Kierkegaard)는 덴마크의 국가교회를 공격하였
다. 그가 교회의 기성질서를 적대시하게 된 근본 이유는, 종교적 성숙성의
중요한 목표들을 구성한다고 생각하는 최고의 내면성, 영혼의 자유 및 하나
님에 대한 개인적 성별(consecration)을 증진하는데 교회가 실패했기 때문이
었다.210) 그래서 그는 국가교회를 국가 그 자체의 짝으로 간주하였다. "기본
적인 고발의 내용은 인간에 대한 전체 종교적 관점을 세속화함으로써 기성
질서가 기독교의 도덕적 진지성과 초월성을 약화시킨다는 것이다. 사람들은
현세적인 시민권의 권리들과 의무들을 떠맡는 것과 그리스도 안에서 거듭남
사이에 아무 차이가 없다고 생각하게 된다."211) 그는 이들 사회적 형식들은
하나님과의 개인적 종교적 관계를 보존하고자 하는 자들에 의해서 심각하게
제한되고 초월되어야 한다고 주장하였다.

이 과정에서 키에르케고르는 유아세례, 결혼, 결혼한 목사, 멋진 회중들
그리고 강대상의 설교자들을 풍자적으로 비판하였다. 2천년 이상 전에 소크
라테스가 아테네의 민주주의를 위해서 그랬던 것과 마찬가지로, 키에르케고
르는 자기 나라에서 개신교회의 등에(gadfly)였다.212) 키에르케고르는 다음

---

209) *Second Helvetic Confession*, "Of Holy Baptism"; P. K. Jewett, Ibid.에서 재인용.
210) James Collins, *The Mind of Kierkegaard* (Princeton, New Jersey: Princeton
    University Press, 1983), 215.
211) Ibid., 218; Kierkegaard, *Training in Christianity* (N. Y.: Oxford University Press,
    1941), 92.
212) J. Collins, ibid., 219 참조. 등에(쉬파리)가 소의 잔등에 붙어서 소가 잠들지

과 같이 풍자하였다.

그러나 목사들, 이 거룩한 양반들은 자기들의 사업을 이해한다. 그래서
만약 (기독교가 모든 지각 있는 사람들에게 무조건적으로 요청해야 되는 것
으로서) 어떤 사람이 사물을 분별할 나이에 도달했을 때에만 그가 가질
종교를 선택하는 것이 허락된다면 목사들은 이런 방식으로는 그들이 별
로 수지가 맞지 않게 된다는 것 역시 잘 알고 있다. 그러므로 이 거룩한
진리의 증인님네들은 산모가 해산의 고통을 겪고 난 뒤 허약한 채로 있
고, 집주인은…뜨거운 물 속에 있는데 산모실 안으로 슬며시 들어간다.
그리고는 세례의 이름으로 그들은 세례 예식서에 따라서 용기있게 하나
님께 예식을 시행한다. 만약 그 젊은 부인이 아기 위에 있는 아기 모자를
감상적으로 붙잡고 있는 대신에 무엄한 태도의 [목욕물 속에 있넌 아빠
위에 취침모자를 풍자적으로 붙잡고 있다면, 그럼에도 불구하고 약간의
진리를 가져 올 수도 있을 것이다.213)

우리는 유아세례가 필연적으로 기독교인들을 한 트럭씩 (Christians-by-the-
carload) 생산하는 악이라고 말할 수는 없다. 그러나 우리는 신자세례보다는
유아세례가 이 악에 대해서 보다 더 친근하다고(cordial) 말할 수 있다.214)
키에르케고르는 유아세례의 사용이 아니라 그것의 남용을 공격하였다. 신자
세례 역시 단지 하나의 형식이나 예식으로 전락할 수도 있지만, 이 양자 사이
에는 하나의 중요한 차이점이 있다. 신앙고백을 하는 신자가 세례를 받는
경우에는, 어떤 사람이 자기가 저지르는 어떤 행동을 자기 자신의 선택으로

못하게 하는 것처럼 소크라테스는 자신이 아테네의 민주주의가 잠들지 못하
도록 물어뜯는 등에라고 하였다.

213) Kierkegaard, *Kierkegaard's Attack Upon "Christendom" 1854~1855*, Trans. Walter
Lowrie (Humprey Milford, London: Oxford University Press, 1944), 206.

214) Jewett, ibid., 109.

부터 전적으로 분리된 채로 자기 자신에게 행해야 되는 가능성은 전혀 없다. 그러나 유아세례의 경우는 이와 정반대이다.[215]

마지막으로, 몰트만은 유아세례가 국민교회의 기초라고 강력하게 주장하였다. 그는 유아세례가 신학적인 문제뿐만 아니라 기독교 사회에서 정치적 문제임을 인식하였다. 몰트만은 다음과 같이 논증한다:

> 유아세례의 시행은 또한 특정한 사회 안에서 교회의 형태와 연결된 공개
> 적인 정치적 문제이다. 유아세례는 의심할 것 없이 '기독교 사회'(corpus
> christianum)의 기본적인 기둥이다. '기독교 사회'란 전통적으로 기독교
> 를 그 말의 가장 넓은 의미에서 인식하거나 또는 최소한 거부하지 않는
> 다. 유아세례는 국민교회의 기초이다. 그것을 통해서 '기독교 사회'는
> 한 세대를 그 다음 세대와 연결하는 유대 가운데서 그 자체를 재생한다.
> 어떠한 신학적 이유에서건, 유아세례를 주장하는 자는 그렇게 함으로써
> 동시에 교회, 내지는 기독교의 이 공적인 형태를 주장하게 되는 것이다.
> 어떠한 신학적 이유에서건, 유아세례를 잘못이라는 자는 또한 그의 마
> 음속에 교회를 위한 다른 사회적 형태를 가지고서 원해야 한다. 사회
> 안에서의 교회의 공적 형태와 기능의 변화 없는 세례 시행의 변화는
> 불가능하다.[216]

몰트만은 교회가 분명한 신앙고백이 없는(non-commital) 종교적 집단이 되기를 중지하고, 우리가 진술한 의미에서 개인들이 그들의 부르심을 실현할 수 있는 하나님의 나라를 위한 인식 가능한 메시아적 봉사의 친교로 전환해야 한다고 주장하였다. 그는 이 친교가 신자세례에 의해서 발전될 수 있다고 보았다.[217]

---

215) Ibid., 111.
216) J. Moltmann, *The Church in the Power of the Spirit*, 229.
217) Ibid., 242.

결론적으로, 유아세례가 서방 기독교 세계의 건설에 공헌했다는 것이 분명한 것 같다. 국민교회 국가들에서 국가와 교회는 상호 지원관계에 있었다.[218] 유아세례는 적극적으로는 사회 안정에 이바지했으며, 소극적으로는 정치적 현상유지의 수단으로서 이용되었다. 그러므로 만약 정부가 부패했다면 그것은 악의 도구로 이용될 수도 있었다. 그러나 현대사회에서 기독교는 더 이상 지배적인 정치적 기구가 아니다. 그렇다면 유아세례는 중세기와 같은 정치적 역할을 수행할 수는 없다. 더 나아가서, 아시아나 아프리카와 같이 기독교가 사회적으로 소수인 제 3세계에서 바르트의 비판은 정당화 될 수가 없다. 바르트의 통찰은 제한된 역사적 교회적 영역 안에서만 적용될 수 있다. 비록 유아세례가 서방 교회의 쇠퇴의 원인으로 간주될 수는 없지만 서방교회의 정치적 실체에 대한 바르트의 진술은 주목할 가치가 있다. 유아세례의 정치적 함의에 대한 바르트의 비판은 점진적인 해체 (dissociation)의 시대에 교회와 국가의 관계를 날카롭게 구별하는 현대 교회론에 공명하고(resonate) 있다. 교회에 속하는 것은 세속 사회의 일원이 되는 것과 매우 다른 그 무엇이다.

5. 학자들의 토론

바르트의 유아세례 비판에 대한 가장 강력한 저항은 오스카 쿨만과 요아킴 예레미야스에 의해서 촉발되었으며 토마스 토랜스와 조프리 브로밀리 등 많은 유아세례론자들이 뒤를 따랐다.[219] 그러나 몰트만과 쥬엣(P. K. Jewett) 등은

---

218) D. McKim(ed.), *Encyclopedia of the Reformed Faith* (Edinburgh: Saint Andrew Press, 1992), 87.

219) T. F. Torrance, *Theology in Reconciliation* (London: Geoffrey Chapman, 1975), 93~132; Torrance (Convenor), *The Biblical Doctrine of Baptism: A Study Docu-

명시적으로 바르트를 지지하였으며, 융엘은 암시적으로 그를 지지하였다.[220]

1) 오스카 쿨만

쿨만은 바르트의 세례론을 비판한 최초의 신학자였다. 그는 바르트의 세례연구가 "지금까지 제기된 유아세례에 대한 도전 가운데서 가장 심각한 것이다"라고 하였다.[221] 쿨만은 다음과 같이 유아세례를 변호한다.

1. 바르트는 세례의 인식적 의미를 강조하였다: "세례에서 우리는 구원의 원인이 아니라 구원의 인식을 가진다."[222] 그러나 쿨만에 따르면, 그리스도의 구원행동의 인식적 의미를 언급한 세례본문이 신약에는 없다. 그는 이렇게 논증한다: "나는 골고다의 역사적 사건 너머에서 세례행위의 특수한 내용의 인식을 우리가 찾아야 한다고 말하거나 암시하는 구절을 찾을 수 없다."[223] 바르트는 세례행위의 1차적인 의미가 구원의 인식이라고 보는 반면에, 그는 세례의 특수한 의미를 그리스도의 역사적인 단 한번의(once for all) 사건이라고 주장한다. 쿨만에 의하면, 모든 세례 받은 자는 죄사함과 성령의 은사를 받을 것이다.[224] 그는 세례에서 인간의 능동적인 행위가 아니라 하나님의 능

---

ment issued by the Special Commission on Baptism of the Church of Scotland (Edinburgh: Saint Andrew, 1958); G. W. Bromiley, *Children of Promise* (Grand Rapids: Eerdmans, 1979); Bromiley, "The Meaning and Scope of Baptism" in Donald McKim (ed.), *Major Themes in the Reformed Tradition* (Grand Rapids: Eerdmans, 1992), 234~258.

220) G. Wainwright, "Church and Sacrament(s)" in *The Possibilities of Theology*, J. Webster (ed.) (Edinburgh: T. & T. Clark, 1994), 100 n. 43.

221) O. Cullmann, *Baptism in the New Testament*, 8.

222) *Baptism*, 27.

223) Cullmann, ibid., 31

224) Ibid., 11.

동적인 행위를 강조하고자 하였다.

2. 예레미야스를 따라서, 쿨만은 바르트가 신약에서의 가족의 연대성의 의미를 등한시했다고 비판하였다.[225] 고린도전서 7장 14절을 언급하면서 쿨만은 세례가 그리스도의 몸 안으로 받아들여짐이라고 논증한다. "세례 받은 부모의 자녀는 이미 자동적으로 순전히 그 출생으로 인해서 그리스도의 몸에 속한다."[226] 그러므로 그리스도인 부모의 자녀들은 세례 받아야 한다.

3. 세례와 신앙의 관계에 대해서 바르트는 세례 이전의 신앙고백을 전제하지만, 쿨만은 세례이후에 요구되는 신앙을 주장한다. 사도행전 8장 15절을 언급하면서 쿨만은 세례에서 수세자를 위한 회중의 기도가 요청된다고 논증하였다. 쿨만은 기적이야기들 가운데서 다른 사람들의 신앙에 의지한 경우들을 예시한다.[227] 그는 다음과 같이 결론을 내린다.

(1) 세례 이후에는, 모든 수세자들에게 신앙이 요구된다.

(2) 세례 이전에는, 신앙의 선언은 세례를 준다는 하나님의 의지의 표지인데, 유대교나 이교로부터 개인적으로 개종하는 성인들에게 요구된다. 그러나 이것은 다른 종류의 세례의 경우에는 없다.

(3) 세례 도중에는, 기도하는 회중에게 신앙이 요구된다. 여기서 쿨만의 주석을 고찰해 보자. 사도행전 8장 15절에서 기도는 세례를 위한 것이 아니고 성령의 부으심을 위한 것이다. 그리고 회중의 기도에 대한 언급이 없는 대신, 예루살렘으로부터 보냄을 받은 두 사도들의 기도에 대해서만 언급한다. 더 나아가서 쿨만이 인용하는 기적이야기들은 결코 세례본문이 아니다.

4. 바르트는 할례와 세례 사이의 연속성에 대한 논증이 유아세례를 위한 가장 약한 점이라고 본다. 그러나 종교개혁자들을 따라서, 쿨만은 세례를

---

225) Ibid., 45.
226) Ibid., 44.
227) Ibid., 55.

할례의 성취라고 주장하였다. "고로 할례와 기독교 세례 사이의 긴밀성은 명백하다."228) 로마서 4장 11절을 따라서, 쿨만은 아브라함이 아직 할례 받지 않았을 때 가졌던 신앙의 의의 인으로서 할례의 표지를 받았다고 논증하였다. 그러므로 아브라함은 육신의 자손의 조상일 뿐만 아니라 하나님을 믿는 많은 나라와 (롬 4:17) 많은 백성의 조상이다. "기독교 세례가 그리스도의 몸 안으로 받아들임이듯이, 사실상 할례는 아브라함과 그의 자손들(여기에는 이 방인들도 속한다)에 대한 약속에 기초하여 하나님이 만드신 계약 안으로 받아들임이다."229)

이 논증은 옛 계약과 새 계약 사이의 연속성 위에 기초하고 있기 때문에 강점이 있다. 옛 계약에서 조차도 신앙은 전제되었고 강조되었다. 만약 이스라엘백성이 야웨를 믿지 않고 그들의 하나님을 순종하지 않는다면, 그것은 계약에 대한 심각한 파기일 것이다. 그럼에도 불구하고, 두 계약 사이에는 분명한 불연속성이 있다. 새 계약의 주체는 십자가와 부활의 단 한번의 사건 안에서 계약을 성취한 예수 그리스도이다. 그는 성령을 통한 우리의 신앙의 능력의 원천이다. 만약 교회가 새 계약 안에서 헌신할 필요가 없다면, 왜 교회는 할례를 포기했는가? 만약 우리가 옛 계약과 새 계약 사이의 연속성만을 고려한다면, 우리는 새 계약 안에 있는 보다 중요한 새 지평을 잃어버릴 위험에 직면하게 될 수도 있다.

5. 쿨만은 유아세례의 합법성을 희랍어 '막다'($\kappa\omega\lambda\upsilon\omega$)에 대한 어원적 접근을 통하여 주장하였다. 그는 희랍어 '막다' 라는 어휘의 어간이 마가복음 10장 13~14절, 마태복음 3장 13절, 사도행전 8장 36절에서 사용된 것과 사도행전 10장 47절과 사도행전 11장 17절에서 사용된 것이 똑같다는 것에 착안하여 초대교회 안에서의 유아세례 시행 가능성을 증명하고자 시도하였다.230)

---

228) Ibid., 57.
229) Ibid., 58.
230) Ibid., 72.

쿨만은 위의 구절들에서 '막다'라는 어휘의 똑같은 어간이 사용되었기 때문에 내시가 세례 받는 것을 막을 수 없는 것같이 어린이들도 세례 받는 것을 막을 수 없다고 논증하였다. 이것은 유아세례를 위한 독특한 주석적 연구이다. 그러나 바르트가 논증한 바와 같이 이것은 유아세례를 위한 하나의 '연약한 실'에 불과하다.231) 왜냐하면 이 어휘가 사용된 복음서의 본문은 세례적인 본문이 아니라 어린이에 대한 축복과 기도를 요청한 사건이기 때문이다.

쿨만의 논증들은 유아세례의 강력한 이론들의 집합이다. 그러나 신약성서 공동체 안에서 유아들이 세례 받았을 가능성은 희박하며 쿨만의 논증들이 신학적으로 확증되기에는 매우 허약한 것으로 보인다. 유아세례는 주석적이거나 교의학적인 근거가 아니라 오히려 역사적이거나 실천적인 근거를 가진다는 것이 명백하다.

2) 요아킴 예레미야스

반유아세례론에 대한 가장 강력하고 설득력 있는 비판은 예레미야스로부터 나왔다. 예레미야스의 '가족-공식'(oikos-formula) 이론에 대한 바르트의 논평은 유아세례론자들의 논증들 가운데서는 비교적 호의적이었다. 바르트는 이것을 '연약한 밧줄'(a slender rope)이라고 하였다.232) 예레미야스는 '가족-공식'을 구약과 신약연구에 기초한, 유아세례를 위한 성서적인 근거로서 제시하였다. 그는 고린도전서 1장 16절, 사도행전 16장 15절, 33절 및 18장 8절에서 회심과 모든 가족들의(oikos) 세례에는 어린이들이 포함되었다고 논증하였다.233)

---

231) CD IV/4, 182.

232) Ibid., 180.

233) J. Jeremias, *Infant Baptism in the First Four Centuries* (Philadelphia: Westminster, 1960), 19.

그의 이론은 스타우퍼(E. Stauffer)의 연구에 의존하고 있다.[234] 고대세계에서 가족의 연대성과 공동적인 인격의 특성에 대한 연구의 바탕 위에서, 그는 이 문제를 조명하였다. 그의 논증에 의하면 사무엘상 22장 16절에서 아히멜렉이 사울에 의해서 그의 아비의 온 집이 죽을 것이라고 위협을 받았을 때, 그리고 이 위협이 실행되었을 때, 이 복수의 공포는 한 사람의 도망자를 제외하고는 어린아이와 젖먹이까지도 남기지 않았다는 사실에 의해서 드러났다. 창세기 45장 18-19절에서, 바로가 요셉의 형들에게 그들의 아버지와 가족들을 애굽으로 데려오도록 허락했을 때, 그는 여자들과 걸을 수 없는 자들 즉 늙은이와 어린아이들을 위해서 수레를 제공하여 아무도 남겨두지 않게 했다.[235] 예레미야스는 구약의 이 '가족-공식'이 A.D. 54년 바울에게서 (고전 1:16) 나타난다고 주장하였다.

예레미야스는 만약 우리가 성서 본문들을 옳게 이해하고자 한다면, 우리의 현대적인 개인주의적 사고로부터 철저하게 자유로워야 한다고 촉구한다. 고대세계에서는 사람들은 집단의 연대감과 상호 책임감 및 통일성을 느꼈다. 그리고 아버지가 가족을 대표한다는 사실이 지금보다 훨씬 더 강했다. 고로 "만약 가족의 아버지가 그리스도인이 되면, 그 가족은 비록 항상 그렇지는 않았지만, 대체로 아버지를 뒤따랐다."[236] 이러한 맥락에서, 예레미야스는 신약성서의 가족세례의 경우에는 어린아이들도 포함되었다고 결론을 내린다.

그러나 비즐리-머레이는 구약성서 안에 나타난 고대사회의 가족의 연대성은 어떤 구약 학자들에 의해 과장되었다고 주장하였다.[237] 구약에서, 특히 예레미야(3 1:29f.)와 에스겔(18)에는 하나님과 그의 백성 사이의 새 계약에

---

234) E. Stauffer, "Zur Kindertaufe in der Urkirche," *Deutsche Pfarrerblatt* 49 (1949), 152ff.; O. Weber, ibid., 605.

235) Jeremias, ibid., 21.

236) Ibid.; I Cor. 7:12cf.

237) Beasley-Murray, *Baptism in the New Testament,* 316

대한 강렬한 기대가 있다. 새 계약의 백성은 집단적인 국가가 아니라 새 마음과 영을 가지고 헌신하는 개인적인 백성이다. 비즐리-머레이는 예레미야와 에스겔이 개인적인 종교와 양립할 수 없는 연대성의 관념으로부터 백성들을 해방하기 위해 투쟁했다고 논증한다. "개인적 종교는 새 시대의 특징이 되어야 한다."[238]

'가족-공식' 이외에도 예레미야스는 마가복음 10장 13절 이하, 고린도전서 7장 14절, 사도행전 21장 21절 등 유아세례를 위한 성서적 근거들을 제시하였다. 그리고 고대 묘비명 연구는 특기할 만하다. 이 주석적 연구와 역사적 조사는 여기서 반복하지 않겠다. 왜냐하면 이 문제들은 너무 전문적인 부분이기 때문이다.[239]

'가족-공식'은 구약과 신약 본문을 언급하는 바 어느 정도 설득력이 있는 논증이다. 이것은 아마도 유아세례론자들의 논증 가운데 가장 강력한 이론일 것이다. '가족-공식'은 유아세례가 초대교회 안에서 시행되었을 가능성을 비록 미미한 수준이기는 하나 어느 정도 강화한 것은 부인할 수 없다. 그럼에도 불구하고, 이 이론 역시 비즐리-머레이의 주석적 연구에 의해서 논파되었다고 본다. 바르트는 '가족-공식'을 나타내는 본문들에서도 세례는 언제나 죄의 고백과 믿음이 전제되었기 때문에 유아들은 포함될 수 없다고 하였다.[240] 유아세례는 초대교회에서 시행되지 않았다는 것이 보다 더 그럴듯해 보인다. 그러므로 초대교회 시대에 유아세례가 시행되었다는 것은 추측에 불과하다. 초대교회에서는 모든 그리스도인들은 새롭게 그리스도인으로 되는 경우였기 때문에 그들은 성인으로서 세례를 받았다. 왜냐하면 그들은 최초의 그리스도인들이었지 그리스도인 부모들의 자손이 아니었기 때문이다.

---

238) Ibid., 318.
239) 전성용, 〈칼 바르트의 성령론적 세례론〉, 277 참조.
240) CD IV/4, 180.

3) 몰트만

몰트만은 〈성령의 능력 안에 있는 교회〉에서 유아세례 문제를 다루고 대안을 제시하였다. 바르트를 뒤따라, 몰트만은 유아세례의 정치적인 배경을 지적하였다. "유아세례 시행은 그것의 특수한 사회 안에서 교회의 형태와 연결된 공개적인 정치적 문제이다."[241] 의심할 것 없이, 사람들이 그 안에 실제 살고 있는 사회적 집단을 무시하는 것은 불가능하다. 사회적 구조는 종교의 공적 측면의 압력을 통해서 세례를 고무할 수 있다. 비록 사회적 구조가 세례를 강요할 수 있지만 그러나 그것이 그것을 정당화 하지 않는다. 따라서, "만약 사회 안에서의 교회의 공적 형태와 기능이 바뀐다면, 세례의 타당한 의미와 일치하여 그것이 시행될 수 있을 뿐이다"[242]

그러면 기독교 세례의 의미는 무엇인가? 몰트만은 세례 요한과 예수의 연관 안에서 기독교 세례의 종말론적 의미를 추구하였다. 세례 요한에 의한 예수의 세례는 처음부터 세례 요한의 종말론을 예수와 기독교 공동체가 수용하고 인수하는데 있어서 구성적인 것이었다. 몰트만은 요한의 세례의 종말론적 의미를 이렇게 논증한다:

요한의 세례는 현존하는 사회를 위한 입회식이 아니었다. 그것은 현재의 억압으로부터 나와서 즉시 임박한 하나님의 통치의 자유를 향해서 나아가는 종말론적인 표지였다. 요단강물 속으로 내려가는 것은 불의한 옛 삶으로부터 나와서 의로우신 하나님과의 새 삶 속으로의 발걸음으로 이해되어야 한다. 이 세례는 '회개와 심판으로부터의 구원의 보증의 표현이다. 그것은 회개의 종말론적 성례전이다': 하나님의 나라가 가까웠다.[243]

---

241) Moltmann, *The Church in the Power of the Spirit*, 229.
242) Ibid., 232.

따라서 세례 요한에 의한 예수의 세례를 기억하면서 초대교회는 그들의 세례를 종말론적으로 이해하였다. 예수의 부활의 인상 아래, 그리고 성령의 경험 안에서, 그들은 그들의 성령세례를 선포하였다. 그들은 그리스도의 이름 안에 그리고 그리스도의 이름 안으로의 세례에 의해서 오고 있는 하나님의 나라를 위한 회개의 종말론적 인침을(sealing) '기독교화'(Christianized)하였다.[244] 복음의 선포처럼 기독교 세례는 실행하는 종말론이다. "기독교 세례는 행동하는 기독교 희망이다"(Christian baptism is Christian hope in action).[245]

기독교 세례의 종말론적 해석 위에서 몰트만은 새로운 세례시행을 제안하였다. 만약 세례가 하나님의 부르심에 대한 신앙의 고백이라면 새로운 세례방식은 성인세례가 되어야 한다. 새롭고 진정한 세례시행에의 길은 유아세례로부터 성인세례가 될 것이다. 성인세례란 믿는 자, 부르심을 받고 그들의 신앙을 고백하는 자의 세례를 뜻한다. 그러나 그는 수세기 동안의 관습이 갑자기 바뀌면 교회에 혼란이 일어날 것을 우려하였다. 몰트만이 제시하는 새로운 방법은 온건하고 점진적인 변화이다. 유아세례에 대한 그의 교육적 치유는 다음과 같이 제시되었다.

1. 세례의 시기는 자유로운 결단의 문제로서 부모에게 맡겨야 한다. 교역자가 부모들에게 아이들의 세례를 강요해서는 안 된다. 다른 한 편, 그들은 부모들이 자기 아이들을 세례 주고자 할 때는 이를 억지로 지연하거나 막아서도 안 된다.
2. 사실상 세례는 회중들의 공예배에서의 축복과 '헌아식'으로 대체되어야 한다. 이것은 어린이들에 대한 메시아적 봉사를 위한 부모들과 회중들의 공적이고 명시적인 헌신 의식이다.

---

243) Ibid., 233.
244) Ibid., 234.
245) Ibid., 235.

3. 견진교육이 끝난 후, 그들이 회중 앞에서 신앙을 고백할 수 있을 때 그리고 그들의 소명의 확증을 원할 때, 소명으로서의 성인세례가 시행될 것이다.[246)

몰트만은 교회가 종교적인 단체가 되기를 중지할 때, 그리고 하나님의 나라를 위한 메시아적 섬김의 친교로 전환할 때, 개인들은 그들의 소명을 인식할 수 있다고 논증하였다. 그러한 친교는 오직 신앙을 고백하는 신자들로부터만 발전할 수 있다. 따라서 그는 유아세례가 신자세례로 전환되어야 한다고 주장하였다. 그의 종말론적 세례이해는 세례신학을 위한 중요한 공헌이다. 많은 학자들이 종말론적 세례이해에 주의를 환기하였다. 그러나 몰트만은 세례신학에서 종말론적 차원을 크게 확장하였다. 그리고 그것은 신자세례를 위한 견고한 신학적 근거가 되었다. 점진적으로 유아세례를 성인세례로 대치하고자 하는 그의 온건한 주장은 교회의 혼란을 방지하면서 실행 가능한 현실적인 방안이 될 수 있을 것이다.

4) 폴 킹 쥬엣(Paul King Jewett)

쥬엣은 미국 풀러신학교의 교수로 봉직했던 학자인데, 〈유아세례와 은총의 계약〉에서 "바르트의 용기는 가장 칭찬할만하나, 그가 말한 것의 대부분은 침례교도들에 의해서 여러 번 말해진 것이다"라고 논평하였다.[247) 바르트를 따르면서, 쥬엣은 '계약' 개념을 조사하였다. 계약에 대한 새로운 해석

---

246) Ibid., 232. 몰트만은 유아세례와 어린이들에 대한 기독교 교육에로의 사회적인 경도는 세례의 진정한 의미를 훼방할 수 있다고 경고한다.
247) P. K. Jewett, *Infant Baptism & the Covenant of Grace*, 211.

에 기초하여, 그는 할례와 유아세례의 동일화를 거부하고 신자세례를 주장하였다.

쥬엣은 신자세례는 어린이가 출생에 의해 교회의 회원이 되는 것을 반대한다고 논증하였다. 그러나 그것은 비성서적인 개인주의 때문이 아니라 성서적 복음주의 때문이다. 교회가 이스라엘 국가이고 이스라엘이 교회였을 때에는 개인은 '교회 안으로' 태어났다. 왜냐하면 그것은 외적인 신정(神政)기구였기 때문이다. 그러나 신약 안에서 교회의 회원이 되는 유일한 길은 자연적 출생이 아니라 중생에 의해서였다: "거듭나지 않으면 하나님 나라를 볼 수 없느니라" (요 3:3). 그러나 이 영적인 중생은 그가 원하는 곳으로 (요 3:8) 바람처럼 움직이는 성령의 은혜로운 사역이다. 고로 그리스도를 선택하는 것은 그리스도에 의해 선택되는 것이며, 이 선택은 개인적이다. 왜냐하면 새 계약에서 선택은 개인의 선택이기 때문이다. 이것은 성서적 개인주의이다. 이것은 하나님께서 "내가 너의 이름을 불렀으니 너는 내 것이라"고 말씀하시는 것을 듣고 그의 신앙을 고백한 자의 개인주의이다. 쥬엣은 구약의 국가주의로부터 신약의 개인주의에로의 변천이 있음을 지적하였다.[248]

둘째로, 쥬엣은 새 계약의 주관주의(subjectivism)에 대해서 논증하였다. 그는 구약의 국가주의로부터 신약의 개인주의에로의 구원사의 움직임을 인정하는 사람은 구약의 객관주의로부터 신약의 주관주의에로의 상관적인 움직임을 인정할 것이라고 주장하였다. 이러한 움직임은 구약에서조차 명백한 것이다. 예레미야에 의하면, 진정한 하나님의 계약 백성은 그들의 부모의 마음에 새긴 율법을 가진 계약 안으로 출생한 자가 아니라, 그들 자신이 하나님의 영에 의해 거듭난 경험을 가진 자들이다.

---

248) Ibid., 117.

나 여호와가 말하노라 보라 날이 이르리니 내가 이스라엘 집과 유다 집에 새 언약을 세우리라 나 여호와가 말하노라 이 언약은 내가 그들의 열조의 손을 잡고 애굽 땅에서 인도하여 내던 날에 세운 것과 같지 아니할 것은 내가 그들의 남편이 되었어도 그들이 내 언약을 파하였음이니라. 나 여호와가 말하노라 그러나 그날 후에 내가 이스라엘 집에 세울 언약은 이러하니 곧 내가 나의 법을 그들의 속에 두며 그 마음에 기록하여 나는 그들의 하나님이 되고 그들은 내 백성이 될 것이라

예레미야 31:31~33

이 주관적이고, 내적이고, 실존적이고, 경험적이고, 영적인 변화는 새 계약의 특징이다. 신약에서는 윤리적이고 영적인 의미 이외에는 할례에 남겨진 것이 없다.[249]

셋째로, 쥬엣은 유아세례의 계약신학을 다룬다. 그는 할례의 영적이고 내적인 의미가 구약과 신약에서 점점 더 강조되었다고 논증한다. 그는 계시 안에서의 이 역사적인 움직임 즉 계약의 변화를 보지 못한 유아세례론의 실패를 비판하였다.[250] 유아세례론자들은 할례와 유아세례의 동일성을 하나님의 계약으로부터 유추하였기 때문에 그들은 신학적인 실패를 피할 수 없었다는 것이다.

그러나 쥬엣은 신자세례를 포섭하기 위해서 계약신학을 포기하도록 요청하지 않는다. 그 대신 그는 계시가 역사적이라는 성서신학으로부터의 통찰을 올바르게 해석하기를 요청한다. 즉 계시란 예기와 약속의 시대로부터 실현과 성취의 시대에로의 운동이라는 것이다. 유형론과 예기의 시대에는 그것은 아브라함의 믿음을 나누어 가진 자 뿐만 아니라 이스라엘 모든 민족을 포함하였다. 그러나 성취의 시대에는 약속은 성령을 통한 참된 씨를 포함한다.

249) Ibid., 234.
250) Ibid., 236.

이 아브라함의 참된 씨는 "혈통으로나 육정으로나 사람의 뜻으로 나지 아니하고 오직 하나님께로서 난 자들이니라" (요 1:13). 구약의 유형론적 시대에는 문자적인 아브라함의 씨가 할례를 받아야 했다면, 성취의 시대에는 아브라함의 참된 씨로서 그 유형론에 응답하는 모든 자들이 세례 받아야 한다. 그러면 누가 그들인가? 믿는 자들이 아브라함의 아들들이다 (갈 3:7). 그러므로 믿는 자들이 세례 받아야 한다—이것은 정확하게 신자세례를 의미한다.[251]

쥬엣은 계약신학의 관점에서 신자세례를 지지하였다. 그는 할례와 세례의 관계를 유비로 해석하였다. 다시 말해서, 비록 할례와 세례는 동일하지 않지만 그들은 윤리적이고 영적인 의미에서는 유비적이다.[252]

우리는 여기서 계약의 역사적 움직임에 대한 쥬엣의 논증이 구약성서 안에서 전적으로 타당한지 물어야 한다. 비록 민족주의로부터 개인주의에로의 계약의 재방향정립을 주장하는 몇몇 예언적 구절들이 있긴 하지만 그것이 구약의 계약신학의 주류로 간주될 수는 없다. 예레미야와 에스겔에서의 '내적 종교'에로의 전환의 주장에도 불구하고 구약종교에서 할례의 시행이 중지되지 않았기 때문이다. 그러나 그럼에도 불구하고 쥬엣의 논증은 구약과 신약의 계약 사이의 질적 차이를 규명함으로써 세례의 근거가 신앙 위에 서 있음을 밝혀내었다. 따라서 신앙적 결단에 의한 성인세례가 신약계약의 표지로서 보다 더 견실한 신학적 정당성을 확보하게 되었다.

5. 결론

지금까지 유아세례논쟁의 역사와 주석적, 신학적 고찰 및 교회-정치적 함

---

251) Ibid.
252) Ibid., 237. 쥬엣은 할례와 세례는 동일하지는 않지만 둘 다 하나님의 계약백성의 친교 안으로 들어가는 하나님의 은혜의 성례전이라고 하였다.

의에 대한 비판적 고찰을 살펴보았다. 그리고 마지막으로 유아세례에 대한 학자들의 찬반 토론을 제시하였다. 유아세례론자들이 '가족공식'에 의해 주석적 근거를 확립하려는 노력이나(예레미야스) '금하지 말라'는 말에 근거한 어원적 접근(쿨만) 등은 주목할 만하다. 의심할 것 없이 이 논증들이 신약성서 공동체 안에서 유아세례의 시행의 이론적 가능성을 확장한 것은 사실이다. 그들은 어느 정도의 논리적 근거를 가지고 있다고 할 수 있다. 그러나 그럼에도 불구하고 그들은 유아세례의 주석적 교의학적 근거를 견고하게 확립하는데 성공한 것으로 보기는 어렵다. 그들의 이론은 '연약한 실' 내지 '연약한 밧줄'로 머물 수밖에 없다. 다시 말해서 성서시대에 유아세례가 시행되었을 가능성은 매우 희박하다고 본다.

유아세례의 정치적 함의에 대한 바르트의 비판은 성인세례의 입장을 강화시켰다. 바르트의 논증은 유아세례의 무차별적 시행의 정치적 배경을 폭로하였다. 유아세례는 '무차별적(promiscuous) 세례'의 오류를 범하였다. 그러나 서구교회의 쇠퇴는 유아세례 때문이 아니라 서구교회의 영적 활력의 쇠퇴 때문이라고 보아야 한다. 고대교회 시대에 교회는 유아세례를 시행하면서 점점 더 강해졌다. 유아세례는 콘스탄틴이나 중세교회의 발명품이 아니다. 유아세례는 고대교회 시대에 그들의 자녀를 기독교 신앙 안에서 양육하고자 하는 부모들의 요구에 따라서 도입되었다. 따라서 유아세례의 정치적 함의에 대한 바르트의 비판은 마차를 말 앞에 두게 되는 오류를 범할 가능성이 있다. 바르트에게 있어서 신자세례는 성령론적 세례론의 귀결이다. 물세례는 하나님의 성령세례에 대한 인간의 응답이다. 이 응답은 성령에 의해 주어진 인간의 자유의지에 의한 것이다. 그 결과 물세례는 그들의 신앙을 고백할 수 있는 성인에게 주어져야 한다. 그의 성령론적 세례론은 성인세례를 정당화한다.

우리는 여기서 성인세례에 대해서 다음과 같이 질문할 수 있다. (1) 유아세례를 통해서 어린이들은 교회의 회원이 될 수 있다. 그런데 신자세례를 위한 논증들은 어린이들이 교회에 속할 수 없다는 것을 의미하는가? 어린이들은 그들이 어른이 될 때까지 그리스도의 몸밖에 머물러 있어야 하는가?[253] (2) 할례 받은 이스라엘 백성은 언제나 배교(apostasy)의 위험 아래 있었다. 그리하여 할례는 의의 보증이 되지 못했다. 유아세례에 대해서도 똑같이 말할 수 있지 않는가? 교회 안에서 자라난 어린이는 신앙 공동체와의 관계에 있어서 공동체 밖에서 태어난 어린이와는 서로 다른 위치에 있는 것이 아닌가? 따라서 유아세례의 시행은 기독교 교육적인 정당성을 가지고 있다고 할 수 있다. BEM을 비롯한 많은 다른 학자들에 따르면 유아세례는 기독교 교육의 유용한 수단이 될 수 있다.[254] 유아세례의 기독교 교육적 효용성은 정당하게 평가되어야 할 것이다.

유아세례 논쟁은 '이것이냐·저것이냐'의 양자택일의 이분법이 될 수 없다. 이것은 선과 악, 옳음과 틀림 사이의 모순대립의 관계에 있지 않다. 양쪽 다 장점과 단점을 가지고 있다. 이것은 강조와 선택의 문제이다. 어느 쪽을 더욱 더 강조할 것인가. 그리고 어느 쪽을 선택할 것인가가 이 논쟁의 요점이다. 능동성과 수동성, 상호성과 하나님의 주권 사이의 어느 쪽을 더 강조할 것인가가 관건이다. 하나님의 주도권에 대한 인간의 적극적인 책임성 즉 신–인간의 상응(correspondence) 관계를 강조할 것인가? 아니면 하나님의 일방적인 주권에 대한 인간의 수동적인 복종과 추종을 강조할 것인가?

---

253) 어린이들이 교회에 속한다는 문제에 대해서, The Consultive Group on Ministry among Children, *Unfinished Business: Children and the Church* (London: CCBI Publications, 1995), 52f. 참조하라.

254) Baptism, Eucharist, Ministry의 약자; BEM (Geneva: W.C.C., 1982), 4; Moltmann, ibid., 241. 그러나 몰트만에 따르면, 유아세례의 교육적 기능은 입교식(Ordination)에 의해서 대치될 수 있다.

결론적으로, 성인세례는 하나님의 은혜에 대한 인간의 자유로운 결단과 응답을 강조하는 성서적이고 성숙한 세례 시행으로서 유아세례에 대한 우월성을 확보하고 있다. 즉 성령의 역사를 강조하고 성령에 의해 감동된 인간의 자유로운 결단을 강조하는 신학은 성인세례와 더 잘 부합된다. 반면에 유아세례는 역사적인 근거와 기독교 교육적 정당성을 가지고 있을 뿐이다. 현대교회가 현대적 맥락에 부합하는 세례시행에 자신을 개방한다면 이것은 교회의 활성화를 위한 진일보가 될 것이다. 따라서 교회는 유아세례 시행을 재고해 보아야 하며 이 세례시행의 미래에 대해서 재 방향정립을 해야 할 것이다.

Ⅳ. 성만찬

1. 성만찬의 의미

성만찬은 십자가에 달리신 예수의 살과 피를 기념하여 떡과 포도주를 나누어 먹고 마시는 성례전인데 최후의 만찬에서 기원하였기에 "주의 만찬"(Lord's Supper)이라고도 하고 성도의 교제(holy communion, communion of saints)라고도 하고 가톨릭에서는 Eucharist라는 표현을 선호한다.

예수의 최후의 만찬이 유월절 만찬이든 아니든 간에 떡과 포도주에 관한 예수의 말씀이 유대교의 제의적인 만찬 의식에 잘 맞는다. 유대교에서는 식사기도 후에 가장이 떡에 축사한 후 떡을 떼어 사람들에게 나누어 주며, 식사 후에는 감사 기도에 이어 가장이 포도주에 축사하며 잔을 돌린다. 예수는 아마도 이러한 종교적 형식을 받아들여 새로운 내용으로 채우려 했을 것이다.[255] 즉 예수는 자신이 받아들인 죽음의 운명에 직면해서 자기 자신을 희생제물로 간주한다. 그의 몸은 마치 떡과 같이 찢겨질 것이며 포도주 같이 피 흘리게 될 것이다. 예수의 죽음은 새로운 계약을 세우는 속죄의 죽음으로 이해된다. "이것은 많은 사람을 위해 흘리는 나의 피 곧 언약의 피"(막 14:24)로 이해된다. 유대적 이해에 의하면 모든 죽음 특히 무죄한 자의 죽음과 피는 속죄의 성격을 가진다. 예수는 무죄한 자신의 고난을 달리 이해할 수 없었다.256) 예수의 죽음이 많은 사람들의 죄를 속죄하는 하나님의 종으로서 그 자신의 피를 통해 새 계약을 세우시고 종말의 도래를 인도하시는 메시아의 구원의 죽음이라는 것은 예수의 제자들에 의해서도 받아들여졌다. "우리가 원수 되었을 때에 그의 아들의 죽으심으로 말미암아 하나님과 화목하게 되었은즉 화목하게 된 자로서는 더욱 그의 살아나심으로 말미암아 구원을 받을 것이니라" (롬 5:10).

교회 안에서 주기적으로 실시하는 성만찬은 세례를 통해서 최초로 선언했던 것, 즉 그리스도 안에서의 우리의 새로운 정체성을 반복적으로 재천명하는 것이다.257) 세례가 하나님의 은혜 안에서 기독교인의 삶의 기반이 되는 성례전이라면 성만찬은 같은 은혜에 의해서 기독교인의 삶을 유지시키는 성례전이다. 세례가 기독교인의 삶을 시작하는 성례전이라면, 성만찬은 기독교인의 삶을 성장 양육하는 성례전이다.258) 세례가 우리를 새로운 공동체로 환영하며 그리스도와 이웃과의 우리의 결속을 확실하게 하는 하나님의 사랑의 선물을 표시한다면, 성만찬은 그 새로운 공동체에 힘을 주며 세상 속에서 봉사하도록 동기를 부여하는 하나님의 계속된 생명과 사랑의 나눔을 표시한다. 그러니까 세례와 성만찬은 본질적으로 같은 기원과 내용을 가진다. 즉

---

255) 한스 큉, 〈교회〉 (한들출판사, 2007), 302.

256) Ibid., 303.

257) 스탠리 그랜즈, 〈조직신학〉 (크리스찬다이제스트, 2003), 757.

258) 다니엘 미글리오리, 〈조직신학입문〉 (나단, 1994), 333.

하나님의 은총의 수단(means of grace)이요 계시의 도구(means of revelation)이다. 세례는 그리스도인이 되는 입회식(initiation)으로서 단 한번만 경험하는 성례전이요 반복할 수 없다. 그러나 이 은혜는 끊임없이 반복되면서 재생되어야 한다. 예수 그리스도의 은혜는 한번 받는 것으로서 끝날 수 없다. 우리는 날마다 이 은혜를 되새기고 부흥(revival)시켜야 한다. 그래서 성만찬이 있다. 마치 성령세례는 한번밖에 있을 수 없지만 성령충만은 계속해서 반복되어야 하는 것과 같다.

우리는 세례에서 옛사람이 죽고 새사람으로 거듭나는 것을 체현한다. 그것은 예수 그리스도의 십자가와 부활을 재현하는 것이다. 그리고 성만찬을 통해서 그리스도의 구속의 죽음과 부활에 대해서 또한 세상의 창조와 보존 속에서 하나님의 아낌없는 모든 선물에 대해서 생생하게 기억나게 한다. 그것은 단순한 기억이 아니다. 떡과 포도주를 먹고 마시면서 지금 여기에 현존하며 이 식사에 참여하는 사람들은 그 안에서 하나의 공동체를 이룬다. 그리스도가 하나이고 성령이 하나이듯이 교회공동체는 하나의 떡을 나누어 먹으면서 하나의 잔을 돌려 마시면서 자신들이 이 공동체에 소속된 지체임을 확인하고 사랑의 친교의 명령을 재확인하게 된다. 그리고 세계 안에서 하나님의 동역자로서 하나님의 화해의 활동의 완성을 열렬히 고대한다. 더 나아가서 이 성례전에서 그리스도인들은 그리스도의 다시 옴을 희망하게 된다. 그리하여 그리스도인의 삶의 전 영역은 십자가에 달리시고 부활하신 그리스도에 대한 감사의 기억과 현재의 하나님의 성령에 대한 경험과 다가오는 하나님의 나라에 대한 희망과 함께 온전히 표현된다.[259]

---

259) 다니엘 미글리오리, ibid., 334.

2. 그리스도의 임재 문제

1) 화체설(Transubstantiation)

고대교회 시대부터 성만찬의 떡과 포도주가 실제 그리스도의 살과 피인가에 대한 문제가 제기되었다. "이것은 내 몸이니라"(마 26:26)라는 말씀은 무슨 의미인가? 이것은 성찬의 떡을 뗄 때 예수께서 실제로 임재하신다는 것을 분명히 함축하고 있다. 순교자 저스틴(Justin Martyr)은 2세기에 문자적인 해석을 하였다. 그 이후 예루살렘의 키릴(Cyril of Jerusalem), 요한 크리소스톰(John Chrysostom), 암브로시우스(Ambrosius) 등도 기적적인 변화가 배후에 있다고 주장하였다.[260]

9세기에 이르러 프랑스의 코르비(Corbie) 수도원의 수도사였던 파스카시우스 라드베르투스(Paschasius Radbertus)와 라트람누스(Ratramnus)가 이 문제에 대해 논쟁하였다. 라드베르투스는 떡과 포도주가 실제로 그리스도의 살과 피가 된다고 생각하였으며 이에 대해서 라트람누스는 떡과 포도주는 그리스도의 몸과 피의 상징에 불과하다는 견해를 옹호하였다. 11세기에 신학자들은 떡과 포도주의 실체(substance)가 변화한다는 말을 하기 시작하였으며 1150년경에 '화체설'이라는 용어가 처음으로 사용되었다. 화체설이 체계화 된 것은 토마스 아퀴나스(Thomas Aquinas, 1224~1274)에 의해서였다.

아퀴나스는 아리스토텔레스의 형이상학의 개념들을 가지고 이 문제를 해명하려고 하였다. 미사를 드리는 동안에 떡과 포도주는 기적적인 변화를 겪는다. 떡과 포도주는 통상적인 물리적 과정에서처럼 그 실체는 유지하면서 그 속성들만이 바뀌는 것이 아니라 속성들은 변하지 않고 남아 있는 가운데 실체만이 변화된다. 이러한 기적은 색깔과 맛과 질감이 떡과 포도주의 것들

---

260) 스탠리 그랜즈, ibid., 758.

로 그대로 남아 있는 이유를 보여준다. 그렇게 해서 떡과 포도주는 그리스도의 실제 몸과 피가 되었다. 그런 까닭에 변화된 실체, 예수 자신의 실제적인 임재가 외적인 모습 아래 놓여 있다. 이러한 변화는 그리스도께서 실제로 성찬에 임재해 계신다는 것을 의미한다. 따라서 미사를 통해서 성찬에 참여하는 자들은 그리스도의 몸을 먹는다.[261]

1551년 트렌트공의회에서 로마 가톨릭교회는 "거룩한 성례전인 성찬에 대한 교령"(Decree on the Most Holy Sacrament of the Eucharist)을 통해서 화체설을 공식적으로 주장하였다. "떡과 포도주에 대한 축성에 의해서 떡의 전체 실체가 그리스도의 몸의 실체로, 그리고 포도주의 전체 실체가 그리스도의 피로 변화된다. 거룩한 가톨릭교회는 이 변화를 정당하고도 적합하게 화체라고 부른다."[262] "떡과 포도주에 대한 축성 후에, 우리 주 예수 그리스도는 숭엄한 성례전인 거룩한 성찬식에서 이러한 물질적 사물의 외양 아래 참으로, 실재적으로 그리고 실체적으로 포함되어 있다."[263]

2) 공재설(Consubstantiation)

이것은 마틴 루터의 이론인데 그는 화체설과 크게 다르지 않은 공재설을 주장하였다. 루터에게 가톨릭의 화체설은 신비를 이성화시키는 것으로서 불합리하게 여겨졌다. 그가 주장하고 싶은 것은 성만찬에 그리스도가 임재한다는 사실이지 떡과 포도주가 어떻게 변하느냐 하는 것이 아니었다. 그는 떡과 포도주의 실체가 변하는 것이 아니라고 생각했다. 그것은 미신적인 생각으로 여겨졌다. 그는 오리겐의 비유를 빌려와서 이렇게 말한다. 철이 불

---

261) Ibid., 759.
262) Alister McGrath, *Christian Theology: An Introduction* (Oxford: Blackwell, 1994), 440.
263) Ibid.

속에 놓이고 가열되면 빨갛게 빛나게 된다. 그리고 이 빨갛게 빛나는 철 안에는 철과 열이 함께 존재한다. 그와 같이 성찬에는 그리스도와 떡이 함께 현존한다. 성찬에 그리스도가 현존하는 신비를 예증하기 위해서 이런 단순한 비유를 들면 되는 것이지 가톨릭처럼 어려운 이론을 통해서 설명되는 것이 아니라고 하였다. 어쨌든 루터는 성찬에 그리스도가 실제로 현존한다는 입장이기 때문에 공재설은 화체설과 큰 차이를 찾기 어렵다. 단지 떡과 포도주가 실제로 예수 그리스도의 살과 피로 변화하는 실체적인 변화가 있다는 것만 거부하는 것이 다를 뿐이다.

3) 기념설(Memorialism)

　　루터와 동시대에 스위스 취리히에서 종교개혁을 일으켰던 츠빙글리(Zwingli)는 성찬은 그리스도의 고난에 대한 기념이지 희생제사가 아니라고 생각했다. 예수가 "이것은 나의 몸이니라"라고 하신 말씀을 문자적으로 이해해서는 안되며 따라서 그리스도의 실제적인 임재라는 생각은 받아들일 수 없다고 하였다. 부활 승천 하신 그리스도는 하나님의 보좌 우편에 앉아 계시는데 성찬에 임재하기 위해서 직접 다시 내려 올 수 없다는 것이다.

　　마태복음 26장의 "이것은 내 몸이니라" 라는 그리스도의 말씀이 은유적 또는 비유적으로 해석될 수 있는가 하는 것이 문제이다. 이 맥락 안에서 '이다'라는 말씀이 문자적으로 해석될 수 없다는 것은 이미 충분히 명백하게 되었다. 따라서 이 말씀은 은유적 또는 비유적으로 해석되어야만 한다.[264] 먼 여행을 떠나는 남편이 돌아올 때까지 자신을 기억하도록 아내에게 반지를 주는 것과 같이 그리스도도 자신이 영광 가운데 돌아올 그날까지 자신을 회상할 표지를 교회에 남겨두셨다고 보았다.[265]

---

264) Ibid., 671.

츠빙글리는 성찬문제로 루터와 담판을 벌였으나 접점을 찾지 못하고 결별하였으며 결국 이 문제는 미완으로 남겨지게 되었다. 칼 바르트는 자신을 신 츠빙글리파(Neo-Zwinglian)라고 지칭하였는데 바르트가 성례전을 전통적인 의미에서 은총의 수단으로 보지 않고 기념이나 상징으로 보는 비성례전주의(Non-sacramentalism)의 입장을 지지하기 때문이다. 바르트는 성례전이란 말을 원래의 희랍어 mysterion의 의미에서 하나님의 신비를 드러내는 계시적인 행동 즉 하나님의 행동으로 이해하였다. 따라서 그런 의미에서 예수 그리스도와 성령의 행동만이 성례전이며 교회 안에서 행해지는 의식으로서의 소위 성례전 즉 세례와 성만찬은 성례전이 아니요 하나님의 행동이 아니라 인간의 행동이며 하나님의 행동에 대한 인간의 윤리적인 응답의 행동이라고 보았다.[266]

4) 칼빈

칼빈은 루터와 츠빙글리를 중재하기 위해서 나름대로 중립적이면서 독창성 있는 성령론적 성찬론을 제시하였다. 그는 루터와 마찬가지로 우리가 믿음으로 성례전을 행할 때 "우리는 예수 그리스도의 몸과 피의 실제적인 본질에 진정으로 참여하는 자들이 된다"고 결론을 내렸다.[267] 이렇게 함으로써 그는 루터를 지지하는 것 같다. 그러나 그렇다고 해서 하늘에 계시는 그리스도가 직접 성만찬에 임재하는 것은 아니라고 함으로써 츠빙글리의 입장을 지지하였다. 여기에서 나온 칼빈의 대안은 성령을 통해서 그리스도는 성찬

---

265) 알리스터 맥그래스, 〈역사속의 신학〉, 670.

266) 전성용, 〈칼 바르트의 성령론적 세례론〉, 195f.

267) Calvin, *Short Treatise on the Holy Supper in Calvin: Theological Treatises*, vol. 22 The Library of Christian Classics (London: SCM, 1954), 163~66; 스탠리 그랜즈, ibid., 762.

에 임재한다는 것이었다.

칼빈은 어거스틴 이후 서방교회가 견지해 왔던 성령이해를 따르는데 성령은 성부와 성자를 연결하는 사랑의 끈(bond of love)일 뿐만 아니라 그리스도와 성도를 연결하는 사랑의 시행자(agent)이다.[268] 성령을 통해서 우리는 그리스도에 대한 지식을 가질 수 있다. 칼빈은 우리가 그리스도에 대한 지식을 가지는 것은 아리스토텔레스를 통해서가 아니라 성령에 의해서라고 했다. "그리스도의 몸이 죽은 자로부터 부활한 다음에 자신의 형상(form)을 유지하고 마지막 날까지 하늘에 받아들여진다는 것을 가르치는 것은 아리스토텔레스가 아니라 성령이다."[269]

칼빈은 성령을 통해서 그리스도는 성찬에 임재할 수 있다고 주장하였다. 이것은 루터의 가르침의 한 면인 그리스도의 몸의 편재(ubiquity)의 개념을 따르는 것을 중지하였다는 뜻이다.[270] 이제 칼빈은 하나님의 성령에게만이 편재의 개념을 부여할 수 있다고 보았다. 칼빈에게 성만찬은 이미 그리스도 안에 통합된(incorporated) 선택된 자를 위한 성화의 수단이다. 그것은 성령이 우리의 신앙을 확증하고 심화하는 도구이다. 성례전은 성령의 능력이 없이는 조금의 유익도 없다.[271] 이리하여 칼빈은 오랫동안 갈등 가운데 있었던 기독교의 성찬논쟁에 있어서 성령론적으로 중재안을 제시하였으며 이것은 미신적인 화체설과 츠빙글리의 기념설의 문제를 동시에 극복하는 것으로 생각된다. 우리는 성례전을 지나치게 직접적인 신적 행동으로 간주해서도 안되지만 전적으로 인간적인 행동으로 보아서도 안 될 것이다.

---

268) F. Wendel. *Calvin* (London: Collins, 1972), 354.

269) Ibid., 347.

270) Ibid., 331.

271) Calvin, *Institutes of the Christian Religion*, 4.14.9; 다니엘 미글리오리, 〈조직신학입문〉, 336.

13

종말론

종말론이란 종말에 대한 신학적 고찰이다. 종말(Eschaton)이란 시간의 마지막을 뜻한다. 고대교회로부터 시간은 하나님이 창조하신 피조물이라고 생각해 왔다 (힐러리, 어거스틴). 아리스토텔레스와 뉴턴은 절대시간을 믿었다. 시간과 공간은 완전히 분리되었고 아무런 관련도 없는 전혀 별개의 무엇이었다. 뉴턴은 시간은 절대적인 것으로 생각하였으며 공간은 절대적이지 않다고 생각했다.[1] 칸트는 〈순수이성비판〉에서 시간과 공간이 인식의 첫 번째 단계인 감성의 형식이라고 하였다. 시간이라는 문을 통해서만 내 밖에 있는 인식재료가 인식주체인 내 안으로 들어온다고 하였다. 그러므로 칸트에 의하면 시간은 경험에 앞서는 선험적인(a priori)것으로서 전제되어 있는 어떤 것이다. 칸트에게 있어서 시간과 공간은 무한하고 절대적인 것이다. 그러나 20세기에 아인슈타인에 의해서 시간과 공간이 서로 상대적이라는 것이 밝혀졌다. 더 이상 시간은 절대적이거나 무한할 수 없으며 시작이 있고 끝이 있는 유한한 것으로 이해하게 되었다. 이러한 철학과 과학의 시간이해에 비추어 볼 때 바르트가 시간을 피조물이라고 할 수는 없고 하나님의 창조의 형식이라고 표현한 것은 성서적이면서도 현대적인 시간이해라고 할 수 있다. 성서에 의하면 시간은 시작이 있고 (창 1:1) 끝이 있다 (계 21:1, 22:13).

---

1) 스티븐 호킹, 〈그림으로 보는 시간의 역사〉 (까치, 1997), 28, 32.

모든 살아있는 것은 언젠가 죽는다. 개인에게는 출생이 있고 사망이 있으며, 국가에는 건국이 있고 멸망이 있다. 별도 탄생이 있고 소멸이 있다. 우주도 130억 년 전의 빅 뱅 이후 존재하기 시작하였으며 언젠가는 이 우주도 사라지게 될 것이다. 태양은 80억년간 존재하였으나 4~50억년 후에는 소진하여 불이 꺼질 것이다. 우리가 존재하고 인식하는 형식인 시간은 무한한 것이 아니라 유한한 어떤 것인데 따라서 언젠가 끝이 올 것인데 그것은 막연하고 먼 미래의 어떤 한 점이 아니다. 성서에서는 이 시간의 끝이 오고 있다고 적극적으로 계시하였다. 따라서 시간의 미래에 대해서 구체적으로 진지하게 사고해야 한다.

종말론이란 단순히 시간의 미래에 되어질 일들에 대한 지식을 의미하는 것이 아니다. 미래의 시간에 대한 이해는 현재의 시간의 의미를 규정하고 현재 우리가 어떻게 살아야 할 것인가의 태도를 결정하는 관건이 된다. 그러므로 종말론은 기독교의 가르침의 마지막에 나오는 그저 그런 시시한 한 부분이 아니라 모든 기독교 선교와 실존을 지배하는 것이다 (몰트만). 예수 그리스도가 재림하여 이 세계와 역사를 심판할 것이라는 믿음 때문에 고난당하고 순교한 신앙의 선조들의 삶은 종말에 대한 이해가 오늘의 삶에 있어서 얼마나 중대한 요소인가를 보여주는 증거가 된다. 언제나 죽음과 피는 그것을 보는 사람의 피를 끓게 하는 것이다.

I. 종말: 현실인가 상징인가?

〈신학사상〉 1999년 봄호의 특집으로 "종말: 상징인가, 현실인가?"라는 주제가 다루어졌다.[2] 이 기사에서 토론에 참여한 신학자들은 종말은 미래에

---

2) 〈신학사상〉 104 (한국신학연구소, 1999, 봄), 5ff.

역사 안에서 이루어질 현실적인 사건이 아니라 상징으로서 현재의 우리의 삶을 비추어 주는 신학적인 의미를 찾아내어야 한다고 주장하였다. 이들의 주장에 의하면 묵시문학적인 대재난이나 예수의 재림, 천년왕국, 심판 등은 실제로 이 지상에서 이루어질 현실적인 사건이 아니다.[3] 요한계시록이나 복음서에서 예언하고 있는 묵시적인 사건들은 어디까지나 그 당시에 박해가운데서 고난당하는 교회를 향하여 주시는 희망의 메시지요 이 메시지를 듣고 고난을 극복할 수 있게 하는 신앙의 원동력이 되는 것이지 미래에 이 지상으로 예수가 다시 돌아와서 이 세계를 심판하고 대재난이 일어난다는 등의 묵시문학적인 예언은 현실이 아니고 상징이라고 하였다.

그들은 만일 묵시문학적인 종말 즉 이 세계가 다 녹아져 없어져 버리고 폐기되어 버리는 종말을 믿을 경우에는 현실에 대한 무감각과 무관심, 현실에 대한 포기와 도피, 절망과 좌절과 같은 삶의 태도를 가지게 될 것이라고 하였다. 반면에 종말에 대한 예언과 새 하늘과 새 땅을 상징적으로 해석하게 되면 예수 그리스도께서 부활하심으로써 죽음의 세력을 깨뜨리셨으니 죽음의 세력을 깨뜨린 그 하나님이 약속하신 바를 이룰 것이요 새 하늘과 새 땅을 우리에게 가져올 것이라고 믿게 된다고 하였다. 이렇게 믿을 때 우리는 정의의 세력에 대해서 끝까지 사랑을 가지고 대하려고 노력할 수 있게 되고, 거짓되지 않고 진실 되게 살려고 노력하고, 이 세상의 의를 위해서 나름대로 싸워나가게 되고, 적극적으로 살게 된다고 주장하였다.[4]

성서에서 그렇게 강조하여 약속되었던 예수의 재림과 심판, 새 하늘과 새 땅은 우리에게 희망을 주기 위한 상징적인 도구에 불과하고 예수의 역사적인 재림은 결코 없을 것이며, 이 세계의 종말은 오지 않을 것인가? 성서의 예언들을 비신화적으로 해석하고 재림신앙의 현재적 의의만 강조할 때 그

---

3) Ibid., 36. "예수가 천사와 함께 구름을 타고 오는 그런 종말은 안 믿습니다."
4) Ibid., 32.

것이 진정한 성서해석이라고 할 수 있을 것인가에 대해서 우리는 답변해야 한다.

마틴 로이드 존스는 예수의 재림의 특징을 다음과 같이 네 가지로 제시하였다. 첫째로, 그것은 인격적인 오심이다. 그리스도의 재림은 교회에 미치는 하나의 영향력이라고 해석하는 사람들이 있다. 그리스도의 재림에 대한 신앙은 교회를 짓고 교회생활에 감화를 주고 교회를 통해 세상의 삶에 영향을 미쳤다는 것이다. 그러나 신약성경을 편견 없이 읽는다면 그것은 인격적인 출현을 가리키며 주님이 친히 오시리라고 알려주고 있다. 물론 주님의 재림의 케리그마의 희망적인 영향에 대해서 부정하지 않지만 그 모든 것 위에 주님은 친히 나타나실 것이다.[5]

둘째로, 우리 주님의 재림은 영적일 뿐만 아니라 육체적인 것이다. 부활하신 예수의 몸은 영적이면서 육적인 몸이었다. 따라서 부활하신 예수의 재림은 영적 몸이면서 육적 몸인 상태로 재림할 것이다. "이후에 인자가 권능의 우편에 앉은 것과 하늘 구름을 타고 오는 것을 너희가 보리라"(마 26:64). "조금 있으면 세상은 다시 나를 보지 못할 터이로되 너희는 나를 보리니"(요 14:19)라고 명확한 약속을 해 주었다. "너희 가운데서 하늘로 올리우신 이 예수는 하늘로 가심을 본 그대로 오시리라"(행 1:10f.). "볼지어다 구름을 타고 오시리라 각인의 눈이 그를 보겠고 그를 찌른 자들도 볼 터이요"(계 1:7)라고 말씀하신 그리스도는 눈으로 볼 수 있는 상태로 재림하실 것이다.

셋째로, 예수의 재림은 불시에 갑작스럽게 이루어질 것이다. 주님은 가시적이면서도 불시에 이루어질 재림을 번개의 번쩍임에 비유하였다(마 24:27). 또한 밤중에 몰래 찾아오는 도둑에 재림을 비유하였다(마 24:43). 바울도 이런 표현을 사용하였다(살전 5:2). 이런 이유로 우리는 "너희도 예비하고 있으라"

---

5) 마틴 로이드 존스, 〈교회와 종말에 일어날 일〉(기독교문서선교회, 2000), 114ff. 로이드 존스의 주장은 재림의 현실성을 부인하고 재림의 케리그마가 고난 받는 교회에 희망을 줄 뿐이라는 상징주의적 해석을 거부한다.

(마 24:44)고 권면 받고 있으며 깨어 있는 자는 도적이 오는 것을 알 수 있는 것처럼 예수의 재림을 대비해야 하고 할 수 있다. "형제들아 너희는 어두움에 있지 아니하매 그 날이 도적 같이 너희에게 임하지 못하리니 너희는 다 빛의 아들이요 낮의 아들이라 우리가 밤이나 어두움에 속하지 아니하나니 그러므로 우리는 다른 이들과 같이 자지 말고 오직 깨어 근신할지라" (살전 5:4~6).

마지막 넷째로, 재림은 영광스러운 모습이 될 것이다. 초림시에 주님은 자신을 낮추어 아기로서 이 세상에 오셨다. 그러나 재림시에 주님은 하늘의 구름을 타고 거룩한 천사들을 거느리고 영광 중에 나타나실 것이다. 은밀하게 나타나는 것이 아니라 천사장의 나팔소리에 의해 그의 오심이 알려질 것이다(고전 15:52). 그는 왕 중의 왕으로서 만 주의 주로서 오실 것이다. 예수가 구름타고 온다는 것은 문자적으로 손오공처럼 구름을 탄다는 것이 아니라 예수가 승천할 때 구름이 가리워서 보이지 않게 되었던 장면을 시적 언어(詩的言語)로 표현한 것으로 보아야 할 것이다. 그는 하늘로 올라간 모습 그대로 다시 올 것이라고 하였다.

예수 그리스도의 재림은 인격적, 육신적, 불시적, 영광스런 출현의 특징을 가진 구체적이고 명백한 사건으로 일어날 것이다. 예수의 부활이 역사적이고 육신적인 사건이라면 그의 재림 역시 역사적이고 육신적인 사건이 될 것이다. 예수의 재림과 종말은 상징이 아니라 현실이다. 그리고 대재난과 더불어 역사와 자연이 끝나는 묵시문학적 종말이 온다는 종말신앙이 현실에 대한 포기와 절망과 도피를 가져올 것이라는 우려는 성서적 종말신앙에 해당되는 것이 아니라 재림시기 확정론을 주장하는 사이비 종말론집단에 해당되는 것이다. 박태선의 신앙촌, 계룡산의 종말신앙집단, 다미선교회 등에서는 재산을 팔아서 바치고 학교와 직장을 내버리는 현실도피적인 행태가 있었으나 교회를 중심으로 한 건전한 기독교에서는 그런 현실도피적인 행태를 찾아보기 어렵다. 성서는 우리에게 재림의 때를 알지 못하기 때문에 언제나 깨어서 기다리는 긴장을 요구하였으며 이것은 건전한 윤리적 삶의 근거가 되었다.

II. 성서적 이해

1. 구약의 종말사상

기독교의 종말론적 역사 이해는 구약에서 유래된 것이다. 그런데 구약의 역사이해는 2가지로 나누어진다. 첫째로, 전통적인 역사 이해로서 오경과 역사서 및 특히 예언서에 나타난 것이다. 둘째로, 묵시문학적인 역사이해인데 이는 후기 유대교와 다니엘서 등에 나타난 것이다. 이스라엘이 바빌론에 패망한 후(B.C. 587) 예언자들이 보여 주었던 이스라엘의 회복이 실현되지 않고 페르시아와 희랍 밑에서 수난이 계속되자 역사 이해에 있어서 비관적인 입장이 등장하게 되었다. 이러한 묵시문학 운동이 예수 당시까지 계속되었다. 이 두 가지의 서로 다른 역사 이해를 비교해 보면 다음과 같다.

첫째로, 구약에서의 역사는 세계사가 아니라 본질적으로 이스라엘 민족사이다. 그러므로 역사의 미래의 목표는 이스라엘이 세계를 다스리는 행복한 미래이다. 그러나 묵시문학의 역사는 세계사 전체를 포괄한다. 둘째로, 구약에서는 역사의 목표가 이 세계 안에서 이루어지리라고 본다. 그러나 묵시문학에서는 역사의 목표는 세계사의 종말을 가져다 줄 우주적인 드라마이다. 이 드라마와 함께 옛 시대(Aeon)는 가고 새 시대가 오게 된다. 옛 세계는 지나가고 새로운 창조가 시작된다. 셋째로, 구약에서 역사의 목표는 행복한 상태 즉 메시아왕국의 실현에 있다. 그러나 묵시문학에서 역사의 목표는 세계심판을 의미하며 세계심판은 재난, 질병, 죽음, 전쟁 등 우주적 사건과 결부되어 있다. 넷째로, 구약에서 역사의 목표의 실현은 이스라엘이 하나님께 순종하느냐 불순종하느냐에 달려 있다. 그러나 묵시문학에서 역사의 종말은 필연적으로 하나님에 의해 결정된 시기에 온다. 다섯째로, 구약에서 미래의 구원과 심판에 대한 개인의 책임과 공동체의 책임은 서로 일치하는 관계이다. 그러나 묵시문학에서 개인은 단지 개인 자신에 대해서 책임질 뿐이다. 왜냐하면 구원과 심판은 각 개인의 업적에 따라 결정되기 때문이다. 여기에서 공동체는 개인들의 공동체이지 국가나 민족공동체가 아니다. 지금까지 살펴본 바와 같이 구약의 종말론은 하나님의 절대적 주권이 현실 역사 안에서 미래에 구현되리라는 희망적인 것이었다. 그러나 묵시문학에서는 지상에서의 하나님의 왕국의 건설에 대한 희망은 사라지고 초자연적인 왕국의 도래를 기대하게 되었다. 그 결과 묵시문학은 염세주의에 빠지게 되었다. 예수 당시 사해부근에서 활동하였던 에세네파(Essene)는 종말의 날을 기다리는 염세적이고 도피적이고 금욕적인 묵시문학적 공동체였다.

2. 예수의 종말사상

예수의 가르침의 중심은 하나님의 나라이다. 당시 하나님의 나라 사상은 유대인의 기본 사상이며 그들의 내세관과 역사의 전망이 되었다. 랍비 요하난은 하나님의 나라에 대해 말하지 아니한 기도는 기도가 될 수 없다고까지 가르쳤다. 공관복음서에서 하나님의 나라는 100여회 언급되었다. 그런데 공관복음서에서 하나님의 나라는 영토와 왕국이라는 공간적인 양적인 의미가 아니라 통치라는 질적인 의미로 사용되었다. 하나님의 나라는 하나님의 주

13. 종말론 721

권, 하나님의 통치, 하나님의 지배를 의미한다. 그러므로 특정한 산이나 특정한 나라나 지역에 하나님의 나라가 이루어진다는 발상은 비성서적인 것이다.

그런데 예수는 유대교의 메시아 대망을 옹호하거나 격려하지 않았다. 예루살렘에 입성할 때 사람들은 "우리 조상 다윗의 나라에 복이 있으라" (막 11:10), "주의 이름으로 오시는 이 곧 이스라엘의 왕이여"(요 12:13)라고 하였다. 십자가의 죄패는 '유대인의 왕'이라고 하였는데 이것은 예수가 로마에 항거한 메시아적 왕위 참칭자(僭稱者)라는 뜻이다. 그리고 엠마오로 가던 두 제자는 "우리는 이 사람이 이스라엘을 구속할 자라고 바랐노라"(눅 24:21, 19:11)고 하였다. 이와 같은 유대인의 기대에도 불구하고 예수 자신은 유대교적 메시아 즉 정치적으로 이스라엘을 로마로부터 독립시키고 다윗의 왕국을 건설할 자라는 기대에 호응하지 않았다. 예수는 사람들이 그를 유대인의 왕으로 옹립하려 했을 때 그것을 기피하였다 (요 6:15).

그러면 당시 묵시문학과 예수의 사상은 어떤 관계가 있는가? 이미 언급한 바와 같이 묵시문학은 임박한 종말을 말하며 그것은 우주적인 대재난과 결부되어 있다. 예수는 하나님의 나라가 가까웠다(막 1:15)고 하였는데 이것은 하나님의 나라가 미래에 올 것이라는 확신의 표현이다. 그리고 마가복음 9장 1절과 13장 26절을 연결하면 예수의 재림으로서 하나님의 나라는 임하게 될 것이다. 또한 예수는 종말의 날에 이루어질 여러 가지 재난에 대해서 자세히 언급하였다 (막 12; 눅 21; 마 24). 이런 여러 가지 성서적인 근거를 가지고서 예수를 묵시문학자로 보는 학자들이 있다(A. Schweitzer, R. Bultmann).

그러나 예수는 하나님 나라의 미래성만을 말씀한 것이 아니라 하나님 나라의 현재성을 말씀하였다. 예수의 가르침에 의하면 하나님의 나라는 이미 우리의 삶의 현실 안에 들어 왔다. 누가복음 11장 20절, 마태복음 12장 28절 등에 의하면 "내가 만일 하나님의 손을 힘입어 귀신을 쫓아내는 것이면 하나님의 나라가 이미 너희에게 임하였느니라"고 하였다. 귀신들린 자가 귀신의 지배로부터 해방되어 하나님의 지배를 받게 되면 그것이 곧 하나님의 나라의 구현이라는 것이다. 그리고 예수는 "하나님의 나라는 너희 안에 있느니라"(눅 17:21)고 하였다. 이때 '너희 안에'는 개인의 마음속이라는 뜻보다는 사람들의 무리 가운데 즉 공동체 안이라는 해석이 유력하다(in the midst of you, among you). 이렇게 예수의 가르침은 하나님 나라의 현재성을 말할 뿐만 아니라 그 날과 시는 아무도 모른다(막 13:32, 마 24:36)고 말씀함으로써 새 세계는 하나님의 계획에 따라 도래한다고 하여 그 과정을 세밀하게 계산한 묵시문학과의 차이를 보여주고 있다. 예수의 메시지는 하나님의 통치에 대한 선포이지 묵시문학적 지혜나 미래의 세계에 대한 공포나 기쁨의 묘사가 아니었다.

하나님의 나라는 예수 그리스도의 오심으로 시작되었고 성취되었다. 그러나 아직 완성되지는 않았다. 이것은 예수 그리스도의 재림으로 이루어질 하나님의 나라의 완성이 아직 도래하지 않은 미래에 있음을 의미한다. 예수는 이것이 비교적 짧은 기간이라고 생각했다. "여기 섰는 자들 중에 죽기 전에 하나님의 나라가 권능으로 임하는 것을 볼 자들도 있느니라" (막 9:1). 이런 표현은 히브리 예언의 특징 즉 먼 미래를 임박한 미래로 묘사하는 방법의 한 예라고 설명될 수 있을 것이다. 나아가서 예수 자신이 이 예언을 할 당시 종말을 임박한 것으로 느꼈기 때문이라고 설명될 수도 있을 것이다. 그러나 그 날과 시는 아버지만이 아시고 하나님에게는 하루가 천년 같고 천년이 하루 같다는 사실을 명심해야 할 것이다.

3. 공관복음서 이외의 종말사상

첫째, 사도 바울은 현재적 의미와 미래적 의미를 함께 강조하였다. "하나님께서 우리를 어둠의 권세로부터 사랑하시는 아들의 왕국에로 옮겼다"(골 1:13)고 하였는데 이것은 구속받은 자가 이미 그리스도의 나라에 있음을 나타낸다. 그리고 "너희로 하여금 하나님의 나라에 합당한 자로 여기심을 얻게 하려 함이니 그 나라를 위하여 너희가 또한 고난을 받느니라"(살후 1:5)고 했는데 이것은 하나님의 나라의 미래성을 보여준다.

그런데 바울은 하나님나라의 구성원들이 살아야 할 삶은 "먹는 것과 마시는 것이 아니라 성령 안에서 의와 평강과 희락이라"고 하였다(고전 4:20). 이처럼 바울은 하나님나라를 소유한 자들에게 요구되는 윤리성을 강조했다.

둘째로, 요한복음의 저자에게 하나님의 나라는 니고데모와의 대화에서 2번 사용되었다(요 3:3, 5). 그런데 하나님의 나라에 들어가는 것이 중생에 의존하고 있다. 요한복음 기자는 하나님의 나라보다 영생 즉 생명에 관해 이야기하고 있다. 요한신학에서 생명이란 믿는 자들이 소유하는 현재적 소유물이라는 점을 고려할 때(요 5:24; 요일 3:14, 5:12) 요한복음 3장 3~5절의 하나님나라 개념은 현재적 의미라고 할 수 있다. 요한복음 3장 36절에서 '믿는 자는 영생이 있고'라고 했으므로 믿는 자는 이미 하나님나라를 소유했다고 볼 수 있다. 그러므로 요한에게 있어서 하나님나라의 현재성만이 언급되고 있다고 주장하는 학자도 있다(불트만). 그러나 요한 역시 하나님나라의 미래성을 의미하는 예수의 재림을 언급하고 있다(요 14:1, 14:18, 14:28).

바울과 요한은 하나님의 나라의 미래성보다는 현재성을 강조함으로써 하나님의 나라를 소유한 자들의 윤리성과 하나님의 나라에 들어가는 조건을 가르치고 있다. 그러나 하나님의 나라의 현재성에 대한 관심과 함께 미래성에 대한 관심도 견지하고 있다.

III. 현대신학의 이해

1. 실현된 종말론(Realized Eschatology)

다드(C. H. Dodd)는 〈하나님의 나라의 비유들〉에서 하나님의 나라는 너희 안에 있다(눅 17:21)는 예수의 말씀을 근거로 하여 하나님의 나라는 이미 실현되었다고 주장하였다.[6] 그는 하나님의 나라를 나사렛 예수의 인격 안에서 시간과 공간 안으로 들어온 절대적이고 전적인 타자(Wholly Other)라고 생각하였다. 하나님의 나라는 미래에서 현재로 왔으며, 기다림의 영역에서 경험의 영역으로 들어왔다.[7] 이러한 생각은 하나님의 나라의 현재성에 대한 예수의 말씀을 근거로 하고 있지만 예수는 미래의 종말을 더 많이 말씀하였기 때문에 실현된 종말론은 설득력이 약하다. 다드 자신도 후기에 쓴 글에서는 하나님의 나라의 미래성을 인정하였다.

초기에 쓰여진 성서에는 하나님의 나라의 미래성이 강조되었다. 그러나 재림지연은 교회로 하여금 이 문제에 답변하도록 요청하였고 교회는 하나님 나라의 현재성 즉 이미 너희 안에 있는 하나님의 나라를 말함으로써 이 문제에 답변하였다. 그리하여 후기로 가면서 하나님 나라의 현재성은 점점 더 강조되었고 요한복음에서는 하나님 나라의 현재성이 월등하게 강조되었다. 그러나 요한복음에서도 하나님 나라의 미래성이 견지되고 있으므로 우리는 이 양자 사이에 균형을 유지해야 할 것이다.

---

6) C. H. Dodd, *The Parables of the Kingdom* (London, 1935).
7) Ibid., 50. The eschaton has moved from the future to the present, from the sphere of expectation into that of realized experience.

2. 철저적 종말론(Consistent Eschatology)

이 문제에 대한 논의는 요하네스 바이스(Johannes Weiss)가 〈예수의 하나님 나라 선포〉(*Jesus' Proclamation of the Kingdom*, 1892)에서 하나님의 나라가 전적으로 미래적이라고 주장함으로써 촉발되었다.[8] 그리고 1913년 알버트 슈바이처(A. Schweitzer)의 〈예수의 삶의 연구사〉라는 저술과 함께 이 문제가 현대신학의 뜨거운 논쟁거리가 되었다.[9] 그들은 예수를 A. D. 1세기의 묵시문학자로 보고 예수는 철저히 미래에 이루어지게 될 묵시문학적인 종말을 기대했다고 보았다. 그들은 종말이 하나님의 초자연적인 행위로 말미암아 시작되는 것이라고 해석하였다. 즉 역사가 과열되고 새로운 하늘의 질서가 존재하기 시작하리라는 것이다. 그러므로 하나님의 나라는 현재적이거나 영적인 실재가 아니라 미래적이고 초자연적인 것이다.

그런데 슈바이처에 의하면 예수는 이러한 종말사상을 가지고서 역사의 수레바퀴에 그 자신의 몸을 던져 세계사의 마지막 회전을 시키고 역사의 종말을 가져오려 하였다. "메시아적 고난을 받아들임으로써 하나님의 나라를 억지로 이끌어오고자(herbeizuzwingen) 한다."[10] 그러나 역사의 수레바퀴는 그대로 돌고 그는 갈기갈기 찢겼으며 예수의 기대대로 종말은 오지 않았다. 그는 종말을 가져오는 대신에 그것을 파괴했다. 지나간 2000년 동안 계속되어 온 재림지연은 기독교의 종말론을 불가능하게 만든다. 역사의 수레바퀴는 변함없이 계속 돌아가고 있으며 모든 정상적인 사람이 알고 있는 바와 같이 세계사는 계속될 것이다.

그리하여 슈바이처는 종말론적 광신과 함께 좌절하여 버린 역사의 예수

---

8) 스탠리 그랜즈, 〈조직신학〉, 679f.
9) 몰트만, 〈오시는 하나님〉(대한기독교서회, 1997), 33.
10) Ibid., 35.

를 버리고 예수의 종말론 뒤에 숨어 있다고 믿는 윤리적 의지와 세계의 윤리적 최후 완성에 대한 그것의 희망을 찾고자 하였다. 슈바이처에 의하면 우리는 종말론적 표상의 재료들을 잊어버려도 좋다. 그러나 그 아래 숨어있는 강한 의지를 경외하며 우리의 시대 속에서 이 의지를 위하여 봉사하고자 한다. 즉 우리는 예수의 삶을 본받아 회개하고 사랑하고 헌신하는 삶을 살아야 한다는 중간윤리를 주장하였다. 이러한 슈바이처의 생각은 예수를 실패자로 보기 때문에 부활, 승천, 재림을 믿는 성서적인 신앙과 거리가 멀다. 슈바이처의 철저적 종말론은 예수의 신성과 기적을 부정하고 인간적인 예수의 모습에만 관심을 가지는 자유주의신학의 인간중심주의의 전형을 나타내고 있다.

3. 실존적 종말론

루돌프 불트만에 의하면 전통적으로 종말론은 최후의 사실에 관한 교리 즉 세계의 종말, 부활, 영혼불멸, 사후의 세계 등에 대한 가르침을 의미하였다. 그런데 불트만은 최후 또는 세계의 종말이라는 시간적인 개념은 하나님의 초월성을 묘사하는 것이라고 주장하였다. 하나님은 시간의 미래에 의해 가려져서 인간에게 알려지지 않은 분으로서 언제나 우리에게 초월적으로 다가오시는 분이라는 뜻이다. 그러므로 불트만에 의하면 역사란 과거로부터 시작하여 현재를 거쳐 미래에로 진행되는 단순한 시간의 흐름을 의미하는 것이 아니라 오히려 미래로부터 현재 안에 들어와서 현실화되어 나가는 실현과정이다. 그는 우리의 신앙의 실존으로 되어가는 이 과정이 종말의 실현과정이라고 이해하였다.

불트만의 종말론은 시간적인 의미에서가 아니라 영원한 의미에서 현재적이며 그러므로 미래적 종말론으로 보완될 수가 없다. 역사의 의미는 오직 현재 속에 각 사람의 현재적 실존에 있다.[11] 그리하여 묵시사상적 세계 종말은 우리의 시야에서 사라지고 만다. "최후의 날에 대한 진술은 죽음에 대한 진술로 대체되어야 한다."[12] 죽음은 실존적으로 우리 앞에 있는 것으로 모든 사람을 자기 자신으로 돌아가도록 요구하며 자기 자신이고자 하는 결단을 내리도록 한다.

불트만의 종말론은 개인의 내면적인 실존적 결단에 불과하기 때문에 그에게는 엄밀한 의미에서 역사이해가 없다. 단지 인간 실존의 역사성에 관한 이해가 있을 뿐이다. 따라서 불트만의 이해는 종말론의 실존론적 축소화라고 불리운다. 불트만에게 있어서 그 자신의 실존에 집중하는 것 자체는 타당하지만 세계사와 자연사를 도외시 하는 점에서는 우리에게 도움이 되지 못한다. 세계사가 실존의 역사성으로 대체됨으로써 세계사가 사라지는 것이 아니다. 우리는 개인이기도 하지만 세계와, 이웃과, 자연과의 관계 속에서 실존하기 때문이다. 실존론적 축소화의 한계를 극복하기 위해서 몰트만의 종말론에 귀를 기울일 필요가 있다.

4. 미래적 종말론

실존적 종말론이 개인의 차원에 머물러 있는 것을 극복하고 세계역사의 차원을 진지한 문제로 다룬 것이 위르겐 몰트만(J. Moltmann)의 종말론이다. 몰트만은 〈희망의 신학〉에서 예수 그리스도의 부활을 근거로 하여 종말의 도래(到來, adventus)를 주장하였다. 그는 미래(future)와 도래를 구분하였다.

---

11) Ibid., 54.
12) H. W. Bartsch (Hg.), Bultmann, *Kerygma und Mythos*, 145; 몰트만, ibid.

미래는 과거의 사실과 과정에서 끌어낸 것이지만 도래는 타자(他者) 및 새로운 것의 다가옴으로서 역사 안에서 끌어낸 것이 아니라 앞으로부터 우리에게 다가오는 것이라고 하였다. 우리는 그리스도의 부활의 빛 속에서 그리스도가 지배하는 장래에 대한 약속과 사명과 지평(地平, horizon)이라는 가능성을 보게 된다. 다시 말하면 종말론이란 일정한 역사적 현실[예수의 부활]에서 출발하여 그것의 미래와 그것의 미래 가능성 및 힘을 알리는 것이다. 즉 예수 그리스도의 부활의 현실을 인식하고 그의 미래를 선포하는 것이다. 그러므로 신학자에게 중요한 것은 세계, 역사 그리고 인간 존재를 단지 다르게 해석하는 것이 아니라 신적인 신화[재림]를 기다리는 가운데 세계와 역사를 변화시키는 것이다. 그것은 구체적으로 오늘의 산업사회에서의 인간의 경험과 실제적 생활에 관련하여 행동 속에서의 신학을 연구하고 이 인간의 인간화의 길을 모색하는 것이 합당한 일이라는 것이다.

몰트만은 불트만의 실존적 종말론이 외면한 세계역사의 차원을 일깨워 주었다. 그리고 이 역사적 사회적 현실문제에 대한 책임과 참여를 촉구함으로써 20세기 후반기 정치신학의 메시지를 전 세계에 전파하였다. 그는 한국의 민중신학자들에게 용기를 주고 민중신학을 독일어로 소개하여 세계적인 관심을 불러일으키기도 하였다. 그러나 우리는 몰트만이 말하는 종말론이 성서적인 종말론인지 물어야 한다. 그는 〈희망의 신학〉에서 그리스도의 파루시아 또는 그리스도의 재림에 대해서 다음과 같이 말했다. "파루시아는 본래 떠나가 버린 자의 다시 돌아옴이 아니라 '임박한 도래'이다. 파루시아는 현재라고 일컬어질 수 있지만, 내일이면 사라져 버릴 현재가 아니라 사람이 오늘과 내일도 거해야 하는 현재이다. 그것은 '우리에게 오고 있는 것의 현재, 말하자면 도래하고 있는 미래'이다. 그리스도의 파루시아는 지금 경험될 수 있는 것, 지금 주어진 현실과는 다른 것이다. 그것은 지금 경험될 수 있는 것에 비해 새로운 것을 가져온다. 하지만 그것은 지금 경험될 수 있는 것과 지금 영위해야 할 현실과는 전적으로 분리되지 않고, 실로 아직 오지 않은 미래로서 일깨워진 희망과 일으켜진 저항을 통해 현재 속으로 돌입한다. 그리스도의 파루시아의 종말은 과거의 것과 단절하고 미래의 것을 향해 돌진하면서, 종말론적 약속을 통해 그 때마다 경험될 수 있는 현재를 역사적인 것으로 만든다."13) 그렇다면 몰트만에게 있어서 오고 있는 미래 즉 미래가 현재를 향해서 다가오는 도래(adventus)만이 있는 것이지 종말 그 자체는 없는 것이 아닌가? 재림이 떠나가 버린 자의 다시 돌아옴이 아니라면 결국 성서에 약속된 바로 그 재림은 없는 것이 아닌가? 이것은 분명히 성서의 예언과 거리가 있다.

그는 〈오시는 하나님〉에서도 〈희망의 신학〉에서 말한 종말론을 다시금 새롭게 정리하였으나 관심의 폭이 정치신학으로부터 생태학적 신학으로 확장된 것 이외에는 근본적인 입장의 변화를 찾아보기 어렵다. 몰트만은 예수의 재림이 역사적 현실로서 역사 안에서 이루어질 사건이라는 확신을 보여주지 않았다. 다만 예수 그리스도의 부활의 빛에서 예수의 재림과 종말에 대한 예언이 역사 안에 살고 있는 인류에게 희망의 근거가 된다는 상징주의적 종말론을 지지하고 있을 뿐이다. "죽은 자들로부터 그리스도의 부활과 함께 새 창조의 미래가 옛 세계의 현재 속으로 비추어 들어오며 '이 시대의 고난' 속에서 새 생명에 대한 희망을 일으킨다."14)

김균진은 몰트만의 종말론을 해석하면서 성서의 종말론은 역사의 종말에 대한 객관적인 정보를 우리에게 주는 것이 아니라 당시의 역사적인 상황 속에서 형성되어 있었던 긴박한 종말의식을 우리에게 반영해 주는 것일 뿐이고 요한계시록도 역사의 종말에 대한 객관적 정보를 수집한 책이 아니라 당시의 박해 상황에서 그리스도인들에게 이 바빌론에 비유할 수 있는 음녀 로

---

13) 몰트만, 〈희망의 신학〉, 이신건 역 (대한기독교서회, 2002), 249.
14) 몰트만, 〈오시는 하나님〉 (대한기독교서회, 1997), 68.

마는 망할 수밖에 없을 것이고 그러므로 어떤 박해와 고난을 당하든지 참고 이겨나갈 것을 권면하고 위로하는 책이라고 하였다.[15] 그는 몰트만의 〈오시는 하나님〉에 대한 해설에서도 몰트만의 종말론은 우주적 대파멸의 종말을 선포하지 않고, 이 땅 위에 세워질 하나님의 새 하늘과 새 땅 곧 하나님의 나라에 대한 희망을 선포한다고 하였다. 그리고 요한계시록은 초대기독교 신자들에게 보내는 위로와 격려의 책이요 어떠한 고통 속에서도 신앙을 버리지 말고 하나님의 새 하늘과 새 땅에 대한 믿음과 희망 속에서 로마의 무신적 악의 세력에 굽히지 말 것을 권면하는 책이며 이 책에 나타나는 언어는 글자 그대로 일어날 것을 묘사하는 사실적 언어가 아니라 로마 제국의 멸망과 하나님의 궁극적 승리를 당시의 언어로 비밀스럽게 묘사하는 상징언어(Bildersprache)라는 몰트만의 입장을 소개하였다.[16]

몰트만은 예수의 재림과 종말에 대하여 상징적으로 해석함으로써 요한계시록을 고난당한 교회에 위로와 희망을 주는 격려의 책으로 보았다. 물론 요한계시록에 기록된 모든 언어를 사실적으로 해석할 수는 없다. 많은 상징적인 표현들이 포함되어 있다. 그리고 요한계시록을 기록할 당시의 독자들의 고난과 박해의 상황이 반영되어 있는 것도 부정할 수 없다. 그러나 종말과 종말에 이루어질 재림과 심판이라는 중심적 예언 자체를 상징적으로 해석하는 것은 성서의 역사성을 훼손하는 결과를 가져오게 될 것이다. 성서는 예언이 역사 안에서 성취된 것을 증거하는 약속과 성취의 책이다. 성서의 수많은 예언들이 역사 안에서 구체적으로 실현되었는데 왜 종말에 대한 예언만이 상징적으로 해석되어야 하는가? 이것은 하나님의 계시와 능력을 제한하는 신학이다. 단지 고난당하는 자를 위로하기 위해서 종말에 대한 예언이 필요했다면 그런 종말론은 초대교인들을 위로하기 위한 아편에 불과할 것이다.

---

15) 〈신학사상〉, ibid., 20.
16) 몰트만, 〈오시는 하나님〉, 575, "역자후기."

기독교의 케리그마가 인간을 위로하는 희망의 캡슐(플라시보 효과)에 불과하다고 생각하는 것은 복음의 진정성에 대한 이해와 확신이 부족한 것이라고 하지 않을 수 없다.[17]

예수 그리스도의 부활이 역사적 사건으로서 시간과 공간 안에서 일어났다면 그분의 재림도 역사적 사건으로서 시간과 공간 안에서 일어날 것이다. 부활하신 분과 재림하실 분은 동일한 존재이기 때문이다. 신약성서는 예수가 성육신하여 대속의 죽음을 죽었으며 육체로 부활 승천하였고 육체로 재림할 것이라는 일관된 주장으로 관철되었다. 성육신과 십자가와 부활, 승천까지는 역사적인 사건이고 재림은 비역사적인 상징이라고 해석해야 할 근거는 신약성서 어디에서도 찾을 수 없다. 더 나아가서 예수의 재림은 신약성서의 증언일 뿐 아니라 지나간 2000년간의 성령의 증언이다. 성령은 교회 안에서 지금까지 지속적으로 예수의 재림을 증거하고 있다. 스스로 다시 올 것이라고 누누이 강조하였던 예수 그리스도는 부활 승천하신 몸 그대로 다시 오실 것이다. "예수는 하늘로 가심을 본 그대로 오시리라"(행 1:11).

---

17) 아브라함은 약속대로 100세에 아들 이삭을 낳았으며, 야곱과 열두 아들의 가족 70명이 애굽으로 내려갔으나 약속대로 430년 후에 출애굽하였다. 이스라엘과 유다는 하나님의 말씀대로 멸망하였으며 바빌론으로 잡혀간 유대인들은 약속대로 70년 후에 고국으로 귀환하였다. 예수는 약속대로 탄생하였으며 약속대로 부활하였다. 그리고 약속대로 오순절에 성령이 강림하여 전 세계에 복음이 전파되었다. 하나님의 약속과 성취에 대한 경험은 얼마든지 증거를 제시할 수 있는 기독교신앙의 보편적인 사실이다. 그러므로 예수는 약속대로 재림할 것이다. 지나간 2000년의 재림지연은 복음을 전파할 수 있는 유예기간(probation)이었으며 지금까지 전 세계에 복음이 전파되었다. 하나님은 하루가 천년 같고 천년이 하루 같으므로 재림시기에 대하여 조급하지 않아야 한다.

IV. 최후의 일들

1. 재림

예수께서는 마태복음 24, 25장의 마지막 일들에 대한 가르침에서 때로는 비유로 때로는 직접적으로 그가 돌아올 것을 말씀하였다. 그는 제자들에게 가서 있을 곳을 예비하면 다시 와서 그들을 영접하여 영원히 함께 있을 것이라고 약속하였다 (요 14:3). 그리고 승천하신 후 천사들이 제자들에게 주님은 가심을 본 그대로 다시 오실 것이라고 말했다 (행 1:11). 그리스도의 재림은 초대교회의 케리그마의 일부였으며 (행 3:21), 바울은 데살로니가전서 2장 19절, 3장13절, 4장 15~17절, 데살로니가후서 1장 7절, 고린도전서 15장 23절, 빌립보서 3장 20절, 골로새서 1장 4절, 디모데후서 4장 8절, 디도서 2장 13절 등에서 재림을 언급했다.

그러나 재림의 때는 정확히 알려지지 않는다. 예수께서는 자신도 천사도 그 때를 알지 못하며 하늘에 계신 아버지만 아신다고 하였다 (마 24:36). "여호와의 증인" 집단에서는 1914년에 예수가 재림한다고 했다가 재림이 이루어지지 않자 이미 재림했는데 보이지 않게 영적으로 통치한다고 했다가 1970년대에 또다시 재림한다고 주장하기도 했다. 1992년 9월 28일에 예수가 재림한다고 주장한 이장림일파의 다미선교회(다가오는 미래를 대비하라는 말의 줄인 말)의 주장은 당시 영국의 일간신문 *The Independent*에 대서특필될 정도로 큰 파장을 일으켰으며 많은 사람들의 삶을 파괴하고 교회에 상처를 입혔다.[18] 그러나 이러한 예수 재림 시기 결정론은 모두 다 허황된 것이다. 우리는 그

---

18) 당시 필자는 영국에 유학중이었는데 신문의 전면 중간 머리기사로 보도되었으며 한국에서 약 10만 명이 모든 다른 일을 제쳐두고 예수의 재림을 기다리고 있다고 하였다.

때를 정확히 알 수 없다.

그러나 데살로니가전서 5장 4절에 의하면 빛의 자녀들에게는 그 날이 도적같이 임하지 아니한다고 했으니 우리는 성서에 기록된 재림의 징조들을 통해서 그리스도의 재림이 임박했음을 알 수가 있을 것이다. 그리고 재림은 번개가 동에서 서로 번쩍하는 것같이 순식간에 이루어질 것이기 때문에 특정한 장소에 예수님이 오신다는 등은 있을 수 없는 일이다.

재림의 목적은 완전한 의미에서 하나님의 나라를 건설하는 것이다. 하나님의 나라는 공간적인 영역을 의미하는 것이 아니라 하나님의 통치라는 본질적인 의미이다. 예수께서 왕이 되시고 모든 것을 다스리게 될 때 성도들은 그와 함께 왕 노릇 할 것이다. 예수의 통치는 의와 평화의 통치가 될 것이다. 그러므로 재림은 공포와 불안의 사건이 아니라 용기와 희망과 위로를 주는 것이다 (살전 4:18).

특별히 한국교회는 재림신앙 때문에 일제의 모진 박해를 받았다. 일제가 한국교회 특히 성결교회에 대해서 예수가 재림하면 천황도 심판받느냐? 예수가 높으냐 천황이 높으냐? 하고 시비를 걸었다. 1943년 5월 200여명의 교직자들이 구속되었고 1943년 12월에는 교단이 폐쇄되고 신학교는 폐교되었다.[19] 그러나 성결교회는 재림신앙을 포기하지 않고 그 모진 질고를 이겨내었다. 여기에 한국교회가 재림신앙을 강조해야 할 당위의 역사적 근거가 있다. 앞으로 재림신앙을 더욱 더 신학적으로 체계화하고 발전시켜 나가야 할 것이다.

---

19) 성결교회의 사중복음(중생 성결 신유 재림) 가운데서 특별히 재림의 복음이 일제의 국시에 어긋난다고 판단되어 박해의 표적이 되었다. 전성용, "성결교회 수난사," 〈활천〉 (기독교대한성결교회 총회본부, 1987. 6), 참조

2. 천년왕국

요한계시록 20장에 의하면 예수 그리스도에 의하여 천 년 동안의 왕국이 이루어질 것이다. 지금까지 교회 안에는 천년왕국에 대한 여러 가지 다른 해석들이 제기 되었다. 그러나 천년왕국에 대한 예언은 계시록 20장이 유일하기 때문에 성서적 근거가 빈약하다. 예수 그리스도가 재림한 이후 이루어지게 될 미래의 세계에 대한 신학적인 해석들은 다양하면서도 확정적이지 않은 해설들을 제시할 뿐이다. 따라서 이런 이론들은 확정적인 것으로 주장하기보다는 계속해서 신학적으로 토론해야 할 것이라고 본다. 대표적인 이론들을 살펴보면 다음과 같다.

1) 전천년왕국설

천년왕국설 가운데 가장 많이 알려져 있는 이 이론은 요한계시록 20장 1~6절 등에 대해서 문자적으로 해석한 것이다. 예수 그리스도가 재림한 다음에 천년왕국이 이루어진다는 주장이다. 마지막 때에 적그리스도가 일어나고 7년 대환난이 있게 되는데 그 직전에 예수의 천상재림이 이루어지고 성도들은 휴거하여 천상에서 대환난을 피하게 된다. 그 후 지상으로 내려와서 부활한 성도들과 함께 천 년 동안 왕 노릇 한다는 것이다. 천년왕국이 끝난 다음 악인들이 부활하여 최후의 심판을 받아 지옥으로 가고 성도들은 영원한 새 하늘과 새 땅으로 들어간다고 한다.

이 이론은 이레네우스에 의해 처음으로 주장되었으며 초기 3세기 동안에 상당히 널리 수용되다가 어거스틴이 그 천년을 교회시대로 해석하여 무천년설을 주장하자 교회 안에서 잠잠하게 되었다. 그 후 종교개혁시대에 재세례파 중에서 다시 나타났으나 모든 주요 프로테스탄트 신앙고백에 의해서 정죄를 받았다.[20] 그 후 이 이론은 17세기의 '제 5왕국 사람들'이라는 소종파에서 나타났다가 19세기에 다시 출현하여 20세기에 전 세계적으로 유명하게 되었다. 다시 말해서 이 이론이 많은 사람들에게 알려진 것은 불과 100여년에 불과하다는 것이다. 오늘날 우리나라에서도 일반적으로 받아들여지고 있다.

벌코프(L. Berkhof)에 의하면 성서에는 그리스도의 재림과 악인의 부활 사이에 천년이란 시간이 가로막고 있다는 사상이 없으며 또한 성서에는 여러 번 부활이 있는 것으로 묘사되어 있지 않다. 그리고 그리스도가 재림한 후에도 천 년 동안이나 하나님의 왕국과 사탄의 왕국이 공존한다고 생각할 수 없다고 하여 반대하였다.

마틴 로이드 존스는 다음과 같이 이 이론의 문제점들을 반박하였다.[21] 첫째로, 이 이론이 신약성경의 복음서나 서신서의 어느 곳에도 나타나지 않는다는 점이다. 이 가르침은 요한계시록 20장에만 나타나고 있다. 따라서 이 이론의 성서적 근거가 대단히 빈약하다는 점이 큰 약점이다. 둘째로, 천년 왕국은 이 세상에서 이루어지는 물질적인 것인데 이것은 주님의 가르침이 영적이라는 사실과 부합되지 않는다. 셋째로, 전천년설은 하나님 나라의 개념을 미래로 연기시킨다. 성서는 하나님의 나라는 이미 현존하므로 그리스도인들은 이미 하나님의 나라에 참여하고 있다고 가르치고 있다. "나 요한은 너희 형제요 예수의 환난과 나라와 참음에 동참하는 자라"(계 1:9). "우리를 흑암의 권세에서 건져 내사 그의 사랑의 아들의 나라로 옮기셨으니"(골 1:13). 우리는 이미 하나님 나라의 시민이다. 그러므로 그 나라에 대한 전체적인 개념을 미래로 지연시키는 것은 성경의 가르침에 어긋나게 된다.

넷째로, 전천년왕국설은 우리 주님이 육신을 입고 천년을 다스릴 뿐만

---

20) 마틴 로이드 존스, 〈교회와 종말에 일어날 일〉(기독교문서선교회, 2000), 249.
21) Ibid., 250ff.

아니라 유대인들에게 월등한 지위를 주실 것이라는 견해이다. 이 이론의 심각한 문제점은 완전히 철폐된 유대인과 이방인 사이의 차별을 다시 도입하고 있다는 데 있다. 사도 바울은 "거기는 헬라인과 유대인이나 할례당과 무할례당이나 야인이나 스구디아인이나 종이나 자유인이 분별이 있을 수 없나니"(골 3:11)라고 하였고 "그는 우리의 화평이신지라 둘로 하나를 만드사 중간에 막힌 담을 허시고"(엡 2:14)라고 하였다. 신약의 가르침은 모든 민족과 족속과 방언들이 하나님의 나라에 들어가기로 되어 있다는 것이다. 다섯째로, 전천년설은 주님의 재림이 여러 번 있다고 가르친다는 점이다. 선인의 부활과 악인의 부활 사이에 적어도 1천년의 간격을 두고 있다. 그리고 여기에 덧붙여서 휴거를 주장하게 되면 재림은 세 번 있게 된다. 그러나 신약성경은 우리 주님의 재림이 단 한번, 죽은 자의 일반적인 부활과 최후의 심판에 연결된 한 번에 이루어질 것이라고 분명히 가르치고 있다.[22] 여섯째로, 로이드 존스는 요한계시록 전체를 읽는 동안 수많은 보좌에 대한 언급을 보는데 단 한번의 예외도 없이 보좌는 땅에 있는 것이 아니라 하늘에 있는 것으로 묘사되었다고 하였다. 그리고 계시록 20장에는 땅에 대한 언급이 한 마디도 나타나지 않으며 팔레스틴이나 예루살렘에 대한 언급이 없다. 그러나 전천년주의자들은 땅과 팔레스틴과 재건된 예루살렘의 성전과 우월한 지위를 가진 유대인들을 첨가하였다는 것이다. 이렇게 많은 문제점들을 지적하면서 로이드 존스는 전천년왕국설을 거부하였다.

---

22) Ibid., 252. 로이드 존스는 예수의 가르침에서도 단 한번의 부활만 언급하였으며 그것은 마지막에 일어날 일반적인 부활이라고 주장하였다. "이를 기이히 여기지 말라. 무덤 속에 있는 자가 다 그의 음성을 들을 때가 오나니 선한 일을 행한 자는 생명의 부활로, 악한 일을 행한 자는 심판의 부활로 나오리라"(요 5:28~29). "나를 보내신 이의 뜻을 행하려 함이니라 나를 보내신 이의 뜻은 내게 주신 자 중에 내가 하나도 잃어버리지 아니하고 마지막 날에 다시 살리는 이것이니라"(요 6:39).

2) 후천년왕국설

이 이론은 전천년왕국설과 반대로 예수 그리스도의 재림이 천년왕국 이후에 있다는 이론이다. 신자들이 천 년 동안 이 세계를 지배하게 되며 천년왕국이 끝난 다음 마지막 때에 교회의 황금기의 말에 잠시 동안 사탄이 풀려날 것이고 그 후 대 박해와 고난과 시험이 있을 것이나 주님의 재림과 현재의 하늘과 땅이 소멸될 최후의 심판과 의인이 거하는 새 하늘과 새 땅에 들어감에 의해 중단될 것이다. 이것이 후천년설의 핵심적인 내용이다.

이것은 교회사에서 가끔 발견되는 견해이지만 18세기 초에 살았던 휘트비(Whitby)에 의해서 대중화 되었으며 1720년부터 1830년 사이에 널리 알려진 이론이 되었다. 19세기에 보수주의적 복음주의자들에 의해서 수용되었으며, 특히 신학자 찰스 하지(Charles Hodge)와 그의 아들 하지(A. A. Hodge)에 의해서 수용되었다. 루이스 벌코프는 이 이론에 대하여 지금의 역사가 발전하여 왕국이 된다는 것은 성서적 근거가 없다고 비판하였다.

마틴 로이드 존스는 이 이론에 대해서 다음과 같이 문제점들을 지적하였다. 첫째로, 후천년설에서는 다니엘서 2장의 환상에서 온 세계에 가득할 만큼 커진 하나의 돌이 되는데 이것을 예수 그리스도의 복음이 온 세상에 확장되는 것과 동일화 한다. 그들은 물이 바다를 덮음 같이 야웨를 아는 지식이 세상에 충만할 것이라는 이사야 11장의 말씀과 마태복음 13장의 누룩의 비유와 겨자씨 비유 등을 여기에 부가한다. 그러나 성서에 의하면 종말에 황금시대가 전개되기는커녕 큰 환난이 일어날 것이며, 교회는 무서운 시험들을 지나야 하고 두려운 전쟁이 있으리라고 하였다. 누가복음 18장 8절에서 주님은 "인자가 올 때에 세상에서 믿음을 보겠느냐?"라고 말씀하였다. 주님은 그분이 오실 때 사람들에게 믿음이 전혀 없다는 사실이 드러날 것이라고 예언하고 있다. 따라서 재림 전에 황금기가 온다는 주장은 성서와 맞지 않는다.

둘째로, 성서에서는 주님의 재림이 묵시적으로 갑자기 도래할 것으로 표현되어 있다. 따라서 황금기 천년이 온다는 것은 성서의 전반적인 예언과 거리가 멀며 황금기 직후에 수많은 사람들이 갑자기 복음을 적대하는 편으로 돌아선다는 것도 지나친 왜곡이라고 보았다. 그렇기 때문에 후천년설은 전천년설만큼 널리 받아들여지지 않았다.[23]

3) 무천년왕국설

이 이론은 어거스틴에 의해서 주장되었는데, 천 년 동안 왕 노릇 한다는 말을 문자적 의미가 아니라 상징적 의미로 보아야 한다고 해석하여 천년왕국은 없다는 이론이다. 어거스틴은 교회 자체가 곧 지상에 있어서의 하나님의 나라라고 보았으며 그리하여 천년왕국은 이미 시작된 지 오래되었다고 주장하였다. 그는 천년 왕국이 예수로부터 혹은 성령강림으로부터 시작되었다고 하였다. 그러므로 교회는 이미 그리스도의 초림과 재림사이 전체를 의미하는 것으로서 결국 이 세계와 별개의 천년왕국이 온다는 것을 부인하였다.

마틴 로이드 존스는 어거스틴처럼 교회를 천년왕국으로 보지는 않지만 천년왕국을 상징적으로 해석하는 무천년왕국설을 지지하였다. 그는 자신의 입장을 영적해석법이라고 하였다.[24] 그는 요한계시록 전체의 상징주의와 마찬가지로 20장을 상징적으로 해석해야 한다고 생각한다. 그는 요한계시록 20장 1절 이하를 미래에 이루어질 사건이 아니라 이미 이루어진 영적 사실을 나타내는 것이라고 하였다. "또 내가 보매 천사가 무저갱 열쇠와 큰 쇠사슬을 그 손에 가지고 하늘로서 내려와서 용을 잡으니 곧 옛 뱀이요 마귀요 사단이라 잡아 일천 년 동안 결박하여 무저갱에 던져 잠그고 그 위에 인봉하

---

23) Ibid., 264.
24) Ibid.

여 천년이 차도록 다시는 만국을 미혹하지 못하게 하였다가 그 후에는 반드시 잠깐 놓이리라."

마태복음 12장 29절에서 벙어리 귀신을 쫓아내자 그 옆에 있던 바리새인들 중에 "이가 귀신의 왕 바알세불을 힘입지 않고는 귀신을 쫓아내지 못하느니라"고 말하였다. 그러자 예수는 "사람이 먼저 강한 자를 결박하지 않고야 어떻게 그 강한 자의 집에 들어가 그 세간을 늑탈하겠느냐? 결박한 후에야 그 집을 늑탈하리라"(마 12:29)고 대답하였다. 마태복음 12장과 계시록 20장에서는 똑같이 사탄을 결박한다는 표현을 사용하였다. 예수는 이미 사탄을 결박함으로써 귀신들린 자에게서 귀신을 내어 쫓을 수 있었다.

누가복음 10장 18절에서는 제자들이 전도여행을 마치고 돌아와서 "귀신들도 우리에게 항복하더이다"라고 보고하였을 때 "사단이 하늘로서 번개같이 떨어지는 것을 내가 보았노라"고 대답하였다. 요한복음에서는 "이제 이 세상의 심판이 이르렀으니...이 세상 임금이 쫓겨나리라 내가 땅에서 들리면 모든 사람을 내게로 이끌겠노라 이렇게 말씀하심은 자기가 어떠한 죽음으로 죽을 것을 보이심이러라"(요 12:31~33). 이 말씀은 주님이 십자가에 달려 돌아가실 뿐 아니라 동시에 세상의 임금이 쫓겨날 것임을 예언한 것이다.

요한계시록 20장 3절에서 "사단이 결박되어 무저갱에 던져 잠그고 그 위에 인봉하여 다시는 만국을 미혹하지 못하게 되었다가 천년이 찬 후에는 반드시 잠간 놓이리라"고 하는 말씀에서 만국은 이방인을 나타내는 표현으로서 예수 그리스도의 초림과 죽음과 부활과 승천 이후 이 세상에서 복음이 전파되어 나가고 있는 사실을 가리키는 것이다.[25] 복음전파는 그 때 시작되어 지금까지 계속되고 있으며 그러므로 기독교의 역사에서는 사탄이 결박되어 던져짐으로써 더 이상 모든 민족을 미혹시킬 수 없게 되어 왔다는 것이다.

더 나아가서 로이드 존스는 첫째 사망은 육체적 의미에서의 자연적인 죽

---

25) Ibid., 268.

음을 의미하며 둘째 사망은 불못에 던져짐을 의미한다고 보았다. 그리고 첫째 부활은 거듭난 사람의 영적 부활을 의미하고 둘째 부활은 육신의 부활을 의미한다고 해석하였다.[26] 이렇게 되면 계시록 20장 6절의 천년은 상징적인 기간을 의미하는 것으로 해석가능하다. "이 첫째 부활에 참예하는 자들은 복이 있고 거룩하도다. 둘째 사망이 그들을 다스리는 권세가 없고 도리어 그들이 하나님과 그리스도의 제사장이 되어 천 년 동안 그리스도로 더불어 왕 노릇 하리라." 첫째 부활에 참예하는 자들은 그리스도인들이요 그들은 불못에 들어가지 않으며 도리어 그리스도의 제사장으로서 그리스도의 대리자로서 이 세상을 다스리고 있다. 그리스도는 지금도 하늘과 땅의 권세를 가지고 있으며 이 세상을 다스리고 있다 (마 28:18). 그러므로 천년의 기간은 완전한 기간을 의미하는 상징적인 숫자로서 초림과 재림 사이에 있는 주님께서 다스리시는 기간 전체를 가리킨다. 그리고 그 때가 차면 예수께서 재림하시고 땅과 하늘의 모든 사람들을 심판하실 것이다.

프랑스의 신학자 쟈끄 엘뤼은 로이드 존스와 마찬가지로 상징적해석을 지지하면서도 근본적인 관점의 차이를 나타내고 있다. 엘뤼은 천년이라는 기간은 긴 기간을 의미하는 것이지 다른 뜻은 없다고 본다. 즉 이 기간은 역사의 한 기간이 아니라 사탄이 예수 그리스도의 죽음에 의해 묶임을 당한 역사적 사건을 의미한다고 보았다.[27] 이렇게 천년을 문자적으로 보지 아니하고 상징적인 긴 기간으로서 역사 안에 이루어지는 사건으로 보는 점에서는 무천년왕국설의 입장을 따르지만 그러나 엘뤼은 영적해석을 전폭적으로 지지하지는 않는다. 그는 천년왕국이라는 것은 인간행위의 변화이지 현실세계에서 천국생활에 들어가는 것을 의미하지 않는다고 주장함으로써 영적이

---

26) 요 11:25~26, "예수께서 나는 부활이요 생명이니 나를 믿는 자는 죽어도 살겠고 무릇 살아서 나를 믿는 자는 영원히 죽지 아니하리니 이것을 네가 믿느냐."
27) 쟈끄 엘뤼, 〈요한 계시록 주석〉 (한들출판사, 2000), 256.

론도 반대하였다.[28] 그는 역사 안에서의 인간의 노력이나 순수하고 이상주의적인 사회주의적 지향, 비폭력운동 등은 사탄의 존재를 벗어난 인간의 행위의 표현이라고 함으로써 초월적인 하나님 나라의 임재에 대한 전망을 보여주지는 못하였다.

이상의 여러 가지 사상들은 모두 나름대로의 문제점을 안고 있으므로 지나치게 극단적으로 한 가지 입장에 집착하는 것은 바람직하지 않다고 본다.

3. 최후의 심판

성서는 역사의 시작이 있었음을 말한다 (창 1:1). 그리고 그 끝이 올 것임을 예언하고 있다. 역사의 마지막에 있을 심판은 창조자이신 하나님께서 창조로부터 타락, 예수 그리스도 사건, 재림으로 이어지는 일련의 역사를 마감하는 사건이다. 강물이 흘러 바다로 들어가듯이 역사의 강은 일단 흐르기를 멈추고 거기에 영원의 바다가 있을 것이다.

구약은 야웨의 날에 있을 궁극적 심판을 말하는데 그 날에는 모든 나라들이 심판을 받게 될 것이라고 하였다 (암 1:2, 9:1~4; 요엘 3:2; 말 3:2~5; 사 2:12~17, 18~20, 13:9; 습 1:8, 9, 12).

신약에서는 마가복음 14:62에서 예수께서 종말론적 심판을 선언하였으며 심판의 날에 대한 주의를 환기시켰다 (마 10:15, 11:22, 24, 12:36, 41~42, 23:33). 요한복음 3장 36절에서는 불순종하는 자는 영생을 보지 못하고 이미 저주아래 있다고 하였다. 그리고 최후 심판은 아버지가 아들에게 위임하였다고 하였다 (요 5:27).

바울은 이 심판을 그리스도의 오심 및 죽은 자의 부활과 연결시켰다 (고전

---

28) Ibid.

15:22~25). 그리스도는 심판자이며 (딤후 4:1) 그리스도인들은 심판에 참여할 것이다 (고전 6:2~3). 심판은 공정하고 (롬 2:11) 보편적이고 (롬 2:6) 철저하다 (롬 2:16).

요한계시록에는 최후의 심판 직전에 지상에 재난이 임할 것을 묘사하였다. 8장에서 11장까지는 일곱 나팔이 나오고, 16장에는 일곱 대접이 나오는데 나팔을 불고 대접을 쏟을 때마다 큰 재난이 임하게 된다. 여기에는 사람의 1/3이 죽는 일(9:15)과 아마겟돈 전쟁이 포함된다 (16:6).

최후의 심판의 첫 단계로서 그들의 불경한 행동으로 재난을 불러일으켰던 악한 지도자들이 승리의 그리스도와의 전투에서 사로잡혀 불못에 던지운다 (계 19:20~21). 둘째로, 악의 원천인 사탄이 붙잡혀 천 년 동안 무저갱에 갇힌다 (20:1~3). 셋째로, 그리스도가 지배하는 천년왕국이 이루어진다 (20:4~6). 넷째로, 천년의 기한이 차면 그리스도께서 크고 흰 보좌 위에 앉아 (백보좌심판) 최후의 심판을 하게 된다 (20:11~15). 최후의 심판은 생명책을 펴놓고 책들에 기록된 대로 행위를 따라 심판을 받는데 생명책에 기록되지 못한 자들은 불못에 던지우게 된다. 그 후 하늘과 땅이 사라지고 새하늘과 새땅이 오게 된다 (20:11, 21:1). 모든 성도들은 새 예루살렘에서 영원토록 왕노릇 하게 된다 (22:5).

최후의 심판에 대한 성서의 가르침의 신학적 의의를 살펴보면 다음과 같다.

첫째로, 하나님의 뜻의 궁극적인 승리와 역사 안에서의 그의 영광의 완전한 현현을 의미하는데 즉 그가 하고자 하는 것은 성취된다는 것이다. 둘째로, 하나님은 의로우셔서 그의 영광을 대적하는 자는 벌을 받고 그것을 받아들이고 인정하는 자는 상을 받는다는 것이다. 셋째로, 인간과 우주의 역사가 하나님의 목적에 의해 정해진 대로 목표를 향해 가고 있다는 것을 상기시킨다. 넷째로, 인간의 책임성에 대한 절대적인 표지이다. 즉 모든 신자는 그들의 사역에 대해 모든 불신자는 그들의 반역에 대해 책임이 있다. 다섯째,

그리스도인의 선교에 대한 가장 심각한 모티브(동기)이다. 그리고 그러한 심판에 직면한 세계의 유일한 희망은 그리스도인의 구원이다.

최후심판의 교리는 초대교회의 신조와 종교개혁의 신앙고백에서 인정되어 왔다. 성서적인 기독교 신학은 그리스도의 재림과 심판을 포함한 종말론적인 주제들에 대한 이해를 심화하여 말세에 교회로 하여금 잠들지 아니하도록 해야 할 책임이 있다. 새벽을 깨우는 청지기로서의 사명이 그리스도인들에게 있다고 하겠다.

마라나타(Maranatha, 고전 16:22): 오, 주여 오소서(Oh, Lord Come!).

찾아보기